U0935603

旭日·中国文化丛书

# 顺性遂情

## 冯达文教授从教五十周年庆贺文集

—吴重庆 编—

中山大學
禅宗与中国文化研究院
Chan Buddhism and Chinese Culture Institute
•SUN YAT-SEN UNIVERSITY•

巴蜀书社

**图书在版编目(CIP)数据**

顺性遂情:冯达文教授从教五十周年庆贺文集/吴重庆编.
—成都:巴蜀书社,2018.3

ISBN 978-7-5531-0949-7

Ⅰ.①顺… Ⅱ.①吴… Ⅲ.①哲学—中国—文集
Ⅳ.①B2-53

中国版本图书馆 CIP 数据核字(2018)第 023498 号

**顺性遂情**

——冯达文教授从教五十周年庆贺文集　　吴重庆 编

| | |
|---|---|
| 责任编辑 | 杨合林 |
| 出　　版 | 巴蜀书社<br>成都市槐树街 2 号　邮编 610031<br>总编室电话:(028)86259397 |
| 网　　址 | www.bsbook.com |
| 发　　行 | 巴蜀书社<br>发行科电话:(028)86259422　86259423 |
| 经　　销 | 新华书店 |
| 照　　排 | 成都完美科技有限责任公司 |
| 印　　刷 | 四川五洲彩印有限责任公司 |
| 版　　次 | 2018 年 3 月第 1 版 |
| 印　　次 | 2018 年 3 月第 1 次印刷 |
| 成品尺寸 | 250mm×175mm |
| 印　　张 | 41.75 |
| 字　　数 | 600 千 |
| 书　　号 | ISBN 978-7-5531-0949-7 |
| 定　　价 | 128.00 元 |

本书若有印装质量问题,请与工厂调换

# 序

吴重庆

2011 年，是我们的老师冯达文教授七秩寿庆。当时由陈少明兄牵头，编辑出版了《情理之间——冯达文教授七秩寿庆文集》。而 2015 年，是我们的老师冯达文教授在中山大学从教 50 周年。

多年前，中山大学向冯老师颁发“卓越服务奖”，该奖旨在表彰为中山大学无瑕服务达 30 年以上的教职员工。对冯老师来说，30 年不过只是及格达标。如今，他已经实现了 20 世纪 50 年代开始在共和国青年一代中流行的“为祖国健康工作 50 年”的誓言。

冯老师是从粤西罗定县的乡下走出来的。当年由于高考成绩优异，原计划派送他去苏联留学，恰逢中苏交恶，留学不成，他转而被中山大学哲学系录取。在我与学界前辈有限的交往经验中，发现 1949 年后至“文革”前的大学生往往有着特别深切的奉献祖国和人民的豁达意识。这一点，使他们胸怀宽广，身心康泰，可谓“理想是最好的保健品”。在冯老师身上，典型体现了他们那一代人的精神气质。

冯老师是“我们的老师”，这跟那个“我们的朋友胡适之”不一样。“我们的朋友胡适之”是指一些人以攀附胡适之为荣，“我们的老师冯老师”是指学生辈从内心里将冯老师视为老师。这个“老师”不仅仅是称谓上的，也不仅仅是实际师承关系上的。冯老师在 1985 年 9 月招收我作为他的第一个硕士生，三十余年来，冯老师究竟带出了多少个硕士、博士，我相信他自己从未计算过。在冯老师参加过的种种师生聚会中，从来没有以“冯门”的名义聚会过，因为从来就没有“冯门”之说。我不了解我的师弟师妹们究竟有哪些人，而师弟师妹们也可能不清楚究竟谁是冯老师的“开门弟子”。在我的观察里，冯老师对“师门”聚会是不感兴趣的，他认同“五湖四海”，反对“团团伙伙”，这也是一个资深的理想主义者应有的气象。因为冯老师为人师表垂范在先，所以，中山大学哲学系新近一二十年来从海内外陆续引进的老师们也都尊冯老师为师。“我们”（并非“冯门”）编辑这本文集，一是庆贺“我们的老师冯老师”从教五十周年，二是在师道不彰的今天以“我们的老师冯老师”为榜样，激励我们这些作为冯老师学生辈的为人师者努力践行师道。

教师从事的是教书育人的工作，教书与育人其实不是两件事，而应该是合二为一的。一位教师，尽心、尽力、尽性、尽情投入于教学，学生们看在眼里、感动在心里。一堂挥洒自如的教学，也是一次春风化雨的育人。老师在教学上的认真执着，足可塑造学生日后的敬业精神与为人处世的作风。

我于 1981 年 9 月考进中山大学哲学系，1982 年 9 月冯老师给我们上“中国哲学史”这门课。冯老师讲课时其实是照着自己备课的讲义念的，可是这对讲台下的学生来说，却丝毫不觉有“照本宣科”式的枯燥。那时，由萧箑父、李锦全两位先生联合主编的部颁教材《中国哲学史》已经出版，冯老师也是该教材编写组的一员，承担了其中的东汉部分的编写任务。可是他似乎不满足于欠缺个性的统编教材，硬是以一己之力，重新写就洋溢着才华与激情、文采与哲思的讲义。我当时是这门课的科代表，得以近距离一睹冯老师的讲义，他每次上课（两节）的讲义都是单独装订的，纸张是当年流行的方格稿纸，有趣的是冯老师习惯于在其背面写讲稿，大概这样可以不受格子拘束，也可以写进更多的字。冯老师的字是一笔、一划、一点、一撇集成的，我从来没有见冯老师写过连笔字。这足以让我联想到冯老师深夜绿色台灯下备课的那股认真劲儿。冯老师的普通话不算标准，他讲课时也没有故作抑扬顿挫或任何夸张的动作，他只是全身心投入，使力念出讲义上的每一行蝇头小字。他的语速正好可以让同学们赶上记录，偶尔念到长句子，冯老师会咳一声、眨下眼、推下眼镜架以示停顿，然后再重复念一遍。在冯老师的课上，平日里再调皮的学生也会奋笔疾书记笔记，生怕漏掉冯老师时刻可能涌现出来的哲思才情。冯老师的课堂上总是静得出奇，静得可以听到自己及相邻同学的沙沙笔记声。每节课下来，同学们似乎是经历了一场速记比赛。冯老师的课，也总是最大量地消耗同学们的活页笔记本。试想一下，如果不是讲义内容的精彩以及教师授课时的忘我，冯老师这种貌似“照本宣科”式的讲课，又怎么能如此引人入胜！在冯老师的课堂上，讲台下完全没有其他杂音其他动作。所以，讲台上冯老师习惯性的“咳——眨——推”三部曲才如此深刻地定格在在中山大学哲学系接受过教育的成百上千个学生的脑海里，成为大学美好记忆的核心部分。

顺便说一下，我记忆中冯老师在课堂上最有趣的名言是“往白开水里加再多的开水也冲不出茶味来”，那是他在讲授王充哲学的时候。更加有趣的是，冯老师在念出这么有趣的一句话时却依然一板一眼，犹如在宣读一条定理。而冯老师 1989 年在中山大学出版社出版的《中国哲学的探索与困惑（殷商——魏晋）》就是在这门课程精彩讲义的基础上修订而成的，这也是冯老师第一本个人专著。我相信冯老师在这本书里一定倾注了他最多的激情。该书在 1998 年出修订版时易名为《早期中国哲学略论》，不

过我个人还是喜欢原来的书名，大概原来的书名与我们对冯老师课堂教学的深刻记忆以及冯老师的师者形象有着更密切的关联。

现在的这本文集名为《顺性遂情——冯达文教授从教 50 周年庆贺文集》，这个书名是在大家讨论之后由陈少明兄定夺的。本文集的各位作者也是来自“我们”而非“冯门”。在征稿、编辑的过程中，周春健、陈立胜诸君亦共同出力。

从《情理之间》到《顺性遂情》，其实都是同一个主题，那就是情理之中、性情之间无所停滞的连贯。这是中国传统哲学寄意的境界，也是教育成人追求的目标，更是在大学讲坛耕耘大半个世纪的“我们的老师冯老师”的胸次写照。

桃李无言，下自成蹊；风光霁月，清流不息。

2017 年 7 月 23 日

于番禺佛子岗下

# 目　录

# 儒家的历史形上观

## ——以时、名、命为例

陈少明（中山大学哲学系）

史学是中国传统中的显学，也是人类文化的杰出成就。它的发展，同孔子及儒家思想密切相关。孔子重史的思想性格，对传统史学的形成，或者说中国史学的儒家化，意义深远。《春秋》与《论语》是理解这种关系的基本文献。撇开《左传》不论，《春秋》经的编年体裁，及寓褒贬于其中的修辞方式，构成史学的基本坯胎。而《论语》对三代人事与礼制的评点，则赋予历史以灵魂，直接塑造了《史记》《汉书》的精神基调①。然而，无论是言孔子著《春秋》，还是讲《论语》之传经论史，基本是论述夫子在经验层次上，对历史知识的具体运用。此即所谓“我欲载之空言，不如见之于行事之深切著明也。”（《史记·太史公自序》）理解传统史学的成就与特质，不能停留在具体知识层面的论述上，还要揭示它背后的形上学观念。

不过，本文的历史形上观，不仅区别于对具体历史经验的叙

① 参见拙作《〈论语〉的历史世界》（《中国社会科学》2010 年第 3 期），与《孔学、史学与历史形上学》（《中国哲学史》季刊 2011 年第 4 期）第一、二节的论述，本文系在后者第三节的基础上发展而来的。

述或评价，也不同于那种对历史过程作出高度抽象概括的历史哲学①。后者如黑格尔或牟宗三的《历史哲学》②，公羊家的“三统三世说”，以及今日的历史发展普遍规律之类。这种历史哲学一般被冠以“思辨”的头衔。这里的历史形上观，涉及关于过去的信息如何被理解为一门学问，或者它如何体现其知识意义这样的问题，史学即建立在这种理解的基础之上。严格地说，史学不是同哲学、文学、社会学、经济学或者数学及其它自然科学门类并存的一个学科，它是理解人类经验的一种方式。所有的现象都可以从历史角度进行考察，或者说，理解任何现象的方式，可以概括为基本的两大类别：历史的与非历史的③。因此，它有些类似于批判的历史哲学④，即思考的对象是史学或关于历史的思想，而不是具体的历史现象本身。但也只是类似而已，批判的历史哲学企图探讨一般史学的学理基础，而本文只是通过观念史的分析，揭示传统历史叙述背后的预设。它的问题是形而上的，立场则是儒家的。

讨论儒家的历史形上观，取材既包括《春秋》《论语》等儒家经典，同时也必须联系《史记》《汉书》等史学文献。儒家经

---

① 奥克肖特所界定的“历史哲学”的第一种含义，就是它“一直被认为要力图揭示和确立决定着整个历史进程的某些普遍的规律。资料是由正宗的历史学家提供；哲学家对这些资料加以归纳概括。历史事实被认为是历史哲学所提出的那些永恒真理的短暂事例。”（迈克尔·奥克肖特著，吴玉军译，《经验及其模式》，北京出版社出版集团、文津出版社，2005 年，第 151 页。）

② 牟氏自称：“就普通所周知之大事件，通观时代精神之发展，进而表白精神本身表现之途径，乃本书之所重。”并表明其“不悖于往贤，而有进于往贤者，则在明‘精神实体’之表现为各种形态。……此进于往贤者之义理，乃本于黑格尔历史哲学而立言。”（《历史哲学》自序第 3—4 页，台湾学生书局，1988 年版。）

③ 马克思们甚至说：“我们仅仅知道一门唯一的科学，即历史科学。”（《德意志意识形态》，《马克思和恩格斯全集》第 3 卷，第 20 页。）

④ 关于思辨的历史哲学同批判的历史哲学的区分，参见《历史哲学导论》第一章（沃尔什著，何兆武、张文杰译，广西师范大学出版社，2001 年，第 1—21 页）的论述。

典是传统史学的思想源头，史学文献则是检验这些观念的基本资料。此外，同儒家或其他中国古代思想一样，关于哲学的问题，往往体现为观念的简明或随机的表达，而非完整的逻辑推论。相关观念的关系，常处于“网状结构”中[①]，因此，它没有现成纲领或原理可供诠释。我们的尝试，是选择一组与历史相关的信念，反思它们对理解历史的影响。所谓信念而非知识，就在于它并非对于具体的历史经验的表述，是不受特定历史判断影响的观念。

这组观念是时、名、命。

## 一、时

时是时间，更基本的意义则是时序。许慎《说文》云：“时，四时也。”段玉裁注：“本春秋冬夏之称。引伸之为凡岁月日刻之用。”由时序到一般的时，含义丰富了，时令、时机、时运、时命等等，均由时的特征的多样性派生出来，它可以引出不同的观念向度或者概念组合[②]。因此，观念史的分析不能停留于某个字眼的孤立用法上，而是要追溯不同的思想线索，理解相关的观念结构。而对于史的理解而言，时序意识恰好是最基本的向度。

孔子对史学的贡献，首先与《春秋》有关。正是先有《春

① 我用“网状结构”这个词，区别于那种把相关观念安排成基础与派生的概念关系，同时这些概念能完整地覆盖其谈论的整个领域的理论结构，而是意味着，每个观念都是网上的一个节点，其关系是各自与不同的点相互作用，或者是循环传递的。因此，它似乎也不能用谱系学概念来表述。

② 《易传》中“时”的概念更多与时运、时命相关。如“夫大人者，与天地合其德，与日月合其明，与四时合其序，与鬼神合其吉凶。先天而天弗违，后天而奉天时。天且弗违，而况于人乎？况于鬼神乎？”（《易传·乾文言》）

秋》经，然后才有导向历史解释的《左传》。但《春秋》经在多大程度上可看作是孔子的作品，仍然是有争议的问题。孟子、司马迁都深信，它是孔子编修的产物，且司马迁作《史记》是以“继《春秋》”自任的。在这一意义上，《春秋》作为儒家思想的重要源头，当无问题。孔子作《春秋》的创获之一，依司马迁的说法就是“次春秋”。除《十二诸侯年表》所述“故西观周室，论史记旧闻，兴于鲁而次《春秋》”外，还有“太史公曰：五帝、三代之记，尚矣。自殷以前诸侯不可得而谱，周以来乃颇可著。孔子因史文次《春秋》，纪元年，正时日月，盖其详哉。至于序《尚书》则略，无年月；或颇有，然多阙，不可录。故疑则传疑，盖其慎也。”（《史记·三代世表》）刘知几的解释是：“夫《春秋》者，系日月而为次，列时岁以相续。中国外夷，同年共世，莫不备载其事，形于目前。理尽一言，语无重出，此其所以为长也。”（《史通·二体第二》）即是说，把以往发生的事件，以时间先后为序编接起来，形成联贯的整体。这就是时序观念所起的基本作用。

然而，单独的时序观念，借康德的说法，只是人感性直观的能力，具有赋予观察对象以秩序的基本功能。所谓“中国外夷，同年共世，莫不备载其事，形于目前”，正是把这种直观能力应用至超越眼前的更广阔视野的结果。但要形成概念化知识，还得有知性范畴的运用。从知识成立的条件看，人类观察事物，需要有因果观念，才能解释现象的发生与变化。而与因果观念相伴随的，便是时序问题，即如果在两个现象间确立作用与被作用的关系，依常识便是时间上前者为因，后者为果。不过，这是简单或者孤立地观察个别事件时的理解模式。在处理社会现象时，这样的理解会缺乏深度。不但众多现象之间存在不同方向的网状联系，而且还有类似于生物成长那种随时间变化而发展的现象。处理这种成长或发展现象，即系历史的理解模式，区别在于所应用的对象是个体，还是共同体的问题。孔子“次春秋”，不只是应用处理历史秩序的手段，而是开启这种历史地理解社会政治与文化的知识时代。证之《论语》：

子张问：“十世可知也？”子曰：“殷因于夏礼，所损益可知也；周因于殷礼，所损益可知也；其或继周者，虽百世可知也。”（《为政》）

孔子曰：“天下有道，则礼乐征伐自天子出；天下无道，则礼乐征伐自诸侯出。自诸侯出，盖十世希不失矣；自大夫出，五世希不失矣；陪臣执国命，三世希不失矣。天下有道，则政不在大夫。天下有道，则庶人不议。”（《季氏》）

孔子曰：“禄之去公室，五世矣。政逮于大夫，四世矣。故夫三桓之子孙，微矣。”（《季氏》）

这三则语录的共同点，是以时间变化为坐标，观察现象的结构性变化。前者提出通过对“礼”的由来的经验知识，可以推知“礼”的前景的方法。后二者则是对春秋时代政治权力下移趋势的分析，给每况愈下的封建政治前途敲警钟。这种观察都非在两个相邻事项间进行，而需要在更深的时间视野，在众多相类的现象中排比分析。“次春秋”是形成历史知识的编年学方法，历史判断不是凭空臆断，而是需要经验知识的证据。而且，历史的观察单位往往超越个体，如采取“世”或代的概念。所以，孔子说：“夏礼，吾能言之，杞不足征也。殷礼，吾能言之，宋不足征也。文献不足故也，足则吾能征之矣。”（《八佾》）依上述史公之说，《春秋》与《尚书》的区别就在于：“孔子因史文次《春秋》，纪元年，正时日月，盖其详哉。至于序《尚书》则略，无年月；或颇有，然多阙，不可录。”因此，《书》只是历史文献，虽然，其内容也涉及对过往经验的陈述，但非完整意义的历史认识。过去的经验也可以如昨天的经验一样，简单的类比而获得认知意义，它不一定具有时间的深度；而哪怕是刚发生过的经验，一旦纳入历史的视角，它就是历史的知识。章太炎就强调《春秋》“《经》《传》相依，年事相系，故为百世史官宗主。苟意不主事，而偏矜褒贬者，《论语》可以箸之，安赖《春秋》?”[①]

时序观念当然由来已久，因时序观念而记录事件的尝试也肯定先于孔子而作，否则孔子就没有“次春秋”的基本资料。但“信而好古，述而不作”的孔子，即使只是传《春秋》，也系建立在对其意义有自觉理解的基础上，同时，他影响到《史》《汉》为代表的正统史学的建立与发展，也是无可辩驳的。编《十二诸侯年表》后，“太史公曰：儒者断其义，驰说者骋其辞，不务综其终始；历人取其年月，数家隆于神运，谱谍独记世谥，其辞略，欲一观诸要难。于是谱十二诸侯，自共和讫孔子，表见《春秋》《国语》。学者所讥盛衰大指著于篇，为成学治古文者要删焉。”它要显示的，正是历史的“盛衰大指”。刘知幾甚至把纪传体，理解为《春秋》经传关系的发展，编年是其纲维：“夫纪传之兴，肇于《史》《汉》。盖纪者，编年也；传者，列事也。编年者，历帝王之岁月，犹《春秋》之经；列事者，录人臣之行状，犹《春秋》之传。《春秋》则传以解经，《史》《汉》则传以释纪。”（《史通·列传第六》）

“子曰：温故而知新，可以为师矣。”（《为政》）孔子之所以有此自觉，则与其善于对自己生命经验的反思相关：“子曰：加

---

① 章太炎：《春秋故言》，《检论》卷二，《章太炎全集》第三卷，上海人民出版社，1982年，第412页。

我数年，五十以学《易》，可以无大过矣。”（《述而》）更著名的夫子自道则有：“吾十有五而志于学，三十而立，四十而不惑，五十而知天命，六十而耳顺，七十而从心所欲、不踰矩。”（《为政》）这是思想家对自身思想成长的反思，它包含对个人生命史的理解[①]。从意识发生的观点看，个体生命与历史文化共同体的发展有某种同构关系。大生命是无数个体生命聚续的产物，对个体生命的内在体验，正是探讨大生命灵感的源泉。因此，时序意识原于生命意识，历史意识也是文化的生命意识。

## 二、名

儒家另一个与历史相关的观念是“名”。许慎《说文》云：“名，自命也。从口从夕。夕者，冥也。冥不相见，故以口自名。”段注为：“《统祭》曰：‘夫鼎有铭。’铭者，自名也。此许所本也。”则名的本义是铭刻，后引申为自命名。虽然其基本用法是名字，进而言之可成名词，或者叫概念。因此，不但人、事、物有名，观念或思想也有名。有些名只是一种称谓或者标签，但有些名则包含着人的某种偏好，或者说价值、理想。孔子正名的“名”，包含这双重的含义。下面是录自《论语》的相关对话：

子路曰：“卫君待子而为政，子将奚先？”子曰：“必也正名乎！”子路曰：“有是哉，子之迂也！奚其正？”子曰：

① 参见拙作《怀旧与怀古》（《哲学研究》2011年第10期）对“自我的考古学”的讨论。

"野哉，由也！君子于其所不知，盖阙如也。名不正，则言不顺；言不顺，则事不成；事不成，则礼乐不兴；礼乐不兴，则刑罚不中；刑罚不中，则民无所措手足。故君子名之必可言也，言之必可行也。君子于其言，无所苟而已矣！"（《子路》）

正名的意思，如《论语·颜渊》中回答齐景公问政时，孔子所说的"君君、臣臣、父父、子子"。概言之，即每个人都得做符合其身份所当做的事情。名就是身份的标识，而名标示的身份要求，就是礼的规范，是一种社会价值。正名的方式，除了在政治实践中对己对人都要有规矩外，对孔子来说，还能通过对政治人物的褒贬评论来影响实际生活。董仲舒说"孔子知言之不用，道之不行也，是非二百四十二年之中，以为天下仪表，贬天子，退诸侯，讨大夫，以达王事而已矣。"[①]《春秋》之"贬天子，退诸侯，讨大夫"就是"正名"的行为，即从价值规范出发所作的告之后世的评论。所谓善善、恶恶、贤贤、贱不肖，就是想由此而是非分明。这样，名自然有善名、恶名之分。章太炎评论《春秋》与《尚书》的另一种区分是："夫经史本以记朝廷之兴废，政治之得失，善者示以为法，不善者录以为戒，非事事尽可法也。《春秋》褒贬，是非易分，而《尚书》则待人自判，古所谓《书》以道政事者，直举其事，虽元恶大憝所作，不能没也。"[②]《论语》论史也有褒贬，不过更多的是扬善：

子曰："大哉尧之为君也！巍巍乎！唯天为大，唯尧则

① 转引自《史记·太史公自序》。

② 章太炎：《论读经有利而无弊》，《章太炎政论选集》下册，北京：中华书局，1977年，第864页。

之。荡荡乎！民无能名焉。巍巍乎其有成功也！焕乎其有文章！”（《泰伯》）

子曰：“泰伯，其可谓至德也已矣！三以天下让，民无得而称焉。”（《泰伯》）

齐景公有马千驷，死之日，民无德而称焉。伯夷、叔齐饿于首阳之下，民到于今称之。其斯之谓与？（《季氏》）

这些语录涉及的关键字眼是“名”与“称”，名是善名，称是称赞，有德才会有称。不管尧、舜、禹，还是伯夷、叔齐，都有此荣誉，而齐景公就不行。“君子去仁，恶乎成名？”（《里仁》）虽然“君子疾没世而名不称焉”（《卫灵公》），但同时，恶与不肖者则会有坏名声，进入史册，也会得到传播。情形极端者，如子贡所言：“纣之不善，不如是之甚也。是以君子恶居下流，天下之恶皆归焉。”（《子张》）因此，载之史乘，也是对奸恶的惩戒。

名与实有关，即名声根源于人的行为本身。但人的行为不管好坏，本身不会自动显名。名声是这种行为被评价，同时得到传播的结果。传播的范围，越出行为目击者，也越出熟人甚至利益相关者。从时间来说，则可以是即时性的，也可以是长期性的，如传至其身后。一般来说，好坏的程度会影响传播的范围。人性固有的优点或缺点，都不会是成名的要素。要成名，行为一定突破常规的情形。问题是，一个人的生命是短暂的，他的直接利害关系充其量体现在其生命的期限之内，为什么会顾及并不影响其利害的身后名声呢？欧洲不是有暴君说，“我死后那怕它洪水滔天”么？这涉及孔子或儒家的信念问题，它包含有超越个人甚至是时代的普遍价值，和生命的意义超越于生命之上两个方面。所谓价值的普遍性也就是由“名”所表达的基本原则，是可以传之后世而不变，或者说可通过史乘而得以跨世代传递的。而生命的意义，则并非以个体经验到的利害为界限，个人行为对他人或社会的间接影响，也是生命意义的组成部分。这种影响既有正反两方面的对比，也有程度的不同。由此可知，身后的名声如何，也是人生在世应当关切的事情。

《史记·孔子世家》说："子曰：'弗乎，弗乎！君子病没世而名不称焉。吾道不行矣，吾何以自见于后世哉！'乃因史记作《春秋》，上至隐公，下讫哀公十四年。"言下之意，孔子作《春秋》，也是基于传名的动机。[①]而孔子的成功，让司马迁感叹："天下君王至于贤人众矣，当时则荣，没则已焉。孔子布衣，传十余世，学者宗之。自天子王侯，中国言六艺者折中于夫子，可谓至圣矣！"（《史记·孔子世家》）这便是对这种名所代表的超越于权势的价值的不朽的赞美。史公还在《秦始皇本纪》结尾时感叹说："吾读《秦纪》，至于子婴车裂赵高，未尝不健其决，怜其志。婴死生之义备矣。"子婴为秦三世，政治上也想有所作为，但大势已去，其种种努力徒劳无功。司马迁对历史边缘人物的这种评价所体现的同情心，也是让生的意义在身后垂之青史的一种举动。这种重名意识基于一种道德感，它分正反两面，即荣誉感与羞耻心。虽然很难对此进行经验意义的确证，但儒家相信这种道德感的普遍性。孟子说："世道衰微，邪说暴行有作，臣弑其君者有之，子弑其父者有之。孔子惧，作《春秋》。""孔子成《春秋》，而乱臣贼子惧。"（《孟子·滕文公下》）《左传·襄公二十五年》所叙三名史官因坚持"崔杼杀其君"的记载，而前赴后

① 对孔子的这种解释，往往也是史家的自况。刘知几就自陈："凡所著述，常欲行其旧议。而当时同作诸士及监修贵臣，每与其凿枘相违，龃龉难入。故其所载削，皆与俗沉浮。虽自谓依违苟从，然犹大为史官所嫉。嗟乎！虽任当其职，而吾道不行；见用于时，而美志不遂。郁怏孤愤，无以寄怀。必寝而不言，嘿而无述，又恐殁世之后，谁知予者。故退而私撰《史通》，以见其志。"（《史通·自序第三十六》）

继牺牲的事件，一方面体现了史家对其职责的神圣感，另一方面也反映出即使恶人也害怕恶名远扬：

> 齐崔杼其君光……大史书曰："崔杼弑其君。"崔子杀之。其弟嗣书，而死者二人。其弟又书，乃舍之。南史氏闻大史尽死，执简以往。闻既书矣，乃还。

不一定有多少人追求流芳千古，但遗臭万年则肯定是绝大多数人希望避免的结局。一个有恶行的人，想掩饰自己的行径，虽然虚伪。但它与恬不知耻相比，仍然有道德感的残存。徐复观便把这种"历史的审判"等同于西方宗教的审判①。刘知幾这样论述著史与传名的关系：

> 夫人寓形天地，其生也若蜉蝣之在世，如白驹之过隙，犹且耻当年而功不立，疾没世而名不闻。上起帝王，下穷匹庶，近则朝廷之士，远则山林之客，谅其于功也，名也，莫不汲汲焉，孜孜焉。夫如是者何哉？皆以图不朽之事也。何者而称不朽乎？盖书名竹帛而已。向使世无竹帛，时阙史官，虽尧、舜之与桀、纣，伊、周之与莽、卓，夷、惠之与跖、蹻，商、冒之与曾、闵，俱一从物化。坟土未干，而善恶不分，妍媸永灭者矣。苟史官不绝，竹帛长存，则其人已亡，杳成空寂，而其事如在，皎同星汉。用使后之学者，坐披囊箧，而神交万古；不出户庭，而穷览千载。见贤而思齐，见不贤而内自省。若乃《春秋》成而逆子惧，《南史》



① 参见徐复观：《原史——由宗教通向人文的史学的成立》，《两汉思想史》第三卷，上海：华东师范大学出版社，2001年，第143页。

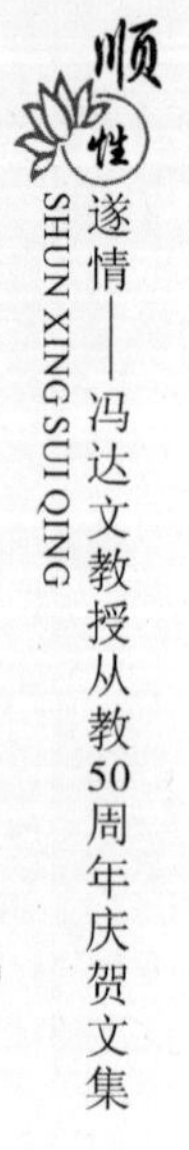


至而贼臣书。其记事载言也则如彼，其劝善惩恶也又如此。由斯而言，则史之为用，其利甚博。乃生人之急务，为国家之要道。有国有家者，其可缺之哉！故备陈其事，编之于后。（《史通外篇·史官建置第一》）

归根到底，便是对不朽的追求。它是道德性的，同时也是宗教性的。

## 三、命

在儒家经书中，命的原义是天命。许慎《说文》云："命，使也，从口令。"段注云："令者，发号也。君事也。非君而口使之。是亦令也。故曰命者，天之令也。"《尚书·召诰》说："若生子，罔不在厥初生，自贻哲命。今天其命哲，命吉凶，命历年。""王其德之用，祈天永命。"阮元的解释是："《召诰》所谓命，即天命也。若子初生，即禄命福极也。哲与愚，吉与凶，历年长短，皆命也。哲愚授于天为命，受于人为性，君子祈命而节性，尽性而知命。"[①]因此，它逻辑上包括"命定"与"使命"二义。命定是因为从根本上讲，无论是个人际遇，还是政权得失，都是天的安排。孔子言命，也包含有这层意思：

> 伯牛有疾，子问之，自牖执其手，曰："亡之，命矣夫！斯人也而有斯疾也！斯人也而有斯疾也！"（《雍也》）
>
> 公伯寮愬子路于季孙。子服景伯以告，曰："夫子固有

① 阮元：《性命古训》，《揅经室集》上，北京：中华书局，1993年，211页。

惑志于公伯寮，吾力犹能肆诸市朝。”子曰：“道之将行也与？命也。道之将废也与？命也。公伯寮其如命何！”（《宪问》）

这两则语录，前者属于健康问题，后者则涉政治命运。借用子夏的话来说，就是“死生有命，富贵在天。”（《颜渊》）整个口吻，多少有点不忍和无奈。牟宗三曾用思辨的语言把这种含义诠释为：“‘命’是个体生命与气化方面相顺或不相顺的一个‘内在的限制’之虚概念。这不是一个经验概念，亦不是知识中的概念，而是实践上的一个虚概念。平常所谓命运就是这个概念。这是古今中外任何人于日常生活中所最易感到的一个概念。虽然最易感到，然而人们却又首先认为这是渺茫得很的，轻率的人进而又认为这是迷信。说它渺茫可，说它是迷信则不可。”[①]然而，如果命是让你处于进取的机会时，则令人可有欣然从命甚至“祈天永命”的另一种精神状态。尤其是权力的拥有者或窥视者，其抱负往往充满使命感。殷周之际，无道而失势的纣王，念念不忘“不有天命乎？是何能为！”为最后一击而等待时机的武王，在阻止臣下急于伐纣的冲动时，也讲“女未知天命，未可也。”而最终鼎革成功，在授权仪式上，得到是伊佚的策祝后，武王更高呼：“膺更大命，革殷，受天明命。”（《史记·周本纪》）

命定只是被动接受，使命则得主动认同。这天命的布告者正是策祝者，而最早的史与祝职责类似。史既通天通神，也管文献掌故，故通晓政治社会经验。《国语·周语下》记鲁侯与单子的对话：“鲁侯曰：‘寡人惧不免于晋，今君曰将有乱，敢问天道乎，抑人故也？’对曰：‘吾非瞽史，焉知天道？’……”徐元诰

① 牟宗三：《圆善论》，台北：台湾学生书局，1996 年，第 142 页。

《国语集解》释："瞽史，大师，掌知音乐风气，执同律以听军声，而诏吉凶。史，大史，掌抱天时，与大师同车，皆知天道者。"[①]《太史公自序》中，司马谈述先祖之史职，也包括"典天官事"。当代学者多认为祝史或巫史同源，或史从巫来[②]。这意味着，早期的史本来就有知天命的职责，只是其手段同巫类似，包含沟通天人的本领。但文明的进展显示，经验比占卜对把握政治机遇更有帮助。史官掌管文献典册，从而熟悉传统经验的条件，促使其对命的把握途径，从求神启转向求史迹。春秋时晋国的史墨虽也善术数占筮，但已能依历史经验，断言"社稷无常奉，君臣无常位，自古以然。故《诗》曰：'高岸为谷，深谷为陵。'三后之姓，于今为庶，主所知也。"（《左传》昭公三十二年）

尽管巫史之说含有猜测的成分，孔子的"知天命"同其"信而好古"的性格相关，则有案可查。虽然"子不语怪力乱神"（《述而》），但"不知命无以为君子"（《尧曰》）。且"五十而知天命"在夫子自道中，正是精神境界不断提升才达到的层次。这命的内容，来源于历史。"子曰：'周监于二代，郁郁乎文哉！吾从周。'"（《八佾》）这是基于历史经验的表白。而且，他相信自己应当承担这种天命：

> 子曰："天生德于予，桓魋其如予何？"（《述而》）
>
> 子畏于匡。曰："文王既没，文不在兹乎？天之将丧斯文也，后死者不得与于斯文也；天之未丧斯文也，匡人其如予何？"（《子罕》）

---

① 徐元诰：《国语集解》，北京：中华书局，2002年版，第83页

② 参见徐复观《原史》（《两汉思想史》第三卷，上海：华东师范大学出版社，2001年），李泽厚《说巫史传统》（《历史本体论·己卯五说》，北京：三联书店，2006年）。

天赋之命是天大的事，如果不依靠卜问鬼神来获得灵感，理性的途径就是诉之对历史趋势的把握。历史是理解事件意义的尺度，价值的大小必须在长时段的现象比较中才能判定。而任何发展中的现象，时间经历越长，便聚集着越大的惯性，越呈现出一种不可阻挡的趋势。在这种背景下，想推动它需要能力的估量。而想阻挡或是扭转它的方向，更需要勇气。对历史形势的判断、生命意义的追求以及个人能力的估量，是形成一个人的使命感的综合因素。有使命感不一定就有成功的机会，所以也有人讥孔子"是知其不可而为之者"（《宪问》）。就孔子复兴周礼的抱负看，方向的确与时代大势相背；但从其传承周文的努力观察，则是完成思想史上最成功的事业。

这种由历史的领会而形成的使命感，同样鼓舞了孟子："五百年必有王者兴，其间必有名世者。由周而来，七百有余岁矣！以其数，则过矣；以其时考之，则可矣。夫天未欲平治天下也，如欲平治天下，当今之世，舍我其谁也？"（《孟子·公孙丑下》）[①]韩愈的"道统论"，同样是这种使命感的具体写照："尧以是传之舜，舜以是传之禹，禹以是传之汤，汤以是传之文武周公，文武周公传之孔子，孔子传之孟轲；轲之死，不得其传焉。荀与扬也，择焉而不精，语焉而不详。"（《原道》）孟子的历史感，还见之他对天命的理解上：

> 万章曰："尧以天下与舜，有诸？"孟子曰："否。天子不能以天下与人。""然则舜有天下也，孰与之？"曰："天与

① 当然，在孟子那里，天命还被发展出人性的道德根据的形上学含义："尽其心者，知其性也；知其性，则知天矣。存其心，养其性，所以事天也。夭寿不贰，修身以俟之，所以立命也。"（《孟子·尽心上》）

之。”“天与之者，谆谆然命之乎？”曰：“否。天不言，以行与事示之而已矣。”曰：“以行与事示之者如之何？”曰：“天子能荐人于天，不能使天与之天下；诸侯能荐人于天子，不能使天子与之诸侯；大夫能荐人于诸侯，不能使诸侯与之大夫。昔者尧荐舜于天而天受之，暴之于民而民受之，故曰：天不言，以行与事示之而已矣。”曰：“敢问荐之于天而天受之，暴之于民而民受之，如何？”曰：“使之主祭而百神享之，是天受之；使之主事而事治，百姓安之，是民受之也。天与之，人与之，故曰：天子不能以天下与人。舜相尧二十有八载，非人之所能为也，天也。尧崩，三年之丧毕，舜避尧之子于南河之南。天下诸侯朝觐者，不之尧之子而之舜；讼狱者，不之尧之子而之舜；讴歌者，不讴歌尧之子而讴歌舜，故曰天也。夫然后之中国，践天子位焉。而居尧之宫，逼尧之子，是篡也，非天与也。太誓曰：‘天视自我民视，天听自我民听’，此之谓也。”（《孟子·万章上》）

在这则权力授受合法性的讨论中，表面上看，孟子强调的是天命，得“天与之”。但“天不言”，如何知道天的意图呢？传统靠巫史行法沟通天意，孟子则诉诸圣王统治下“百姓安之，是民受之也”的经验，历史的解读成了其诠释天命的途径。事实上，孔子之后，史学中天命之天的传统含义，也慢慢被历史主义的精神所取代。举一个例子，思“究天人之际，成一家之言”的太史公，他总结楚项之争中项羽的悲剧下场说：

吾闻之周生曰“舜目盖重瞳子”，又闻项羽亦重瞳子。羽岂其苗裔邪？何兴之暴也！夫秦失其政，陈涉首难，豪杰蜂起，相与并争，不可胜数。然羽非有尺寸，乘势起陇亩之

> 中，三年，遂将五诸侯灭秦，分裂天下，而封王侯，政由羽出，号为霸王，位虽不终，近古以来未尝有也。及羽背关怀楚，放逐义帝而自立，怨王侯叛己，难矣。自矜功伐，奋其私智而不师古，谓霸王之业，欲以力征经营天下，五年卒亡其国，身死东城，尚不觉寤而不自责，过矣。乃引“天亡我，非用兵之罪也”，岂不谬哉！（《史记·项羽本纪》）

决定项羽命运的，不是天，而是历史积聚的力量。历史激发我们的使命感，同时，历史也是理解命运的途径。所谓历史使命，说到底便是有限的个体不满足自身的有限性，从而投身于历史的共同事业以体现意义的超越性的信念。

## 四、讨　论

《太史公自序》记述：

> 太史公执迁手而泣曰：“余先周室之太史也。自上世尝显功名于虞夏，典天官事。后世中衰，绝于予乎？汝复为太史，则续吾祖矣。今天子接千岁之统，封泰山，而余不得从行，是命也夫，命也夫！余死，汝必为太史；为太史，无忘吾所欲论著矣。且夫孝始于事亲，中于事君，终于立身。扬名于后世，以显父母，此孝之大者。夫天下称诵周公，言其能论歌文武之德，宣周邵之风，达太王王季之思虑，爰及公刘，以尊后稷也。幽厉之后，王道缺，礼乐衰，孔子修旧起废，论《诗》《书》，作《春秋》，则学者至今则之。自获麟以来四百有余岁，而诸侯相兼，史记放绝。今汉兴，海内一

统，明主贤君忠臣死义之士，余为太史而弗论载，废天下之史文，余甚惧焉，汝其念哉！”迁俯首流涕曰：“小子不敏，请悉论先人所次旧闻，弗敢阙。”

这既是父子，也是两代史家对事业的临终托命。读这段自述，时、名、命三个观念，跃然纸上。时是传续，一方面是对从周室到汉家文治武功事业的传续，另一方面，则是对世家事业即“周室之太史”的传续。名则是孝的追求，它不仅是双亲在生前的需要，而且也是身后的要求，所谓“始于事亲，中于事君，终于立身。扬名于后世，以显父母，此孝之大者。”而命则既有命定之命，“余不得从行，是命也夫，命也夫!”也有托命之命，“为太史，无忘吾所欲论著矣。”体现在这则记述中的这些观念，不是史家自觉论述的观点，而是他们理解、领会历史与生活意义的思想基础。但是，当我们用历史形上观来称呼这组观念时，必须作进一步的分析：

第一，这组概念所代表的某些观念，并非经过系统的概念化论说的产物，只是镶嵌或者隐蔽在大量有关历史现象的传述、评论甚至是原始素材，即历史的过程中，因此，其含义是根据相关名言运用的规则来把握的。其中，每个词都有不同的意义向度。例如，“时”的观念是历史成为知识的框架，时序带来有秩序生成或变化的方向感。同时，由“时”而“世”，在形成大尺度单位概念的情况下，又引出世代承续的意识。承续并非纯自然的生死相继过程，其内容不仅有物质财富，还有观念价值。前人的创造施惠于今人，了解这一点，今人的行为就要为后人承担责任。孔子讲“兴灭国，继绝世”，《史记》用那么多的篇幅写被时间湮灭的王国或民族的世系，就是把文明的存续当作价值的体现。同样，王朝的更替也不只是因果的传递或价值的反复，它也包含对被更替者的文化的继承。所以，孔子有“周监于二代，郁郁乎文哉！吾从周”（《八佾》）之说。因此，要深入理解“时”的意义，实际是掌握它的观念丛结。

第二，这组概念并非只是关于历史的观念，它同时是现实的观念；换个角度说，它是关于道德的观念，甚至是宗教的观念。名就是最好的例证。成名必须靠传播，而传播的规模可用空间与时间来衡量，只在空间上扩大的话，那只是一时之名，只有时间扩大，即跨世代传递，才能成就历史之名。名有善恶，其追求根于人性。但事实上，即便如孟子所说，人性中的善也是一种苗头（即善端）而已，它需要在文化中培养壮大。而青史留名，则借事迹的流传、人格的感染力，使价值由传播而普及与巩固，使每一代人都享有前人积累下来的文明成果，生活不必都从丛林法则开始。而一个人的生命是有限的，就此而言，命定的观点是有说服力的。然而，即使大多数人没有“不朽”的奢望，也愿意身后在有限的范围内留有好名声。从最高的境界言，就是张载所宣誓的“为天地立心，有生民立命，为往圣继绝学，为万世开太平”，它既有历史感，也有道德感，同时，还是一种宗教感，即价值是超越有限生命的信念在起作用。总之，这些观念，无论对人生、历史、道德还是宗教，都是相通的。它们是中国文化的精神基因，从历史的角度阐释其含义，可以呈现我们曾经拥有的深厚历史感。

第三，从方法论上讲，对时、名、命的阐释，只是我们探讨儒家历史形上学，理解儒家影响下形成的传统史学的特质的方便角度。它不是问题的全部，也不是唯一的途径。事实上，可以用来理解传统历史意识的，还有很多其他的重要观念，例如道，它不仅有政治哲学的含义，如孔子常说的天下有道则现，无道则隐的道；也不必局限于老子“道可道，非常道”中具有本体论意义的道；它还可以表达精神价值的历史传承，即道统之道。道而成统，这个统指的就是跨世代的传承秩序。由此角度，也能切入对历史的认识。另一个通常作为道德范畴来理解的孝，也有它深厚的历史意蕴。孝在儒家的伦理观念谱系中，处于根源性的地位。它原于远古中国文明中那种祖先神与天神合一崇拜的传统，这种传统是氏族发展壮大的精神力量。因而，孝不仅是养老送终的伦理义务，而且包含着“慎终追远”的宗教与历史情怀。所以，历史形上观，在我这里不是演绎一种哲学理论，而是通过观念史的深度阐释，揭示历史意识在精神传统中的核心地位。观念的存在形态，不是分层垒叠的建筑，而是互相缠绕在一起的有机组织。层次分明的建构是思想证明的必要条件，然而对于本身就是基础观念的对象，需要的首先不是证明，而是揭示了解其性质及生命力之所在。

本文论述的内容，与其说是一项研究，不如说是提供一种方案及示例。它谈论与历史相关的问题，但不是历史学，因为没有展开对历史经验的论述；我们的讨论对象是观念形态的存在，它们也可以理解为哲学观念，但并非想从事那种被称为“思辨的”历史哲学，后者虽然高度抽象或非常概念化，但它追求从大时段的经验形态的演变中，发现隐藏在其背后的普遍理式，因此对象仍然是历史本身；我们的兴趣是呈现出在中国史学中那种理解与运用历史的观念，这些观念是研究叙述历史经验的前提，是先验的，但它与所谓“批判的”历史哲学也不一样，那种建立一门客观且有普遍规律的历史学问的目标，不是我的企图。古典的史学，从来都是“地方性知识”，儒家的历史形上观也不必先预设为普遍性的观念。尽管在举世无双的史学传统中，相信一定包含着一定程度体现人类普遍经验的观念，例如时序的概念，绕过它，史学的建立与发展是不可思议的。然而，关于“名”特别是关于“命”，是否是其他史学尤其是现代史学一定接受的观念，自然非常可疑。反过来说，理解儒家的历史形上观，意义不只理解儒家与史学，同时就是理解我们的精神传统本身。

2011 年 10 月 6 日一稿

2012 年 3 月 7 日二稿

于中山大学南校区

（本文原刊于《华东师范大学学报》2012 年第 5 期）

# 德性认知的心理机制及其启示

景怀斌（中山大学政务学院）

## 一、前　言

“德性”是人之所以为人的根本所在，历代学者对此无不关注。早在所谓“轴心时代”①，中国的孔子就基于早期中国农耕社会形成的孝、德伦理传统，提出“仁”乃是为人之本，开启了具有明显情理精神的儒家“德性”学说传统。苏格拉底则基于古希腊传统，认为神灵赋予了人理性的灵魂和推理的能力而认定“德性即知识”，形成了西方以理性“知”为特征的德性思想传统②。中西历代学者在各自的传统中对“德性”不断思考，形成既有各自共同的文明特征，又有时代、个人见解的“德性”思想。如中国古代先哲的孟子、朱熹、王阳明等共同形成了儒家德性学说，

① 雅斯贝尔斯等认为，公元前500年前后，即公元前800年至公元前200年间同时出现在中国、西方和印度等地区的文化突破现象。参见卡尔·雅斯贝尔斯著：《历史的起源与目标》，魏楚雄、新天译，北京：华夏出版社，1989年，第7页。

② 刘清平：《血亲情理与道德理性的鲜明反差——孔子与苏格拉底伦理观之比较》，《孔子研究》2001年第1期。

西人如亚里士多德、康德、卢梭等等也都有自己的道德思想。可见，在历史的文明进程中，“德性”问题不断遇到新的挑战，需要新的解释与回应，德性乃是人类永恒的研究议题。

现代社会科学对“德性”问题的研究突出体现在心理学对道德认知及其发展的研究中。弗洛伊德、埃里克森、皮亚杰、班杜拉、卢文格等等对此均有深入的研究。而在道德认知研究方面集大成的科尔伯格看来，认知的首要意义是从现象学上观察他人，以试图承担他人角色的方式或用他（她）的有意识的观点去看待事物。他以独到的眼光指出，现有道德研究中存在着“心理学家谬误”——纯粹根据研究资料的有效性来界定道德而不涉及道德应该真正是什么的哲学关注。对此，他以“民主的公正”为道德的哲学基础，以“个体发生的理性重构”为道德认知实质，提出了道德认知是个体在不同年龄阶段对诸如维护规范秩序（服从、责难、惩罚等）、自私的结果（好坏名声、奖励或惩罚）、功利结果（好坏个人或团体结果）、维护理想或和谐结果、公平等维度的综合认知，形成了著名的三水平六阶段道德发展理论[①]。然而，他基于对10—28岁青少年道德发展研究而提出的理论，并不能很好地解释成年人道德认知与发展的内在心灵机制。对此，科尔伯格提出了“软”阶段7的假设来解释——“它揭示了一种以涉及生命的宇宙及宗教意义上的伦理和宗教思维为基础的道德取向”，但他又认为，“这个‘软阶段’不是道德阶段，我们也不打算把它理解为继阶段6之后重构的公正推理的‘硬’阶段”[②]，因为，“伦理的哲学超越了公正运算与道德冲突解决所界定的道德

① L·科尔伯格著，郭本禹等译：《道德发展心理学：道德阶段的本质与确证》，上海：华东师范大学出版社，2004年，第12—15页。

② L·科尔伯格：《道德发展心理学：道德阶段的本质与确证》，第201页。

推理结构”，其本质是自我反思与意义构成①。科尔伯格看似矛盾的理论结论从一个侧面表明，道德认知虽然是某些个体道德品质养成的心理基础或方式，但与基于生命意义体证、构建意义上的德性认知并不完全等同。对于心理学而言，这是需要特别关注与拓展的，且能够与哲学、伦理学、神学等构成对话的重要理论问题或领域。

在作者看来，道德认知与信仰理念的内在逻辑关联现象，首先说明了“德性”问题具有二重性，即德性的必然性与道德行为的恰切性。前者属于“德性何以就应当如此”？人何以可能获得德性？后者则是关乎“德性及其行为表现如何与社会情境契合”，是社会情境下的道德行为。对前者的回答更适合从哲学或宗教学说等关于德性本源学说中寻找答案。例如哲学家康德试图对德性问题进行“科学”论证，最后不得不以假定性的哲学基础为前提——人有意志自由，有至善的追求，有为自己立法的道德律，但这些都依赖于“一种理论上的，但本身未经证明的命题，只有它不可分割地与某种无条件地先天有效的实践法则联系着”的悬设——上帝存在和灵魂不朽②。传统基督教神学认为，德性的发展包括了洗罪、上帝荣耀与上帝合一三个阶段，信徒在这个过程中形成了基于上帝并为上帝期许的德性③。对后者的回答则可以从个体与社会互动中寻找理论或经验依据。近代诸多学者以经验科学的方式研究青少年道德认知与发展即这一努力的尝试。其中，最有代表性的除了科尔伯格的发展阶段论外，还有社会化理论

① L·科尔伯格：《道德发展心理学：道德阶段的本质与确证》，第224页。

② 参见康德著，邓晓芒译、杨祖陶校，《实践理性批判》北京：人民出版社，2003年，第167—180页。

③ 参见 Len Sperry，*Spirituality in clinical practice：incorporating the spiritual dimension in psychotherapy and counseling*，Philadelphia：Brunner－Routledge，2001，pp. 51－77.

——道德发展是青少年学习或内化家庭和文化规范的过程，代表性的理论是社会学习理论和精神分析理论。其次，也说明了任何有说服力的“德性”理论，需要能够关注并给出德性两个层面的机理与统合的通透解释。

要达此目标，只有在兼具信仰本源与道德规范的文明信念体系的历史与现实关联阐释与分析中才能实现。因为，“每种主要的德性理论在相当显著的程度上，于其内部已有自己一套哲学心理学、哲学政治学和社会学。”[①]由此可见，要对德性认知问题进行透彻的理解，不能不从文明体系中寻找。

而从文明体系中寻找德性认知的思想资源，就不能不关注文明的差异性。相应地，立足中国讨论德性认知问题，传统文化既是重要的理论资源，也是不可回避的需要加以分析、反思的时代性问题。由此，作为中国主流文化的儒家“德性所知”的思考，自然会首先进入视野。

“德性所知”虽然是宋明儒学的重要理论命题，但其所述的德性现象是普遍的，且是兼具德性哲学与操持两个层面的命题。有学者指出，张载的“德性所知”是以“天”“道”“性”“心”四大范畴，以及天道论哲学和心性论哲学两个层次为理论基础[②]。也有学者试图结合西学，以“体知”来表达“德性之知”，“体知”是涉及亲身感受之知，是本体真知[③]。还有学者以“具身性”来理解德性所知相关的问题[④]。可见，“德性所知”蕴含着德性哲

① A·麦金太尔：《不可公度性、真理和儒家及亚里士多德主义者关于德性的对话》，《孔子研究》1998年第4期。

② 林乐昌：《张载关学学派特性刍议》，《唐都学刊》2013年第6期。

③ 杜维明：《论儒家的“体知”——德性之知的涵义》，《杜维明文集》（第5卷），武汉：武汉出版社，2002年，第342—358页。

④ 参见张兵：《中国哲学研究的身体维度——北京大学高研院暑期学术工作坊综述》，《世界哲学》2010年第6期。

学和道德认知的双重思想，提供了不同于西方的“德性”见解，文化性地化解了科尔伯格所说的“心理学家谬误”，从而可能构成中西、古今之间理论对话的基础。

以心理学的视野看，儒家“德性所知”自然是一种“知”，对其心理认知机制进行研究，既可得出具有中国文化色彩，但又具有普遍性的德性认知学说，从而能够对传统文化反思提供新的理解角度，又能够丰富世界范围内对德性或道德认知的理解，并为当今学术界颇受人关注、涉及诸多学科的认知研究提供理论参照。

基于上述认识，本文的学术意图是，从儒家的“德性所知”概括出德性认知的一般心理机制，依此对现代认知研究进行理论回应，具体讨论四方面的问题：第一，德性认知是什么样的认知？与道德认知、“德性所知”等有什么样的异同？第二，“德性所知”蕴含的机理是什么？“德性所知”是中国古代儒家思想命题，有其自己的理论体系，具有令人不太好理解的神秘性、抽象性、模糊性等特征。以现代经验科学性质的心理学分析可以给出其“实在性”的认知机制结论，从而转变提炼为现代心理学理论。第三，德性认知精神动力的现代解释问题。传统儒家以“天道”为“德性”的至上力量来说明其必然性与合理性。然而，在当今科学理性昌盛的时代，儒家所谓的“天道”的“真实性”、神圣性受到质疑。现代心理学的理性知识体系能否回应这个挑战，给出新的解释？这是在新的时代要发扬传统德性理论必须回答的底层问题。第四，德性认知与现代认知科学中诸多“认知”现象异同何在？对相关的认知研究有什么样的启示？

这些学术任务的实现，首先遇到古今—中西思想对话的契合性问题。这就是说，本研究方法论的“合法性”要作为基础问题来讨论。

现代心理学是随着西方近代科学革命而形成的经验科学。它以经验主义、还原主义、自然主义、价值中立等为原则，研究人的心理活动规律，力图对人的心理活动规律给出可以“验证”的解释[①]。用西方心理学进行中国传统文化、思想问题研究，方法论层面一直存在争议[②]，总体而言，中国传统文化的心理学研究大多采用“外在模式”，即以心理学的框架、理论或概念套用于中国文化现象。无疑，这会造成二者之间的内在隔膜问题[③]。

笔者主张“问题中心，心理学思维方式”的研究策略——不是简单地用西方心理学理论（框架）套用于中国古代思想问题，而是以中国古代思想问题的内容、内在脉络为逻辑框架，但以心理学的思维方式进行研究。这个策略一方面保证了所研究的“中国问题”不失中国文化“韵味”，另一方面也体现了心理学学科的本质特征，因为，学科的思维方式是一个学科的本质特征。就心理学方法构成看，它包括哲学思想（如实证主义）和具体研究方法（如实验法、问卷法等等）。二者的内在特质是心理学思维范式，如经验主义、还原主义、价值中立等。在笔者看来，正是这样的思维特质使心理学之所以不同于哲学研究。再者，运用心理学思维方式开展研究，也是对中国古代思想问题的心理学研究的逻辑过程使然。一般来说，对中国古代思想的心理学研究需要三个环节：一是，对中国古代思想问题进行心理学解读，使之转化心理学的问题形态。中国传统思想是以中国古代思维方式和知识形态表达的，内容是中国观念意义的，在概念上欲使其进入心

① 参见 James M. Nelson，“*Psychology*，*Religion*，*and Spirituality*”，New York：Springer Science ＋ Business Media，LLC 2009，pp. 43－75.

② 潘菽：《中国古代心理学思想刍议》，《心理学报》1984 年第 2 期。

③ 汪凤炎、郑红：《述评中国心理学思想史的研究动向》，《心理学动态》2001 年第 1 期。

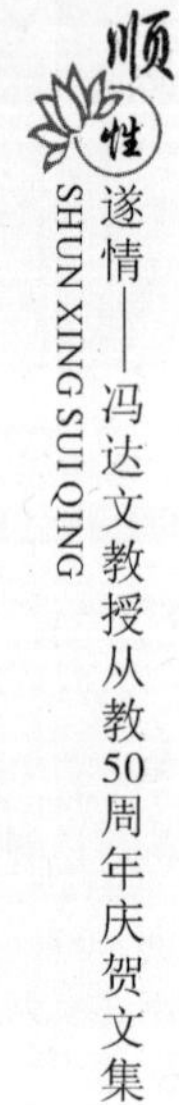


理学层面，需要对其进行心理学化的知识形态整理，使其转变为心理学研究问题，简单的概念移用或套用是不合适的；二是，进而形成心理学的操作性理论框架。心理学作为经验研究，以操作性框架为实证研究提供操作依据，即在把研究的问题转换为操作变量，如此才能实现变量操控，验证因果关系，发现心理规律；三是，在前两个环节的基础上，当下性地开展实证研究（如实验或问卷研究）等等。显然，前两个理论构建阶段，只能以保证传统思想不被现代心理学理论肢解，但本质上又以有心理学特征的"问题中心，心理学思维方式"进行。

## 二、德性、德性所知与德性认知

上述方法论分析表明，心理学的研究以操作性概念为特征①。因此，如何界定德性认知的操作概念是首要的工作。这需要通过比较"德性""德性所知""德性之知"而获得。

"德性"，不同的文化有不同理解，甚至同一文明的不同思想体系也有不同理解。如中国传统文化中的儒、释、道对其理解就不尽相同。就儒家而言，"德性"范畴最早见于《中庸》："故君子尊德性而道问学，致广大而尽精微，极高明而道中庸。"但对"德性"的理解有不同解释，《十三经注疏》注为"德性，谓性至

① 有汉学家认为，儒家所谓"性"汲取了道家自然天性的观念且把这个题材挪为己用。"按照道家的思维，'性'乃是某种先于道德且异于道德之'原善'，而'道德'则是一种压抑自然本性的人为手段，或是为本性之丧失而提供一种微不足道的补偿。"自然与人为的区别是轴心时期文明思想发展的重要线索，人们可以借由自然本性的名义，对国家、社会、科技以及文明本身进行质疑。参见罗哲海著，陈咏明、瞿德瑜译：《轴心时期的儒家伦理》，郑州：大象出版社，2009年，第253页。

诚者”，疏为“君子贤人尊敬此圣人道德之性，自然至诚也”[①]。张载认为，“德性本得乎天者，今复在天，是各从其类也。”[②]朱熹对“性”的代表性解释是，“天以阴阳五行化生万物，气以成形，而理亦赋焉，犹命令也。于是人物之生，因各得其所赋之理，以为健顺五常之德，所谓性也。”[③] 由此，他对“尊德性”的解释为，“尊德性，所以存心而极乎道体之大也。”[④] 概括这些儒者所论，德性的基本含义为“性”之最本质、最完美状态。

至于儒家的“德性所知”，同样有不同理解。如冯友兰认为，“见闻之知”相当于感性认知，“德性所知”则是人认识的又一次飞跃，可以称为哲学认识[⑤]。牟宗三认为，“德性所知实无今日所说之知识意义也。是以闻见之知与德性所知之对扬，虽说是知用，乃是指向道德心灵之呈现，而不在纯认知活动之探究也。”[⑥]陈来认为，“理学家的‘德性所知’是一种不同于经验知识或科学知识的‘知’，实际上是指一种世界观，即对宇宙人生意义的觉解”[⑦] 等等。对“德性所知”的涵义理解，目前已有七种视野不同、各有所本的见解[⑧]。总体而言，哲学界对“德性所知”实质的讨论虽然角度不同，但基本认可，“德性所知”是道德性的、

---

① 《十三经注疏》，北京：北京大学出版社，1999 年，第 1455 页。

② 《张载集》，第 75 页。

③ 朱熹：《四书章句集注》，北京：中华书局，1983 年，第 17 页。

④ 朱熹：《四书章句集注》，第 35 页。

⑤ 冯友兰：《中国哲学史新编》（第五册），北京：人民出版社，1988 年，第 139—141 页。

⑥ 牟宗三：《心体与性体》（上），上海：上海古籍出版社，1999 年，第 466 页。

⑦ 陈来：《有无之境——王阳明哲学的精神》，北京：北京大学出版社，2006 年，第 170 页。

⑧ 冯友兰为代表的精神境界说；侯外庐为代表的神秘之知说；张立文、牟宗三为代表的先验道德知识说；张岱年、宋志明、丁为详等为代表的“德盛仁熟”的道德直觉说；陈来为代表的理性知识说；程宜山为代表的道德修养、直觉与理性思维三重基础上的知识说；龚杰为代表的先验内容后天经验互动而成说。参见米文科：《张载认识论研究的回顾与反思》，《唐都学刊》2013 年第 5 期。

超越性的、人生境界性的德性体证。

儒家的“德性所知”还涉及与“德性之知”的异同。古今学者对此的态度不同：程朱后学或阳明后学的明清学者对此似乎并没有给予多少关注，直接以“德性之知”来代替“德性所知”；今人则有不同看法，张岱年、余英时、丁为祥等认为存在差异。王黔首辨析，“德性所知”指理想状态的人凭借德性所认识到的大全、整体的知识，“德性之知”则现实中的人指关于道德的知识。丁为祥强调，从“德性所知”到“德性之知”象征着从张载天人哲学到内圣外王之学的转向。米文科认为，古今学者对此理解的差异原因，一方面是这些概念本身因缺乏具体说明而有较大的诠释空间，另一方面是现代学人常借用西方的思想观念来解释中国哲学中的概念，使得对诸如张载“德性所知”的理解更加复杂了。当然这更具现代性，但也有随意性。但今人对其解释又有不同①。可见传统儒家基本上视“德性所知”与“德性之知”为同义词。

笔者接受现代哲学家对“德性所知”的哲学实质理解，但作为心理学的研究，还是应给出操作性概念②。基于上述方法论选择要求，笔者认为，应本其哲学实质，回到概念文本中进行分析。如此，既然张载最早清晰地提出了此命题，就应从其概念和文本分析中得出结论。

从张载对“德性所知”有集中论述的《大心篇》《诚明篇》

---

① 参见米文科：《张载认识论研究的回顾与反思》，《唐都学刊》2013年第5期。王黔首：《“德性所知”与“德性之知”之区别及其意义——张载〈大心篇〉解读兼论其知识论》，《贵州大学学报》2011年第5期。

② 在心理学研究中，对一个变量根据测定它的程序所下的具体的、明确的定义，称为操作定义。其必要性为，有了操作定义，才能进行实验，别人才可以重复实验，验证结果。参见舒华、张亚旭：《心理学研究方法：实验设计与数据分析》，北京：人民教育出版社，2008年，第4—5页。本文虽不是实验性论文报告，但作为心理学性质的研究，给出“德性所知”的操作定义，是学科特征的概念要求。

等经典中[①]，可以看出其“德性所知”的基本思想。其一，“闻见之知”“德性所知”是不同性质的认知现象。张载说，“见闻之知，乃物交而知，非德性所知”，“世人之心，止于闻见之狭。”“闻见之知”类似于心理学经验性的日常感知或认知过程，而“尽心知性知天”的“德性所知”则类似心理学中对超越性理念的心灵体证过程。其二，从“闻见之知”到“德性所知”，存在着抽象升华或超越的心智过程。“人谓己有知，由耳目有受也；人之有受，有内外之合也。知合内外于耳目之外，则其知也过人远也。”“耳目虽为性累，然合内外之德，知其为启之之要也。”这些话表明，“德性所知”是从感知性的“耳目有受”到抽象的“合内外之德”，最后达成“身而体道，其为人也大矣”的生命境界，表现出从经验具象到抽象理念的认知升华过程。其三，“德性所知”是“以道体物”，即以对德性的觉解为出发点的认知过程。张载强调，“圣人尽性，不以见闻梏其心，其视天下无一物非我。孟子谓尽心则知性知天以此。天大无外，故有外之心不足以合天心”等等。这些论述说明了“德性所知”具有以“道”或者“天道”为底层图式来认知事物，并产生德性化情感体验和行为的性质。

由上述三点可概括出“德性认知”的心理学操作性概念——儒者通过对德性的“天道”本源及其道德属性的把握，形成以“天道”为底层的认知框架，进而以此对当下人、物进行德性价值层面的解释，并产生相关行为和情感体验，最终获得德性、达成理想生命境界的心灵认知过程。

由于“天道”是儒家的终极理念，不同文明的德性终极本源不同，简单地从内容上以儒家的“德性所知”的信仰价值系统表

① 此节所引张载言论，见《张载集》，第20—26页。

征所有德性认知现象，有文化差异局限性，故而应形成更普遍的操作概念界定是必要的。由此，作者认为，采用“德性认知”概念是合适的概念选择——信仰者通过对德性的“终极”本源①（如天道、上帝等）及其德性的体征或认同，形成以“终极”理念及其德性品质为底层认知框架，进而以此对当下自我、他人、社会事务进行德性价值认知，并产生相关行为和情感体验，获得德性意义，达成理想生命境界的心灵认知过程。

这也提示了德性认知与道德认知的差异：其一，二者依据不同。德性认知是基于终极信仰，道德认知是基于社会规范的，尽管社会规范往往由文明的终极信仰决定，但个人行为性的道德认知的直接依据是强制性的社会规范，而不一定是内在的终极信念；其二，二者体证程度有异，道德认知是所有人都必须或多或少具备的，但德性认知不一定。只有认同某种信仰并以此体证生命意义感的人，才会不同程度地体证其终极信仰所规约的德性境界，如“天道”或上帝信仰者的德性生命体验就与一般的道德认知体验不同。上述科尔伯格所说的“硬”与“软”阶段差异分析从侧面提示了上述二者差异的存在。

## 三、“德性所知”的儒学机理

人的本质是意义化生存，人的信仰更是价值性的，并由此推

① “本源”与“本原”不同。西方所谓“本原”意指“万物之所从出又复归于之”，有万物构成的质料，事物发展与消亡的调节准则等意思。中国的“本源”则是由一及多，由“源”到“流”的起点。前者处理宇宙论问题，后者侧重说明事物的来源过程，即本源与万物的关系。本文在中国文化语境下使用“本源”概念。参见冯达文：《中国哲学的本源——本体论》，广州：广东人民出版社，2001年，第66—67页。

动人的道德或社会行为[①]。因此，要理解一个文明系统的德性认知，不能不从其终极信仰的内容或意义系统入手。儒家以“天道”为终极理念，理解儒家的德性认知，就必须从儒学的学理和价值观念系统入手。

儒家“德性所知”的儒学机理问题包括：“德性”的本源是什么？“人”何以可能生发、养成“德性”，获得生命价值？

就“德性所知”的本源而言，《中庸》开篇即说：“天命之谓性，率性之为道，修道之为教。”这提示，需要在“天”“命”“性”“道”“教”的范畴关系中理解“德性所知”的儒学机理。

“天”是这个框架的终极本源要素。对“天”的理解却有多重涵义。冯友兰说，“天”这个名词，在中国文字中至少有五种含义，即“物质之天”“主宰之天”“命运之天”“自然之天”和“义理之天”或“道德之天”[②]。儒家之“天”多指义理性质的“天道”，具体表现为：其一，“天”具有“生”的本质功能或特征。“天地之大德曰生。”[③] 其二，“天”有“诚”的性质。“天所以长久不已之道，乃所谓诚。”[④] 其三，“天”有以“生”“诚”化生万物之“仁道”。“有天地然后有万物”（《周易·序卦》）。“天”以其至上性、本源性给定了人与生俱来的成德“责任”。

在“天道”的终极本源下，儒家给出了独特的“天”“命”“性”“理”演化机制。“问：‘天与命，性与理，四者之别：天则就其自然者言之，命则就其流行而赋于物者言之，性则就其全体而万物所得以为生者言之，理则就其事事物物各有其则者言之。到得合而言之，则天即理也，命即性也，性即理也，是如此否？’

① 景怀斌：《心理意义实在论》，广州：暨南大学出版社，2005年。

② 冯友兰：《中国哲学史》（第一册），北京：人民出版社，1995年，第89页。

③ 《二程集》“遗书”卷十一，北京：中华书局，2004年，第120页。

④ 《张载集》，第21页。

曰：'然。但如今人说，天非苍苍之谓。据某看来，亦舍不得这个苍苍底。'"① 朱熹强调了"理"为蕴含之中的超越存在。王阳明也说，"经，常道也。其在于天，谓之命；其赋于人，谓之性。其主于身，谓之心。心也，性也，命也，一也。"② 这些论述框架性地揭示了"天"与"道"、"天"与"人"、"人"与"道"的贯通性，显示了德性"无一本于天而备于我"③。儒家就这样以"天道"为本源，给出了德性生命取向的可能性。

儒家的"天道"通过"心"而可以唤醒人的终极道德意识，从而带来"德性"自我生发、养成的可能性。在儒家看来，"心"既是实在的物质器官又是道德的精神器官，其基本看法可以概括为：其一，人有二"心"。一为现实性之"人心"，一为终极性之"道心"或"虚灵不昧"之良知、良能；其二，"人心""道心"共依托于生理之"心"，所谓"杂于方寸之间"；其三，"道心"源于"天"，归于"天"，"极吾心虚灵不昧之良能，举而与天地万物所从出之理合而知其大始"④，而"人心"则来自现实生活的形气之私或习染之气，即躯体欲望；其四，"道心"规约着人的义务和责任；其五，"道心"与"人心"是微妙和生发性的，皆可由小至大，由弱及强，人应对"道心"涵养持敬培育，对"人心"进行自我控制，防微杜渐。

概言之，从心理学角度看，儒家以"天道"为"德性"的终极本源，它以"性"赋心，"心"作为物质和精神器官，具有双重功能——一方面因"性"而潜在地与天道（性）贯通，使人通过"德性所知"而体证天道，达成与天合一，对己、对人、对存

① 黎靖德编，王星贤点校：《朱子语类》（卷五），第82页。

② 王守仁撰，吴光、钱明、董平、姚延福编校：《王阳明全集》，第254页。

③ 朱熹：《四书章句集注》，第17页。

④ 王夫之：《张子正蒙注》，北京：中华书局，2009年，第121页。

在承担，获得德性生命的意义；另一方面因气禀或习染而有张载所说的“攻取之心”。故人应“修德凝道”，“尽心知性知天”，达成“德性所知”——这是儒家以“天道”为德性依据对当下人事物的境界性认知或体悟，它既是儒家的目标，又是达成“天道”的根本方式①。“德性所知”是儒者在“天道”终极观的本源基础上，对自身、他人、社会与自然世界的德性化统合认知与情感，不是个人（感觉意义）上的闻见感知，而是以德性（天道、理或仁）为认知框架的对生命价值与意义的体悟。如此，内可获得心灵安顿，提升生命境界，外可以“德”使“命”，成人成物，从而获得充盈的生命价值感，具有安身立命的功能②。

传统的儒家包括“德性所知”在今天已难以发挥其曾有的儒学国家意识形态功能了：其一，儒家作为农耕文明的信仰系统为处于现代世界主导价值的理性时代精神挤压而主动或被动地被扬弃了。以当今理性时代精神看，儒家的“天道”信念自然是一种价值认定，无法以“科学”确认，由此常常为人质疑，影响人们对其的接受与认同；其二，曾作为主流文化的儒家赖以存在的社会制度经过残酷的历史洗礼也不复存在了。因此，无论有多少遗憾，制度的、政治的儒家被时代扬弃了，无法回到过去状态。这正如西方基督教思想不断发展，它与政治日渐分离一样。然而，作为文化传统的儒家思想仍对现代社会有巨大影响，仍将继续在中国人个体性的终极价值观方面发挥重要作用。这同样如同西方

① 有学者认为，“德性之知”的提出乃是为保证道德判断有一独立于感性之外的根源，它是种天德良知，其作用即保证了本身活动的正当性。张载之“大其心则能体天下之物”之“体”，不只是“体会”之意，而是本体之意，意味着成为天下之物的本体。本心的活动是种本体论的创造，主体无认知义，客体无对象义。参见杨儒宾：《“性命”怎么和“天道”相贯通的——理学家对孟子核心概念的改造》，《杭州师范大学学报》2010年第1期。

② 景怀斌：《孔子“仁”的终极观及其功用的心理机制》，《中国社会科学》2012年第4期。

的基督教尽管历经演变，仍是现代生活的终极价值观一样。

由此可见，基于个人终极信仰（spirituality）层面的，对德性认知进行诸如心理学的新解释，使儒家能够继续发挥个人终极信仰功能的重要学术任务。而这，需要进一步深入心理学讨论范式中进行。

## 四、德性认知的叠套机制

心理学研究的首要任务是对研究对象的心理过程进行分析。这需要从内容层面抽象上升到形式层面才可能。由于在内容层面，不同文明有各自的信仰系统，要讨论一般意义的德性认知机理，就要超越特定信仰的内容意义，在形式层面进行讨论。因此，这里以心理学相关成为参照，以儒家为例，但兼顾其他文明信仰系统，讨论德性认知的心理过程。

“德性所知”的儒学机理表明，在儒家哲学内容层面上，“德性”本于“天道”而“备于己”，但“德性”的养成要在在践行层面以“道心”规约“人心”，通过长久德性体证而实现。以心理学的方式回答这个问题，就需要以还原思维的方式对其要素及其相互关系进行探析。作为儒者体证天道，达成德性生活境界的方式，“德性所知”的构成要素大致有“儒者”“天道”“当下生活世界”“德性境界”等等。其基本心理过程为，儒者认知、认同“天道”并以此为终极德性图式，认知、评价、体验当下生活世界，构建德性意义人生。笔者将这个心理过程称之为“叠套认知”机制。

第一，“德性所知”以对“天道”等终极图式的认知、认同为基础。在儒家那里，“天道”是世界的本体与本源，是德性的依据和基础，也是“德性所知”的根本，此即张载说，“能以天体身，则能体物也不疑。”[①] 这实际上是儒家对人生终极观的认定和确立，通过与“天”相联系，衍化出“人之为人”的意义构建，并推动人的现实行为[②]。

心理学对于终极信仰（如上帝等）的诸多研究表明，终极观具有底层认知图式功能，从而对人的心理和行为产生根本性作用。认知图式指人在特定认知对象（领域）方面组织化的认知结构或心理表征，是人在与环境互动中通过经验积累而形成的。如西方“上帝”的认知图式就包括了上帝的自然属性、上帝的意志与目的、上帝影响世界的方式，以及对上帝各种信仰之间的关系。认知图式有抽象层次性，如老人与儿童会因为对上帝的理解层次差异而有不同的认知图式抽象水平。认知图式提供了解释框架，影响着人们对信息的知觉，决定了人们能够“看到”什么，也决定了人们如何解释所看到的，并以何种方式补充缺失的“刺激”，同时还具有信息评价标准作用，使信息意义化，加速信息加工过程[③]。终极观底层性地决定着人的价值观与态度，如终极信仰就极大地决定着人的意识形态，为一个社会“应当是什么”提供共享性质的心理模型框架，从而使人能够对社会、经济、政

① 《张载集》，第 25 页。

② 现代西方“终极观”一语有两个相关概念：一为“宗教”，一般理解为传统的、组织化的、制度化的信仰体系与行为系统，如基督教；二为个人或人文性质的终极观，一般理解为个体通过对超越或终极至上存在的认知、体悟而获得的生命存在意义和价值的根本理念。参见 P. C. Hill，&K. I. Pargament，Advances in the conceptualization and measurement of religion and spirituality：Implications for physical and mental health research，*Psychology of Religion and Spirituality*，vol.（S）. no. 1（2008），pp. 3—17.

③ 参见 D. N. McIntosh，Religion as schema，with implications for the relation between religion and coping. *International Journal for the Psychology of Religion*，vol. 5，no. 1（1995）. pp. 1—16.

治安排的公平和合理性进行判断[①]。

对于儒家而言，“天道”观作为儒家的终极认知图式，为儒者设定了世界本体、人与天、人与社会、人与人、人与自我等方面“是什么”和“应如何”的认知框架。儒者如何认知、体证“天道”，便形成了“工夫论”的理论和方法。如强调“诚”“敬”的成德之内心准备，通过“学”与“思”而“穷理”，以及存养和省察来扩充成德的可能性，且需要通过对天道的长久体悟，以达成“德性所知”的豁然贯通。在此过程中，儒家还很重视身体方式，如朱熹对静坐这样的修养方式的强调[②]。虽然不同儒者对这些方法倚重不同，甚至互有攻讦，但其对儒家“天道”终极图式的认知、体悟均有各自的功用。

第二，“德性所知”是“天道”认知图式的当下作用及体验。人本质上是有“意义寻求”需要的“动物”，人的认知与行为绝不是简单的、无生命感受的“信息处理”，而是心理意义构建的过程[③]。终极图式能够对人的生活进行意义化构建并导引人的生活，同时产生相应的情感体验。儒家的“天道”终极认知图式形成后，能够对当下的人事物进行判断与解释，形成态度，带来德性体验和行为。儒家著作中类似如下的诸多言说揭示了这一特征。如“孔子言仁，只说‘出门如见大宾，使民如承大祭’。看其气象，便须心广体胖，动容周旋中礼，自然。”[④] 此类述说虽然所指各异，义理层次不同，但均显示了儒者在“天道”终极图式

① 参见 J. T. Jost，C. M. Federico，and J. L. Napier，Political Ideology：Its Structure，Functions，and Elective Affinities，*Annual Review of Psychology*，vol. 60 (2009)，pp. 307－37.

② 参见黎靖德编，王星贤点校：《朱子语类》卷十二，第 217 页。

③ 参见 J. T. Cacioppo，L. C. Hawkley，E. M. Rickett，C. M. Masi，Sociality，Spirituality，and Meaning Making：Chicago Health，Aging，and Social Relations Study，*Review of General Psychology*，vol. 9，no. 2 (2005)，pp. 143－155.

④ 《二程集》“遗书”卷六，第 81 页。

意义框架作用下，行之而有德性行为，体之而有德性情感的“德性所知”作用现象。

第三，“天道”终极图式的认定与其认知功用“叠套”互动，推动着儒者德性境界的升华。一方面，儒者在特定的时空下对“天道”有特定理解，形成发展性或处于发展状态的“天道”终极认知图式。后者一旦形成，便决定了儒者对当下人事物的德性认知，产生生活意义感和生命体悟，形成特定的“德性所知”。另一方面，当下“德性所知”的“知”与“体验”对现有的“天道”终极认知图式有反馈作用，促进其在内容和层次上发生变化、发展和提升。二者如此“叠套”性互动，推进“德性所知”的发展。

此“叠套”性的互动过程，带来儒家“德性境界”的超越性发展。“德性所知”的最高境界是儒者以“天道”终极图式为依据的现世德性生活，是“人心”逐步淡出，“道心”日渐彰显的心灵德性化过程。以张载的话来说，就是“无我而后大，大成性而后圣，圣位、天德不可致知谓神。”① 正是通过这样的过程，儒者养成德性，其心灵境界得到不断提升。

超越德性认知的儒家学理层面，其认知叠套机制是普遍性的，无论何种德性信仰，均表现出如此心理过程。德性认知实际上是以至上的终极德性本源（如儒家的“天道”、基督教的上帝等等）为德性依据的，是个体自我逐步淡出，终极本源德性日渐彰显并支配个体人生的心灵过程。正是通过这样的过程，信仰者养成其所认同的终极本源所规约的德性，并以德性进行道德认知和德性生活，体证生命意义，提升心灵境界。



① 《张载集》，第 17 页。

## 五、“问极启性”的精神动力

诸多的研究发现，20 世纪中期出现了传统宗教信仰比例下降的趋势，但 20 世纪后期以来，又出现传统宗教复兴，尤其是广义的信仰（即非传统组织化的宗教及个人信仰）比例上升的现象[①]。这显示，信仰及其德性仍是现代人需要，文化不能忽视的人类基本问题。而这一基本问题的核心是能否给出人何以必须和能够体达德性的理性学术解释。

这个学术努力无法从儒家自身理论产生。在传统信仰如儒家那里，这个问题几乎是不存在的。儒家以“天”为万物本源，作为灵秀之人，自然需要“本天依道”。正如朱熹所说，“盖人之所以为人，道之所以为道，圣人之所以为教，原其所自，无一不本于天而备于我。”[②] 但同诸多的传统信仰一样，儒家以“天道”为终极本源的德性认知遇到了前所未有的挑战，即现代人认同“天道”的合理性何在？凭什么我们就应相信其终极信仰主张？在理性时代只能以理性的知识或方式进行回应。

心理学是可资借鉴的方式与知识框架。不过，进行这一学术努力，又要考虑中西传统思想的文化差异与文明存续。在当今的

---

① 西方社会学代表性的观点包括：世俗化假设，认为宗教信仰是人的未启蒙心理使然，随着科学理性的发展，宗教信仰会日益减弱，但其不能解释宗教复兴的态势；宗教转换假设，认为现代社会个人主义和社会碎片化的发展转换而不是消除了宗教，导致更大程度个人化的宗教实践；文化分裂假设，认为经济发展增进了安全感并使人摆脱外在限制，也增加了人的自我取向追求，这带来传统信仰的减弱，但另一方面，世界的发展又持续带来新的威胁，这反过来导致过去 40 年间世界范围内宗教的复归。参见 James M. Nelson，*Psychology，Religion，and Spirituality*，New York：Springer Science ＋ Business Media，LLC 2009，pp. 12—17.

② 朱熹：《四书章句集注》，第 17 页。

人文、社会科学知识体系中，关于人为何一定要有信仰，哲学、神学、人类学、社会学等等有很多解释，但其多是西方学者的理解，且以对上帝的信仰为参照，与中国传统文化有距离。故而，对诸如“天道”信仰的合理性的现代解释，不仅应是现代经验科学意义上的，还应基于儒家思想的传统脉络。

笔者尝试提出“问极启性”的心理学解释，意图以现代方式回答儒家信仰何以必要[①]。这包括如下几方面的看法：

其一，人生命的独特性使人有“终极之问”。人脑的独特生理机能使人能够使用抽象语言符号，具有动物所没有的“概念化自我”[②]，这使人可以对自己的存在状况、价值、未来进行深度理解，即人不仅仅是工具的创造者，而且还是愿景创造存在物（vision－creating beings）[③]。（人）“首先作为自然物而存在，其次他还为自己而存在，观照自己，思考自己，只有通过这种自为的存在，人才是心灵。”[④]（人的两个事实是）“人乃自然之子，服从自然的规律，受自然必然性驱遣，受自然冲动所迫使，限于自然所允许的年限之内，因各人的体质不同而稍有伸缩，但余地却不太多。另一个不太明显的事实是：人是一种精神，他超出了他的本

---

① “问极启性”是依据人的心理特性，从个体与文化互动的角度给出的终极观产生和形成的心理学解释：一方面，作为个体之人，高级自我意识使人有天然的终极之问；另一方面，作为文化人，其终极观的早期形成亦天然地来自所在文明的熏染，而文明系统的终极观念学说则通过人性认定而展开，如儒家的“性善”，基督教的“原罪”。个体之终极观是在自我终极追问与文明系统之终极观的互动过程中构建而成的。

② 参见 M. R. Leary & N. R. Buttermore, The Evolution of the Human Self: Tracing the Natural History of Self－Awareness, *Journal for the Theory of Social Behaviour*, vol. 33, no. 3 (2003), pp. 365－404.

③ 参见孟旦：《实际可行的伦理准则及其进化论基础》，安延明译，《世界哲学》2009 年第 1 期。

④ 黑格尔著，朱光潜译：《美学》第 1 卷，北京：商务印书馆，1979 年，第 38 页。

性、生活、自我、理性以及世界。”[①] 人之存在的生理机能，使其必然要对诸如生命价值、人生意义、永恒等“终极”问题进行不同程度的追问。

其二，人的“终极之问”通常为文明系统的终极观念学说所“合理”地回答。人的终极观的体系性思想依据，无不来自人类文明的长期积淀，是在其历史过程中逐步发展并系统化和社会机制化的。如西方终极观学说是在对上帝的信仰下逐步发展并体系化，而中国传统主流终极观学说的核心围绕现世存在之“道”而形成。某一文明体系公认的终极观将成为该体系精神生活、社会道德、法律秩序，甚至制度设计的理念基础。例如，美国是“一个以教会为灵魂的国家”[②]。

其三，某一文明系统的终极学说，往往与其人性假定有关。儒家思想从人“性善”的认定开始，“程子曰：荀子极偏驳，只一句性恶，大本已失。扬子虽少过，然亦不识性，更说甚道。”[③] 与此形成对比的是，西方基督教的“终极观”则是从对人性“原罪”的认定开始。人因违背与上帝的契约，生而有罪，但凭借上帝的恩典可获拯救[④]。当然，对人性的理解，与其说是“科学”的标准，不如说是“价值”的标准。

其四，个体的终极观，是其在自身文明终极观念的熏染下、规约中通过自我体悟而形成的。但是，个体终极观的形成不是对其所在文明终极观的简单被动接受，而在个人与社会文化的互动

① R. 尼布尔著，成穷译：《人的本性与命运》，贵阳：贵州人民出版社，2006年，第4页。

② 参见 R. N. Bellah, “Meaning and modernity: America and the world”. 转引自 Richard Madsen (et al eds.), *Meaning and modernity: religion, polity and self*, Berkeley and Los Angeles, CA: University of California Press, 2002, pp. 258－261.

③ 朱熹：《四书章句集注》，第198页。

④ 米拉都·艾利克森著，L·阿诺德·休斯塔德编：《基督教神学导论》，陈知钢译，上海：上海人民出版社，2012年，第255－291页。

中完成。个人终极观的确立呈逐步内化特征，早期受父母、学校和文化影响，成人后则更多基于个人生命历程、反思、体悟而再确定①。其中，个人体悟性的终极意识觉醒有决定性作用，而这往往来自生活重大经历的影响②。因此，个人的终极观既有文明的普遍性，又受个人的禀赋、经历等制约，在价值观念和德性行为方面存在差异③。

个体无论持什么样的终极观，均面对人“性”之体悟、认定与展开，即“启性”问题。儒家之“性”源自“天”，“性”发而“德”“启”，人由此走向德性追寻并获得生命价值与意义。正是在“问极启性”的天然精神动力驱动下，有信仰的人必然走向德性生活。对于儒家而言，这是体认“天道”、构建生命意义的过程，及实现“德性所知”的心灵境。类似于此，在基督教中，个体亦因“启性”而走向基督，完成以上帝信仰为核心的生命价值意义构建。

由此可见，“问极启性”的理论解释，具有回答当今儒家信仰合理性和信仰多样性之合理性的双重理论功能。

---

① 参见 L. Sperry, “The psychologization of spirituality: A compelling case for it has yet to be made,” *The Journal of Individual Psychology*, vol. 64, no. 2 (2008), pp. 168—175.

② 参见 L. R. Decker, “The Role of Trauma in Spiritual Development”, *Journal of Humanistic Psychology*, vol. 33, no. 4. (1993), pp. 33—46.

③ 心理学研究存在着“平均人”预设。这个预设因为不完全符合人的实际而受到挑战，内容或意义层面的分析是化解挑战的方向。参见 D. C. Molden and C. S. Dweck. “Finding ‘Meaning’ in Psychology: A Lay Theories Approach to Self—Regulation, Social Perception, and Social Development”, *American Psychologist*, vol. 61, no. 3 (2006), pp. 192—203.

## 六、德性认知的心理模型

心理学研究的最终理论目标是给出所研究现象的心理机制模型，即所研究现象的构成要素如何相互作用而表现出规律性的心理过程，这往往以抽象的、形式化的心理模型来实现，从而使其具有理论应用普遍性。

综合上述儒家“德性认知”的内容框架、“叠套认知”的心理过程和“问极启性”所呈现的人追求德性的生命必然性，德性认知的心理模型可以概括如下图：

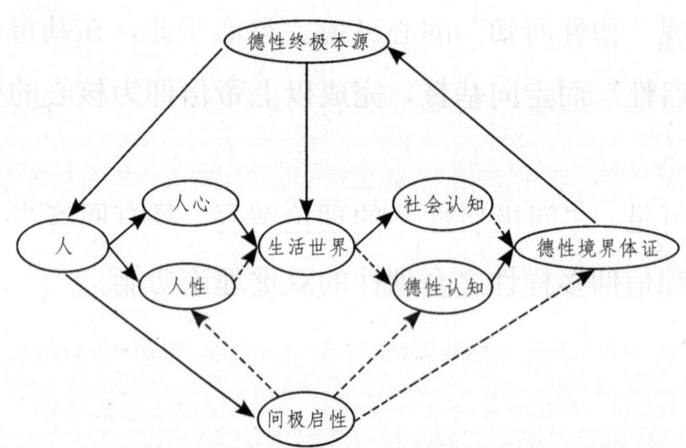


图1　德性认知的心理模型示意图

对上图要素关系解释如下：

第一，德性认知是以信仰的终极本源为依据的。终极本源可以是诸如佛、上帝等神圣信仰对象。对于儒家来说则是“天道”。在儒家看来，“天”是万物本源，而人为万物之灵，天生（命）而有的感知、彰显天道之“性”，人由是而有获取“德性”之可能。如此，儒家终极性地给出了“德性所知”的必然性和生发的可能性，有“本于天备于己”的终极生发基础。对于基督教来说，其终极本源则是上帝，上帝是万物创造者、美德的依据等等。

第二，人性认定及其德性可能性问题。任何信仰均表现为基于某种至上存在的德性期冀，人以此为目标或参照，养成德性。其中也存在歧路性节点要给予信仰学说的解释，即为什么有的人可以生发为“君子”或“圣人”，而有的则坠落为“小人”或“罪人”。这一问题对于儒家来说为“人心”“道心”之论。而对于基督教来说，则是“原罪”学说。在基督教看来，人虽然生而有罪，罪（sin）是人所固有的内在倾向，是一切不合乎上帝道德律要求的事，或是行为，或是意念。人因为罪而带来灵性的无能，阻碍了人对上帝的靠近。人有罪，但人的灵魂是上帝专门为每个人创造的，上帝的恩典可以救人[①]。

第三，“问极启性”是德性追求的自我意识觉醒和内在精神动力。人的高级自我意识使人必然产生不同程度的生命价值追问，并通过终极观确立来回答。以儒家而论，人正是在这样的内在终极精神动力推动下，接受儒家学说、人性理念，通过“修德凝道”的功夫积累达成对“天道”的体证。而对基督教来说，则通过体悟上帝荣耀，认可人的渺小，放弃自我而向上帝靠拢，通过虔敬的、苦行的、理性的认知、预定的、为上帝服务的、神秘恩宠的等等方式获得上帝恩宠，具备上帝期望的德性[②]。

第四，德性认知的实质是基于终极信仰的生命意义的整体反思。在儒家看来，人在当下的日常生活中，通过领悟、体证源于“天”之“性”，涵养“道心”而达成“德性所知”，进而使自己

---

① 米拉都·艾利克森著，L·阿诺德·休斯塔德编，陈知钢译：《基督教神学导论》，上海：上海人民出版社，2012年，第255—291页。

② 弗里德里希·希尔著，赵复三译：《欧洲思想史》，桂林：广西师范大学出版社，2007年，第504页。

在日常世界中的行为具有与“道”一致的德性。如此，“德性所知”带来德性化的生命意义整合或提升，体现了综合的、反思性的心灵成长。同样，对于基督教而言，则是基于上帝神圣的德性信仰观而构建生命的价值的心灵过程。

第五，“德性认知”通过“叠套机制”方式发展。一方面，个体通过对终极信仰理念的认知和体证，构成德性认知的精神图式，另一方面，当下生活世界的“德性”化认知，又对已有的终极图式有反馈作用。二者互为动力，叠套式递进，最后形成以终极理念为蓝本的人与神圣存在合一的境界，达到诸如儒家的“天人合一”或基督教的与上帝同在的心灵境界。

第六，德性认知个体差异性。“问极启性”推动下的“德性所知”不是所有人都能够达成的，只有那些善于自我反省、有终极追求情怀、善于体证的儒者，才能最后达成理想的德性境界。对于基督教来说，上帝信仰的根本是获得上帝的恩宠，以“信”“望”“爱”，以奉献、忍受、努力，成为上帝的选民，达成德性生命境界。因此，上图中“问极启性”与“人性”“德性认知”间由虚线关联。

德性认知的心理模型有如下解释功能。第一，具有解释德性二重性的理论功能。这不仅在哲学层面上本源性地回答了“德性何以就应当如此”，还在社会层面上给出了“德性如何与社会情境契合”——以“德性所知”体证而统合、涵养人的社会道德行为。第二，自生构建性。如果说科尔伯格的“个体发生的理性重构”透析了西方文化背景下个体与社会互动中的道德认知发展心理机制，那么，儒家“德性所知”则凸显了以“天道”为本源，以修德凝道为方式的德性自我养成心理机制，基督教的灵修和日常自我道德规约具有更为突出的自生构建性。第三，境界性。无论是儒家的“德性所知”还是基督教的灵修，均是通过本于终极本源，体证终极理念而逐步提升生命价值的心灵过程。由于生命经验的积累性，不同阶段的“天道”体证也不同，德性的涵养境界各有差异，从而使德性表现出境界性。

德性认知的心理模型有两方面的心理学价值：一是，以现代心理学方式给出了传统“德性所知”命题的整体心理机制。其核心学理贡献是，以人的“问极启性”的精神动力对终极理念价值认定的方式替代了现代社会难以理性处理的诸如“天道”等外在律令。人基于自身天然心脑功能而必然有终极追求，而其解决则必须通过对某种神圣本源价值的认定而实现。这为儒家等传统信仰受到现代理性质疑时提供了某种可能的解释。二是，这个模型可以为信仰性认知研究提供理论框架。儒家本质上是个体信仰性的，其个人的德性养成及生命意义构建心理机制，可为 21 世纪以来世界范围内日渐突出的个体终极信仰现象提供可以借鉴的参照模型，从而为不同信仰体系之间的心理机制比较提供具有可操作性的理论框架。“天道”信仰与“上帝”信仰的相关认知问题可以据此进行比较研究，如对其脑神经过程、德性体证、道德意义构建等的比较研究，有可能形成引人注目的跨文化比较成果。

## 七、德性认知对认知研究的若干启示

德性认知的相关发现可以与现代认知研究构成若干理论对话。

字面看，德性认知作为一种“知”，似乎与智力性活动相关，但它实际上并不是智力活动。人的智力是认知的基本心智条件，是心理学、认知科学的重点研究领域。近年来颇有影响，号称建立在认知科学、发展心理学、差异心理学、神经科学、人类学、文化研究等成果基础上的“多元智力理论”对智力的定义为：“智力是信息加工的生理心理潜能，它能够为文化背景激活以解决或创造该文化认为是有价值的问题或产品”。它包括言语的、逻辑数学的、空间的、音乐的、身体运动的、人际关系的、内在的、自然的等要素①。当前的智力研究集中于“认知相关视野”和“认知成分视野”。多数观点认为，智力的实质应被理解为复杂推理和问题解决的信息加工过程，即分析的、创造的、实践的过程②，是适应性的问题解决行为过程③。可见，智力以问题解决的有效性、准确性为标准。

德性认知虽然离不开智力作用，但其实质不在于问题解决的有效性，而是回答人之为人的终极价值问题，具有超越性的情感体验和生命意义性。前一方面如张载《西铭》说，“乾称父，坤称母；予兹藐焉，乃混然中处。故天地之塞，吾其体；天地之帅，吾其性。民，吾同胞；物，吾与也。”如此，以价值认定的方式，把个人的生命体悟与天地之崇高性联系起来，超出了单纯智力的解释范围。就后一方面而言，儒家以“天道”为本体，以“仁”为追求目标，以期获得丰盈的生命意义，而这同样无法由智力的准确性特征加以解释④。

---

① 参见 H. Gardner and S. Moran，“The Science of Multiple Intelligences Theory：A Response to Lynn Waterhouse”，*Educational Psychologist*. vol. 41，no. 4（2006），pp. 227－232.

② 参见 Keil and Wilson，*The MIT Encyclopedia of the Cognitive Sciences*，Cambridge，MA：The MIT Press，1999，pp. 409－410.

③ 参见 R. A. Emmons. “Is Spirituality an Intelligence? Motivation，Cognition，and the Psychology of Ultimate Concern”，*International Journal for the Psychology of Religion*. 2000，vol. 10，no. 1（2000），pp. 3－26.

④ 多元智力理论创立者 Howard Gardner 对于有学者借助他理论中的文化性而视终极性（spirituality）为智力的一个方面，表示反对。参见 H. Gardner. “A Case Against Spiritual Intelligence”，*International Journal for the Psychology of Religion*. 2000，Vol. 10 ，no. 1（2000），p p. 27－34.

德性认知也不是神秘宗教体验。的确，“德性”体验在一些儒者那里带有神秘色彩，如“先生曰‘学者能常闭目亦佳’，某因此无事则安坐瞑目，用力操存，夜以继日，如此者半月。一日下楼，忽觉此心已复澄莹。”① 陈来认为，儒家心学传统中存在神秘主义现象②。类似地，基督教信仰中亦存在诸多神秘体验。如詹姆斯就列举了基督教信仰的诸多特异宗教经验现象③。但从学理看，德性认知虽然是追求终极意义感的方式，却不是神秘经验性的。因为，信仰追求中的神秘体验是特殊的信众在经过持久的心智投入（如灵修）或修炼（如静坐）后突然出现的“幻觉性”体验，多是具象或形象的④，而德性认知则是以终极观为认知图式的对当下人事物的认知与体验，其中存在情感体验，但仍是理性的或智慧的认知过程。同时，某些儒者（或其他信仰）的神秘体验，则应视为情境性的心理反应，离开特定的情境（静坐、特殊的时空环境）立即消失，而德性认知一旦发展起来，就会成为人的精神活动的基础而持续作用。

德性认知也不等同于道德认知的发展，而是心灵境界的提升。

---

① 陆九渊：《陆九渊集·语录下》，北京：中华书局，1980 年，第 471 页。

② 一般而论，神秘体验有两种类型，一是外向的，即体验到与宇宙万物浑然一体；二是内向的，即纯粹意识体验，即感到自己就是整个实在，超越了一切时空差别。神秘体验表现为神圣感、实在感、宁静、愉悦或兴奋、不可言喻的情绪等等。儒学的神秘体验的基本特征为，自我与万物为一体，宇宙万物都在心中呈现，突发顿悟并具有强烈的心灵震撼与身心反应，如通体汗流。参见陈来：《心学传统中的神秘主义》，《有无之境——王阳明哲学的精神》，北京：北京大学出版社，2006 年，第 359－384 页。

③ 参见威廉·詹姆斯著，尚新建译：《宗教经验种种》，北京：华夏出版社，2005 年。

④ 宗教性质的神秘体验有特定的神经生理表现。参见：M. Beauregard. “Neuroscience and Spirituality - Findings and Consequences”. 转引自 Harald Walach，Stefan Schmidt，Wayne B. Jonas（Eds）. *Neuroscience*，*Consciousness and Spirituality*，New York : Springer Science＋Business Media . Springer，2011，pp. 57－73.

心理学研究表明，人的道德认知和道德发展有阶段性，诸如弗洛伊德、埃里克森、皮亚杰、卢文格、科尔伯格等都提出了自己的道德发展阶段理论。但是，这些理论并不能很好说明道德认知的终极德性现象，尤其是成年人道德认知与发展的内在心灵化现象，科尔伯格提出了“软”阶段7的假设，认为其本质是自我反思与意义构成[①]。可见，即使在科尔伯格看来，基于终极性的德性认知并不能等同于道德认知，而德性认知或与其“软”阶段7的假设更接近。

由此可以看出，德性认知与道德认知的关系不是等同的关系。道德是社会性的，是在社会情境下基于社会性规则而形成的社会规范行为，受他人、规则等“他者”因素制约。这通过道德认知而产生，当然，道德认知与个体自身的德性基础相关。德性认知本质上是基于终极理念之德性本源而生发的德性行为，是自我反省式的、精神境界性的。二者的关系更应这样理解，道德认知是德性认知的一种方式，能够促进其发展，但德性是道德认知的底层基础，是道德行为的精神依据，具有统合道德认知与行为的功能。

德性认知的境界发展与基督教的灵性发展方式类似，但内容不同。基督教学说中虽然有不同的灵性发展阶段理论[②]，但都表现出人放弃自我而与上帝靠拢的基本特征。儒家德性认知的境界发展则通过人对“天道”的体认而与天合一，彰显了人的主体

① L. 科尔伯格著：《道德发展心理学：道德阶段的本质与确证》，第34—235页。

② 如自我发展理论认为，有一体化自我、传统自我、唯我人际自我、制度化自我、人际和谐自我几个阶段；Helminiak则认为有服从主义、良知的服从主义、自我的良知阶段、深度同情阶段、宇宙阶段等几个阶段。它们均认为终极观的确立过程是一个由低到高，从他人到自我的过程。其中，个体终极意识的觉醒具有决定性作用。参见Len Sperry，*Spirituality in clinical practice：incorporating the spiritual dimension in psychotherapy and counseling*，Philadelphia：Brunner—Routledge，2001，pp. 51—77.

性。朱熹在解释孔子“人能弘道，非道弘人”时说：“人外无道，道外无人。然人心有觉，而道体无为，故人能大其道，道不能大其人也。”① 此语颇能说明儒家与基督教的终极体悟方式在内容上的不同。

德性认知不是“具身认知”，而是基于某种终极观认定后的意义认知。

在西方认知科学和身体哲学的影响下，近年来中国哲学的“身体”研究令人关注。如作为欲望展现场所的身体，作为能思维的身体，作为精神修养呈现的身体，作为本体的身体，均成为讨论的对象。其中，有学者试图把“德性所知”纳入“身体观”的论域中讨论，认为在中国古人那里，身体不是一个仆役、工具、媒介和手段，而是具体的、开放的、能动的身体，是作为身、心、灵、神统一的身体，并尝试以“体知”来对其加以拓展，认为“体知”不仅包括“知道是什么”，也包括“知道如何做”之知，是体之于身的过程②。这些看法很有启发，但也引发了一个深层问题，即“身体”之知与“德性所知”的关系需要分疏。全面讨论此问题超出本文所能，这里仅在认知科学视野下尝试分析德性认知与“具身认知”的差异。

具身认知被认为是“第二代认知科学”的重要特征，它针对传统认知科学的计算机隐喻、联结主义范式局限而出现。具身认知观强调人的认知依赖于主体经验，而经验出自具有各种感觉运动能力的身体，身体感觉嵌入更广泛的生物、心理和文化情境，

① 朱熹：《四书章句集注》，第167页。

② 参见张兵：《中国哲学研究的身体维度——北京大学高研院暑期学术工作坊综述》，《世界哲学》2010年第6期。

也就是说，认知（理性）源自人类大脑、身体和身体经验的总和[①]。在此解释框架中，认知是动力的、具身的、嵌入的、分布的和情境性的[②]，认知过程的进行方式和步骤被身体的物理属性所决定，认知、身体、环境是一体的[③]。具身认知强调“身体”在认知中的作用，认可身体是认知活动的主体，心灵状态产生于身体状态，关注到身体在认知活动中的非计算功能或特征[④]。但若将“具身认知”等同于“德性所知”或视为其途径，则有可商榷之处。

德性认知本质上是对生命存在价值的体悟与现实。人通过终极性的意义理解与构建，建立起个体的德性认知与行为品性。这里“意义”可理解为人关于某种事物的符号含义的把握及其心理体验。儒家围绕“天命（令）”“性”“道（理）”等符号而构建生命价值、意义系统以及相应的情感反应。德性认知是完成这一构建的心智方式。这个过程既是智力的，也是直觉的、情感的，其持续发展至老年乃至生命结束[⑤]，是多种高级心理机制综合作用的过程，其特征突出表现为以“天道”意义图式为核心的“反思”性，而不仅仅是“身体”感的。虽然儒家在诸多经典中频繁使用“体”，但此“体”非指身体，而是“智慧”之“反思”的高级心智过程，仍然是“心灵”的而不是身体性的感觉过程或功

---

① 参见 E. Thompson and F. J. Varela, “Radical Embodiment: Neural Dynamics and Consciousness”, *Trends in Cognitive Sciences*, vol. 5, no. 2 (2001), pp. 418－425.

② 参见 S. J. Cowley, “Meaning in Nature: Organic Manufacture?” *Biosemiotics*, vol. 1, no. 1 (2008), pp. 85－98。

③ 参见叶浩生：《具身认知：认知心理学的新取向》，《心理科学进展》2010 年第 5 期。

④ 参见孟伟：《如何理解涉身认知》，《自然辩证法研究》2007 年第 12 期。

⑤ J. Snodgrass and S. Sorajjakool, “ Spirituality in older adulthood: Existential meaning, productivity, and life events”, *Pastoral Psychology*, vol. 60, no. 1 (2011), pp. 85－94.

能。这构成了德性认知与具身认知的本质差异。同时，“德性所知”虽然具有突出的情感体验性，如“与天地一体”的统合感，但这并非其主体内容，而是其实现过程中认知“意义”的伴随心理活动，相关体验不可以被等同于“德性”本身。

概言之，认知科学意义上的“具身认知”虽然强调处于人与环境互动中的“身体”的认知功用，但这却无法深刻揭示诸如德性认知这样的人的生命意义构建机制的底层性、智慧性、境界性等高级心理机制规律。由此可见，在心理学（非身体哲学）视野下，不应将两者混同起来。

## 八、结　语

西方社会自 20 世纪末以来，整体上表现出宗教性质的信仰下降，而个体性终极信仰却得以快速发展，并有日趋代替制度化宗教的趋势①。当前，个体化信仰已成为宗教神学和社会科学等各方面关注的热点领域②。无论是宗教的，还是个体性的终极观均有三个基本特征——与超越性力量联系、自我意识觉醒确立、构成生命价值和意义感③。超越性体现着能够从一般存在中区分出的值得敬畏的本质，可以由诸如上帝、神，特殊的人、物、原理或观念来表征。人通过与超越性存在相关联，而产生归属感、

① 参见 Kieran Flanagan and Peter C. Jupp，*A Sociology of Spirituality*. Burlington: Ashgate Publishing Limited. 2007. pp. 1—2。

② 参见 D. Rousseau，“A Systems Model of Spirituality.” *Zygon*，vol. 49，no. 2 (2014)，pp. 476—508.

③ 参见 E. B. Dent，M. E. Higgins and D. M. Wharff，“Spirituality and leadership: An empirical review of definitions，distinctions，and embedded assumptions，” *The Leadership Quarterly*，vol. 16，no. 7 (2005)，pp. 625—653.

整体感、依赖感，并由此生成生命的意义感，缓解自身的存在焦虑①。终极观实质上是把深层自我与宇宙万物整体联结起来的关于存在本质的基本情感，以构建生命价值与意义②。

面对这一世界性的精神生活趋势，一个具有普遍性的理论问题是，人如何获得德性，即以个体性方式体悟终极价值，以“德性”涵养生命情怀，获得生命意义感。如果说传统西方的“德性”思想根深蒂固地与上帝联系在一起，那么中国传统的“德性”则以儒家的“德性所知”为代表，“天道”是其终极信仰本源，“德性”即“道”的本质体现与生命体悟。就现代认知机制而论，“德性所知”作为儒家通过长期理论追寻和生命实践而形成的德性学说，蕴含着基本的、普遍性的心理机制，即以“天道”信仰为根本的认知框架、“叠套”认知机制与“问极启性”的终极精神动力。这为现代心理学、认知科学意义上的个体性质的终极信仰体证提供了来自中国传统文化的操作性理论框架。由此可以相信，更具认知科学经验范式的德性认知的相关研究，具有深刻的跨文化价值。在这个意义上，如暂时抛开前述的儒家思想和时代不足之处，从儒家“德性所知”引申的德性认知相关研究，可以视为中国古代德性思想对现代认知研究的文化召唤。

（本文原刊于《中国社会科学》2015 年第 9 期）

---

① 参见 K. I. Pargament, “The psychology of religion and spirituality? Yes and no.” *International Journal for the Psychology of Religion*, vol. 9, no. 1 (1999), pp. 3 - 16.

② 参见 I. I. Mitroff, and E. A. Denton, “A Study of Spirituality in the Workplace”, *Sloan Management Review*, vol. 40, no. 1 (1999), pp. 83—92.

# 孔子正名思想的现代诠释

张志林（复旦大学哲学学院）

## 一、孔子正名思想的提出

孔子的正名主张，显见于《论语·子路》：

> 子路曰："卫君待子而为政，子将奚先？"子曰："必也正名乎！"子路曰："有是哉，子之迂也！奚为正？"子曰："野哉由也！君子于其所不知，盖阙如也。名不正，则言不顺；言不顺，则事不成；事不成，则礼乐不兴；礼乐不兴，则刑罚不中；刑罚不中，则民无所措手足。故君子名之必可言也，言之必可行也。君子于其言，无所苟而已矣。"

可见，子路与孔子问答，关乎卫君待子为政事。对此，还可从《论语·述而》中找到另一记载，此即子贡与孔子问答：

> 冉有曰："夫子为卫君乎？"子贡曰："诺，吾将问之。"入，曰："伯夷、叔齐何人也？"曰："古之贤人也。"曰：

"怨乎?"曰:"求仁而得仁,又何怨?"出,曰:"夫子不为也。"

据《史记·孔子世家》,上述两段师生问答正值孔子公养于卫出公辄当位之时。辄为灵公之孙,其父蒯聩早年欲杀灵公夫人南子未遂而出逃,现正流亡未归。辄继祖父位,诸侯屡责之。灵公亡,辄继位之时,蒯聩曾谋归卫继位,终被辄兵拒之而未果。子路和诸多孔门弟子正仕于卫,出公有待孔子佐政之意,故有上述子路和子贡问夫子之事。按此,《论语正义》说孔子所谓"正名"当指蒯聩之事,实为有据之论。按孔疏《春秋》,"世子者,父在之名。"可是,灵公既死,而《春秋》仍称蒯聩为"世子",《左传》亦累称之为"太子"。正因此,《论语正义》说孔子所谓"正名"乃"是正世子之名以示宜为君也。"由此推测,孔子认为辄为卫君是名不正,必不愿为之佐政。进而言之,孔子赞誉伯夷、叔齐兄弟让位为"求仁而得仁",称之为"古之贤人"。蒯聩与辄父子争位与此恰成对照,难怪子贡断定夫子不会辅佐卫君。事实上,孔子的确未佐卫,并且很快离开了卫国。后来蒯聩逼走辄而重继位,孔子预言其弟子高柴不会反辄而事蒯聩,以及子路将会殉难,也透露孔子不愿辅佐蒯聩的信息。

子路正事于辄,当然不懂孔子"正名"之深意。孔子正面陈述其正名的理由时,力陈名正是言顺的先决条件,言顺是事成的先决条件,事成是礼乐兴的先决条件,礼乐兴是刑罚中的先决条件,刑罚中是民有所措手足的先决条件。要言之,孔子认为正名乃为政之根本。"君子务本,本立而道生。"(《论语·学而》,以下只注篇名)孔子力主君子名必可言,言必可行,本此便可得解。"君子于其言,无所苟而已矣",原来是务本之需,正名之要。所谓"君子欲讷于言而敏于行"(《里仁》),所谓"言思忠"

（《季氏》），所谓“巧言令色，鲜矣仁”（《学而》）等等，皆是出于慎言的要求。

从孔子答子路的语境看，“必也正名乎”之“正”当为“纠正”“改正”（to rectify）之义，而“名不正，则言不顺”之“正”则为“正确”“正当”（right）之义。易言之，“正名”有二义：一曰立定正当之名，二曰纠正不当之名。立定正当之名如：

> 齐景公问政于孔子。孔子对曰：“君君，臣臣，父父，子子。”公曰：“善哉！信如君不君，臣不臣，父不父，子不子，虽有粟，吾得而食诸？”（《颜渊》）

作为正当之名，君臣父子的定位标准是：“为人君，止于仁；为人臣，止于敬；为人子，止于孝；为人父，止于慈”（《大学》）。纠正不当之名如：

> 孔子侍坐于季孙，季孙之宰通曰：“君使人假马，其与之乎？”孔子曰：“吾闻君取于臣谓之取，不曰假。”季孙悟，告宰通曰：“今以往，君有取谓之取，无曰假。”孔子曰：“正假马之言，而君臣之义定矣。”（《韩诗外传》卷五）

在孔子看来，君向臣要马，若说“假马”，则名不正，言不顺，君臣之道遭到了破坏。必须改为“取马”，方才为名正言顺，合于君臣之道。孔子斥季孙身为大夫，却采用天子才能用的八佾舞说：“是可忍，孰不可忍也！”（《八佾》）根据仍在君臣之道。

孔子所谓“正名”之“名”亦有二义，一是名位（fame and position），上述孔子答齐景公之言便属此类；二是字词（character and word），如《仪礼·聘礼》所说“百名以上书于

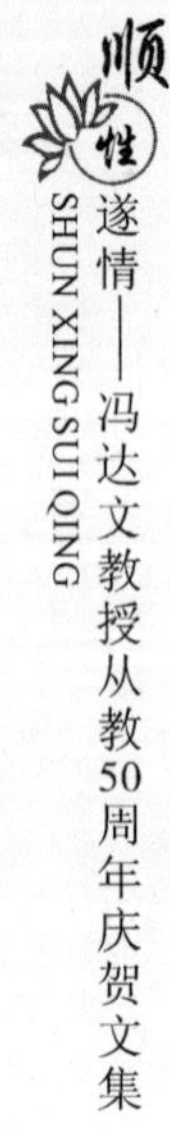


策，不及百名书于方”，上述孔子答宰通之言便属此类。二者之关系，由孔子所说“正假马之言，而君臣之义定矣”可明。这种观念对后世影响极大，可引许慎的《说文解字叙》为证：“盖文字者，经艺之本，王政之始，前人所以垂后，后人所以识古。故曰：本立而道生，知天下之至赜而不可乱也。”这里引《论语·学而》有所谓“君子务本，本立而道生”，又约举《周易·系辞上》所载“言天下之至赜而不可恶也，言天下之至动而不可乱也”，力显正文字之重要。

## 二、孔子正名思想的义蕴

上文根据孔子提出“正名”的语境，分别解析出“正”和“名”各有二义。由此出发，根据孔子的思想体系，方可进一步揭示孔子正名思想的本义。

孔子的思想体系，集中体现于他的如下自述之中：“志于道，据于德，依于仁，游于艺。”（《述而》）孔子毕生的志向可以两字表之：弘道。“道”是中国哲学的最高范畴，各家论道虽有分歧，但均认定道为万事之本、价值之根。诚如余英时所言：“中国最早的想法是把人间秩序和道德价值归源于‘帝’或‘天’，所谓‘不知不识，顺帝之则’‘天生烝民，有物有则’，都是这种观念的表现。”[①] 先秦诸家以“道”代“帝”和“天”，以表“则”，也许可从汉字义蕴得到启发性的理解。许慎《说文解字》释“道”为“所以行也”。段玉裁注：“道者，人所行，故亦谓之行。道之引伸为道理。”许慎解“则”为“等画物也”，段玉裁注：“等画

① 余英时：《中国思想传统的现代诠释》，江苏人民出版社，1995年，第7页。

物者，定其差等而各为介画也。今俗云科则是也。介画之，故从刀，引申之为法则。”道之为万事之本、价值之根，表征的是恒常之道理及应从之法则。因此，“道也者，不可须臾离也。”（《中庸》）孔子论道的最大特点是“人能弘道，非道弘人。”（《卫灵公》）依他看，正名便是弘道之举，因为正名作为为政之本强调的是定差等，别尊卑，明是非，举秩序，循法则。

人弘道，据于德。孔子论德，主中庸，即“中庸之为德也，其至矣乎！”（《雍也》）有两点值得注意：第一，孔子认为德是道之显示，所显处在人。因此，《论语》中多有盛赞尧、舜、禹、周公、泰伯等有“至德”，而且多从人的品行角度论德，如“主忠信，徙义，崇德也。”（《颜渊》）第二，孔子曾引《诗经·大雅·假乐》之言：“嘉乐君子，宪宪令德。宜民宜人，受禄于天。保佑命之，自天申之。”他由此得出这样的结论：“故大德者，必受命。”（《中庸》）他还自称“天生德于予”（《述而》）。中庸之德亦称中和之德，其界说及功用可从《中庸》开篇见得：“喜怒哀乐之未发，谓之中。发而皆中节，谓之和。中也者，天下之大本也。和也者，天下之达道也。致中和，天地位焉，万物育焉。”从“据于德”看，正名讲君臣之道恰为“致中和”之方。

人弘道，依于仁。仁政乃孔学之大创发。如果说德重在修己，那么仁兼顾修己与安人。孔子论仁之言多矣，要在四点：其一，仁为道之显示，为仁乃弘道一方。孔子所谓“君子学道则爱人，小人学道则易使也”（《阳货》），便透露出这样的观念。其二，仁者“爱人”（《颜渊》）；“泛爱众，而亲仁”（《学而》）。此亦为弘道之要求，因为孔子认为“道不远人，人之为道而远人，不可以为道。”（《中庸》）其三，“仁者，人也，亲亲为大。”（《中庸》）何以如此？因为“凡有血气者，莫不尊亲”（《中庸》）。亲亲重孝悌，故“孝弟也者，其为仁之本也！”（《学而》）其四，为仁之要，尊亲爱人，立于修己，推于安人。从正面讲，孔子主张“己欲立而立人，己欲达而达人。”（《雍也》）从反面讲，孔子主张“己所不欲，勿施于人。”（《颜渊》）修己本乎诚，安人本乎义。由此，仁便与德和礼挂上了钩。难怪孔子又说：“克己复礼为仁。一日克己复礼，天下归仁焉。”（《颜渊》）从“依于仁”看，正名乃是修己、安人之方。

人弘道，游于艺。艺者，六艺也，即礼、乐、射、御、书、数。六艺并进，游必有方，正所谓“博学于文，约之以礼”（《雍也》）。六艺皆为弘道、明德、践仁之要，所以孔子屡称“吾道一以贯之”。上文说仁是孔子的创辟，相比之下，礼则是孔子对古礼的损益。三代之礼，孔子崇周，恰如他所自述：“周监于二代，郁郁乎文哉！吾从周。”（《八佾》）其余诸艺多为孔子对先代遗产的诠释和应用。六艺之中，礼重序，乐重和，射、御、术、数均受制于中和之序的观念。换言之，六艺之游的功夫仍如上述，在于“致中和”。正名恰重中和之秩，故与“游于艺”相通。

孔子的思想体系庶几可由如上分析窥知。用之于为政，首先必须注意当时道、德、仁、艺不正这一“礼坏乐崩”的局面。生产方式、典章制度、思想观念的剧变皆不合孔子之意，于是他常悲叹“道之不行”，“道之不明”（《中庸》），并说“朝闻道，夕死可矣”（《八佾》）。从上引孔子答子贡看，孔子认为仁政或德政方为正政；从上引孔子答子路看，孔子认为纠正不当之政乃是为政的使命。这两方面的正名思想，从孔子众多的议政言论中可得印证。孔子答季康子和鲁哀公问政均说“政者，正也。”答季康子接着又说：“子帅以正，孰敢不正？”（《颜渊》）还可参见另一问答：

季康子问政于孔子曰：“如杀无道，以就有道，何如？”

孔子对曰："子为政，焉用杀？子欲善，而民善矣。君子之德风，小人之德草，草上之风必偃。"（《颜渊》）

又见孔子曰："苟正其身矣，于从政乎何有？不能正其身，如正人何？"（《子路》）因为"其身正，不令而行；其身不正，虽令不从。"可知，孔子论政，首先强调正身、修己，而身正的标准便是上述所列道、德、仁、艺。正身以正人，"修己以安百姓"（《宪问》），仁政方可立。

根据《中庸》所记孔子论政，"达道"有五，即君臣、父子、夫妇、昆弟、朋友之道，而根在父子之道。"达德"有三，即知、仁、勇，而要在仁。"仁者，人也，亲亲为大。义者，宜也，尊贤为大。"（《中庸》）仁政原来是亲亲之外推，孔子曾引《尚书》是"孝乎惟孝，友于兄弟，施于有政"来说明此观点（参见《为政》）。孟子说"人人亲其亲，长其长，而天下平"（《孟子·离娄上》），"尧舜之道，孝弟而已矣"（《孟子·告子下》），可谓深得孔子真义。由孔子仁政观之，礼出于父子之序，乐出于父子之和。《孝经》有言正显示出礼、乐之功用："安上治民，莫善于礼；移风易俗，莫善于乐。"至于刑罚，从根本上说，当出于对不孝非悌之惩戒。正名之于为政，当本乎亲亲之序，弘人道，修至德，倡仁义，兴礼乐，善刑罚，重建规范人间秩序和价值标准的理性规则，纠正不当的思想和行为，使天下归于太平。

## 三、孔子正名思想的现代诠释

上引孔子答子路问政，揭示了名、言、事、礼乐、刑罚及人的思想和行为之间的关系。这里的"名"指名位，强调其应承担

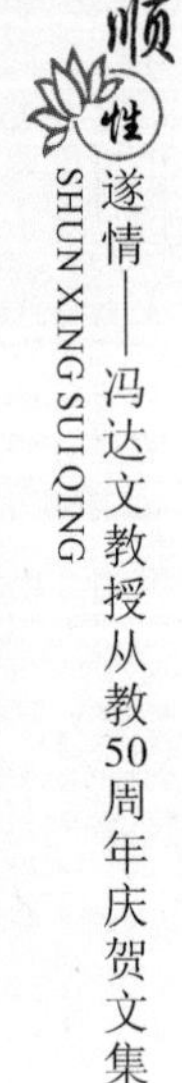


的义务和责任。“言”，依语境当指政令，恰如《论语正义》所注：“‘言’者，所以出令布施也。”同样，“事”应指为政之事。“礼乐”“刑罚”自不待言。为了使正名观念显示出普遍的意义，我们可以不限于孔子论政的语境，而将“名”“言”“事”“礼乐”“刑罚”作适当的转义。其实，《论语正义》中以“正百事之名”注“必也正名乎”，以及《说文解字叙》中以“正文字”解“正名”，都透露出使正名思想更具普遍意义的企图，不过仍强调正名乃为政之本的观念而已。为了实现我们的意图，试作如下现代诠释：

第一，部分地保留许慎将“名”释为字的观点，同时扩展为实词性的语词（word）和指号（sign）。指号必有所指，由此认可当代西方语言哲学关于语词具有本体承诺的观点。另外，吸取“名位”强调“名”具有义务和责任的思想，赋予任一语词或指号以价值承诺。本体承诺表征特定语词或指号指称某种对象的功能，价值承诺则表征特定语词或指号正当使用的有效条件。易言之，价值承诺关注的问题是：应该怎样正当地使用特定的语词或指号？而本体承诺关注的问题是：特定的语词或指号究竟指称什么对象？

第二，“言”可作双重解释：作为对名的具体言说，它属于个人的言语行为；作为对名的一般表达，它属于公共的语言游戏。前者强调对名的使用，属于“行”（practice）的范畴；后者强调对名的语言表达方式，仍可归入“名”的范畴。

第三，“事”也可作二解：一为事物或事情，属于名所指称的对象；二为从事或实施，恰如《论语》中所谓“事君”“事父”等的用法，属于名的应用。

第四，提取“礼”显示的秩序观念，以及“乐”显示的中和观念，强调名的表达、指称及使用均须满足一定的合理性标准。

同时，抽取“刑罚”表示的惩戒义，设立辨别和纠正名的表达、指称和使用不当的标准及方法。

第五，以“实”统摄名的所指（真实）及使用（实施），以使用名实构架重建正名思想。这里的关键是：不能够把“实”局限于西方哲学的“实体”（substance）或“实在”（reality）。名的所指实而不虚，不仅包括经验对象，而且包括思想对象。名的使用实而不妄，不仅包括经验行为，而且包括思想运作。

根据以上诠释，我们便可从孔子的正名思想出发，重建合理而普遍的名实模式。从名实构架看，孔子答子路时，采用了如下句式：名不正，则实不当。用逻辑学术语来说，这里揭示的是：名正是实当的必要条件。再据上引孔子所说“子帅以正，孰敢不正”及“其身正，不令而行；其身不正，虽令不从”，其对应的名实句式是：名正，则实当。易言之，这里表达的是：名正是实当的充分条件。合二为一，便得出结论：名正是实当的充分必要条件。先秦所谓名实相符的思想可由此获得新解。由此看，正名当从两端讲：一是精心制名，以便循名责实；二是详细考实，以便依实究名。实际上，孔子之后正名思想的发展确有这两个方面。就第一方面看，荀子详论“制名之枢要”（《荀子·正名》）即为显例。就第二方面看，可举一个有趣的例子，即王阳明解“格物”为：“格者，正也。正其不正，以归于正也。”（《传习录》）其实，名家、墨家论名实关系时，都涉及上述两个方面。限于篇幅，兹不赘述。

布兰克本（S. Blackburn）在《扩展语词》（*Spreading the Word*，1984 年）一书开篇即画了一个语义三角形。（见下页左）以此为参照，并且借用墨子所谓“以名举实”（《墨子·小取》）的表达形式，可得又一名实三角形（见下页右）：

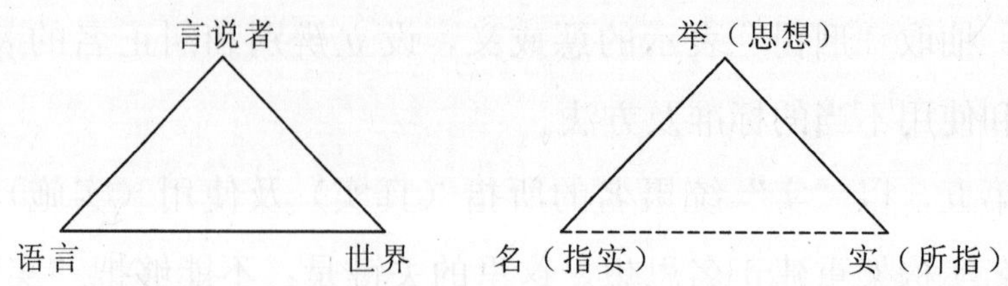


这里有两点值得注意：第一，此处“举”表示名的使用者，括号中“思想”二字强调以名指实的运作首先发生在名之使用者的思想中。第二，名与实之间的关系用虚线，表示以名举实的过程实际上分成两个步骤：一是从指号到思想，二是从思想到所指。这里所谓“举”突出了这样的观点：“任何观察者必定从他的观察中创造出某种东西。因此，观察者和被观察对象之间的关系就显得至关重要。”① 由“名”到“举”可能出现“辞不逮意”的情况，而由“举”到“实”也可能出现“意不称物”的情况。因此，正名须注意两点：意有多绪，故字有多义，不可不察，此其一；名皆为字，字非皆名，名求合实，字求有义，不可不明，此其二。进而便知，正文字确为正名之必需，但正文字未必就是正名。

名要合实，关键在于必须清楚地界定名的价值承诺得以实施的有效条件。举分析哲学中讨论得很热闹的“独角兽不存在”这一语句为例。有些分析哲学家认为，一个语句要有意义，当且仅当它指称着一个实在的对象。由于“独角兽”一词未指称一个实在的对象，所以它无意义，由它参与构成的上述语句也无意义。从我们现在的观点看，这些分析哲学家犯了三个错误：其一，他们忽视了上述名实三角形中“举”的重要性，径直将“名”与“实”连结起来。其二，他们局限于“实体”或“实在”的观点来理解“实”，并将此等同于“意义”。其三，他们没有明确陈述

① 特伦斯·霍克斯：《结构主义和符号学》，上海译文出版社，1987年，第8页。

语词价值承诺的有效条件，或者压根儿就不承认语词有价值承诺。实际上，“独角兽”一词的意义一目了然，而“独角兽不存在”恰恰明确地显示出我们不应将它用于现实世界的要求。反之，我们可以在神话世界或虚构世界中大谈“独角兽”，此时倒不能说“独角兽不存在”了。可见，在神话世界或虚构世界中，独角兽之“名”确可合于“实”；在现实世界或经验世界中，它却名不副实。但在两类不同的世界中，“独角兽”三字皆有意义，只要举名者确实能识这三个字。

现在设 N 表示一个名，P 表示该名应合之实，D 表示该名有效性的论域。这样，便可将一个名的价值承诺表达为：“N 是有效的，当且仅当它应该用于 D。”一个名的本体承诺则可表达为：“P 存在，当且仅当 N 有效地用于 D。”根据这一名实分析的一般模式，可以看出荀子如下论断的合理性：“名定而实辨”（《荀子·正名》）。易言之，“实”是“名”的函项，可表达为：P= F（N）。据此，正名之方有四个要点：一曰“定名”，即找出一个恰当的指号或语词表达一种观念；二曰“划域”，即明确地陈述该指号或语词适用的有效性范围；三曰“立项”，即合理地确定指号或语词表达的“名”与该指号或语词使用所显示的“实”之间的函项关系；四曰“辨实”，即根据所立名实关系，确定名的用法及所指。如此，方可真正达到名实相符的目的。

## 四、正名思想的现代意义

经过如上诠释的正名思想具有两点现代意义：一是可弥补当代西方哲学中语言分析之不足，二是可为解决著名的“描述——评价难题”提供新的启发。

“语言转向”是现代西方哲学的显著特点。就其形成的语言分析方法而言，一般划分为逻辑分析和概念分析两类。举例来说，现有一个语句：“当今法国国王是英明的”（S）。对此，逻辑分析的程序是：首先，把该语句分解成三个子句：第一个是“当今至少有一个人 x 是法国国王”（S1），第二个是“对于 x 之外的每个人 y，如果他是法国国王，那么他就是 x”（S2），第三个是“x 是英明的”（S3）。其次，把原语句 S 看成三个子句的合取，用逻辑公式表达即为：$S\leftrightarrow(S1\wedge S2\wedge S3)$。这就揭示出了原语句的逻辑形式。最后，这一逻辑形式使原语句 S 的真值能得到明确的断定：S 为真，当且仅当 S1、S2、S3 皆为真。由于 S1 是假的，所以 S 是假的。应当注意，按 S 的语法形式，主词“当今法国国王”指称一个人，其性质由谓词“英明的”加以描述。可是，因为当今法国政体使国王的存在成为虚幻的，所以主词没有实在的指称对象，有些分析哲学家便认为该主词没有意义。现在，在三个子句中，“当今法国国王”这一主词不复出现，无意义的主词这一困难便得以消解。这一按罗素摹状词理论（the Theory of Description）所作的分析被誉为“哲学分析的典范”。

对同一语句，概念分析的程序如下：首先，把语词和语句与其使用区别开来，强调语言表达式的意义离不开其用法。其次，规定指称是语词使用的功能，而不是语词本身的功能。同样规定真值是语句使用的功能，而不是语句本身的功能。最后，如果现在一个人说“当今法国国王是英明的”，那么主词没有实在的所指，该语句无所谓真假。但是，若一个生活在路易十五时代的人说这句话，则主词有实在的所指，该语句也有真假可判。这一按斯特劳森（P. F. Strawson）观点所作的分析，堪称概念分析的范例。

可以看出，逻辑分析关注的重点是语言的结构，概念分析关注的重点是语言的功能。二者各有所长，但共具一个致命弱点，即试图把一切哲学问题都还原成逻辑问题或语言学问题。从历史发展看，这是分析哲学力斥心理主义认识论导致的结果。其实，哲学的基本问题是思想与存在的关系问题，它既不能还原为心理学，也不能还原为语言学。从我们现在的观点看，心理还原论犯了两个错误：一是忽视“名”与“举”的关系，或者说忽视语言与思想的关系；二是对“思想”作实体化或行为主义的理解。语言还原论也犯了两个错误：一是竭力把思想归约为语言，或者说用“名”代替了“举”；二是根本无视“名”所具有的价值承诺，难以解决“描述——评价难题”。名实分析方法对于纠正这些错误提供了新的思路。要言之，仅就语言的分析而言，在分析哲学的结构分析和功能分析之外，正名思想的现代诠释补充了责任分析，突出了语言价值承诺及其与语言本体承诺的关系，为重新理解语言（名）、思想（举）及世界（实）的关系这一哲学的核心问题开辟了一条新思路。

所谓“描述——评价难题”有两个要点：第一，有两类判然有别的语句，一类如“今年一月以来在公共汽车上给老人让位的人增加了”，其特征是描述了一种事态，其真假可作判定，因而具有认知意义；另一类如“在公共汽车上给老人让位是好的”或“在公共汽车上应该给老人让位”，其特征是作出了一种价值评价，但无真假可言，因而无认知意义。第二，由前一类描述语句推不出后一类评价语句。自 20 世纪中叶以来，努力消解这两个要点是分析哲学发展的一个显著特点。例如，奥斯汀（J. L. Austin）提出的言语行为理论表明，施事话语和取效话语多无真假可言，却像记述话语一样具有认知意义，由此试图消解上述第一点的严格二分法。另一言语行为理论的代表人物塞尔（J. R. Searle）为了消解第二点困难，力图证明评价语句可由描述语句推导出来。一般认为塞尔没有达到预期的目的，他实际上是从评价语句推出评价语句（限于篇幅，兹不详述其推导过程）。

照我们现在的观点看，分析哲学家不能成功地解决“描述——评价难题”，要害在于他们基本上固守知识论立场，拘泥于语言形式的分析和推演，而忽视关键语词具有的价值承诺。正名思想对我们的启示是：（1）孔子论知，以尊德性为纲，以“博学于文，约之以礼”为纬，没有固守知识论的局限。后世儒学多承孔学，程朱与陆王争辩“尊德性”与“问道学”虽烈，尤不脱孔学经纬。《大学》所谓“三纲八目”皆可归入正名模式。（2）“正名”从根本上讲是为做人行事寻求论说之方，或如张岱年先生所说，是“表述真知论证真知的方法”[①]。根据正名论，做“正人”方能引“正事”，诚所谓“自天子以至于庶人，一是皆以修身为本”（《大学》）。（3）孔子崇德倡仁，主道德自尊，重义务责任。反映在正名思想上，开创出名的价值承诺。必须注意：语言价值承诺与语言本体承诺的关系不在形式推演，而在内容相涵。从上文所述两个承诺的表达看，价值承诺规定了在特定论域中应该怎样使用一个名才具有有效性的条件。这一条件同时涵摄了名合于实的特定论域及存在条件。如此，可以说，以德性摄知识，以做人统行事，以价值涵本体，“评价”涵摄“描述”即可明了。这样，“描述——评价难题”可望获得新解。

（本文原刊于《孔子研究》1996 年第 4 期）

---

① 张岱年：《中国哲学大纲》，中国社会科学出版社，1982 年，第 585 页。

# “儒教”的内容与形式

## ——《论语》中的“戒”“慎”“畏”

张丰乾（中山大学哲学系）

本文原题《〈论语〉中的“戒”“慎”“畏”》，初稿曾提交于《中国社会科学》编辑部、华东师范大学中国现代思想文化研究所主办的“首届中国社会科学青年哲学论坛”，上海·华东师范大学闵行校区，2016年4月16—17日。全文发表于《古典研究》2016秋、冬季合卷/总第二十七、二十八期。

此次刊发，再作修改和润色，以庆贺冯达文先生从教50周年。

——题记

## 一、君子有三戒

说到“戒”，今日之读者首先会想到戒律、戒条等，这似乎是一个宗教系统中必备的要素，宗教的信徒需要奉行某些戒律和戒条[①]。《说文解字》："戒，警也。从廾持戈，以戒不虞"。在《五经》之中，"戒"的基本含义也是警惕和戒备，但不仅仅是指个人的精神状态，而是包括警戒的制度和纪律[②]；而在祭祀、会盟等重要活动及典礼之前的沐浴更衣，不食酒肉，不与妻妾同寝等，以表虔诚庄重的行为，则称为"斋戒"[③]。在《论语》中，孔子讲到的"戒"，主要是指精神层面的戒备、警惕[④]。最明显的就是"君子有三戒"：

> 孔子曰："君子有三戒：少之时，血气未定，戒之在色；及其壮也，血气方刚，戒之在斗；及其老也，血气既衰，戒之在得。"（《论语·季氏》）

孔子讲到无论是"少""壮"还是"年老"，关于"戒"都有一个生理上的基础——血气。"血气"看起来像是一个医学上的概念，事实上儒家在思想层面特别强调血气的状态不同，导致了人的精神状态的差异，所以在人生的各个阶段都各有所戒。朱熹以为：

> 血气，形之所待以生者，血阴而气阳也。得，贪得也。

---

① ［唐］玄应所撰《一切经音义》十四："戒亦律之别义也，梵言三波罗，此译云禁，戒亦禁义也。"（"戒"在汉传佛教是对梵文 śīla 的意译，śīla 又音译为"尸罗"。）

② 《诗经·大雅·抑》："质尔人民，谨尔侯度，用戒不虞。"《尚书·虞书·大禹谟》："益曰：'吁！戒哉！儆戒无虞，罔失法度。'"《周礼·地官司徒》："凡其党之祭祀、丧纪、昏冠、饮酒，教其礼事，掌其戒禁。"《周易·萃卦·象传》："君子以除戎器，戒不虞。"《春秋左传》桓公二年："文物以纪之，声明以发之，以临照百官，百官于是乎戒惧，而不敢易纪律。"

③ 《礼记·王制》："天子斋戒受谏。""百官斋戒受质。"《礼记·坊记》："七日戒，三日斋，承一人焉以为尸，过之者趋走，以教敬也。"

④ 《尔雅·释训》："兢兢、憴憴，戒也。"

随时知戒，以理胜之，则不为血气所使也。范氏曰：“圣人同于人者血气也，异于人者志气也。血气有时而衰，志气则无时而衰也。少未定、壮而刚、老而衰者，血气也。戒于色、戒于斗、戒于得者，志气也。君子养其志气，故不为血气所动，是以年弥高而德弥邵也。”（《论语集注》卷八）

“血气”，是构成形体的两种质料，是生命的物质基础，之所以要求“戒”，在朱熹看来，就是因为人会被“血气”所驱使，所以要时时懂得戒备。在《论语》中，并没有明确提到“理”，孔子只是说出在不同的阶段有不同的戒的内容，而朱熹进一步讲到“以理胜之”的方法。范祖禹认为圣人和一般人的相同点是有“血气”，不同点是圣人有“志气”。“血气有时而衰，志气则无时而衰也。”也就是说，人的意志所统帅的这种“气”是不会衰竭的。“少未定、壮而刚、老而衰者，血气也。”这里强调的是生理意义上的血气，所以“戒于色、戒于斗、戒于得者，志气也”。范祖禹强调君子能养护其志气，所以不为血气所左右，年龄越大，其德行会越好[①]。有人问起《论语集注》中引范氏说血气、志气之辨的缘由，朱熹回答说：“到老而不屈者，此是志气。”[②]而对于谢良佐把“血气”看作“气质”，朱熹则评论说：“气，只是一个气。便浩然之气，也只是这个气，但只是以道义充养起来。及养得浩然，却又能配助义与道也。”[③] 由此实现了孔孟思想

① 有关“气”的理解，当代学者也有很多分歧，比如“气”是不是一种精神状态，“气”是不是一种动力和能量（physical energy）等。也涉及中国哲学的术语如何翻译的问题。李存山先生认为：“‘气’概念有物理、生理、心理、伦理、哲理等几个层次的含义（简言之，可谓“一气涵五理”）”。（李存山：《“气”概念的几个层次意义的分殊》，《哲学研究》2006 年第 9 期。李先生著有《中国气论探源与发微》，北京：中国社会科学出版社，1990 年。）

② 《朱子语类》卷四十六。

③ 《朱子语类》卷四十六。

的汇通。

但是在孔子那里，只是说到在少年、壮年、老年都各有所戒，并没有讲到人的年龄越大，就可以德行越好。这里的一个关键是对“得”的理解。在朱熹看来，“得”即“贪得也”。有的人在年长以后心胸日益开阔，不会患得患失；但另外也有些人，年龄越大就越是贪得无厌。所以孔子强调一生都需要“戒”，即保持警醒和对自己进行约束，但不同的年龄阶段，戒的内容各有不同，这就是君子之“三戒”。

这里需要注意的另外一个问题是，古人在用数词的时候，往往也是举其大概。因此，值得探讨的是，“三戒”是一个完全的概括，还是有另外的可能？这里从字面的少年、壮年和老年来看，似乎“三戒”是具体的，排除了其他的可能。换言之，孔子讲到“三戒”的时候，涵盖了人的一生，正是因为这样，所以朱熹才解释为“随时知戒”，就是说无论在少年、壮年还是老年，“戒”都是不可或缺的。

那么，“戒”的根据何在？在《论语·季氏》所记载的这段话里面，孔子并没有明确说出为什么要戒，他只是提到戒是因为血气会导致不稳定的状态，“未尽”是不足的状态；“方刚”是充盈扩张的状态；“衰退”则是血气不足的状态。正是因为这三个方面都有可能引发事端，所以人需要警惕，需要时刻自“戒”。孔子在这里强调人的精神状态是由血气决定的，正是因为在人生的每个阶段血气都会导致不平衡状态，所以要时刻警惕。从这句话本身来看，我们并不能找出更高的宗教意义上的意涵，但是孔子所强调的“戒”是贯穿终生而又和不同的生理阶段相对应，且各有侧重的。

“戒”并非只是个人的精神生活，在社会领域也不仅仅是防范，还包括告诫。《论语·尧曰》篇记载了孔子“尊五美，屏四恶”的从政理念，其中“不戒视成”被当作“四恶”之一：

子张曰：“何谓四恶?”子曰：“不教而杀谓之虐；不戒视成谓之暴；慢令致期谓之贼；犹之与人也，出纳之吝，谓之有司。”(《论语·尧曰》)

《尧曰》是《论语》中一篇很特殊的章节，在这一篇里面，一部分内容是孔子讲的话，但是也有一部分可能是古代流传下来的格言。朱熹认为这些格言在形式上和孔子之言有区别，而思想实质并无二致[1]，在上面这段对话中，子张向孔子请教怎样处理政治事务的问题，孔子的回答是“尊五美，屏四恶，斯可以从政矣。”“四恶”之中“不戒视成”既包括不予告诫和约束，也包括没有及时警戒和防备，这是在政治的意义上而言。

但是，佛教的挑战，使得儒家如何看待“戒”的问题比较迫切。元世祖时，儒学名臣廉希宪以“孔子之戒”与佛教徒所受的戒律相抗衡[2]：

时方尊礼国师[3]，帝命希宪受戒，对曰：“臣受孔子戒矣。”帝曰：“孔子亦有戒耶?”对曰：“为臣当忠，为子当

① 林恭甫问：“《论语》记门人问答之辞，而《尧曰》一篇乃记尧舜汤武许多事，何也?”曰：“不消恁地理会文字，只消理会那道理。譬如吃饭，碗中盛得饭，自家只去吃，看那滋味如何，莫要问他从那处来。《尧曰》一篇，某也尝见人说来，是夫子尝诵述前圣之言，弟子类记于此。先儒亦只是如此说。然道理紧要却不在这里，这只是外面一重，读书须去里面理会。譬如看屋，须看那房屋间架，莫要只去看那外面墙壁粉饰。如吃荔枝，须吃那肉，不吃那皮。公而今却是剥了那肉，却吃那皮核!”(《朱子语类》卷一百二十)

② 对于廉希宪的关注，得益于周春健教授在中山大学哲学系“阁楼上的光”系列读书会（2015年4月22日）上所做的报告《元西域人廉希宪与孟子学》。

③ 《元史·本纪第九·世祖六》：“九月壬辰朔，命国师益怜真作佛事于太庙。”

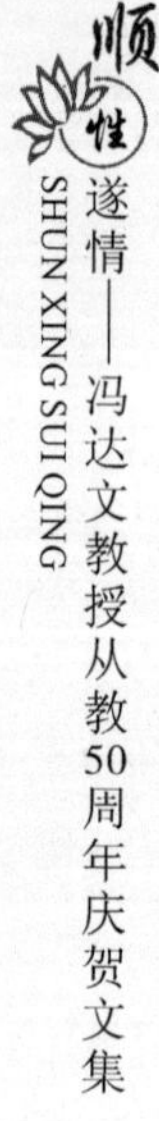


孝，孔子之戒，如是而已。”（《元史·卷一百二十六·列传第十三·廉希宪》）

显然，孔子所说的“三戒”是针对个人的生命历程而言。而廉希宪则把“忠孝”当作孔子之戒——所应尽的义务和所应遵守的戒律之间也的确有可通之处。

就其本人而言，孔子很多时候又是把“戒”和“畏”结合起来讨论的，其中则有宗教的意涵。

## 二、君子有三畏

“三戒”之外，孔子又讲到有“三畏”：

> 孔子曰：“君子有三畏：畏天命，畏大人，畏圣人之言。小人不知天命而不畏也，狎大人，侮圣人之言。”（《论语·季氏》）

“三戒”和“三畏”同样有数词“三”，这里的“三”似乎是表示强调最重要的内容，而并非意味着归纳了所有的方面。孔子所讲的“三畏”的内容是：“天命”“大人”和“圣人之言”，对此朱熹的解释是：

> 畏者，严惮之意也。天命者，天所赋之正理也。知其可畏，则其戒谨恐惧，自有不能已者。而付畀之重，可以不失矣。大人圣言，皆天命所当畏。知畏天命，则不得不畏之矣。侮，戏玩也。不知天命，故不识义理，而无所忌惮如

此。尹氏曰："三畏者，修己之诚当然也。小人不务修身诚己，则何畏之有?"（《论语集注》卷八）

在朱熹看来，"天命者，天所赋之正理也。""大人圣言，皆天命所当畏。知畏天命，则不得不畏之矣。"这里是说大人和圣人都是天命的承载者。按照朱熹的解释，畏天命、畏大人和畏圣人之言都统一于天命可畏的问题。"畏"即畏惧，朱熹解释为"严惮之意"。"知其可畏，则其戒谨恐惧，自有不能已者。"是指明白"畏"的对象非同小可，自然就会戒备、谨慎、小心而且不会停止。"付畀之重"是指上天给我们的使命，或者说是上天赋予我们的本来是善的这种天性，是郑重而不能轻忽的。天命即上天之命，之所以称之为"命"就是因为包含了不可违抗的意思，是一种最根本的法则，所以不能够违抗，并且要畏惧。大人，按照我们现代可以接受的说法，就是指古代历史上伟大的人物，伟大的人物首先是指其有很崇高的地位的人，也就是说，我们对于伟大的人物，应该有畏惮、敬畏之心。关于圣人之言，孔子讲到的一方面是命，一方面是人，另外一方面是言，而且孔子在这里所讲到的命、人和言都不是普通意义上的内容，这里的命是天命，人是大人，言是圣人之言。圣人之言要畏惧，之所以要畏惧的原因就在于天命是最终的根据，大人是人类社会中最伟大的人物，圣人之言也就可以说是最精粹的言论。我们可以作进一步的思考，无论是天命也好，大人也好，圣人之言也好，实际上都体现了一种对一般人的威慑作用，对一般人都有教化的作用，而天命决定了人之为人的根据。因此，孔子认为对这三个方面需要有自觉的畏惧[①]。

有一个问题值得讨论——如果说有“畏”的意识的话，那么其后果是什么？或者说，“畏天命”“畏大人”和“畏圣人之言”，会带来什么样的后果？对于这个问题，孔子并没有提供具体的解释，但是他说出了相反的情况来予以说明，即“小人不知天命而不畏也”，小人不畏天命，就会以自己的主观意志胡作非为，无所忌惮，“狎大人”是指不尊重伟大的人物，“侮圣人之言”即轻侮圣人的言论，以侮辱性的态度来对待圣人讲过的话。按照孔子的说法，如果在这三个方面都不知所畏的话，就会沦落为小人。尽管孔子没有直接告诉我们，“畏”这三个方面会给我们带来什么样的好处，但是他说假如不畏的话，会产生怎样的效果，或者说小人对这三个方面都不会敬畏。“畏”的反面是“不畏”，乃至于“狎”，这和后面讲到的内容相联系：“小人不知天命而不畏也，狎大人，侮圣人之言。”对于“不畏”，朱熹的解释为“无所忌惮”，尹焞的解释是“小人不务修身诚己，则何畏之有？”假如一个人对最根本的天命、最伟大的人物以及最精粹的言论都没有一点敬畏之心的话，那这个人一定是无所不为、肆无忌惮的人。正如冯达文先生所论：

> 孔孟思想所表现的“主体性”，是在与社会的恶的变迁的抗争中凸显的。古代即便是圣贤也都明白自己生存于天地

① 廖名春教授认为：“从古训材料看，从《论语》一书的语言内证看，特别是从孔子的思想性格看，《论语·季氏》篇‘君子有三畏’章的诸‘畏’字只能训为‘敬’，训为‘敬重’，而不能训为‘惧’。即便训为‘既敬且惧’或‘由敬生畏’，也必然会导致歪曲孔子的思想。”（廖名春：《孔子真精神——〈论语〉疑难问题解读》，贵阳：孔学堂书局，2014年，第120页。）然而，《论语·先进》篇所言“子畏于匡”之“畏”显然不是“敬重”之意。“敬”与“畏”固然可以互训，但是毕竟侧重点不同，《中庸》有言君子“戒慎恐惧”，正说明“恐惧”的必要。

> 宇宙中。孔子说要“畏天命”（《论语·季氏》），称“获罪于天，无所祷也”（《论语·八佾》），此都表明他对“天命”、对天地宇宙仍然深怀敬畏之情。及《易传》《礼记》《吕氏春秋》把“天命”——天地宇宙的变迁，展示为一气化生、阴阳消息、四时轮替和五行生克而建立起宇宙论，并直接从对宇宙生化的敬仰、敬畏与敬祈中引申出道德信念时，我们不仅不能指摘它减杀了心性主体性，反倒以为它使人的价值信念走出主体情感走向天地宇宙凭借着“存在论”的支撑而更有助于获得普遍有效意义。①

回到《论语》中来讲，畏天命、畏大人和畏圣人之言有没有可能成为孔子所说的君子有三戒的根据？

这里可以将天命和血气联系起来，因为人的血气是先天得来的，人的血气可能会出现不足和过头的情况，所以无论在人生的哪个阶段都要有所戒备。孔子这里所说的“畏”的问题，和儒家的宗教观念的问题相关联，任何一种宗教观念中都会有敬畏之心，这种敬畏之心多是因为面对宗教的教主。对此，我们可以思考一下佛教中所谓的“皈依三宝”的问题，按照天命的说法，大概可以认为天命相当于佛；圣人之言就相当于法；大人相当于僧，主要起引导作用。也就是说，可以作为生命根据的，除了天命以外，还有一些伟大的人物和精粹的圣人言论可以凭借。

同时，我们也可以思考一下，如果孔子所主张的学说也是一种宗教的话，那么他的信仰的最高对象就应该是天命，大人就足以成为我们敬畏的对象，大人的言行则足以成为我们在德行上的

---

① 冯达文：《走在学思的路途上》，载于刘笑敢主编：《中国哲学与文化》（第九辑），桂林：广西师范大学出版社，2011年。

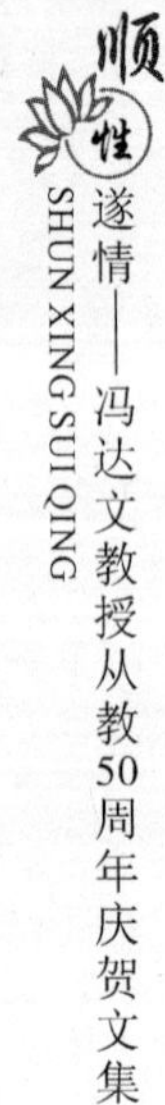


榜样，圣人之言就可以成为我们日常生活中的指导原则。也就是说，从实际的层面上来讲，孔子的这种主张，和宗教的内在教理是大体一致的。如果我们硬要说儒学是一种宗教的话，那么这个宗教表现出来的无疑是一种很柔韧的形态，并没有对人进行很强硬的要求。在孔子那里，更多的是通过君子和小人的区别，来肯定君子所具有的自觉性，很自主地敬畏天命、敬畏大人和敬畏圣人之言，而小人则恰好与此相反。这是儒家思想中的一个重要内容。

当然，我们可以认为这种主张会导致一定程度上对“大人”的神化，导致偶像崇拜和思想的禁锢，但是从另外一个角度来讲，只要有这三个方面的主张，就一定会变成对思想的禁锢，一定会引申出所谓的偶像崇拜的内容吗？或者我们可以从另外一个角度来思考，尽管孔子推崇周公，但他没有说到具体的大人是指谁，圣人之言又是指谁的言论及怎么样的言论？在孔子心目中，大概“大人”也不是指某个特定的人，“圣人之言”大概也不是指某个具体的人的特定言论，即使在儒家的道统体系内，“大人”和“圣人”都是复数。

总的来说，孔子这里所主张的“三畏”，在实际意义上，是具有宗教功能的，但是其表现形态相对来说又是一种哲理化、格言式的形态。

与此相关有一个很有意思的问题是孔子在《子罕》这一章讲到的后生可畏的问题。

## 三、后生之可畏与不足畏

孔子“信而好古”，但是对于“后生”，却充满期待而又不忘告诫：

子曰："后生可畏，焉知来者之不如今也？四十、五十而无闻焉，斯亦不足畏也已！"（《论语·子罕》）

孔子言后生年富力强，足以积学而有待，其势可畏，安知其将来不如我之今日乎？然或不能自勉，至于老而无闻，则不足畏矣。言此以警人，使及时勉学也。曾子曰："五十而不以善闻，则不闻矣"，盖述此意。尹氏曰："少而不勉，老而无闻，则亦已矣。自少而进者，安知其不至于极乎？是可畏也。"（《论语集注》卷五）

孔子在前面讲到了"三畏"，那这里的"后生可畏"并不能看成是继"三畏"之后的第四畏，因为"后生"毕竟不能与"天命""大人"和"圣人之言"直接相提并论；但是，"后生"又是"天命""大人"和"圣人之言"的未来承担者或者体现者，甚至能超过年长者，而成为"天命""大人"和"圣人之言"在当下的承担者或者体现者。故而，"后生可畏"与"亦不足畏也已"是两个可能的方面。对此，朱熹的解释是"孔子言后生年富力强，足以积学而有待，其势可畏。"强调后生之年富力强所具有的那种发展势头，他们完全可以通过学习和积累而取得很大的发展和进步。这种发展势头是值得敬畏的，没有人能预测到他们能发展到什么样的高度，所以"安知其将来不如我之今日乎？"后面讲到"然或不能自勉，至于老而无闻，则不足畏矣"。就是说假如自己没有努力，到了四五十岁的时候也无所闻达，这样就"不足畏"了。

这里一方面鼓励后生不断努力，就有超越先圣的可能；另一方面也告诫年轻人，不加努力就不会成为有所成就的人。对此，

曾子说到“五十而不以善闻，则不闻矣”，这里的“善”不一定是德行上面的成就，可能包括所有的领域，这里是指一个人如果在五十岁的时候还没有什么建树的话，那么大概就没有什么闻达的可能了。

尹焞的解读是“少而不勉，老而无闻，则亦已矣。自少而进者，安知其不至于极乎？是可畏也。”相对而言，朱熹的解释比较含蓄，或者说较为平淡，他只是说后生年富力强足以积学而有待。尹氏强调的是后生可以自少而进以至于极致，也就是成为大人，或者是进而成为圣人。在古籍原典中，可以明显地看出孔子很推崇古代的风尚，但是这并不是说，孔子认为古代的一切都是不可超越的。把孔子讲到的“三畏”和这里的“后生可畏”联系起来，并结合尹氏的注解来理解的话，这种说法是可以接受的。就是说后生之所以可畏，并不仅仅在于后生的年富力强，后生真正的可畏之处在于虽然他们很年轻，但他们在将来可能会成为了解天命、承载天命并跻身于圣人行列的人。孔子也明确地讲到，“四十、五十而无闻焉，斯亦不足畏也已！”这实际上是告诫年轻人要有紧迫感。这里也可以看出孔子是非常注重对年轻人的鼓励和引导，并且对未来也是非常有期待的。

## 四、“子畏于匡”

另外一种“畏”，也是现在所谓的“畏”的常见用法，就是面临危险的时候产生的戒备心，或是由于危险情势而引起的畏惧，孔子一生坎坷，但是“畏于匡”的情形似乎比较严重。

> 子畏于匡。曰：“文王既没，文不在兹乎？天之将丧斯

文也，后死者不得与于斯文也；天之未丧斯文也，匡人其如予何?”（《论语·子罕》）

畏者，有戒心之谓。

道之显者谓之文，盖礼乐制度之谓。不曰道而曰文，亦谦辞也。兹，此也，孔子自谓。（《论语集注》卷五）

子畏于匡，颜渊后。子曰：“吾以女为死矣!”曰：“子在，回何敢死!”（《论语·先进》）

“子畏于匡”是后人的一个记述，就是说孔子及其部分弟子在匡这个地方被人围困，在这样一种困境下，孔子讲道一句话："文王既没，文不在兹乎？天之将丧斯文也，后死者不得与于斯文也；天之未丧斯文也，匡人其如予何?”如何是“天不丧斯文”，最要紧的就是因为在每一个时代，当其文化岌岌可危的时候，总有一些伟大的人物出来承担传承和发扬这样的文化命脉。

这一点可以和天命联系起来理解，这里提到的匡人，就是因为其不知天命，所以不知道畏天命，也不知道畏大人和圣人之言，所以想轻率地加害于孔子。对此，孔子对自己的成就的期待和对自己的信心就在于“文王既没，文不在兹乎?”就是说文王去世以后，难道就没有一个人来作为周文化的承担者吗？“天之将丧斯文也，后死者不得与于斯文也”假如上天要这种文化灭亡的话，那么后来的人就没有机会，也不可能了解到这个文化和传统。我们知道，在人类历史上，有很多文明传统是断绝了的，现在我们可以思考这样一个问题，那么多的文明传统为什么会灭绝呢？为什么只留下一些历史的遗物或者只是在考古的意义上存在？关键在于有没有出现被视为天命的承担者、倡导者、践行者

的宗师。

如果没有圣人之言的话，思想有没有可能成为历史？做进一步思考，历史之所以是历史，表面上看起来，似乎历史是从未间断的，是不停地延续下来的，为什么任何一个门类的历史留下来的都是大人物的思想和言论？就在于这些伟大的人物，做出了空前绝后的事情或者说很卓越的贡献，这些事情是完全创造性的，是别人不能够模仿的，是对历史的前进方向有所影响的。自然，他们多把自己看成是天命的承担者，好像他们所做的事情有必然性。但无论如何，这些伟大的人物，他们的所作所为是历史之所以成历史的奠基者。进一步讲，假如没有这些伟大的人物和宝贵的经典，没有这些圣人之言的话，那么历史很快就会断绝，很快就会湮没。比如历史上的玛雅文明，为什么会突然中断？而其他的一些文明，为什么遭遇了那么多的苦难和灾祸，还能传承于世、绵延不绝？关键就在于两个因素："大人"和"圣人之言"（经典）。假如有这样的伟大人物和宝贵经典，那么无论遭受多大的灾难，这种文明也能延续下去。

"子畏于匡"这一段涉及另外一个问题，孔子作为一个读书人，一个思想家，当他在被匡人围困的时候，众寡相对、文武相抵，但是更为宝贵的是孔子在这样一种境遇里面表现出来的一种历史意识，他在现实当中遇到这么多危险，遇到这样大的困难，但是他观察问题始终是从历史的角度，他把自己看成是周代文化的传承者。所以他感叹，如果上天不让这种文化的传承灭亡的话，"匡人其如予何？"这里有两层含义，一是匡人的确不能够加害于他，因为孔子还肩负着文化传承的使命；另一方面可能是孔子觉得他个人遇到的这种危险就是整个周文化传统所面临的危险。这是孔子的信心的来源。

这里值得注意的一个问题是关于"文"的解释，对此，朱熹的解释是“道之显者谓之文”，道本来不是显性的，但是它显现出来便是某种文化传统。更具体地说，“文”就是“礼乐制度之谓”。这里再次突出经典的关键性作用，经典是礼乐制度的载体，同时经典的传承也需要孔子这样的人的努力。朱熹的另一个解释是“不曰道而曰文，亦谦辞也”，但笔者认为这里不一定是谦辞，因为“文”本身有一个很高的定位。文王的谥号是在文王去世之后追封的，在谥法之中，“文”的定位是经天纬地之谓文，因此不见得孔子在这里把“文”用作谦辞。但是无论如何，这里体现出孔子的一种使命感，在他看来，作为这种使命的承担者，面对具体的现实意外和危险，孔子觉得是不足以虑的，这是“畏”的另外一个方面。

关于匡人为什么加害于孔子，恰好就在于他们不知天命，所以才不知畏天命，不知畏大人。假如从后生可畏的角度来解读的话，当把文王定位为先人，那么孔子相对于文王来说固然是后生，所以孔子讲后生可畏也有一定的自诩味道，他把自己定位为文王的后来者，有责任去传承这个文化传统，而且也完全有能力承担这样一个使命。这是关于天丧斯文和未丧斯文的问题。这里我们先看一些背景性的材料，《史记·孔子世家》记载：

> 将适陈，过匡，颜刻为仆，以其策指之曰：“昔吾入此，由彼缺也。”匡人闻之，以为鲁之阳虎。阳虎尝暴匡人，匡人于是遂止孔子。孔子状类阳虎，拘焉五日，颜渊后，子曰：“吾以汝为死矣。”颜渊曰：“子在，回何敢死！”匡人拘孔子益急，弟子惧。孔子曰：“文王既没，文不在兹乎？天之将丧斯文也，后死者不得与于斯文也。天之未丧斯文也，匡人其如予何！”孔子使从者为宁武子臣于卫，然后得去。

孔子将要到陈国去，路过匡地，颜刻为孔子驾车。这里的颜刻有人认为是孔子的弟子，也有人认为只是孔子临时雇佣的车夫。在驾车的过程中，颜刻就拿着鞭子指着一个方向对孔子说："我上次就是从这个缺口进入匡的。"结果是"匡人闻之，以为鲁之阳虎。阳虎尝暴匡人，匡人于是遂止孔子。孔子状类阳虎，拘焉五日。"这里是两个方面引起了误解，一个方面是颜刻的言行给匡人造成了误会，另一方面是因为孔子的相貌酷似阳虎。所以匡人在看到孔子的时候误以为是阳虎来了，把他当仇人一样对待，将孔子围困了五天。在孔子被围困之前，颜渊和孔子失散了，后来团聚的时候，孔子说道："吾以汝为死矣。"这实际上说明了孔子非常担心颜渊的安危，对此，颜渊的回答是："子在，回何敢死！"尽管后来的结果确实是颜渊先于孔子而英年早逝。

到后来，孔子被围困的境遇越来越严峻，孔子的弟子都非常畏惧。最后孔子"使从者为宁武子臣于卫，然后得去。"宁武子是卫国的大夫，在《论语》中孔子对他给予了很高的评价——"愚不可及"，是孔子很欣赏的一个人，所以孔子派遣自己的弟子到宁武子那里进行疏通，因此危难很快被解决。

这里关系到两个方面的问题，一方面是孔子有这样的信心，或者说孔子借机说出了自己平时不敢讲出的志向，因为在平时孔子都是慎言慎行、小心翼翼的；另一方面说明孔子即使在面临危难的情况下，也是能够找到有效的解决办法的。在《论语》中记述孔子厄于陈蔡的时候也抒发了自己的感慨，借机表达自己的志向，孔子对子贡的外交才能是很有信心的，所以在那一次孔子派遣子贡到楚国去，最后危难得到解决。这也是孔子和一般的思想家不同的地方，他不会只是空发议论，而是能采取有效的措施解决困难和危机，以至于为后人津津乐道[①]。孔子在平时讲话都是很谨慎的，在这样极其危险的情况下，他把自己最根本的追求、最远大的志向，或者说最自负的一面能够表达出来，这是我们以后人的角度作为着眼点的概括。

## 五、“子之所慎”

对于“慎”的理解，我们现在一般理解为谨慎、小心，而“慎”在古代还有重、神和顺的意思，之所以小心谨慎，就在于非常重视；对一个事物看得很神圣，所以很谨慎；慎和顺也可相互通用，重视某事物，把某事物看得很神圣，自然就会顺从它[②]。

来看一下《论语》中关于“慎”的具体内容：

> 子之所慎：齐、战、疾。（《述而》）

这里，“齐”，通“斋”。指出了孔子所慎重的三个方面——斋、战、疾。对此，朱熹的解读是：

> 斋之为言齐也，将祭而齐其思虑之不齐者，以交于神明也。诚之至与不至，神之飨与不飨，皆决于此。战则众之死生、国之存亡系焉，疾又吾身之所以死生存亡者，皆不可以不谨也。尹氏曰：“夫子无所不谨，弟子记其大者耳。”（《论

① 专门的讨论，参见陈少明：《“孔子厄于陈、蔡”之后》，《中山大学学报》2004 年第 6 期。

② 参见拙文《慎独新说》，收入方克立主编：《中国传统哲学的现代诠释》（第 12 届国际中国哲学大会论文集之二），北京：商务印书馆，2003 年。

语集注》卷四）

不难发现，“斋”和“齐”（齐）的字形是非常相近的，这两个字在古书当中也被经常通用。但是在这里朱熹解释为“齐”，意思就在于当人面对神灵的时候头绪不能纷乱，要保持思想整齐，所以他说：“诚之至与不至，神之飨与不飨，皆决于此。”就是说人的真诚是不是很完备，有没有缺憾，神灵会不会接受人的祭祀，都取决于思绪的齐与不齐。这实际上也是一种斋，斋首先是一种身体上的净化，最起码的是沐浴斋戒，沐浴意在洁净自身，通过身体的洁净进一步使得思绪整齐、内心平和，在这样一种状态才有可能交于神明。换个角度来看，人之所以要斋戒，也反映出了人对神明的“畏”，正是由于“畏天命”、畏神明，所以才会斋戒。

“战则众之死生、国之存亡系焉”，为什么在孔子看来，战争也是需要非常小心谨慎的方面呢？正是因为战争是关系到很多人的生死和国家存亡的大事。而“疾”则与自身的生死存亡息息相关，所以一定要很谨慎。后面尹氏讲道：“夫子无所不谨，弟子记其大者耳。”这里我们需要进一步深入思考一下，为什么斋、战、疾是非常重要的事，需要很谨慎地对待？

邢昺《论语正义》，对此进行了比较平实的解读：

> 此一章记孔子所慎之行也。将祭，散斋七日，致斋三日。斋之为言齐也，所以齐不齐也，故戒慎之。《左传》曰：“皆陈曰战。”夫兵凶战危，不必其胜，重其民命，固当慎之。君子敬身安体，若偶婴疾病，则慎其药齐以治之。此三者，凡人所不能慎，而夫子能慎之也。（《论语正义》卷七）

《论语正义》中的这段话讲到，将要祭祀之前，需要“散斋七日，致斋三日”，就是说总共有十天的斋戒期。“斋之为言齐也，所以齐不齐也，故戒慎之。”这里对斋的解释与朱熹的解释相类似，强调思虑要整齐，这里邢昺引用了《左传》中的一句话解释战——“皆陈曰战”，就是说把全部的军队都陈列开来就叫作“战争”，这就意味着很多人的伤亡，所以他说“兵凶战危，不必其胜，重其民命，固当慎之”。强调战争是很危险的，其目的不是一定要追求胜利，而是要以老百姓的生命为重，所以一定要谨慎。另一方面，“君子敬身安体，若偶婴疾病，则慎其药齐以治之。”所以对待疾病也需要小心谨慎。

换一个角度看，斋、战、疾其实是人类精神生活的三个不同层面，“斋”是面对神和人，包括鬼和人的关系；“战”是面对自己的敌人，就是说在与敌人发生战争的时候必须要很谨慎；后面讲到的“疾”是针对人自身，是自身的健康或者疾病状态。这其实和我们前面讲到的人在不同的阶段有不同的戒备，即可以将“三戒”与这三个方面以及“三畏”对应起来理解。

我们可以先看一下这三个方面是不是没有遗漏，显然，从少年经过壮年到老年是一个持续的过程；而大人、圣人之言和天命则可以看作是一个大致的并列关系，大人之所以大就在于他们是天命的承担者，圣人之言之所以值得敬畏就在于圣人之言是对天命的表述；但是鬼神和人自身、人自身和敌人之间的关系与前面两种状况是非常不同的，基本上可以看成一个从自身的安危出发的逐步扩大的过程。孔子之所以对这三个方面如此谨慎，就是因为这三者之间有很强烈的对比关系，人自身的安危或是健康疾病，与敌人之间的生死存亡冲突以及人与鬼神之间的差距对比。正是因为这种差距非常明显，或者说这种对立非常尖锐，其后果都是牵涉到死生存亡的问题，所以要特别地谨慎。当我们将戒、

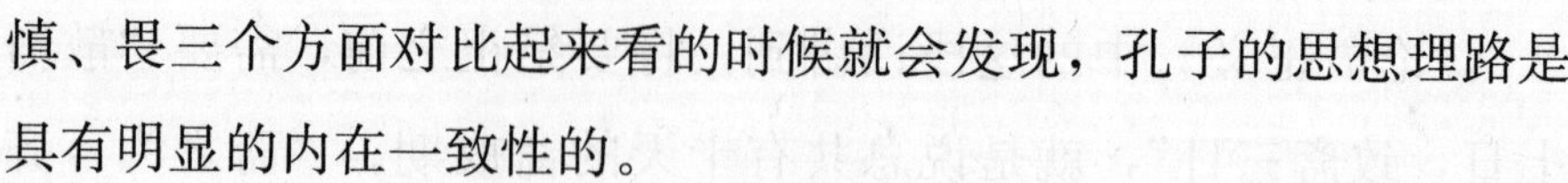

慎、畏三个方面对比起来看的时候就会发现，孔子的思想理路是具有明显的内在一致性的。

## 六、言不可不慎

在《论语》中，孔子以不同方式强调要慎言：

> 子曰："君子食无求饱，居无求安，敏于事而慎于言，就有道而正焉，可谓好学也已。"（《论语·学而》）

为什么在言语方面要非常得谨慎呢？《论语》中讲到孔子的学生南容"三复白圭"，他之所以三复白圭的原因就在于《诗经》中的《大雅·抑》篇讲，"白圭之玷，尚可磨也；斯言之玷，不可为也。"就是说一块玉石上有污点还可以磨掉，但是人讲的话有什么问题是很难收回的，所以孔子一再强调在言语方面要非常的谨慎。这里并不是说孔子主张沉默寡言。这需要结合当时的时代背景来了解，根据孟子的说法，孔子所在的时代是处士横议的时代，所谓的处士就是那些有自己的主张并竭力推行自己主张的读书人，而且是到处发表议论的人。在孔子看来，这些人的言论都是很轻率或者经不起检验和推敲的，包括孔子的弟子中也有很多这样的人，所以他强调一定要慎言慎行。

一个很有意思的现象是，一般那些爱讲大话、讲空话的人，在做事的时候多是懒懒散散、非常迟钝的，所以孔子提出要"敏于事而慎于言"。

孔子也强调"多闻阙疑"：

子张学干禄。子曰："多闻阙疑，慎言其余，则寡尤；多见阙殆，慎行其余，则寡悔。言寡尤，行寡悔，禄在其中矣。"（《为政》）

"学干禄"就是指学习如何通过当官获得俸禄，对于这个问题，孔子告诫子张："多闻阙疑，慎言其余，则寡尤；多见阙殆，慎行其余，则寡悔。言寡尤，行寡悔，禄在其中矣。"孔子的这个回答，乍一看似乎答非所问，实际上孔子是从更根本的层面去告诉子张如何获得俸禄的问题。"多闻阙疑，慎言其余，则寡尤。"就是说尽量使自己的见闻广博，有疑问的地方要暂时存疑，不要轻易妄下论断，在没有疑问的地方，就很小心谨慎地讲出来，如果能做到这一点的话，那么过失自然就会很少。这里的"闻"是指听闻，"见"是指亲眼目睹。"多见阙殆，慎行其余，则寡悔。"是说亲眼目睹很多事情，如果是很危险且没有把握的事情，就不要去做，自己有把握做的事情，要非常谨慎地去做。这里孔子不仅强调"慎言"，同时也强调"慎行"，孔子在另外的地方也讲到谨言和慎行的问题，就是说言语要谨慎，行为要仔细。假如在言行两个方面都保持得很好，那么自然就"禄在其中"了。

我们在解读孔子之言的时候，一方面要思考其时代背景，另一方面也要和孔子的其他思想联系起来，不能只是突出某一句话而把其他的话置之不顾。

关于言语要谨慎的问题，子贡有一个很好的阐发：

陈子禽谓子贡曰："子为恭也，仲尼岂贤于子乎？"子贡曰："君子一言以为知，一言以为不知，言不可不慎也。夫子之不可及也，犹天之不可阶而升也。夫子之得邦家者，所

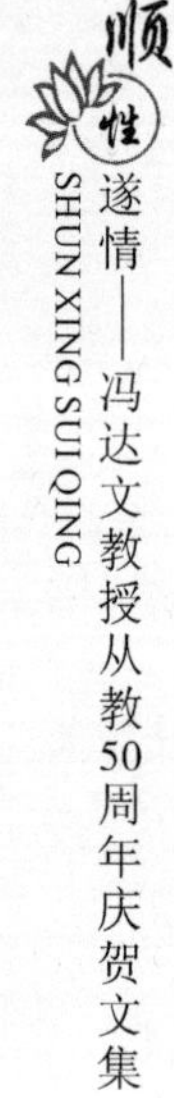


谓立之斯立，道之斯行，绥之斯来，动之斯和。其生也荣，其死也哀。如之何其可及也！”（《论语·子张》）

陈子禽即前面讲到的陈亢，他问子贡说：“你为什么对孔子那么恭敬呢？难道仲尼真的比你更有才能吗？”在孔子的弟子中，子贡确实是一个在多方面都很有建树的难得的人才，所以陈子禽才会问这样的问题。对于陈子禽的问题，子贡的回答是“君子一言以为知，一言以为不知，言不可不慎也。”这里子贡讲到言语要谨慎的理由，就在于别人可能会通过一句话来了解你的才能，同时，别人也能够通过你的一句话知道你的无知。

我们可以思考一下，为什么从古至今，都有那么多人喜欢讲空话、讲大话、讲谎话，就在于他们自认为自己很聪明，自认为自己无所不知。但他们没有意识到，别人恰好能在他们的言论中看到其无知和浅薄。当然，孔子强调慎言，并不是让人不要讲话，只是告诉我们在说话的时候要警醒，那些轻率的言论正好会展现自己的无知。假如你能够知道自己的无知并加以改正，那当然是很好的，但是很多人却自知自己无知却还要滔滔不绝地大讲空话。

所以，子贡回答陈子禽说言语怎么可以不谨慎呢，“夫子之不可及也，犹天之不可阶而升也。”孔子的高不可及就像上天是不可以用阶梯一级一级地爬上去的一样。“夫子之得邦家者，所谓立之斯立，道之斯行，绥之斯来，动之斯和。其生也荣，其死也哀。如之何其可及也！”这里很明显地表现出子贡非凡的语言能力。他说，孔子在众多诸侯国当中，如果国君重用他，他就尽力做事，如果有很好的政策，他就推行自己的主张，如果能让他的理想得到满足，他就会来到这个地方，他的举动都是很平和的，他的一生都是很荣耀的，他的离世是很让人悲痛的事情。所以子贡对陈子禽说，孔子的这些方面我哪能比得上呢？

从这句话的整体上来看，子贡之所以认为语言需要谨慎的原因就在于“君子一言以为知，一言以为不知”，这是慎的一个根据。概括地说，之所以讲慎，是因为慎的具体表现最终都会落实到人的言、行两个方面。在儒家看来，无论是人的语言还是行为，都是不完备的，都容易出现各种各样的问题，容易犯过错。儒家并不像基督教那样告诉人们人生来就是有罪的，人的一生就是赎罪的过程，儒家也并不主张人可以主宰一切，可以改变一切，而是不断地提醒我们，在言行上要小心谨慎，因为我们每时每刻都可能在言行上犯下过失。很多学者把这样一种思想看成人文的宗教，就是说它有一种宗教的意味在里面，即要求每一个人都要时刻警惕反省自己的言行，而另一方面，这种要求又不是命令式的，不是说是神给人的命令，而是一种引导式、启发式的。简言之，从功能上来说，它可能起到了宗教的功能，但是从表达方式上来说，它又是一种哲理化的表达。当然，也可以说，正是因为儒家思想在狭义的宗教方面的功能没有那么强烈，对人的约束力和引导力相对较弱，这也是一个现实。

这里，儒家可能面临着一个两难的选择，假如思想和规约过于温和，对人们的约束力和引导力会很弱，那么假如立场太固定、太僵化的话，又会引起很多的冲突。纵观人类史，我们会发现最尖锐、最难以调和的冲突就是由对立的宗教信仰所引起的。正如杜维明先生所论：

> 这种“极高明而道中庸”的人文精神，和西方现代启蒙心态所代表的世俗的人文主义形成鲜明的对比。因为儒家不排拒天道，又不征服自然，它所体现的是“与天地合其德，与日月合其明，与鬼神合其吉凶”的那种突出涵盖性和包容

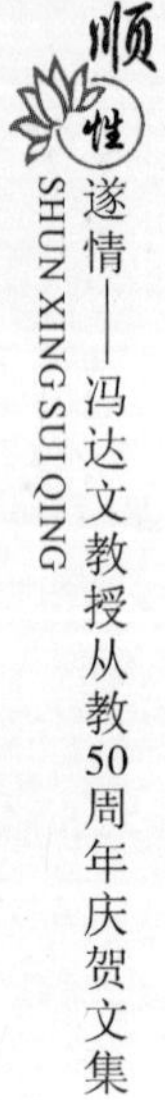


性的人文精神。在比较文明的格局之中，强调儒家人文精神的宗教性，无非是要阐明儒家的人生哲学虽然入世，但却有向往天道的纬度。严格地说，儒家在人伦日用之间体现终极关怀的价值取向，正显示“尽心知性”可以“知天”乃至“赞天地化育”的信念。①

或许，两难的选择之间，儒家也一直在寻求恰当的出路，而孔子作为“先师”的意义，也是被后人所逐步认识的。如陈少明先生所论：

立言、立德同立教相统一，才是孔子成为万世师表的实质。

孔子对人性中美好的一面的体验，对古典文化的精华的承受，同言传身教的传道实践，三者是有机结合在一起的。只有立言与立德，才能立教。②

《论语》所载的孔子对于“戒”“慎”“畏”的强调与申论，处处体现了他悲天悯人的胸怀和“叩其两端”，避免“过犹不及”的中庸之道；亦即“极高明而道中庸”的方法。如果说“儒教”之“教”即以“戒”“慎”“畏”为内容，那么，古典意义上的“教化”之“教”，与现代意义上的“宗教”之教之间，似乎可以找到重叠。

① 杜维明：《儒家人文精神的宗教含义》，见于《杜维明文集》（第三卷），武汉：武汉出版社，2002年，第373—374页。

② 参见陈少明：《立言与行教：重读〈论语〉》，见于刘小枫、陈少明编：《经典与解释》（第3辑），北京：华夏出版社，2004年。

# 情与理之间

## ——孟荀思想的心理治疗意义

李　桦（中山大学哲学系）

## 一、问题的提出

世界卫生组织早在1948年成立之初的《宪章》中就指出“健康不仅是没有病和不虚弱，而且是身体、心理、社会功能三方面的完满状态。”1990年，世界卫生组织对“健康”又有新的阐述，即在躯体健康、心理健康、社会适应良好之外，添加了“道德健康”（moral health）的内容，具体是指个人不能损害他人的利益以满足自己的需要，能按照社会认可的行为道德来约束自己及支配自己的思维和行动，并且具有辨别真伪、善恶、荣辱的是非观念和能力。从“健康”尤其是“道德健康”的角度看，现代社会的心理健康咨询应该可以视为一种文化事件，因为对当

事人行为成因的理解涉及到对其所生存的文化背景的理解[①]。心理学预设的“普遍性”是咨询双方共生共存的文化同一性或文化认同性。只有在中国文化本身的立场上去理解和解决中国人的心理问题才可能是一种有效的解决方案。

从心理学的角度看，如果说科学主义强调外在可观察的行为，精神分析强调个人的欲望，人文主义强调自我和生命的意义，常识心理学（folk psychology）强调人们日常所具有的心理、精神信念和愿望的实在论立场，那么，中国本土心理学则是强调个体心理在社群以及内在精神超越中的安顿[②]，这毋宁是中国式的“常识心理学”。

孔子首先建立了“为己之学”的传统。所谓“古之学者为己，今之学者为人”（《论语·宪问第十四》），又说：“君子求诸己，小人求诸人”（《卫灵公第十五》）。孔子这一传统通过思孟学派继承，在人心的转变与世界的转变相互配合的过程之中，儒家治心的功能，透过高层心理学（height psychology）得以彰显[③]。

有的学者认为，“儒道互补”是中国人的“心灵结构”[④]，我认为，在塑心的功能上面，与道家、佛家相比，儒家是构成传统中国人的文化心理结构的主要力量。孟子和荀子都从自己的立场

---

① 文化实际上影响着我们人格机能的每个方向。我们选择追求的目标和我们如何努力实现它们都受着文化的影响。例如，我们看待成就是根据个人努力还是根据群体合作，以及我们看待成功是根据事业目标还是根据家庭目标，文化对此的影响非常大（Salili，1994）。文化通过我们认为可接受的合适的社会行为标准影响着我们与他人的交往方式。而且明显的是，文化甚至影响到我们生物机能的特性。例如，有证据表明，关于衰老的文化信仰影响着人们老年时经验到的记忆丧失（p. 472－473）。

② 参阅杨国枢：《中国人的心理与行为：本土化研究》，中国人民大学出版社，2004年版。

③ 参阅刘述先：《儒家哲学在心理学上的意涵》本土心理学研究第九期，台湾大学心理系本土心理学研究室编辑出版，桂冠图书公司发行，1998年版。

④ 参阅吴重庆：《儒道互补——中国人的心灵建构》，广东人民出版社，1993年版。

讨论了人格模式的建构。孟子从个人的道德情感出发，建构了一个“万物皆备于我”的德性人格模式；荀子从个体的理性认知功能出发，建构了一个“为者伪也”的人格行为模式。从人格成长的角度看，儒家的修身、精神锻炼乃是一种作为生活方式的哲学①。

从情感出发建构的人格具有宗教情怀和感性的色彩，从认知出发建构的人格模式具有高度的现实性和理性色彩，这两种儒家人格的共同特点都是对于个体的社会生命的担当，对于道德实践的完成，所以是相辅相成的②。在现代人的生存处境之中，人格的情感层面和人格的认知层面是同等重要的。从情感层面出发，一个人可以获得内在结构的稳定性，得到信念；而现实生活有它自己的节奏和方向，从认知层面出发可以建立外部结构的稳定性，得到信心。任何一方面的偏向都会引发个人与自身、个人与他人、个人与社会环境之间的冲突和矛盾。

一个完善的人格系统必须说明个体内部的相关性和稳定性以及行为在不同情境中的可塑性和差异性。它必须包括个体典型的倾向和处于其背后的动力中介过程。此外，它不仅需要接纳社会—认知—动机和情感的决定因素，而且还需要接纳生物学的遗传因素。该系统必须能处理复杂的人类人格和认知—情感动力，意识的或无意识的；“冷的”和“热的”；认知的和情感的；理性的和冲动的——它们构成了个体互相区别的典型的内部状态和外部行为表现的基础③。

① 参阅杜维明著，贾幼华等译：《儒家思想新论——创造性转换的自我》，江苏人民出版社，1991 年版。

② 参阅冯达文《中国古典哲学略述》，广东人民出版社，2009 年版。

③ 参阅李明辉《康德伦理学与孟子道德思考之重建》，台北：“中央研究院”中国文哲研究所，2004 年版，第 97 页。

孟子与荀子的结合，建构了一个内外稳定的人格结构。从孟子到荀子再回到孟子，形成了一个在稳定的人格结构基础上的人格价值内涵，并开出了一条中国人的意义心理治疗体系。在这个体系中生成了对于中国人心理问题的解决方案和咨询师自身的成长方案。

## 二、孟子从情出发的理想人格建构及其内涵

人格结构具有文化的内涵。孟子从情感发生学的角度出发，建构了一个对生命意义、社会、理想价值充满情感投入和坚守的理想人格。

孟子认为，人生来就有一种共同的天赋本性，这就是“不忍人之心”或叫“恻隐之心”，所谓“人皆有不忍人之心”（《孟子·公孙丑上》）。除此之外，孟子认为，“人皆有之”的共同的天赋本性还有“羞恶之心”“恭敬之心”（亦叫“辞让之心”）和“是非之心”。孟子把这四种“心”视为仁、义、礼、智四种道德品质的萌芽：“恻隐之心，仁之端也；羞恶之心，义之端也；辞让之心，礼之端也；是非之心，智之端也。”（《孟子·公孙丑上》）孟子还将此四种“心”视作四种道德品质，认为“恻隐之心，仁也；羞恶之心，义也；恭敬之心，礼也；是非之心，智也。”（《孟子·告子上》）仁义礼智作为人的天性，它体现了人与动物的根本区别，即“无恻隐之心，非人也；无羞恶之心，非人也；无辞让之心，非人也；无是非之心，非人也。”（《孟子·公孙丑上》）因此，善是人的本性中所固有的东西。所谓“仁义之

心”，即是能决定仁义礼智之心，也即能为道德立法的本心[①]。

至于有些人不善良，那是由于他舍弃了这些与生俱来的善良的道德本性，未能很好地保持住它，是“耳目之官不思而蔽于物”（《孟子·告子上》）的结果。因此也有了人与人之间的区别。

孟子曰：“君子所以异于人者，以其存心也。君子以仁存心，以礼存心。仁者爱人，有礼者敬人。爱人者，人恒爱之；敬人者，人恒敬之。有人于此，其待我以横逆，则君子必自反也：我必不仁也，必无礼也，此物奚宜至哉？其自反而仁矣，自反而有礼矣，其横逆由是也，君子必自反也，我必不忠。自反而忠矣，其横逆由是也，君子曰：‘此亦妄人也已矣。如此，则与禽兽奚择哉？于禽兽又何难焉？’是故君子有终身之忧，无一朝之患也。乃若所忧则有之：舜，人也；我，亦人也。舜为法于天下，可传于后世，我由未免为乡人也，是则可忧也。忧之如何？如舜而已矣。若夫君子所患则亡矣。非仁无为也，非礼无行也。如有一朝之患，则君子不患矣。”（《孟子·离娄下》）

君子与常人的区别在于心存仁和礼，对他人有敬爱之心。如果遇到他人的不善，首先要做的是反思自己的行为。同时，作为一个君子，个人生活的目标是尚志，通过居仁由义，达到与自己的和谐。同时，儒家的仁爱是处理人与人交互主体性关系的基本原则，对社会的稳定和谐也具有决定性意义。孟子还很好地区分了“忧”与“患”。从情感的角度看，“忧”与“患”在心理意义上的区别在于，“忧”是一种主动承担的责任，而“患”是不得不面对的具体的危害，是一种焦虑。而焦虑是一种对担忧本身的担忧，是对于压力的反应，而不是对于责任的承担。

---

① 参阅 J. Metcalfe&W. Mischel，“A hot/cool system analysis of delay of gratification：Dynamics of willpower”. *Psychological Review*，106，1991，pp. 3—19.

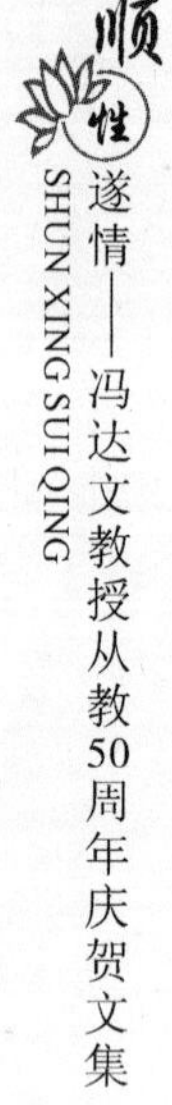


意志品质和个人生活目标是使人与人区别开来的又一个重要的方面。理想人格的个人生活目标是道德的完成，可是，达此目标，其实不易，人的意志品质愈显宝贵。当其世也，“天下无道”的局面毋宁成为常态，所以才有孟子喊出“天下无道，以身殉道”之决绝（《孟子·尽心上》）。孟子曰：“天将降大任于斯人也，必先苦其心志，劳其筋骨，饿其体肤，空乏其身，行拂乱其所为，所以动心忍性，增益其所不能。人恒过，然后能改；困于心，衡于虑，而后作；徵于色，发于声，而后喻。入则无法家拂士，出则无敌国外患者，国恒亡。然后知生于忧患而死于安乐也。”（《孟子·告子下》）

面对困苦的态度最能体现一个人的意志品质。孟子强调人只有通过极端困苦和坎坷的生活磨砺，才能锻炼和造就自己坚韧刚强的优秀品质。在孟子看来，人并不是不能承受苦难和悲伤，关键是是否寻找到承受苦难和悲伤的意义和价值。因此，如果对应到中国式的心理咨询中，此种关于痛苦和悲伤的处理便有其独特的文化内涵。我们不必硬性去消除痛苦，而是强调化悲痛为力量、为精神食粮、为人生的一种经验和财富、为生活目标达成的必要步骤。

那么，如何从个体情感出发，通过转换对待自我的方式来增加个体的主观幸福感呢？

幸福感作为一种个人体验，在本质上是主观的。了解并重视人们如何感受和评价他们的生活，对于一个社会的建构是至关重要的。思想对行为的主导作用表现在人们对自己生活的感受和评价的不同是可以产生不同的幸福感的。在此，孟子的“三乐”从不同的层面揭示了人生的意义即幸福感。

孟子曰：“君子有三乐，而王天下不与存焉。父母俱存，兄弟无故，一乐也；仰不愧于天，俯不怍于人，二乐也；得天下英才而教育之，三乐也。”（《孟子·尽心上》）这“三乐”中第一“乐”表达了个体在完整的血缘关系中的存在，第二“乐”是自己的道德评价与自己的内心体验的关系，第三“乐”则体现了个体把自己的生命放入了时间的延续之中的意义。父母俱存，兄弟无故，则可以行孝，可以齐家，可以有所安慰；不愧于天，不怍于人则可以有自信，有心灵的安顿，有内在谐和和情绪上的平衡。“得天下英才而教育之”则可以在帮助他人成人的过程中体会到个体生命的另一种延续方式，成就一个人，影响另一个个体的生命历程因而是一件有极大成就感和满足感的事业。

如果幸福是一种主观的状态，那么，个体在生活中所经历的事件，有一些会增加我们对于幸福的体验，而另一些则需要我们转换对待自我的方式来获得主观上的调整，从容应对“得志”与“不得志”、“穷”与“达”。达之天下，享受成功之乐，果真未达，则隐退而独善其身，获得人格之乐。

> 孟子谓宋勾践曰：“子好游乎？吾语子游。人知之，亦嚣嚣；人不知，亦嚣嚣。”曰：“何如斯可以嚣嚣矣？”曰：“尊德乐义，则可以嚣嚣矣。故士穷不失义，达不离道。穷不失义，故士得己焉；达不离道，故民不失望焉。古之人，得志，泽加于民；不得志，修身见于世。穷则独善其身，达则兼善天下。”（《孟子·尽心上》）

面对“穷”与“达”，君子具有一种人格的高度稳定性和统一性，同时不放弃自己的生活目标，通过与时势环境相协调，达不离道，穷不失义，这其实是对于理想人格的一种根本的要求。

一旦达而离道或者穷而失义，便会面临价值观的冲突和缺失的心理问题。在现实生活领域，不管是“达”或者“穷”，都可能出现理想中的价值定位与现实处境之间的分离，这时人们就会感受到巨大的心理压力。这也是人格理想在现实社会中如何落实的困惑。如何走出困惑，这就引出了荀子的问题意识。

## 三、荀子——从理出发的社会化与个体的人格建构

孟子突显的是个体的道德情感因素，力图展示人性依其本善而上达天道下通世俗的理想模式，荀子则突显个体人格对生活理解尤其是对社会承担的行为规范，以及这些行为规范如何落实在个人的具体践行上。换句话说，前者是怎样看待人性和自我，后者关注人格如何现实地应对生活，在一个实际运作的心理层面，突出个体人格在现实情景的应变。如果孟子是从情的内在稳态讨论人格的特质，荀子则是从社会心理学的立场讲人格所呈现的状态。从孟子到荀子的心理学内涵实际上也是如何“根据天性和教养、基因和环境如何相互作用而产生可观察到的人格特征”的问题①。一个从观念到行为的过渡，人是观念的动物，也是行动的

---

① “多数人格心理学家似乎倾向于把人格视为相对可塑或相对固定、容易改变成由于基因和/或早期经历而基本稳定。但是相对来说. 关于人格发展可能的边界条件以及关于决定这个或那个发展进程的因素，我们却几乎没有真正的了解。有些人在一段时间内相对稳定，而有些人却变化显著，有些经历至少对多数人有长时间的影响，而有些经历的意义似乎很短暂。偶然事件在人格发展中的作用可能比我们多数人认为的要大得多。在有关“个人—情境”之争中，需要根据个人和情境如何交互作用而导致行为来构架这个问题。同样，在有关“天性—教养”之争中，我们已看到，需要根据天性和教养、基因和环境如何相互作用而产生可观察到的人格特征来构架这个问题。而关于“可塑性—固定性”之争. 我们应该去关注的是，具体经历或治疗程序如何运作而产生改变，至少是对有些个体而不是对另一些个体是这样。我们意识到所提出问题的复杂性，而且因此认识到，只有理解所涉及的过程才能得到我们所关注的问题的答案”。参见L·A·珀文，固榕等译，《人格科学》，华东师范大学出版社，2001年版，第475—476页。

动物，行动使观念有了实践的可能，也成为人的基本的社会活动。

对于荀子而言，当我们说一个人很善良时，并不是指这个人的本性善，而是说一种与情景相配合的适当行为。因此就可以解释在个人身上所出现的善与不善的行为的矛盾性和一致性，也就能够从态度与行为的分离或差异上来理解个体并非完善的存在。荀子所塑造的人格的吸引力在于它源于认知本身，建立在人与环境相匹配的基础之上，纵使高贵，也不会突兀得无法与环境融合。在涉及对他人的理解和个体生命的安置方面，荀子致力于从关注现实及个体的社会适应出发，这也是世界卫生组织的“健康”定义中的“社会适应良好” （good social adaptation）的内容。

在人格的成长和发展上，荀子相信，一步一步的求知和有为才会有助于人格的成长，明确地表明了通过认知建构理想人格乃至理想社会的过程。

《荀子·劝学篇》称：

> 君子曰：学不可以已。青，取之于蓝，而青于蓝；冰，水为之，而寒于水。木直中绳，𫐓以为轮，其曲中规，虽有槁暴，不复挺者，𫐓使之然也。故木受绳则直，金就砺则利，君子博学而日参省乎己，则知明而行无过矣。故不登高山，不知天之高也；不临深溪，不知地之厚也；不闻先王之遗言，不知学问之大也。干、越、夷、貉之子，生而同声，长而异俗，教使之然也。《诗》曰：“嗟尔君子，无恒安息。靖共尔位，好是正直。神之听之，介尔景福。”神莫大于化道，福莫长于无祸。

该篇又称：

> 物类之起，必有所始。荣辱之来，必象其德。肉腐出虫，鱼枯生蠹。怠慢忘身，祸灾乃作。强自取柱，柔自取束。邪秽在身，怨之所构。施薪若一，火就燥也，平地若一，水就湿也。草木畴生，禽兽群焉，物各从其类也。是故质的张而弓矢至焉，林木茂而斧斤至焉，树成荫而众鸟息焉，醯酸而蚋聚焉。故言有招祸也，行有招辱也，君子慎其所立乎！

学习是指个体所获得的一种永久性的变化，这种变化可以是内隐的，也可以表现为外显的行为上的改变，无论是内在还是外在的变化，都需要通过坚持不懈的努力来完成。荀子所谓的“学”，基本上都是指向人的社会化。而人的成长就是一个社会化的过程，社会化是成人过程中最重要的课题。荀子从人生发展和社会化的过程的线索为自我人格的确立给出了一个架构，通过学习如何成人，如何做一个君子，确立自己，认识他人，接受社会影响，与他人互动交往，在理性的层面上解除认知上的困扰，最后能够知乐知天以维护内在的心理平衡①。

社会化的过程是双向的。个体一方面承受社会压力，另一方面又对社会秩序产生潜在的改变。通过社会化，个体得到发展，最终也导致了整个社会的进一步发展。在人生的发展历程中，无

① 对生命的不同时期的社会化及其主要内容的研究中，最有影响的是 E. Erikson 的人的心理的社会发展的八阶段理论。在《儿童期与社会》（1950）一书中，E. Erikson 围绕着人格与社会的发生和发展，描述了个人从婴儿期到老年期的八个阶段中的社会化历程，并指出了每一阶段所需解决的主要问题。在每一个阶段都面临危机与转机并存。如果顺利地解决了该阶段的主要问题，就可以有一种健康的心态去面对下一个阶段，否则，就会在此后的人生中表现出种种不适应、困扰乃至障碍。

论是从个人还是从社会的角度看，一个初生的婴儿终将也必须转变成为一个既能够有效地干预社会又能为社会所接受的人。

《荀子·性恶篇》称："圣人积思虑，习伪故，以生礼义，而起法度。然则礼义法度者是生于圣人之伪，非故生于人之性也。"荀子认为，人是环境的产物，礼义法度是外在的，是圣人所创制，经由人之积习而成的。"化性起伪"是荀子的根本主张。"伪"的作用是控制和调节人的行为，"伪"的结果就是经过社会化的历程形成人格。

"人性之恶，其善者，伪也。"人性本恶，荀子使人迁恶为善。"伪"即人为，即人类的有价值的创造行为。君子与小人的区别，就在于为与不为。"注错习俗，所以化性也。……习俗移志，安久移质，而都国之民，安习其服，居楚而楚，居越而越，居夏而夏，是非天性也，积靡使然也。"（《荀子·性恶篇》）移志与移质，全由积习使然。善化性者，崇尚师法，择乡就土，最后形成自己的人格。"故君子居必择乡，游必就土，所以防邪僻而近中正也。"（《荀子·劝学篇》）

在这些论述中，荀子表达了两个方面的意思：首先，人是环境的产物；其次，人是环境的缔造者。人的后天的实践、选择、思考、学习、行事是人主动的选择，这些选择的结果构成了文化本身。

《荀子·荣辱篇》称：

> 人之生固小人，无师无法则唯利之见耳。人之生固小人，又以遇乱世，得乱俗，是以小重小也，以乱得乱也。君子非得势以临之，则无由得开内焉。今是人之口腹，安知礼义？安知辞让？安知廉耻隅积？亦呥呥而嚼，乡乡而饱已矣。人无师无法，则其心正其口腹也。今使人生而未尝睹刍

豢稻粱也，惟菽藿糟糠之为睹，则以至足为在此也，俄而粲然有秉刍豢稻粱而至者，则瞲然视之曰：此何怪也？彼臭之而嗛于鼻，尝之而甘于口，食之而安于体，则莫不弃此而取彼矣。今以夫先王之道，仁义之统，以相群居，以相持养，以相藩饰，以相安固邪。以夫桀、跖之道，是其为相县也，几直夫刍豢稻粱之县糟糠尔哉！然而人力为此，而寡为彼，何也？曰：陋也。陋也者，天下之公患也，人之大殃大害也。故曰：仁者好告示人。告之、示之、靡之、儇之、鈆之、重之，则夫塞者俄且通也，陋者俄且僩也，愚者俄且知也。是若不行，则汤、武在上曷益？桀、纣在上曷损？汤、武存，则天下从而治，桀、纣存，则天下从而乱。如是者，岂非人之情，固可与如此，可与如彼也哉！

人常常会低估其所处的环境及社会力量对自己的影响力，同时高估自己抗拒外来压力的能耐。荀子身处乱世，清楚地看到了整个社会对个人的巨大的影响。个人面对这个环境，如果只有对于人性人情本善的美好理想，那是不足以抵御外在的侵扰的。心理学认为，对于事件的内在原因的认识与归因，对人的生活具有重大的影响。归因训练（attribution retraining）可以改变人们的认知，以减少情绪的障碍，一是将问题外化，二是引导当事人把问题归因为可控的、不稳定的、内部的因素（努力程度）。

《荀子·非相篇》称：

人有三不祥：幼而不肯事长，贱而不肯事贵，不肖而不肯事贤，是人之三不祥也。人有三必穷：为上则不能爱下，为下则好非其上，是人之一必穷也；乡则不若，偝则谩之，是人之二必穷也；知行浅薄，曲直有以相县矣，然而仁人不能推，知士不能明，是人之三必穷也。——人有此三数行者，以为上则必危，为下则必灭。《诗》曰：“雨雪瀌瀌，宴然聿消，莫肯下隧，式居屡骄。”此之谓也。

荀子在这里，把个人不幸的穷困的原因归为：人不了解社会等级和角色的规范和要求，所以不能够适应社会。是个人主观认识上的原因导致了生活的困顿，所以通过学习改变和增加认识并遵从规范是增益生活的一个有效途径。对于人际关系中的自我位置的处理不当，是荀子认为的导致穷困和不祥的重要原因。

荀子的人格建构是从孟子的理想的层面落实到具体的日常心理学的范围之内，认为人格建构的过程就是社会角色的扮演。在人格发展和确立的过程中通过重视社会角色的扮演——“如何做人”来达到内心与外在的和谐稳定。

“做人”是指在人际关系中进行自我修养，成为一个完善的人。杜维明指出：“学做人意味着审美上的升华，道德上的完善和宗教信仰上的深入。”[①] 对“做人”的日常理解包含两个重要的方面。一是道德发展上的含义，做人要完善自己，提升自己，做一个正直、高尚、有益于社会的人，这是孟子所讲的；二是社会适应上的含义，做人要完成社会角色，恰当地表现自己，成为适应社会现实和能为他人接纳的人，这是荀子言说的。孟荀的修养内心、完善道德在理想性上是一致的；而其适应社会、角色扮演则在现实上是相通的。

“做人”的含义包括了道德完善的理想追求和社会适应的现实运作两个基本方面。“做人”的关键在于如何恰当地将二者统

---

① 参阅杜维明著，贾幼华等译：《儒家思想新论——创造性转换的自我》，江苏人民出版社，1991年版。

一起来。道德的发展是在具体的人际关系中展开的，以自我完善承担社会角色为条件。荀子把人格的重心放在正确处理各种社会关系上，它的终极追求是人际和谐和道德完善。这是达到理想人格的标准的修养途径。

《荀子·臣道篇》称：

> 恭敬而逊，听从而敏，不敢有以私决择也，不敢有以私取与也，以顺上为志，是事圣君之义也。忠信而不谀，谏争而不谄，挢然刚折端志而无倾侧之心，是案曰是，非案曰非，是事中君之义也。调而不流，柔而不屈，宽容而不乱，晓然以至道而无不调和也，而能化易，时关内之，是事暴君之义也。若驭朴马，若养赤子，若食餧人。故因其惧也而改其过，因其忧也而辨其故，因其喜也而入其道，因其怒也而除其怨，曲得所谓焉。《书》曰："从命而不拂，微谏而不倦，为上则明，为下则逊。"此之谓也。
>
> 事人而不顺者，不疾者也；疾而不顺者，不敬者也；敬而不顺者，不忠者也；忠而不顺者，无功者也；有功而不顺者，无德者也。故无德之为道也，伤疾、堕功、灭苦，故君子不为也。

荀子虽然讨论的是"臣道"，但其实是广义的为人之道。一个人要成为一名合格的社会成员，并且能在不同的社会地位上，在不同的场合表现出恰如其分的行为方式，需要有角色扮演的能力。符合一定的社会期望的角色并非规定角色扮演者必须遵循某种固定不变的行为方式，因为不同的人对同一角色期望的理解也不一定相同。于是，角色的学习不仅是模仿，学习者必须在学习中根据社会期望和个人的生活经验与理解，形成自己的行为模式。立足于自我的角色学习是能否成功地进行角色扮演的关键条件，在一定程度上说，角色扮演的技巧以及成功，取决于人们在互动中的自我形象。

在人格形成问题上，一直存在天性与教养，特殊性与普遍性，可塑性与固定性，稳定性与变化性的争论。荀子从人的认知之心出发，通过对社会化的过程的双向的描述，对人格建立做出了规定。如果说孟子更重视人格的天性、固定性，则可以说，荀子更关切人格的教养和可塑性。

## 四、孟荀思想的心理治疗意义

如果说心理健康很重要的一个维度是个体与社会的协调与互补，那么，这个协调与互补显然关乎个人与社会的文化价值认同问题。当代的心理治疗家越来越从人的整体教化、心灵成长的角度着眼，强调人的整体性和人在人际关系中的意义实现。在心理咨询中，需要为个人创造机会，让他们去关注个人的存在本质、人生的目的和意义、人与人之间关系的普遍特点、个人奋斗的伦理本质，只有这样，我们才能从真正意义上解决心理问题。

孟子以性善论为核心，崇尚人的道德修养，强调改变人内在的品质，向内求善；荀子以性恶论为核心，认为人性本恶，人们只有靠着增长知识，了解礼仪来向外求善，强调外在表现。而无论是孟子还是荀子，都是主张一个有文化教养的自我而不是不经修饰的自然的人本身。

孟子、荀子有关人的本性之所以在形式上有截然相反和相互矛盾的看法，一方面是因为人有创造性、灵活性和精神的丰富性，另一方面则是因为人在不断发展变化，有着多面向的成长过程。其实，人的自然本性只有一个，但有两种不同的表现形式，即自然心理的形式和精神超越的形式。我们力图把这两方面结合起来阐述人的潜能发展的真正动力。

孟子强调善是人性修养的终极目标，如果表现得不善，那就不是人了。"善"的要求就其绝对性而言，是一个高悬着的"应然"，而非"实然"。退一步说，即使揆诸日常道德规范要求，也还要时时教化敦促。在弘扬孟子强调性善的积极面时，不宜忽视它可能带来的内在道德情感和生活实际的冲突，而这些冲突是构成心理问题的核心内容的重要原因。当个人需要在自己生活的环境中假装好的时候，问题便成为内部的隐秘的困扰，特别是当生活处境以抽象的道德来制造完美的人性标准，会导致内在的抑郁情绪。荀子认为人性本来就是恶的，人是自然的所以有待教化，人对暴露自己真实本性的恐惧也因而减轻，在日后增长理性与知识的社会化过程中，可以慢慢地加以调适和改进，个人反而能体会到更多的积极情绪。

由孟子性善开启的道德情感奠定了人生情感生命的终极关怀的根基，但日常状态下的个体可能承受来自道德情感与道德追求的冲突与压力；由荀子性恶开启的理性认知规范了个体社会适应的角色，但可能使人迷失于理性的角逐，甚至麻木地沦为工具。通过对孟子之"情"与荀子之"知"的分殊，得以清晰人的日常心理安顿的两个面向。把"情"与"理"联结起来，作为人格结构中的一个单元的两个面向，不仅具有可操作的现实意义，也具有激活儒学传统资源和开拓本土心理学研究的价值。

（本文原刊于《中国哲学史》2014 年第 2 期）

# 孟子论“勇”

## ——兼论一种儒家人文学的视野

曾海军（四川大学哲学系）

在古今之间，不同的道德品质呈现出相当不一样的面貌。有从古到今延续性很强、变化不是很大的，也有变得面目全非甚至互不相干的。当然更多的可能是既有内涵上的关联，又发生了某种重大的变化。比如《论语》中出现的“恭、宽、信、敏、惠”（《论语·阳货》），“恭”对应着今天的“恭敬”，虽说很多时候把“恭”所包含的那种重大内涵用得轻巧了，但也还不至于发生断裂。在同样的意义上，“信”的情形会显得复杂一些，在信守承诺的层面上可能差别不太大，但如今所热衷的“信用”显然偏离了古典的道德内涵。“惠”原本也是古典社会十分重要的道德品质，在今天则基本上变成一种小恩小惠，似乎都不大有人愿意提起。在这五种道德品质中，“宽”和“敏”是比较特殊的，今人所讲的“宽恕”还在多大程度上是中国古典的原义？“敏”更是脱离了道德的轨道，沦为人的某种性格特征而已。与此相比，儒家的“三达德”在今人的视野当中也丰富不到哪里去。想想“仁”在儒家的义理体系当中具有多么根本的地位，但今人理解起来恐怕也是贫乏得很。“智”就更不一样了，今人恐怕已经无法理解其与道德品质相干。最后再说到“勇”，便是本文所要集中讨论的主题，其遭遇与“敏”一样，很多时候也脱离了道德的轨道，甚至有被现代学科中的心理学所收编的趋势。“勇”与“宽”的相似处在于，各自的内涵发生不同程度的蜕变都是拜现代西学的移译所赐。在整个西学东渐的过程中，现代学人对于自身古典传统中的诸多道德品质，都唯恐沾上了封建流毒而恨不得全盘西化。这直接导致了现代社会中的道德标准与古典传统的道德谱系严重断裂，并由此变得支离破碎。就此而言，“勇”正面临着被心理学所收编的危险而脱离道德的轨道，不过是整个道德体系裂变中的冰山一角。

## 一

很显然，“勇”并非从一开始就是跟“气”一块说的，不过“勇”却一定是从一开始就与“气”密切相关。“勇”必定会在“气”的层面上体现出来，但又不全是“气”上的事，或者说对于“勇”的理解，有比“气”更重要的内涵需要把握好。这其中的道理可以通过分析孟子论述浩然之气来理解，勇气在孟子这里正是与浩然之气属于同一论域。要讨论其间的相关性，这一大段对话还必须得引出来：

> 公孙丑问曰：“夫子加齐之卿相，得行道焉，虽由此霸王不异矣。如此，则动心否乎？”孟子曰：“否。我四十不动心。”曰：“若是，则夫子过孟贲远矣。”曰：“是不难，告子先我不动心。”曰：“不动心有道乎？”曰：“有。北宫黝之养勇也，不肤桡，不目逃，思以一毫挫于人，若挞之于市朝。

不受于褐宽博，亦不受于万乘之君。视刺万乘之君，若刺褐夫。无严诸侯，恶声至，必反之。孟施舍之所养勇也，曰：‘视不胜犹胜也。量敌而后进，虑胜而后会，是畏三军者也。舍岂能为必胜哉？能无惧而已矣。’孟施舍似曾子，北宫黝似子夏。夫二子之勇，未知其孰贤，然而孟施舍守约也。昔者曾子谓子襄曰：‘子好勇乎？吾尝闻大勇于夫子矣：自反而不缩，虽褐宽博，吾不惴焉；自反而缩，虽千万人，吾往矣。’孟施舍之守气，又不如曾子之守约也。”曰：“敢问夫子之不动心，与告子之不动心，可得闻与？”“告子曰：‘不得于言，勿求于心；不得于心，勿求于气。’不得于心，勿求于气，可；不得于言，勿求于心，不可。夫志，气之帅也；气，体之充也。夫志至焉，气次焉。故曰：‘持其志，无暴其气。’”“既曰‘志至焉，气次焉’，又曰‘持其志无暴其气’者，何也？”曰：“志壹则动气，气壹则动志也。今夫蹶者趋者，是气也，而反动其心。”“敢问夫子恶乎长？”曰：“我知言，我善养吾浩然之气。”“敢问何谓浩然之气？”曰：“难言也。其为气也，至大至刚，以直养而无害，则塞于天地之间。其为气也，配义与道；无是，馁也。是集义所生者，非义袭而取之也。行有不慊于心，则馁矣。我故曰，告子未尝知义，以其外之也。必有事焉而勿正，心勿忘，勿助长也。无若宋人然。宋人有闵其苗之不长而揠之者，芒芒然归。谓其人曰：‘今日病矣，予助苗长矣。’其子趋而往视之，苗则槁矣。天下之不助苗长者寡矣。以为无益而舍之者，不耘苗者也；助之长者，揠苗者也。非徒无益，而又害之。”“何谓知言？”曰：“诐辞知其所蔽，淫辞知其所陷，邪辞知其所离，遁辞知其所穷。生于其心，害于其政；发于其政，害于其事。圣人复起，必从吾言矣。”（《孟子·公孙丑上》）

据有的学者认为，公孙丑作为弟子问了一个很庸俗的问题，孟子只不过是就着这个话头在为后世垂言立教。不管公孙丑关心的问题是否庸俗，至少他的问法让我们明白，孟子论浩然之气是由一个很平常的生活经验带入的。比如参加面试时能否在众考官面前坦然应答，或者见了单位或公司的高管能否从容交道，这其实还是挺考验平常人的。更不必说加之卿相这样的位高权重之任，如何做到不动心还真不是一般人敢想的。有的人生性胆大，从来就没怕过这种事也是有的，但大多数平常人都还得为如何鼓起勇气来应对这种事而伤脑筋。这就说明孟子所论浩然之气非常切近平常人的生活经验，道理虽然高明却并非不食人间烟火，浩然之气是每个平常人在需要鼓起勇气时就可以想望和追求的。不过，话说回来，孟子对浩然之气的论述，确实有几处不太好懂，在思想史上是颇有争议的，对于理解本文要阐明的“勇”也显得很关键。孟子此处涉及几个人物之间的关系对比，分别是孟施舍与北宫黝、曾子与子夏以及孟子本人与告子。关于孟施舍与北宫黝，朱子是这么分判的：“黝盖刺客之流，以必胜为主，而不动心者也。”“舍盖力战之士，以无惧为主，而不动心者也。”[①] 这个其实是比较好理解的，麻烦的是孟子以孟施舍似曾子，以北宫黝似子夏。还是按朱子的说法：“黝务敌人，舍专守己。子夏笃信圣人，曾子反求诸己。”[②] 其实也还是分梳得比较清楚的。问题只在于，孟施舍与北宫黝的区分原本是不难懂的，孟子却用曾子与子夏的区分做了一个类比。由于曾子与子夏之间的区分反而不容

① 朱熹：《四书章句集注》，中华书局，2003年，第229页。

② 朱熹：《四书章句集注》，第230页。

易说清楚，这才使得原本能够区分清楚的问题变得更复杂了。孟子何以要这么做，当然不会是孟子犯糊涂了，而是在孟子那个时候，曾子与子夏的区分应该是为时人所熟知的，孟子显然是用众所周知的例子来进一步说明孟施舍与北宫黝的区别。只是到了后世，当时熟悉的例子却变得陌生了，这才会让人觉得反而把问题搞复杂了。

比如，与朱子的说法不太一样，之前的汉人赵岐注云："孟子以为曾子长于孝，孝百行之本；子夏知道虽众，不如曾子孝之大也。故以舍譬曾子，黝譬子夏。"[①] 孙奭疏曰："以其孟施舍养勇，见于言而要约，如曾子以孝弟事亲喻为守身之本，闻夫子之道则喻为一贯之要，故以此比之也。北宫黝养勇，见于行而多方，如子夏况在于纷华为己，有杂于小人之儒，教人以事于洒扫之末，故以此比之也。"[②] 清人焦循则在疏文中大量引经据典，以期进一步落实赵岐所言曾子长于孝而子夏知道众，并解释道："北宫黝事事皆求胜人，故似子夏知道之众。孟施舍不问能必胜与否，但专守己之不惧，故似曾子得道之大。"[③] 看来界定曾子与子夏之间的区别注定充满着争议，不过，"黝务敌人，舍专守己"的区分却是十分清楚的。正是在这种区分的基础上，孟子认为两相比较，"孟施舍守约也"。"约"就是"要"，北宫黝每每抱必胜之心，不免处处要"量敌""虑胜"，显然是不如孟施舍专守己之无惧而得其要。这个从学理上是不难理解，但就平常人的生活经验而言，这种区分究竟有什么意义？在上面所引文本中，孟子所描述的北宫黝"不肤桡，不目逃"之类，其勇足以留给人深刻的印象，更别说"视刺万乘之君，若刺褐夫"，不是常人所能想，

① 阮元校刻：《十三经注疏》（下册），中华书局，1980 年，第 2685 页。

② 阮元校刻：《十三经注疏》（下册），第 2686 页。

③ 焦循：《孟子正义》，中华书局，2007 年，第 193 页。

那真是相当地震撼人。也就是说，北宫黝的勇已经让人觉得是巨勇了，反倒是孟施舍仅仅就一句“能无惧而已”，与北宫黝相比，也不知道究竟还能勇成什么样。因此，依照平常人的生活经验，除了觉得北宫黝已经勇得一塌糊涂之外，实在不明白，区分出一个孟施舍的勇来，究竟意味着什么？

其实这种区分只在于养勇之别，而并非是勇的表现一定有什么程度上的差别。孟子也说得很明白，“夫二子之勇，未知其孰贤”，但在养勇的方法上，孟施舍要比北宫黝得要领一些。平常人要如何培养自身的勇气，是学习北宫黝还是孟施舍，体现在方法上就不一样了，而导致的效果可能差别很大。北宫黝很可能生性勇猛，在气禀上异于常人，要想学他每抱必胜之心，恐怕不大可能。所谓“见于行而多方”，即便想学也难得要领。要是都像北宫黝这样，培养勇气就只能寄希望于偶然的气禀。但孟施舍就不一样，专注于树立无所畏惧的意识，所谓“见于言而要约”，这既是他培养勇气的要领所在，亦是可供别人学习的门道所在。这就使得即便并非生性勇猛的人，也有可能培养出惊人的勇气。一个伟大的文明即在于如何将人身上偶然呈现出的好的品质，揭示为可以人文化的必然的品质。勇气当然是一种好的品质，但却很容易受气禀的影响。生活经验告诉我们，一个生得高大威猛的人，往往比身材瘦弱的人具备更多勇气。可如果这是一种真正好的品质，就不应该如此受制于生理状况。尽管孟施舍的勇气与北宫黝相比，显得更能摆脱生理或气禀的影响，但这距离勇气可以成为人的一种必然的品质还太遥远。根据朱子的推测，北宫黝和孟施舍都是刺客或战士一类的人。很显然，这种职业的人原本就要求勇猛过人，或者说此类职业也必定使得他们更易于培养勇气。孟施舍自称专守已之无惧，若缺失了他那种职业生涯的强化训练，恐怕也只是一句空话。归根到底，无论是北宫黝还是孟施舍，他们养勇的方式其实还是有很大限制的，远远不足以给出勇气的典范意义。由此，孟子论到曾子的自反而缩时，就已经不再是用来做某种类比了。毋宁说，从北宫黝和孟施舍的养勇说起，不过就是起了个话头，并通过曾子与子夏的区分作为一种过渡，真正要论到的是曾子的养勇。

与北宫黝或孟施舍的特殊性相比，曾子在勇气方面并非天赋异禀，也不从事暴力行业，对培养勇气这种品质并没有特别的优势。然而，曾子“虽千万人吾往矣”的大勇却是儒家论勇的重大精神资源，孟子在论不动心时，要先说出曾子的养勇，这并非是无心之举。孟子对浩然之气的阐明，正是秉承了曾子所言的“大勇”精神。可以说，与北宫黝或孟施舍相比，曾子的养勇方式才真正摆脱了气禀或职业的限制，使得勇气可以成为人的一种必然的道德品质。那么，曾子的养勇究竟高明在哪里呢？按照孟子的说法，孟施舍的养勇已经得了要领，也正是在这个意义上与曾子相仿。既然是这样，曾子是在什么意义上更得要领吗？接着上文所言孟施舍专守己之无惧来说，如果没有那种长期的冲锋陷阵、与人搏杀的亲身经历来磨炼这种无惧的意识，光只是靠嘴上的念叨，肯定是培养不了什么勇气的。可见，孟施舍的养勇只是气上的磨炼，这是一种职业化的训练，主要关乎这一职业的人，而并不关乎人本身。此即前文所言，这种勇气的培养有着很大的限制，要么出于气禀的偶然，要么限于职业的训练。与此相反，曾子的“自反而缩”就不再是气上的守约，与孟施舍的守气有着实质的区分，即孟子所言“孟施舍之守气，又不如曾子之守约也”。赵岐于此注云：“施舍虽守勇气，不如曾子守义之为约也。”[①] 简单地说，同为守约，孟施舍守气，曾子是守义。如朱子所言孟施

① 焦循：《孟子正义》，第193页。

舍"所守乃一身之气，又不如曾子之反身循理，所守尤得其要也。孟子之不动心，其原盖出于此"[①]，曾子究竟是如何守义的，正是孟子论浩然之气要进一步阐明的。

## 二

接下来的阐明是在孟子与告子的比照中开始的。告子的出现并不突然，而只是回到了问题之初的思想语境中。当孟子回应"加齐之卿相"而表示不动心时，公孙丑赶紧赞美说那真是比勇士孟贲强多了。传说中的孟贲"水行不避蛟龙，陆行不避虎狼"（《说苑·佚文》），几乎就是勇士的代名词。做弟子的这样说，未必没有恭维的意味。可孟子并不以为然，他说要是与孟贲比的话，那告子早就超过了。在这一思想语境中，同样是在"勇"的问题上，孟子、孟贲与告子同属于三个不同的系列。其后的北宫黝、孟施舍属于孟贲一个系列，从曾子到孟子是同一个系列，这两个系列之间其实是容易区分的。但告子不一样，他恰恰居于这两个系列之中。告子所言"不得于心，勿求于气"，说明他并非是在气上求不动心。如焦循所云："黝以必胜为强，不如施舍以不惧为强。然施舍之不惧，但以气自守，不问其义不义。曾子之强，则以义自守，是为义之强也。"[②] 自孟贲一系养勇之时不问义与不义，要辨明其间的区分并不困难。但告子并非是不讲义的人，他与孟子之间有一个著名的"仁内义外"之争，与孟子所主张的仁义只是有内外之别。如果只是强调从曾子到孟子以守义为

---

① 朱熹：《四书章句集注》，第230页。

② 焦循：《孟子正义》，第193—194页。

勇，则如何可能与告子以义取之区分开来？这大概才是孟子论浩然之气所要着力辨析的。

不过，对于孟子所言“不得于心，勿求于气，可；不得于言，勿求于心，不可”，历代注疏实在是莫衷一是。根据朱子在后面的注文所提示，“上文不得于言勿求于心，即外义之意”[①]，看来还得集中到告子的“义外说”上。孟子在后文指出，“告子未尝知义，以其外之也”，告子当然是讲义的，但是否真知义，则是另外一回事。孟子以告子主张“义外说”而认为其“未尝知义”，这是理解告子不动心的一把钥匙。当然，告子的这种“义外”主张究竟是如何作用于不动心的，这是问题的关键。孟子将告子这种通过“义外”之道达到不动心的做法比作是揠苗助长，从而将这种外在性生动地揭示出来。可是，焦循却认为，孟子的揠苗助长说的不是告子，而是北宫黝、孟施舍这些以气养勇的人。在他看来，“告子本不欲气之生长，又何用助长？且告子之学虽偏，而其勿求心、勿求气，自造为义外之说，亦当时处士之杰出者。使助长即指告子，则孟子明云‘天下之不助苗长者寡矣’，然则天下皆助长之人，岂天下皆为告子之勿求心勿求气”。实际上，告子之“勿求心，勿求气，正《老子》所谓‘恬淡’，《淮南子》所谓‘恬愉’”[②]。焦循的这种看法主要涉及告子思想的派别归属问题，据说这原本就是一个众说纷纭的事。这样来解读告子，显然有将告子思想往道家学派上靠的嫌疑。对于养勇这回事，一是以心来养，一是以气来养，这都好理解。舍此之外，道家的淡漠于心，亦能养出大勇。所谓“知穷之有命，知通之有时，临大难而不惧者，圣人之勇也”（《庄子·秋水》），应该是既

---

① 朱熹：《四书章句集注》，第232页。

② 焦循：《孟子正义》，第207页。

不求心，亦不求气的典范。因此，为了区别于孟子和孟施舍，焦循靠上了道家的资源，这并不让人意外。

不能说焦循的解读没有道理，笔者以为他对告子既不求心，亦不求气的看法就很到位。但焦循以揠苗助长并非指告子，实在是问题很大。孟子论勇显然是将矛头指向告子，而不可能是孟施舍之流。很明显，孟子论浩然之气是针对着告子的“不得于心，勿求于气”的，论知言则是针对“不得于言，勿求于心”的。整个文势如此，怎么可能中间打个比方，又是针对孟施舍之流来说的呢？焦循以孟子明云“天下之不助苗长者寡矣”来说事，更是不通。天下人多揠苗者，也可以理解为是告子的追随者，而不是成了告子。另外，赵岐不是说告子“兼治儒墨之道”[①] 么？焦循也是认可的，现在又如此贴近道家，告子岂不成集大成者了么。当然，焦循若不这样来解，是否也面临着如何可能理解告子既不求心又不求气的不动心之道呢？这种可能性其实是有的，而且在朱子注中已经道明了要害，即“力制其心”。朱子注云：“告子谓于言有所不达，则当舍置其言，而不必反求其理于心；于心有所不安，则当力制其心，而不必更求助于气，此所以固守其心而不动之速也。”[②] 直接就朱子的这个注而言，也不是那么好理解。结合朱子所云，“盖知言只是知理。告子既不务知言，亦不务养气，但只硬把定中间个心，要他不动”[③]，是告子谓不知理而不必求于心，心有动而不必求于气。这是从否定层面上说，反过来，则是知理而制其心，心不动而制其气。因此，这里的关键就是“把定中间个心”，靠什么来把定呢？靠理。理从何而来呢？不求于心，当然是从外而来，这就与告子的义外说关联上了。

---

① 焦循：《孟子正义》，第 731 页。

② 朱熹：《四书章句集注》，第 230 页。

③ 黎靖德编：《朱子语类》，中华书局，1986 年，第 1235 页。

所谓义外说，即告子所谓“彼长而我长之，非有长于我也；犹彼白而我白之，从其白于外也，故谓之外也”（《孟子·告子上》），无非是事物之理是在事物之中，不以人的好恶之心为转移。这话听起来还有几分熟悉，不错，确与事物规律不以人的意志为转移相类似。一旦认识到事物之理，则“力制其心”，克制心之好恶，心不动则气可制。老人倒在地上了，认识到了老人该扶之理，则不管心之好恶如何，克制下来必定要去扶了那老人。即便有人将刀架在脖子上来威胁，亦可毫不动心照扶不误。可见，本着事物之理而“力制其心”，这确实可能是既不求心又不求气的另一种不动心之道。这相当于今人所言，以理智的头脑武装自己，一切遵奉理性的判断，则可以做到毫不动心而毫无畏惧。告子的义外说类之。

对于告子的这种不动心之道，孟子又表达为是“义袭而取之”，迥别于他所主张的“集义所生”。如何理解“义袭而取之”的意思，又是一个难题。孙奭疏解“非义袭而取之”云：“非义之所密取，而在外入者也。”[①] 全祖望《经史问答》亦谓“不能集而生之，而以袭而取之，则是外之也”，袭而取之不过是义与气的偶合[②]。朱子注曰：“非由只行一事偶合于义，便可掩袭于外而得之也。”[③] 通过这些注义可知，“义袭而取之”有两个要点：一是自外，一是偶合。这与揠苗助长的故事也是高度照应，指的是偶然间通过外力来助苗生长。如果是以外在的事物之理来力制其心，虽说完全有可能达到不动心，但这就像是打一场伏击战，总是自外包抄，胜利来得多少有些侥幸。事物各有其理，若不能一以本心贯通之，做到心外无理，而使得万物之理一本而万殊，则

① 阮元校刻：《十三经注疏》（下册），第 2687 页。

② 焦循：《孟子正义》，第 202 页。

③ 朱熹：《四书章句集注》，第 232 页。

不同事物之理必定会起冲突，力制其心难免一败涂地。西学中的传统认识论通过确立理性主体并阐明事物之理的先验结构，以及许诺某种最高的理念等等来构建道理的普遍必然性，告子恐怕还做不到这一点。因此，这种不动心之道只是义与气的偶合，即便每每如此亦不意味着达到了必然。比如老人该扶之理可以抵抗得了架在脖子上的刀，但很可能就在被老人的讹诈风险面前犹豫了。此即孟子所谓“行有不慊于心，则馁矣”。因为理上起了冲突，却又不能返求于心，这就是义外说可能招致的恶果。可见，说到底，告子的问题就在于言（理）、心、气的相互隔离[①]，正如朱子所言，“‘不得于言，勿求于心’，是心与言不相干。‘不得于心，勿求于气’，是心与气不相贯。”[②] 这也正是可以用来反思西方哲学不足的地方。告子的不动心可以做到毫无畏惧，但“力制其心”可能陷入寡情薄义，而力制其气又可能陷入专断独行。虽西学中的强大理性主体，亦未必能免于此。

## 三

孟子论勇，传承曾子自反而缩的精神，“以直养而无害”，其气“塞于天地之间”，是所谓“养浩然之气”也。孟子善养气，全在于“直养”二字；曾子自反而缩之“缩”，赵岐注曰“义也”，焦循疏云“缩之为义，犹缩之为直”[③]，朱子亦注“缩，直

① 参见董卫国《告子思想钩沉——以告子不动心之道为线索》，《船山学刊》2013年第3期。

② 黎靖德编：《朱子语类》，第1235页。

③ 焦循：《孟子正义》，第193页。

也”[①]；孔子则谓“质直而好义”（《论语·颜渊》），“直”与“义”原本就天然地亲近。可见“直养”也就是以“配义与道”的方式在养，由此所养之气亦是“集义所生”。“义何以集？以格物而致其知也。能致其知，则心有主而义以集，然后见之于行事，事皆合于义，《易》所谓‘义以方外’。”[②] 说起来也就是一个“事皆合于义”，求一个事之当为。好比说孟施舍“一以不惧为勇，而不论义不义；曾子之勇，则有惧有不惧，一以义不义为断”[③]。但这样一来，岂不成了全是“义”上的事，何必还要再说一个“勇”出来呢？其实这只是表明，“勇”要以“义”为断，“勇”原本就是道德中之事，属于一种道德品质，在“勇”之先一定要有一个“义”的裁断。孟子所论之勇“集义所生”，便是此意。论勇之所以能论到一个浩然之气上，正在于“勇”原本具备的这种道德性。“塞于天地之间”的浩然之气，与仁者的“万物皆备于我”并无二致，只是一个从“体”上讲，一个从“用”上讲。“勇”是仁者的应有之义。但“勇”终究是可以单独来论的，脱离“义”或“心”也可以讲“勇”，如孟施舍一系的养勇，以气来养气，可以与仁义并不相干，因此说“仁者必有勇，勇者不必有仁”（《论语·宪问》）。但“所养者气，所以善养者心，心之所以善养者，在直与义，此孟子所以为善养浩然之气也”[④]，“心”是善养之处，这决不仅仅只是一个方法上的问题。如果没有养好，勇就有可能沦为祸患。孟子“自反以求心，持志以帅气”[⑤]，即是以心养气，养的是气，用力处是心，持守心之所向，气则随之在体，而后气之充周升腾而至浩然，“至大至刚”“虽千万人吾往”。

① 朱熹：《四书章句集注》，第 230 页。

② 焦循：《孟子正义》，第 208 页。

③ 焦循：《孟子正义》，第 194 页。

④ 焦循：《孟子正义》，第 199 页。

⑤ 焦循：《孟子正义》，第 204 页。

至此，孟子由不动心起经由论勇而至浩然之气，整个思想境遇获得全幅呈现。

可以说，“勇”作为一种道德品质，其由气来呈现，这倒没什么问题，“勇”进入现代话语体系中直接现身为“勇气”，这也是可以接受的。然而，接下来勇气在各种人文学科中不断地被叙说或阐述时，却越来越脱离其生长的道德土壤，这就难以让人接受了。细观今人重提“勇气”这一主题时，多半还是运用了西学的思想资源，而与儒家作为一种道德品质的勇气关系不大。古希腊哲学家柏拉图论勇时，将“勇”作为一种美德，其实是多少有些犹疑的。在“美德即知识”的这一眼光打量下，“勇”作为人的一种品质显得太特殊了，“在所有的美德中，勇敢最难被还原为知识”，将其视为一种美德实在有着太大的考验[①]。不能还原为知识，也就意味着不是一种可以教育的必然品质，“勇”就成了一种被“意气”所决定的东西[②]。当然，柏拉图将“勇”作为城邦卫士的品质，依然是可以进行教育的。“如果一个人的激情无论在快乐还是苦恼中都保持不忘理智所教给的关于什么应当惧怕什么不应当惧怕的信条，那么我们就因他的激情部分而称每个这样的人为勇敢的人。”[③] 意气或者是激情接受理智的教导，哪些“应当”惧怕还是不惧怕，从而确保勇气还是植根在道德之上。这也是作为一种古典的思想立场，能够与儒家共同抵达之处。不过，如果细说起来，以理智的教导方式来克服“无论在快乐还是苦恼中”的心情，通过坚守“关于什么应当惧怕什么不应当惧怕

---

① 参韩潮《美德的整体与勇敢的殊异——柏拉图〈普罗泰哥拉篇〉的叙事与论证》，《世界哲学》2011 年第 2 期。

② 意气（thymos）作为护卫者的天赋品质被论说。参见［古希腊］柏拉图《理想国》，商务印书馆，1986 年，第 67 页。

③ ［古希腊］柏拉图：《理想国》，第 170 页。

的信条”而成为“勇敢的人”，这实在是太像告子的“不得于言，勿求于心；不得于心，勿求于气”了。与此同时，“勇”终究只是作为城邦卫士的品质出现，这也说明并没有完全摆脱从孟贲到孟施舍这一脉的影响。当然，由此树立起来的理性主义传统的力量还是很强大的，从此以后“勇”是继续保持在道德的根基上，还是从道德的视域中剥离出来，都由理性说了算。在理性头脑的作用下，勇气的位置忽上忽下，直到现代西学中出现两种极端的处置：要么沦为心理学意义上的性格特征，要么提升为本体论意义上的存在属性。这倒是特别符合理性的分析头脑喜欢穷尽各种可能的做法。

美国学人普特曼（Putman D.）在他的《心理勇气》一书中将勇气分为心理勇气、生理勇气和道义勇气。他认为，“‘生理勇气’是指克服对死亡或痛楚的恐惧的勇气”，而道义勇气“涉及的主要是保持道德正义，或某些哲学家所谓的‘本真’”，这一类勇气“让你尽力保持正直，同时克服对别人孤立和拒绝的害怕”。而他称之为的心理勇气“面对的恐惧对象通常既不是生理伤害也不是节操的丧失，而主要是心理稳定的丧失”。在克服类似于强迫或成瘾这一类心理问题时，也需要面对心理死亡的恐惧，这如同面对生理死亡（需要生理勇气）或社会死亡（需要道义勇气）的恐惧一样重要[①]。这种分类方式是典型的现代人文学科体制的产物，生理勇气和道义勇气其实就是对应于孟施舍一脉的勇士和孟子或柏拉图所论作为道德品质的勇气。在古典的思想境遇中，先哲们以深刻的洞察力确立起勇气的道德属性，并力辟血气之勇，却不料现代学人十分轻巧地将两者并列，还整出一个所谓心理勇气来。现代性的精致生活造出大量心理脆弱的人，完全忘却



① 〔美〕普特曼：《心理勇气》，中国轻工业出版社，2009 年，《导言》部分。

了于道义之处的根本力量，就好比生活在钢筋水泥楼里而忘却了天地之间一样。思想家原本应该为现代人指出一条古典的安身立命之道，然而诸多的现代人文学科不过是带着一种媚世的姿态来为现代人疗伤。勇气的心理学化既是生命的精神力量堕落的表现，同时也是人类的思想力量退化的表现。当这种人文学科的知识鼓励现代人说，克服心理上的障碍与保持正直的勇气一样有意义时，这难道是在暗示说，克服了某种洁癖的意义并不输给文天祥的浩气长存么？将勇气心理学化其实是对勇气的矮化，但这并不意味着将勇气本体论化就符合了对勇气的期望。

美国存在主义哲学家蒂利希（Paul Tillich）主张，“作为对人的存在的普遍的、本质性的自我肯定，勇气则是一个本体论概念”，在这种本体论的意义上，勇气意味着“人在其中肯定他自己的存在而不顾那些与他向本质性的自我肯定相冲突的存在因素”[①]。在现代性这个平庸的时代，“英雄与圣贤均已退出大众生活的视域。‘勇’德不张，自有其时代的背景。‘对于我们很多人来说，作为德性的勇气看来不过是一种过时的骑士理想品质的破败的残留物，一种在文明社会已无法派上用场的大男人——军人品德。对于有些人来说，勇气不仅不是一种德性，而且不过是暴力、战争、主宰或者别的让人不快的状况，一种粗鲁的提醒。’”[②]存在主义者往往在这种时候会激流勇进，高调标举他们的价值主张。在这个意义上，勇气被本体化并不令人意外，这是对“勇”德不张的平庸化时代进行的一种反动。在存在论意义上来谈勇气，确实具有某种振聋发聩的作用。而从曾子到孟子所论之

① 〔美〕P·蒂利希著，成显聪、王作虹译：《存在的勇气》，贵州人民出版社，1988年，第3页。

② 陈立胜：《〈论语〉中的勇：历史建构与现代启示》，《中山大学学报》（社会科学版）2008年第4期。

"勇"，也未必没有存在主义者的眼光里那种生存论的意味。不过，关键是那"本质性的自我肯定"在获得了本体性的地位之后，也就意味着逸出了传统理性主体的把控范围，那"不顾"一切冲突的"勇气"是得到了前所未有的彰显，可是其道德性该如何保障呢？于是蒂利希那"超越上帝的上帝"就出场了，此与孟子所论"塞于天地之间"的浩然之气完全是南辕北辙[①]。勇气本体化实质上还是理性的头脑所做出的另一种可能的哲学分析，注定会淹没在诸多的西学流派之中。

其实无论是心理学化还是本体论化，都不过是勇气在现代人文学科中的不同思想遭际，只是笔者做了两种具有代表性的处理叙说出来。勇气的这种思想遭际的情形可能是多种多样的，众多西学的思想流派各有高见。现如今的人文学科里凡是要论到勇气，无不照搬众家思想流派的论说，似乎脱离了西学的这些资源，对于勇气就没法说什么了。至于自家传统文明中的那点思想，粗略地引几句孟子论不动心之类的文本，就算是做了交代，表明自己并非不知道。其实就"勇"而言，前文通过对孟子论勇的细致梳理表明，孟子的阐发已经将其思想根底揭示清楚了，或者说与"勇"相关的一些根本问题意识都在不同程度上获得了开显。同时通过参照西学在古今之间几个重要的论"勇"的点来看，西人论学并不显得技高一筹，所论之处的问题意识从根本上来讲，也并未超出孟子的眼光。不同的只是应对的思想路径，或者是细节之处的花样翻新，大的思想根底早已被孟子或柏拉图这些往圣先贤们所揭示。既然如此，现代的人文学科或者是人文精神凭什么眼里只有西方"文艺复兴"之后的那些思想流派，居然要到那里去寻求"人文"的开端？难道就是由于那里的"人文"

① 以上论说可以参照陈立胜《〈论语〉中的勇：历史建构与现代启示》。

有一个上千年的中世纪神学统治作为背景衬托，而显得特别耀眼么？在“人”取代“神”之后所释放出来的东西，并不自然就是“人文”精神。这个时期的思想恰恰是鱼龙混杂，需要加以仔细甄别。这名目繁多的思想流派自西学自身的古典传统延续下来，其间的得失人家或许是心中有数的，问题恐怕只是我们不加分别地错当成“人文”的天堂，当作一种全新的开端而孜孜以求。“人文”从来就不该是一种寡头的东西，儒家对“文”从一开始就是与“质”相称来论的，所谓“文质彬彬”（《论语·雍也》）是也。“文”一定要对着“质”而言，因此“勇”一定要先确立其道德根基，此即“质”上论勇而后方可各种“文”说。现代人文学科在说“勇”的时候，有这种意识么？居然只是将孟子的几句引文当作博学的点缀，还好意思么？无视孔子、曾子、孟子等这些往圣先贤们对“勇”所作“质”上之论，所有文学、历史、哲学、艺术、心理等等人文学科无论怎样论说“勇”或展现“勇”，都是在作无“质”之“文”，亦即无根之学。就是运用再多西学中的人文主义精神资源，也改变不了这一点。不光论“勇”是这样，整个人文学的现状也都是这样。儒家在人文学中的全面缺失，也就意味着这是一种无“质”的人文学，是“皮之不存，毛却焉附”的古怪之学。所谓儒家人文学的视野，便是旨在恢复一种与“质”相称的人文学视野。

（本文原刊于《天府新论》2014年第4期）

# 论政治生活的有限性

## ——以孟子“窃负而逃”为核心的考察

刘 伟（中山大学哲学系）

## 一、事 件

“窃负而逃”这一典故出自《孟子·尽心上》，针对这一典故，学术界曾进行过旷日持久的讨论。这里“旧事重提”，除了想理顺这则故事的思想脉络之外，着重想借此讨论一下政治生活的限度问题。

故事是这样的：

> 桃应问曰：“舜为天子，皋陶为士，瞽瞍杀人，则如之何？”孟子曰：“执之而已矣。”“然则舜不禁与？”曰：“夫舜恶得而禁之？夫有所受之也。”“然则舜如之何？”曰：“舜视弃天下，犹弃敝屣也。窃负而逃，遵海滨而处，终身欣然，乐而忘天下。”

这首先是孟子与弟子进行的一场“思想试验”，既然是试验，

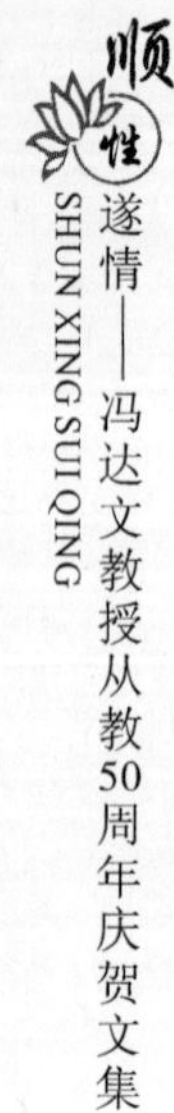


也就不是现实发生过的历史事件。桃应假设：在舜当天子的时候，如果其父瞽叟杀了人，此时作为“大法官”的皋陶应该怎么办？孟子的回答是：（皋陶）将瞽叟抓起来法办就好。桃应追问：难道舜不应当利用天子之权“阻挠”皋陶法办自己的父亲么？孟子回答：（作为天子的）舜怎么可以阻挠司法呢？桃应仍不满足：那舜该怎么办？孟子回答：此时舜正确的做法是弃天下如敝屣，偷偷地背着瞽叟逃到海滨，快乐地生活，甚至忘记了天下（也忘记了自己曾经是天子这回事儿）。

《论语》有一则一般称之为“直躬证父”的对话，说的是叶公自豪地对孔子说，他所在的乡党中有一个正直的人，父亲不当占有了人家的羊，他（或主动或被动）出来作证；孔子回答说，自己乡党中正直的表现应是，遇到此类事情，父亲和儿子相互为对方隐瞒。从故事内容上看，“窃负而逃”几乎是“直躬证父”的全面升级版本，至少体现在以下几个方面：

（一）直躬之父偷羊是一般民事案件，甚至算不上犯罪，可杀人几乎在任何法律体系中都是有罪的。

（二）偷羊者和他的儿子都是普通人，只不过在叶公看来，这个儿子有着与众不同的“正直”而已；可是在“窃负而逃”中，杀人者是天子的老爹，而这个天子几乎是中国历史上孝子最杰出的典型——舜。

（三）叶公强调直躬的正直，只是说他“证”明此事，但至于是主动检举还是被迫举证，文中不详；孔子推崇的“隐”则是消极的不举证而已；可是在“窃负而逃”的故事里，孟子“安排”舜主动背着父亲逃跑了，立场鲜明。

在这里，“窃负而逃”的“负”字，尤其值得注意，因为它表明了是舜本人选择了与父亲逃到海滨，而非随着犯罪的父亲举家而逃。需要指出的是，两个故事仍然在一个重要的细节上一以贯之。在孔子看来，正直的人应该隐瞒此事，请注意，“隐”揭示的并不只是不作证，而是不声张此事使之成为一个公共事件。孟子安排舜背着父亲逃跑，用了一个“窃”字，也是让舜在杀人事件成为一个公共事件之前逃跑，这其中当然可能有如果此事事发，将无从逃跑的原因，但其中也包含着这一理念：儿子不能让亲人的罪或过成为一个公共事件（话题）。

从种种迹象上看，这则对话是桃应有意设计的，来看一下在极端的情况下，圣人应对此事的最佳方式[①]。孟子的回答步步经心，在遣词造句上更是深思熟虑，最终呈现给我们一则精致的思想试验，其中包含着诸多现实生活中几乎不可能的“小概率事件”：

> （一）前提条件：最孝顺的天子、最称职的法官[②]、最“混蛋”的天子之父。
>
> （二）事件：天子之父杀人。
>
> （三）可能的场景一：天子之父杀人，东窗事发，正直的法官缉拿天子之父。
>
> （四）可能的场景二：天子之父杀人，尚未事发，孝顺的天子弃位偷偷地背着父亲逃跑。

---

① 朱子以为：“桃应，孟子弟子也。其意以为舜虽爱父，而不可以私害公；皋陶虽执法，而不可以刑天子之父。故设此问，以观圣贤用心之所极，非以为真有此事也。”《四书章句集注》，北京：中华书局，2012年，第367页。

② 《尚书·舜典》：帝曰：“皋陶，蛮夷猾夏，寇贼奸宄。汝作士，五刑有服，五服三就。五流有宅，五宅三居。惟明克允！”《大禹谟》：皋陶曰：“帝德罔愆，临下以简，御众以宽；罚弗及嗣，赏延于世。宥过无大，刑故无小；罪疑惟轻，功疑惟重；与其杀不辜，宁失不经；好生之德，洽于民心，兹用不犯于有司。”

按孟子的回答，在场景一里，舜身为天子，不能也不应该干预皋陶执法；可在场景二里，首先预设瞽叟杀人尚未事发，所以，舜才有条件在事发之前偷偷地背着（“窃负”）父亲逃跑，可是，这同时意味着，舜已经放弃了天子之位。场景一和场景二是互斥的，这不仅体现在此事是否成为公共事件这一条件上，更体现在舜的选择之上：作为天子就不能干预司法，要想让父亲免予刑罚就必须放弃天子之位。所以，在孟子设想的情境之中，根本不存在天子徇私舞弊的问题，就在舜逃跑的那一刻，他已经不再是天子了。

既然是思想试验，那么，作为旁观者，我更愿意设想第三个可能的场景：瞽叟杀人已经事发，成为一个公共事件，而此时的舜该怎么办？（Ⅰ）坐视父亲被法办，而坚持不干预司法，这样又回到了场景一。与之相反的是，舜一旦干预司法，就违背了孟子关于场景一的回答。可是，场景一的前提是“舜为天子”，作为天子的舜不能干预法官执法。如果舜放弃了天子之位呢？于是，有了这样的可能。（Ⅱ）舜此时放弃天子之位（这样就不存在阻挠皋陶的权力了），以普通人的身份对抗司法（劫囚或者劫法场），再将父亲背到海滨。如此一来，舜的行为从消极地妨碍国家司法，变成了积极地对抗国家机器。

孟子和桃应的对话没有将这一场景列为选项，因此，我们根本不可能从这则文本中找到答案。笔者关心的问题是：在孟子的“思想试验”里面，两个行为有本质的差别么？且看下面的分析。

## 二、罪与罚

《论语》有一类人叫作“逸民”[1]，如伯夷、叔齐之类。“逸”和“免”两个字都基于一个共同的意象：兔子逃逸[2]，进一步说，就是从可见的当下在场中逃离。伯夷、叔齐这些人之所以被称作“逸民”，是指他们从政治生活中抽身而退。“逸民”与“隐士”不同，前者强调从政治生活中逃离，强调从“在”到“不在”的过程；而后者则侧重不在政治生活（甚至是社会生活）之中。“免”字，在孔子那里则大多数指免于政治处罚[3]。

舜背着自己父亲逃到海滨，不也是一种“逃逸”么？当然，从今天的立场来看，“逃逸”仍然要分为两种：一种是无罪而逃，比如伯夷、叔齐；另一种则是有罪而逃，比如瞽叟。所以，很多人会觉得伯夷、叔齐的逃跑是正当的，而瞽叟逃跑则是不正当的。按《孟子》记载，伯夷为了躲避纣的统治，跑到了很远的北海之滨：

> 孟子曰：“伯夷，目不视恶色，耳不听恶声。非其君不事，非其民不使。治则进，乱则退。横政之所出，横民之所止，不忍居也。思与乡人处，如以朝衣朝冠坐于涂炭也。当

---

① 《论语·微子》：逸民：伯夷、叔齐、虞仲、夷逸、朱张、柳下惠、少连。

② 《说文》：逸，失也，从辶兔，兔谩訑善逃也；免，兔逸也，从兔不见足，会意。参［汉］许慎：《说文解字》，北京：中华书局，1963 年，第 203 页。［清］段玉裁：《说文解字注》，杭州：浙江古籍出版社，1998 年，第 473 页。

③ 《论语·为政》：子曰：“道之以政，齐之以刑，民免而无耻；道之以德，齐之以礼，有耻且格。”《公冶长》：子谓南容，“邦有道，不废；邦无道，免于刑戮。”以其兄之子妻之。《雍也》：子曰：“不有祝鮀之佞而有宋朝之美，难乎免于今之世矣！”

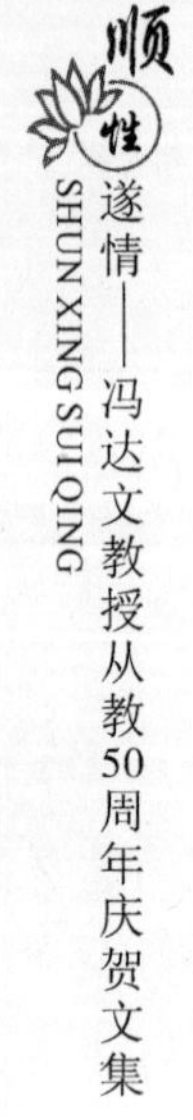


纣之时，居北海之滨，以待天下之清也。故闻伯夷之风者，顽夫廉，懦夫有立志。（《孟子·万章下》）

伯夷辟纣，居北海之滨。（《孟子·离娄上》）

我想没有任何读者觉得伯夷是一个“罪”人。我们今天也用“得罪”这个词，我“得罪于某人”一般意指我因某一行为引起对方的不满，这其中既不预设该行为一定违背伦理道德（或触犯法律），也不意味着对方可以加诸我必须的惩罚。事实上，先秦也使用“得罪”这一术语，比如孟子就说过“为政不难，不得罪于巨室”（《离娄上》），与今天的用法相差无几。这样一来，便产生了一个疑问：如果伯夷得罪于纣，他是否有罪？这取决于古代“罪”这一字的界定，以及“罪”字的用法。

我们先看一下“罪”这个字。按《说文解字》：

罪，捕鱼竹网，从网，非声，秦以为辠字。

辠，犯灋也，从辛自，言辠人去戚鼻若辛之忧。秦以辠似皇字，改为罪。①

由此可知，今天我们使用的“罪”字，不是本字，其本字是“辠”，因为秦始皇自称“皇帝”，而“辠”与“皇”之篆文写法相近，故以“罪”字取代“辠”字。“罪”之本意是捕鱼用的竹网，故字形从“罒”；而“辠”字之义则是触犯法律。墨子后学更是将“罪”直接定义为触犯官方的禁令（《墨子·经上》），也可以说是触犯法律。这样说来，“罪”涉及的是犯罪者与国家之间的关系，而非犯罪者与受害人之间的关系，若以杀人为例，杀

① ［汉］许慎：《说文解字》，北京：中华书局，1963年，第157、309页。

人犯罪首先是因为杀人者触犯了法律规定不许杀人这一规则。

接下来，我们可以再考察一下“得罪”这一术语在先秦的用法。孟子说过，为政的要诀在于“不得罪于巨室”，“得罪”和“于”连用，其意为巨室加诸为政者之罪责。在《墨子》中亦可以找到类似的用法：

> 子墨子言曰：“天下之所以乱者，其说将何哉？则是天下士君子，皆明于小而不明于大。何以知其明于小不明于大也？以其不明于天之意也。何以知其不明于天之意也？以处人之家者知之。今人处若家得罪，将犹有异家所，以避逃之者，然且父以戒子，兄以戒弟，曰：‘戒之慎之，处人之家，不戒不慎之，而有处人之国者乎？’今人处若国得罪，将犹有异国所，以避逃之者矣，然且父以戒子，兄以戒弟，曰：‘戒之慎之，处人之国者，不可不戒慎也！’今人皆处天下而事天，得罪于天，将无所以避逃之者矣。然而莫知以相极戒也，吾以此知大物则不知者也。”（《墨子·天志下》）

所谓“处若家得罪”，在《天志上》中表述为“处家得罪于家长”，就是在一个家族中生活的人，触犯了家长而（获）得到来自家长的罪责。所以，此“罪”只限于得罪者和家长之间的关系，相应地，避免此罪责的方式便是脱离这种关系。因此，处家得罪者可以逃离此家，处国得罪者可以逃离此国。以此绳之，“罪”之义为犯法或者犯禁，则可以完整地表述为因触犯国家之法而得罪于国家，而不是得罪于受害人。

既然得罪者可以通过逃离法律管辖的范围而脱罪，我们有必要琢磨一下其背后的理念，这便涉及与“罪”相关的概念——刑罚。刑和罚据说是两个程度不同的概念：

> 辠，犯法也。罚为犯法之小者，刑为犯辠之重者。五罚轻于五刑。[①]

我们今天也以违法和犯罪来标示不同程度的过错。可不论如何，刑罚都是因触犯法律而施加的惩罚，只不过刑罚背后的意义为何，值得深思。在古代，司寇执掌刑罚，《周礼·大司寇》云"以五刑纠万民"，郑康成训"纠"为"察异之"，即孙诒让所谓"察其善恶而别异之"[②]，如此说来，刑罚的意义就是将那些触犯法律之人标识出来，以区别于一般人。从相反的角度看，刑罚察"异"的目的是变"异"为同，即实现共同体的同一性。《礼记·王制》所载司寇之职同样规定，"凡执禁以齐众，不赦过"以及"关执禁以讥，禁异服，识异言"。同样的道理，在传统文献中屡见不鲜：

> 司徒修六礼以节民性，明七教以兴民德，齐八政以防淫，一道德以同俗。(《礼记·王制》)
>
> 子曰："道之以政，齐之以刑，民免而无耻；道之以德，齐之以礼，有耻且格。"(《论语·为政》)
>
> 夫圣人之治国，不恃人之为吾善也，而用其不得为非也。恃人之为吾善也，境内不什数；用人不得为非，一国可使齐。为治者用众而舍寡，故不务德而务法。(《韩非子·显学》)

---

① ［清］段玉裁：《说文解字注》，杭州：浙江古籍出版社，1998年，第182页。

② ［清］孙诒让：《周礼正义》，北京：中华书局，1987年，第2743页。

准此可知，法律和与之相关的刑罚的意义在于维系统一的生活方式和价值观念，而非“以牙还牙”式的报复，这一点在“流刑”上体现得更加明显。据《尚书》说，在上古尧舜时期，中国发明了流刑，将那些不法之徒发配到边疆去①。蛮荒地带不利于生存，这在客观上当然是一种报复式的惩罚，但《大学》的作者却不这样理解：

> 唯仁人放流之，迸诸四夷，不与同中国，此谓唯仁人为能爱人，能恶人。（《礼记·大学》）

“不与同中国”一语便道出了流刑的本质，甚至可以说明刑罚的本质。

既然法律和刑罚的根本目的是维系共同体的同一性，那么，那些因触犯法律而退出共同体者不但合法而且合理。论者论及“窃负而逃”而指责孟子之说者，往往混淆“罪”和“恶”这两个概念，前者是法律概念，后者是道德概念。杀人因触犯刑律而犯罪，但杀人不必然是恶。在孟子的思想试验中，试验参数只设定为瞽叟杀人，至于杀人动机和手段皆搁置不论。论者以瞽叟为恶，这一观感多半来自历史现实中瞽叟的所作所为，却忽略了这是一个假想的试验。

## 三、政治的限度

如果“罪”的涵义决定了“得罪于某”，只要脱离于“某”

① 《尚书·舜典》：“流宥五刑……流共工于幽州，放驩兜于崇山，窜三苗于三危，殛鲧于羽山，四罪而天下咸服。”

预先设定的关系，便可以免罪，就如同墨子所说：得罪于家长，可以逃到其他的家；得罪于诸侯国君，则可以逃到其他的诸侯国。这样的例子在先秦比比皆是，在这里我只想举《春秋》开篇讲的“郑伯克段于鄢”这则故事，想必大家对此都不陌生。郑庄公的母亲偏爱小儿子共叔段，这母子二人处心积虑地想干掉郑庄公，取而代之。老辣的郑庄公（或装作）一再隐忍，最终共叔段聚众谋乱，庄公一举将其徒众打败。《春秋经》只一句“郑伯克段于鄢”，在《左传》的叙事中，共叔段最后逃到了共国；《公羊传》和《穀梁传》都认为郑庄公杀了自己的弟弟，且此行为是不义的，《穀梁传》还进一步给出了最佳的处理方式——假装慢慢地追赶，让对方有机会逃跑，《传》文的说法是“缓追逸贼，亲亲之道也”。“逸”是“逸民”的“逸”，直译就是逃跑。既然是逃跑，肯定不是从郑国的国都跑到郊区，而是逃到郑国之外去，如《左传》所说的共国。可是，按照这个原则，舜的父亲杀人该逃到哪儿去呢？孟子说，舜最应当的做法是，背着父亲逃到海滨。

为什么要逃到海滨？按照前面的逻辑，逃到海滨是因为海滨乃是政治的边界。在孟子的观念里，海滨确实可以视为政治的边界。如前文所引：

> （伯夷）当纣之时，居北海之滨，以待天下之清也。（《孟子·万章下》）
>
> 伯夷辟纣，居北海之滨。（《孟子·离娄上》）

不但伯夷曾经逃到北海之滨，辅佐文王的太公望也曾如此：

> 太公辟纣，居东海之滨，闻文王作兴，曰：“盍归乎来！

> 吾闻西伯善养老者。”（《尽心上》）

《离娄上》也有类似的表述。纣和舜个人的道德品行自然有霄壤之别，但却有一个共同的身份：天子，或者说是天下共主。“辟”直译为躲避，可以引申为逃出其统治范围，所以伯夷和太公为了躲避殷商天子的统治，不得已逃到了海滨。同样，舜为天子，皋陶为天子之法官，瞽叟杀人触犯的也是天子之法，所以逃到海滨就不难理解了，因为海滨是（天下）政治的边界。

按《尔雅·释地》的解释，“九夷、八狄、七戎、六蛮，谓之四海。”而郭璞《注》云：

> 九夷在东，八狄在北，七戎在西，六蛮在南，次四荒者。[①]

按照《释地》的说法，距离中国最远的是“四极”，其次是“四荒”，再次就是“四海”。而之所以用“四海”指称蛮夷，乃是因为“海”与“晦”相通，用以说明蛮夷在礼义方面晦暗不明[②]。《庄子·逍遥游》开篇讲“北冥”，成《疏》云“冥，犹海也”[③]，且《逍遥游》本文亦有“穷发之北有冥海者”的说法，足证“海”有晦暗不明之义。不论“海”所代表的晦暗之义，是指蛮夷晦暗于礼义，又或者指四海对于我们来说是晦暗不明、难以理解，都揭示了两种不同的生活方式和价值原则，因此将四海作为

① ［晋］郭璞著，［宋］邢昺疏：《尔雅注疏》：北京：北京大学出版社，1999年，第199页。

② ［晋］郭璞著，［宋］邢昺疏：《尔雅注疏》：北京：北京大学出版社，1999年，第200页。

③ ［清］郭庆藩：《庄子集释》，北京：中华书局，1985年，第2页。

中国天子统治的边界，并无不妥。

需要简单补充一下，所谓封建制，封土不封民，君主治下的民众与君主之间并不存在绝对的依附关系。梁惠王认为自己治国已经尽心尽力，如果国内某地发生饥荒，则或疏散民众或赈济钱粮，但其他国家的百姓仍然没有成群结队地投奔自己，他很不理解。梁惠王的疑惑，恰可以说明民众可以自由迁徙，而孟子本人也说过“域民不以封疆之界”（《公孙丑下》）。在封建社会，君主的政治合法性体现为对土地的拥有。天子广有四海之内；将其中某一片土地分封给亲属或功臣，便产生了诸侯；诸侯进一步分封，便产生了卿大夫。所以，“君”这一称呼不限定于天子和诸侯，而是有土地的人。《仪礼·丧服》有云：“为其君布带、绳屦”，《传》解释云“君，谓有地者也”①。生活在君主所有的土地之上，就是广义的臣，君臣关系由此确定；反之，一般情况下，脱离国君拥有的土地，君臣关系便就此终结。所以，政治（法律）的有限性，首先是基于政治权力适用的政治空间的有限性。

政治的有限性还表现在，特定的政治空间之内，总是（可能）存在着高于政治（法律）原则的原则。我们可以最极端的复仇为例。任何一个成熟的法律体系，一定禁止复仇，这不仅是维护政治权力最基本的权威，也是维护共同体秩序的必要条件。法律规定对犯罪者进行肉体惩罚甚至肉体消灭，就已经剥夺了受害者个人进行报复的权利。可在中国传统经典中，却保留着复仇合理的思想。按《春秋公羊传》庄公四年记载：

> 纪侯大去其国。大去者何？灭也。孰灭之？齐灭之。曷

---

① ［汉］郑玄注，［唐］贾公彦疏：《仪礼注疏》，北京：北京大学出版社，1999年，第561页。

为不言齐灭之？为襄公讳也。《春秋》为贤讳。何贤乎襄公？复雠也。何雠尔？远祖也。哀公亨乎周，纪侯谮之。以襄公之为于此焉者，事祖祢之心尽矣。……远祖者，几世乎？九世矣。九世犹可以复雠乎？虽百世可也。……今纪无罪，此非怒与？曰：非也。古者有明天子，则纪侯必诛，必无纪者。纪侯之不诛，至今有纪者，犹无明天子也。……有明天子，则襄公得为若行乎？曰：不得也。不得则襄公曷为为之？上无天子，下无方伯，缘恩疾者可也。

此为《春秋》“复仇”的典型案例：齐襄公消灭了纪国，可《春秋》对齐侯这一擅自灭国的行为并未加以贬斥，理由是纪侯的祖先向周天子说齐襄公的九世祖齐哀公的坏话，直接导致后者被烹杀，所以齐襄公灭纪国的行为就是“复仇”，因而是正当的。细绎《公羊传》的说法，不难发现，齐襄公这一复仇行为之所以正当的原因是：当初纪国国君陷害齐哀公时，按照一般法律原则，应当受到相应的惩罚，而纪侯没有受到惩罚则意味着法律或者政治原则存在缺陷（“无明天子”），故而可以搁置法律进行私人性的报复。由此，我们也可以理解《礼记》中关于复仇的说法：

父之仇弗与共戴天，兄弟之仇不反兵，交游之仇不同国。（《曲礼下》）

关于不共戴天之仇，孔《疏》的解释是，“彼杀己父，是杀己之天，故必报杀之，不可与共处于天下也。”① 所谓“报”，就是以

① ［汉］郑玄注，［唐］孔颖达疏：《礼记正义》，北京：北京大学出版社，1999年，第84页。

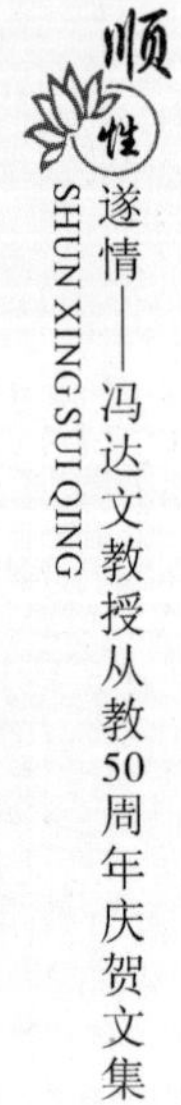


牙还牙式的报复，是法律之外底线式的正义。据《周礼·调人》的说法：

> 凡和难，父之仇辟诸海外，兄弟之仇辟诸千里之外，从父兄弟之仇不同国。

按照理想的状况，杀人者应到躲避到四海之外，即“天下”之外，所以就与死者之子不处于同一个“天”之下。基于被杀者之子的立场来说，如果杀人者逃到海外，即意味着法律失去了效力因而也失去了权威，所以要行使法律之外的报复。这又回到了《公羊传》设定的“复仇”的前提——政治原则出问题了。

法律出了问题，意味着政治共同体的秩序出了问题，此时可以奉行法律之外的正义，这是革命法理的基本原则。孟子显然承认，当政治秩序出问题时，臣民有革命的权利。巧合的是，在《孟子》里也提到过一次“复仇”：

> 孟子曰：“汤居亳，与葛为邻，葛伯放而不祀。汤使人问之曰：‘何为不祀？’曰：‘无以供牺牲也。’汤使遗之牛羊。葛伯食之，又不以祀。汤又使人问之曰：‘何为不祀？’曰：‘无以供粢盛也。’汤使亳众往为之耕，老弱馈食。葛伯率其民，要其有酒食黍稻者夺之，不授者杀之。有童子以黍肉饷，杀而夺之。《书》曰：‘葛伯仇饷。’此之谓也。为其杀是童子而征之，四海之内皆曰：‘非富天下也，为匹夫匹妇复雠也。’……”（《滕文公下》）

文中葛伯一次又一次的不义，终于将自己推到“恶贯满盈”的地步，而这最后一根稻草就是杀了一个无辜的小孩，汤由此征伐葛伯，人们都认为征伐是正义的“复仇”。这里面存在两个问题：第一，说“复仇”是因为汤和葛伯之间是对等的法律主体，没有隶属关系，如果是殷天子讨伐葛伯，就不是复仇，而是执法；第二，葛伯杀害的是自己治下民众，汤由此征伐葛伯，是超出自己政治权力范围行使“治外法权”。这说明，存在着政治原则之外的道义原则，我们可以称之为“天道”原则，所以，后世的起义或者造反者，大都以“替天行道”作为自己号召民众的口号。

最后补充一点，汤“跨地区”讨伐葛伯被视为正义的，说明在中国法律思想里，政治空间是有弹性的，所以文王才可能“三分天下有其二”（《论语·泰伯》）。所以，政治权力赖以存在的基础（拥有土地）也非一成不变，这又进一步说明，在中国传统思想中，政治是有限的。

## 四、人性：政治的还是前政治的？

想要深入理解孟子所说的“窃负而逃”，只分析其中的法理依据是不够的，因为这里面关系着孟子对于人性的理解。舜的“窃负而逃”说明，在孟子看来，舜作为子的身份优先于作为君的身份。这是一个很容易得出的结论：每个人一生下来一定有父母，但是子女、兄弟、姐妹就未必然，更不用说成为天子（君主）统治天下（一方）。父子代表的亲缘关系是一种自然伦理关系，君臣代表的从属关系可以表述为政治伦理关系。政治伦理关系或者更广泛的社会关系，到底是不是自然的，在不同的文化中有不同的理解。不过可以肯定的是，在以儒家为代表的中国传统思想文化中，君臣关系大多被理解为父子关系的延伸。《孝经》中有“资于事父以事君，而敬同”（《士章》）的说法，《论语》中则有云“长幼之节，不可废也；君臣之义，如之何其废之？……君子之仕也，行其义也。”（《微子》）在《孟子》中，记载这样一个例子：

> 咸丘蒙问曰：“语云：‘盛德之士，君不得而臣，父不得而子。’舜南面而立，尧帅诸侯北面而朝之，瞽瞍亦北面而朝之。舜见瞽瞍，其容有蹙。孔子曰：‘于斯时也，天下殆哉，岌岌乎！’不识此语诚然乎哉？”（《万章上》）

按咸丘蒙的说法，一个国君在比他道德高尚之人面前不能以君自居，同样一个父亲在有德之人面前也不能以父亲自居，故有成语云“盛德之士，君不得而臣，父不得而子。”能说明这一成语的实例便是，舜即位为天子的时候，尧和瞽叟都要以臣下自居。咸丘蒙的说法及其所引成语，都值得我们深思。咸丘蒙的说法无异于说，父子和君臣关系都不是天然正当的，而个人的道德品质应当成为所有人伦关系的基础。孟子断然否定了这种说法，认为这是一种“野人”之语（不雅），而正确的历史叙述应该参考《尚书》。在一段《尚书》的佚文里面，有这样的记载：

> 《书》曰：“祗载见瞽瞍，夔夔齐栗，瞽瞍亦允若。”（《万章下》）

此句可以理解为：成为天子的舜依然敬事瞽叟，见到自己父亲总是显得戒慎恐惧，瞽叟亦因此相信并顺从于舜。这样一来，咸丘蒙用以证明“齐东野语”的实例便不成立了。孟子坚持认为，孝顺是人最基础的德性，如果违背了孝，舜的德性就是值得怀疑的。

孟子始终相信，人的政治身份是派生的。所以，人生最为快乐的三件事情不包括君临天下，而是（1）父母兄弟平安无事，（2）所作所为无愧于天地，（3）有机会教育天下英才[①]。在孟子的思想中，“乐”不止于一般的快乐，更指向的是在适合于自己本性的情境中怡然自乐。如此一来，说明人的本性之中并不包含实现政治身份这一要求。故孟子云：

> 广土众民，君子欲之，所乐不存焉。中天下而立，定四海之民，君子乐之，所性不存焉。君子所性，虽大行不加焉，虽穷居不损焉，分定故也。君子所性，仁义礼智根于心。其生色也，睟然见于面，盎于背，施于四体，四体不言而喻。（《尽心上》）

君子本性所包含的内容，不因为个人的际遇（包括出仕与否）而增加或减少。在这个问题上，孟子似乎与孔子有些微妙的差异：孔子似乎更倾向于认为，圣人应该是“博施济众”的[②]；孟子则认为，圣人本性自足，就算独善其身、孤独终老，也不妨碍其为圣人。所以，舜可以放弃天子之位，逃到渺无人烟的海滨，快乐地生活。

孟子的弟子万章，和咸丘蒙一样，也是一个喜欢追问历史的人。有一次，他向孟子提问，商汤的贤相伊尹是不是为了当官，把自己打扮成一个厨子。孟子否定了这一说法：

---

① 《孟子·尽心上》：孟子曰：“君子有三乐，而王天下不与存焉。父母俱存，兄弟无故，一乐也。仰不愧于天，俯不怍于人，二乐也。得天下英才而教育之，三乐也。君子有三乐，而王天下不与存焉。”

② 《论语·雍也》：子贡曰：“如有博施于民而能济众，何如？可谓仁乎？”子曰：“何事于仁，必也圣乎！尧舜其犹病诸！夫仁者，己欲立而立人，己欲达而达人。能近取譬，可谓仁之方也已。”

> 伊尹耕于有莘之野，而乐尧舜之道焉。非其义也，非其道也，禄之以天下，弗顾也；系马千驷，弗视也。非其义也，非其道也，一介不以与人，一介不以取诸人，汤使人以币聘之，嚣嚣然曰："我何以汤之聘币为哉？我岂若处畎亩之中，由是以乐尧舜之道哉？"汤三使往聘之，既而幡然改曰："与我处畎亩之中，由是以乐尧舜之道，吾岂若使是君为尧舜之君哉？吾岂若使是民为尧舜之民哉？吾岂若于吾身亲见之哉？天之生此民也，使先知觉后知，使先觉觉后觉也。予，天民之先觉者也；予将以斯道觉斯民也。非予觉之，而谁也？"……（《万章上》）

孟子曾将伊尹称为"圣之任者"（《万章下》），也是所谓的"何事非君，何使非民；治亦进，乱亦进，伊尹也。"（《公孙丑上》）可是，在这一则对话中，孟子首先把伊尹描绘成一个在有莘之野无忧无虑耕作的人，他本身不愿意出仕，甚至三次推辞掉了汤的邀请。在伊尹看来，作为一个农夫同样可以"乐尧舜之道"，和出仕与否，一点关系也没有。只不过伊尹后来觉得，能够让更多的人"乐尧舜之道"，总好过自己一个人"乐尧舜之道"，所谓"独乐乐不如众乐乐"。不过需要澄清的是，在孟子看来，伊尹并不是因为出仕才成为圣人，耕田的伊尹就已经是充分实现人之本性的圣人了。所以，圣贤作为理想人格，其中并不包含政治因素，至少在孟子看来是这样的。相应地，人之本性也不是通过政治来界定的，毋宁说，人性是一个前政治的规定。

瞽叟与舜的父子关系，舜与天下人的君臣关系，是两个不同层面的问题。一个是关于人本性的源初规定，另一个则是基于人性而派生出来的关系。以此为原则，孟子将全部的人伦关系分为两种：一是基于父子之亲的家族关系，一是基于君臣之义的社会关系；前者为仁（恩），后者为义。故《孟子》有云：

孟子曰："人之所不学而能者，其良能也；所不虑而知者，其良知也。孩提之童，无不知爱其亲者；及其长也，无不知敬其兄也。亲亲，仁也；敬长，义也。无他，达之天下也。"（《尽心下》）

所谓"门内之治恩掩义，门外之治义断恩"是也[1]。孟子曾多次将"义"比喻成道路（不可理解为"道"），而将"仁"比喻为人所安居的家：

孟子曰："仁，人心也；义，人路也。舍其路而弗由，放其心而不知求，哀哉！……"（《告子上》）

孟子曰："……吾身不能居仁由义，谓之自弃也。仁，人之安宅也；义，人之正路也。旷安宅而弗居，舍正路而不由，哀哉!"（《离娄上》）

夫仁，天之尊爵也，人之安宅也。（《公孙丑上》）

居恶在？仁是也；路恶在？义是也。居仁由义，大人之事备矣。（《尽心上》）

当人走出家门的时候，也就是人踏上旅途（路）的时候。家和路恰好形成了一组"内/外"的比喻，和"心/身"的内外之别具有同构性，而且都是"内"决定了"外"。

---

① 《礼记·丧服四制》《大戴礼记·本命篇》《孔子家语·本命解》，另外，郭店竹简《六位》亦有类似的说法。

“义”表征包含政治关系的全部社会关系，但父子关系不在其内，因为父子关系是其他社会关系的基础。舜为了成全父子关系而放弃其他的社会关系，理所当然。

## 五、结　语

政治和个人生活的关系，我想在任何文明中都是一个重要的问题，但答案可能彼此不同。今天，当我们重温孟子和桃应关于“瞽叟杀人”这一思想试验的时候，我们会发现，孟子的答案对于我们来说是一个遥远的绝响。因为在技术和信息无限发达的今天，政治无处不在，任何人都逃无可逃，相应地，我们会发现孟子所谓礼义根植于心的本性自足，正悄悄地从每个人那里流失。

（本文原刊于《现代哲学》2014 年第 5 期）

# 孟子“父子之间不责善”的古典学阐释

周春健（中山大学哲学系）

《孟子·离娄上》第十八章，有一段公孙丑与孟子之间的问答，讨论的是“君子之不教子”的问题，原文如下：

> 公孙丑曰：“君子之不教子，何也？”
>
> 孟子曰：“势不行也。教者必以正；以正不行，继之以怒。继之以怒，则反夷矣。‘夫子教我以正，夫子未出于正也’，则是父子相夷也。父子相夷，则恶矣。古者易子而教之，父子之间不责善。责善则离，离则不祥莫大焉。”

从孟子的论证逻辑看，因“责善则离，离则不祥莫大焉”，故而“父子之间不责善”；若父教子，因“势”之要求，难免会“责善”，故而需要“易子而教之”；“易子而教”的方案古已有之，可以避免“父子相夷而恶”，正可印证公孙丑所谓“君子之不教子”。

如此，《孟子》本章所讨论的，实际是父子之间的相处之道问题。父子一伦，在儒家传统伦常关系（“五伦”）中居于最基础的地位。因此，基于《孟子》本章讨论父子相处之道，不唯有助

于把握孟子之思想脉络，厘清“父子之间不责善”这一观念在后世的思想史嬗变，对于世间诸人之切身躬行，亦或有所启发。

## 一、释“责善”

孟子的逻辑起点在于“责善”，故而首先有必要弄清楚“责善”之义涵。

于“责”字，东汉赵岐《孟子章句》并无直接解说，宋人孙奭释为“责让”①。据《说文》，“责”之本义为“求也”②。此“求”，可以“引伸为诛责、责任”③，可见语气较重，不仅是一般的“责备”。正如明人蔡清所云：“‘责’字重，有‘必欲其如此，不如此则责之’之意。”④ 清人王夫之亦将“责”与“迪”字对举，以为：“‘责’字重。君子未尝不迪子以善，但不责耳。责则有危言相惊，甚则加以夏楚。子之于父，亦极言而无婉词。”⑤

于“善”字，从字源义上说，清人段玉裁《说文解字注》云：“善，吉也。从誩羊。此与‘义’‘美’同意。……《羊部》曰：‘美’与‘善’同意。按，羊，祥也。故此三字从羊。”⑥ 但“责善”中的“善”，并非仅指普通意义上的“吉”“祥”或

---

① 李学勤主编：《十三经注疏（标点本）》之《孟子注疏》卷第七下，北京大学出版社，1999年版，第206页。

② ［汉］许慎：《说文解字》卷六下，中华书局，1963年版，第130页。

③ ［清］段玉裁：《说文解字注》六篇下《贝部》，上海古籍出版社，1988年第2版，第281页。

④ ［明］蔡清：《四书蒙引》卷十二，文渊阁四库全书本。

⑤ ［清］王夫之：《四书笺解》卷八，清光绪刻本。

⑥ ［清］段玉裁：《说文解字注》三篇上《誩部》，前揭，第102页。

"好"。宋人晁公武以为："不为不义，即善也。"[①] 则所为之"善"，当以合乎"义"为标准。宋人张栻则从"善"之属性上说，以为："善也者，根于天性者也。"[②] 此处所谓"天性"，当从父子血缘关系出发而论，也就是孟子所谓"圣人有忧之，使契为司徒，教以人伦"中首当其冲的"父子有亲"[③]。"父子有亲"乃属人之"天性"，不可更易。

至于"责善"，明人李东阳释为"督责使必要为善"[④]，一"必"字，即包含浓重的"强制"意味，而非一般的要求。明人张居正径释为"强其所难而互相责望"[⑤]，则不唯"强制"，而且蕴含所提要求为对方"强烈反感"之意。近人陈大齐以为：

> 所谓责善，按照孟子所说，即是希望对方乃至要求对方：远离一切邪恶，而唯仁义是亲。故所谓责善，意即不赞成其所为而要求其改善。[⑥]

这里，陈大齐乃是将"责"释为"不赞成并要求对方改正"，而将"善"释为"亲近仁义"，与前述晁公武、张栻之说并无二致。

正因为"父子有亲""父慈子孝"为世间不移之"天性"，故父子之间若存在如此严厉强制的"责善"，势必会带来父子情感上的"隔阂"（采杨伯峻译文[⑦]）。父子之间产生"隔阂"与疏离，

---

① ［宋］晁公武撰，孙猛校证：《郡斋读书志校证》上册第二卷《孝经类》，上海古籍出版社，2011年版，第127页。

② ［宋］张栻：《癸巳孟子说》卷四，文渊阁四库全书本。

③ 《孟子·滕文公上》（5·4）。

④ ［明］李东阳：《怀麓堂集》卷九十五《文续稿五》，文渊阁四库全书本。

⑤ ［明］张居正：《四书集注阐微直解·孟子》卷二十，清八旗经正书院刻本。

⑥ 陈大齐：《孟子待解录·责善》，华东师范大学出版社，2012年版，第63页。

⑦ 杨伯峻：《孟子译注》（上），中华书局，1960年版，第179页。

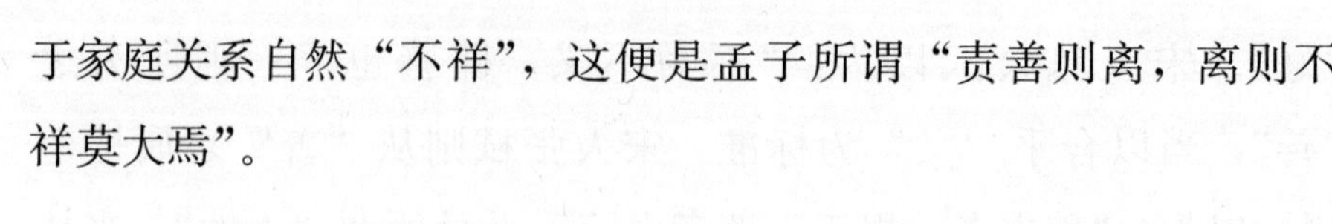

于家庭关系自然“不祥”，这便是孟子所谓“责善则离，离则不祥莫大焉”。

## 二、“不责善”与“不谏不教”

在孟子看来，“父子之间不责善”当为“古者易子而教”的缘由与依据。那么，父子之间的“不责善”与“教”之间到底存在怎样的关联？究竟该如何看待这种“不责善”？

从“父子有亲”的“天性”角度，宋人陈埴认为：“父子之间不责善，乃天理如此，非私意也。”[①] 所谓“天理”，亦即父子之间的血缘亲情，不容因“责善”而致疏离。

然而“不责善”，并非指父亲对于儿子全然不顾，只是不去严厉地“责善”罢了。南宋陆游即以为：“盖不责善，非不示以善也，不责其必从耳。”[②] 若父于子不但“示以善”，且“责其必从”，就属于“责善”，就很可能导致“离”的严重后果了，故不可取。宋人吕祖谦亦以为：“父子之间不责善，非置之不问也，盖自当有滋畏涵养良心底气象。”[③] 也就是说，父之于子，还是允许有“教”的行为存在。

北宋司马光则不这样看，他是北宋“疑孟派”的代表人物，在其所著《疑孟》中提出：“孟子云‘父子之间不责善’，‘不责善’是不谏不教也，而可乎？”[④] 司马光径将孟子所谓“不责善”理解为“不谏不教”，则对于父子双方来说，皆未尽到义务——

---

① ［宋］陈埴：《木钟集》卷一，文渊阁四库全书本。

② ［宋］陆游：《老学庵笔记》卷八，明津逮秘书本。

③ ［宋］吕祖谦：《丽泽论说集录》卷第七，文渊阁四库全书本。

④ ［宋］司马光：《温国文正公文集》卷第七十三，《四部丛刊》景宋绍兴本。

父对于子的“不教”和子对于父的“不谏”。

对此，“尊孟派”的代表人物余允文针锋相对，曾有专门辨说：

> 孟子曰“古者易子而教之”，非谓其不教也。又曰“父子之间不责善”，父为不义则“争”之，非“责善”之谓也。《传》云：“爱子，教之以义方。”岂自教也哉？胡不以吾夫子观之：鲤趋而过庭，孔子告之不学《诗》无以言，不学礼无以立。鲤退而学《诗》与礼，非孔子自以《诗》礼训之也。陈亢喜曰：“问一得三，闻《诗》，闻礼，又闻君子之远其子。”孟子之言，正与孔子不约而同，其亦有所受而言之乎？[①]

在余允文看来，在“易子而教”的问题上，自孔子至于孟子，乃一脉而相承。易子而教，非谓“不教”，而是如孔子对待其子孔鲤一般，“不自教”而已。至于《孝经》所谓“父有争子，则身不陷于不义”之“争”，乃属“谏争”，与“责善”并非同义。故而，余氏认为在孟子的观念中，于父而言并非“不教”，于子而言并非“不谏”，司马光之论断有误。

## 三、“责善”与“父有争子”

如前所述，孟子所谓“父子之间不责善”，与《孝经》之“父有争子，则身不陷于不义”，乍看起来似乎矛盾——既“不责

① ［宋］余允文：《尊孟辨》卷上，清守山阁丛书本。

善”，何来“争子”？司马光便是这样看待。问题的关键在于，对“争”字该如何理解。

唐明皇李隆基为《孝经》作注，将《谏诤章》中的“争臣”“争友”“争子”之“争”，释为“谏也”[①]，宋邢昺之《疏》进一步释为“谏争”[②]。“谏争”之语气较诸“责善”，明显弱了许多。尤其用于父子之间，谏当为“微谏”，朱子《读余隐之尊孟辨》即云：

> 子虽不可以不争于父，观《内则》《论语》之言，则其谏也以微。隐之说已尽，更发此意尤佳。[③]

“则其谏也以微”，其意正同于孔子所谓“事父母几谏”[④]。“几谏”，按照朱子的解释：“几，微也。微谏，所谓‘父母有过，下气怡色，柔声以谏’也。”[⑤]而司马光将“争”理解为“责善”，故而才有“不责善是不谏不教”之说，显然没有注意到二词语气上的明显差别。

王安石对“争”与“责善”作了明确区分，称：

> 父有争子，何也？所谓争者，非责善也，当不义则争之而已矣。父之于子也如何？曰，当不义，则亦戒之而已矣。[⑥]

---

① 李学勤主编：《十三经注疏（标点本）》之《孝经注疏》，北京大学出版社，1999年版，第48页。

② 李学勤主编：《十三经注疏（标点本）》之《孝经注疏》，前揭，第49页。

③ ［宋］朱熹：《晦庵先生朱文公文集（伍）》卷七十三，载朱杰人等主编《朱子全书》第24册，上海古籍出版社、安徽教育出版社，2002年版，第3515页。

④ 《论语·里仁》（4·18）。

⑤ ［宋］朱熹：《四书章句集注·论语集注》卷二，中华书局，1983年版，第73页。

⑥ ［宋］朱熹：《四书章句集注·孟子集注》卷七引，前揭，第284页。

可见在王安石的观念中，子之“争”父与父之“戒”子相对，语气及态度上，均不若“责善”严厉与强烈，也不会带来“疏离”的严重后果。在这点上，朱子是赞同王安石的，因此才引用其语，作为“父子之间不责善”一节的注脚。

不过对于“争”字，的确还有别的解法。明人吕维祺撰《孝经大全》，于《谏争章第十五》“故当不义，则子不可以不争于父，臣不可以不争于君。故当不义则争之，从父之令，又焉得为孝乎”经文之下，引明人冯梦龙之说云：

> 争者，争也。如争者之必求其胜，非但以一言塞责而已。君父一体，子不可不争于父，犹臣不可不争于君。故当父不义，为子者直争之，必不可从父之令。①

如此，则以“争”字非“微谏”之义，而指“争胜”，加之“必求其胜”“必不从父”，则俨然同“责善”之义无二。

需要注意，吕氏乃以“安石黜《孝经》，近儒以为其罪浮于李斯”②，而于“争”字作如是解，以驳安石“争者非责善”之说，然与《孝经》本义未必相符。

冯梦龙、吕维祺释“争”为“争胜”，与《孟子》《孝经》文义均有差距，反倒与《荀子》十分接近。《荀子·子道篇》有云：

> 入孝出弟，人之小行也；上顺下笃，人之中行也；从道不从君，从义不从父，人之大行也。……明于从不从之义，

① ［明］吕维祺：《孝经大全》卷十，清康熙刻本。
② ［明］吕维祺：《孝经大全》卷十，清康熙刻本。

而能致恭敬、忠信、端悫以慎行之，则可谓大孝矣。

又云：

> 孔子曰："……父有争子，不行无礼；士有争友，不为不义。故子从父，奚子孝？臣从君，奚臣贞？审其所以从之之谓孝，之谓贞也。"

虽然荀子也讲子对于父的"恭敬、忠信、端悫"——这是孝道的基本前提，但在"义"的面前，荀子主张子是可以与父"抗争"的，甚至可以"不从"。这一语境中的"争"，语气便较重了，与"几谏"明显不同，而接近于"争胜"乃至"责善"。因为若是"几谏"，则当如《论语》中所说，子于父母，"见志不从，又敬不违，劳而不怨"[①]，明明主张"不违"，显然不是"不从"。

孟子之"父子之间不责善"、荀子之"父有争子"，在子对父的态度问题上，有着"从"与"不从"的歧异。孟子因要维护"父子有亲"的"天性"，主张"不责善"，以避免"责善则离"；而荀子则要维护"道、义"对于"孝、弟"的优先地位，主张"从义不从父"，主张子对于父的"抗争"。

孟、荀为什么会出现这一理解上的差异？恐怕与二人的人性论主张有别相关。孟子主张"性善"，认为人人皆有"所不学而能""所不虑而知"的"良能""良知"[②]，人人皆有"恻隐之心""羞恶之心""辞让之心""是非之心"的"仁、义、礼、智"四

① 《论语·里仁》(4·18)。
② 《孟子·尽心上》(13·15)。

端[1]。因此，对于子而言，父哪怕偶有过失，也未必通过“责善”的激烈方式，而是通过委婉方式，亦可触发并唤起父母的“良知良能”，从而使其反省并匡正过失。而荀子主张“人之性恶”[2]，并不以为人性本来有诸多善端，即便有“善”，也是“其善者伪也”[3]。在他看来：“今人之性，固无礼义，故强学而求有之也；性不知礼义，故思虑而求知之也。”[4] 而之所以可以通过“强学而求有之”“思虑而求知之”，是因为“涂之人也，皆有可以知仁义法正之质，皆有可以能仁义法正之具”[5]。也就是说，人人具有辨知的能力。因此，当父有过，子是可以通过强烈的态度、凌厉的言辞“争论”于父、“争胜”于父的。以强辞辩论的方式，达到使父知过改过的目的。

## 四、子责父善，孝与不孝

在《孝经》的论说体系中，“父有争子”是不可谓不孝的，反倒是无原则地“从父之令，又焉得为孝乎”[6]。不过在《孟子》文本中，并没有提到“争子”的问题，却对“子父责善”与“不

① 《孟子·公孙丑上》(3·6)。

② 关于荀子之人性论，近年来学界多所聚讼，如周炽成先生主张荀子“性朴论”，反对通常所说的“性恶论”。然其前提是以《性恶篇》《子道篇》诸篇为荀卿弟子所作，非出于其本人之手，并以《性恶篇》“大概是西汉中后期的作品”。不过，不管《性恶篇》《子道篇》之著作权归属为谁，从“人性恶”到“父有争子”的逻辑关联是可以成立的。唯一不同的是，会带来“性恶论”所有权归属于荀子本人和荀子后学的差别。参周炽成《儒家性朴论：以孔子、荀子、董仲舒为中心》，《社会科学》2014年第10期。

③ 《荀子·性恶篇》。

④ 《荀子·性恶篇》。

⑤ 《荀子·性恶篇》。

⑥ 《孝经·谏诤章第十五》。

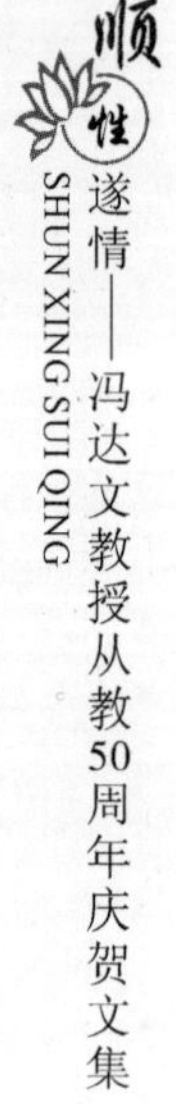


孝”之关联有所辨说。《离娄下》载有一段公都子与孟子之间的对话：

> 公都子曰：“匡章，通国皆称不孝焉，夫子与之游，又从而礼貌之，敢问何也?”
>
> 孟子曰：“世俗所谓不孝者五：惰其四支，不顾父母之养，一不孝也；博弈好饮酒，不顾父母之养，二不孝也；好货财，私妻子，不顾父母之养，三不孝也；从耳目之欲，以为父母戮，四不孝也；好勇斗很，以危父母，五不孝也。章子有一于是乎？夫章子，子父责善而不相遇也。责善，朋友之道也；父子责善，贼恩之大者。夫章子，岂不欲有夫妻子母之属哉？为得罪于父，不得近，出妻屏子，终身不养焉。其设心以为不若是，是则罪之大者，是则章子而已矣。”(8·30)

从字面意思看，孟子认为世俗所谓“五不孝”，匡章未曾“有一于是”，章子行为的性质属于“子责父善”，章子的错误乃在于，将“朋友之道”用于“父子”之间，因而导致了父子“不相遇”的后果。那么，孟子到底是否认为匡章的行为就是“孝”呢？历来有三种不同意见。

一种意见认为，虽然孟子认定匡章之“责父之善”并不属“五不孝”，但不意味着孟子即以匡章所为为“孝”，孟子依然认定章子“责善”为“不孝”，只是还未至于“可绝之地”，故而“怜之”才与之交往。《朱子语类》载：

> “孟子之于匡章，盖怜之耳，非取其孝也。故杨氏以为匡章不孝，‘孟子非取之也，特哀其志而不与之绝耳’。据章

之所为，因责善于父而不相遇，虽是父不是，己是，然便至如此荡业，'出妻屏子，终身不养'则岂得为孝？故孟子言'父子责善，贼恩之大者'，此便是责之以不孝也。但其不孝之罪，未至于可绝之地尔。然当时人则遂以为不孝而绝之，故孟子举世之不孝者五以晓人。若如此五者，则诚在所绝尔。后世因孟子不绝之，则又欲尽雪匡子之不孝而以为孝，此皆不公不正、倚于一偏也。必若孟子之所处，然后可以见圣贤至公至仁之心矣。"或云："看得匡章想是个拗强底人，观其意属于陈仲子，则可见其为人耳。"先生甚然之，曰："两个都是此样人，故说得合。"味道云："舜不告而娶，盖不欲废人之大伦以怼父母耳。如匡章，则其怼也甚矣。"(广)[①]

在朱子看来，孟子非但不以为章子对于父亲之"责善"属"孝"，反而对其"不孝"有所责备——所云"父子责善，贼恩之大者"即是。孟子之"与之游，又从而礼貌之"，一方面在于章子之"不孝"较之"五不孝"尚属轻微，一方面在于章子后来有悔过之举，孟子怜之哀之，并且有"欲渐摩诱化，使之改过迁善"[②] 之用意，可见孟子之良苦用心。

第二种意见认为，既然孟子未曾以章子之行为属"五不孝"，而只认定章子的行为属于"子父责善"，那么就说明孟子以章子为"孝"了。这在逻辑上似乎有些牵强，因为不以为属"不孝"，未必等同于以之为"孝"，"不孝"与"孝"之间还有一个中间层次——说不上"孝"，又不至于"不孝"。须知，要认定属"孝"，

① ［宋］朱熹：《朱子语类》卷五十七，载朱杰人等主编《朱子全书》第15册，前揭，第1849页。

② ［元］陈天祥：《四书辨疑》卷十二，文渊阁四库全书本。

是有情感及行为上的条件限定的。这也正是朱子所批评的“后世因孟子不绝之，则又欲尽雪匡子之不孝而以为孝，此皆不公不正、倚于一偏也”。

于是有了第三种意见，即认为孟子以章子之责善“尚非不孝”（不同于认定章子之责善即属“孝”），近人陈大齐还提出了孟子所以“不视章子为不孝”的两点推测：

> 为子者不当责善于父，以免贼恩，若竟不慎而误蹈，卒至为父所不容，是否即此便成不孝之子？察孟子所说，责善虽属不当，尚非不孝……
>
> 匡章责善于父，为父所不容，全国的人皆斥其为不孝，而孟子竟与之交游，且礼貌不衰，公都子怀疑而问其故。孟子答称：社会上一般所斥为不孝的，共有五事，在列举其内容以后，作断语云：“章子有一于是乎？”谓于此五条不孝的罪中，匡章未犯任何一条。孟子此语岂不明白表示：匡章之为人尚未可称为不孝，而以舆论所评为过于苛刻！下文又云：“为得罪于父……其设心以为不若是，是则罪之大者。”虽认匡章的责善为得罪，继称其出妻屏子，以图减轻其罪，又颇透露宽恕之意。
>
> 子责父善以致伤恩，何故尚可不视为不孝，孟子未有所明言。试为推测，可有二故。其一，责善在本质上原属好事，是人人分内所应为，人人互相责善，道德始能维持；人人容忍恶行，社会无法安宁。责善的本质虽好，但其适用则有宜有不宜。不宜适用而适用，自属不当，不过虽足为罪，其罪究属不大。故为子而责善于父，仅属不当，未足斥为不孝。其二，匡章亦如常人，非不欲安享家庭团聚之乐，只因得罪于父，不得不“出妻屏子，终身不养焉”，牺牲毕生的

幸福，以赎一时的得罪。悔过自苦，情颇殷切，原心略迹，非无可恕。故匡章虽得罪于父，尚未可因此便斥其为不孝。孟子之宽恕匡章而未以为不孝，究因何故，不可得知。姑作两种假设，以助说明。①

在陈大齐看来，孟子以章子责善仅属“不当”，还达不到“不孝”的程度，况且章子后来有悔过行为，值得宽恕。其实从立意上来讲，这与朱子之以章子为“不孝”而轻微可谅之说，殊途同归。区别在于，子父责善之现象，在人世间父子当中极为寻常，而为子者对于“不孝”之“罪名”，通常于道德上极为在意并以之为耻。以“责善”为“不孝”，于为子者之精神压力便甚巨大；以“责善”“尚非不孝”，则可在一定程度上减轻为子者的“负罪感”，并助于缓和父子之间的家庭关系。

## 五、父子“之间”与“不责善”的界限

孟子所下的论断是“父子之间不责善”，那么，这里的“之间”，是父子双向？还是仅就其中一方而言？“不责善”，是针对天下父子普遍情形之“通论”，还是基于特殊状况的“有为之论”？孟子之论，是仅对上古特定时代有效，还是适用于悠悠万世？

**其一，双向还是单向？**

前节所引王安石之语，乃以《孝经》中的“父有争子”来解

---

① 陈大齐：《孟子待解录·责善》，前揭，第65—66页。

“父子之间不责善”。在他看来，父子之间当“不义”之时，应当做到“在子则争”“在父则戒”，因而父子之间的责任是双向的。宋人辅广深赞王安石之说，云：

> 王氏最得孟子之正意。责善，谓责之使必为善也。责之使必为善，则便有使之捐其所能、强其所劣之意，故必至于相伤。至其所为，或背理而害义，则岂可坐视而不管？故在子则当争，在父则亦当戒，切之也。①

“双向”的另外一层意思是，“不但为子者不当责善于父，为父者亦不当责善于子”②，这是从父子之间“不责善”的角度来讲的。陈大齐云：

> 为子者不当责善于父，故在孟子言论中，未见有谏父的指示，亦未见有争子的赞许。为父者亦不当责善于子，而子又不可放任不教，故孟子主张易子而教，俾教与恩得以两全。③

宋人晁说之则将父子关系与君臣关系并提，认为：

> “君之视臣如土芥，则臣视君如国人”，此为君而言也，非为臣者所以责君。“父子之间不责善”，此为父而言也，非为子者所以责父。④

---

① [宋] 赵顺孙：《四书纂疏·孟子纂疏》卷七，文渊阁四库全书本。

② 陈大齐：《孟子待解录·责善》，前揭，第63页。

③ 陈大齐：《孟子待解录·责善》，前揭，第64—65页。

④ [宋] 晁说之：《晁氏客语》，文渊阁四库全书本。

照此说来，君臣、父子之间，就只有君对臣“视”、父对子“责”的单向活动了，而不可倒置。这一解说的用意，或在于强调君臣、父子之间的等级与尊严不容僭越，与“君虽不仁，臣不可以不忠；父虽不慈，子不可以不孝”[①]的观念，似一脉而相承。

**其二，“通论”还是“有为之论”？**

明人金瑶不太认同父子相处过程中“责善则离”情形的存在，而且认为当年周公之挞其子伯禽，乃属“责”之变，亦不符合“父子之间不责善”之论，因此认定“不责善”乃孟子“有为而发”，不属“通论”。金氏称：

> 孟子谓“父子之间不责善”，此言难认。直至于“责善则离”，然后始觉得责善不好处。然自“责善”以至“离”，中间情节相去尚远。人固有一责而遂善者，何尝离？有再三责而后善者，亦未尝离。至于离，必是子不受责，或反激而与我抗，然后始有离。安得要其极之如是，而遂先闭其入善之门，谓“父子之间不责善”？周公尝挞伯禽矣，挞又责之变。易子而教，此是集众子弟以便一人之教，不得以是而证父不责子善。孟子此章多是有为而发，有为之言，难以常义论。[②]

也就是说，金瑶认为世人日常生活中通常的情形当是“父责子善”，孟子所谓“父子之间不责善”，仅就“子不受责，或反激

① ［宋］方寔孙：《淙山读周易》卷一，文渊阁四库全书本。

② ［明］金瑶：《金栗斋文集》卷十一，明万历刻本。

而与我抗”的特殊情形而言，属于有条件限定的“有为之言”。

明人毕木亦认为，孟子所谓“父子之间不责善”，并非针对世间寻常父子，乃特指“父之愎谏、子之非类”的情形。毕氏云：

> 父子之间不责善，子舆氏盖激于父之愎谏、子之非类者言之，非通论也。以责善，固至情之不容已者也，中才之养，几谏之事，亦何莫非善用其责善者？况家庭隐慝，疏者不肯言，贱者不敢言。至父若子，而犹以不责善为解，则过何由闻？而善何由迁哉？[①]

所谓“愎谏”，意指刚愎自用，不听劝谏；所谓“非类”，意指志趣不投，难于沟通。“父之愎谏、子之非类”，意味着父子在性情及行为上皆有失当之处。在毕木看来，如此性行，则即便“责善”，也未必能被接纳，故此孟子才提出“父子之间不责善”。

**其三，仅指“三代”还是包含后世？**

清人盛大士以为，孟子所言“父子之间不责善”，“此为三代之时言之，非为后世言之也”[②]。意即这一命题其实有一个时代的限定，并非统包后世。缘由在于，后世与夏、商、周三代相比，历史情势发生了变化，失去了“父子之间不责善”的条件：

> 《学记》“家有塾，党有庠，术有序，国有学”，《郑注》云：“古之仕焉而已者，归教于闾里，朝夕坐于门，门侧之

① ［明］毕木：《黄发翁全集》卷三，清嘉庆刻本。

② ［清］盛大士：《朴学斋笔记》卷一，民国嘉业堂丛书本。

堂谓之塾。"《孔疏》云："百里之内二十五家为闾，同共一巷，巷首有门，门边有塾。民朝夕出入，就教于塾。"《白虎通》云："古之教民，百里皆有师。里中之老有道德者，为里右师，其次为左师，教里中子弟以道艺、孝弟、仁义也。"由是而升之于庠，升之于序，升之于学，而又简不肖以绌恶。则不待为父者之督责而易子以教者，早严其董戒矣。

后世师之教弟，不过在章句之末，科名羔雁之资，无复以立身持己、孝弟仁义相为谆劝者。师道不尊，师范不立，师之视弟，无异于朋友。虽有荡检逾闲，绝未尝纠绳其阙失。为父者又纵其所欲，而托于"不责善"之说，其为害孰甚焉！即使"责善则离，离则不祥"，亦以尽为父者之心而有所不惜矣。子之于父，尚当几谏，且三谏而不听，则号泣而随之，乃为父而不以善责其子，是即不能字厥子也。

战国时，学校不修，遂至父子责善。然如匡章者，责善于父，父不能纳谏，而反见逐耳。若章之身有不善，父责之而不能改，乃怒而逐之，则孟子断弗与之游矣。①

在盛大士看来，夏、商、周三代之教学体制（"塾、庠、序、学"）及教学内容（"道艺、孝弟、仁义"），在很大程度上保证了子弟在学校教育中，即很好地完成了德行诸科的教化。子弟之立身处世，不必再由"为父者之督责而易子以教"，亦即父子之间有条件做到"不责善"。至于后世，师弟之间关系大变（"师之视弟，无异于朋友，未尝纠绳其阙失"），师长教授内容大变（"不过章句之末，科名羔雁之资，无复以立身持己、孝弟仁义相为谆劝者"），以致出现了"师道不尊，师范不立"的严重后果。因三

① ［清］盛大士：《朴学斋笔记》卷一，民国嘉业堂丛书本。

代以后至于战国之“学校不修”，而带来了父子相处之道根本性的变化，由“不待为父者之督责而易子以教”，一变而为子责于父、父责于子，“父子责善”的现象逐渐普遍。

简言之，盛氏认为，“父子之间不责善”只存在于夏、商、周三代特定的历史情势中，并不包含后世。

## 六、“父子之间”与“朋友之间”

《离娄下》公都子与孟子之间的问答，讨论的是匡章对待其父孝与不孝的问题。在这段问答中，孟子划定了一个“责善”的适用人群之范围，他认为：

> 夫章子，子父责善而不相遇也。责善，朋友之道也；父子责善，贼恩之大者。①

在孟子看来，“责善”不适用于“父子之间”，却适用于“朋友之间”。责善是朋友相处之道，“父子行之，则害天性之恩”②。陈大齐亦强调了“责善”适用人群之分别：

> 责善就其本身而言，原属一件好事，不是一件坏事，因为责善之为用，正是道德上的砥砺。能互相砥砺，定能益进于善。但责善虽是好事，却不宜施于父子之间，因为责善容易伤害感情而引起摩擦。常人有明知某事之为恶而不惮于

---

① 《孟子·离娄下》(8·30)。

② ［宋］朱熹：《四书章句集注·孟子集注》卷八，前揭，第299页。

为，有不知其为恶而乐于为，他人若指责其不当，定会招致其人的憎恶。又或有人虽知某事之当为，而不愿排除阻碍、努力以赴，他人若指责其怠忽，亦会使其人感到不快。受责的人若不甘示弱，或且反唇相稽，以引致双方的冲突，如孟子所说的“相夷”。[①]

问题是，为何父子之间担心并竭力避免这种因“责善”带来的“伤害感情而引起摩擦”，朋友之间却不害怕？——须知，只要是“责善”，伤害感情就是必然的，无论对于父子还是朋友。这便需要考察父子一伦与朋友一伦在交结性质上的差别。

东汉赵岐认为：“父子主恩，离则不祥莫大焉。”宋人孙奭疏云：“父子之恩，则父慈子孝，是为父子之恩也。”[②] 这里的“父子主恩”，其义便同于孟子所说本于血缘天性的“父子有亲”。宋人罗璧亦曾言：“父子，情之至亲。”[③]

朋友一伦则与此不同，宋人胡宏强调对于“父子”“朋友”，要“明其职分”：

天地之间，人各有职。父子，以慈孝为职者也；朋友，以责善为职者也。故孟子谓“父子不责善”，以明其分。如曰中也养不中，才也养不才，有中和覆育变化之道，如雨露滋益草木之功。其效至使子弟于父兄，忻忻爱慕而乐生焉。此与朋友察言观行、切磋琢磨之义，相去远矣！夫岂必面诤

① 陈大齐：《孟子待解录·责善》，前揭，第64页。

② 李学勤主编：《十三经注疏（标点本）》之《孟子注疏》卷第七下，前揭，第205页。

③ ［宋］罗璧：《识遗》卷四，文渊阁四库全书本。

犯颜、见于声色，然后为善哉？[1]

胡宏以为，父子之间即当讲“慈孝”，朋友之间即当讲“责善”；父子相处即当“忻忻爱慕而乐生焉”，朋友相处则需“察言观行、切磋琢磨”。而父子惧“离”朋友不惧“绝”，恰恰缘于二伦在结交点上有本质差别。明人胡广引元代新安陈栎之语云：

父子间所以不责善，而惟朋友当责善者，盖朋友以义合，责善而不从，则交可绝；父子以天合，责善而不相遇，则贼恩而将至于离故也。[2]

朋友、父子，一以“义”合，一以“天”合。所谓“父子以天合”，其义正同前文所言“父子主恩”。陈大齐也说：

朋友，相结以义不以恩，故不患贼恩。朋友忠告善导，不可则止，故亦无惧于离。父子则不然，具有血统关系，无法断绝，朝夕相处，甘苦与共，唯有亲爱和睦，始能安度岁月，一旦父子相夷，便成家庭最大的不幸。[3]

可见，有无“血统关系”是父子、朋友之间最大的差别，也是在相处过程中是否“责善”、惧不惧“离”最关键的因素[4]。正基于此，元人朱公迁将孟子“父子不责善”之意向外推展，以为

---

① ［宋］胡宏：《五峰集》卷五《责善》，文渊阁四库全书本。

② ［明］胡广：《四书大全·孟子集注大全》卷八，文渊阁四库全书本。

③ 陈大齐：《孟子待解录·责善》，前揭，第64页。

④ 强调“血统”，乃是基于父子与朋友之间的对待而言。另有一种特殊情形，父亲既有亲生子，又有养子，现实中往往会对亲生子严厉而对养子有所顾忌，但二者皆属“家庭关系”前提下的父子关系，皆不可“责善”，只是教育过程中方式有别。

《论语·子路》乡党直者之“父子相隐”、《孟子·尽心上》天子大舜之“窃负而逃”[①]，与“父子不责善”一样，皆“主乎恩爱而言之”，并称：“父子相隐，即孟子论大舜之心为可见。君子不亲教子，即孔子之于伯鱼为可见。”[②]

有学者以为，除去“父子”，五伦中的“兄弟”之间，亦不可“责善”。清人刘宝楠云：

> 孟子言父子“不责善”，“责善，朋友之道也。父子责善，贼恩之大者”。合夫子此语观之，是兄弟亦不可责善，当时讽谕之于道，乃得宜也。[③]

明人郭青螺甚则认为，不唯父子、兄弟，包含君臣、夫妇、朋友在内的整个五伦，都不可“责善”，而应保持“一团和气”：

> 事父母几谏，事君讽谏，兄弟和乐，妻子好合，父子相隐不责善，朋友忠告必善道，即子弟不中不才，犹曰养而不弃，乃知古人于君臣、父子、兄弟、夫妇、朋友之间，只是一团和气，真心流贯，绝无严毅责望之意。[④]

需要注意，郭氏之论，并非与“责善，朋友之道”的论说相矛盾。孟子乃是将“朋友之道”放在与“父子之道”对举的语境

---

① 至于“窃负而逃”所带来的家庭伦理与政治生活的矛盾问题，可参刘伟《论政治生活的有限性——以孟子“窃负而逃”为核心的考察》，《现代哲学》2014 年第 5 期。

② ［元］朱公迁：《四书通旨》卷五，文渊阁四库全书本。

③ ［清］刘宝楠：《论语正义》卷十六《子路第十三》，中华书局，1990 年版，第 549 页。

④ ［明］张萱：《西园闻见录》卷十四，民国哈佛燕京学社印本。

中说，并强调“责善”致父子相离伤恩，于朋友则不会有此后果。郭氏此处，则从人与人之间当讲和气角度立论，强调和善相处，并非混淆了天伦（父子、兄弟）与人伦（君臣、夫妇、朋友）的差别。

## 七、“父子之法”与“师弟之法”

公孙丑在《孟子》本章所提出的“君子之不教子”的命题，实际包含了两重关系：一为“父子”，一为“师弟”。只不过通常的经验是，既为父子关系，便不可再充任师弟关系，因为若既是父子又是师弟，便会带来“父子相夷”的“恶果”。这一点，也为孟子所认同，正是他提出“父子之间不责善”的重要依据。

孟子认为，君子之所以不教子，是因为父子之间只应当维护无间的血缘亲情，只应当保持纯粹的“家庭关系”，而不可掺入另外一种身份的“社会关系”——师弟关系便属于一种社会关系[①]。而父亲若又以师长的身份教授子弟，父亲对于子弟的要求便不再相同，子弟看待父亲的态度，也与纯粹的父子关系有了很大差别。对于父亲来讲，“教者必以正，以正不行，继之以怒。继之以怒，则反夷矣”。对于子弟来讲，面对作为父亲的师长，亦会在某些时刻心中不服，从而申张这样的理由：“夫子教我以正，夫子未出于正也。”（杨伯峻译为：“您拿正理正道教我，您的所作所为却不出于正理正道。”）结果自然会导致“父子相夷”。“夷”字之义有二说，按赵岐，一训“伤也”，“父子相责怒，则

① 参陈坚：《“父父子子”——论儒家的纯粹父子关系》，《山东大学学报》2010年第1期。

伤义矣”；一训“夷狄”，“父子反自相非，若夷狄也”[①]。无论哪种训释，皆指父亲教子会伤害疏离父子感情，故而一旦“父子相夷，则恶矣”，这也正是孟子所说的“势不行也”之所指。

可见，父子与师弟两种身份，很难叠加在一起，原因在于“父子之法”与“师弟之法”各有规则，不可易位。宋人张九成云：

> 余读此章，乃知父子自有父子之法，师弟子自有师弟子之法。父子以恩为主，师弟子以责善为主。易位而处，在父子则伤恩，在师弟子则伤义。此天理之自然，不可以私智乱之也。然能言则学，唯能食，则尚右手。六年教之数与方名，七年教之男女之别，八年学让，九年学数日，十年学书计，十三年学乐、学诵诗、学舞勺。成童时学象，学射御。二十时学礼、学舞大夏。三十时博学无方，孙友视志。四十时出谋发虑，道合则从，不合则去。自怀抱时，教固已行矣，乃云“不教子”，何也？盖教之者，父母之心；而所以教之者，则在傅姆与师耳。
>
> 呜呼！过庭之问，义方之教，圣贤亦岂得恝然无心哉？善教者必以正，师弟子以责善为正，父子以恩为正。教者必以正，师之正在责善，善或不勉，在师当继之以怒，继之以怒则谓之义。父子之正在恩，不在责善，倘或责善，则谓之不正。善或不勉，而继之以怒，继之以怒则谓之伤恩。夫教者必以正，父以恩为正，今而责善，是出于不正。盖父怒其子，则伤于慈；子违其父，则伤于孝。父子相伤在天性，岂

① 李学勤主编：《十三经注疏（标点本）》之《孟子注疏》卷第七下，前揭，第205页。

不为大恶乎？惟师以责善为正，以正不行，师怒弟子，或榎楚以收其威，或鸣鼓以声其罪，则谓之义。夫在师谓之义，在父谓之不慈。父子、师弟子不可易位如此，古者所以易子而教之也。①

按张氏之说，父子之法在"恩"，师弟之法在"责善"；父子之法在"慈"，师弟之法在"义"。二者绝对不可易位，若易位而处，在父子伤"恩"，在师弟子伤"义"。正因如此，古来才会"易子而教"，以教导之事付诸师长。明人焦竑称："父子是绝不得的，故养恩于父子之际，而以责善付之师友，仁义便并行而不悖。"②

清人焦循亦认为，父子之间因"恩"而不可责善，然师弟子之间因"教"而应当责善："孟子云，父子之间不责善，古者易子而教之，然则师弟之间不可不责善矣。父子无可离之道，而师则进以礼、退以义，责善可也。责善而不听，则去可也。"③

## 八、"事亲"与"事君"

在"五伦"中，与"父子"一伦形成特殊对应关系的，是"君臣"一伦。《论语》中就曾记载一则齐景公与孔子之间的对话：

① ［宋］张九成：《孟子传》卷十六，《四部丛刊》三编景宋本。

② ［明］焦竑：《焦氏四书讲录》卷十一，《续修四库全书》第162册，上海古籍出版社，2002年版，第282页。

③ ［清］焦循：《雕菰集》卷十四《书》，清道光岭南节署刻本。

> 齐景公问政于孔子。孔子对曰："君君，臣臣，父父，子子。"公曰："善哉！信如君不君，臣不臣，父不父，子不子，虽有粟，吾得而食诸？"①

这里，孔子即将君臣关系与父子关系对举，陈说君臣父子关系妥善安顿在政事推行过程中的极端重要。之所以称"君臣、父子"间有特殊的对应关系，一方面，此乃"人道之大经，政事之根本"②，人伦与政事有密切关联；另一方面，由《孝经·士章第五》"资于事父以事君，而敬同"可知，君臣关系可由父子关系推导而出，在一定意义上可说，君臣犹父子。

问题是，既然孟子讲"父子之间不责善"，那么君臣之间究竟该如何对待"责善"呢？

如同前文所讲，"朋友以义合，父子以天合"，君臣与父子相较，亦有各自不同的交接标准。《孟子》文本中，至少有两处明确提及：

> 圣人有忧之，使契为司徒，教以人伦——父子有亲，君臣有义，夫妇有别，长幼有叙，朋友有信。（《滕文公上》5·4）
>
> 仁之于父子也，义之于君臣也，礼之于宾主也，知之于贤者也，圣人之于天道也，命也，有性焉，君子不谓命也。（《尽心下》14·24）

在孟子看来，君臣讲"义"，父子则讲"亲"，讲"仁"。这

① 《论语·颜渊》(12·11)。

② ［宋］朱熹：《四书章句集注·论语集注》卷六，前揭，第136页。

里的“仁”，与“亲”几乎同义，即所谓“仁之实，事亲是也”[1]。然而这里的“义”，却不同于与“仁之实，事亲是也”对举的“义之实，从兄是也”[2] 中的“义”。这体现了《孟子》文本中“义”之含义的多元性。“从兄”之“义”，讲究顺从；君臣之“义”，讲究的却是不仅不能“顺”，甚至还可以强烈地“责善”。陈大齐称：

事君的义与事亲的仁相反，就顺而言，不要顺；就责善而言，要责善。不但要作温和的责善，且要作强烈的责善，亦即不仅要如朋友一般劝导其改过迁善，若有可能，要强迫其悔过自新。[3]

理解这点，需要弄懂孟子所阐说的“事君之道”。在陈大齐看来，孟子所说的臣对君的“恭”“敬”，其义正是“责善”：

孟子论事君之道，固未尝将“责善”二字连用，但尝于上下二语中，在上一语内用“责”字，在下一语内用“善”字，合而言之，其义实等于“责善”二字的连用。《离娄上》篇云：“责难于君谓之恭，陈善闭邪谓之敬，吾君不能谓之贼。”前二语所说是人臣所应为的，末一语所说是人臣所不应为的。

人臣所应为的是恭与敬。恭，要求其君做不易做的事情；敬，向君称扬善事而贬斥邪事。行善事如逆水行舟，较难；做邪事如顺流而下，较易。故所云“责难”，意即劝其

---

① 《孟子·离娄上》(7·27)。
② 《孟子·离娄上》(7·27)。
③ 陈大齐：《孟子待解录·责善》，前揭，第66页。

为善而阻其为恶，因而事君的“恭敬”实与“责善”同义。人臣所不应为的，是贼。“吾君不能谓之贼”，即是《公孙丑上》篇的“谓其君不能者，贼其君者也”。所云“不能”，依据其上下文所说，谓有仁义礼智四端而不能扩而充之。“吾君不能”意即吾君未有居仁由义的能力，其辞好像为君预留脱罪的余地，其实则贼害其君，使其不思努力迁善。故“吾君不能”即是不责善，不责善即是人臣所不应为。①

也就是说，在孟子看来，“事亲”不可责善，而“事君”应当责善。《离娄下》所谓“君有过则谏”之“谏”，其义亦近于“责善”，而不同于“事父母几谏”的“微谏”。臣对于君的“责善”，可以是略为温和的，也可以是极为严厉的，君若不听，臣可以选择“去之”，亦可以选择“放之”，甚而至于可以选择“易位”②。

“事亲”与“事君”，一般来讲，乃分别就父子关系和君臣关系而言，二者身份未有重合。然而历史上还有一种特殊情形——二人既是父子关系，同时又是君臣关系，双重身份叠合。这主要是指皇帝与皇储之间，有时也包括握有实权的太上皇与皇帝之间。“父子之间不责善”的伦理约束，在他们中间亦发挥重要作用。譬如乾隆皇帝即曾亲撰《慎建储贰论》，感慨皇太子的简拔教育之难，云：

夫建储立嫡，三代以下无不遵行。朕读书稽古，岂于此

① 陈大齐：《孟子待解录·责善》，前揭，第66—67页。

② 《万章下》：“君有过则谏，反复之而不听，则去。”（10·9）《万章上》：“太甲颠覆汤之典刑，伊尹放之于桐。”（9·8）《万章下》：“君有大过则谏，反复之而不听，则易位。”（10·9）

名正言顺之事轻议其非？昔我圣祖仁皇帝，曾以嫡立理密亲王为皇太子，并特选正人辅导。如汤斌、徐元梦，皆系公正大臣，非不尽心匡弼，乃竟为宵小诱惑，不能恪共子职，终致废斥，后遂不复册立。夫以尧、舜之圣，而有丹朱、商均之子，可见气禀不齐，即圣君而兼严父，日以敬天法祖，勤政爱民，面命耳提，尚难期其迁善改过。孟子所谓"父子之间不责善"，盖实有见于此，何况一二辅翊之臣，安能格其非心、变化气质乎？是则继体象贤，惟赖天心眷佑，笃生哲嗣及嗣子之能承受与否耳。[①]

理密亲王，乃指康熙帝之次子胤礽。胤礽刚满周岁时就被册立为皇太子。后因康熙帝的骄纵溺爱，加之当时朝中党争纷乱，致使胤礽到后来性情乖戾暴躁，甚而至于被康熙斥为"不法祖德，不遵朕训"[②]，后终被废斥。而其之所以被废斥，一个很重要的原因是来自于康熙帝作为"父"又作为"君"的双重身份的窘境——为父，因"父子之间不责善"，对太子便不可过于苛责；为君，出于江山社稷大业之考虑，又不可不对太子在处理政事上提出严厉要求。而因"为君""为父"身份的重合，"为君"身份上的严厉要求（"责善"），自然同时会以"为父"的身份传达给太子，而这种"责善"一旦超越一定限度，便会导致"父子相夷""责善则离"。鉴于此，康熙父子之间的矛盾冲突，太子胤礽的被废斥，便是情理之中的事了。当然，乾隆此处举圣人尧、舜之子丹朱、商均皆不肖为例，似乎为了掩盖康熙父子之间激烈的"矛盾"，而将胤礽之被废，归为天生之"气禀不齐"，则略略带

① ［清］庆桂：《国朝宫史续编》卷十一，清嘉庆十一年内府钞本。

② 清《皇朝文献通考》卷二四二《帝系考四》，文渊阁四库全书本。

有一种为先王“避讳”的味道了。

历史上另外一对因“责善”而引起严重冲突的君臣父子，是南宋的孝宗与光宗。光宗即位（1190 年）之前，其身体及精神状况尚属正常，但在即位之后，健康状况却逐渐糟糕起来，甚至严重到“噤不知人，但张口呓言”[①] 的精神分裂状态。而这一状况的出现，直接来源于孝宗退位之后（太上皇，父亲），出于其政治更改构想的需要，严格要求光宗（皇帝，儿子）履行“一月四朝”[②]（指一月中四次定期觐见太上皇）之礼，并在此场合严厉要求甚至当面斥责，这便类似于父子“责善”了。带来的后果是，孝宗对光宗极其不满，光宗对孝宗则视若仇敌。余英时先生曾对孝宗、光宗父子的交恶有细密考察，并“很负责地指出，光宗的精神失序主要是孝宗的压力逼出来的”，“光宗即位后两三年，在‘一月四朝’中所听到的训诲，大致都可划归‘责善’的范畴之内”，又言：“自即位以来‘一月四朝’，早已成为光宗定期接受太上皇‘责善’的苦难时刻，这是他精神崩溃的根源所在。”[③] 孟子所谓“责善则离”，此可谓典型一例。

## 九、“君子不教子”与“君子远其子”

《论语·季氏》有一则孔子弟子陈亢与孔子之子伯鱼的对话，里面记述了孔子就学习内容对伯鱼的教导：

---

① ［南宋］阙名：《朝野遗纪》，载［明］陆楫《古今说海》卷八十八《说略四》，文渊阁四库全书本。

② ［元］脱脱：《宋史·陈亮传》载陈亮“廷对”之语，中华书局，1977 年版，第 12942 页。

③ 余英时：《朱熹的历史世界：宋代士大夫政治文化的研究》（下），生活·读书·新知三联书店，2004 年版，第 779、781、784 页。

陈亢问于伯鱼曰："子亦有异闻乎？"对曰："未也。尝独立，鲤趋而过庭，曰：'学《诗》乎？'对曰：'未也。''不学《诗》，无以言。'鲤退而学《诗》。他日，又独立，鲤趋而过庭，曰：'学礼乎？'对曰：'未也。''不学礼，无以立。'鲤退而学礼。闻斯二者。"陈亢退而喜曰："问一得三：闻《诗》，闻礼，又闻君子之远其子也。"（16·13）

陈亢之所以以"子亦有异闻乎"发问，表明他头脑中有先入为主的成见，以为父（孔子）对于子（伯鱼）一定有所偏袒，正如朱子所言："亢以私意窥圣人，疑必阴厚其子。"[①] 而当听到伯鱼的回答后，知其并未受到特殊照顾，陈亢得出结论是——"君子之远其子"，这便有进一步讨论的必要了。

**其一，孔子是否"不教子"？如何教？为何不教？**

照孟子所言，"君子之不教子"，"古者易子而教"，似以为古之人皆然，包括孔子在内，无有例外。孙奭《孟子注疏》亦云："孟子又言古之时，人皆更易其子而教之者，以其父子之间不相责让其善也。"[②] 然如前文（本文第二节）所言，固然"父子之间不责善"，但父之于子并非"不谏不教"，并非"置之不问"，而是允许"教"的行为发生。那么，究竟该如何看待孔子之于伯鱼之"教"？

宋人杨时与弟子间曾有一场问答：

① ［宋］朱熹：《四书章句集注·论语集注》卷八，前揭，第173页。

② 李学勤主编：《十三经注疏（标点本）》之《孟子注疏》卷第七下，前揭，第206页。

问：“父子之间不责善，固是，至于不教子，不亦过乎?”曰：“不教，不亲教也。虽不责善，岂不欲其为善？然必亲教之，其势必至于责善，故孔子所以远其子也。”曰：“使之学《诗》、学礼，非教乎?”曰：“此亦非强教之也。如学《诗》、学礼必欲其学有所至，则非孔子所以待其子，故告之。学则不可不告，及其不学，亦无如之何。”[1]

在杨时看来，孔子（父）对于伯鱼（子）并非不教，只不过这种“教”属于“不亲教”，即使过问其学习情况，亦属于“非强教”，不会导致“责善”的严重后果。父之于子，“学则不可不告”，表明父子之间“教”的必要。

宋人真德秀亦肯定孔子对于伯鱼之“教”：

此章言父子不责善，子之谏父已见前“几谏”等章，父之不教子独见于此。然则子有未善，一付之师友而父不问焉，可乎？曰：父未尝不教子也。鲤趋而过庭，孔子告之以学《诗》、学礼，此非教而何？特不深责以善耳。[2]

真氏以为，孔子于伯鱼并非未教，并非“一付之师友而父不问”，问《诗》、问礼便是“教”，只是这种“教”未“深责以善”，与“不强教”意同。

明人方弘静则以为孔子之于伯鱼之教，属于“不屑之教其为教”：

① ［宋］杨时：《龟山集》卷十三《语录四》，文渊阁四库全书本。

② ［宋］真德秀：《西山读书记》卷十一《父子》，文渊阁四库全书本。

> 文王之事王季，朝者日三。曾晳每食，参必在侧。孝子晨昏左右，盖其常也，而过庭之训，仅闻《诗》礼，若以为远其子者。孟母三迁其舍，无所不用其教矣，乃孟子则曰“父子之间不责善”，若以为不教其子者。周公之于伯禽，每见必挞，而桥梓之喻，必俟得之太公焉，此皆所可疑者。盖尝绎之，伯鱼之才，独有闻《诗》礼耳，性与天道，子思宜与闻矣而尚少，是以得之曾子也。不教其子，必有不屑教者，无至于不祥而离焉。是以俟其化也，中也养不中，才也养不才，不屑之教其为教也，深矣夫！岂其弃之云尔也。①

孔子对于伯鱼，并非不教，而所教止于“《诗》、礼”，不教“性与天道”，原因在于伯鱼之“不肖”，孔子“不屑教”。但这种“不屑教”并非放任“弃之”，亦属一种“教”，且不会至于“不祥而离”。“不屑之教”高深，表面“不屑”，实则“俟其化”，是一种“养”。

**其二，情感“疏远”还是“接遇有礼”？**

“陈亢问于伯鱼”章，南朝梁皇侃的解释是：

> 伯鱼是孔子之子，一生之中唯知闻二事，即是君子不独亲子，故相疏远，是陈亢今得闻君子远于其子也。②

朱子作《集注》，亦引宋人尹焞之语云：

① ［明］方弘静：《千一录》卷二十六，明万历刻本。

② ［南朝梁］皇侃：《论语义疏》卷八，知不足斋丛书本。

孔子之教其子，无异于门人，故陈亢以为远其子。[1]

二家之注，皆以为孔子之教子，与门人无异，则于父子身份来讲，存在情感上的“疏远”。元人陈栎以为不然，云：

夫子固不私其子，亦何尝远其子？当其可而教之，教子与教门人一耳。兴《诗》立礼，《诗》礼雅言，与此之闻《诗》闻礼，平日教门人如此，教子亦不过如此。陋哉！亢之见也。[2]

陈氏认为从教学角度讲，孔子“当其可而教之”，门人与子无异，因此不存在父子情感上“疏远”伯鱼的问题，并以陈亢之问鄙陋。

司马光则以为这里的“远”，不可理解为情感上的“疏远”，而应当从父子相处的“礼制”上去考察，在他看来：

远者，非疏远之谓也。谓其进见有时，接遇有礼，不朝夕嘻嘻相亵狎也。[3]

清人刘宝楠赞同此说，并从古代礼制上找到依据：

古者命士以上，父子皆异宫，所以别嫌疑、厚尊敬也。一过庭须臾之顷，而学《诗》、学礼，教以义方，所谓“家人有严君”者，是之谓“远”。《白虎通·五行篇》云“君子



① ［宋］朱熹：《四书章句集注·论语集注》卷八，前揭，第 174 页。
② ［明］胡广：《四书大全·论语集注大全》卷十六，文渊阁四库全书本。
③ ［宋］司马光：《家范》卷三，明天启六年刻本。

远子近孙”，此其义也。①

“接遇有礼”，“别嫌疑、厚尊敬”，这是从礼制上父子身份有别的角度讲，与血缘亲情角度的“父子有亲”，不是同一视角。

**其三，“不责善”与“爱之能勿劳”是否相左？**

有学者注意到了“父子之间不责善”与《论语·宪问》“爱之能勿劳乎？忠焉能勿诲乎”（14·8）之间可能存在矛盾，清人沈起元称：

> “父子之间不责善”，是孟子特发，似与孔子“爱之能勿劳”意相左。然按之古圣贤，父子之间，却是如此。尧舜有子不肖，尧舜亦无如何，虽不授以天下，未尝不子之。夫子之于伯鱼，亦曰“各言其子”也。盖“欲其善”者，父子之情；“不责善”者，全父子之性。至父母有过，谏必曰“几”，岂可直谏？此种道理，非孟子不能言。以善养人，汤、文之事也。“养”字有涵育浸灌之意，与“服人”者悬殊。“善”亦非如服人者，以煦煦之仁、孑孑之义为善，其深仁厚泽，自有以入人深而使之心服耳。②

在这里，沈起元实际并没有解决“不责善”与“爱之能勿劳”的矛盾之处，他只是从尧、舜、孔子等古圣贤父子之间皆是如此，来证明“父子之间不责善”的现实合理性。然而，“不责善”与“爱之能勿劳”若意义真正相左，则“劳”之解释当包含

① ［清］刘宝楠：《论语正义·季氏第十六》，中华书局，1990年版，第669页。
② ［清］沈起元：《敬亭诗文·文稿卷六》，清乾隆刻增修本。

"责"之意味。朱子注此章，引苏氏之语云：

爱而勿劳，禽犊之爱也；忠而勿诲，妇寺之忠也。爱而知劳之，则其为爱也深矣；忠而知诲之，则其为忠也大矣。[①]

元人胡炳文《四书通》顺承朱子之意而来，解"劳"与"诲"，即释为"责"：

劳之诲之，是以成人责之也，爱之深、忠之大也。逸居无教，是以近于禽兽者待之也，忠爱何在焉？[②]

若如此解，则"不责善"与"爱之能勿劳"确乎存在矛盾之处。然而唐前古注，比如东汉高诱，却往往释"劳"为"忧"，二者意义就不一定是相左的了。刘宝楠《论语正义》云：

王说足以发明此《注》之义。然"劳来"与"规诲"意似重，窃疑"劳"当训"忧"。《淮南·精神训》："竭力而劳万民。"《泛论训》："以劳天下之民。"高诱注并云："劳，忧也。"又《里仁篇》"劳而不怨"，即"忧而不怨"。忧者，勤思之也，正此处确诂。[③]

若照高诱、刘宝楠之说，释"劳"为"忧"，则"爱之能勿劳"，恰恰是父之忧子，父之爱子，属"欲其善"，并非"责善"，语意上便不相左。

---

① ［宋］朱熹：《四书章句集注·论语集注》卷七，前揭，第150页。
② ［元］胡炳文：《四书通·论语通》卷七，文渊阁四库全书本。
③ ［清］刘宝楠：《论语正义·宪问第十四》，前揭，第560页。

## 十、“不教子”与“势不行也”

在公孙丑与孟子的对话中，孟子将“势不行也”解释为“君子之不教子”的原因。从字义上说，“势”为“情势”，历来解说并无多大差异，但“情势”之具体涵义到底该如何理解？“君子不教子”的原因究竟包含哪些方面？

首先，从主体身份来讲，父母与师长有所分工，不可混淆。这正是前文所提到的“‘父子之法’与‘师弟之法’各有规则，不可易位”（本文第七节）。“盖教之者，父母之心；而所以教之者，则在傅姆与师耳”，父母若替代傅母与师行“所以教之”之职，则难免会导致“以正不行，继之以怒”，终而“父子相夷”的恶果。

其次，从维护“父子有亲”的“教之本”的角度讲，父不宜教子。宋人张栻云：

> 所谓教者，亦教之以善而已矣。善也者，根于天性者也。然则父子之有亲，岂非教之之本乎？今也欲教之以善，而反使至于父子之间或继以怒，则非惟无益，乃有伤也。何者？告之而从，则其可也；不幸而有不能从，则将曰：“夫子教我以正，而夫子未尝出于正。”为人子而萌是心，则不亦反伤其天性乎？是以“君子之不教子”。虽曰“不责善”也，然而养其父子之天性，使之亲爱之心存焉，是乃教之之本也。不然，责善之不得，而天性之或伤，尚何教之有？[1]

① ［宋］张栻：《癸巳孟子说》卷四，文渊阁四库全书本。

张栻以为，若父教子，情势的要求可能会导致反伤父子“天性”的行为，有违“教之之本”，教亦无存，故而“君子不教子”。赵岐解“君子之不教子”章之章指时言：“父子至亲，相责离恩；易子而教，相成以仁，教之义也。”[1] 正是从维护父子天性的“教之本”的立意而言。

再次，“不教子”非就圣贤教子言，乃就“不肖子”言。前文谈及“不责善”的界限曾言（本文第五节），“不责善”乃孟子“有为而发”，不属“通论”，清人阎若璩认为，子为“不肖子”，亦属“君子不教子”之“势”：

> 古人文字简，须读者会其意所指，如君子之不教子，子谓不肖子也。犹《左传》叔向曰“肸又无子”，子谓贤子也。不然，当日杨食我见存。观孟子直承曰“势不行也”，则知丑所问，原非为周公之于伯禽、孔子之于伯鱼一辈子言矣。[2]

也就是说，孟子所谓“古者易子而教之”，是排除了一些情形而言的。若就周公之于伯禽、孔子之于伯鱼来说，则未必严格受“君子之不教子”之限。

另外，班固《白虎通义》论“父不教子”称：

> 父所以不自教子何？为渫渎也。又授之道，当极说阴阳夫妇变化之事，不可父子相教也。[3]

---

① ［清］焦循：《孟子正义》卷十五，中华书局，1987年版，第524页。

② ［清］阎若璩：《四书释地·又续》卷上，文渊阁四库全书本。

③ ［清］陈立：《白虎通疏证》卷六，中华书局，1994年版，第257页。

颜之推《颜氏家训·教子篇》亦有类似表述：

> 父子之严，不可以狎；骨肉之爱，不可以简。简则慈孝不接，狎则怠慢生焉。由命士以上，父子异宫，此不狎之道也；抑搔痒痛，悬衾箧枕，此不简之教也。或问曰："陈亢喜闻君子之远其子，何谓也?"对曰："有是也。盖君子之不亲教其子也，《诗》有讽刺之辞，《礼》有嫌疑之诫，《书》有悖乱之事，《春秋》有衺僻之讥，《易》有备物之象，皆非父子之可通言，故不亲授耳。①

此二处，皆从教学内容不宜父子之间授受讲，与孟子立意盖有区别。从《颜氏家训》的论证逻辑看，称"父子之严，不可以狎"，其意表明：君子所以"不亲教其子"，目的是为了维护父之威严，严格父子之间的等级关系。而这，又可以从《礼记》《孝经》等典籍中找到其理论根据，譬如"父子异宫"，便出自《礼记》②。

## 十一、"善于责善"与"易子而教"

在面对"教"时，父子相处究竟该如何做？如何才能做到"父子之间不责善"，从而维护自然之"天性"，不致"责善则离"？诸多学者均提出了自己的方案。

---

① 王利器：《颜氏家训集解》卷第一，中华书局，1993年版，第18页。

② 《礼记·内则》："由命士以上，父子皆异宫。"《礼记·曲礼上》："父子不同席。"《孝经·圣治章第九》："孝莫大于严父，严父莫大于配天。"又参汪文学《中国古代父子疏离、祖孙亲近现象初探》，《孔子研究》2001年第4期。

明人薛应旂试图透过字面，理解“不责善”之真正义涵：

父子、兄弟之间不责善，然中也养不中，才也养不才，有过则几谏，有祸则相戒，此善于责善者也。[①]

薛氏观念中，所谓“不责善”，不可拘泥理解，“不责善”并非置之不问。于子而言，对于父“有过则几谏”；于父子、兄弟而言，彼此“有祸则相戒”，则既不伤天性，又促进提高。这也恰符合孟子“中也养不中，才也养不才”的教育理念，所谓“贤父兄”之可贵，亦正在此[②]。如此做去，才是真正的“善于责善者也”。

明人张自烈认为，父子之间不可泛言“教”，更当强调“养”：

某意朋友责善，虽忠告，不废善道。子诤父，必务几谏，宜如舜之烝乂底豫，非一诤可以喻亲于道。子之不徒诤父与父之不徒教子，皆可例推。况教子弟必进求诸养，泛言教，则专执义方绳之，无贤父兄涵育成就意。后世惑于其说，未有不父子相夷者也。生平去取类如此，虽与执事小异，理不可苟同耳。[③]

“教”与“养”的区别在于，讲“教”讲“诤”，往往以某些生硬的规范道理（即“义方”）衡量之，便会在一定程度上失去温度，淡化亲情；讲“养”，则有“涵育浸灌”之意，润物无声，



① ［明］薛应旂：《薛子庸语》卷四，明隆庆刻本。
② 《孟子·离娄下》（8·7）。
③ ［明］张自烈：《芑山诗文集》卷一《与古人书一》，清初刻本。

可以在家庭中营就“烝乂底豫”（孝德美厚，以致欢乐）之氛围。前文所引清人沈起元所谓“以善养人”“与服人者悬殊”（本文第九节），强调父子相处中“养人”与“服人”的区别，立意与张自烈正相通。

如前所述，“易子而教”古来似乎为一通例，而且还可找到礼制上的某些规定，比如西汉刘向《说苑·建本》中即称：“子年七岁以上，父为之择明师、选良友，勿使见恶，少渐之以善，使之早化。”不过在明人葛寅亮看来，仅有“易子而教”远远不够，“易子而教”仅是“父教”之辅弼：

> 管东溟曰：父子相夷之说，孟子盖痛怼子之责善于父而言，父亦与有责耳。曾子，圣门之大贤也，耘瓜去根，被父一杖而毙，孔子不拒点而拒参。栾书，亦晋名卿也，其子钺述战功以对君，一日而掩三大夫于朝，遂肘责之。君子以为善教，亦概谓之责善乎？《传》曰：“爱子教之以义方，弗纳于邪。”古之为人父者类然也。易子而教，不过弼父教之所不及耳。父非瞍、鲧，子非舜、禹，而概言“父子之间不责善”，亦不可以训后。[①]

这其实是对“父子之间不责善”所划定的另一种“界限”（参看本文第五节）。管东溟（明人管志道）、葛寅亮以为，所谓“父子之间不责善”仅属单向，意指子不可责善于父，父却可以责善于子。曾子、栾书之强责于子，非但不受指责，反而誉为“善教”。在他们看来，父子相处中，“父教”（或宽或严）依然为主导，“易子而教”不过是辅弼手段。“父子之间不责善”之说，

① ［明］葛寅亮：《四书湖南讲·孟子湖南讲》卷二，明崇祯刻本。

不可通用于历世所有父子。

## 十二、孟子“遗意”与“言外之意”

从解释学理论上讲，经典原文有字面义、有原义，而字面义与原义未必吻合。这就需要透过字面，理析出原义，挖掘出字面背后隐藏的“遗意”或“言外之意”。当然，这一推导要以符合原文逻辑为前提。

宋人张九成曾强调“父子之法”与“师弟之法”的差别，主张二者身份不可叠加，以避免“责善则离”，从而引出“易子而教”之论（参本文第七节）。但他同时也指出，孟子所谓“不责善”“易子而教”，并非等同于“父不教子”，只是教法别有讲究：

> 然而父虽不以教为正，亦安可不谨哉？呜呼！风声所传，气习所尚，其亦可畏也。李敬业乃勣之子，柳瑊乃宗元之子，而李固，郃之子也，陈群，亦实之孙也，王祥之后有导，魏征之后有謩，是虽不以教为意，而言动之间，教固已行矣。此又孟子之遗意，余故表而出之。[①]

“言动之间，教固已行”，实则揭示出父之于子“身教”的重要。父子之间，不宜有“责善”之教，然而父亲本身亦当谨严，“风气所传，气习所尚，其亦可畏”，身正以为范，是家庭关系中对于父亲的要求。真德秀亦认为：“君子之教，以身不以言，

① ［宋］张九成：《孟子传》卷十六，《四部丛刊》三编景宋本。

……岂必谆谆然命之而后谓之教邪?”① 这是对父子之“教”作出的通达解释。此为孟子之“遗意”。

明人李东阳并不认为“父子责善”不是出于好意，只是要注意把握“责”之分寸，不可“过于激切”。父子之间，依然需要有“谏”有“戒”，此为孟子“言外之意”：

> 责善本是好意，其弊乃做出不祥的事来。古人所以不亲教子，务要交换相教，正为此也。然所谓不责善者也，不是全然不管，如路人一般。父之于子，当不义则从容训戒；子之于父，当不义则从容谏诤，只是不可过于激切耳。此又是孟子言外之意。②

不过，此“言外之意”是否符合孟子本意，亦值得检讨。至少在《孟子》文本中，确实找不到关于“子谏父”的相关表述(参本文第三节)。曾振宇先生更认为，孟子的孝论，对孔子思想既有发展，又有偏离。孔、曾思想中均倡导“以正致谏”，孟子则强调子于父的“顺从”：

> “父子之间不责善”这一标新立异的命题，由于过于强调“顺亲”“事亲”，过于彰显父子人伦亲情而漠视社会法律制度，孟子孝论在家庭伦理层面上已经削弱了孔子、曾子与子思的孝道精神。换言之，在儒家孝论发生与演变的逻辑性进程中，孟子“父子之间不责善”这一命题并不表现为哲学

① ［宋］真德秀：《西山读书记》卷十一，文渊阁四库全书本。
② ［明］李东阳：《怀麓堂集》卷九十五《文续稿五》，文渊阁四库全书本。

与伦理学意义上的进步。[1]

然而，若是注意到孟子“父子之间不责善”这一命题的提出，与其“性善论”有密切关联，其隐含的意义实际包括父子“教、戒”双向责任、父亲“身教”“以善养人”等侧面，而且此语属有特定界限的“有为之论”，那么这一命题或许并非“不表现为哲学与伦理学意义上的进步”。这一命题，不仅具有儒家伦理形上学的意义，而且在现实世界中可以在一定程度上维护“父子有亲”伦常的实行。

## 十三、“权变”与“例外”

准确地说，这里所谓“权变”，也属孟子之“遗意”或“言外之意”；这里所谓“例外”，则突破了孟子“父子之间不责善”的家庭伦理界限。

新安陈栎认为，遇子不贤，父不可墨守“君子之不教子”之成规，亦当“自教”：

> 父之于子，正身率之，以责善望师友，固也。然遇不贤之子，不得已，亦当自教戒之。若惧伤恩而全不教戒，及其不肖，徒诿曰其子之贤不肖，皆天也。此所谓“慈而败子”矣。孟子之言，经也；此所云，权也。权以济经，非反乎经也。[2]

---

① 曾振宇：《孟子孝论对孔子思想的发展与偏离——从“以正致谏”到“父子不责善”》，《史学月刊》2007 年第 11 期。

② ［明］胡广：《四书大全·孟子集注大全》卷七，文渊阁四库全书本。

陈栎所言，一定程度上突破了“父子有亲”的伦理前提。在他看来，若遇子不贤，从其成人考虑，即使伤恩，亦不可不自教戒，否则便是“慈而败子”。而这一做法，属于特殊条件下的“权变”，非但不会“反经”，反而可以“济经”。

明人蔡清《四书蒙引》则认为《孟子》本章之意，存在双重“经权”：

> 《蒙引》此章为常人之父子言，若父子俱贤，则不须易而教。是不易者，其经；而易者，其权也。据王氏《注》及辅氏、陈氏之说，则子不肖，虽不可责善，亦须戒之。是不责善而易以教者亦经，而戒之者又权也。是皆补孟子言外意也。①

第一重“经权”在于，所谓“易子而教”，实际是出于不得已的权变——父子俱贤，不必易子而教（经）；常人之父子通常不可能父子俱贤，故须易子而教（权）。第二重“经权”在于，所谓“父子之间不责善”亦非“不教”，通常的情形是为避免“责善则离”而“易子而教”（经）；而若遇子不肖，则“亦须戒之”（权）。此“经权”之意，亦为孟子“言外之意”。

清人陆陇其接下来评价蔡清之论曰：

> 此章，《大全》《存疑》皆概言父子，唯《蒙引》则主“常人之父子”说，看来《蒙引》似优。盖周公亦尝挞伯禽，

① ［清］陆陇其：《四书讲义困勉录》卷三十，文渊阁四库全书本。

则知父子贤圣者，亦不必不亲教也。[1]

这里提到了“周公之挞伯禽”，以此证父子贤圣者，亦可亲教子。周公挞其子伯禽，《礼记·文王世子》篇有载：

成王幼，不能莅阼。周公相，践阼而治。抗世子法于伯禽，欲令成王之知父子、君臣、长幼之道也。成王有过，则挞伯禽，所以示成王世子之道也。

从“父子之间不责善”说，周公之挞伯禽可谓“权变”之例，理由是——通常情况下，“挞”的行为极端严厉，远远超过一般的“责善”了，但伯禽并非“不肖子”，照理不该承受如此严厉之“挞”，周公之所以挞伯禽，乃是出于教育年幼成王的用意，以这样的变通行为，“示成王世子之道”。

但清人袁翼恰恰也是依据“父子之间不责善”，认为《文王世子》篇之记述不实：

甚哉！《文王世子》篇之附会也。……且父子之间不责善，公虽圣父，不可挞无罪之子。伯禽贤子，必能仰体公所以挞之之心。万一成王疑公之不敢挞己，而假伯禽以辱之，芒刺在背，夺公之位，公又将不受命耶夫？武王惓惓于公之教其子，卒以不克自全，而开君臣之隙，则公之罪深矣。是以古之相臣受托孤之命，不必自教其君，择贤保傅以辅导左右，而以一身维持其间，然后可以远嫌疑而成王德。若汉儒

① ［清］陆陇其：《四书讲义困勉录》卷三十，文渊阁四库全书本。

所言，是霍光、张居正之所为，而岂周公之道哉？[1]

袁翼的根据是，“父子之间不责善”虽可讲权变，但父之责子，当针对“不肖子”而言。伯禽贤子，不应被挞。而且周公无法通过挞其子伯禽来达到教育成王的目的，反倒会引发成王之猜忌，导致君臣隔阂。在他看来，《文王世子》篇乃汉人之伪造，所言父子相处之道，并非“周公之道”。

至于春秋时期卫国石碏杀掉亲子石厚之“大义灭亲”，唐代李璀密告其父李怀光叛乱之“英勇举报”，则突破了孟子“父子之间不责善”的家庭伦理范围，而进入到社会公共事务领域，则需另当别论了。清人孙奇逢亦云：

> 或曰，古人于君臣、朋友之交，到相离时固是不得已，然犹之可也。惟父子则无绝道，当防其端，慎其微。至如石碏、李璀之事，则又当别论耳。[2]

## 十四、简短的结语

在《离娄上》，面对公孙丑提出的作为共识的“君子之不教子”问题，孟子给出了一个合乎逻辑的回答，这一论证逻辑的前提，是其人性论。在孟子看来，君子之不教子，客观上缘于父子特定关系相处过程中“势”的不允可。从伦理学依据上讲，则缘于父子主恩，“父子之间不责善”，“责善则离”，而这些主张与其

① ［清］袁翼：《邃怀堂全集·文集》卷一，清光绪十四年袁镇嵩刻本。

② ［清］孙奇逢：《四书近指》卷十七，文渊阁四库全书本。

性善论有着密切关联。在孟子那里，“不责善”有着一定界限，并非针对世间一切父子泛言，可能仅是针对夏、商、周三代的“有为之论”。孟子特意区分父子与朋友、父子与师弟、事亲与事君的不同，各有规则，不可移易。所谓“易子而教”，并非“不谏不教”，未必导致“疏远其子”，父子有亲、父子天合的伦常观念，依然发挥了最重要的作用。有学者认为，父子相处过程中，有过则谏，有祸相戒，才是“深于责善”。《孟子》文本字面之外，应当包含有“遗意”及“言外之意”。孟子不但强调父子之“教”，更强调“涵育浸灌”之“养”；并非主张“不教”，而是注重为父者之“身教”；亦非完全主张“易子而教”，遇子不贤，亦会“亲教”。这也是孟子“经权”思想在父子相处过程中的体现。

经典文本之字面义与原义之间，存在相当的张力。我们需要认真通过研读经典文本本身以及历代注疏，并通过严密的逻辑论证，同时考之史实，在经典文义理解上，才可能更接近于逻辑与历史的统一。

（本文原刊于《文化发展论丛》2017 年第 1 卷）

# 章学诚的历史形上学论析

李长春（中山大学哲学系）

“道”是中国古典哲学的核心概念和最高范畴。对于“道”的某种共识，往往成为某个学派或者某个时代共同的哲学基础。一般来说，多数思想家对于“道”的理解大致不会超出他所在时代或者所属学派的基本共识。但是偶尔也有例外——章学诚大概就是其中一个。

在以往的研究中，一般认为：章学诚接受了清代思想共同的哲学预设——“道器合一”。所以，章学诚应该是主张即器言道，既反对宋儒之离器言道，又反对清儒之离道言器。这样讲固然大致不错，但是，似乎还远远不够。对于“道”的论述是章学诚思想的核心和基础，《原道》一篇甚至算得上是整部《文史通义》的论述纲领。章学诚究竟如何阐述其“道”的内涵？“道”与“器”的关系究竟如何确立？“器”在什么意义上以何种方式呈现着“道”？要解答这些问题，我们不得不对章学诚的道论作一番彻底的讨论。

## 一、作为动力和源泉的“道”

《原道》开篇即云：

> “道之大原出於天。”天固谆谆然命之乎？曰：天地之前，则吾不得而知也。天地生人，斯有道矣，而未形也。三人居室，而道形矣，犹未著也。人有什伍而至百千，一室所不能容，部别班分，而道著矣。仁义忠孝之名，刑政礼乐之制，皆其不得已而后起者也。①

章学诚并没有迫不及待地给“道”下一个明确的定义，而是从容不迫地描述“道”由微而著的过程。此一过程的起点选在“天地生人”，这一点极为重要——道在天地生人之后才由微而著。它隐含了两层意思：其一，道与天地万物的关系是一个自然哲学的问题，而章学诚关心的却是人文历史，而非自然史或者宇宙论。所以，究竟是道生天地万物之后，还是道在天地万物之先，对于章学诚来说，这既不可知，也不必知，所以完全可以悬搁起来。换言之，在章学诚的论域中，道本身即便不完全是人文的（而非自然的）、价值性的（而非知识性的），它也只有在人文世界或者价值之域才可能被关切和讨论。其二，仅就人类历史而言，“道”之由微而著的过程体现为文明的出现和政制的形成。也就是说，“道”在人类历史进程中显现为文明和政制。“道”的生成性体现

① 仓修良编注：《文史通义新编新注》，杭州：浙江古籍出版社，2005年，第94页。

为文明的创造性。一切政制设计，从表面上看是圣人制作的产物，实际上都是历史之创造性的成果。

“仁义忠孝之名，刑政礼乐之制”作为历史的创造物，它的出现是必然的，无法抗拒的。章学诚用“不得已”“不得不然之势”来描述这种必然性。

> 人生有道，人不自知。三人居室，则必朝暮启闭其门户，饔飧取给于樵汲，既非一身，则必有分任者矣。或各司其事，或番易其班，所谓不得不然之势也，而均平秩序之义出矣。又恐交委而互争焉，则必推年之长者持其平，亦不得不然之势也，而长幼尊尊之别形矣。至於什伍千百，部别班分，亦必各长其什伍，而积至於千百，则人众而赖於干济，必推才之杰者理其繁，势纷而须於率俾，必推德之懋者司其化，是亦不得不然之势也；而作君作师，画野分州，井田封建学校之意著矣。故道者，非圣人智力之所能为，皆其事势自然，渐形渐著，不得已而出之，故曰天也。（《原道上》）[①]

这段文字的特殊之处在于：此前的中国思想家们很少对政治的起源和国家的产生作出过像卢梭、霍布斯那样具体的描述。他们要么对此不置一词，要么以近乎独断的方式将其归结为“天命”。章学诚则以一种极为罕见的方式描述了这一过程：人类的群体生活有多方面的需求，所以分工和合作就成为“不得不然之势”，于是便有了对于均平秩序的追求；分工合作之中必然会有责任的推诿和利益的争夺，所以长者来维持公平正义就成为“不

---

① 仓修良编注：《文史通义新编新注》，杭州：浙江古籍出版社，2005年，第94页。

得不然之势”，于是便有了长幼尊卑之别。人们按类区分为各种群体，每一群体就必然需要有人掌管；人口越来越多事务就越来越繁，这就需要才能杰出的人来治理；形势混乱就需要领导和服从，这就需要德行高尚者来主持教化。于是，“作君作师，画野分州”和“井田、封建、学校”的出现也就成为“不得不然之势”。

“人生有道，人不自知。”章学诚所言之“道”，既不是“路”，也不是“理”，而是一种历史的源泉和动力，一种具有创造性的力量。“人生有道”是说人类的生活（政治生活）自有其源泉和动力，但是这种源泉和动力却非一般人所能洞悉和领悟。倪德卫把章学诚之“道”理解成“人类本性中倾向于一种有秩序的、文明的生活的基本潜能”，并且“这一潜能在历史中逐渐将自己写出，在那些人们必将认为是正确的和真实的东西中实现自身”[①]。这一看法固有其独到之处，但似乎还不够准确和完善。章学诚论述政治的起源和国家的产生，选择的起点是“三人居室”——也就是家庭——这一人类群体生活的最基本的单元。在同一个单元之中，分工合作是群体生活的基本需要；公平秩序又是分工合作的需要；尊卑等级又是维护公平秩序的需要。不同的单元（群体）的共处，小群体组合为大群体，才产生了对于政治领袖和道德权威的需要。总之，文明的产生和政制的创立固然可以在人类本性中找到某些依据（倪所说的“潜能”），譬如渴望秩序、服从权威等，但是，因群体生活而产生的种种需要似乎是其更为根本的原因。毕竟，章学诚并未讨论过人类本性是否或者如何趋向于群体生活，也没有像亚里士多德那样把人定义为“政治

① 倪德卫著，杨立华译：《章学诚的生平及其思想》，南京：江苏人民出版社，第 104 页。

的动物”。当然，人类选择群体生活也是出于某种“不得已”，但是，这种“不得已”是由于人类本性的驱使还是外在环境的逼迫依然是一个有待回答的问题。

“故道者，非圣人智力之所能为，皆其事势自然，渐形渐著，不得已而出之，故曰天也。”章学诚断言：道，绝不是圣人超凡智慧的创造之物——相反，圣人的一切创造本质上都应视为道的杰作。道之“渐形渐著”，是事物发展的自然态势（“事势自然”），是无法抗拒和改变的历史进程（“不得已而出之”）。这种蕴藏在事物之中的自然而然、无法抗拒、不能改变的创造性力量就是“天”。章学诚在这里明确地表达了一种传统儒家不太容易接受的立场。孔子说：“人能弘道，非道弘人”。不管这里的“道”作何解释，孔子的话中都隐含着这样一个理想：人应当主动成为历史的创造者。而章学诚却冷静地修正了孔子的热情：人类的一切文明，都是道（历史）的创造物。即便是人类中最优秀的成员，也不可能凭借他超凡的智能在自然（必然）之势以外有所创造。

“势”在这里成为章学诚论道的一个关键。以往，人们往往都会把“势”看成外在于“道”的一种力量——即便不是与“道”相反，至少也是与“道”相对。在古典儒家看来，圣贤能否得位行道，一般取决于外在的时势。因此，时势也就难免成为道之不行的祸首。所以，在儒家视域中，“势”在很多时候都是以消极的面目出现。当然，也有人把“势”看作历史进程中的中性的甚或是积极的因素，譬如柳宗元和王夫之。王夫之提出一个著名的命题：“势相激而理随以易”。“势”被看作是构成具体历史情境的各种复杂因素，这些复杂因素的相互作用导致事理也随之发生变易。章学诚与众不同的地方在于，他直接把“势”视为一种内在于道，而且与道同一的力量。道总是通过某种“不得不然之势”来显示它创造一切、生成一切的作用。如果我们套用中国哲学中习惯使用的“体”“用”这对范畴，可以大致把章学诚对道、势关系的理解近似地表述为这样一个论断：道是势之体，势是道之用。依照章学诚的逻辑，顺乎时势就是合乎天道，古代圣贤的伟大业绩，不是因为他们具有超凡出众的聪明才智，而是因为他们顺应了历史发展的趋势。

## 二、“道”与“道之故”

在《原道》篇中，章学诚对《易传》中的“一阴一阳之谓道”和“继之者善，成之者性”作了如下颇具宋学意味的解释和发挥：

> “一阴一阳之谓道”是未有人而道已具也。“继之者善，成之者性”是天著于人，而理附于气。故可形其形而名其名者，皆道之故，而非道也。道者，万事万物之所以然，而非万事万物之当然也。人可得而见者，则其当然而已矣。（《原道上》）①

“一阴一阳之谓道”，根本就没有提到人，何以得出“未有人而道已具”的推论呢？显然，章学诚是根据朱子的解释。朱子说“阴阳迭运者，气也；其理则所谓道。”（《周易本义·周易系辞上

① 仓修良编注：《文史通义新编新注》，杭州：浙江古籍出版社，2015年，第94页。

·传第五》)[①] 一切具体的有形的存在者，无不在气的范围内。人作为具体的存在物，或者作为万物之一，当然也属于气。所以，“未有人而道已具”显然是朱子“理在气先”的一种新的表述。“继之者善，成之者性”一句，也根本未曾提及天人和理气。朱子解释说：“道具于阴而行乎阳。继，言其发也。善，谓化育之功，阳之事也。成，言其具也。性，谓物之所受，言物生则有性，而各具是道也，阴之事也。”(《周易本义·周易系辞上·传第五》)[②] 人有天地之性，有气质之性。人秉天地之性以生的过程，也就是天著于人、理附于气的过程。

从章学诚对《系辞》的解释和发挥，至少可以明确以下两点：第一，章学诚虽然在人文历史的语境中论述道体，但是并未完全隔断道体与天地万物的联系。道在逻辑上先于万物（器），是比万物（器）更为根本的存在者。换言之，在道器关系（理气关系）方面，章学诚显然部分地继承了宋儒（尤其是朱子）的看法，而非全盘反对宋儒的论述。第二，章学诚的意图当然不是为了重申朱子的旧义，相反，他是要对朱子的看法有所修正。所以，他必须尽可能地变换语辞力图使自己和朱子的解释保持一定的距离，以便有足够的空间展开他的论述。

章学诚对于朱子的修正极其特别。他显然暗中套用了道家对“迹”和“所以迹”的区别，把它和朱子用来诠释“理”的“所当然”和“所以然”对应起来。“故可形其形而名其名者，皆道之故，而非道也。道者，万事万物之所以然，而非万事万物之当然也。”这段文字具有非常明显的道家意味，很容易让读者联想

① 朱熹：《朱子全书》第一册，上海古籍出版社、安徽教育出版社，2002年，第126页。

② 朱熹：《朱子全书》第一册，上海古籍出版社、安徽教育出版社，2002年，第126页。

到《老子》开篇的“道可道，非常道；名可名，非常名”。章学诚说：一切有形、有名的事物，都是“道之故”，也就是道所留下的“迹”，而不是道本身（“所以迹”）。道是万事万物的“所以然”（所以迹），而不是万事万物的“当然”（迹）。“迹”和“所以迹”这对范畴虽然在章学诚的论述中并未出现，但它的确被作为一个论述模板被隐含地用于其中了。

朱子和章学诚都把“所以然”作为“理”（或道）的一个规定，但是，他们各自的所指却完全不同。根据蒙培元的解释，朱子哲学中的“所以然”的含义主要有二：

> “所以然者”就是一物之所以成为一物的本质规定者，具有形式或者“范型”的意义，它使一物成为此物而不是他物。“所以然”还有原因的意义，但不是因果律中的原因，后者有时间的先后，先因而后果。这里所谓原因，是从逻辑上说的，先有“所以然”者，后有所然或者实然之物，但这仅仅是一种逻辑上的推论，并不是事实上如此。朱子所谓“推上去时，理在气先”云云，就是从这个意义上说的，并不是说，理真的先于物而存在。①

比较章学诚和朱子，我们不难发现，“所以然”（也就是“道”）在章学诚那里并没有“形式”“范型”的意义。也就是说，朱子“所以然”的第一种含义在章学诚那里已经脱落了。章学诚的“所以然”显然更多地具有“原因”的意义。但是，即便是作为“原因”，章学诚之所指与朱子之所指也截然不同。朱子的“所以

① 蒙培元：《“所以然”与“所当然”如何统一？》，《泉州师范学院学报》，2005年第1期。

然”作为“原因”，是指逻辑上的推论，没有时间上在先的意味；而章学诚的“所以然”作为“原因”，则是指因果关系中的原因。原因在前，结果在后，两者明显具有时间上的先后关系。换言之，朱子强调的是“所以然”者比所然或者实然之物更为根本；而章学诚则强调“所以然”者是所然或者实然之物的原因或根源。也就是说，朱子大抵是以本体论的方式来描述理之“所以然”；而章学诚则是以更接近本源论的方式来描述道之“所以然”。

章学诚和朱子更重要的区别在于：朱子把“所当然”作为理的另一个重要规定；章学诚则明确宣称：“道者，万事万物之所以然，而非万事万物之当然也。”章学诚和朱子何以会有这样的不同呢？章学诚为何一定要强调“道”不是万事万物的“当然”呢？要回答这个问题，我们首先必须搞清“当然”分别在朱子和章学诚的思想中各自意味着什么。

蒙培元认为，在朱子哲学中，“‘所当然’就是‘应当’……这显然是一个价值范畴”。又说：“从语言表述上说，‘所以然’是陈述句，‘所当然’是祈使句或命令句，即要求人们如何如何去做，才是正当的。这种要求被认为是人的主观愿望，并不涉及事实本身。但是，作为一种理性，同时意味着它是一种普遍原则，也是一种无声的命令，人们应当去遵守。”根据蒙培元的分疏，在朱子哲学中，“所当然”既是一个价值范畴，又是一种普遍原则。然而，这一分析是否准确把握了“所当然”在朱子思想中的含义呢？把“所当然”作为一种普遍原则，在宋儒中似乎较为普遍，朱子应该也不例外。但是，朱子是否把“所当然”当成了“不涉及事实本身”的“价值”呢？似乎并非如此。试举一例。《语类》卷二十七：

或问“理一分殊”。曰：“圣人未尝言理一，多只言分殊。盖能于分殊中事事物物，头头项项，理会得其当然，然后方知理本一贯。……要得事事物物，头头件件，各知其所当然，而得其所当然，只此便是理一矣。[①]

格物致知的目的，就是要对事事物物“知其所当然”“得其所当然”。“知其所当然”是一个单纯的认知活动；“得其所当然”则只有通过实践体现出来。显然，作为“知”的对象，“所当然”必然关乎事实；作为人之所“得”（即内化于人的生命，成为道德的尺度和行动的准则），“所当然”又必然关乎价值。在朱子看来，只有不断地把对于事实的“知”转化为对于价值的“得”，才是由“分殊”走向“理一”之路。换言之，朱子之“所当然”，既关乎事实，又关乎价值，它强调从事实到价值的转换，并由此实现事实与价值的统一。

章学诚提到“当然”的地方虽不太多，但是却都极为重要。因为能否准确把握“当然”的含义，直接决定我们是否透彻理解了章学诚的道论。章学诚说：“道者，万事万物之所以然，而非万事万物之当然也。”此时，“当然”是被放在和“所以然”对应的位置。既然“所以然”接近于因果律中的原因，那么，这里的“当然”就应当是指由前因而导致的后果。这样，接下来我们就可以追问：这个作为“结果”的“当然”，究竟是实然（已经如此），还是应然（应当如此）？“已经如此”属于事实判断，而“应当如此”则是价值判断。所以，“当然”究竟是实然还是应然这个问题，归根到底还是事实与价值的问题。

让我们来尝试回答这个问题。章学诚说：“人可得而见者，

① 黎靖德编：《朱子语类》，北京：中华书局，第1986年，第677页。

则其当然而已矣。"“当然”既是可得而见的——已然存在而且可以证实，那它肯定是实然就毫无疑问。但是，这是否意味着它只是实然而不是应然呢？或者说，当章学诚使用“当然”这个词的时候，他只是在认定一个事实，而没有对这个事实进行任何价值判断呢？答案当然是否定的。譬如：

> ……当其始也，但有见于当然，而为乎其所不得不为，浑然无定名也。(《天喻》)[①]

这里的“当然”，是否具有“已然如此”的含义似乎不易判断，但是，明显具有“理应如此”的意义却毫无疑问。又如：

> 事有实据，而理无定形。故夫子之述六经，皆取先王典章，未尝离事而著理。后儒以圣师言行为世法，则亦命其书为经，此事理之当然也。(《经解中》)[②]

这里可以看得更为清楚：“事有实据”是说事实判断都有切实的根据，“理无定形”是说价值判断却没有任何固定的形式。孔子述先王典章，后儒命其书为经。它既是历史事实，也是理应如此。历史事实，是“事”之“当然”；理应如此，是“理”之“当然”。“事理之当然”隐含着这样一个论断：从事实的方面讲，它已然如此；从价值的方面讲，它理应如此。由此可见，章学诚之“当然”和朱子之“所当然”有相似之处，那就是同时包含着

① 仓修良编注：《文史通义新编新注》，杭州：浙江古籍出版社，2005年，第332页。

② 仓修良编注：《文史通义新编新注》，杭州：浙江古籍出版社，2005年，第80页。

事实和价值两个维度。不同之处在于：朱子之“所当然”是强调在格物致知的前提下把对于事物之理的认知内化为人的行为准则和道德规范；章学诚之“当然”，首先被看成是历史因果律中与“因”相对的“果”，然后又认定此一结果在事实上既已存在，在价值上也理应如此。

这是否意味着历史中发生的一切都有其充分的合理性？或者说，章学诚是否主张“存在即合理”？如果细绎《文史通义》，我们不难发现这一推论基本能够成立。肯定一切既存的事实，的确是章学诚一以贯之的基本论调。一方面，我们可以不断读到章学诚对上古时代“官师合一”“政教未分”的热情赞美；另一方面，我们也很难找到章学诚对后世历史中的“官师为二”“政教分离”有任何微词。较之清初思想家们激烈的政治批判，章学诚似乎对于满人的统治表现了出奇的温顺。虽然明清易代对士大夫精神上的巨大冲击到了乾嘉时期已被慢慢被遗忘，但是敢于对新的统治秩序明目张胆地进行辩护的人似乎还不是太多。章学诚则会经常在其论述中不失时机地表达他对政府权威的拥护和认同。这一切恰好说明，章学诚的政治态度，明显受到其历史哲学立场的支配，而并非如某些学者所言是前者影响了后者。

章学诚的这一态度，同时有历史哲学和政治哲学两个表达向度。从历史哲学维度讲，他肯定一切既存事物在各自具体的历史处境中都有其合理性；从政治哲学维度讲，他积极地肯定历史上和现实中的政治权威，表现出一定程度的威权主义倾向。毋庸讳言，这样的立场在章学诚思想中真实而明确的存在。但是，我们必须搞清楚的是：上述立场在章学诚思想中究竟处于什么位置？也就是说，历史哲学上的历史主义和政治哲学上的威权主义（暂且借用这两个“主义”）究竟是章学诚哲学的根本立场，还是某种派生性或者从属性的立场？

答案在本节开始的引文里早就已经给出了。章学诚不是说过“道”是“万事万物之所以然”，并非“万事万物之当然”吗？包含着事实和价值的“当然”，仅仅是“人可得而见者”。它只不过是“道之故”罢了，远远不是章学诚所要追寻的大道。章学诚所要追寻的是隐藏在这些有形有名的可见之物背后的无形无名的不可见之物。“当然”不是“道”，并不意味着“当然”毫无意义。它是“道之故”，是“道”借以展开的有形有名之物。我们只有循着“道”的展开历程，才能最终通达道体本身。章学诚思想中自然有对于“当然”或者“道之故”的肯定，但是这种肯定是有限的、较低层级的肯定。肯定它的目的是在扬弃它的基础上向更高层级的第一义——道“万事万物之所以然”挺进。

章学诚对于“道”与“道之故”的分辨，隐含着极为强烈的批判意味。如果把它看成是针对乾嘉学者，则可以作如下解读：“道之故”对于我们追寻道体固然极为重要，但是千万不要把“道之故”当成道自身。换言之，器对于求道固然不可或缺（道必须即器而言之），但是道器合一并不意味着要以器为道，以器为道和离器言道犯了同一个错误，那就是根本没有搞清楚道器之间的真正关系。其结果往往只能是得器而忘道。但是，如果能够跳出所谓“考证学批判”的视野来理解章学诚的这一思想，并且把我们对于“当然”之内在含义的分析也考虑在内，则章学诚对于道与非道的辨析的理论射程可能会更深更远。“当然”既然同时包含了事实和价值。那么，任何执着于事实的学术活动（如乾嘉学者对于名物、制度、史事、地理的考订）和所有偏执于某种价值的思想运动（如宋明儒者之言性命天道与拒斥佛老）不都是在追求“当然”吗？换言之，无论是宋明儒学还是乾嘉考据，都是在讨论“万事万物之当然”，而根本没有涉及“万事万物之所以然”。这不等于说，从宋明到乾嘉的一切学术都只是在讲“道之故”吗？它们离大道究竟是越来越近还是渐行渐远呢？

## 三、道体之“成象”

章学诚所要追寻的大道究竟是什么？或者说，它究竟以什么形式存在呢？它既不完全存在于任何既定的事实之中，也不是某种特殊的价值立场所能给定。甚至于任何基于事实的价值体系（如朱子学基于格物致知的天理观）或者任何带有价值诉求的事实考辨（如晚近学者所言之乾嘉新义理学）都不符合章学诚心目中的大道。似乎没有哪个中国古代的哲人认为“道”是可以被定义的，章学诚当然也不例外。既然如此，前引《原道》中的几段文字，大概都不能看作是章学诚对“道”所作的定义。章学诚对于用语言文字对道体作出某种规定没有丝毫信心。所以，当他谈到道体的时候，几乎都是在变换着角度和方式对它进行某种描述。我们必须熟悉章学诚的表述的独特习惯——当然也是思维习惯——谈论那些最为重要的话题时，他都会同时采用表诠和遮诠这两种方式。譬如，“故道者，非圣人智力之所能为”（遮诠），“皆其事势自然，渐形渐著，不得已而出之，故曰天也”（表诠）；又如“道者，万事万物之所以然”（表诠），“而非万事万物之当然也”（遮诠）。研读章学诚的著作，凡是遇到这种句式，都应当格外留心。因为它可能提示读者：这里被讨论的话题至少在章学诚本人看来是极其复杂并且充满了歧义的。我们对于章学诚提出的这些重要命题的理解，似乎也应该尽可能采用这种章学诚本人所熟悉的方式——不但要说明它是什么或者意味着什么，还要尽可能说明它不是什么或者在批判什么。对于“道”的理解，尤其应当如此。

章学诚把“万事万物之所以然”和“万事万物之当然”对置，并且以前者为“道”而后者为“道之故”，这使得我们有充分的理由把章学诚之“道”约略理解成历史的因果律。但是，必须注意的是：这仅仅是一种权宜的解释，一种较为近似的描述，而不是一个明确的结论或者完善的定义。但是，我们可以慢慢地修正现有的解释和描述——如同章学诚本人所作的那样——使之逐步接近“道”的本来面目。当章学诚之“道”被理解为某种历史的因果律时，我们必须清楚地知道：它不是指那种类似于数学推算或者逻辑推理的严格而机械的因果关系，而是指隐藏在时间背后的无形无名的力量和显现在时间序列中的有形有名的事物之间的那种极其丰富、极其复杂和极其深刻的关联。“道”和“道之故”之间的关系是如此丰富、复杂和深刻，以至于根本不可能被任何人全面、完整和不偏不倚地把握。每一个个体——也许除了圣人以外——在他有限的时间内都只能感知或者洞察到与他的个体的气质和禀赋最为契合的那一个局部。章学诚把它称作“别识心裁”。它虽然仅仅只是一个有限的个体对于大道并不完整和完善的认识，但是却具有非同凡响的意义和价值。

也许，“道”和“道之故”、“所以然”和“当然”的区分都不是对于二者关系最为完美的描述。章学诚必须面对的一个非常棘手的问题是：怎样才能不至于让人们忽略无形的大道和有形的事物之间这种因果关系的丰富性、复杂性和深刻性。换言之，他应该如何避免使人们把这种关系简单地理解成一种机械的因果律。此外，也许章学诚还需要回答：隐藏在历史深处的那种无形无名的根本性的力量究竟如何向我们展示它的存在？我们又如何才能透过有形有名的万事万物去感知和洞察这种深不可测的源泉呢？

这就需要有一个媒介，“道”可以通过它展示自己，人可以通过它而获得关于“道”的洞见。这个媒介，章学诚把它称之为“象”。在章学诚的思想世界中，所谓“象”，首先是指《易》之象，但又不仅仅是指《易》象。章学诚说：

> 象之所包广矣，非徒《易》而已，六艺莫不兼之，盖道体之将形而未显者也。……万事万物，当其自静而动，形迹未彰而象见矣。故道不可见，人求道而恍若有见者，皆其象也。(《易教下》)①

象所包含的范围究竟有多广？章学诚并没有给出一个明确的边界。但是，章学诚把六艺当作一个典范来说明象是什么。当然，这种说明依旧是描述性的，而非定义式的。章学诚在这里接连回答了三个问题：（一）对于道体而言，象意味着什么？（二）对于万物而言，象意味着什么？（三）对于人而言，象又意味着什么？

对于道体而言，象是它“将形而未著”的状态。“将形”是指将要让自己呈现为某种有形之物；“未著”则是说道体尚未将自己呈现为某种有形之物。道体本身无形无名，但是它又不得不呈现为各种有形有名的事物。而一旦有了明确而固定的形名，那就成了“道之故”，已然是陈迹刍狗，而不再是道体本身。象作为“道体之将形而未显者”，它既非无形无名，也非已有了严格而固定的形名。也就是说，它既是道，又不完全是道；既非道，又非非道。它是道与“道之故”之间的一个阶段，一个过程。这个阶段或者过程绝非既定的、僵化的、一成不变的，而是开放的、构成性的、充满了各种可能性的。

---

① 仓修良编注：《文史通义新编新注》，杭州：浙江古籍出版社，2005 年，第 16 页。

对于万物而言，在它们“自静而动，形迹未彰”的状态时，才会有象出现。这里所说的“动”“静”，显然不是一般意义上的运动和静止。“自静而动”应该是指事物由没有进入人的视野之前的状态（静）到进入人的视野成为认知对象（动）的过程。“行迹未彰”并不是完全没有行迹可循，而是指它的行迹尚未完全彰显，没有被人清晰而准确地认识和把握。可见，象就是事物向人打开自己、展示自己的过程。这是一个未完成的过程，事物尚未向人完全地展示出来，或者说人对于万物尚未获得完全的、完整的、确定不移的知识。人对于万物的认知的不完满，又决定了人的认知的开放性、可变性和无限性。

这样，对于人而言，象的意义就显而易见了。无形无名的道体必须把自己呈现为有形有名的万事万物；万事万物又必须由静而动，逐渐彰显行迹，进入人的视野。这一切都必须通过象来完成。象既是道体呈现自己的过程，又是万物彰显自身行迹的方式，人要认识万物追寻道体也就只能通过象。道只有呈现为象才能为人所认识，这是道之“不得不然”；人只有把捉象才能够对道有所感知，这是人之“不得不然”。“道不可见，人求道而恍若有见者，皆其象也。”“道不可见”有两层含义：其一是道不是有形有名的可见之物，它必须通过成象来显示自身的存在；其二是说道不可能被完全认识，人只能通过象对它有所感知和洞察。人求道，得到的却是象。因为象非道，又非非道，所以得象不等于见道，也不是没有见道。人对道只能在见与不见之间——“恍若有见”。这是因为：（一）道在不断地成象之中，道的成象是一个没有止境的过程；（二）人的生命短暂，认识能力有限，不可能遍识万事万物；（三）人对于事物的有限认识，也仅仅局限于得其象而已。总之，人求道的结果，只能是对有限事物的有限认识，而且这种认识也只能达到某种有限的程度。换言之，人之求道，恰好彰显了人的有限性。人的有限性在这里同时兼有负面和正面两重意义：负面来讲，正因为人的生命是有限的而道体的成象却是无限的，这使得我们每个人都无法完完全全地见道。但是，不能完全地见道并不等于完全不能见道。章学诚像庄子一样指出生之有涯和知之无涯之后，并没有像庄子那样劝导人们不要以有涯之生去逐无涯之知。相反，他却积极地肯定了每个个体以其有限的生命获得的那部分知（象）——虽然每一个人获得的知都是关于道的局部的、片面的、并不完整的认识，但是它们都是独一无二、无可替代的，因而也是最有价值、最为珍贵的。这就是章学诚常讲的“别识心裁”。

象被置入“当然”和“所以然”之间、历史事实和它总的源泉之间、有形有名的万物和无形无名的大道之间，最大程度地避免了把以上诸种关系说成是原因和结果而可能导致的过于直接和单一的理解。道何以会被人们认知，又何以不会完全被人们认知？人对道的认知何以是有限的，而这种有限的认识为何有其独特而不可替代的价值？这些问题，也都随着象的提出而得到某种程度的解答——当然，章学诚还会从其他角度来反复申说这些问题。象在章学诚的思想体系中具有特别重要的意义，很多学者习惯性地把象置于传统的言意关系的脉络之中进行阐述，恐怕是未得要领[1]。

## 四、结语

对于章学诚而言，历史既是形而下的存在（具体的器），又是

① 参看《章学诚的知识论》第六章第三节《语言表现的多义性》。山口久和著，王标译：《章学诚的知识论》，上海：上海古籍出版社，2007年。

形而上的存在（抽象的道）。所谓“即器言道”对于章学诚而言，就是在具体的历史（器）中借助于个体的洞见去领会和把握抽象的历史（道）。在章学诚的语境中，“道”既不是经验性的“路”，也不是先验性的“理”，而是隐藏在时间背后的源泉和动力，是形塑一切有形之物的创造性的力量。一切文明成果都是历史（道）的创造物——圣贤也是历史的创造物，而非历史的创造者。

在“即器言道”的前提下谈论道器关系，章学诚部分地继承了宋儒（尤其是朱子）的论述，但也和朱子保持了适度的距离，甚至对其有所修正。章学诚把“道”与“道之故”（器）和朱子所言“所以然”与“所当然”对应起来。但是，章学诚并不把“道”看成是先在于“器”的规则或范型，而是看成内在于“器”并使得“器”的世界得以生生化化的动力或源泉。章学诚把“道”和“道之故”、“所以然”和“所当然”都近似的看作是因果律中的原因和结果。作为结果的“道之故”（“所当然”），既是指已经如此，又是指应该如此。换言之，章学诚所言之“事理之当然”，作为一种历史洞见，它既是事实判断，又是价值判断。

道，作为一切有形有名的可见之物的创造者，必须通过某种方式向我们昭示它自身的存在。而我们也必须通过某种方式去感知和洞察那深不可测的蕴藏于可见之物之中的无形无名的源泉和动力。这种我们凭借可见之物与道相遇的方式就是“象”。象既是道体呈现自己的过程，又是万物彰显自身行迹的方式，人要认识万物追寻道体也就只能通过“象”。章学诚把“象”置于有形的万物与无形的道体之间、历史事实与它的源泉和动力之间、“所当然”和“所以然”之间，同时他又声称“六经皆史”“六经皆象”。当他把自古及今重要的文明成果都统摄到六经之教中来的时候，也就是为一切重要的精神活动都找到了通往道体之路。

（本文原刊于《中国哲学史》2016年第4期）

# 康有为论《大学》

马永康（中山大学哲学系）

康有为思想成熟时宗文经学，本与程朱理学不同，而自梁启超称其“独好陆王，以为直捷明诚，活泼有用，故其所以自修及教育后进者，皆以此为鹄焉”[①] 后，更强化了程朱理学对康有为影响不大的印象。但从康有为的教育背景、后期注解“四书”多沿用朱注等来看，似乎和梁启超所言不合。由此，康有为与程朱理学的关系就显得耐人寻味。对此，已有学者进行过讨论[②]。由于这涉及到康有为后期儒学重建中理学的定位问题，本文以康有为对《大学》的论述为例再作申述。虽然康有为没有留下关于《大学》的专门著述，但不少著述直接或间接涉及《大学》，覆盖了其在宗今文经学前、戊戌变法前及流亡海外等几个重要时期。而《大学》是宋明儒学核心经典之一，朱子视之为学纲，王阳明也以之指示初学者，两人的分歧也在《大学》的解释中显现出来。因此，通过梳理康有为对《大学》的论述，能更好地了解其

① 夏晓虹编：《追忆康有为》（增订本），北京：三联书店，2009 年，第 4 页。

② 如吴义雄：《理学与戊戌前后康有为的思想体系》，载王晓秋主编：《戊戌维新与近代中国的改革》，北京：社会科学文献出版社，2000 年；唐文明：《敷教在宽——康有为孔教思想申论》，北京：中国人民大学出版社，2012 年。

与宋明理学的交涉。

## 一、宗今文经学前：对“学制”“格物”的驳正

康有为早年接受的理学教育主要来自家庭熏陶和从师学习。前者以其祖父康赞修的影响最大。康有为“自八岁依于大父”①，而康赞修笃守程朱，对他“日援贤哲诲谆谆，理学传家忠孝身”②。后者中最重要的是朱九江。虽然其师从朱九江不足三年，但由此“得闻圣贤大道之绪”③。朱九江“主济人经世”，以“四行五学”教人（“四行”为敦行孝悌、崇尚名节、变化气质、检摄威仪；“五学”为经学、文学、掌故、性理、词章）④，扫去汉、宋门户之见，以孔子为宗，但颇尊朱子：“宋之学，朱子集之。朱子又即汉学而稽之者也，会同六经，权衡‘四书’，使孔子之道大著于天下。宋末以来，杀身成仁之士远轶前古，皆朱子力也。朱子百世之师也。”⑤ 朱九江的经世意识、推尊朱子及教学理念等对康有为有着很大的影响。

而贯穿康有为理学学习的主要动机之一是获取功名。从康有为幼龄开始，长辈即对其寄予厚望，而他也颇想藉此光宗耀祖。于是，其十四岁开始一直参加科考，虽自言三十岁时“绝意试事，诸父皆强之，母意属望迫切”⑥，但后来还两次参加会试。

---

① 姜义华、张荣华编：《康有为全集》第五集，北京：中国人民大学出版社，2007年，第61页。

② 姜义华、张荣华编：《康有为全集》第十二集，第295页。

③ 姜义华、张荣华编：《康有为全集》第五集，第62页。

④ 姜义华、张荣华编：《康有为全集》第五集，第61页。

⑤ 简朝亮编：《朱九江先生集》，香港：旅港南海九江商会，1962年，第14页。

⑥ 姜义华、张荣华编：《康有为全集》第五集，第82页。

1910 年康有为大病，写下“吾欲除姓用氏”辞别留言[①]，其功名心不难想见。不过，这是当时读书人相当普遍的心态，未可诟病。

学习《大学》是理学教育必不可少的一环，康有为自言六岁开始读《大学》。在转向今文经学前，康有为对《大学》的看法主要集中在 1886 年撰著的《教学通义》[②]。此稿探讨了古代的教学制度，其中涉及《大学》是否为古代大学的教学内容及其文义训诂等问题。

（一）《大学》“非先王学规之明制”

朱子《大学章句》序说“《大学》之书，古之大学所以教人之法也”[③]，视《大学》为古代大学的教学内容。

康有为依据经籍记载对此进行了驳正，断定：古代学制全民在冠岁（20 岁）前接受“公学”教育，学习“六艺”等；冠岁后分流，普通人从官师学习“私学”，即学技能等“世事之实学”[④]，而“天子之元子、公卿、大夫、元士之适子与乡学之俊秀”则进入“惟乐是教”的大学。大学何以“惟乐是教”？这由于大学的目标是成德，而人在气质上都有偏失，优秀人才更是如此。大学学子是将来掌管国家命运的优秀人才，先王深忧气质偏失会带来

---

① 姜义华、张荣华编：《康有为全集》第九集，第 122 页。

② 《我史》“光绪十二年”条载“又著《教学通议》成”。《康有为全集》将此稿系于 1885 年，不知何据。但此稿具体成文时间目前有争议：朱维铮、黄开国等认为康有为在受廖平影响后曾大幅改作，而刘巍、唐文明等则认为修改较少。本文持后一立场，因为现存康有为的一些早期文本与《教学通义》在思想上一致。见朱维铮：《教学通议》“编者按”，载《中国文化研究集刊》第三辑，第 343－344 页；黄开国、唐赤蓉：《〈教学通义〉中所杂糅的康有为后来的经学思想》，《近代史研究》2010 年第 1 期；刘巍：《〈教学通义〉与康有为的早期经学路向及其转向》，《历史研究》2005 年第 4 期；唐文明：《敷教在宽》。

③ ［宋］朱熹：《四书章句集注》，中华书局，1983 年，第 1 页。

④ 姜义华、张荣华编：《康有为全集》第一集，第 21－26 页。

弊病，故在大学中特别强调用乐来使学子变化气质、涵养性情，以达致中和。不教其他内容，是由于进入大学的学子此前已接受"公学"教育，身通"六艺"等，而国子因其父是执掌某一技能的官师，深受家庭熏陶，也没必要重复教导。而且，大学由司乐执掌，按照官师各有专学、各不相通的原则，司乐专门负责与乐相关的内容，也无法教导其他内容①。

基于古代大学"惟乐是教"的断定，康有为说：

> 考后夔教胄，司乐教国子，皆曰乐德、乐言、乐舞，未闻格物、致知、诚意、正心、修身、齐家、治国、平天下，条目之精详，而八条皆为虚义。家、国、天下，既未有之物，身、心、知、意，非日课之功。而于后夔、司乐相传之教诵诗习乐，似以为粗器，而非关大道，无一言及之。则《大学》一篇，殆后儒论学之精言，而非先王学规之明制，微妙精深，尤非十五岁之童子所能肄业也。②

《大学》的纲目过于微妙精深不具可操作性，且不涉及乐，故而康有为从教学内容上断定它"非先王学规之明制"。

同期的《民功篇》也以相同的理由批评宋明儒学误将《大学》视作先圣之学，未能把握先圣创制乐教的精义：

> 近世学术，大端有朱、王之二派，一在格物理，一在致良知，二者皆托于《大学》，而自以为先圣之学。传其绪者，相攻若寇敌，余以为皆非也。③

① 姜义华、张荣华编：《康有为全集》第一集，第29—30页。
② 姜义华、张荣华编：《康有为全集》第一集，第31页。
③ 姜义华、张荣华编：《康有为全集》第一集，第82页。

康有为否定了《大学》是古代大学的教学内容，是否意味着要否定《大学》呢？这涉及其对《大学》的定位：

> 然则《大学》何书也？程子以为孔氏之遗书，近是也。先王创法立制，公卿世官，士庶世业，皆以粗迹实器相传。德义之精微，经纬之宏大，则惟卿士之贤者讲求辨析之，不遽以责天下之学子也。儒者不用于世，无官师可藉，故舍器而言道。又从学之士多英才，讲学日精，亦不能以寻常官学之科条为限。于是儒学规模阔大，条目精详，专为任道之学，此真王、公、卿、士、师、儒之大学。①

康有为认为：先王注重“粗迹实器”，关注现实操作，这是官学的特色；而且，“古之敷教在宽。自宋儒后，敷教在严。……以宽为教，人皆欢愉而乐于为善；以严为教，中人惮而不勉，适以便小人。”② 作为国家制度，官学需要营造宽松乐学的环境。如果要求过严，不仅在学制内无法做到，而且会产生负面效应。与官学不同，《大学》是儒者之书。儒者因不得位，故而可“舍器言道”，“规模阔大，条目精详”。《大学》陈义过高，要求过严，是“任道之学”，不能作为普遍标准要求天下学子。正是从任道的角度，康有为表彰朱子提升《大学》之功：“然《大学》之义包涵宏大，条序精详，宜朱子搜求遗书而独尊之，令学者人人有圣贤之阶梯，诚有功于学者也。”③

由此可见，康有为一方面将《大学》与古代学制脱钩，另一

① 姜义华、张荣华编：《康有为全集》第一集，第31—32页。
② 姜义华、张荣华编：《康有为全集》第一集，第82页。
③ 姜义华、张荣华编：《康有为全集》第一集，第32页。

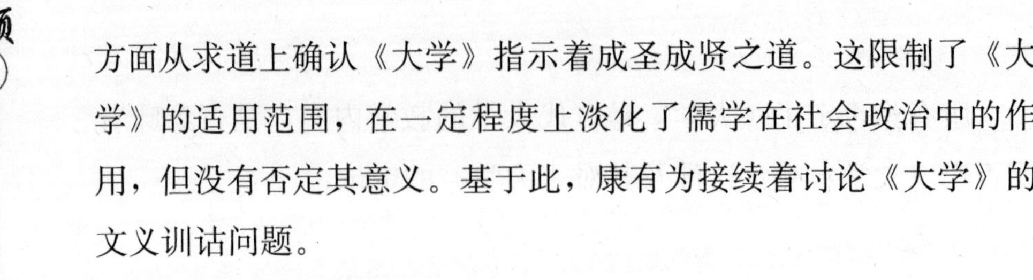

方面从求道上确认《大学》指示着成圣成贤之道。这限制了《大学》的适用范围，在一定程度上淡化了儒学在社会政治中的作用，但没有否定其意义。基于此，康有为接续着讨论《大学》的文义训诂问题。

（二）“朱子格物之说非也”

如何解释“格物”向来是《大学》的争论点。朱子重视“格物”，训“格”为“至”、“物”为“犹事”，“格物”是格天下之物以穷尽事物之理，借助于“一旦豁然贯通”来实现[①]。

对此，康有为认为有三个“不可解”：第一，解释跳跃，“夫至与穷异，事与理隔，始以至事代格物，继以穷理代至事，愈引愈远，渐忘本旨”。第二，用“格物”来穷尽物理不可行：“以圣人神力所不能，而于始入大学之十五岁童子，责其尽格物理，即使今日格一件，明日格一件，安有至极之时哉？”第三，“又穷理之义与致知合，古无致本心良知之说，则致为多见多闻，自是穷理。若是，则条目有七而无八，格物为赘辞矣。”[②] 康有为此处不仅批评朱子，而且连带批评王阳明。

由此，康有为得出“朱子格物之说非也”，认定司马光的“扞格物欲”为确解，并引用《乐记》《学记》《孟子》等为据，并用朱子的“主一无适”“常惺惺”来印证这一解释也符合朱子的义理。对王阳明，康有为说：“王阳明：格，正也，格其不正以归于正也。……巧说破碎，只增笑柄。”[③] 从中不难看出康有为的义理偏向。

批评朱子“格物”解，通常会涉及“格物补传”。康有为认

---

① ［宋］朱熹：《四书章句集注》，第 4、6—7 页。

② 姜义华、张荣华编：《康有为全集》第一集，第 32 页。

③ 姜义华、张荣华编：《康有为全集》第一集，第 32—33 页。

为朱子的“补传”“于义未协，殊为可删。必欲补传，则《乐记》‘人生而静’一节，可以移来为确诂。且同是《戴记》之文，纯粹古雅，又于乐不切当，即《大学》之错简也。以此补传，不犹俞乎？”[①]

康有为的文义训诂不一定优于朱注，但其目的是修正朱注。在各种不同的《大学》版本中，康有为更倾向于朱子：“王栢、季本、高攀龙、崔铣、毛奇龄皆改本，黎立武、董槐、叶梦鼎、车清臣、方正学、王阳明、李安溪皆主古本，则徒为纷纷，不若朱子之条理矣。”[②] 康有为大体上接受了朱子的版本，只是修正了“格物”的解释。亦即在义理上，康有为坚持了三纲八目的次序，这和阳明以致良知为核心相去甚远。

## 二、戊戌变法前：以“公羊学”入《大学》

康有为在1890年因与廖平相晤而受到启发，找到了更适于表达政见的经学形式，由此宗今文经学。此时期康有为对《大学》的看法与早期有很大差别：独尊孔子，用“公羊学”发挥《大学》的微言大义，不再提周公学制。这转变有一过程。

1891年，康有为因讲学需要撰写了《长兴学记》，亦将“格物”释为“扞格外物”，所持理据不出《教学通义》范围[③]。值得注意的是，康有为将今文经学视作经世（政事）之学，理学为义理（德行）之学，统一于“孔子之学”[④]。

---

① 姜义华、张荣华编：《康有为全集》第一集，第33页。
② 姜义华、张荣华编：《康有为全集》第一集，第33页。
③ 姜义华、张荣华编：《康有为全集》第一集，第342—343页。
④ 姜义华、张荣华编：《康有为全集》第一集，第347—348页。

稍晚几年的万木草堂讲学则明显不同。从已刊的讲学记录来看，康有为延续了早年的看法，表彰宋儒提升《大学》，坚持将“格物”解作“扞格外物”，但与《教学通义》不同的是，认为“阳明又作‘正’解，与扞格颇近”[①]。“颇近”显示出对阳明的一定认可，但仍带有一定的间隔。同时出现了不少新变化，如：“《学》《庸》无分经传，朱子误矣”[②]，不同于前此赞扬朱子改本有条理。这源于康有为认定“经为孔子所作”[③]，《大学》因非孔子所作而不得称为经，经传之分被否定。同时，明确提出“朱子谓曾子所作者，谬也”[④]，显题化地排斥曾子，这不同于《教学通义》含糊地说“孔氏之遗书”。这体现了其对曾子的不满：“曾子专讲守，发挥孔子少。”[⑤]

此时最大的变化是以“公羊学”入《大学》，以经世为核心发挥被朱子忽略的“非常异义”，主要体现在对“新民”“至善”的解释上。对于“新民”，康有为说：“新者，养魂之道也。治人之道新，新可足”，“外国之强亦由讲求新理，中国几千年来皆守旧民”，“高丽、安南百姓无事端坐于大树下，不作‘新民’也，故亡国”。康有为接受了朱子“新民”的改动，但与朱子重在道德教化不同，赋予了“新民”较强的政制指向，包含了治人之道、强国等内容。对于“至善”，康有为说：“太平之世无讼，然后谓至善。”[⑥] 太平世是理想的社会世态，与之联接的“至善”因而也带有强烈的政制意味。朱子也将“至善”视为极致的理想状

---

① 楼宇烈整理：《长兴学记 桂学答问 万木草堂口说》，中华书局，1988年，第253页。

② 楼宇烈整理：《长兴学记 桂学答问 万木草堂口说》，第254页。

③ 姜义华、张荣华编：《康有为全集》第二集，第282页。

④ 姜义华、张荣华编：《康有为全集》第二集，第300页。

⑤ 姜义华、张荣华编：《康有为全集》第二集，第282页。

⑥ 姜义华、张荣华编：《康有为全集》第二集，第300—301页。

态，但着重点在心性修养，康有为则注入了强烈的制度色彩。这显然与康有为倡导变法有关。

而伴随着以“公羊学”入《大学》，康有为认为《大学》“错简极可信”，调整了文本结构。与前此重在“格物补传”不同，此时的重心在“至善”，将“子曰听讼”放在“止于至善”后：“‘无讼’节，宜归入‘至善’”，“‘子曰听讼’至‘此谓知本’，当置在‘知止’（疑缺“前”字——引者注）。‘止于至善’，‘至善’发到‘无讼’。然止于至善之极，即太平之世也。”至于原接的“知止而后有定”，“宜在‘止于信’之下为更接”或者“置在‘邦畿千里’亦得”①。康有为此时虽然还没有完备的调整方案，但明确要将“至善”与“无讼”接连在一起，目的是通过“无讼”导入太平世，与“至善”相联结，赋予“至善”以明确的世态指向。

康有为在讲学中以“公羊学”阐述《大学》，但并非废弃理学，而是在朱子等心性修养的基础上增加经世维度，即实现《长兴学记》所言义理加经世的模式。故而其说“‘明德’‘新民’二字，宋儒发之熟矣”，赞赏“朱子‘明德为本，新民为末’，说得甚好”，并维护朱熹：“凌次仲攻朱子解‘虚灵不昧，谬为佛学’，谬也。虚字不甚好，灵字甚好。”② 对朱子不无赞赏之处。

与私下讲学不同，康有为此时期的公开著述对《大学》的引用与解释主要集中在“新”。如：

> 《大学》称日新又新，其命维新；伊尹称用新去陈，病乃不存。故新则和，旧则乖；新则活，旧则板；新则疏通，

---

① 姜义华、张荣华编：《康有为全集》第二集，第 301 页。标点有改动。

② 分见姜义华、张荣华编：《康有为全集》第二集，第 284、300、300 页。

> 旧则阻滞；新则宽大，旧则刻薄。自古开国之法无不新，故新为生机；亡国之法无不旧，故旧为死机。[①]

用“新”来倡导变法，目标显然在反对守旧。不使用有争议的“新民”说及阐发太平世的“至善”，很可能出于策略需要。从逻辑来看，倡导变法要先营造求变的氛围，再讨论变的方向。在前者没有达成变法的共识前，引入不必要的争论显会节外生枝。而强调“新”的目的正是着力于前者。

此时期康有为对《大学》的解释既不同于朱子，又不同于阳明。他虽然对阳明的格物有一定的认同，但远不及对朱子的认可，如维护朱子的“明德”解，接受“新民”。而从三纲的解释逻辑来看，朱子以本末关系来解释“明德”“新民”，“至善”是将两者推到极致的理想状态；阳明的“明德”与“亲民”是体用关系，“至善”是“明德”“亲民”的“极则”[②]。在朱子和阳明之间，康有为的逻辑更近于朱子而远于阳明。

## 三、流亡后：以“三世”说为重心

1900年勤王事件失败，流亡海外的康有为转向注解儒家经典，希望通过注解重建儒学，使儒学回复到无所不包的状态[③]。这一时期康有为的理论重心转向阐发“三世”说。

---

① 姜义华、张荣华编：《康有为全集》第四集，第13页。

② ［明］王阳明：《大学问》，载吴光等编校：《王阳明全集》，上海：上海古籍出版社，2011年，第1067页。

③ 参见马永康：《康有为的〈中庸注〉与孔教》，《中山大学学报（社会科学版）》2014年第4期。

在这时期中，康有为注解了《大学》，但正文已佚，现仅存序。序现存两个版本，一为手稿，一为刊于 1913 年的《不忍》，两序文字有差别[①]。序中自言《大学注》是“戊戌之难，旧注尽失，逋亡多暇，补写旧义。”序言涉及《大学》的两个层面：

第一，关于文本。康有为说：

> 是篇存于《戴记》，朱子以为曾子所作，误分经传。夫《诗》《书》《礼》《乐》《易》《春秋》，孔子圣作，乃名为经，余虽《论语》只名为传，《礼记》则为记为义，况一篇中岂能自为经传乎？篇中仅一指曾子，亦无曾子所作之据。

康有为明确否定曾子作《大学》，并反对正文中分经传。这和讲学记录一致。至于要否定曾子作《大学》的意图，《论语注》作了说明：曾子重在守身，将曾子列入道统，导致了“中国之言孔学者，仅在守身，而孔子重仁之大道，一切皆割弃，甚至朱子见《礼运》之大同且疑之矣。此则后儒轻说妄尊之罪，而于曾子无与也。以关学术之大，不得不明正之。”[②] 为了突显“三世”“大同”等学说，康有为将曾子剔出道统，另立从子游到子思、孟子的传承。

同时，序中也提出了“其旧文错简，亦窃正焉”。调整是否和讲学记录一致，因正文佚失无法考究。

第二，关于文义。序言开首即引《庄子·天下篇》对孔子“内圣外王”之道的评价为准的，以此来肯定《大学》：“若夫内

① 两个版本的序都收录于姜义华、张荣华编的《康有为全集》第六集第 355 页。手稿本见于该页正文，《不忍》本见于校注。除了特别说明外，本节所引序文均为手稿本。本节来自序文的引文，不再标注。

② 姜义华、张荣华编：《康有为全集》第六集，第 437 页。

圣外王，条理毕具，言简而意该者，求之孔氏之遗书，其惟《大学》乎?”《大学》的价值在于言简意赅地概括了孔子“内圣外王”之道。康有为随后用一句话概括了《大学》的内容，手稿本为：“明德为始，则先不欺以修身；新民为终，则絜矩以平天下。”《不忍》本为：“明德为始，则灵魂不昧，先不欺以修身；而至善为止，推挈矩以平天下。”两者都以“明德”为基础，《不忍》本增加了“灵魂不昧”，这回应了讲学时期对朱子“虚”字用得不好的问题。差别最大的是后半句，手稿本强调“新民为终”，《不忍》强调“至善为止”，两者都是讲学时期阐发的重点，而且都可从朱子的逻辑来理解：前者基于本末关系，后者指向达致的终极状态。康有为重视序言，按照“书必有序，以发明其意”[①] 的原则作序。序言的变化应体现了康有为意图的变化。

手稿本以“新民为终”，明显遗漏了“至善”。而且有趣的是，康有为此时理论重心已转向阐发“三世”说。在同期的《礼运注》《中庸注》《孟子微》等著述中，序言都特别强调“三世”。《大学注》序也表明，康有为的重心放在“三世”：

> 惟朱子未明孔子三世之义，则于孔子太平之道，暗而未明，郁而不发。……僻在绝国，文献无征，聊复发明，庶几孔子内圣外王之道，太平之理，复得光于天下云尔。

与《教学通义》批评朱子不明“孔子改制之学”[②] 及讲学时期批评朱子“不治《春秋》”[③] 相比，此时康有为批评的重心落在“三世”，更具体、落实。而“新民”是一个相对概念，基于不断地

① 姜义华、张荣华编《康有为全集》第二集，第310页。

② 姜义华、张荣华编：《康有为全集》第一集，第46页。

③ 姜义华、张荣华编：《康有为全集》第二集，第107页。

进化，不能直接反映终极目标，需要另加解释。而“至善”是理想状态，在讲学时期就已经接入“三世”说，应该更有利于康有为阐述“三世”。

手稿本何以突出“新民”而不是“至善”？有必要结合其此前著述来理解其用意。稍早于《大学注》的《孟子微》说：

> 孔子道主进化，不主泥古，道主维新，不主守旧，时时进化，故时时维新。《大学》第一义在新民，皆孔子之要义也。①

“新民”被视为“《大学》第一义”“孔子之要义”，其意图非常清楚，就是反对守旧，倡导维新。如果再往前溯，康有为在1899年《我史》中将戊戌变法的失败归结为守旧派的阻挠。如此看来，强调“新民”应是延续了这一意图。但略早于序文的写作，康有为公开发表了《答南北美洲诸华商论中国只可行立宪不能行革命书》，显见其也把捉到革命风潮的蔓延。康有为此时仍强调“新民”，很可能当时觉得反对守旧比反对革命更重要。

到了1913年，社会风气激变，共和已成事实。而此时，康有为却创办《不忍》杂志倡导“虚君共和”及推动孔教运动。依据康有为的思想，民主共和高于“虚君共和”，倡导“虚君共和”显然是旧而非“新”。显然，此时强调“新民”已经没有意义，反而不利于倡导“虚君共和”，必需予以弱化。而推动孔教运动，最重要的是解决孔子思想与君主制度的关系问题。这对康有为而言并非难题，其自得的“三世”说一经注入孔教后，就能让孔教笼罩整个人类社会历史。孔子思想自然不再囿于君主制度，而是

---

① 姜义华、张荣华编：《康有为全集》第五集，第455页。

具有了伴随人类政制发展的弹性。所以，康有为1912年致信陈焕章："吾注有《礼运》、《中庸》、'四书'、《春秋》及《礼记》选，可以宣讲，发明升平、太平、大同之义，令人不以君臣道息而疑孔教之不可行。"[①] 而"至善为止"所含有的理想向度，尽可涵括太平世。至少在同期的著作中，康有为抓住《大学》中的"平天下"来阐发太平世的价值追求：

> 《大学》言平天下，不言治天下，《春秋》《孟子》言平世，不言治世，盖以平为第一义耳。平政者，行人人平等之政，如井田，其一端也。[②]
>
> 孔子之言治，取诸平均，平者无一不平之义。故《大学》言"平天下"，不言"治天下"；言太平、升平，不言大治、升治。[③]

通过解释，"平"被赋予了平等、平均的价值色彩。如此，"至善为止"正好也呼应了序文对朱子"不明三世之义"的批评，可以接入"三世"说。故而，康有为弱化了手稿本对"新民"的强调，转而突出"至善"。

由此可见，无论强调"新民"还是"至善"，其背后体现着康有为对现实的考量。虽然强调重点前后有变，但康有为对三纲的解释逻辑仍与朱子相近："新民"以"明德"为基础，"盖自天分气，人己同体，自当成己而后成物，若明德之后而不新民，则于仁道有阙，此圣人合内外之道也"[④]，最后的目标是达至"至

① 姜义华、张荣华编：《康有为全集》第九集，第337页。标点有改动。
② 姜义华、张荣华编：《康有为全集》第五集，第472页。
③ 姜义华、张荣华编：《康有为全集》第六集，第290页。
④ 姜义华、张荣华编：《康有为全集》第六集，第409页。

善”的理想状态，即“大同”社会。

通过梳理康有为不同时期的文献，可以看到其在宗今文经学前对朱子的认可度较高，宗今文经学后便以“公羊学”入《大学》，以“明德”为基础强化经世，意图使儒学回复到“内圣外王”的状态，故而对朱子不讲改制的批评甚多。但是，康有为一直表彰朱子提升《大学》的功绩，而且对三纲的解释逻辑近于朱子而远于王阳明。即使在“明德”层面，康有为对朱子亦时有表彰，但很少涉及王阳明。因此，梁启超说康有为“独好陆王”，至少从其对《大学》的论述来看并非如此。对于梁启超的描述，康有为曾说：“惟以汝为我写真，人必信之，然大不肖，则吾亦不敢谓汝写我之像认为我像也。”[①] 此语应可提醒我们审慎对待梁启超的说法。

（本文原刊于《现代哲学》2016 年第 2 期）



① 姜义华、张荣华编：《康有为全集》第九集，第 278 页。

# 作为修身学范畴的"独知"概念之形成

## ——朱子慎独工夫新论

陈立胜（中山大学哲学系）

### 一

在先秦与两汉文献之中，"独知"通常为动词，且有两义，一是"只知道"，或"仅限于知道"，而对其他方面则不知。一是"独自知道"，其他人则不知。

先看前者。如《墨子·兼爱中》："今诸侯独知爱其国，不爱人之国，是以不惮举其国以攻人之国；今家主独知爱其家，而不爱人之家，是以不惮举其家以篡人之家；今人独知爱其身，不爱人之身，是以不惮举其身以贼人之身。"又如《韩非子·解老》："民独知兕虎之有爪角也，而莫知万物之尽有爪角也，不免于万物之害。"两处文字中，"独知"的意思非常明显，即是仅仅知道。

再看后者。如《墨子·非儒下》："……若将有大寇乱盗贼将作，若机辟将发也，他人不知，己独知之……"《韩非子·说林》："箕子谓其徒曰：'为天下主而一国皆失日，天下其危矣，一国皆不知，而我独知之。”又如《淮南鸿烈·兵略训》云：“夫将者，必独见、独知。独见者，见人所不见也；独知者，知人所不知也。见人所不见谓之明，知人所不知谓之神。”再如《尸子》：“夫骥惟伯乐独知之，不害其为良马也；行亦然，惟贤者独知之，不害其为善士也。”另如《论衡·讲瑞篇》：“颜渊独知孔子圣也。”这种种“独知”之文字，皆是说某人拥有某种常人所不具备的见识、能力。

前者在严格意义上并不是一个术语，它只是描述常人因其心智之限制而导致认知上之偏颇，所谓“只知其一，不知其二”，故有贬义。后者作为一种特殊能力（所谓“独知之明”“独知之虑”），非常人所备。形势发展之某种隐秘态势、苗头，人、物所拥有的某种特殊的资质、品质，常人无从了解，惟拥有“独知”能力的智者能见人所不见，知人所不知。此种“独知”属于一种特殊的德性，拥有此德性者自是卓越不凡之人。

无论如何，在两种情形下，独知的对象都是外在的人物、事物，而不及于个己之内心生活领域。

## 二

“独知”之“新意”源自朱子对《大学》与《中庸》“慎独”之解释。两处慎独的文字中，均未提到“知”字。但朱子均从“知”的角度对“独”字加以阐述。

“所谓诚其意者，毋自欺也。如恶恶臭，如好好色，此之谓自谦。故君子必慎其独也”，朱子对此《大学》慎独文本注曰：“独者，人所不知而己所独知之地也”，言“欲自修者，知为善以去其恶，则当实用其力而禁止其自欺，使其恶恶则如恶恶臭，好善则如好好色，皆务决去，而求必得之，以自快足于己，不可徒苟且以徇外而为人也。然其实与不实，盖有他人所不及知而己独知之者，故必谨之于此，以审其几焉。”而对《中庸》“莫见乎隐，莫显乎微，故君子慎其独也”，朱子则注曰：“隐，暗处也，微，细事也。独者，人所不知而己所独知之地也。言幽暗之中，细微之事，迹虽未形，而几则已动，人虽不知而己独知之，则是天下之事无有着见明显而过于此者，是以君子既常戒惧，而于此尤加谨焉，所以遏人欲于将萌，而不使其潜滋暗长于隐微之中，以至离道之远也。”这两处注释文字是高度一致的，其中有两个要点，一是以“知”训“独”，将“独”训为人虽不知己所独知之地，一是以“几”进一步界定“独知”之对象，“迹虽未形，几则已动”，独知之所知在此。朱子曾谓前一义为游酢首发，后一义出自程子，朱子本人则将程门对慎独的理解综合为一，合而论之①。

自郑玄至孔颖达，汉、唐儒对《中庸》《大学》“慎独”之“独”的理解与解释，均从“闲居”“独处”着眼。郑玄注曰：“慎独者，慎其闲居之所为。小人于隐者动作言语，自以为不见睹，不见闻，则必肆尽其情也。”孔颖达进一步疏通曰：“故君子慎其独也者，以其隐微之处，恐其罪恶彰显，故君子之人极慎其独居。”慎独实际上就是“谨慎其独处（之所为）”，这一理解自有其文本上的依据，《大学》“小人闲居为不善，无所不至”，《中

① 《朱子语类》卷62，朱杰人等主编：《朱子全书》第16册，上海古籍出版社、安徽教育出版社，2002年，第2033页。朱子将“独知”之训首创权归于游酢，今观《中庸义》“莫见乎隐”一节：“人所不睹，可谓隐矣，而心独知之，不亦见乎？人所不闻，可谓微矣，而心独闻之，不亦显乎？知莫见乎隐，莫显乎微，而不能慎独，是自欺也，其离道远矣。”（见游酢撰：《游廌山集》卷一，《景印文渊阁四库全书》第1121册，台北：台湾商务印书馆，1986年，第650页）游酢虽将“隐”“微”解释为人所不睹闻、己所独知闻，但却并未点出独知之对象即是“人欲之将萌”处。

庸》引《诗》“潜虽伏矣，亦孔之昭”及“相在尔室，尚不愧于屋漏”，均有此意。刘安《淮南子·缪称篇》“夫察所夜行，周公（不）媿乎景，故君子慎其独”，徐幹《中论·法象》“人性之所简也，存乎幽微；人情之所忽也，存乎孤独。……是故君子敬孤独而慎幽微”，这些说法大致均未逸出郑玄、孔颖达“闲居”注疏之矩矱。《刘子·慎独》：“居室如见宾，入虚如有人……暗昧之事，未有幽而不显；昏惑之行，无有隐而不彰。修操于明，行悖于幽，以人不知。若人不知，则鬼神知之；鬼神不知，则己知之。而云不知，是盗钟掩耳之智也。”人不知、鬼神知；鬼神不知，己知，这一说法似对郑玄注有所突破，通常慎独的意思是，你在无人的暗处做了不善的事情（闲居之所为），以为无人知晓，可以瞒天过海，但群众的眼睛是雪亮的，“人之视己也，如见其肺肝焉”，然而，是不是真的如此？白居易有诗云：“周公恐惧流言日，王莽谦恭未篡时。若使当时身便死，一生真伪复谁知?”而依刘昼，即便他人不知，还有鬼神知之（举头三尺有神明），即便鬼神不知，毕竟自己还知之，说“不知”显然是“自欺”，是掩耳盗铃。但这里“知”的对象恐怕很难说是隐秘的心灵生活，“修操于明，行悖于幽”的说法暗示着“知”之对象还是郑注“闲居之所为”（“动作言语”）。

朱子“人所不知而己所独知之地”说，乍看起来，仍是以他人不在场而惟有自己在场的“地方”训“独”，并无“新意”，这跟郑玄以“闲居”训“独”似区别不大，以至于学界不乏有人将朱子对“独”解释归为郑玄一系，而由于马王堆帛书《五行》、郭店竹简《五行》先后出土，学界意识到郑玄将“独”训为闲居、独居之不妥，“独”当指“心君”或“内心的专一”，朱子“人所不知而己所独知之地”说亦因被想当然地认为与郑注无别——即把“诚其意”的内在精神理解为“慎其闲居”的外在行

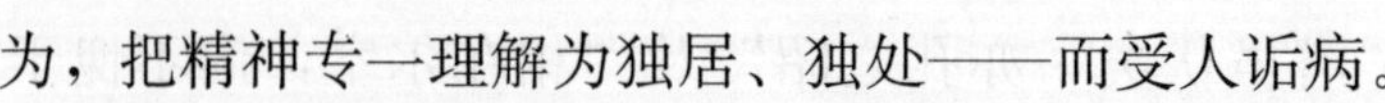

为，把精神专一理解为独居、独处——而受人诟病。

究竟是朱子解错了，还是错解了朱子？绎味朱子文字，不难发现，朱子之“独知”虽是仅限于自己知道的意思，但“独知”的对象则有其专指，即指内心生活中“一念萌动”但却又未及发露之隐秘状态（“几”），在《中庸或问》中，朱子更加明确地指出，独知乃是“随其念之方萌而致察焉，以谨其善恶之几也”。而对“方萌之念”的省察又聚焦于念之“正”与“不正”上面。

依朱子，心为虚灵明觉之心，但或生于“形气之私”，或原于“性命之正”，故致危殆不安的人心与微妙难见的道心“杂于方寸之间”，因道心，故知好善恶恶之为是，但又因人心而于隐微之际，苟且自瞒，常有“一念在内阻隔住”，常有个“不肯底意思”，“有个为恶底意思在里面牵系”，“夹带这不当做底意在”，此情形即是意之“虚伪不实”、意之“亏欠”，朱子称此现象为“自欺”（“只几微之间少有不实，便为自欺”，“自欺，只是自欠了分数”），而他人所不及知、己独知者正是这种“自欺”，所谓慎独、所谓“毋自欺”亦不过是“正当于几微豪厘处做工夫”而已①。

职是之故，朱子以“人所不知而己所独知之地”训“独”，跟以往的郑玄、孔颖达之注疏实根本有别，不应混为一团。在朱子那里，闲居与否不是“独”之重点，重点在于对“一念萌动”之觉察、审查。独处、独知之地不是一“物理空间”概念，而是一私己的、隐秘的心理空间概念，这个对私己的、隐秘的心理活动之“知”并不限于独自一人之“闲居”，即便是大庭广众之下、在与他人共处之际，仍是独知之范畴：问：“‘谨独’莫只是‘十目所视，十手所指’处，也与那暗室不欺时一般否？”先生是之。

① 《朱子语类》卷16，《朱子全书》第14册，第526页。

又云："这独也又不是恁地独时，如与众人对坐，自心中发一念，或正或不正，此亦是独处。"[①] 可见"独处"乃是一心理空间之概念，且其意涵又相当明晰，即收紧在意念萌发之际，而"独知"则专指对此萌发意念之实与不实、正与不正的觉察。这一觉察乃是一种切己的、当下的意识行为，在这个意义上，它也具有"独自知道"、其他人则不知的意思，这倒不是说惟有自己才拥有这种独一无二的先见之明的能力，而是每个人都有这种能力，认知对象的特殊性质（本己的、第一人称领域）决定了这种能力仅限于当事者本人，所谓如人饮水，冷暖自知，他人无能与焉。心中发一念，倘有所愧歉于中，必会见于颜色，或表情不自然，或言不由衷，或动作做作，故他人总会觉察，所谓诚不可掩。这是流俗对"莫见乎隐，莫显乎微"之理解，而在朱子"独知"的诠释下，这个"莫见""莫显"乃是指自家对心中一念之觉察，念之正与不正、意之诚与不诚、事之是与不是，正是在此隐微之际而成为最易见、易显者[②]。

## 三

思想家的灵光一现，犹平地起惊雷，无疑是思想史演进的一个契机，但任何思想的创新总是因缘和合而成。"国之将兴，必有祯祥。国之将亡，必有妖孽。现乎蓍龟，动乎四体。祸福必先知之，善必先知之，不善必先知之"，吉之兆、凶之萌，惟有至诚者方能察之、知之，能独察、独知此"兆萌"者方能及时修

---

① 《朱子语类》卷 62，《朱子全书》第 16 册，第 2033 页。

② "事之是与非，众人皆未见得，自家自是先见得分明。"见《朱子语类》卷 62，《朱子全书》第 16 册，第 2029 页。

明，未雨绸缪。人之所以贵此独知之明，端因知此兆萌，方能逢凶化吉，遇难成祥。同样，“一念之萌”之所以成为“独知”之对象、成为哲学思考的显题（thematic），亦必是因为此“一念”事大。

《尚书·周书·多方》有语：“惟圣罔念作狂，惟狂克念作圣。”论者通常认为此处的“罔念”与“克念”是说圣人如无念于善，则成为狂人；狂人如能念于善，则为圣人。善恶之端、吉凶之判，皆系于此一念之微、一念之几。《逸周书·小开武解第二十八》有四察之说：“目察维极，耳察维声，口察维言，心察维念。”同书中还出现了修“四位”的说法：“呜呼，敬哉！朕闻曰何修与躬，躬有四位、六德”，“四位”者：一曰定，二曰正，三曰静，四曰敬。敬位丕哉，静乃时非。正位不废，定得安宅。”此处定、正、静、敬之论确实可谓开《大学》知止、得止之先，依潘振：“定，谓志有定向，敬位丕哉，言敬则心广也。时非，言心待时不妄动也。废，忲也，正心不骄泰也。定则有天理自然之安，无人欲陷溺之危，常在其中，而须臾不离也，故曰安宅。”这里的“四位”都是“心之位”，是君子心灵生活当处的四种心态。唐大沛云：“四位皆以心体言之，定，谓心有定向。正，谓心无偏私。静（按原文误为‘定’——引者），谓心不妄动。敬者，小心翼翼之谓。”[①] 此种种看法都说明古先哲对心灵生活之重视，当然，无论是《周书》抑或《逸周书》中的“念”是不是心灵反思意义上的“一念之微”确实还值得再斟酌[②]。

---

① 《逸周书汇校集注》，第296、298—299页。

② 徐复观先生认为：“就周初一般的思想大势看，是不可能出现此一思想的。所以此处的‘念’，固然离不开心，但并不是在心的自身上转动，而系向外在的天命上转动。所谓‘罔念’克念’，只是‘不想到天命’，及‘能想到天命的意思’。”见氏著：《中国人性论史》，上海三联书店，2001年，第29页。

佛教传入东土，“念念受报”的观念渐为流传。晋人郗超（336—378）《奉法要》云：“凡虑发乎心，皆念念受报。虽事未及形，而幽对冥构。夫情念圆速，倏忽无间，机动毫端，遂充宇宙。罪福形，道靡不由之。吉凶悔吝，定于俄顷。是以行道之人，每慎独于心，防微虑始，以至理为城池，常领本以御末，不以事形未著，而轻起心念，岂唯言出乎室，千里应之，莫见乎隐，所慎在形哉？”[①] 这里，慎独之对象显系“心念”，而之所以要慎此心念乃是因为“凡虑发乎心，皆念念受报”。此文虽不是专门章句《中庸》，但却明确援引《中庸》隐微之说，此足以说明郗超对《中庸》“慎独”之理解乃是扣紧在对“心念”之谨慎上面，此与汉唐诸儒释“慎独”明显不同。

六祖“一念”定生死的说法更是屡屡见于《坛经》：“一念愚即般若绝，一念智即般若生。”（《坛经·般若第二》）“自性起一念恶，灭万劫善因；自性起一念善，得恒沙恶尽。”（《坛经·忏悔第六》）“汝当一念自知非，自己灵光常显现。”（《坛经·机缘第七》）延寿亦说：“若起一念善，如将甜种子下于肥田内；或生一念恶，似植苦种子下向瘦田中。”（《宗镜录》卷七十一）又说：“起一念善，受人天身；起一念恶，受三途身。”（《宗镜录》卷七十三）这些思想对于出于佛老的理学家来说，当属老生常谈。故至李衡（字彦平，“平日剧谈道学”，尤服膺明道之学，朱子书信中曾提及此人）而有“一念善处，便是天堂；一念恶处，便是地狱”之说[②]。一念事如此之大，可不慎欤？后朱子称诚意是“转

① 僧祐撰：《弘明集》卷十三，上海古籍出版社，1991年，第88页。

② 龚昱编：《乐庵语录》卷五，《景印文渊阁四库全书》第849册，第311页。

关处”，是“人鬼关”，过此一关，方是人，否则即是鬼，即是贼[①]，亦反映出某种类似于此种佛教防心摄行的修行观。

## 四

无疑，朱子“独知”之训乃是出于对《大学》《中庸》文本字字称量、反复推敲之结果，但更与他个人艰辛的修身历程分不开。如所周知，朱子早年跟李延平习静坐，以验夫喜怒哀乐未发之前气象，但卒无所入。后闻张钦夫得胡五峰学，而往问焉，沉潜数年而有所谓“丙戌之悟”，遂有“中和旧说”。旧说之要点在于“未发”“已发”非以“时”言之认识：因为心灵生活一直处在发用之中（“人自婴儿以至老死，虽语默动静之不同，然其大体莫非已发”，“莫非心体流行”），所以“未发”不应是指“心”而言的某个心理生活阶段，而是指寂然不动之“性”[②]。未发与已发不是时间范畴，而是体（性）用（心）范畴。在严格意义上，未发之“前”（程伊川）、未发之“际”（杨龟山）、未发之“时”（李延平）这些将未发时间化的说法都是不谛当的。心既然始终

① 《朱子语类》卷15，《朱子全书》第14册，第481页。后来，蕅益智旭大师解《中庸》“慎其独”章即明确说：“道犹路也。世间之道六：曰天，曰人，曰神，三善道也；曰畜生，曰饿鬼，曰地狱，三恶道也。凡起一念，必落一道。一念而善则上品为天，中品为人，下品为神；一念而恶则上品为地狱，中品为饿鬼，下品为畜生。人不能须臾无念，故不能须臾离道。生死轮回之报所从来也，可不戒慎恐惧乎？一念因也，天、人、神、畜、鬼、狱果也。因必具果，无果非因，故众生畏果，菩萨畏因。在因之果，凡夫视之不睹，听之不闻，若佛则悉睹悉闻，故曰莫见乎隐，莫显乎微。君子之所以必慎其独也。”见释智旭撰，释延佛整理：《禅解周易四书》，九州出版社，2011年，第236页。

② 有学者认为后来王阳明“无未发之时”与早期朱子“大体莫非已发”说若合符节，两者实有重要区别，在朱子，丙戌之悟心无未发时乃着眼于人之心灵生活情识流转无有停机，而王阳明心无未发时则着眼于心之生机流行不息这一面向。

处在“已发”（发用流行）阶段，于是，工夫便只能在“已发处”用功，朱子这一工夫取向在伊川“凡言心者皆指已发而言”与胡五峰“未发只可言性，已发乃可言心”那里找到了理论根据。然而朱子这条“察识端倪”的路子走得极为不顺，“已发处”入手，随事察识，看似容易，然实际动手，却又“浩浩茫茫，无下手处”，不啻如此，依其自叙，这一路数在心灵与举止上面均有弊端，前者表现为“胸中扰扰，无深潜纯一之味”，后者表现为“发之言语事为之间，亦常急迫浮露，无复雍容深厚之风”。

在察识端倪之路上的碰壁，让朱子意识到“急迫浮露”之病象乃是工夫“偏动”（少却“平日涵养一段工夫”）所致。正是这一修身教训，使得朱子蓦然回首，原来伊川“存养于喜怒哀乐未发之前则可，求中于喜怒哀乐未发之前则不可”说已经指明“动工夫”与“静工夫”之分际：存养、涵养的工夫系是未发的工夫，而不是察识工夫（求之则不可，“求”即主动地思索、寻求），于是，他将早年随延平习静之学（静工夫）与丙戌所悟的察识端倪之学（动工夫）加以折中，遂成就一静养动察工夫：静时涵养，动时察识（“静之不能无养，犹动之不可不察”），是谓“中和新说”。在工夫论上，新说的意义在于动静两端都可以下工夫：“大抵心体通有无、该动静，故工夫亦通有无、该动静，方无渗漏。若必待其发而后察，察而后存，则工夫之所不至多矣。”[①] 这就克服了“有得于静而无得于动”（此着于涵养之弊）与“有得于动而无得于静”（此着于察识之弊）工夫落入一偏之弊端。

① 《答林择之书》，《晦庵先生朱文公文集》卷43，《朱子全书》第22册，第1981—1982页。朱子由中和旧说到新说之改宗之过程颇为曲折，可参刘述先：《朱子哲学思想的发展与完成》，台北：学生书局，1995年增订三版，第71—118页；陈来：《朱子哲学研究》，华东师范大学出版社，2000年，第157—193页。

这种新的修身工夫之切己体验，让朱子对中和旧说之中的“已发”“未发”范畴感到“命名未当”“顿放得未甚稳当”，他通过重新检读二程（尤其是伊川）关于已发、未发之文本，遂对已发、未发范畴进行重新厘定：已发、未发是心灵生活的两个时段，他以“思虑”“念虑”之“起”与“不起”作为划分两类范畴的指标①：“未发”乃指思虑未起之状态，此时为“静时”“未接物时”“无事时”“无行迹时”，“已发”乃指思虑已起之状态，此是为“动时”“已接物时”“有事时”“有行迹时”。问：“‘谨独’是念虑初萌处否?”曰：“此是通说，不止念虑初萌，只自家自知处。如小可没紧要处，只胡乱去，便是不谨。谨独是已思虑，已有些小事，已接物了。‘戒谨乎其所不睹，恐惧乎其所不闻’，是未有事时。在‘相在尔室，尚不愧于屋漏’‘不动而敬，不言而信’之时，‘谨独’便已有形迹了。”② 此处“不止念虑初萌”说法表明朱子“独知”的范围并不仅仅限制在“念虑初萌”之时的心理状态，“小可没紧要处”“已思虑”“已有些小事”“已接物了”，亦属于“独知”之领域，两者区别何在？朱子并未给

① 《答吕子约书》极称程子《遗书》“才思即是已发”语，云“能发明子思言外之意”：“盖言不待喜怒哀乐之发，但有所思即为已发，此意极精微，说到未发界至十分尽头，不复可以有加矣。……盖心之有知，与耳之有闻，目之有见，为一等时节，虽未发而未尝无；心之有思，与耳之有听，目之有视，为一等时节，一有此则不得为未发。”（见《晦庵先生朱文公文集》卷48，《朱子全书》第22册，第2222－2223页）此处心之有知、耳之有闻、目之有见跟心之有思、耳之有听、目之有视并置而比照，前者是未发状态，后者是已发状态，未发状态湛然渊静、聪明洞彻，所谓“至静之时，但有能知能觉者，而无所知所觉之事”，所谓“静中有物”即指此知觉不昧。故未发并不是无知、无闻、无见，否则，“未发”便成“瞑然不省”，未发工夫便成“瞌睡”，那只是“神识昏昧底人，睡未足时被人警觉，顷刻之间，不识四到时节，有此气象。圣贤之心，湛然渊静、聪明洞彻，决不如此。若必如此，则《洪范》五事当云貌曰僵，言曰哑，视曰盲，听曰聋，思曰塞乃为得其性，而致知居敬费尽工夫，却只养得成一枚痴呆罔两汉矣。”是故朱子将吕子约引程子未有闻、未有见为未发，所谓冲漠无朕万象森然已具一说径直斥为是“程门记录者之罪”。《答吕子约书》，《晦庵先生朱文公文集》卷48，《朱子全书》第22册，第2235页。

② 《朱子语类》卷62，《朱子全书》第16册，第2032页。

出进一步之阐述，前者或是指平常无事时吾人憧憧之念的萌发状态，后者则指应物之际念虑之萌发状态或无事时萌发的念头进一步转化为思虑（即要诉诸行动之念头）状态。无论如何，“独知”工夫更具体地限定在隐微之际的意念省察上面。

在朱子看来，“独知”所知之心理状态既有别于喜怒哀乐之未发时的状态，又有别于喜怒哀乐已发后的状态，它是介于“未发”与“已发”之间动而未形、萌而未彰、有无之间的状态（“几”“几微”——由于《系辞》中有知几、研几之说，周濂溪《通书》云“诚无为，几善恶”，故朱子亦经常将欲动未动、欲发未发之间称为“几”，这是善恶分判之最初的环节）。毫无疑问，独知之对象为“意”（实与不实），“意”为心之所发，故“独知”亦属于泛泛的已发范畴，只是朱子讲慎独工夫总是扣紧在意念之萌发之际。（1）对于“万事皆未萌芽”（事之未形，“静时”）之“未发”，则须戒慎恐惧之（提起此心，常在这里，此“存养”“涵养”之谓也），此为“防之于未然，以全其体”，此为“存天理之本然”。（2）而对于人虽不知而己独知之“几”，则须慎之、谨之，此是“察之于将然，以审其几”，“遏人欲于将萌”。“慎独”即是慎此独知之地。故在朱子那里独知的准确意义不仅是对“一念萌动”的心理欲望的觉知①，而且这种对自家心理活动的觉察并不是一般意义上的反思意识，而是对“意”之“实”（天理）与“不实”（人欲/自欺）的一种警觉，带有强烈的道德审查意

---

① 《中庸或问》对此有明确的阐述：“又言莫见乎隐，莫显乎微，而君子必谨其独者，所以言隐微之间，人所不见，而己独知之，则其事之纤悉，无不显著，又有甚于他人之知者，学者尤当随其念之方萌而致察焉，以谨其善恶之几也。……而细微之事，乃他人之所不闻，而己所独闻。是皆常情所忽，以为可以欺天罔人，而不必谨者，而不知吾心之灵，皎如日月，既已知之，则其毫发之间，无所潜遁，又有甚于他人之知矣……必使几微之际，无一毫人欲之萌……”见《四书或问》，《朱子全书》第6册，第554—555页。

味。于此“独知”环节用功，即是能为善去恶，漫忽而过，则流于恶而不自知。

## 五

这一将心灵活动区别为“未发”与“已发”两个时段的做法，易招致两方面质疑。一者是范畴界定上的质疑，一者是工夫论说上的质疑。

就范畴界定而言，人心非瓦石，故无时无刻不在活动（“心体流行”，“无一息之或停”），“戒慎恐惧”岂不亦是“心已动了”，心何来“静时”“无事时”“未发”之说？对此质疑，可做两点申辩：（1）倘把心灵活动本身亦当作一事，则确实无“静时”、“无无事时”、无“未发时”，但朱子区别“未发”“已发”乃是基于修身工夫之考量，即吾人待人接物之际，总会起“念”做一具体的事情，此时存在“念”之“正”与“不正”的问题，此“正”与“不正”惟自家先知之（所谓“独知”），故此时须谨慎，此为独知工夫、慎独工夫。此待人接物即是“动时”“有事时”“已发时”之谓，而在格物、读书等致知工夫之中，吾人更是处在一专题化的上下求索的心理活动之中，此更是习常所谓“有事”之所谓。而在此两种情形之外，吾人总是有闲来无事之时，此即是静时、未接物时，此时亦有工夫可用，此即涵养工夫、戒慎恐惧工夫、持敬的工夫[①]。（2）“戒慎恐惧”跟血气层面的恐惧不同，血气层面的恐惧乃是一对象化活动，它因某个对象

① “或问：‘恐惧是已思否？’曰：‘思又别。思是思索了，戒慎恐惧正是防闲其未发。’或问：‘即是持敬否？’曰：‘亦是。’”《朱子语类》卷62，《朱子全书》第16册，第2028页。

（即便是想象的对象）而生惧心，或感惊悚，或感不安，故是一种负面的、强烈的情绪活动，伴随着这种恐惧乃是一种强烈的逃避倾向，从暗处逃到明处，从危险处逃到安全处，从陌生处逃到熟悉处。与此对照，戒慎恐惧并不是一种对象化活动，它更不是一种负面的、强烈的情绪活动，故亦不会伴随产生逃避的冲动（恰恰相反，它镇定自如，所谓“勇者不惧”是也）。有弟子问：“致中是未动之前，然谓之戒惧，却是动了”，朱子谓：“公莫看得戒慎恐惧太重了，此只是略省一省，不是恁惊惶震惧，略是个敬模样如此。然道着‘敬’字已是重了。只略略收拾来，便在这里。伊川所谓‘道个敬字，也不大段用得力’。孟子曰：‘操则存。’操亦不是着力把持，只是操一操，便在这里。如人之气才呼便出，吸便入。”[①] 可以说，“戒慎恐惧”乃是一种精致细微的精神活动，朱子说道着“敬”都是重了，甚至说子思说“戒惧不睹，恐惧不闻”，“已是剩语”，“已自是多了”，朱子还强调，“敬莫把做一件事看，只是收拾自家精神，专一在此。”[②] 这些说法表明戒慎恐惧的工夫并不容易把捏，下手重了，便成把捉，便不复是静的工夫，且有助长之嫌疑；下手轻了，却又难免流于“忘”。为免“助”病，朱子反复强调戒慎恐惧的工夫“大段著脚手不得”，它“只是略略地约在这里”而已[③]，为避“忘”嫌，朱子又说戒慎恐惧只是一种警醒（“耸然提起在这里”“常惺惺在这里”）的心理状态，其工夫“只是常要提撕，令胸次湛然分明”[④]。要之，它是一种心灵生活贞定其自身而不走作的精神活动（所谓“敬，心之贞”是也）。

① 《朱子语类》卷62，《朱子全书》第16册，第2031－2032页。

② 《朱子语类》卷12，《朱子全书》第14册，第378页。

③ 《朱子语类》卷62，《朱子全书》第16册，第2047－2048页。

④ 《朱子语类》卷114，《朱子全书》第18册，第3625页。

就工夫论上的质疑而言，“戒慎恐惧”与“慎独”究竟是两节工夫、是两事，还是一节工夫、是一事？如果说心理活动存在未发、已发两个时段，修身工夫因此而区分为“致中”（涵养于未发之前）与“致和”（省察于已发之际），则工夫明显是两节、两事，但在程门那里并未见到如此区分，故弟子对此区分颇有质疑：

曰：“诸家之说，皆以戒谨不睹，恐惧不闻，即为谨独之意，子乃分之以为两事，无乃破碎支离之甚耶？”曰：“既言道不可离，则是无适而不在矣，而又言‘莫见乎隐，莫显乎微’，则是要切之处，尤在于隐微也。既言戒谨不睹，恐惧不闻，则是无处而不谨矣；又言谨独，则是其所谨者，尤在于独也。是固不容于不异矣，若其同为一事，则其为言，又何必若是之重复耶？且此书卒章‘潜虽伏矣’‘不愧屋漏’，亦两言之，正与此相首尾。但诸家皆不之察，独程子尝有不愧屋漏与谨独是持养气象之言，其于二者之间，特加与字，是固已分为两事，而当时听者有未察耳。”①

问：“‘不睹不闻’与‘谨独’何别？”曰：“上一节说存天理之本然，下一节说遏人欲于将萌。”又问：“能存天理了，则下面谨独似多了一截。”曰：“虽是存得天理，临发时也须点检，这便是他密处。若只说存天理了，更不谨独，却是只用致中，不用致和了。”②

---

① 《中庸或问》，《朱子全书》第6册，第555—556页。又参《答胡季随》：“作两事说，则不害于相通；作一事说，则重复矣。不可分中，却要见得不可不分处，若是全不可分，《中庸》何故重复作两节？”《晦庵先生朱文公文集》卷53，《朱子全书》第22册，第2510页。

② 《朱子语类》卷62，《朱子全书》第16册，第2031页。

"戒慎"一节当分为两事，"戒慎不睹，恐惧不闻"，如言"听于无声，视于无形"，是防之于未然，以全其体。"谨独"是察之于将然，以审其几。[①]

朱子在这里给出三点理由：（1）戒慎恐惧与慎独之间是有差异的，戒惧是统贯的工夫（"无处不谨"），慎独则是隐微之处的工夫，前者是存天理之本然，是致中的工夫，后者是遏人欲于将萌，是致和的工夫，两者非一事，否则，不仅经文便为重复，而且致和便成多余。（2）经文卒章之引《诗》"潜虽伏矣"与"不愧屋漏"分别对应于"慎独"与"戒惧"，两事自是首尾照应。（3）程子已将"不愧屋漏"与"慎独"并提，说明两者原是二事，诸家之说（程门）以戒惧即是慎独分明是未能领会乃师之精义（"听者有未察"）。更为重要的，朱子之所以要区别出两节工夫，乃是因为单纯的静存、涵养工夫是不充足的，必须辅之以点检（慎独），方为妥当。故在朱子那里慎独与戒慎恐惧乃是两节工夫，戒惧在先，慎独在后，戒惧是保守天理，慎独是检防人欲[②]。前者是"静工夫"，后者是"动工夫"[③]。

戒慎恐惧与慎独两节、两事说后来受到阳明的强烈批评，然而通观朱子全书，却又不乏"一事""一节"说：

"敬"字通贯动静，但未发时则浑然是敬之体，非是知

---

① 《朱子语类》卷 62，《朱子全书》第 16 册，第 2031 页。

② 《朱子语类》卷 62，《朱子全书》第 16 册，第 2035 页。又参："未发有工夫，既发亦用工夫。既发若不照管，也不得，也会错了。但未发已发，其工夫有个先后，有个重轻。"《朱子语类》卷 94，《朱子全书》第 17 册，第 3151 页。

③ "存养是静工夫，静时是中，以其无过不及，无所偏倚也；省察是动工夫，动时是和，才有思为，便是动，发而中节无所乖戾，乃和也。"《朱子语类》卷 62，《朱子全书》第 16 册，第 2049 页。标点略有改动。

其未发，方下敬底工夫也。既发则随事省察，而敬之用行焉，然非其体素立，则省察之功亦无自而施也，故敬义非两截事。[①]

已发未发，只是说心有已发时，有未发时。方其未有事时，便是未发；才有所感，便是已发，却不要泥着。谨独是从戒慎恐惧处，无时无处不用力，到此处又须谨独。只是一体事，不是两节。[②]

两段话均明确指出戒惧与慎独并非两事、两节，问题是，既然戒惧是涵养的工夫、致中的工夫、静的工夫，慎独是省察的工夫、致和的工夫、动的工夫，为何又说是“一体事”，“一体”之“体”以何为“体”？引文中“体立而后用以行”、“敬之体”与“敬之用”以及“谨独是从戒慎恐惧处，无时无处不用力”已经说明“一体事”之所谓，即戒惧、持敬乃是体，省察、慎独工夫是“敬之用行”，是从“戒慎恐惧”中而来[③]，敬、戒慎恐惧乃是贯彻动静、有事无事之一元工夫（无时无处不用力），只是到了应物、有事之时，到了“念”之将萌之隐微之际，原“只是略略地约在这里”的戒慎恐惧的工夫遂猛然一提，这如同狩猎者在狩猎途中只是常惺惺（戒慎恐惧），但走近猎物可能藏身的灌木丛之际，任何风吹草动，心中都不免悚然一提。“念之将萌”之于

① 《答林择之》，《晦庵先生朱文公文集》卷43，《朱子全书》第22册，第1980页。

② 《朱子语类》卷62，《朱子全书》第16册，第2039页。

③ 朱子还用“大本”“达道”关系阐明“戒慎恐惧”与“慎独”之工夫论上的体用关联：“惟君子自其不睹不闻之前，而所以戒谨恐惧者，愈严愈敬，以至于无一毫之偏倚，而守之常不失焉，则为有以致其中，而大本之立日以益固矣；尤于隐微幽独之际，而所以谨其善恶之几者，愈精愈密，以至于无一毫之差谬，而行之每不违焉，则为有以致其和，而达道之行，日以益广矣。”《中庸或问》，《朱子全书》第6册，第559页。

修身者一如“风吹草动”之于狩猎者。朱子本人则有流水与骑马之喻：“未发已发，只是一件工夫，无时不涵养，无时不省察耳。谓如水长长地流，到高处又略起伏则个。如恐惧戒谨是长长地做，到谨独是又提起一起。如水然，只是要不辍地做。又如骑马，自家常常提掇，及至遇险处，便加些提控。不成谓是大路，便更都不管他，任他自去之理?”显然，戒惧工夫在朱子那里乃是一切工夫之底色，故朱子又称戒惧工夫乃是“统同说”[①]，是“普说”[②]。

那么，朱子时说“戒惧”与“慎独”是“两事”，时又说是“一事”，因记者不审，故两说必有一错，抑或是记者不误，两说各有侧重？谛观两说，并无实质之异同。“两事说”中亦点出戒惧工夫作为“大纲”无处无时不在[③]，“一事说”亦不否认慎独有别于戒惧。前者强调同中之异，后者突出异中之同。善观者自不

① “‘戒慎不睹，恐惧不闻’，非谓于睹闻之时不戒惧也。言虽不睹不闻之际，亦致其谨，则睹闻之际，其谨可知。此乃统同说，承上‘道不可须臾离’，则是无时不戒惧也。然下文‘谨独’既专就已发上说，则此段正是未发时工夫，只得说‘不睹不闻’也。‘莫见乎隐，莫显乎微，故君子必谨其独。’上既统同说了，此又就中有一念萌动处，虽至隐微，人所不知而己所独知，尤当致谨。如一片止水，中间忽有一点动处，此最紧要着工夫处。”《朱子语类》卷62，《朱子全书》第16册，第2034页。

② “戒慎恐惧是普说，言道理偪塞都是，无时而不戒慎恐惧。到得隐微之间，人所易忽，又更用谨，这个却是唤起说。戒惧无个起头处，只是普遍都用。如卓子有四角头，一齐用着工夫，更无空缺处。若说是起头，又遗了尾头；说是尾头，又遗了起头；若说属中间，又遗了两头。不用如此说，只是无时而不戒慎恐惧，只自做工夫，便自见得。曾子曰：‘战战兢兢，如临深渊，如履薄冰。’不成到临死之时，方如此战战兢兢？他是一生战战兢兢，到死时方了。”《朱子语类》卷62，《朱子全书》第16册，第2045—2046页。《朱子语类》卷62，《朱子全书》第16册，第2029页。又参：“黄灏谓：‘戒惧是统体做工夫，谨独是又于其中紧切处加工夫，犹一经一纬而成帛。’先生以为然。”“问‘谨独’。曰：‘是从见闻处至不睹不闻处皆戒谨了，又就其中于独处更加谨也。是无所不谨，而谨上更加谨也。”同上书，第2030页。

③ “‘不睹不闻’是提其大纲说，‘谨独’乃审其微细。方不闻不睹之时，不惟人所不知，自家亦未有所知。若所谓‘独’，即人所不知而己所独知，极是要戒惧。自来人说‘不睹不闻’与‘谨独’只是一意，无分别，便不是。”《朱子语类》卷62，《朱子全书》第16册，第2035页。

会因其言异而将两者固化为不相干之两截，亦不会因其言同而泯灭两者之分际。实际上朱子尚有许多更加圆活浑化的说法："已发未发，不必太泥。只是既涵养，又省察，无时不涵养省察。若戒惧不睹不闻，便是通贯动静，只此便是功夫。至于谨独，又是或恐私意有萌处，又加紧切。若谓已发了，更不须省察，则亦不可。如曾子三省，亦是已发后省察。"[①]"大抵未发已发，只是一项工夫，未发固要存养，已发亦要审察。遇事时，时复提起，不可自怠，生放过底心，无时不存养，无事不省察。"[②]无疑，朱子此类通透之点拨语乃是针对将两节工夫固化而致工夫蹉跎之弊端而发："有涵养者固要省察，不曾涵养者亦当省察。不可道我无涵养工夫，后于已发处更不管他。若于发处能点检，亦可知得是与不是。今言涵养，则曰不先知理义底，涵养不得。言省察，则曰无涵养省察不得。二者相捱，却成檐阁。……要知二者可以交相助，不可交相待。"[③]

## 六

"戒慎恐惧"跟"慎独"作为工夫究竟区别何在？在朱子这里，戒惧工夫有"专言"、有"偏言"之别：作为通乎未发、已发而言的戒惧工夫（朱子往往又称为"敬"[④]），可以说是"专言"

① 《朱子语类》卷62，《朱子全书》第16册，第2045页。另一弟子录此段云："存养省察，是通贯乎已发未发功夫。未发时固要存养，已发时亦要存养。未发时固要省察，已发时亦要省察。只是要无时不做功夫。"

② 《朱子语类》卷62，《朱子全书》第16册，第2041页。

③ 《朱子语类》卷62，《朱子全书》第16册，第2045—2046页，标点略有改动。

④ 钱穆说，朱子"专用一敬字，似较分用涵养省察字更浑然。"《朱子新学案》第2册，九州出版社，2011年，第285页。

（“‘敬’之一字，真圣学始终之要”；“圣门之学别无要妙，彻头彻尾只是个‘敬’字而已”），而作为特指未发前的戒惧工夫（朱子往往又称为“涵养”），则可以说是“偏言”（特为未发而设之工夫）。

（1）就其发生作用的时段来说，戒慎恐惧是彻头彻尾、无时无处不下工夫，而“慎独”则通常“限定”在念之将萌这一“独知”时段上。

（2）尽管戒慎恐惧的工夫无处、无时不在，但在“独知”一环这种本“只是操一操”“不大段用力”的戒慎恐惧猛然加力，故变成“慎上加慎”的慎独工夫。

（3）戒慎恐惧并不是一具体的指向某“意向对象”的心灵活动，而是心灵贞定其自身、保持其湛然、澄澈自体之力量，这不是一种反思性的力量，而是一种第一序的、主宰心灵活动的力量，故朱子才说“未发时浑然是敬之体”，而“非是知其未发，方下敬底工夫”。与此不同，省察、慎独则既有明确的时间点，又有明确的对象，即在“念之将萌”之时间点上对念之“是非”“正与不正”加以判定。只是这个省察、慎独的力量并非另有源头，它恰恰就是戒慎恐惧、敬这一全体工夫进一步展现而已：“见得此处是一念起处、万事根原，又更紧切，故当于此加意省察，欲其自隐而见，自微而显，皆无人欲之私也。……然亦非必待其思虑已萌而后别以一心察之，盖全体工夫既无间断，即就此处略加提撕，便自无透漏也。”① 职是之故，省察心即是戒惧心，在念之将萌之际，此戒惧心只是“更开阔眼耳”。明儒顾泾阳对朱子戒惧慎独之异同颇有发明：“问戒惧慎独有作一项说者，有

① 《答胡季随》，《晦庵先生朱文公文集》卷53，《朱子全书》第22册，第2507—2508、2510页。

作二项说者，未审孰是?”先生曰：“两说皆是。要而言之，一固一也，二亦一也。今只要理会他立言本指，盖戒慎不睹，恐惧不闻，是全体功夫。‘慎独’二字则就中抽出一个关键而言也。如《易》言‘极深’，又言‘研几’，《书》言‘安止’，又言‘惟几’。又如《论语》言‘君子无终食之间违仁’，更没渗漏了，却又言‘造次必于是，颠沛必于是’，乃是把人最易堕落处提破，须到这里一切拏得定，方才果无渗漏也。譬如人家儿子出路，父母分付他一路小心便完了事，却又絮絮切切，早晚要如何，寒暖饥饱要如何，陆行遇着险阻，水行遇着风波，要如何，就旁人看来，何不惮烦，非但旁人，便是那儿子不经过利害的，亦安知不疑老人家这等过虑，不知此正父母的心肠也。圣贤为人的心肠，真不减父母之于子，所以有许多隄防，有许多转折，吾侪只要说笼统话，遇此等处便谓支离。出于孔子以上，犹代为之分疏，出于朱子以下，即公然直斥其谬，此亦无异骄子之笑田舍翁矣。岂不可痛!”[①] 戒慎恐惧是全体功夫，而慎独只是在此全体功夫之中，特针对关键环节（“几”，“人最易堕落处”）而论，一如人家儿子出门，父母在叮咛一路小心之外，还特别嘱咐路遇险阻如何。要之，戒惧（静存）与慎独（动察）乃是两轮一体之工夫。

## 七

能够扣紧在意念萌发这一心理空间讲“独处”与“独知”，在朱子学阵营中不乏其人。如朱子学重镇、北山四先生之一金仁

① 《虞山商语》卷上，《顾端文公遗书》，《续修四库全书》第943册，上海古籍出版社，第217—218页。

山在解慎独之“独”时，就着重强调：“独者，人所不知而己所独知者。盖独者，非特幽隐无人之地谓之独，凡昭明有人之地，而己心一念之发皆独也。是则自知而已，而岂人之所能知哉!”[①]未与物接时固是“独”，与物接时才萌一念也是“独”，“独”跟一人之“闲居”与大众之“共处”无关，独之为独在于“已心一念”。

又如朱子再传弟子饶双峰，顺着朱子将“独知”限定在“念虑初萌”之思路进一步阐发说：“独字不是专指暗室屋漏处，故程子于‘出门如见大宾，使民如承大祭’言慎独。慎独亦不是专指念虑初萌时，故程子于洒扫应对时言慎独。盖出门使民，洒扫应对，事也；所以主此者，意也。事形于外，固众人之所共见，意存其中，则己之所独知，故谓之独。意与事，相为终始：意之萌，事之始也；意之尽，事之终也。自始至终，皆当致谨，岂特慎于念虑初萌之时而已哉？《中庸》云：‘诚者终始，不诚无物’，正此之谓也。”[②]依双峰，“独”字乃是指“意”，念虑初萌固是“意”，事为言动亦是“意”之“形于外”者，无论身处暗室屋漏之中还是大庭广众之下，这个内心生活中的“意”字则只为自己所切己体验到。

元代学以朱子为宗的胡云峰则径直把“独”字训为“意”字。在《大学通》中，云峰说“毋自欺”三字是释“诚意”二字，“自”字与“意”字相应，“欺”字与“诚”字相反。而对朱子“独者，人所不知而己所独知之地也”，云峰明确指出：此“独”字，“便是‘自’字，便是‘意’字。”[③]

---

① 金履祥撰：《大学疏义》，中华书局，1985 年，第 19 页。

② 王朝璩辑：《饶双峰讲义》卷 2，《四库未收书辑刊》第 2 辑，第 15 册，北京出版社，1997 年，第 356 页。

③ 胡炳文撰：《四书通·大学通》，《景印文渊阁四库全书》第 203 册，第 24 页。

# 八

“独知”自朱子始，成为一个重要的修身学范畴。独知是对“一念萌动”的心理欲望的觉知，这种对自家心理活动的觉察并不是一般意义上的反思意识，而是对“意”之“实”（天理）与“不实”（人欲/自欺）的一种警觉，带有强烈的道德审查意味。一念萌动时，“意”之“实”与“不实”，他人不及见、不及闻，故往往为“常情所忽”，自以为可以“欺天罔人”——此处“自以为”之“自”乃是“经验”/“知觉”之“自我”，“以为”亦是经验自我想当然之“以为”，殊不知“吾心之灵，皎如日月，既已知之，则其毫发之间，无所潜遁，又有甚于他人之知矣”[①]，此处“吾心之灵”则实与阳明“良知”无异，阳明亦屡屡说“本心之明，皎如白日，无有有过而不自知者”。观朱子论“自欺”之文字，多是讲“意”本要“为善”，或本要“去恶”，但常有私念随之而在内阻隔，致使为善去恶的“意”有所掺杂而不实，经验/知觉自我以为出于私欲的念头无人知晓，其实“吾心之灵”当下清清楚楚。故任何“意”之伪装与不实皆逃不过吾心之灵这一火眼金睛，“欺天罔人”于此明明白白之独知而言只是一种“自欺”，“吾心之灵”实不可欺。由此不可欺之“独知”入手，“必使几微之际，无一毫人欲之萌”即是慎独工夫，即是密证自修的工夫。这跟汉儒将“独”训为“独处”“独居”根本不是一个套路。可以说，端因朱子以“知”解“独”，将“独知”之对象由外在的闲居、独处之行为转化为个体的心灵生活，并进一步

① 《中庸或问》，《朱子全书》第6册，第555页。

扣紧在“意”之诚与伪、念之正与不正之觉察上面，郑注长期垄断“慎独”解释史的格局才在根本上得以改变。

不啻如此，朱子讲“独知”，其旨趣一直扣紧在“意”之实与不实、诚与伪这一“善恶关”之觉察上面，“吾心之灵”对此“善恶关”洞若观火之精察明觉之能力实际上已预设了此独知乃是良知之自知。朱子甚至说“几既动，则己必知之”①，此亦即说，在吾心（此处之“吾心”乃是人心道心杂于方寸之间的“吾心”）萌发一念之际，吾心（此处之“吾心”乃是阳明意义上良知之心）则必有所觉察。问题来了，在吾人心灵生活之隐秘处，谁能省察“念”之“正”与“不正”，谁能辨别“意”之“实”与“不实”，此“一念独知处”非“良知”而何？

职是之故，后来王阳明标举“此独知处便是诚的萌芽”，是诚身立命的工夫所在，正可以说是承继朱子“独知”之路线而水到渠成之结果，故心学一系对朱子以“知”解“独”推崇备至，阳明后学胡庐山云：“‘独知’一语，乃千古圣学真脉，更无可拟议者。……晦翁独知之训，已得千古圣学真脉。……阳明先生虽忧传注之蔽，所云‘良知即独知也’，又岂能舍此而别为异说哉？”② 冯少墟亦指出：“独”字，文公解曰“人所不知而己独知之地也”，以“知”字解“独”字，真得孔、曾之髓③。心学殿军刘蕺山则说：“朱子于‘独’字下补一‘知’字，可谓扩前圣所未发”，又说，“《中庸》疏‘独’，曰‘隐’，曰‘微’，曰‘不睹不闻’，并无‘知’字。《大学》疏‘独’，曰‘意’，曰‘自’，曰‘中’，曰‘肺肝’，亦并无‘知’字。朱子特与他次个‘知’

① 《朱子语类》卷 62，《朱子全书》第 16 册，第 2033 页。

② 胡直撰：《答程太守问学》，《衡庐精舍藏稿》卷 20，《四库明人文集丛刊》，上海古籍出版社，1993 年，第 477 页。

③ 冯从吾撰：《少墟集》卷九，《景印文渊阁四库全书》第 1293 册，第 170 页。

字，盖为独中表出用神，庶令学者有所持循。”[1]凡此种种说法，一方面可证朱子独知训“独”与汉唐以闲居之所为训“独”乃属全然不同之进路，一方面亦可见朱子独知说在儒学工夫论之中的历史地位。要之，朱子独知说可谓开辟了儒家修身哲学的新的向度，是儒家修身学发展历程之中的一个重要“时刻”。

（本文原刊于《复旦大学学报》2016年第4期）

① 刘蕺山：《学言》，吴光主编：《刘宗周全集》第2册，浙江古籍出版社，2007年，第419、457页。

# 朱子的《孝经》学

陈壁生（中国人民大学国学院）

经学发展至朱子，发生了根本性的变化，主要在于朱子在前人的基础上发掘出四书，并为之注解，建立了一个严整的理学体系，并以这一理学体系来看待五经，包括《孝经》。朱子的《孝经》著述，虽然只有《孝经刊误》一篇，及《朱子语类》中的若干文字。但是，其《孝经》学之所以重要，在于他提供了看待《孝经》的另一种方式，而其背后，是理学看待经学的新方式，而且，正是这种经学的革命，对经学的理解产生了重大的变化，从而对《孝经》的理解，也产生了翻天覆地的变化。

## 一、《四书》代替《孝经》

在汉唐五经系统中，《孝经》是基础性的经典。最典型的描述，是郑玄的《六艺论》所云："孔子以六艺题目不同，指意殊别，恐道离散，后世莫知根源，故作《孝经》以总会之。明其枝流虽分，本萌于孝者也。”[①] 另，《汉书·艺文志》之《孝经》部，除了列西汉诸家解说外，还有《五经杂议》《尔雅》《小尔雅》《弟子职》诸书。这都说明，《孝经》的基础性，表现在修习五经，必须以先修习《孝经》，而修习《孝经》，是为了修习五经做准备。简言之，《孝经》是五经的阶梯，经由《孝经》而习五经，才能真正理解五经思想之根本。

然而，自北宋之后，传统经学体系开始动摇。盖魏晋六朝至隋唐，主要是对经注的义疏。而唐代开始发生变化，例如治《春秋》不专守三传，始自啖助、赵匡。真正一反汉唐注疏，各辟注经新径的风气，则大盛于北宋。南宋学者对此有非常明确的感受，王应麟《困学纪闻》云：“自汉儒至于庆历间，谈经者守训故而不凿。《七经小传》出而稍尚新奇矣，至三经义行，视汉儒之学若土梗。”[②] 这从宋人注经命名也可以看得非常清楚，有求“本义”者，如欧阳修《毛诗本义》、朱熹《周易本义》，是不取汉唐注疏而直探经文本义也。有自作“传”者，如刘敞《春秋刘氏传》、叶梦得《石林先生春秋传》、苏辙《诗集传》，是不取汉人之传而自作传以解经也。在朱子以前，汉唐经传注疏所构建的知识系统，已经被冲击得七零八落。宋代理学的兴起，本身就是一场全新的革命，要旨是绕过汉唐的经传注疏这些被认为是“圣人之法”的内容，而直接探求“圣人之心”。

从文献上讲，这场思想革命的表现，是核心文献的转移，即从五经转向《四书》。这种倾向，早在北宋程伊川处，就非常明确。在其语录中有小程子之言云：

---

① 《六艺论》已佚，本句今存日本写本刘炫《孝经述议》，见林秀一：《孝经述议复原に関する研究》，东京：文求堂，1953年，第20页。

② 王应麟：《困学纪闻》，上海：上海古籍出版社，2008年，第1094页。

学者当以《论语》《孟子》为本。《论语》《孟子》既治，则六经可不治而明矣。读书者当观圣人所以作经之意，与圣人所以用心，与圣人所以至圣人，而吾之所以未至者，所以未得者。句句而求之，昼诵而味之，中夜而思之，平其心，易其气，阙其疑，则圣人之意见矣。[①]

依程子之间，读经不是要像汉唐注疏那样，求圣人之法，而是要通过经文，“观圣人所以作经之意，与圣人所以用心”，由此对照自己与圣人之心的差异，从而去学习圣人，乃至学成圣人。至于朱子，继二程之学，其最大的贡献，是合《大学》《中庸》于《语》《孟》而为《四书》。对于《四书》与五经的关系，朱子云：

四子，六经之阶梯。《近思录》，四子之阶梯。[②]

此几乎一言尽之矣。朱子之为学次第，承程子之言，他屡言读书次序：

《大学》一篇乃入德之门户，学者当先讲习，得知为学次第规模，乃可读《语》《孟》《中庸》。先见义理根原体用之大略，然后徐考注经以极其趣，庶几有得。盖诸经条制不同，功夫浩博，若不先读《大学》《论》《孟》《中庸》，令胸

① 程颢、程颐：《河南程氏遗书》，《二程集》，北京：中华书局，2004年，第322页。

② 黎靖德编：《朱子语类》，《朱子全书》（17），上海古籍出版社、安徽教育出版社，2010年版，第3450页。

中开明自有主宰，未易可遽求也。[①]

今学者不如且看《大学》《语》《孟》《中庸》四书，且就见成道理精心细求，自应有得。待读此四书精透，然后去读他经，却易为力。[②]

先看《大学》，次《语》《孟》，次《中庸》，果然下工夫，字字句句，涵泳切己，看得透澈，一生受用不尽。只怕人不下工，虽多读古人书，无益。书只是明得道理，却要人做出书中所说圣贤工夫来。若果看此数书，他书可一见而决矣。[③]

所谓“古人书”“他书”，自然包括五经。在朱子看来，读书的顺序，是《近思录》—《四书》—五经。要读五经，为何必须先读《四书》呢？因为在朱子心目中，读书的目的，不是探求经书中的圣人之法，而是让学者自身学做圣人，在这种意义上，《四书》义理，提供了学习做圣人的基本途径。而在四书中，朱子尤其重视《大学》作为“入德之门”的作用。《语类》有云：

《大学》是为学纲目。先通《大学》，立定纲领，其他经皆杂说在里许。通得《大学》了，去看他经，方见得此是格物致知事，此是正心诚意事，此是修身事，此是齐家治国平天下事。[④]

---

① 朱熹：《与陈丞相别纸》，《晦庵先生朱文公文集》，《朱子全书》(21)，第1180页。

② 黎靖德编：《朱子语类》，《朱子全书》(18)，第3639页。

③ 黎靖德编：《朱子语类》，《朱子全书》(14)，第420页。

④ 黎靖德编：《朱子语类》，《朱子全书》(14)，第422页。

正因为朱子认为《大学》已经奠定了一切书的根基，读《四书》是读其他一切书的基础，在通往五经的道路上，《孝经》已经没有任何地位。也就是说，拆解了汉唐注疏所构成的经学体系之后，在宋明理学视野中，为五经提供门径的，不再是《孝经》，而是《四书》。

同时，朱子对经学的理解方式，也影响了其《孝经》学。上引小程子有云："《论语》《孟子》既治，则六经可不治而明矣。"而朱子所构建的《四书》，是一个比小程子所谓《论语》《孟子》更加完备的义理系统。所以，朱子极其重视《四书》义理，而把五经仅仅看成是《四书》义理的具体历史经验。朱子《语类》有二则内容，与小程子之说相应：

> 经之有解，所以通经。经既通，自无事于解，皆经以通乎理耳。理得，则无俟乎经。①

> 要之，经之于理，亦犹传之于经。传，所以解经也，既通其经，则传亦可无；经，所以明理也，若晓得理，则经虽无，亦可。②

当宋儒把经由法度抽象为义理，由先王之法凌空为先王之道，五经成为《四书》的辅助。朱子经学的基本特征，是把五经理解为不同时期的圣人，在具体的历史中制作的法度，而读经，就是要通过探研这些法度，去探求圣人作经的"心"和"意"，

① 黎靖德编：《朱子语类》，《朱子全书》(14)，第350页。
② 黎靖德编：《朱子语类》，《朱子全书》(17)，第3422页。

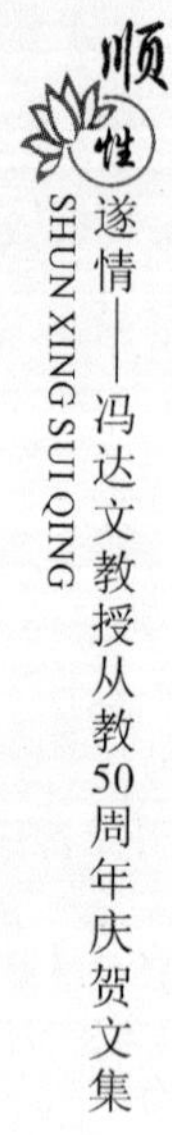


从而理解圣人何以成为圣人。以《四书》义理为基础来理解五经，直接导致了“五经的《四书》化”。朱子对《孝经》的种种看法，正是经学“《四书》化”的产物。

朱子在拆除汉唐的五经系统之后，将《孝经》视为讲“孝”的道理的书，这样，“孝”的出发点就是子对父母的道德，也就是说，朱子的着眼点是作为个人道德的孝而非作为政治哲学的《孝经》，导致了他对《孝经》的一系列怀疑。

## 二、思考“孝”的方式：政治还是道德？

朱子对《孝经》的内在批评，最重要的，事实上是批评《孝经》讲孝，不是像《大学》所提供的顺序那样，从修身到齐家到治国平天下，而是一开始就着眼于政治问题。《孝治章》云：“子曰：‘昔者明王之以孝治天下也，不敢遗小国之臣，而况于公侯伯子男乎？故得万国之欢心，以事其先王。治国者不敢侮于鳏寡，而况于士民乎？故得百姓之欢心，以事其先君。治家者不敢失于臣妾，而况于妻子乎？故得人之欢心，以事其亲。夫然，故生则亲安之，祭则鬼享之，是以天下和平，灾害不生，祸乱不作。故明王之以孝治天下如此。诗云：有觉德行，四国顺之。’”朱子曰：

> 此一节释“民用和睦，上下无怨”之意，为传之四章。其言虽善，而亦非经文之正意。盖经以孝而和，此以和而孝也。①

---

① 朱熹：《孝经刊误》，《晦庵先生朱文公文集》，《朱子全书》(23)，第3207页。

按照朱子的理解，“先王有至德要道，以顺天下，民用和睦，上下无怨”，是先王先行此至德要道，即孝，从自己的孝往外推，亲亲而仁民，爱吾老以及人之老，推至于民用和睦，上下无怨，这是“以孝而和”，通过孝而达到和。但是，原《孝治章》的经文所言，则完全相反，是言明王孝治天下，和万国以孝其先王，诸侯和百姓以孝其先君，卿大夫和家人以孝其亲，这是“以和而孝”。朱子甚至以同样的逻辑删经，原《三才章》内容中，有“先王见教之可以化民也，是故先之以博爱而民莫遗其亲…”，朱子认为：“谓圣人见孝可以化民而后身先之，于理又已悖矣。况‘先之以博爱’亦非立爱惟亲之序，若之何而能使民不遗其亲耶?”[①] 因此，朱子将“先王见教”以下九十六字，直接删除。

除此之外，朱子认为《孝经》还有两章的“传”文，犯了同样的毛病。原《广要道章》云：“子曰：‘教民亲爱莫善于孝，教民礼顺莫善于弟，移风易俗莫善于乐，安上治民莫善于礼。礼者，敬而已矣。故敬其父则子悦，敬其兄则弟悦，敬其君则臣悦，敬一人而千万人悦，所敬者寡而悦者众，此之谓要道。’”朱子曰：

> 此一节释“要道”之意，当为传之二章，但经所谓“要道”，当自己而推之，与此亦不同也。[②]

按朱子之意，以为此章言孝是要道，顺治天下，但是，却不强调为政者的从孝出发，如何从自己之孝，推至于治人，反之，

① 朱熹：《孝经刊误》，《晦庵先生朱文公文集》，《朱子全书》（23），第3207页。
② 朱熹：《孝经刊误》，《晦庵先生朱文公文集》，《朱子全书》（23），第3210页。

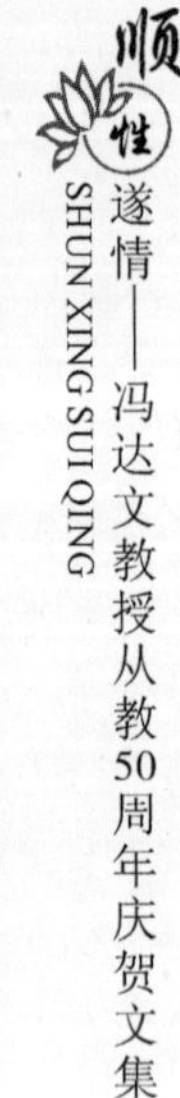


却强调敬人之父，敬人之兄，敬人之君，而使为人子、弟、臣者能“悦”。因此，此处传文便不是从己身往外推，不符合“经”义。又，原《广至德章》云：“子曰：‘君子之教以孝也，非家至而日见之也。教以孝，所以敬天下之为人父者；教以悌，所以敬天下之为人兄者；教以臣，所以敬天下之为人君者。《诗》云：恺悌君子，民之父母。非至德，其孰能顺民如此其大者乎？’”朱子曰：

> 此一节释“至德”“以顺天下”之意，当为传之首章。然所论至德，语意亦疏，如上章之失云。①

同样，此一章“传”文，以“至德”顺天下，却不强调为政者修身，自己孝、悌、臣，而是为政者敬天下之为人父、兄、君，虽然未尝本末倒置，但是明非推己及人。那么，朱子为什么会认为，一定要“以孝而和”，“当自己而推之”呢？

这与看待《孝经》的方式有关。在汉代经学中，六经是孔子为后世立法，而《孝经》是孔子法的基础，因此，要从塑造政治秩序的角度来理解《孝经》，《孝经》的要旨，是政治如何展开。孝治天下，就是要通过政治的引导，确立孝的价值与制度，使天下人皆能自行其孝而不自知。而在朱子这里，孝首先是一种个人情感，在情感的基础上产生个人道德，再往外推出政治生活。朱子通过对《四书》的重新解释，确立了这一由内而外的顺序。

首先是通过《大学》，确立了内外之别。朱子注解《大学》，无论是“三纲领”还是“八条目”，都特别注重内外顺序。《大学》首句言“大学之道，在明明德，在新民，在止于至善”，朱

① 朱熹：《孝经刊误》，《晦庵先生朱文公文集》，《朱子全书》(23)，第3210页。

子注“明明德”，是“学者当因其所发而遂明之，以复其初也”，“新民”，则是“既自明其明德，又当推以及人，使之亦有以去其旧染之污也”[①]。通过这样的解释，“明明德”成为“新民”的条件。而朱子对“八条目”的理解，是一个非常严格的逻辑顺序。《语类》有云：

> 说《大学》次序，曰：“致知、格物，是穷此理；诚意、正心、修身，是体此理；齐家、治国、平天下，只是推此理。要做三节看。”[②]

> 问：“看来《大学》自格物至平天下，凡八事，而心是在当中，担着两下者。前面格物、致知、诚意，是理会个心；后面身修、家齐、国治、天下平，是心之功用。”曰：“据他本经，去修身上截断。然身亦是心主之。”[③]

“八条目”中，可以分为穷理、体理、推理三段，并且，“修身”之前是内，“修身”之后是外，要从内推到外，才是合理的顺序。《大学》所提供的这一内外之别，成为朱子论孝的基本框架。而在这一框架内，从“亲亲”到“仁民”，是绝对不可更改的次序，没有亲亲，便不可能仁民。《孟子·尽心上》云：“亲亲而仁民，仁民而爱物”，朱注引程子云：“仁，推己及人，如老吾老，以及人之老，幼吾幼，以及人之幼。”又引杨氏云：“其分不同，故其所施不能无差等，所谓理一而分殊者也。”[④] 如果对比汉

① 朱熹：《四书章句集注》，《朱子全书》(6)，第16页。
② 黎靖德编：《朱子语类》，《朱子全书》(14)，第496页。
③ 黎靖德编：《朱子语类》，《朱子全书》(14)，第497页。
④ 朱熹：《四书章句集注》，《朱子全书》(6)，第441页。

末赵岐之注，赵岐云："先亲其亲戚，然后仁民，仁民然后爱物，用恩之次也。"[①] 在父母、人民、物体之间，作为有道德的君子，会先爱父母，再爱人民，然后才是一般的物体。这是在一个以家为基本单位的时代，君子面对外在世界所发生感情的一般次序。而朱子之注，则将这种一般的生活情感次序转化为绝对原则，将"亲亲"变成"仁民"的条件，"仁民"变成"爱物"的条件。《孟子·梁惠王上》有云："老吾老，以及人之老；幼吾幼，以及人之幼。天下可运于掌。"朱子注云：

> 盖骨肉之亲，本同一气，又非但若人之同类而已。故古人必由亲亲推之，然后及于仁民；又推其余，然后及于爱物。皆由近以及远，自易以及难。[②]

此语是孟子对齐宣王所言，带有非常强的政治修辞的特征，在"老吾老""幼吾幼"与"以及人之老""以及人之幼"之间，有着极其丰富的政治内容。但朱子的解释，从"亲亲"推到"仁民"，推到"爱物"，同样把个体道德上的孝解释成政治的基础。另，《论语·学而》有子云："孝弟也者，其为仁之本与!"《语类》中有一则相关讨论：

> 问："'孝弟为仁之本'，是事父母兄既尽道，乃立得个根本，则推而仁民爱物，方行得有条理。"曰："固是。但孝弟是合当底事，不是要仁民爱物方从孝弟做去。"可学云："如草木之有本根，方始枝叶繁茂。"曰："固是。但有本根，

---

① 赵岐注，焦循疏：《孟子正义》，北京：中华书局，2004年，第949页。

② 朱熹：《四书章句集注》，《朱子全书》(6)，第256页。

则枝叶自然繁茂。不是要得枝叶繁茂，方始去培植本根。”①

朱子一再强调的是，孝弟是从人心自然而然产生的，不带任何目的性。而这种不带目的性的孝弟，推出仁民、爱物，这样的仁民、爱物才是真实的。仁民要建立在亲亲的基础之上。不能做好亲亲，仁民便有落入功利的危险，即便行仁政，也是假仁政。如果对比郑玄、朱熹对《大学》“上老老而民兴孝”一句的注释，朱子的特征会更加清晰。

《大学》：所谓平天下在治其国者，上老老而民兴孝，上长长而民兴弟，上恤孤而民不倍，是以君子有絜矩之道也。

郑玄注：老老、长长，谓尊老敬长也。②

朱熹注：老老，所谓老吾老也。……言此三者，上行下效，捷于影响，所谓家齐而国治也。③

郑玄强调老老是“尊老”，长长是“敬长”，那么便不是“上”之父母、兄长，因为可以治国、平天下的“上”，必然是天子、诸侯，在嫡长子继承制或者兄终弟及制中，他们都已经无父、无兄，才能为天子为诸侯，那么所谓“尊老”“敬长”，便只能是类似于“父事三老”“兄事五更”这类的制度。而朱子认为老老是“老吾老”，则是“上”孝其父母，长长便是“上”悌于兄长，只有这样才能“家齐”，而“民兴孝”“民兴弟”，都是由于上行下效。在朱子这里，内在道德是政治建立的基础与前提，所以，“仁民”必定要从“亲亲”才能推出来。

---

① 黎靖德编：《朱子语类》，《朱子全书》（14），第687页。
② 郑玄注，孔颖达疏：《礼记注疏》，台北：艺文印书馆，2007年，第987页。
③ 朱熹：《四书章句集注》，《朱子全书》（6），第24页。

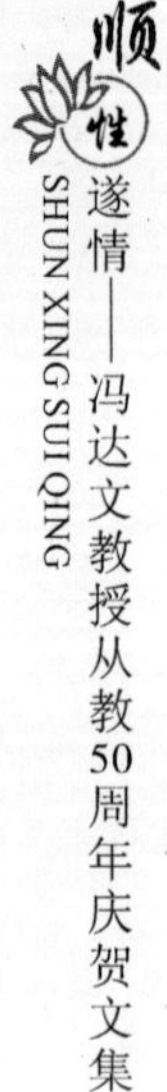


正因为朱子在《大学》的框架中，将“亲亲”到“仁民”确立为绝对原则，以之来衡量《孝经》，所以，原《孝治章》的内容，并没有讲天子、诸侯、卿大夫如何孝，而是从“孝”来要求天子、诸侯、卿大夫如何通过教化天下、一国、一家，以尊事其亲，这就变成“以和而孝”，而不是“以孝而和”了。而且，《广至德章》《广要道章》也没有从“至德”“要道”推到“顺天下”，而是教导如何敬人之父、兄、君，以使子、弟、臣能“悦”，从而达到顺治天下，这同样违背了从“亲亲”到“仁民”的原则，因此不合朱子的“经”义。朱子曾教育弟子：

> 且令自家心先正了，然后于天下之事，先后缓急自有次第，逐旋理会，道理自分明。今于“在明明德”未曾理会得，便要先理会“新民”工夫；及至“新民”，又无那“亲其亲、长其长”底事，却便先萌个计功计获底心，要如何济他，如何有益，少间尽落入功利窠窟里去。固是此理无外，然亦自有先后缓急之序。今未曾理会得正心修身，便先要治国平天下；未曾理会自己上事业，便先要“开物成务”，都倒了。①

在朱子看来，原《圣治章》《广至德章》《广要道章》的内容，就是不讲究“先后缓急之序”，“都倒了”的典型。

汉唐人一般将《孝经》置于五经之中，《孝经》面向共同体生活，提供一种共同体公认的价值，无论是《圣治章》还是《广要道章》《广至德章》，规定的都是在位者要有相应的道德，并通过制度将这种道德表现在政治生活中，确立一个共同体构建的基

① 黎靖德编：《朱子语类》，《朱子全书》(16)，第2463页。

本价值。而当朱子把《孝经》置于《四书》之中，关注的便不再是作为立法基础的“孝经”，而是作为个人道德的“孝”，因此，没有“亲亲”便没有“仁民”。

这便涉及到另一个问题，“孝”和“孝经”能否并为一谈？

## 三、“孝”：《孝经》与《论语》

朱子对《孝经》的另一批评，是“不亲切”。《语类》云：

> 《孝经》，疑非圣人之言。且如“先王有至德要道”，此是说得好处。然下面都不曾说得切要处着，但说得孝之效如此。如《论语》中说孝，皆亲切有味，都不如此。《士》《庶人章》说得更好，只是下面都不亲切。①

而在《孝经刊误》中，有朱子认为“不亲切”的具体例子。原《圣治章》经文云：“天地之性人为贵，人之行莫大于孝，孝莫大于严父，严父莫大于配天，则周公其人也。昔者周公郊祀后稷以配天，宗祀文王于明堂以配上帝，是以四海之内各以其职来助祭。夫圣人之德又何以加于孝乎？故亲生之膝下，以养父母日严。圣人因严以教敬，因亲以教爱。圣人之教不肃而成，其政不严而治，其所因者本也。”朱子云：

> 严父配天，本因论武王、周公之事而赞美其孝之词，非谓凡为孝者皆欲如此也。又况孝之所以为大者，本自有亲切

① 黎靖德编：《朱子语类》，《朱子全书》(17)，第2828、2829页。

处，而非此之谓乎？若必如此而后为孝，则是使为人臣子者皆有今将之心，而反陷于大不孝矣。……其曰“故亲生之膝下”以下意却亲切，但与上文不属，而与下章相近，故今文连下二章（引者案：即“父子之道天性”以下）为一章。但下章之首语已更端，意亦重复，不当通为一章，此语当依古文且附上章，或自别为一章可也。[①]

也就是说，像“严父配天”这样的说法，是“不亲切”的，而“亲生之膝下，以养父母日严”，是“亲切”的。而《孝经》中讲孝，大多不亲切，不像《论语》讲孝，都“亲切有味”。朱子在讲学中，多次评论经文是否“亲切”，如：

孟子说“乍见孺子入井时，皆有怵惕恻隐之心”，最亲切。人心自是会如此，不是内交、要誉，方如此。[②]

“见孺子匍匐将入井，皆有怵惕恻隐之心”，这处见得亲切。圣贤言仁，皆从这处说。[③]

朱子之所谓亲切，是圣人之言切中自身感受，使人能够起而行之。因此，像孟子所说的“乍见孺子将入于井”这样一种特殊的情境，使人人皆能未经思虑，即发出“怵惕恻隐之心”，这就是最“亲切”的。朱子说《论语》中讲“孝”都比较亲切，他在跟弟子讨论《学而》“君子务本，本立而道生，孝弟也者，其为仁之本与”一句，曾有问答：

① 朱熹：《孝经刊误》，《晦庵先生朱文公文集》，《朱子全书》（23），第3208页。
② 黎靖德编：《朱子语类》，《朱子全书》（14），第253页。
③ 黎靖德编：《朱子语类》，《朱子全书》（14），第261页。

曰："君臣父子夫妇兄弟皆是本否?"曰："孝弟较亲切。'事亲孝，故忠可移于君；事兄弟，故顺可移于长'，便是本。"①

其中言"孝弟较亲切"，正是因为在五伦中，事父母之孝与事兄之悌，于人身最为自然、切实，父子、兄弟之道，都是天性自然，不可选择，而且由父子、兄弟可以外推到事君、事长，所以行仁要以孝悌为本。

事实上，朱子认为《孝经》"不亲切"，正是由于朱子看待《孝经》的眼光，是建立在《四书》基础之上的视角。《孝经》一书，从形式上看是孔、曾对话，而其内容，自《开宗明义章》到《丧亲章》，从"先王有至德要道"到"孝子之事亲终矣"，逻辑严整，首尾一贯，其章节之开头言与不言"子曰"，章节之结尾引或不引《诗》《书》，皆极尽考究之能事，以至于刘炫认为"《孝经》者，孔子身手所作，笔削所定，不因曾子请问而随宜答对也"②。刘炫之说虽为极端之论，但非无因之说。汉人普遍相信此书出自孔子，相信孔子之言"志在《春秋》，行在《孝经》"，以汉之去古未远，其说不为无由。如果《孝经》是一本完整的经典，与《春秋》的性质一样，那么它便不是面对个人的道德教化，而是面对未来的人间生活秩序的构建，也就是说，它是对未来的为政阶层提供政治建构的义理价值，而不是对现实的个人生活提供修身成德的道德宝训。所以，在讲到"孝"的时候，《孝经》都是从政治的角度来讲，而不是从道德的角度来讲。这导致

① 黎靖德编：《朱子语类》，《朱子全书》(14)，第685页。

② 林秀一：《孝经述议复原に関する研究》，第78页。

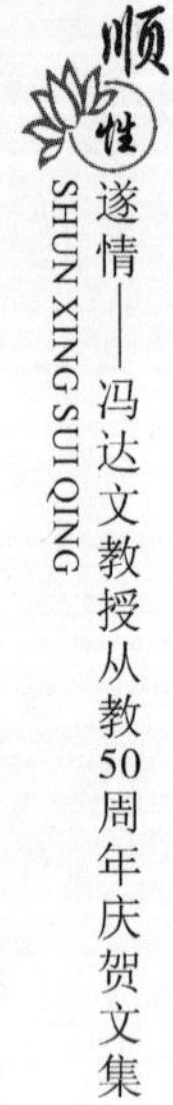


了一个结果，就是《孝经》中的孝，大量的内容看起来与儿子怎样事父母无关。

但是，《论语》之论孝，就完全不同。《论语》为孔子及其弟子之言行记录，其中孔子所说的内容，不管是对弟子、时人之言，还是单以“子曰”开头之语，都有明确的对象，这一对象要不是时人，就是学生。也就是说，《论语》是孔子“因材施教”的教谕时人、学生的记载，孔子所说的话，是对个人的教育，而不是对后世的立法，如《论语·里仁》几则语录：

> 子曰：“事父母几谏。见志不从，又敬不违，劳而不怨。”
>
> 子曰：“父母在，不远游，游必有方。”
>
> 子曰：“父母之年，不可不知也；一则以喜，一则以惧。”

从上录内容，可以非常清楚地看出，为什么朱子说“《论语》中说孝，皆亲切有味”，正是因为《论语》说孝，是针对弟子时人，教导个人如何行孝，所以每一句话都切中个体生活、个体情感。如果以朱子的读《论语》之法，“诸弟子问处便作自己问，圣人答处便作今日耳闻”，那么孔子讲孝的几乎每一句话，都可以成为读者的修身格言。朱子同时说《孝经》中，“《士》《庶人》章说得更好，只是下面都不亲切”，这是因为《士章》以孝事君，以敬事长，《庶人章》谨身节用，以养父母，针对的是士、庶人阶层，而读者也不出这两个阶层，所以读起来同样比较亲切。像《天子章》《诸侯章》《圣治章》都讲为政之孝，完全不能当成修身的格言，所以都不“亲切”。《孝经》是五经的辅助，是孔子所作，旨在面向后世，构建政治社会秩序的基本价值，而“孝”则是子事父母的道德，《孝经》一书与“孝”必须分开来谈。而朱子对《孝经》的理解，最大的问题就在于，朱子只见“孝”，不见《孝经》。也正因如此，他甚至认为《孝经》说孝，还不如《礼记》中的一些篇章。朱子说：“如《礼记》煞有好处，可附于《孝经》。”当贺孙问他：“恐后人凑合成《孝经》时，亦未必见《礼记》。如《曲礼》《少仪》之类，犹是说礼节。若《祭义》后面许多说孝处，说得极好，岂不可为《孝经》?”朱子回答：“然。”[①] 可以说，对于《孝经》，像郑玄等看重的是“先王有至德要道”“夫孝，德之本也，教之所由生也”，而朱子看重的是《论语·学而》中的“孝悌也者，其为仁之本与。”

## 四、《孝经》“害理”

朱子对《孝经》的怀疑，不仅是在《孝经》不符合从“亲亲”到“仁民”的顺序，并且说孝不“亲切”，而且更在于《孝经》的一些内容有害。这集中在原《圣治章》“孝莫大于严父，严父莫大于配天，则周公其人也”一句。《孝经刊误》云：

> 但严父配天，本因论武王、周公之事，而赞美其孝之词，非谓凡为孝者皆欲如此也。又况孝之所以为大者，本自有亲切处，而非此之谓乎？若必如此而后为孝，则是使为人臣子者皆有今将之心，而反陷于大不孝矣。作传者但见其论孝之大，即以附此，而不知其非所以为天下之通训。读者详

① 黎靖德编：《朱子语类》，《朱子全书》(17)，第2829页。

之，不以文害意焉可也。①

所谓“今将之心”，出自《春秋公羊传》，昭公元年经云“陈公子招”，传云：“言将自是弑君也。今将尔，词曷为与亲弑者同？君亲无将，将而必诛焉。”“今将”，是现在将要的意思。《孝经》言孝之大者莫过于尊严其父，尊严其父之极致莫过于配天而祭，而“则周公其人也”，周公只是一个严父配天的例子。按照朱子之意，经文的错误在于，如果说周公之事，赞美其“严父配天”则可，泛说孝莫大于严父，严父莫大于配天，而只是把周公当成例子，则不可。因为经文言最大的孝要做到“严父配天”，而只有天子才可能严父配天，那么一个人追求做到最大的“孝”，必须争做天子，为人臣子者争做天子，那就有“今将之心”，反而会陷于想弑君的大不孝之中。在《语类》中，朱子多次与他的弟子讨论此语，并言其“害理”“启人僭乱之心”，《语类》云：

问：“如‘天地之性，人为贵。人之行，莫大于孝’，恐非圣人不能言此。”曰：“此两句固好。如下面说‘孝莫大于严父，严父莫大于配天’，则岂不害理！傥如此，则须是如武王、周公方能尽孝道，寻常人都无分尽孝道也，岂不启人僭乱之心！”②

问：“向见先生说‘孝莫大于严父，严父莫大于配天’非圣人之言。必若此而后可以为孝，岂不启人僭乱之心！而《中庸》说舜、武王之孝，亦以‘尊为天子，富有四海之内’

① 朱熹：《孝经刊误》，《晦庵先生朱文公文集》，《朱子全书》(23)，第3208页。
② 黎靖德编：《朱子语类》，《朱子全书》(17)，第2827页。

言之，如何?”曰：“《中庸》是著舜武王，言之何害？若泛言人之孝，而必以此为说，则不可。”①

器之问“严父配天”。曰：“‘严父’，只是周公于文王如此称才是，成王便是祖。此等处，尽有理会不得处。大约必是郊时是后稷配天，明堂则以文王配帝。《孝经》亦是凑合之书，不可尽信。但以义起，亦是如此。”因说：“……如‘配天’等说，亦不是圣人说孝来历，岂有人人皆可以配天！岂有必配天斯可以为孝！”②

必须注意的一个问题是，经言“孝莫大于严父，严父莫大于配天”，这句话在朱子的理解中，意味着“人人皆可以配天”“必配天斯可以为孝”，朱子的解读方式，仍然是缘于他对经学的特殊理解。

传统读经之法，不管是今文经学之视五经为孔子法，还是古文经学之视五经为古圣人法，经学都是塑造政治生活秩序的价值与制度。而朱子将五经“《四书》化”之后，五经成为“圣人之心”的表现，读经不是为了探求圣人之法，而是为了认识圣人之心。因此，朱子特别强调“切己”之学，他说：

读六经时，只如未有六经，只就自家身上讨道理，其理便易晓。③

此意即回到个体身心，通过个体身心的体验来消化五经义

① 黎靖德编：《朱子语类》，《朱子全书》(17)，第2829页。
② 黎靖德编：《朱子语类》，《朱子全书》(17)，第2829页。
③ 黎靖德编：《朱子语类》，《朱子全书》(14)，第345页。

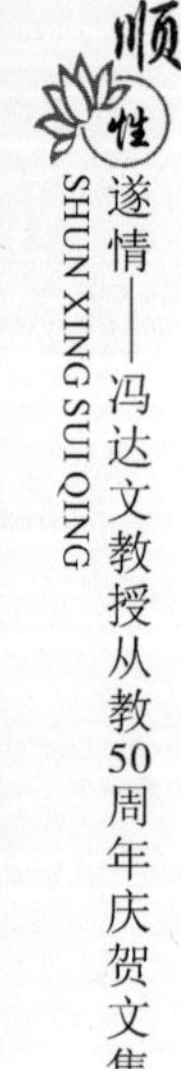


理。朱子甚至说："人惟有私意，圣贤所以留千言万语，以扫涤人私意，使人人全得恻隐、羞恶之心。六经不作可也，里面着一点私意不得。"① 如此说，则圣人之立法，全是针对个人道德而言也。朱子又云：

而今读《大学》，须是句句就自家身上看过。少间自理会得，不待解说。如《语》、《孟》、六经，亦须就自家身上看，便如自家与人对说一般，如何不长进。圣贤便可得而至也。②

或问："为学如何做工夫？"曰："不过是切己，便的当。学者当以圣贤之言反求诸身，一一体察。须是晓然无疑，积日既久，当自有见。"③

圣人作经以诏后世，将使读者诵其文、思其义，有以知事理之当然，见道义之全体，而身力行之，以入圣贤之域也。④

任何一个读书人都可以通过读经，读出圣王之道，读出圣王的道德来。因此，读书人可以从这个层面上，去体验千载之前的圣王之道，而最终的目的是"学做圣人"。在宋学思想中强调"为己之学"，经学一旦"切己"，五经的性质便发生了根本性的

① 黎靖德编：《朱子语类》，《朱子全书》(14)，第345页。

② 黎靖德编：《朱子语类》，《朱子全书》(14)，第423页。

③ 黎靖德编：《朱子语类》，《朱子全书》(18)，第3823页。

④ 朱熹：《书临漳所刊四子后》，《晦庵先生朱文公文集》，《朱子全书》(24)，第3895页。

转变，即从“经学—政治”转向“经学—个体”。宋代理学革命性地开启了一个新的传统：让经学直接面对个人。正是因为朱子从这样的角度读《孝经》，“孝莫大于严父，严父莫大于配天”一句，即便后面有“则周公其人也”，问题是读《孝经》就要读到最彻底的“孝”，周公也是可学而至的，而可学而至的目标，那个最大的孝，竟然是要到“配天”的程度，追求孝的结果，不是移孝作忠，反倒是陷入争做天子的大不孝；更可怕的是，以“学做圣人”为目标来读《孝经》，马上就会把圣人的“严父配天”作为追求孝的目标，这样一来，《孝经》不但不启发爱亲忠君之心，反倒是启发读者的“僭乱之心”了。

但是，这事实上不是《孝经》本身的问题，隋代大儒刘炫的《孝经述议》，已经回答了朱子的问题，《述议》注“严父配天”云：

> 人子之道，孝养之义，当守礼以奉亲，称情以行礼也。若使礼得施用，财足备仪，人各吝之而不祭，固不可矣。礼所不得，财非己有，窃之以荐献，又将可乎？若三家之视桓楹，季氏之舞八佾，岂图君子之所不为，亦是鬼神之所不飨。由此言之，周公之郊天、宗祀，孔子之疏食、菜羹，其于尊严亦无异矣。但名位是圣人之大宝，配天是孝道之高致，故举配天之礼以为严父之极，非谓不配天者为不严也。[①]

如果从个人道德的角度来说，孝就是孝，天子之孝与庶人之孝毫无区别。但是，从政治构建的角度来说，天子之孝与庶人之孝完全不同。在德位合一的政治设计中，天子、诸侯、卿大夫、

① 林秀一：《孝经述议复原に関する研究》，第112、113页。

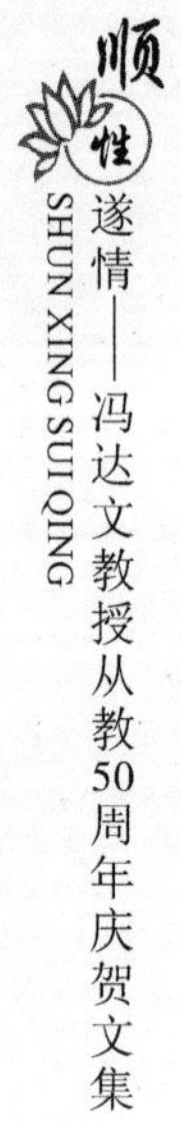


士、庶人不但是爵位的序列，而且是道德的序列。因此，天子之孝必定要高于其他阶层之孝，天子可以祭天，以父配享，而庶人只需谨身节用，以养父母。“孝”在个人道德上的无阶层特征，与《孝经》在政治设计上的等级差异，并没有任何矛盾。但是，如果从个人道德的角度来理解《孝经》中的“孝”，那便会发生种种问题。

## 五、朱子思想中的《孝经》

在朱子思想中，《四书》代替了《孝经》，成为通向五经的阶梯。并且，朱子拆分经传，把《孝经》大部分内容视为讲“孝”的格言，与《论语》《礼记》中讲孝的语录相同，甚至不如《论语》《礼记》讲得“亲切”。基于这样的认识，朱子对《孝经》的价值的评价，自然远不如前人。

朱子心目中的《孝经》，是一本教人行孝的童蒙读物。朱子之用《孝经》，最集中者在其所编《小学》一书。《小学》在朱子学术中的定位，其《序》有云：

> 古者小学，教人以洒扫应对进退之节、爱亲敬长隆师亲友之道，皆所以为修身、齐家、治国、平天下之本。而必使其讲而习之于幼稚之时，欲其习与智长，化与心成，而无扞格不胜之患也。[①]

小学，是修身、齐家、治国、平天下之本，也就是说，小学

① 朱熹：《小学》，《朱子全书》(13)，第393页。

是孩童在养成基本道德阶段所必须接受的行为教育。学了小学，长大之后才能学《大学》。在《语类》中，朱子言小学、大学的关系云：

> 小学是事，如事君，事父，事兄，处友等事，只是教他依此规矩做去。大学是发明此事之理。①
>
> 小学是学事亲，学事长，且直理会那事。大学是就上面委曲详究那理，其所以事亲是如何，所以事长是如何。②

按照朱子的理解，小学相当于孩童阶段的日常行为规范。孩童阶段只需要行这些规范，即“事”，而不需要对这些规范进行理解。到了大学阶段，才通过格物穷理，理解这些“事”背后的“理”，并自觉地去修身。在朱子心目中，《孝经》所提供的，便是这些“事”。《小学》的主要文献来源是《礼记》《论语》《孝经》《颜氏家训》等，并杂以前人之嘉德懿行。其要在《内篇》部分，分《立教》《明伦》《敬身》《稽古》四篇，而《孝经》内容主要放在《明伦》。朱子把《孝经》古文前七章、今文前六章，自“身体发肤，受之父母，不敢毁伤，孝之始也”至“孝无终始，而患不及者，未之有也”，都放在《明伦》一篇之“明父子之亲”部分。也就是说，即便是朱子认为“经”的部分，其价值也就是作为孩童的日常道德规范，放在“小学”中就可以了。

被朱子放在“明父母之亲”部分，还有《古文孝经》之《父母生续章》《纪孝行章》《五刑章》。另外，《事君章》放在“明君臣之义”部分，《广扬名章》放在“通论”部分。总之，在朱子

---

① 黎靖德编：《朱子语类》，《朱子全书》（14），第269页。

② 黎靖德编：《朱子语类》，《朱子全书》（14），第270页。

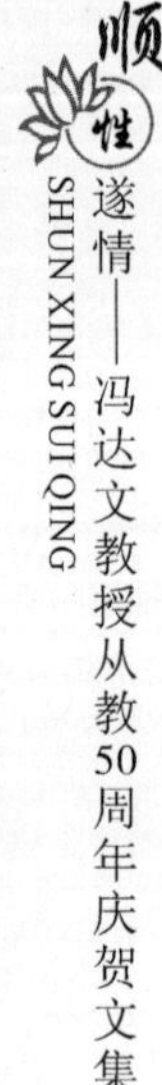


看来，《孝经》的绝大部分内容，都是小学的内容。

这种看待《孝经》的方式，背后是把《孝经》视为教孝的道德书，而正是因为孝在儒家道德中的基础性，所以必须从孩提之童开始培植他们的孝德。并且，孩提之童的孝德，是天生具有的。《孟子·尽心上》有云："人之所不学而能者，其良能也；所不虑而知者，其良知也。孩提之童，无不知爱其亲者；及其长也，无不知敬其兄也。亲亲，仁也；敬长，义也。无他，达之天下也。"朱子注云：

> 良者，本然之善也。程子曰："良知良能，皆无所由；乃出于天，不系于人。"…爱亲敬长，所谓良知良能者也。…亲亲敬长，虽一人之私，然达之天下无不同者，所以为仁义也。①

朱子之意，孩提之童爱亲、敬长，是其本然之善，在以家为基本单位的时代，这可以诉诸每一个人的生活经验。亲亲是行仁的根本，敬兄是行义的根本，从亲亲与敬兄，可以发展出更为广泛的仁与义。朱子注解《论语》"君子务本，本立而道生，孝弟也者，其为仁之本与"，更充分地论述了亲亲与敬兄发展出仁义的关系：

> 君子凡事专用力于根本，根本既立，则其道自生。若上文所谓孝弟，乃是为仁之本，学者务此，则仁道自此而生也。程子曰："孝弟，顺德也，故不好犯上，岂复有逆理乱常之事。德有本，本立则其道充大。孝弟行于家，而后仁爱

① 朱熹：《四书章句集注》，《朱子全书》(6)，第430页。

> 及于物，所谓亲亲而仁民也。故为仁以孝弟为本。论性，则以仁为孝弟之本。”或问：“孝弟为仁之本，此是由孝弟可以至仁否？”曰：“非也。谓行仁自孝弟始，孝弟是仁之一事。谓之行仁之本则可，谓是仁之本则不可。盖仁是性也，孝弟是用也，性中只有个仁、义、礼、智四者而已，曷尝有孝弟来。然仁主于爱，爱莫大于爱亲，故曰‘孝弟也者，其为仁之本与！’”①

依程、朱解释，“为仁”是“行仁”之意，孝弟不是仁之本，而是行仁之本，即仁是爱之理，本心之全德，仁之性，发诸于外，首先是爱亲，因此，要培养一个人的仁德，就必须从培养其爱亲，即“孝”开始。正是由于父母一伦在人伦关系中的基础性地位，与“孝悌”在儒家道德体系中的奠基性地位，使程、朱特别重视“孝”。同时，又因为朱子是从个人道德的角度来理解《孝经》，所以，他对《孝经》的看重，事实上是基于对“孝”的重视。而且，孝悌本来就是“不学而能”“不虑而知”的，因此，要从孩提之童开始，从小教会孩提之童保住其本能的亲亲之孝，敬长之悌。正因为亲亲出自良知，“孝”是行仁的基础，《孝经》顺理成章地成为“小学”的内容，成为童蒙读物。

朱子对《孝经》的理解，基本上成为其后的《孝经》学共同的基本预设，从董鼎、吴澄到许多清朝学者，都沿袭朱子的思路注解《孝经》，而且，直到今天，我们对《孝经》的理解，仍然深受朱子的影响。

（本文原刊于《哲学研究》2015 年第 10 期）

① 朱熹：《四书章句集注》，《朱子全书》（6），第 68 页。

# “念念致其良知”何以可能？

## ——“见在良知”说的核心焦点与体认维度

张卫红（中山大学博雅学院）

### 一、见在良知之争的核心焦点

王阳明（守仁，1472—1528）高足王龙溪（畿，1498—1583）提倡的“见在良知”说，是最具原创性也是中晚明思想史上争议最大的议题之一。这一争论肇始于聂双江（豹，1487—1563）、罗念庵（洪先，1504—1564）等人的质疑和批判，进而有钱绪山（德洪，1496—1574）、邹东廓（守益，1491—1562）、欧阳南野（德，1496—1554）、刘狮泉（邦采，生卒不详）等多位阳明骨干弟子加入论战，并延伸至晚明清初思想家对王学的批评。见在良知的基本内涵，如王龙溪所说：“见在良知，与圣人未尝不同，所不同者，能致与不能致耳。且如昭昭之天与广大之天，原无差别，但限于所见，故有小大之殊”，“若果信得及时，当下具足，无剩无欠，更无磨灭，人人可为尧舜。”[①] 对此学界一般解释为良知既为存有论意义上的先天本有，又能够当下呈现于后天的经验生活中，若信得及良知，则吾人当下呈现的良知与圣人无别（区别只如昭昭之天与广大之天）[②]。盖就认同良知的先天存有义和后天活动义，双江、念庵与龙溪的理解并无二致，这也是致良知道德实践的基本前提。双方的分歧主要围绕着“当下具足”而来：一是圣愚之辨，即见在良知与圣人的良知全体同异与否的问题。双江、念庵认为吾人当下呈现的良知并不具足、圆满，只是“一端之发见而未能即复其本体”，坚持“圣愚有辨”[③]；龙溪则认为，当下呈现的良知与圣人的全体良知未尝不同。二是致知工夫之辨。双江、念庵认为，既然见在良知并非良知全体，且容易混同于欲根、知觉，故必须以主静、收敛之功回复先天本体；龙溪则认为当下“一念自反，即得本心”[④]。简言之，反对者的质疑概括为念庵所说：“认良知大浅，而言致良知大易。”[⑤]

由于致良知工夫强调“体之于身”“体之于心”[⑥] 的实践性，阳明学者们在各自切己的实践情境中各说各道，是造成论争未能

---

① 以上引文分别见［明］王畿撰，吴震编校：《与狮泉刘子问答》，《王畿集》第4卷，南京：凤凰出版社，2007年，第81页；《答吴悟斋》，《王畿集》第10卷，第251页。

② 参见牟宗三：《从陆象山到刘蕺山》，上海：上海古籍出版社，1999年，第289—290页；彭国翔：《良知学的展开——王龙溪与中晚明的阳明学》，北京：三联书店，2005年，第71—72页；林月惠：《良知学的转折——聂双江罗念庵思想之研究》，台北：台湾大学出版中心，2005年，第278—279页。

③ 以上引文分别见［明］罗洪先：《（戊申）夏游记》，《念庵文集》第5卷，《文渊阁四库全书·集部》第1275册，第143页；《良知辨》，《念庵文集》第10卷，第200页。

④ ［明］王畿撰，吴震编校：《致知议辨》，《王畿集》第6卷，第134页。

⑤ ［明］罗洪先：《别宋阳山语》，《念庵文集》第8卷，第162页。

⑥ 以上引文分别见［明］王守仁撰，吴光等编校：《答徐成之·二》，《王阳明全集》第21卷，上海：上海古籍出版社，1992年，第808页；《书石川卷 甲戌》，《王阳明全集》第8卷，第270页。

达成一致的一个根本原因。近年的研究摆脱了以往偏重静态概念分析的解释模式，更多从阳明学的“体知”特色来解读这一问题。彭国翔通过对龙溪“先天正心”“心体立根”“一念工夫”等内涵的分析，指出见在良知说立根于先天心体，当下每一念都从良知心体发出，即心→念→心→念→心→念……这样一个不断的过程，整个意识之流便完全表现为“诚”的状态；而经验意识状态下每一个念头不免受前一念头影响，形成心→念→念→念……这样一种念念相续的情况，导致邪念、欲念形成整体意识，并遮蔽良知心体的境地①。林月惠则从实践动力的层面阐释了见在良知说最容易被人误解之处在于：龙溪以“昭昭之天即广大之天”比喻“见在良知与圣人未尝不同”，意在强调道德实践的根源性动力，即每个人心中所呈现的良知与圣人的良知一样，其“强度”都是当下具足、完全充分的；而龙溪之用意并未得到双江、念庵等人的理解，后者认为见在良知只是良知之“端绪”，并非本体，其实践动力显然不足②。笔者从“信得及良知、于当下一念承当、时时保守此一念、一念所臻境界”几个工夫环节阐释了见在良知的具体实践内涵，指出双方各自的体证境界、问题意识、工夫入路以及由此形成的言说层面、思考方式是形成不同观点的根本原因③。这些讨论比明儒有更深入的推进，从不同层面阐释了见在良知的精义以及极高的工夫要求和内在严格，有助于厘清批评乃至冒用见在良知者的忽略和误解所在，同时也更能如

---

① 彭国翔：《良知学的展开——王龙溪与中晚明的阳明学》，第144页。

② 林月惠：《王龙溪“见在良知”释疑》，氏著：《诠释与工夫：宋明理学的超越蕲向与内在辩证》，台北：“中央研究院”中国文哲研究所，2012年，第210—216页；另参林月惠：《阳明与阳明后学的“良知”概念——从耿宁〈论王阳明“良知”概念的演变及其双义性〉谈起》，《哲学分析》2014年第4期，第18页。

③ 见拙著《罗念庵的生命历程与思想世界》，北京：三联书店，2009年，第305—325页。

实地理解双江、念庵等人强调涵养心体一路的合理性和可行性。

尽管学界给出了见在良知之争丰富的解释，但仍有继续深究的空间：见在良知的精义在于以充足的实践动力将意念时时把持在良知心体上，也即龙溪所谓的“念念致其良知”[①]、“时时保守此一念”[②]，反对者们对此并非不能理解。念庵对龙溪说：“此其为说，亦何尝不为精义”，问题是，“但不知几微倏忽之际，便落见解”[③]。做不到“念念致其良知”的确是经验生活中的常态，也是反对者们不能契会见在良知说的核心焦点。那么，“念念致其良知”何以可能？当下呈现的良知何以能够动力具足？这不仅是质疑见在良知的起点，也是一个具有普遍意义的道德实践困境。此一问题，仍有待深耕。本文先从圣愚之辨的两个理解层面谈起，解析辩论双方不同的工夫起点，进而阐释见在良知所蕴含的工夫维度和思想维度及其与双江、念庵的根本差异何在，再解析龙溪何以格外重视“信得及良知”，其工夫内涵及效应为何，以期彰显见在良知说的内在特质和独特的体认维度，及其在儒家心性工夫中的意义和价值。

---

① 龙溪言：“必有事者，念念致其良知也。勿忘者，勿忘此一念之谓也。”（《念堂说》，《王畿集》第17卷，第502页）阳明也有“念念致良知”的说法。见陈荣捷：《传习录详注集评》，台北：学生书局，1983年，第222条，第300页。

② ［明］王畿撰、吴震编校：《桐川会约》，《王畿集》第2卷，第53页。按，“念念致其良知”是龙溪经常提揭的工夫教法，如云：“念念无杂，无昏无散”（《与吕沃洲》，《王畿集》第9卷，第218页），“念念不欺此良知”（《送惺台晏使君左迁序》，《王畿集》第14卷，第378页），“时时从真性流行，念念弗忘”（《册付应吉儿收受》，《王畿集》第15卷，第436页），“念念只是学圣人，觑体承当，彻首彻尾”（《书顾海阳卷》，《王畿集》第16卷，第476页）。

③ 以上引文均见［明］罗洪先：《答王龙溪·一》，《石莲洞罗先生文集》第8卷，明万历四十四年陈于廷序刊本，第11页。

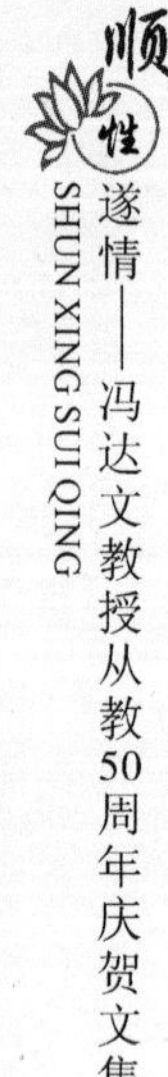


## 二、圣愚之辨的两个理解层面

“见在良知与圣人未尝不同”，这是证成见在良知说的起点，也是龙溪与反对者们争议的起点。双方对当下一念的良知与圣人全体良知的关系理解，是从各自体悟良知的实际境界出发的，但似乎都没有这一意识自觉。这一问题若从“未悟之因地”与“已悟之果地”两个工夫层面来看，又可以细分出三种解读方式，以此清晰地展现双方立论的出发点及理解歧义何在，这也是深入理解见在良知说的前提。

首先，对于未能体悟良知的一般人而言，从“未悟之因地”出发，当下一念的良知与圣人的全体良知不可完全等同。阳明即说：

> 圣人之知，如青天之日，贤人如浮云天日，愚人如阴霾天日。虽有昏明不同，其能辨黑白则一。虽昏黑夜里，亦影影见得黑白，就是日之余光未尽处。困学功夫，亦只从这点明处精察去耳。①

相比于圣人良知的全体呈现（青天之日），一般人的良知受欲根、习心的遮蔽（阴霾天日），其“昏明不同”意味着二者良知的实现程度、实存境界是不同的。刘狮泉反驳龙溪“见在良知”说所用的比喻也是如此：

① 陈荣捷：《传习录详注集评》第289条，第341—342页。

赤子之心，孩提之知，愚夫愚妇之知能，譬之顽矿，未经煅炼，不可名金，其视无声无臭、自然之明觉何啻千里……以见在良知为主，决无入圣之期矣。[①]

狮泉认为孩提与愚夫愚妇的良知如未经煅炼的顽矿，不可与圣人的良知（纯金）在质上等同。事实上，龙溪也承认愚夫愚妇与圣人的实存境界并不相同。他说：

自先师拈出良知教旨，学者皆知此事本来具足，无待外求。譬诸木中有火，矿中有金，无待于外烁也。然而火藏于木，非钻研则不出；金伏于矿，非锻炼则不精。良知之蔽于染习，犹夫金与火也。[②]

这里“金伏于矿”的比喻简直与刘狮泉的顽矿之喻如出一辙。以上三个比喻都表明一般人当下呈现的良知与圣人的良知虽具有本体的同一性，实存状态却是不同质、不同层的：前者是挟裹在二元对待的经验意识之流中“暂明暂灭”[③] 的道德意识，后者是恒常昭灵明觉、无对待的心体。就前者而言，理欲夹缠的状况有如念庵形容的“如油入面，未易脱离”，故“一涉搀和，皆非无欲之体”[④]。一般人与圣人良知之不同质、不同层是一实然的现实，这是反对者们立论的出发点。而在阳明、龙溪这里，虽然承认凡

① ［明］罗洪先：《甲寅夏游记》，《石莲洞罗先生文集》第12卷，第43页。

② ［明］王畿撰，吴震编校：《南游会纪》，《王畿集》第7卷，第153页。

③ 阳明谓：“常人之心既有所昏蔽，则其本体虽亦时时发见，终是暂明暂灭，非其全体大用矣。”见陈荣捷：《传习录详注集评》第76条，第104页。

④ 以上引文分别见［明］罗洪先：《松原志晤》，《念庵文集》第8卷，第182页；《答湛甘泉公》，《念庵文集》第2卷，第28页。

圣之别，但不是其立说的主要语境。基于“良知人人皆有”[①]，他们将立论重心扭转到“其能辨黑白则一”“未尝不同”上，作为吾人道德实践的入手处。

因此第二，阳明、龙溪更注重强调凡圣相同的面相。阳明“一节之知，即全体之知”[②] 的比喻，被龙溪用来证成见在良知说。除了“昭昭之天与广大之天原无差别”的比喻外，龙溪还以“一隙之光以为决非照临四表之光，亦所不可”“毫厘金即万镒金”[③] 比喻凡圣良知之同。这些比喻的共同点在于，前者（喻一般人的良知）与后者（喻圣人良知）的关系是同质而不同量，这其实是从“已悟之果地”出发的理解和实践。对已悟良知心体的学者而言，其当下一念可透显良知心体，在质上与圣人无别，区别主要在量上的多寡，工夫便是“念念致其良知”的保任与拓展。龙溪本人走的正是这一“先天正心”的高明工夫进路：他从学阳明后，“逾年遂悟虚灵寂感、通一无二之旨”[④]；天泉证道中阳明告诫龙溪“虽已得悟，不妨随时用渐修工夫”“正好保任”[⑤]，也说明龙溪之功行主要是在日用常行中不断保任、扩充心体。李明辉认为：“每个人的心中直接呈现的恻隐之心即是圣人之天心（羞恶之心等亦同），在质上原无差别”，那么致良知工夫就“并非在质（纯度）上的提升，而是在量（应用范围）上的拓展”，“对原先的良知亦无所增益”[⑥]。这对已悟良知心体的学者而言是不错的。

---

① 陈荣捷：《传习录详注集评》第 221 条，第 299 页。

② 陈荣捷：《传习录详注集评》第 222 条，第 300 页。

③ 以上引文分别见［明］罗洪先：《甲寅夏游记》，《石莲洞罗先生文集》第 12 卷，第 43 页；《松原志晤》，《念庵文集》第 8 卷，第 181 页。

④ ［明］徐阶：《龙溪王先生传》，《王畿集》附录四，第 823 页。

⑤ 以上引文均见［明］王畿撰，吴震编校：《天泉证道纪》，《王畿集》第 1 卷，第 2 页。

⑥ 李明辉：《耿宁对良知说的诠释》，《哲学分析》2014 年第 4 期，第 47、48 页。

然而龙溪的立论显然要有针对大多数未悟学者的适用性，故“见在良知与圣人未尝不同”的第三种解读方式在于：“未尝不同”的双重否定句式意在承认二者差别的前提下重点强调二者趋同的面相，人人本具的当下一念良知尽管有被遮蔽的可能，仍然与圣人的良知出于同一本体。因此阳明说“困学功夫，亦只从这点明处精察去耳”，龙溪面对双江指责其说为“悟后解缚”语时也说：“舍此更无从入之路、可变之几，固非以为妙悟而妄意自信，亦未尝谓非中人以下所能及也。”因为，这是吾人当下只能且必须依循的道德实践之依靠，“不信见在，又将何所用力耶?”[①]龙溪的用意在于，以人人本具的当下一念良知为依据而唤醒、证成本体，以此提撕学者立志成圣的实践动力。这是念庵、双江等人不能善会的。

总之，解读见在良知说具有“未悟之因地”与“已悟之果地”两个工夫层面，这也是双江、念庵与龙溪工夫路径的不同起点。王龙溪所主的见在良知说走立根于心体的高明一路，这在龙溪提揭的“独知”“当下一念”“直心”“自照自察”等工夫体认要点中得以极尽发挥。

## 三、独知、当下一念、直心自照

瑞士现象学家耿宁借用唯识学的自证分和现象学的原意识来解释良知，认为良知是与心之所发之“意”同时现存且必然现存



① 以上引文分别见［明］王畿撰，吴震编校：《致知议辨》，《王畿集》第6卷，第134页；《与罗念庵》，《王畿集》第10卷，第238页。

的“自知”[①]。笔者认为，经由良知自证分的阐释角度凸显了“良知之当下自证自知”的体认维度，良知本体（心体）是一泯合对待、无分别的清净识体，只可当下直观呈现，不可对象化地求取[②]。而在阳明后学中，王龙溪对于这一体认维度和思想维度最为敏感，发挥得最为充分。先看龙溪对良知本体的界定。龙溪与阳明一样，也称良知为“独知”，表述更为详细：

> 《易》曰“乾知大始”，乾知即良知，乃浑沌初开第一窍，为万物之始，不与万物作对，故谓之“独”。以其自知，故谓之“独知”。
>
> 夫独知者，非念动而后知也，乃是先天灵窍，不因念有，不随念迁，不与万物作对。[③]

朱子对《周易·系辞》之“乾知大始”的解释是：“知者管也，乾管却大始，大始即物生之始。”又言：“此‘知’字训‘管’字，不当解作‘知见’之‘知’”[④]，“知犹主也，乾主始物”[⑤]，意谓“乾”主管万物资生之始。龙溪并不满意朱子的解释：“《本义》训‘知’为‘主’，反使圣人吃紧明白话头含糊昏缓，无入手处。只一‘知’字且无下落，致知工夫将复何所属耶?”[⑥] 故阳

---

① ［瑞士］耿宁：《人生第一等事——王阳明及其后学论“致良知”》上册，北京：商务印书馆，2014年，第217页。

② 参见拙作《良知与自证分》，《“商务印书馆学术论坛——耿宁〈人生第一等事〉国际学术讨论会”论文集》，第105—113页。

③ 以上引文均见［明］王畿撰，吴震编校：《致知议略》，《王畿集》第6卷，第131页；《答王鲤湖》，《王畿集》第10卷，第264页。

④ 以上引文均见［宋］朱熹撰，黎靖德编：《朱子语类》第74卷，长沙：岳麓书社，1997年，第1686页。

⑤ ［宋］朱熹：《原本周易本义》第7卷，《文渊阁四库全书·经部》第12册，第680页。

⑥ ［明］王畿撰，吴震编校：《答季彭山龙镜书》，《王畿集》第9卷，第213页。

明、龙溪等心学家们都将创生并承载天地万物的本原直接敛归精神主体，如阳明所说："知天地之化育，心体原是如此。乾知大始，心体亦原是如此。"① 阳明、龙溪都将"乾知"视为一词，此"知"即"良知"。"乾知"作为创生并承载万物的本原，非念动而后知，不随念迁，不与万物作对。"本是无声无息，本无所知识，本是无所粘带拣择，本是彻上彻下"②，表明它是能所二元对待之前、先于名言概念的"独一"，以其非对象化的自我证知，故云"独知"。龙溪将这一观照、呈现万物的身体据点称为"先天灵窍""圆明一窍"："鸢鱼活泼浑常事，都入圆明一窍中"③。陈立胜认为，理学家之"窍"超越了医家定位于具体脏腑的身体（实体）含义，是承载天地万物的"心窍"，因其"虚""无""通"的性质，天地万物才能在此呈现④。龙溪对于"独知"原本具有超越性、非对象性特质的领会是极为敏锐的："谓独知即是天理，则可；谓独知之中必用天理，为若二物，则不可。此等处，差若毫厘，谬实千里，不可不早觉而明辨者也。"⑤ 我们可以说"独知自身就是天理"，不能说"独知发用为天理（一物）"，若是则独知与天理便是"二物"。未经意识分别的"独知"只能直观显现，稍一把捉，便落入"二物"的对待求取方式。龙溪对此中的毫厘之辨是十分自觉且明晰的。

---

① ［明］王守仁撰，吴光等编校：《答友人问 丙戌》，《王阳明全集》第6卷，第210页。此外，江右王门学者王塘南也说："易曰'乾知大始'，此知即天之明命，是谓性体，非以此知彼之谓也。"见［明］黄宗羲：《明儒学案》第20卷，北京：中华书局，2008年，第476页。

② ［明］王畿撰，吴震编校：《答洪觉山》，《王畿集》第10卷，第262页。

③ ［明］王畿撰，吴震编校：《天游次马师山韵二首》，《王畿集》第18卷，第554页。

④ 参见陈立胜：《身体之为"窍"：宋明儒学中的身体本体论建构》，氏著：《"身体"与"诠释"——宋明儒学论集》，台北：台湾大学出版中心，2012年，第65—66页。

⑤ ［明］王畿撰，吴震编校：《答洪觉山》，《王畿集》第10卷，第262页。

如是，“独知”便超越了时间意识[①]。龙溪言“良知本来具足，本无生死，吾人将意识承受，正是无始以来生死之本”[②]，即是此意。其具体呈现形式，只在“当下一念”。在究竟意义上，这“当下”（现在）不是与“过去”“未来”相对、使时间得以延绵的一个因素——在对象化的意识活动中，“现在”是构成过去、现在、未来时间之流的对待之相，念念迁流，刹那生灭，心识总在不断地了别对境、产生意念，又不断被新的意念所取代、淹没，故常人当下一念的良知在经验意识之流中随时可能被取代或遮蔽，很难做到“念念致良知”。龙溪称：“千古圣学，只有当下一念。”[③] 此“当下”的内涵由特定的“一念”所规定。先看龙溪言“念”的不同语境：

> 念者心之用也。念有二义：今心为念，是为见在心，所谓正念也；二心为念，是为将迎心，所谓邪念也。正与邪，本体之明，未尝不知，所谓良知也。[④]

龙溪指出了两种“念”：一是从良知心体显现之念，这是吾人在具体的伦理情境中当下显现的道德意识，称为“见在心”，“正念”；二是被欲根习气所遮蔽的意念，因其偏离了本心之初动而产生了私意、将迎等分别计较，故谓之“二心”“将迎心”，“邪念”。龙溪有时又将两者区分为“本念”与“欲念”[⑤]。严格说来，

---

① 对象化思维与时间意识相关联，“胡塞尔对时间化概念的规定中至少包含着对象极和自我极两个方面的含义。”见倪梁康：《胡塞尔现象学概念通释》，北京：三联书店，2007年，第532页。

② ［明］王畿撰，吴震编校：《与存斋徐子问答》，《王畿集》第6卷，第145页。

③ ［明］王畿撰，吴震编校：《书查子警卷》，《王畿集》第16卷，第478页。

④ ［明］王畿撰，吴震编校：《念堂说》，《王畿集》第17卷，第501—502页。

⑤ 见［明］王畿《留都会纪》：“吾人之学，不曾从源头判断得一番本念与欲念，未免夹带过去。此等处，良知未尝不明。”《王畿集》第4卷，第90页。

龙溪所说的“当下一念”与第一种“正念”仍有区别。因为正念与邪念属于具体的对象化意识，当下一念良知则是超越正邪意念，并能够辨别正邪是非的“本体之明”。“当下一念”与第一种“正念”之不同在于，前者是心体将动之初的“几微”，谓之“一念独知”“一念之微”“最初一念”“一念灵明”“从混沌立根基”①，是“本心寂然之灵枢，非可以意识承领而得也”②。这表明它不是一个具体的、有善恶等对待内容的“念头”，而是未有相见二分对待、未成是非善恶分别之前的心体之念。在这个意义上，龙溪说：

> 念者心之用，所谓见在心也。缘起境集，此念常寂，未尝有也，有则滞矣；缘息境空，此念常惺，未尝无也，无则槁矣。
>
> 一念者无念也，即念而离念也。故君子之学，以无念为宗。③

这也是龙溪无中生有、体用相即思想的立基处。“当下一念”是心体萌动之初（几微），尚未形成具体的意识（念头），“无念”“离念”指向绝待之心体，此“一念”是心体非对象化的自证自知。故由此一念而体现的“当下”，就不是物理意义的刹那生灭的时间，“当下一念”是心体“显现在前”的现量境。这一体认

---

① 以上引文分别见［明］王畿撰，吴震编校：《新安福田山房六邑会籍》，《王畿集》第2卷，第51页；《闻讲书院会语》，《王畿集》第1卷，第6页；《南雍诸友鸡鸣凭虚阁会语》，《王畿集》第5卷，第112页；《龙南山居会语》，《王畿集》第7卷，第167页。

② ［明］王畿撰，吴震编校：《答李渐庵》，《王畿集》第11卷，第272页。

③ 以上引文分别见［明］王畿撰，吴震编校：《别曾见台漫语摘略》，《王畿集》第16卷，第464页；《趋庭谩语付应斌儿》，《王畿集》第15卷，第440页。

维度深细难明，龙溪常言“心之精微，口不能宣”，言“藏密”“密体”[①]，均指其为常人难以体会的精妙隐微的心识层面。而常人能够把握的往往是心体之发动已经完成、有具体内容的“正念”，它在经验意识之流中常与欲念、邪念挟裹在一起，时时有被遮蔽的危险。

以上“当下一念”与“正念”可对应于龙溪、念庵对见在良知不同理解，耿宁对此有清晰的区分：“（龙溪的）‘一念’应当被理解为‘精神的本己本质’在现时意识中的一个真实显露，而不能理解为一个思想的短暂瞬间”，“罗洪先在这里将王畿的‘这一个意念（一念）’理解为一个瞬间意识。”[②] 因此，念庵指责龙溪“以一念之明为极则，以一觉之顷为实际，不亦过于卤莽乎?”[③] 实未能契合龙溪所说的“一念”。当然龙溪并没有明确区分两种“一念”之不同。究其原因，一则古人没有清晰界定概念的意识，二则就践履工夫而言，“正念”正是回溯到“一念之微”的契机。

以此，龙溪之“当下一念自反”可理解为：“当下”与“一念”超越了二元对待的分别意识和相应的时间相，由此“一念”显现为心体自身并为自身所证知。龙溪说：“吾人本心自证自悟，自有天则”[④]，就包含有心体自证自知的维度。同时，“当下一念”还包含有“随时”“即时”回返心体之义。故“师门所传学旨至易至简，当下具足，一念自反，即得本心，可以超凡入圣”[⑤] 指

---

① 以上引文分别见［明］王畿撰，吴震编校：《自讼长语示儿辈》，《王畿集》第15卷，第427页；《藏密轩说》，《王畿集》第17卷，第496页；《与沈宗颜》，《王畿集》第12卷，第330页。

② ［瑞士］耿宁：《人生第一等事——王阳明及其后学论“致良知”》，第699、918页。

③ ［明］罗洪先：《（戊申）夏游记》，《念庵文集》第5卷，第143页。

④ ［明］王畿撰，吴震编校：《赵麟阳赠言》，《王畿集》第16卷，第447页。

⑤ ［明］王畿撰，吴震编校：《与莫廷韩》，《王畿集》第12卷，第335页。

示的工夫形态是：直接、随时回返并显现心体，无须渐进的意识层次和时间历程。此即龙溪所说“自证自悟，直下承当”[①]，也即阳明在天泉证道中所说“从无处立根基，意与知物，皆从无生，一了百当，即本体便是工夫，易简直截，更无剩欠，顿悟之学也”[②]。

一念自反后，如何做“时时保守此一念”的工夫？龙溪与其他阳明学者工夫实践的共同性在于，工夫内容无外乎涵养本体与改正习心的正负两面之功。但龙溪始终保持对良知本体“自证自知”维度的敏锐性，工夫始终是一非对象性、非经验性的证知活动。相应地，工夫内容体现为心体当下的“直心以动”与“自照自察”。龙溪谓：“吾人为学只是一个直心，直心之谓德，无亿度处、无凑泊处、无转换处、无污染处……先师信手拈出良知两字，无思无为，以直而动，乃性命之枢，精一之宗传也”[③]，“直心以动，全体超然，不以一毫意识参次其间”[④]，始终保持意念在二元分别之前的“直心”状态，如是“绵密保任，久久行持”[⑤]。此外，龙溪常言照察工夫，他将阳明所说“良知常觉常照”[⑥]之功极尽发挥。《水西精舍会语》载：

> 一友问：“应物了，即一返照，何如？”（龙溪）曰：“是多一照也。当其应时，真机之发即照，何更索照？照而不

① ［明］王畿撰，吴震编校：《答王敬所》，《王畿集》第11卷，第278页。

② ［明］王畿撰，吴震编校：《天泉证道纪》，《王畿集》第1卷，第2页。

③ ［明］王畿撰，吴震编校：《直说示周子顺之》，《王畿集》第17卷，第497—498页。

④ ［明］王畿撰，吴震编校：《赵麟阳赠言》，《王畿集》第16卷，第446—447页。

⑤ ［明］王畿撰，吴震编校：《与吴中淮》，《王畿集》第12卷，第310页。

⑥ 陈荣捷：《传习录详注集评》，第171条，第245页。

随，何待于返？”①

龙溪意谓，心体应物时并没有一个对象化的“索照”过程：先产生一个随境波动的意念，再由第二个意念觉察第一个意念，那已经不是原本的心体返照了。原本的返照是在一念发动的将动未动之初，当下即发即照，照而不随，非念动而后照。耿宁也认为“一念自反”不是一种对象性反思，“而是暗示一种集中关注、一种对自身还在现时进行之中的意识或体验的内化和深化。”② 如是，“其几只在一念发动处，自照自察，一毫瞒他不得”，“只从一念入微处讨生死，全体精神，打并归一，看他起处，看他落处，精专凝定，不复知有其他”，“一念惺惺，冷然自照”，“寂照含虚，无二无杂”③，心体当下的自照自察，始终保持着观照对境之绝待无倚的超越维度。这也保证了意念稍有偏离心体时，便“才动即觉，才觉即化”，即龙溪称道颜子的“不远复”之功：“人知未尝复行为难，不知未尝不知为尤难。颜子心如明镜止水，纤尘微波，才动即觉，才觉即化，不待远而后复，所谓庶几也。”④ 它要求心体对意念时刻保持观照，哪怕有纤尘微波之偏离，也能随时照察并当下融归心体，不待偏离甚远而后复。如是，才能“时时保守此一念”。“未尝不知为尤难”体现的是心体如明镜止水般清澈、绝待的高深观照工夫。

正因龙溪之功始终不落二元对待的经验意识层面，他才说

---

① ［明］王畿撰，吴震编校：《水西精舍会语》，《王畿集》第3卷，第64页。

② ［瑞士］耿宁：《人生第一等事——王阳明及其后学论“致良知”》，702页。

③ 以上引文分别见［明］王畿撰，吴震编校：《与吴中淮》，《王畿集》第12卷，第310页；《答李渐庵》，《王畿集》第11卷，第271页；《答刘抑亭》，《王畿集》第11卷，第298页；《答刘凝斋》，《王畿集》第11卷，第273页。

④ ［明］王畿撰，吴震编校：《与阳和张子问答》，《王畿集》第5卷，第124页。

"无工夫中真工夫""无修证中真修证"[①]，并对任何经验性的认知、对象化的把捉保持警惕，"凑泊""安排""拣择"都是落入对待、执着的用功误区："一念灵明，洞彻千古，一切世情习气，原自凑泊不上"，"才涉安排，即为憧憧"，"凡在名目上拣择、形迹上支撑、功能上凑泊，而非盎然以出者，皆有所为而然也。"[②]反对者批评见在良知无须工夫或工夫太易，实是不能契会这一体认维度所致。

## 四、双方体认维度之别

在阳明学者的工夫实践中，"致良知须以悟得良知本体为前提……阳明后学的'致良知'谈论，乃以如何'悟良知本体'为本质性的关键工夫"[③]。诚然，双江、念庵与龙溪一样强调立根于心体用功，但其工夫起点却是从未悟之因地层面展开的："故知善知恶之知，随出随泯，特一时之发见焉耳。一时之发见，未可尽指为本体。则自然之明觉固当反求其根源。"[④] 故须"从见在寻源头"——这显然是认识者把握一个认识对象的二元识度——因苦于"当下一念"在经验意识中随时会被遮蔽，故预设良知为某个对象性的存在，从而将当下一念的良知向上翻转为超越层不为分别意识所扰动的"寂体"来求取。对于双江、念庵所预设的形

① 以上引文分别见［明］王畿撰，吴震编校：《与存斋徐子问答》，《王畿集》第6卷，第146页；《答吴悟斋》，《王畿集》第10卷，第248页。

② 以上引文分别见［明］王畿撰，吴震编校：《与萧来凤》，《王畿集》第12卷，第326页；《答李渐庵》，《王畿集》第11卷，第272页；《与胡柏泉》，《王畿集》第10卷，第265页。

③ 林月惠：《阳明与阳明后学的"良知"概念——从耿宁〈论王阳明"良知"概念的演变及其双义性〉谈起》，《哲学分析》2014年第4期，第12页。

④ ［明］罗洪先：《甲寅夏游记》，《石莲洞罗先生文集》第12卷，第36页。

上未发寂体，龙溪批评其“以寂为外、以感为内，而于内外之间别有一片地界可安顿也”，“别有一个虚明不动之体以为主宰”；对于双江、念庵所主归寂、专内以涵养未发心体的工夫路数，龙溪批评其“别求未发之时，故谓之茫昧支离”[①]。从其反复强调的“别有”“别求”字眼可知，龙溪所批评的是一种“二见”的认知和实践方式。他在对念庵主静说的批评中言之甚详：

> 若曰吾惟于此处收敛握固，便有枢可执，认以为致知之实，未免犹落内外二见……然才有执著，终成管带。只此管带，便是放矢之因。比之流转驰逐虽有不同，其为未得究竟法，则一而已……骊龙护珠，终有珠在。以手持物，终日握固。会有放时，不捉执而自固，乃忘于手者也。惟无可忘而忘，故不待存而存，此可以自悟矣！[②]

“收敛握固”“有枢可执”“以手持物”“终成管带”都指向有把捉的对象化体认方式，龙溪谓之“二见”。相比于“无可忘而忘，不待存而存”的究竟无为境界，无论是执着求取还是放任驰逐都不脱对象性之维度。这一点，念庵随着践履工夫的深入也渐渐意识到了。他晚年超出了主静归寂说，转为主张收摄保聚说，并在家乡主持丈田的活动中以收摄保聚之功打通动静。龙溪在肯定念庵工夫“得手”的同时，仍谓“略存一毫知解……略着一些影子，尚须有针线可商量处”[③]，“终是有收有制之功，非究竟无为

---

① 以上引文分别见［明］王畿撰，吴震编校：《致知议辨》，《王畿集》第6卷，第134、136、140页。

② ［明］王畿撰，吴震编校：《答罗念庵》，《王畿集》第10卷，第234页。

③ ［明］钱德洪：《答论年谱书（六）》，《王阳明全集》第37卷，第1374页。

之旨也。”[①] 这“略存”“略着”的小问题在于，此时念庵虽悟得心体，但在本体层面仍未化掉“有收有制”的对象化把捉痕迹，距离究竟无为的良知化境尚有一间未达。也只有到龙溪这般明澈无待的工夫境地，才能如此纤尘毕照，看到念庵之工夫仍有未脱“二见”的痕迹在。故龙溪反复申说的“忘却分别二见”“不落动静二见”“忘得能所二见”“不坠有无二见”[②]，无不指向泯去对待、心体直显的原初意识。

同时，龙溪十分清楚他与双江、念庵体认方法之差异症结，正在于后者尚未契会良知本体及其独特的体认维度。其谓：

> 但以为近来讲学之弊，看得良知太浅，说得致良知功夫太易。良知万古不息，吾特顺之而已。其有所存照，有所修持，皆病其为未悟良知本体。[③]

龙溪自知“当下一念自反”是高明一路，故当耿天台问“当下亦有未认处否”时，龙溪答：“当下亦难识，非上根不能。”[④] 又说一念工夫乃“中人以上境界，非一蹴所能至”。然而，“不论钝根利器，皆须如此行持，此万古人心之本体”[⑤]。龙溪在指点刘狮泉用功方法时也说：“见但忘却分别二见，功夫自然归一。”[⑥] 本体

① ［明］王畿撰，吴震编校：《松原晤语》，《王畿集》第 2 卷，第 42 页。

② 以上引文分别见［明］王畿撰，吴震编校：《与狮泉刘子问答》，《王畿集》第 4 卷，第 81 页；《与刘凝斋》，《王畿集》第 11 卷，第 274 页；《书见罗卷兼赠思默》，《王畿集》第 16 卷，第 475 页；《答王敬所》，《王畿集》第 11 卷，第 277 页。

③ ［明］王畿撰，吴震编校：《别曾见台漫语摘略》，《王畿集》第 16 卷，第 464 页。

④ ［明］王畿撰，吴震编校：《留都会纪》，《王畿集》第 4 卷，第 89 页。

⑤ 以上引文分别见［明］王畿撰，吴震编校：《趋庭漫语付应斌儿》，《王畿集》第 15 卷，第 440 页；《答万履庵》，《王畿集》第 9 卷，第 217 页。

⑥ ［明］王畿撰，吴震编校：《与狮泉刘子问答》，《王畿集》第 4 卷，第 81 页。

法尔如是，故对于未悟本体的学者而言也须建立“不二”的思想和行持维度。因为在龙溪看来，从二元对待的经验意识返归“独知”之体的工夫途径，不可能是同质同层的渐进过程。其谓：

> 但其间煞有机窍。若不得其机、不入其窍，虽终日检点矜持，只成义袭之学。且如司马君实平生无妄语，心事可质神明，名重四夷，岂非世间豪杰之士？但一念入微未得稳贴，每疚于心，时常念个“中”字，未免又为“中”所缠缚，其拟《玄》作《潜虚》，亦是系心之法，以其未得机窍也……若悟得时，中不待念，虚不待潜，反身而求，无不具足。①

既便司马光已至“平生无妄语，心事可质神明”的道德造诣，工夫仍不脱“系心”“检点矜持”的对象化把捉，未能于一念入微处当下返归心体。而在龙溪看来，一念回返心体的“机窍”，就是他反复申说的“信得及良知”。

## 五、如何“信得及良知”

就精神活动而言，无论是宗教信仰还是价值信念，“信”都是开启并实践它的首要条件。从字源上看，《说文解字》将“信”与“诚”互训；“诚”者，“敬也”（《广雅》）；“纯也，无伪也，真实也”（《增韵》）。《尚书·太甲》言：“鬼神无常享，享于克诚。”《左传》释云：“言鬼神不系一人，能诚信者则享其祀。”在

① ［明］王畿撰，吴震编校：《与潘水帘》，《王畿集》第9卷，第219页。

古典语境中，“诚”“信”唤起的是真切纯一、无伪无杂的心灵力量，甚至可以超越经验世界，开启天道，沟通鬼神。与一般宗教的对象化信仰崇拜所不同的是，阳明学者对良知的信仰，已将信仰对象（天理、良知）内化到精神主体之中，与精神主体合一。如本文开头所引的龙溪之言，若信得及时，良知当下具足，人人可为尧舜。故“信得及”并非一种对象化的信仰，而是对于良知人人本具、本无污坏的自我肯信、自我认同。此“自我认同”同时指向“依良知而行”的“行动抉择”，故良知发用的实践动力是当下具足，不必外求①。龙溪对此言之甚详：

> 若信得及时，全体精神收摄来，只在此一处用，针针见血，丝丝入理，神感神应，机常在我……一切嗜好，自然夹带不上；一切意见，自然搀搭不入。
>
> 于此信得及、悟得彻，直上直下，不起诸妄。②

由“信得及良知”而带动起大雄猛气象和念念纯一无杂的定力，才能“全体精神收摄来”，才可冲破欲根习心的遮蔽、经验意识的束缚当下返归心体；才能“直下归根承受”，“时时从良知上照察”③，直下契入心体自证自知的维度。故龙溪与人论学时，每语“诸君果信得良知及时”④，又以学不得力的原因为“信心不及”：

> 吾人学问未能一了百当，只是信心不及，终日意象纷

---

① 见林月惠：《王龙溪“见在良知”释疑》，前揭书，第192页。

② 以上引文分别见［明］王畿撰，吴震编校：《与唐荆川》，《王畿集》第10卷，第267页；《直说示周子顺之》，《王畿集》第17卷，第498页。

③ 以上引文分别见［明］王畿撰，吴震编校：《答邹东廓》，《王畿集》第9卷，第201页；《金波晤言》，《王畿集》第3卷，第65页。

④ ［明］王畿撰，吴震编校：《闻讲书院会语》，《王畿集》第1卷，第6页。

纷，头出头没，有何了期？

若不信得这些子，只在二见上凑泊支持：下苦工时，便是有安排；讨见成时，便成无忌惮，未免堕落两边。其为未得应手，则一而已。①

“信不及良知”意味着缺乏充足的道德实践动力，无法从“意象纷纷，头出头没”的经验意识湍流超脱出来，也就无法超越二元对待的经验认知模式，要么执着于强力刻意的安排把捉，要么沉沦于大撒把式的肆无忌惮，总是堕入对待之见，未能“应手”。故王龙溪评价念庵说：“此方今第一人也，奈于当下良知尚信不及耳”②，深憾念庵未能契会良知的体认维度。故当龙溪自豪地说：“师门‘致良知’三字，人孰不闻，惟我信得及”③ 时，实大有深意在。《中庸》言：“诚者，天之道也。诚之者，人之道也。”“信得及”是以至深至纯的精神力量化除一切对待，以“诚之”而合于“诚”，直显天道，自我圆成。龙溪所谓“自信之真机”④，也是由人返天、由对待返归绝待之“真机”。

“信得及良知”的道德行动力所至达的深度与纯度，固然为一般人难以企及；其自我肯信、自我圆成的体认维度，固然难以契会；但在龙溪看来，顿悟良知的大门并非就此为中下根器的学者关闭，因为“道力业力，本无定在，相胜之机，存乎一念，觉与不觉耳”。其出脱之机，说到底还是在于能否由当下一念提起

---

① 以上引文分别见［明］王畿撰，吴震编校：《三山丽泽录》，《王畿集》第1卷，第10页；《答赵尚莘》，《王畿集》第9卷，第226页。

② ［明］耿定向：《观生记》，《北京图书馆藏珍本年谱丛刊》第50册，北京：北京图书馆出版社，1999年，第36页。

③ ［明］王畿撰、吴震编校：《遗言付应斌应吉儿》，《王畿集》第15卷，第442页。

④ ［明］王畿撰，吴震编校：《答胡石川》，《王畿集》第9卷，第209页。

自信本心的觉性。如是，“吾人只是挨门就臼，挨来挨去，忽然得个着落，便是小歇脚”，此后“信心渐深，功行渐熟，遇境不动，微动即觉，不为所碍，方见有所得力处。久久惯习，触处逢源，方见无可用力处”[①]。说到底，渐修之路一样要不断地以“信得及”之力来提撕、觉醒良知。广义而言，“信得及良知”可以说是致良知教的共法，同样为其他阳明学者重视[②]。龙溪则将其升格为致良知教最重要的工夫口诀和法门，彰显了最充足的道德实践动力和最强烈的道德主体性。

## 六、结 语

“念念致其良知”何以可能？王龙溪与聂双江、罗念庵等反对者们的分歧焦点何在？在学界以往的解释中，就心学内部而言，可从双方工夫路径之顿与渐、功行程度之熟与生、自然与勉然等方面诠释[③]；在思想方法上，也往往析之以一元论与二元论

① 以上引文分别见［明］王畿撰，吴震编校：《答李渐庵》，《王畿集》第 11 卷，第 271 页；《留都会纪》，《王畿集》第 4 卷，第 89 页；《与张含宇》，《王畿集》第 12 卷，第 307 页。

② 如念庵也说：“学问争差，只在疑信。才承当，便能信。才退缩，便作疑。”（［明］罗洪先：《与萧云皋》，《念庵文集》第 3 卷，第 64 页）邹东廓云：“今若信吾全善真体，原是帝衷，则种种习气，不肯勇除，直是获罪上帝，无可躲闪。”见［明］邹守益撰，董平编校：《简刘晴川》，《邹守益集》第 12 卷，南京：凤凰出版社，2007 年，第 590 页。

③ 龙溪在评价念庵的收摄保聚说时，即以“自然”“勉然”两种工夫形态暗喻他与念庵工夫路径的差别：“（良知）乃其天机之神应，原无俟于收摄保聚而后有，此圣学之脉也。虽尧舜之生知安行，其焦劳怨慕，未尝不加困勉之功，但自然分数多，故谓之生知安行。愚夫愚妇，其感触神应，亦是生知安行之本体，但勉然分数多，故谓之困知勉行。及其知之成功，一也。”见《致知难易解》，《王畿集》第 8 卷，第 191—192 页。

思维模式的差异[①]。就心学外部而言，与“见在良知”说渊源最深的当属禅宗的顿悟法门。“信得及”“直下承当”“本来具足”“无念为宗”等工夫要旨，几与顿悟禅法在形式上等同[②]。本文从见在良知的非对象化体认维度入手，则龙溪与双江、念庵在工夫体认和思想方法的根本差异得以更为清晰地彰显：良知本体是非对象性、自证自知的“独知”，只可直观地呈现，不可对象化地求取。它显现于“当下一念”，这“当下”不是与过去、未来相对待的时间之流里的“现在”，这“一念”也不是经验意识之流中的“一个念头”，而是未有相见二分对待、未成是非善恶分别之前的“心体之念”。“当下一念自反”即心体直接显现在前的现量境。它的运动方式是无对待的“直心以动”，它感应万物的方式是泯合能所的“自照自察”，即便受外境扰动而有所偏离本体，也能才动即觉，不远而复。而通向这一境地的契机便是“信得及良知”，以精诚专一之信力纯化意识，化去对待，回返本真。如是，“念念致其良知”之“其”即是良知自身或意识自体，“念念致其良知”是意识自体的自信、自知、自证、自反、自主、自照、自察。龙溪在“当下一念”中，将意识自体之泯合能所、自我圆成的体认维度发挥得淋漓尽致。这一体认维度化去了对象化的认知与求取，故云“本来易简。”[③] 儒家心性体认的“不二”维

① 参见彭国翔：《良知学的展开——王龙溪与中晚明的阳明学》，第330－343页。

② 如《圆悟禅师心要》（弘学等整理：《圆悟克勤禅师——碧言录·心要·语录》，成都：巴蜀书社，2006年）言：“直下不起一念，脱体承当”（卷上《示升禅人》，第267页），“佛祖以禅道设教，唯务明心达本。况人人具足，各各圆成……若是宿昔蕴大根利智，便能于脚跟直下承当，不从他得”（卷下《示吴教授》，第331页），“放得下，信得及，活泼泼，无窠臼，廓然及得净尽，承当担荷”（卷下《示从大师》，第301页），“深根固蒂，信得及，了得彻，虚寂灵明，不动不变为基址”（卷下《示鲁叟》，第316页），“彻底信得及，直下把得住，始可印证”（卷上《示隆知藏》，第231页）。

③ ［明］王畿撰，吴震编校：《滁阳会语》，《王畿集》第2卷，第35页。

度可远绍孟子所主的“仁义行”，王龙溪则是对这一体认维度最为敏锐、陈义最高，也最精微的阳明学者。他不像一般儒者那样在为善去恶的意识活动中用功，而是直接从先天心体立根，超越了能所对待的经验意识活动阶段，转识成知，直显本体：“良知之与知识，其端甚微，其辨甚精，非夫豪杰之士，超然于二见之外，能转识为知者，何足以与此？”龙溪甚至宣称：“二见纷纭而圣学始亡，道之不明于世，有自来矣！”① 而心体自知自证所彰显的“不二”维度，意味着人性原本就是一种超越性的存在，精神恒久在当下能动地显现并创造，“变动周流，不为典要，日应万变而心常寂然。无善无不善，是为至善；无常无无常，是为真常；无迷无悟，是为彻悟。此吾儒不二之密旨，千圣绝学也。”② 儒家心性工夫的超越性、主体性意涵在此发挥至极，至高意义的为己之学可以在这样的视野中呈现。

（本文原刊于《中山大学学报》2015 年第 3 期）



---

① 以上引文分别见［明］王畿撰，吴震编校：《水西同志会籍》，《王畿集》第 2 卷，第 37 页；《答茅治卿》，《王畿集》第 9 卷，第 229 页。

② ［明］王畿撰，吴震编校：《不二斋说》，《王畿集》第 17 卷，第 493 页。

# 孔子的“分两”

## ——析王阳明“精金喻圣”及其受到的批评

张清江（中山大学哲学系）

在儒家文化传统中，成圣是修身工夫追求达到的目标，这在宋明理学家那里尤其如此。理学家在学理上充分地阐发了人之成圣的可能性，也在工夫论上注重更严格地通过日常生活中道德意识的反省缩小与圣人之间的距离。可以说，“圣人”是宋明理学关注的核心。不过，在儒家的话语系统下，圣人不只是理论上的理想目标，而且是有着真实的历史存在，伏羲、尧、舜、文、武、周公和孔子，都是儒家传统公认的大圣人，而有关这些圣人之间的区别和优劣，也一直是儒者讨论的话题之一。在这些讨论中，最著名的应该是明代大儒王阳明在回答弟子提问时所作的“精金”比喻。围绕这个比喻，不管是阳明自己的弟子，还是朱子学的信奉者，都有进一步的追问和批评。那么，阳明这个比喻所要表达的核心关切是什么？为何会引起朱子学者的强烈愤慨？这种差异可以说明什么？对这些问题的回答，不能简单地一带而过，而是要回到文本，通过可靠的文献解读，才能更清楚地展示这个批评和争论中蕴含的问题所在。下文的分析会说明，这个争论并非无关紧要，而是反映着两派学者在修养工夫上的深刻差别。

## 一、本喻："成色"与"分两"

阳明对圣人的比喻，见于《传习录》卷上。问题源于阳明大弟子蔡希渊的问题：伯夷、伊尹与孔子之间有才力上的差别，但他们同称为圣人理由何在？这个问题的本质，是在询问圣之为圣的标准。借着对于这个问题的回答，阳明讲出了他对圣人的看法：

> 圣人之所以为圣，只是其心纯乎天理而无人欲之杂。犹精金之所以为精，但以其成色足而无铜铅之杂也。人到纯乎天理方是圣，金到足色方是精。然圣人之才力，亦有大小不同，犹金之分两有轻重。尧、舜犹万镒，文王、孔子犹九千镒，禹、汤、武王犹七、八千镒，伯夷、伊尹犹四、五千镒。才力不同，而纯乎天理则同，皆可谓之圣人。犹分两虽不同，而足色则同，皆可谓之精金。以五千镒者而入于万镒之中，其足色同也。以夷、尹而厕之尧、孔之间，其纯乎天理同也。盖所以为精金者，在足色，而不在分两。所以为圣者，在纯乎天理，而不在才力也。故虽凡人，而肯为学，使此心纯乎天理，则亦可为圣人。犹一两之金，比之万镒，分两虽悬绝，而其到足色处，可以无愧。故曰"人皆可以为尧舜"者以此。学者学圣人，不过是去人欲而存天理耳。犹炼金而求其足色，金之成色所争不多，则锻炼之工省，而功易成。成色愈下，则锻炼愈难。人之气质清浊粹驳，有中人以上、中人以下，其于道有生知安行、学知利行，其下者必须人一己百、人十己千，及其成功则一。后世不知作圣之本是

纯乎天理，欲专去知识才能上求圣人，以为圣人无所不知，无所不能，我须是将圣人许多知识才能逐一理会始得。故不务去天理上着工夫。徒弊精竭力，从册子上钻研，名物上考索，形迹上比拟。知识愈广而人欲愈滋，才力愈多而天理愈蔽。正如见人有万镒精金，不务锻炼成色，求无愧于彼之精纯，而乃妄希分两，务同彼之万镒，锡、铅、铜、铁杂然而投，分两愈增而成色愈下，既其梢末，无复有金矣。[①]

阳明这段长论有两个密切关联的层次。首先是对圣人标准的界定，圣人之所以为圣，是因为“其心纯乎天理而无人欲之杂”。从内在道德人格的角度定义圣人，跟汉儒从社会事功角度的看法大相径庭，却是宋儒普遍的看法，例如，朱熹就曾有过类似的说法：“凡所谓圣者，以其浑然天理，无一毫私意”[②]。由此标准出发，阳明引出了对圣人的“精金”比喻。这个比喻有两个关键词：“成色”和“分两”。圣人是成色足的纯金，圣之为圣只在于“成色”的纯度，而跟“万镒”还是“一两”的“分两”无关。在阳明看来，“分两”代表人的才力，才力的差别并不影响成色纯度，古代诸圣在才力上有大小之别，由此导致了他们外在事功上成就的差异，但这差异并不影响他们同为圣人。阳明还具体说明了他对诸圣“分两”的评判，“尧、舜犹万镒，文王、孔子犹九千镒，禹、汤、武王犹七八千镒，伯夷、伊尹犹四五千镒。”下面会看到，正是这个论断招致了朱子学者的强烈不满。

第二个层次涉及学者如何为学以成圣。既然圣人在乎内心的

① 陈荣捷：《王阳明〈传习录〉详注集评》，台北：台湾学生书局，1983年，第119—120页。

② 朱熹撰，黎靖德主编，王星贤点校：《朱子语类》，北京：中华书局，1986年，第340页。

纯乎天理而无人欲之私，那么学者的为学工夫，自然应当集中于“存天理、去人欲”，从日用实践上着手，切实在事上用功，虽然个人的气质不同，但通过为学都能够达到纯乎天理的圣人之境，这在宋儒也是普遍的看法。阳明继而批评了朱子学派的为学取径，即从“知识才能”上去求圣人，在阳明看来，这样做无疑是舍本逐末，徒费精力，并没有抓住成圣的要害。显然，阳明在这里将追求知识等同于追求分两，因而认为其无益于成色的锻炼，知识的累积反而会让人产生负累，甚至滋长人欲，这样的追求会障蔽天理，等于在精金之中掺杂锡、铅、铜、铁等物，这些杂物的“分两”越多，金的成色便会越低。不过，由“存天理、去人欲”的为学主张，到对朱子学派为学工夫的批评，中间显然有一个跳跃，因为朱子同样坚定地主张要“存天理、去人欲”，换言之，由“存天理、去人欲”并不能马上逻辑地推出否定朱子工夫论的说法，阳明以“后世不知作圣之本是纯乎天理”作为反对朱子工夫论的依据，似乎有失公允。

鉴于阳明的言说对象是跟随自己多年的弟子，这种跳跃显然可以理解，因为他们分享着共同的话语背景。弟子们很明白阳明这样说的意思和目的，据《传习录》记载，“时曰仁在旁，曰：‘先生此喻，足以破世儒支离之惑，大有功于后学。’”显然，弟子对阳明的论述目标有着清晰的把握：在朱子学说占据主流话语地位的时代，阳明要倡导自己的为学工夫进路。不过，从朱子学说拥趸者对阳明这个比喻的反驳来看，工夫进路却并没有成为关注的焦点，其原因耐人寻味。先来看这个比喻所引起的朱子学者的批评。

## 二、“以孔子为九千镒者，小孔子者也”

以金喻圣，并非始自阳明。汉人孔融作《圣人优劣论》，即以“金之优者，名曰紫磨，犹人之有圣也”，章太炎认为，阳明此喻正是“变形于孔融者”[①]。以“精金”喻人之“纯粹”，亦见于程颐所作《明道先生行状》[②]。甚至朱熹本人也有极相似的比喻：

> “所谓诚其意者，毋自欺也。”注云：“心之所发，阳善阴恶，则其好善恶恶，皆为自欺，而意不诚矣。”而今说自欺，未说到与人说时，方谓之自欺。只是自家知得善好，要为善，然心中却觉得微有些没紧要底意思，便是自欺，便是虚伪不实矣。正如金，已是真金了，只是锻炼得微不熟，微有些渣滓去不尽，颜色或白、或青、或黄，便不是十分精金矣。[③]

朱子这里以“锻炼”“十分精金”作为“诚意”工夫的目标，去除“渣滓”正是阳明所讲的锤炼“成色”，因而，对于阳明的比喻本身，朱子亦不会否定，只是二者在如何锤炼的具体进路上有根本差异，这从阳明对朱子为学进路的一再批评即可看出。在朱熹的为学进路中，对知识的追求就是锻炼“成色”，因为“知

① 章炳麟：《訄书》，北京：华夏出版社，2002年，第40页。

② 程颐、程颢：《二程集》，北京：中华书局，2004年，第637页。

③ 朱熹撰，黎靖德主编，王星贤点校：《朱子语类》，北京：中华书局，1986年，第328页。

先行后”，只有对事物有了知识，才能懂得如何恰切地行动。由此，从这个比喻本身及阳明的关注点来说，它跟朱熹的思想理路在根本上并没有差别，同样是要人“存天理、去人欲”，达到“此心纯乎天理”的目标。不过，后来的朱子学者对于阳明这个比喻却表现得极为愤慨，但其焦点并不在于为学进路的争辩上，而是聚焦于阳明对孔子“分两”的判定上。

先来看比阳明稍后的朱子学者陈建（1497—1567）在《学蔀通辨》中的激烈批评：

> 《传习录》又谓：“尧舜犹万镒，文王、孔子犹九千镒，禹、汤、武王七八千镒。”信斯言，则文王孔子均未得为至圣矣。阳明之猖狂无忌惮甚矣。呜呼！阳明一生所尊信者，达磨、慧能，而于孔、曾、思、孟皆有所不满，颜子非有喟然一叹类其禅见，亦不能免于阳明之疑矣。朱子所谓是犹不敢显然背叛，而其毁冠裂冕、拔本塞源之心，固已窃发，一种心髓，大抵皆然。①

陈建这段话的背景，是批评阳明“颜子没而圣学亡”的说法，认为他轻慢了“孔、曾、思、孟”这些“道统”人物，而以自己直继“孔颜之绝学”，实在是“猖狂无忌惮”。在陈建看来，阳明对孔孟诸人的不满，源自其自身所信奉的“禅见”。对阳明“近禅”的判定，是朱子学者常见的批评。晚清理学名家罗泽南（1807—1856）在《姚江学辨》中即承续陈建的批评指出，“孔子之圣，先民未有，贤于尧舜远矣。宰我言之，孟子述之，盖其为

① 陈建：《学蔀通辨》（二），王云五主编丛书集成初编，商务印书馆，出版年份不详，第125页。

圣虽同，事功则有异。尧舜之道行于一时，孔子之教实已及于万世也”，“且孔子之德固至盛也，而其才力亦冠绝乎古今。”因而，阳明的精金之喻，认为“孔子之才力较尧舜为不及”，实是自身“顿悟”之学而轻视孔子“下学而上达”之教，是“以佛氏之邪说定圣人之品诣。”①

显然，这些批评的依据，涉及朱子对于“道统”的认定及对孔子地位的看法，其具体内容下面会有详细展开。另一位对阳明“以孔子为九千镒”做出激烈批评的，是冯柯（1523—1601）：

> 尧舜者，得位得时之孔子也，孔子者，不得位不得时之尧舜也，尧舜孔子只一般。以孔子贤于尧舜者，私孔子者也，固非也。以孔子为九千镒者，小孔子者也，尤非也。阳明见德章未安之疑，遂亦不敢自安，遁而以躯壳起念之说，使替圣人争分两为躯壳起念，则阳明前日以分两喻圣人者，独非躯壳起念乎？既自以为不从躯壳起念，不替圣人争分两，何不以孔子为万镒，尧舜为九千镒乎？要之，万镒为多、九千镒为少者，多多少少，余之所知也。万镒不为多、九千镒不为少者，以多为少、以少为多，余之所不知也。余固知其为遁也，欲以自救其九千镒之说，故为是澜翻之辩，而终不能使九千镒之为万镒也，吾是以又知其穷也。②

跟陈建和罗泽南的说法一致，冯柯的主要批评，也是认为阳明给孔子的“分两”不够。在冯柯看来，孔子与尧舜“一般”，同是儒家历史上的至圣，“以孔子为九千镒者，小孔子者也，尤

---

① 罗泽南：《罗泽南集》，长沙：岳麓书社，2010年，第269—270页。

② 冯柯：《求是编》，《丛书集成续编》第188册，台北：新文丰出版公司，1988年，第741—742页。

非也”，而阳明批评刘德章“从躯壳起念，故替圣人争分两”（详见下文第三部分），也不过是“不敢自安”的遁词。

显然，这几位朱子学者众口一词，集中批评阳明“精金喻圣”中对孔子分两的判定，认为阳明轻看了孔子，无视孔子在儒家历史中的核心地位，是猖狂的表现。那么，这样言辞激烈的批评，对于阳明是否公允？阳明“精金喻圣”的核心在哪里？其实，朱子学者的批评，在王门内部也曾被反复提及，阳明自己的学生也不断向老师追问，“以孔子为九千镒”的依据何在。

## 三、“替圣人争分两”

对于阳明关于圣人的“精金”比喻，后来的朱子学者多不满意，纷纷加以批驳。细观这些批评言论，其焦点并不在于“精金”比喻本身，也不在阳明对朱子为学进路的批评，而是集中在阳明对孔子分两的评判上。不过，这种质疑并非始于朱子学者，王门弟子对于“孔子九千镒”的论断也颇有疑惑：

> 德章曰：“闻先生以精金喻圣，以分两喻圣人之分量，以煅炼喻学者之工夫。最为深切。惟谓尧舜为万镒，孔子为九千镒。疑未安”。先生曰：“此又是躯壳上起念，故替圣人争分两。若不从躯壳上起念，即尧舜万镒不为多，孔子九千镒不为少。”①
>
> 童克刚问：“《传习录》中以精金喻圣，极为明切。惟谓

① 陈荣捷：《王阳明〈传习录〉详注集评》，台北：台湾学生书局，1983 年，第 128—129 页。

孔子分两不同万镒之疑，虽有躯壳起念之说，终是不能释然。”①

在弟子看来，“精金喻圣”恰切地传达了为学工夫及目标，“极为明切”，只是阳明对诸圣分两的评判略有“未安”。显然，无论刘德章还是童克刚都认为，有问题的说法是“孔子九千镒”，因为相比尧舜的“万镒”，孔子的“分两”似乎与其在儒者心目中的“分量”并不相称。《孟子》引述宰我的话称：“以予观于夫子，贤于尧舜远矣”（《孟子·公孙丑上》），已经将孔子的地位抬高到尧舜之上，以承继孟子心学自诩的宋明理学，对《孟子》一书极为重视，可是，阳明对孔子的判定，却为何相去如此之远？

表面看来，阳明这个判定与汉人的结论似乎一致。在汉人眼里，圣人是“德位兼备”的圣王，伏羲、神农、尧、舜，均是毫无疑义的上古圣王，孔子虽然也很伟大，但毕竟“有德无位”，只能称为“素王”。因而，《孟子》中宰我的断语，在汉唐时代是有限制的。按照何晏的注释，宰我之所以认为孔子贤于尧舜，是因为“以孔子但为圣，不王天下，而能制作素王之道，故美之，如使当尧舜之处，贤之远矣”②。换句话说，孔子有德无位，却能取得如此成就，要是能拥有尧舜那样的位置，其成就必定超出尧舜很多。在何晏看来，宰我这句话是一句基于假设的推论，是为了赞颂孔子，而在现实中，孔子的功绩确实比不上尧舜。从才力的角度上说，汉人对于“尧舜万镒、孔子九千镒”的说法，应当会予以接受。

不过，阳明的判定并非来自汉人。这要感谢童克刚的坚持，

① 陈荣捷：《王阳明〈传习录〉详注集评》，台北：台湾学生书局，1983年，第409页。

② 焦循撰，沈文倬点校：《孟子正义》，北京：中华书局，1987年，第217页。

在刘德章“替圣人争分两”之后继续一再追问，促使阳明最终将依据加以说明。原来，阳明对于圣人“分两”的衡定，源自诸圣对易道的精通程度：

> 伏羲作易，神农、黄帝、尧、舜用易。至于文王演卦于羑里，周公又演爻于居东，二圣人比之用易者似有间矣。孔子则又不同，其壮年之志，只是东周，故梦亦周公，尝曰“文王既没，文不在兹乎?”自许自志，亦只二圣人而已。况孔子玩易，韦编乃至三绝，然后叹易道之精，曰：“假我数年，五十以学易，可以无大过。”比之演卦演爻者更何如?更欲比之用易如尧舜，则恐孔子亦不自安也。其曰“我非生而知之者，好古以求之者”，又曰“若圣与仁，则吾岂敢?抑之为不厌”。乃其所至之位。①

易道精微，向来是儒家思想的精深所在。在阳明看来，尧、舜可以熟练地运用易道，到了文王、周公那里已经需要加以进一步解释和推演，孔子更是到了晚年才能够理解易道的精微，因而更不能与尧舜相比。但显然，对阳明来说，他做这个比喻的主要目的，并非要说明圣人之间的优劣，而是意在教导弟子将注意力集中在锤炼“成色”上面，不要过分追求“分两”，但弟子们一再地“替圣人争分两”，让阳明也很无奈，他叹息说，“早知如此起辨生疑，当时便多说这一千也得。”② 足见在阳明心目中，圣人之间“分两”的差异，实在不是他比喻的本意。在回答刘德章



① 陈荣捷：《王阳明〈传习录〉详注集评》，台北：台湾学生书局，1983 年，第 409 页。

② 陈荣捷：《王阳明〈传习录〉详注集评》，台北：台湾学生书局，1983 年，第 409 页。

时，王阳明再次强调了精金比喻的主要用意：

> 尧舜万镒，只是孔子的。孔子九千镒，只是尧舜的。原无彼我。所以谓之圣，只论精一，不论多寡。只要此心纯乎天理处同，便同谓之圣。若是力量气魄，如何尽同得？后儒只在分两上较量，所以流入功利。若除去了此较分两的心，各人尽着自己力量精神，只在此心纯天理上用功，即人人自有，个个圆成，便能大以成大，小以成小。不假外慕，无不具足。此便是实实落落，明善诚身的事。后儒不明圣学。不知就自己心地良知良能上体认扩充。却去求知其所不知，求能其所不能。一味只是希高慕大。不知自己是桀纣心地。动辄要做尧舜事业。如何做得？终年碌碌，至于老死。竟不知成就了个甚么。可哀也已。①

人的力量精神不同，所能成就的事功自然不同，因而，计较分两只会流入"功利"，在阳明看来，人人自有圆成，通过扩充自心的良知良能，自能达到"纯乎天理"，达致圣人之境，一味地"希高慕大"并不能为自己的"成色"带来改变。由此可见，这个比喻的主要焦点在于工夫论，是要学者着意锤炼自家"成色"，在良知上体认扩充。

可以看出，阳明比喻的要旨，并不在评定圣人之间的优劣，阳明自叹"多说这一千也得"，正说明他并不是以这些"分两"衡定圣人之高低，他对圣人之间分两的判定，实是基于他们对于精微易道的理解和把握。从这个意义上来说，后世朱子学者的批

---

① 陈荣捷：《王阳明〈传习录〉详注集评》，台北：台湾学生书局，1983年，第128—129页。

评可能是失焦的，并没有抓住问题的要害。不过，这种集体性的焦点偏离又恰恰最能够说明问题，因为它反映了朱子学者所关心的东西。何以他们不自觉地对于孔子的“分两”问题如此关心，而不去追究阳明本喻的良苦用心？这当然不能简单地从门户之见、意气用事的角度去看。王门弟子基于所认同的意义语境，无论如何尚能够认识到“以精金喻圣，以分两喻圣人之分量，以煅炼喻学者之工夫。最为深切”，但朱子学者则完全将焦点放在“以孔子为九千镒”上面。于是，问题在于，为什么朱子学者一定要为“孔子”的分两进行争辩？

## 四、“圣人贤于尧舜”

“精金之喻”涉及尧、舜、文王、孔子、禹、汤、武王等七位圣人，阳明给予尧舜的“分两”最重，而据阳明给出的依据，则“作易”的伏羲显然应该比尧舜分量更重。虽然阳明的本意并非据此为圣人排序，但这些“分两”给人的直接印象是有序位的，无论依据为何，它都说明孔子在阳明眼中有所不足，从这个意义上说，陈建说他“于孔……有所不满”是有道理的。但在朱子的思想系统中，先圣孔子的形象则是完美的，地位也是独一无二的。

首先，跟象山、阳明主张的“圣人有过”说不同，朱熹相信，“圣人有过则不为圣人”，孔子所说“学易可以无大过”不过是圣人谦虚的说法[①]。朱熹尤其阐发了孔子的高大形象，认为圣

① 朱熹撰，黎靖德主编，王星贤点校：《朱子语类》，北京：中华书局，1986年，第886页。

人无所不知（而且是“生而知之”）、无所不能。对于《论语》中“子入太庙，每事问”的记载，朱熹解释说这是“虽知亦问”，是为了表示敬谨[①]。而对于孔子自述的“十五而有志于学”的历程，朱熹也认为是圣人的谦辞：“圣人生知安行，固无积累之渐，然其心未尝自谓已至此也。是其日用之间，必有独觉其进而人不及知者。故因其近似以自名，欲学者以是为则而自勉，非心实自圣而姑为是退托也。”[②]而且，圣人无所不能，“既曰圣人，则其多能必矣”[③]，“圣人无所不通，无所不能，哪个事理会不得”[④]。当然，这里的无所不知、无所不能并非基督教神学意义上形容上帝的“全知”“全能”，在儒家的语境中不存在超自然的能力，而是指圣人懂得如何恰切地处理世间事务，“圣人事事会”[⑤]，不会陷入不知如何抉择的困境中，也懂得如何诱导弟子成就美好的品德。而且，圣人所行，即代表天理的要求，不会过或不及，“圣人与理为一，是恰好”[⑥]，因而，圣人毫无过失，所行无不符合天理，“圣人万善皆备，有一毫之失，此不足为圣人”[⑦]，“圣人之德，自是无不备”[⑧]。类似这样的说法在《朱子语类》中比比皆

---

① 朱熹撰，黎靖德主编，王星贤点校：《朱子语类》，北京：中华书局，1986年，第623页。

② 朱熹：《四书章句集注》，北京：中华书局，1983年，第55页。

③ 朱熹撰，朱杰人、严佐之、刘永翔主编：《朱子全书》第06册，上海：上海古籍出版社；合肥：安徽教育出版社，2002年，第770页。

④ 朱熹撰，黎靖德主编，王星贤点校：《朱子语类》，北京：中华书局，1986年，第2830页。

⑤ 朱熹撰，黎靖德主编，王星贤点校：《朱子语类》，北京：中华书局，1986年，第959页。

⑥ 朱熹撰，黎靖德主编，王星贤点校：《朱子语类》，北京：中华书局，1986年，第145页。

⑦ 朱熹撰，黎靖德主编，王星贤点校：《朱子语类》，北京：中华书局，1986年，第232页。

⑧ 朱熹撰，黎靖德主编，王星贤点校：《朱子语类》，北京：中华书局，1986年，第2353页。

是，反映出在朱熹心目中孔子的完美人格。

前面说过，汉人以成就的外在事功作为圣人优劣的标准，到了宋代则以内在的道德人格作为主要依据。对阳明来说，不同圣人之间的差别，只是因为“才力”不同导致的“分两”不同，阳明所看重的，只是“成色”的精纯，因而，“一两”与“万镒”在根本上并无不同。在汉唐儒者眼里，《孟子》中宰我的评价不过是为了赞美孔子而做的假设之言，而对朱熹来说，“孔子贤于尧舜”是实实在在从事功的角度做出的评价，并不是基于假设的推论，只不过这个“事功”并非汉儒所理解的政治成就，而是对于“道”的传扬所做的贡献。在注释宰我这句话的时候，朱熹引程子的话说：“盖尧舜治天下，夫子又推其道以垂教万世。尧舜之道，非得孔子，则后世亦何所据哉?”[①] 因而，在朱熹眼里，平治天下固然是圣王的功业，但对这些典章制度加以整理以传之后世，同样非圣人所不能为，而且更为重要。正是孔子完成了这个工作，这也是他高出尧舜的地方：“圣人贤于尧舜处，却在于收拾累代圣人之典章礼乐、制度义理，以垂于世”[②]。前引罗泽南所说“尧舜之道行于一时，孔子之教实已及于万世也”，正是来自朱熹的这个看法。孔子这项工作的特殊重要之处，体现在“道统”与“道学”的关系中。

余英时指出，朱熹有意将“道统”与“道学”划分为两个历史阶段：自“上古圣神”到周公“内圣外王合而为一”的“道统”时代；孔子开创的“道学”时代，内圣与外王分裂为二[③]。

① 朱熹：《四书章句集注》，北京：中华书局，1983年，第234页。

② 朱熹撰，黎靖德主编，王星贤点校：《朱子语类》，北京：中华书局，1986年，第959页。

③ 伊利亚德著，杨儒宾译：《宇宙与历史：永恒回归的神话》，台北：联经事业出版公司，2000年，第7—15页。

换句话说，在朱熹的历史哲学中，先圣孔子不只是理想时代所一脉相承的“道”的继承者，更是现实时代儒者立身行道的典范和开创者。在《大学章句序》这篇文字中，朱熹尤其清楚地表达了这个“退化”的历史进程和孔子的伟大功绩①。在“德位兼备”的圣王统治已经成为上古的理想之后，如何在“无道”的现实世界努力延续“道”的传承，并活出不一样的道德生命，成为儒者尤其是宋明理学家关注的核心问题，而这个行为的“原型”不能来自上古圣王，只能在先圣孔子那里找到②。因而，在朱熹的说法中，孔子的位置甚至超过了上古“德位兼备”的圣王，成为“继往圣、开来学”的独特人物：“自是以来，圣圣相承，若成汤、文、武之为君，皋陶、伊、傅、周、召之为臣，既皆以此而接夫道统之传，若吾夫子，则虽不得其位，而所以继往圣、开来学，其功反有贤于尧舜者”③。

不过，如果只是因为朱熹对孔子比阳明更加敬重，似乎并不足以让后代的朱子学者群体性地忽略比喻的真髓，而纠缠于阳明并不重视的“分两”问题。更深层的原因在于，孔子的形象（“分两”）关系到朱子学派修身进路的合法性。

---

① 朱熹：《四书章句集注》，北京：中华书局，1983年，第1—2页。

② 伊利亚德指出，“对传统社会而言，所有生活上的重要行为都是诸神或英雄在‘原初’时启示的，人只是永无停止地重行这些典范事迹。”在伊利亚德眼里，古代人（宗教人）只有将自己的行为与某种超越自身的实在的行为联系起来，他们才会觉得自己的行为具有意义，只有通过不断地重复宇宙创生神话的范例，世俗的生命及活动才能得以“圣化”。这个被宗教人模仿和效法的原初行为，即是“原型”（archetype）。也就是说，在古人眼里，行为的意义不是来自行为本身的价值，而是因为它是跟原初的传统行为关联在一起，与神圣者的行为密切相关。在伊利亚德看来，对传统人而言，生活首先意指“按照超人类的模型、符合原型而生活”，他们会通过定期的仪式不断回返到“原型”的真实中，从而获得世俗生活的力量。参伊利亚德著，杨儒宾译：《宇宙与历史：永恒回归的神话》，台北：联经事业出版公司，2000年，第1—39、87—88页。

③ 朱熹：《四书章句集注》，北京：中华书局，1983年，第14—15页。

## 五、“学道便是学圣人”

众所周知，理学兴起后，“成圣”成为儒者追求的主要目标，“人皆可以为圣人”这种乐观的态度是宋明理学家的共同信仰，成为他们为学、教导的目标和动力。按包弼德的说法，“理学本质的核心是一种信仰”，一种对“统一性”的信仰[①]。在理学家看来，宇宙间存在一个“能为万象主”的“道体”，是宇宙的本然秩序，上古三代的“道统”即是“道体”化成人间秩序的历史见证。无论朱熹还是陆九渊，都坚定地秉持这个看法，这是他们的共同信仰或基本预设。只是在道体的体认上，朱、陆之间存在着“心”与“理”的根本差异[②]。在心学的语境下，心即是“道体”，具有超越时空的特性，因而陆九渊在鹅湖之会上对其兄“古圣相传只此心”的说法感觉“微有未安”，而易之以“斯人千古不磨心”。心不可传，只是自己本心的呈现，人人皆有超越而永恒的本心，返归此心，即见道体，即成圣人。在这个意义上，圣人只是发见、扩充自己本有的“四端”之心，就可以实现与天理的统一，用阳明的话说，就是“致良知”：“天理在人心，亘古亘今，无有终始，天理即是良知”[③]。因而，在阳明看来，圣人之间各不相同：“圣人何能拘得死格？大要出于良知同，便各为说何害？且如一园竹，只要同此枝节，便是大同。若拘定枝枝节节，都要

① 包弼德撰，王昌伟译：《历史上的理学》，杭州：浙江大学出版社，2009年，第171—190页。

② 余英时：《朱熹的历史世界：宋代士大夫政治文化的研究》，北京：三联书店，2004年，第23—29页。

③ 陈荣捷：《王阳明〈传习录〉详注集评》，台北：台湾学生书局，1983年，第337页。

高下大小一样，便非造化妙手矣。汝辈只要去培养良知。良知同，更不妨有异处。"[①] 换句话说，圣人只是在能够"致良知"这点上是相同的，其他方面则不必苛求。这种看法的逻辑推论是，对于往昔圣人的行为，儒者并不需要刻意去模仿，重要的是通过向内寻求（"求之于心"），朗现此心的全体大用。由此，就序列而言，圣人、经典的地位比不上"道"，由"尊道"可以"离经"，甚至可以否定圣人的说法。

与阳明的看法不同，朱熹相信，圣人是恒常天理的体现者，是"道"在人间的代表，因而，"道"与"圣人"并没有序列上的高低，"道便是无躯壳底圣人，圣人便是有躯壳底道"[②]，因为只有圣人能够在所有的事情上做得恰到好处，而且是出于自然而然的行为，"圣只是做到极至处，自然安行，不待勉强，故谓之圣"[③]。跟心学声称圣人"不妨有异处"相比，朱熹显然更坚持要模仿圣人，他用"熟"与"不熟"区分学者与圣贤："圣人与庸凡之分，只是个熟与不熟"[④]；"圣贤是已熟底学者，学者是未熟底圣贤"[⑤]。换言之，在朱熹眼里，圣人的意味和行为模式是确定的，学者通过工夫不是目标不明地向着未知方向前进，而是已经有了既定的内容，即要成为与先圣同样的人物。这意味着，在儒者的修养过程中，圣人始终是要参照的典范，儒者就应该去效法

---

① 陈荣捷：《王阳明〈传习录〉详注集评》，台北：台湾学生书局，1983 年，第 343—344 页。

② 朱熹撰，黎靖德主编，王星贤点校：《朱子语类》，北京：中华书局，1986 年，第 3117 页。

③ 朱熹撰，黎靖德主编，王星贤点校：《朱子语类》，北京：中华书局，1986 年，第 1366 页。

④ 朱熹撰，黎靖德主编，王星贤点校：《朱子语类》，北京：中华书局，1986 年，第 413 页。

⑤ 朱熹撰，黎靖德主编，王星贤点校：《朱子语类》，北京：中华书局，1986 年，第 825 页。

圣人的行为，因为圣人就是“道”的化身，“学道便是学圣人，学圣人便是学道”[①]。而朱熹心里所欲仿效的圣人，主要是指孔子。

如前所述，在朱熹眼里，孔子的地位与众不同，是由“道统”转变为“道学”过程中的关键人物。而朱熹之所以如此抬高（甚至可以说是神化）孔子，只有从作为典范的“原型”意义上，才能够得到更好地理解。对于孔子之后的儒者来说，“上古圣神继天立极”的情形只能成为永恒的乡愁，在“圣贤之君不作”的现实状况中，对朱熹来说，孔子的出现至少在三个方面成为后世儒者的典范：首先，作为圣人，孔子的言行举止是“道”的显现，毫无过失；其次，孔子懂得如何恰切地施行教化，也随时提点弟子向着圣人目标前进，使“道”的秩序以“学”的形式得以留存；第三，孔子一生努力寻求“得君行道”，虽然没能实现“继天立极”的奇迹，但那种“忧心天下”的圣人之心仍然是儒者学习的榜样。由此也可以理解，朱熹对经典（尤其是《论语》）中所载的孔子言行，进行的是一种非处境化的诠释，不是把孔子的行为放在特定的时空环境中进行情境式论说，而是在道的光环下突出圣人行为的高明之处。比如，对于孔子“危邦不入，乱邦不居”“有道则见，无道则隐”等近乎“长沮桀溺之徒”的说法，朱熹也要辩解说，“此为学者言之，圣人做作，又自不同”[②]。将圣人自身行为区别于对他人的教化，是要突出圣人的高大形象，在某种意义上，这剥离了历史中孔子生活的丰富性，却突显出朱熹塑造先圣典范形象的努力。

---

① 朱熹撰，黎靖德主编，王星贤点校：《朱子语类》，北京：中华书局，1986年，第3117页。

② 朱熹撰，黎靖德主编，王星贤点校：《朱子语类》，北京：中华书局，1986年，第2351页。

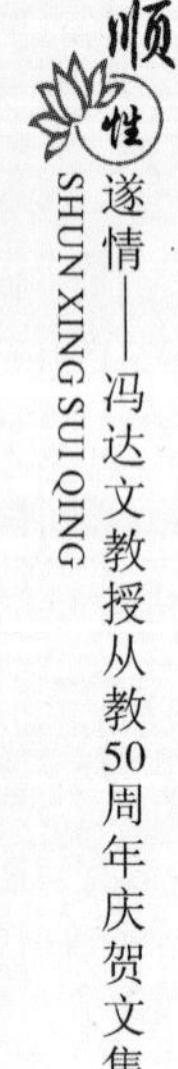


基于这种理解，可以说，在朱熹眼里，孔子的出现作为一个事件，已经不再具有历史性，而是具有了“原初性”的意义：规范和引导后世儒者行为的，不是“继天立极”的“上古圣神”，而是“继往圣、开来学”的先圣孔子。对朱熹来说，孔子的出现开创了“道学”的时代，而后代儒者的目标，便是效法孔子，模仿先圣孔子的行为，“成圣”意味着要效法“先圣”。因此，在朱子的为学进路中，圣人孔子处于核心地位，而这个孔子，是形象完美的人格典范，是儒者为学努力的方向。由此便可以理解朱子学者何以对于阳明的说法如此愤慨，因为如果孔子的分两比不上尧舜，那就说明孔子是有缺陷的，那么朱子学派的为学修身就是在朝向一个不完美的目标、参照一个不成熟的典范，这显然是不可接受的。

## 六、结　语

由上文分析可以看出，阳明“精金喻圣”的本意，是要提点学者用力于“锤炼”自家的“成色”，而不要妄自“希高慕大”，以超出自己才力的“分两”为目标。不过，由于涉及对于圣人分两的具体判定，虽然阳明清楚表达了自己给出“分两”的依据，但后世的朱子学者对其“以孔子为九千镒”始终加以严厉而尖锐的批评。这种为孔子“争分两”的行为不仅是因为朱子学更敬重圣人，更因为在朱子学的思想系统下，孔子处于为学进路的核心地位。在朱子的看法中，孔子不仅“贤于尧舜”，而且是儒者为学的“原型”和典范。

从这个意义上来说，朱子学者对阳明“精金喻圣”的批评虽然失焦，但却是在维护自家学说的基石。从朱子、阳明对于圣人看法的差异上，也可以清楚看到二人在修身进路上的差别，这种差别对于儒家思想的自我矫正具有重要意义，正可谓“千古不可无之同异”（章学诚《文史通义》语）。

（本文原刊于《鹅湖月刊》，2015 年 7 月）

# 牟宗三与刘宗周论寂感真几

## ——比较与省思

陈　畅（同济大学哲学系）

新儒家宗师牟宗三先生是当代中国哲学研究重镇，1995年出版的《剑桥哲学词典》称其为“当代新儒家他那一代中最富原创性与影响力的哲学家”，评价不可谓不高。牟先生以会通中西哲学（主要是儒家与康德）、建构独特的“道德形上学”哲学体系著称，其哲学理论研究的一大特点是以哲学史、思想史的疏理和建构为主要开展途径。在此过程中，被其称为“宋明理学最后一位大家”晚明大儒刘宗周具有重要的地位。近代以来学术界的刘宗周思想研究，以牟先生的研究成果最为突出、最具影响力。而牟氏对刘宗周的分析和评论，有令人击节赞叹的睿智之见，亦有不少重大失误。针对这一特点，本文以牟氏哲学体系中频繁出现的一个术语“寂感真几”为中心展开讨论。“寂感真几”向来较少受到学界关注，但是对于我们深入理解牟氏思想基本性格有重要意义。而刘宗周对“寂、感、几”议题的论述亦有甚深奥义，可说是今人进入其慎独哲学体系的一把关键钥匙。有鉴于此，本文将在疏理牟氏寂感真几论述的基础上，通过与刘宗周相关论述作一对比性考察，彰显双方思想特质，反思牟氏失误之成因，就教于方家。

## 一、牟宗三对寂感真几的论述

"寂感真几"一词是牟氏依托传统思想自造的新术语，在其道德形上学体系中具有重要的地位和作用。其重要性表现在两个方面：1. 寂感真几是"最后的实体（ultimate reality），百理皆由此出"[①]；2. 寂感真几"打通了道德界与自然界之隔绝"，"是儒家'道德的形上学'之彻底完成"[②]。这一术语的源头是《周易·系辞上》"易无思也，无为也。寂然不动，感而遂通天下之故。非天下之至神，其孰能与于此"与《系辞下》"几者动之微"两处，牟氏用以表述天理的重要内涵。按牟氏的说法，这是从宋儒程明道那里得到的启发。二程有一则语录云：

> "寂然不动，感而遂通"者，天理具备，元无欠少，不为尧存，不为桀亡。父子君臣，常理不易，何曾动来？因不动，故言"寂然"；虽不动，感便通，感非自外也。[③]

此则语录未注明谁语，牟氏认为是明道语。从字面上看，此则语录从"寂然不动，感而遂通"推导出两大内容：天理具备恒常不易的特质；充塞于天地的天理亦内在于人，故而人能对天理感而遂通。而牟氏的评论却阐发出另一番深意。他认为明道用寂

① 牟宗三：《宋明儒学的问题与发展》，上海：华东师范大学出版社，2004 年版，第 53 页。

② 牟宗三：《心体与性体》上册，上海：上海古籍出版社，1999 年版，第 155 页。

③ 程颢、程颐：《二程集·河南程氏遗书卷第二上》，北京：中华书局，2002 年版，第 43 页。

感来诠释天理，意在表明天理是动态的，不是死静的[①]；同时也表明“於穆不已”的天理实体，即是心体（神体、诚体）。理是心体之自发、自律、自定方向、自作主宰处。理使心具备客观存有义；心使理成为主观、具体而真实，具备活动义[②]。换言之，寂感真几恰当地表述出天理实体即活动即存有、即主观即客观的内涵。牟氏的论述中需要特别注意的是，心体与天理如何通过寂感等同起来？事实上，牟氏的思路颇经历了一番曲折。他从《周易》本义展开论述，认为寂感文句本来是描述蓍卦占筮之知几，知几之感应表现为无思无为而又自然迅速如神。卜筮是根据卦爻或蓍草的运算规律来断吉凶得失，卦爻或蓍草只是几笔图画或器物，其本身无生无情、无思无为；然而蓍卦之布算却能预知吉凶得失，其感应之神妙完全基于问者之精诚。因此卜筮之本质是由精诚之感应洞见宇宙实相，蓍卦在其中只是一个象征[③]。牟氏称：

> 首先，由蓍卦之布算而悟到其无思无为知几如神之感应，由此为象征而悟到天道无思无为之生化，再由此而归于主体悟到“圣人以此洗心，退藏于密，吉凶与民同患”，以及“圣人以此斋戒以神明其德”。类而通之，无论在天道之生化，或在圣心之神明，皆可以“无思无为，寂然不动，感而遂通”形容之。而此总之，即曰“寂感真几”。故超越实体者即此“寂感真几”之谓也。神化与易简皆其本质之属性。此皆由精诚之德性生命、精神生命之升进之所彻悟者。[④]

---

① 牟宗三：《宋明儒学的问题与发展》，第53页。

② 牟宗三：《心体与性体》上册，第63、64页。

③ 牟宗三：《心体与性体》上册，第263页。

④ 牟宗三：《心体与性体》上册，第263页。

上引文在寂感之外增加了“真几”一词。“几”取《系辞下》“几者动之微”义，“真几”说明天理实体是一微妙而真实的动源、生源。所谓动源、生源，是指天理实体是万物得以生生而不已的根源[①]。如前所述，卜筮是精诚之感应，寂感的意义在于说明精诚的德性生命能够了解到宇宙实相。因此，“寂感真几”一词之实义是指，通过寂感这种精诚而不测的心体神用来了解形而上的真实。正是在这一意义上，牟宗三直接把寂感真几说成是创生之源、神化之源，具有神妙不测的生化作用。牟氏认为，西方哲学通过形式（form）与物质（matter）、有与变化（being and becoming）、原子与虚空（atom and void）等方式来了解真实的存在（reality）；而儒家则是通过“寂感”来了解。寂感具备内通而无限制的妙用：自其为寂言，它是无声无臭、绝对的冥寂；自其为感言，它是不疾而速不行而至，遍体万物而不遗；寂感非分为二，而是即寂即感，是“动而无动，静而无静”的神用。那么，形而上的真实究竟何指？牟氏有一个提醒非常关键：神用无方的寂感真几“必意许为精神的、超越的”[②]。牟氏以“精神”“超越”来解释寂感，有其特殊的理论考量。牟宗三的观点建立在他把心体、天理、寂感真几的内涵规定为创生之实体（Creative Reality）基础之上，而他对问题的处理完全是康德式的。

创生之实体又名为“道德的创造性”。牟宗三把“创造性”区分为两大类：实然的自然生命之创造性（如生机主义的生物学的生命之创造、文学家所歌颂的天才生命之创造）与道德的创造性（含宗教信仰上的上帝之创造）。他认为自然生命的创造并非

① 牟宗三：《心体与性体》下册，第69页。

② 牟宗三：《宋明儒学的问题与发展》，第59、60页。

真正意义上的创造性，只有道德的创造性才是创造性原则最基本、最原初、最恰当的意义，即便是宗教意义上的上帝创造，落实而言也还是道德的创造性①。"道德的创造性"与"自然生命的创造性"的区分建立在"精神生命"与"自然生命"的等级关系之上。牟宗三说：

> 天命、天道可以说是"创造性的本身"（Creativity itself)。然而，"创造性的本身"在西方只有宗教上的神或上帝才是。所谓"本身"，就是不依附于有限物的意思。譬如说手足可以创造工具，诗人有创作才华便可以创造诗歌，这一类的创造显然附着于有限物如人体，所以都不是创造性本身。②

牟宗三认为创造性只能建立在纯粹、无限的精神生命之上，自然生命由于其有限性与不纯粹性被排除在外。这种"纯粹、无限的精神生命"与"不纯粹、有限的自然生命"的截然二分，源于西方实体主义哲学，尤其是近代认识论转向之后的物质、精神二分的思维模式。但是，牟氏并非简单重复这种二分，而是试图以儒家义理弥合之。此即寂感真几概念的意义源头。牟氏的处理方法是沿着康德思路推进并以儒家的方式超越康德。牟氏在总结康德哲学的基础上指出，精神生命服从自由意志所先验构成的（自律的）普遍的道德律；自然生命服从感觉界、经验界之自然

① 牟宗三：《心体与性体》上册，第153－154页。关于牟宗三"道德创造性"理论，可参黄慧英《道德创造之意义——牟宗三先生对儒学的阐释》（载氏著《儒家伦理：体与用》，上海：上海三联书店，2005年版）与何乏笔《何谓"兼体无累"的工夫——论牟宗三与创造性的问题化》（载杨儒宾、祝平次主编《儒学的气论与工夫论》，台北：台湾大学出版中心，2005年版）两文。

② 牟宗三：《中国哲学的特质》，上海：上海古籍出版社，1997年版，第22页。

因果律。前者属于价值界、道德界，后者属于自然界、实然界；如何沟通这两个世界进而合一，是现代哲学一大问题。在牟氏看来，康德解决问题的方式局限于概念和范畴推理，且视自由意志为一假设，故而其统一两界只是强探力索的理论建构之结果，难以达到圆熟的境界。而儒家自始就有一种通透的、具体的圆熟智慧，能把道德性之当然渗透至充其极而达精诚恻怛之圆熟境地，从而解决康德哲学难以解决的问题。所谓意志底自律(Autonomy of the will)，即意志自身给它自己立法，既不涉及感觉经验，也不涉于任何外在的对象，意志遵循法则而行完全是无条件的、必然的。牟氏认为，依儒家义理，这样的意志在中国传统上名为心体、性体，是定然地真实的，是呈现；其内涵有三：第一，儒家的心体、性体斩断一切外在对象的牵连而具有普遍和必然性，此为主宰性；第二，心体性体是宇宙万物底实体本体，此为即主观即客观、即内在即超越的表现；第三，心体性体落在具体生活层面有真实的体现，此即践仁尽性。牟氏认为这是康德所不能及的儒家道德理性三义，他用禅宗云门三句“截断众流、涵盖乾坤、随波逐浪”来分别概括之[①]。在牟氏的论述中，寂感真几总括此三义（尤其是第二和第三义），能呈现精神实体所蕴含的实践的体证意义；并且，它虽然是超越的，却不是隔绝的，在其创造性之呈现过程中，实然自然的物质与动态超越的精神直下贯通于一起而不容割裂。这种功能是牟氏道德形上学体系中的其他术语所不具备的。故而牟宗三说，寂感真几“始打通了道德界与自然界之隔绝。这是儒家道德的形上学之彻底完成”[②]。

显然，牟宗三对寂感真几（天理、心体、性体）的论述，无

① 牟宗三：《心体与性体》上册，第98—118页。

② 牟宗三：《心体与性体》上册，第155页。

论从理论目标、思路和方法，都是以康德哲学为模本。虽然他以“呈现 VS 假设”的新儒家公案来超越康德，但是他对寂感真几（天理、心体、性体）内涵的界定，都打上了鲜明的康德哲学烙印。例如，牟氏以寂感真几打通道德界与自然界之隔绝，使世界成为一个圆融的整体，其所谓“打通”是在限定意义上谈的。在牟氏的创造性机制中，事物的意义在根本上来说不在作为有限物的事物本身，而在于“不依附于有限物”的纯粹精神。因此，牟氏所说的“创造”（创生）被转化为精神觉润（妙运、始活、引发、滋生）物质之义[①]，“觉润”是万物得以生生而不已的根源，亦即道德创造性能排斥“自然创造”而成为创造性原则之基本意义的根本原因。由此，虽然牟氏意在打通道德界与自然界、弥合精神与物质之二分，但他的解决方式却在另一层面确认甚至深化了这一区分。关于这种思想特质，可通过与刘宗周思想的对比看出。

## 二、刘宗周论寂、感、几

在刘宗周的慎独哲学体系中，寂、感、几都是重要的核心词汇，它们与动、静、未发、已发等名相相配合，共同表述心体与性体的内涵。因此，厘清刘宗周对寂、感、几的论述，进而与牟宗三论寂感真几相比较，能帮助我们深入理解双方思想之特质、古今语境之差异。

刘宗周称：

---

① 牟宗三：《心体与性体》上册，第394—395页。

或问："人心既无喜怒哀乐之时，而藏发总一机矣。若夫气机之屈伸，毕竟有寂然不动之时，又有感而遂通之时。寂然之时，此喜怒哀乐终当冥于无端；感而遂通之时，此喜怒哀乐终当造于有象。则又安得以未发为动，而已发反为静乎?"曰："性无动静者也，而心有寂感。当其寂然不动之时，喜怒哀乐未始沦于无。及其感而遂通之际，喜怒哀乐未始滞于有。以其未始沦于无，故当其未发，谓之阳之动，动而无动故也。以其未始滞于有，故及其已发，谓之阴之静，静而无静故也。动而无动，静而无静，神也，性之所以为性也。动而无静，静而无动，物也，心之所以为心也。"①

刘宗周对出自《中庸》中和说的"喜怒哀乐"有独特的界定，他在理学"以生意论仁"传统的基础上，以天地人物共有的"生气"来定义"喜怒哀乐"。生气是贯通主客观界、主导事物变化的造化力量，蕴涵着无穷的活力，而喜怒哀乐则是生气之别名。在刘宗周的论述中，喜怒哀乐不是随情境而起灭的情绪，而是一种贯穿人生在世的所有场合、影响力无所不在的基本情感(生命力)。并且，刘宗周把喜怒哀乐界定为人的基本情感并赋予其宇宙论背景，从而成为根源性的"气序"。所谓气序，是指贯穿于天地自然万物的生机（生气）在其流行发育过程当中的秩序。在刘宗周，生气被概括为盎然而起、油然而畅、肃然而敛、寂然而止四个阶段，分别命名为喜、乐、怒、哀；喜怒哀乐虽名为四，实只是一气，此"一气"流行妙运故有千变万化，而千变万化之大化流行有一定的次序、秩序，这些秩序总结起来就是喜

① 刘宗周：《学言上》，《刘宗周全集》二，台北："中研院"中国文哲研究所，1997年版，第462页。

怒哀乐四者；四端之心、仁义礼智、春夏秋冬，都是这一秩序在各个层面的展现①。总之，刘宗周所说的喜怒哀乐是心体，也是性体；这是一种把人契入更为广大的天地自然秩序中确认和证成自身的思维模式。这种独特的界定有两个值得注意的地方。第一，就心体而言，在日常生活情境中，喜怒哀乐并非时时形著外在，更多的是"未形著外"的情况；而当其未形，喜怒哀乐存诸内在，虽然无所赋形、不著于形色，但内心并不是一个空无之境。因此，《中庸》中和说里的未发是指喜怒哀乐未形于外、存诸中的状态；已发是指喜怒哀乐发于外的状态。未发已发关系是存诸中与发于外的关系，不是一般所理解的截然对待关系（详后）。第二，就性体而言，喜怒哀乐本身是气序，"盈天地间，一气而已矣"②，万事万物由气所构造，而气的秩序是万事万物自身所蕴含，非由超越于事物的任何实体所赋予。

刘宗周"性无动静，心有寂感"的提法，表明心之寂感与性之"不动"相关联，亦即：心之寂感与动静有关，只不过这个动静是在"动而无动，静而无静"的意义上谈的。一般人会把寂感和动静挂起钩来，从而以寂感、有无、未发已发、动静截然区分为两个阶段。刘宗周则不然，他把寂然不动与动而无动、喜怒哀乐未始滞于无、阳之动等同起来，把感而遂通与静而无静、喜怒哀乐未始滞于有、阴之静等同起来。刘宗周所说的"寂然不动"是在主静立极的意义上谈的："天枢万古不动，而一气运旋，时通时复，皆从此出。主静立极之学本此。"③ 主静之静不是动静分立之静，而是指一气运旋（喜怒哀乐四气周流）、诚通诚复之神

① 详参拙作《刘宗周慎独哲学的政教义蕴》，载《集美大学学报》（哲社版）2014年第4期。

② 刘宗周：《学言中》，《刘宗周全集》第二册，第480页。

③ 刘宗周：《学言上》，《刘宗周全集》第二册，第444页。

妙不测（动而无动：非动非静，亦动亦静，即动即静[①]）状态。“感而遂通”是指在喜怒哀乐四气周流、通达的境域之中，具体而万殊的事物呈现出互相通达、彼此相与的整体性（静而无静）状态。概言之，刘宗周对寂感的界定，首先是对万物化生秩序的本然描述：天地之间为生生之气所流行贯通，万物本真地处于互相敞开的境域，处于一种动态、生机的关系之中。

必须说明的是，寂感是从动静（通达之动静）角度来说生气，未发已发则是从另外一个角度来说生气。刘宗周之前的理学家（如朱子学者）往往由心之寂感来划分未发已发：未发之前为寂然之心体，已发之时为感通之情。刘宗周对未发已发关系有独特的界定。前文已说明刘宗周对喜怒哀乐的独特使用，刘宗周还列举了人的日常生活经验来说明喜怒哀乐未发已发之间的关系。首先，必“存诸中”方能“发于外”，存发之间不是即存即发的关系，而是“存”涵盖“发”，这是生机呈现的枢纽（机）：“第思人心之体，必有所存而后有所发，……总之，存发只是一机，故可以所存该所发，而终不可以所发遗所存。”[②] 其次，中和、未发已发互相蕴含、完全一体化（一性）：“未发为中而实以藏已发之和，已发为和而即以显未发之中。”[③] 总而言之，则是“存发一机、中和一性”的关系，存与发（未发与已发）、中与和如同“阴阳互藏其宅，通复互为其根”[④]，都是相互蕴含着的关系。这种喜怒哀乐之存诸中与发于外的关系，刘氏门人黄宗羲将其概括为“已发未发，以表里对待言，不以前后际言”[⑤]，甚为精确。刘宗周认为，只有这种全新的体用思想才真正符合子思在《中庸》

① 刘宗周：《周易古文钞》，《刘宗周全集》第一册，第122页。

② 刘宗周：《答史子复》，《刘宗周全集》第三册上，第446页。

③ 刘宗周：《学言上》，《刘宗周全集》第二册，第461页。

④ 刘宗周：《学言下》，《刘宗周全集》第二册，第536页。

⑤ 黄宗羲：《子刘子行状》，载《刘宗周全集》第五册，第47—48页。

中以“喜怒哀乐”指点“性体”的用意：“分明天地一元流行气象。所谓‘不识不知，顺帝之则’，全不涉人分上，此言性第一义也。”[①] 亦即：打开天人之间自然而然的通达维度，令生机自然流行不已。刘宗周指出，按照他对喜怒哀乐中和说的解释，自能明白：“若喜怒哀乐四者，其发与未发，更无人力可施也。（后人解中和，误认是七情，故经旨晦至今。）”[②] 天地一元流行气象即天分上事，与人分上事（人力）相对待而言。概言之，刘宗周的未发已发说是从天分上（自然）来谈生气流行，其所追求的是天机流行、自然而然的秩序和节奏。

在刘宗周，虽说寂感是从动静（通达之动静）角度来说生气，未发已发则是从天分上（自然）角度来说生气；但综合起来，两者又是一体的，共同与人分上事（人力）相区别开来：

> 程子曰：“天下之道，感应而已矣，喜怒哀乐之谓也”。易曰：“咸，感也。”天下惟感应之道为无心，动以天也。感之以喜而喜焉，感之以怒而怒焉，绝非心所与谋也。[③]

喜怒哀乐与感应（寂感）是相即内蕴的关系，“寂然之时，亦有未发已发；感通之时，亦有未发已发。”[④] 两者共同传达天机自然秩序之消息。而远离人欲干扰和遮蔽的天机自然秩序正是宋明理学天道追求的核心目标，如明儒湛甘泉有一个与刘宗周相似的观点，可谓宋明理学之共识：“夫天下之大，感应而已矣。感应之道，自然而已矣。自然者，无心者也，不显者也。天地之

① 刘宗周：《证学杂解》解十九，《刘宗周全集》第二册，第318页。
② 刘宗周：《学言上》，《刘宗周全集》第二册，第468—469页。
③ 刘宗周：《学言上》，《刘宗周全集》第二册，第460页。
④ 刘宗周：《学言下》，《刘宗周全集》第二册，第536页。

常，普万物而无心，故不言而四时行焉，百物生焉，而物之应者勃然矣。”[①]“天地之常，普万物而无心”是程明道《定性书》的文句，而《定性书》正是理学传统中论述心体自然义的经典文字。《庄子·达生》讲了一个“醉者坠车，虽疾不死”的故事，说明遵守天的秩序和节奏能帮助人全身远害（圣人藏于天，故莫之能伤）。事实上，理学所追求的天（自然），和《庄子·达生》醉者故事所传达的“天”有其内在一致性。理学存天理灭人欲，就是要祛除人欲对天的秩序的干扰。也正是在这一意义上，刘宗周区分“天分上事”和“人分上事”，致力于追求天机自然流行的秩序。

对刘宗周来说，遮蔽天秩序的因素除了众所周知的人欲之外，还有实体性的天理观念。由前文的讨论可知，刘宗周寂感、未发已发、喜怒哀乐等概念及其间关系的辨析都是以“生成”“构成”（境域）状态而非以“实体”状态为标准来展开。所谓“生成”“构成”（境域）状态，也就是上文所说的“动而无动、静而无静”的万物之间生气相互通达、贯通状态。而“实体”状态其实类似于“动而无静，静而无动”之“物”状态，是指在对象性的思维模式中作为本质、理念的存在形态。一谈到天理或天的秩序，就涉及人对于“天”（本体）的想象；但此类想象往往局限于人类日常生活经验，从“盈满天地”、有形有质的“物”之特征来描述“天”之奥秘，从而造成极大的误解。刘宗周将此类情况概括为：“古今性学不明，只是将此理另作一物看”[②]。针对这一问题，刘宗周提出“天者，万物之总名，非与物为君也”[③]加以对治。前文曾提及“盈天地间，一气而已矣”，气的秩序是

---

① 湛若水：《格物通》卷七，《四库全书》本。

② 刘宗周：《学言中》，《刘宗周全集》第二册，第494页。

③ 刘宗周：《学言中》，《刘宗周全集》第二册，第480页。

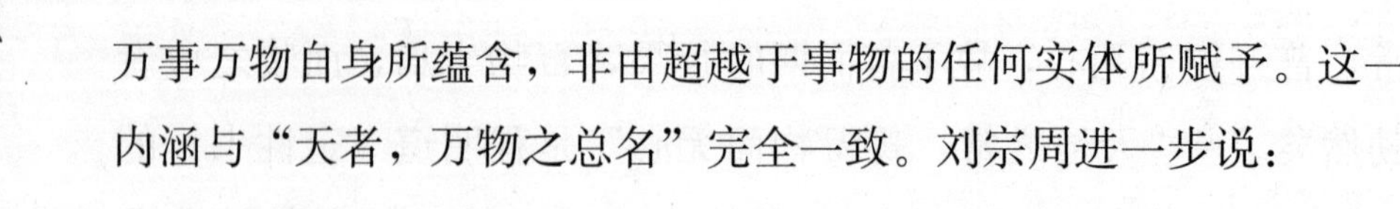

万事万物自身所蕴含，非由超越于事物的任何实体所赋予。这一内涵与“天者，万物之总名”完全一致。刘宗周进一步说：

> 性无性，道无道，理无理，何也？盖有心而后有性，有气而后有道，有事而后有理。故性者心之性，道者气之道，理者事之理也。①

“性无性，道无道，理无理”提法的首要目标是回返天的秩序，前文所述把性理当作一物看，其实就是人类的主观造作，甚至是理性的盲目作为所致。对于刘宗周来说，私欲的危害大家都了解，需要他大声疾呼提醒人们警惕的是“理性的盲目作为”之害处。天的秩序，就是气化流行过程中每一事物自身所蕴含的气序，此气序不是异己之物所赋予，故而称“有事而后有理，理者事之理。”尊重每一事物自身秩序，就是尊重天的秩序；也是置身于喜怒哀乐四气周流、通达的境域之中，并与事物互相通达、彼此相与的前提。如果说牟宗三道德创造性模型是建立在精神与物质的等级差异上，那么，刘宗周的创造性模型则是建立在天的秩序（万物感通）上。天的秩序表现为天地之间一气流行贯通，万物本真地处于互相敞开的境域，处于一种动态、生机的关系之中。人、物愈与他人（物）感通，而后愈有更大之创造的生起；而欲望和理性的人为造作将形构出狭隘的自我，自我隔限于万物感通的本然状态，远离生生不穷的创造性本身②。

在刘宗周，对非实体的构成状态（动而无动、静而无静之神用）还可以用一个术语加以描述：几（意）。刘宗周的几论述有

---

① 刘宗周：《会录》，《刘宗周全集》第二册，第608页。

② 唐君毅《中国文化之精神价值》（桂林：广西师范大学出版社2005年版）对此有精彩论述，可参看。

一个突出的优点，即能够把玄妙的构成状态、神用落实为一个具体的、可操作的工夫下手处。刘宗周称：

> 意为心之所存，则至静者莫如意。乃阳明子曰“有善有恶者意之动”，何也？意无所为善恶，但好善恶恶而已。好恶者，此心最初之机，惟微之体也。吾请折以孔子之言。《易》曰：“几者，动之微，吉之先见者也。”谓“动之微”，则动而无动可知；谓“先见”，则不著于吉凶可知；谓“吉之先见”则不沦于凶可知。①

刘宗周认为“动之微”是对“动而无动”之神用的描述，而作为心之所存（存诸中）的“意”正是在“动而无动”的意义上与“几”等同起来。甚至于，“几”和“意”在内容上也是同构的：“意”以好善恶恶为内容，“几”则以“吉之先见”为内容。具有“动而无动”之神用的“几”，自然能够不著于吉凶、不沦于凶，成为纯粹的“吉之先见者”。意之好善恶恶也同样，刘宗周指出，“意根最微，……而端倪在好恶之地，性光呈露，善必好，恶必恶，彼此两关，乃呈至善。故谓之如好好色，如恶恶臭。此时浑然天体用事，不人力丝毫”②。意的作用是好恶，更具体地说是好善恶恶，刘宗周举《大学》中类似生理性的感觉反应“如好好色，如恶恶臭”为例，以其说明好恶是心之发动最初的作用，即杜绝人为安排的自然之动，故而称为“此心最初之机”。杜绝人为安排的自然之动，更表现为“意有好恶而无善恶”③。刘宗周认为，没有先于好恶存在的善恶，并且好善即恶恶、恶恶即

① 刘宗周：《学言上》，《刘宗周全集》第二册，第459页。
② 刘宗周：《学言下》，《刘宗周全集》第二册，第535—536页。
③ 刘宗周：《答叶润山民部》，《刘宗周全集》第三册上，第387页。

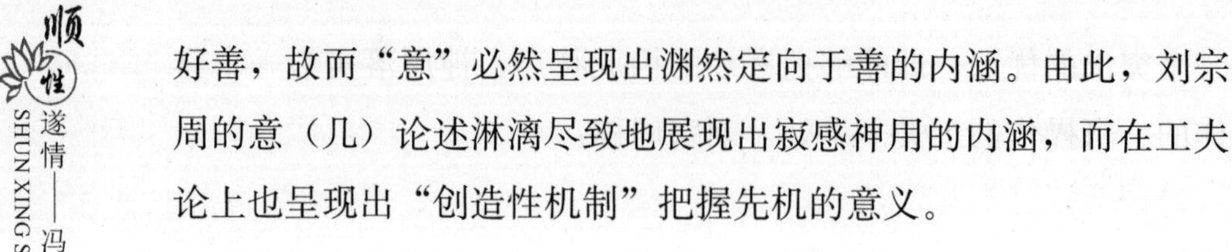

好善，故而“意”必然呈现出渊然定向于善的内涵。由此，刘宗周的意（几）论述淋漓尽致地展现出寂感神用的内涵，而在工夫论上也呈现出“创造性机制”把握先机的意义。

## 三、牟、刘论述之对比考察

牟宗三和刘宗周对寂感真几的论述初看似有不少相同之处，但是这种表面上的相似无法掩盖背后深刻的差异。例如两人同样强调寂感的神用。牟氏把天理视为精神实体，故而“动而无动、静而无静”之神用，就成了纯粹精神不受到物质性的限制而自作主宰、自我展开的运动。因其不受到物质性的限制，故而有神用；一旦精神受到物质性的污染，其神用将马上消失，陷为“动而无静、静而无动”之物。这种诠释模式凸显了牟氏哲学对于精神的张扬，以及对于作为有限物的个体事物本身的消解；而与以刘宗周所代表的理学传统重视天的秩序的做法大异其趣。刘宗周思想追求“全不涉人分上”“无人力可施”的天机自然秩序，力图突破私欲和人类理智的人为造作之限制，回归一气流行过程中每一事物自身的秩序（天的秩序）。质言之，牟氏寂感真几论述展现的是精神物质二分的思想脉络，而刘宗周寂感几论述展现的是天人合一秩序的思想脉络，两者之间存在本质的差异。

物质精神二分的理论预设是西方实体主义哲学，尤其是近代认识论转向之后的主流思维模式和框架，正如海德格尔所批判的，这种预设的前提在存在论上是错误的，因为它把人（此在）与世界在“实际性”上被分割为“现成存在”的两个“存在者”——主体与客体，两者在分立、对立的“前提”下，“一个‘主体’同一个‘客体’发生关系或者反过来。”这种思维方式完全耽搁了人的存在问题，从而使存在问题本身走入迷途[①]。这种物质、精神二分的实体主义思维与中国古典哲学并不相侔。宋儒程伊川有言："圣人本天，释氏本心"[②]。天不是精神、物质二元对立之下的精神实体，而毋宁说是超越于精神、物质区分的根源秩序、自发的秩序。古今之间的差异或可模仿伊川之言而概括为：古人本天，今人本精神。对于现代哲学研究来说，这种古今差异不会有什么问题；但是对于古典思想研究而言，情况则完全不同。

在古典思想史研究方面，牟先生把刘宗周思想之特质概括为"以心著性"和"归显入密"[③]，可谓影响深远。若单从名相上看，"以心著性、归显入密"似简洁明了地归纳出刘宗周以喜怒哀乐界定心体与性体、注重把人契入更为广大的天地自然秩序中以确认和证成自身的思维模式，令人拍案叫绝。然而，一如牟氏与刘宗周在寂感真几论述上展现的巨大差异，牟氏这种概括实际上在表述康德式哲学观念的同时，也将刘宗周思想往刘氏本人所反对的方向诠释。且以牟宗三对刘宗周"性无性"思想的诠释为例，做一说明。

"性无性"毫无疑问是刘宗周思想中最为精彩的部分之一，例如黄宗羲在《明儒学案序》中提出的"心无本体，工夫所至，即为本体"观点即为刘氏思想的扩展[④]。如前所述，刘氏这一独特思想的主要内容是"有事而后有理，理者事之理"命题。刘宗周有进一步的表述：



① 海德格尔：《存在与时间》，北京：三联书店，2006 年修订译本，第 69 页。

② 程颢、程颐：《二程集·河南程氏遗书卷第二十一下》，第 274 页。

③ 参牟宗三：《从陆象山到刘蕺山》第六章第一节，上海：上海古籍出版社，2001 年版。

④ 详参拙作《论〈明儒学案〉的道统论话语建构》，载《学海》2012 年第 1 期。

> 盈天地间，一气而已矣。有气斯有数，有数斯有象，有象斯有名，有名斯有物，有物斯有性，有性斯有道，故道其后起也。而求道者，辄求之未始有气之先，以为道生气。则道亦何物也，而能遂生气乎?[1]

"道生气""理生气"云云，显然是指程朱学派的理气观而言。"未始有气之先""道生气"等说法，则是用形象化的语言描述程朱学派以理为本的理气二元论思想。牟宗三曾严厉批评这种形象化的说法，认为刘宗周此说是把程朱的"理生气"解为"气从理生出来，一如母之生子"，纯属"以误解栽赃"，"以此误解而反对理先气后亦只是乖谬而已矣。"[2] 其实不管是否存在"误解"，以刘宗周"理为气之理"的立场，断然不可能接受程朱学派的观点。而牟氏维护程朱学派理气论的原因，不外乎其精神、物质二元的理论框架能够从程朱理气论中获得他所需要的理论支持。这一点可从牟氏对刘宗周喜怒哀乐说的评论中看出：

> "以心之气言性"，其意是"天命之性即此而在"，非真是以气为性也。蕺山是将喜怒哀乐比配孟子之四端之心，不以七情言。此皆是如此说而已。要者是在彼将喜怒哀乐紧收于"於穆不已"之体而一滚说。一滚说可，非认"於穆不已"之体即是喜怒哀乐之气也。故分解言之，朱子谓理自理，气自气，并不误。此不能反对也。惟其视理为只存有而不活动，则差耳。心性可是一，而理气不能是一。理气一者只是体用不离之一滚说而已。又蕺山以喜怒哀乐比配四端，

---

① 刘宗周：《学言中》，《刘宗周全集》第二册，第480页。
② 牟宗三：《心体与性体》上册，第336页。

则四端之心亦气也。此亦非是。四端之心不可以气言。此皆滞辞。……蕺山不能视四端之心为气。如视为气，则亦形而下者。在孟子，四端之心即本心。阳明就中指出良知，蕺山就中指出意根诚体。良知、意体与本心为同一层次。如视四端之心为气，就此言性为落于第二义，则良知与意体亦形而下者乎?①

刘宗周明明指出以喜怒哀乐四气论性为千古论性第一义，牟氏称若就此言性则落于第二义；刘宗周指出四端之心为心之气，牟氏则称“此亦非是”；刘宗周明确反对理气二元论，认为这是性学不明于世之根源，牟氏则称“朱子谓理自理，气自气，并不误”。处处与刘宗周唱反调，还声称“然而蕺山之实意吾亦知之。且拨开这些烟雾而直窥其实意亦可矣”②，牟氏道德形上学体系判教之威权特色于此可见一斑。牟氏评论的要点在于“心性可是一，而理气不能是一。理气一者只是体用不离之一滚说而已”。在牟宗三看来，“心性一”与“理气一”不是同义语。前者是存有论陈述，后者只是境界论陈述。牟氏用概念断定语句与圆顿语句来指称之。“心即理、心理为一是本心一概念之建立上之断定语句，而理气一、道器一则是圆顿语句。”所谓概念断定之一，是指“心即理蕴含心即性，心性是一，乃至心性天是一”；概念断定语句“仍可进一步言其具体表现上之理气一、道器一，乃至形上形下一，此皆是圆顿之一。概念断定上之一不是于至变中见不变，圆顿之一则是。”③ 牟氏这一观点源于其“道德创造性”模型建构的需要。在牟宗三，理气二分对应于精神生命、自然生命

① 牟宗三:《心体与性体》中册，第431—432页。

② 牟宗三《心体与性体》上册，第336页。

③ 此三句引文见牟宗三《心体与性体》中册，第115页。

之二分，理便是创造性本身，要保持理的纯粹超越性就得严格区分理与气。理不能是气之理，“理总是超越的、普遍的、绝对之一的实体，而不会是气之谓词（性质），或是气之关联的特质。”[①]理虽可谓为气所固有，但“此‘固有’乃是超越地固有，因‘运之而为其体’而为其所固有，不是现象地固有。”[②] 在牟氏看来，理气一体的存有论主张容易落于自然主义之实然平铺，进而失去“道德创造性”。因此牟氏最为排斥的就是“唯气论”或接近于此的立场。与此形成鲜明对比的是，刘宗周思想正是牟氏所排斥的“唯气论”。由此，继承刘宗周思想的黄宗羲将理界定为气之理，被牟氏斥为“自然主义的实然平铺”，原因就在于这一界定有将理降格为气之“谓词”的倾向，侵犯了理的超越地位[③]。

牟宗三对刘宗周思想之臧否，完全以是否符合自己的道德形上学为标准。牟氏的批评有其哲学根据，但是，这种批评只有建立在双方理论预设（创造性模型）一致的基础上才是有效的。由上文讨论可知，牟氏与刘宗周思想差异甚大，可说是两种完全不同甚至是针锋相对的创造性模型。因此，牟氏之批评非但无效，还彰显了其诠释困境。从方法论的角度看，描述研究对象 X（What is it to be X）必须先于提出关于 X 的形上学问题（What is X））和知识论问题（How do we know X）；它在逻辑上优先于后两者，后两者的提出势必以包涵前者为前提[④]。因此，如果在描述上已经与研究对象相脱离，其诠释亦必然失真。牟宗三曾借用佛教用语描述其诠释方法：“其初也，依语以明义。其终也，

① 牟宗三《心体与性体》上册，第 342 页。

② 牟宗三《心体与性体》上册，第 379—380 页。

③ 详参牟宗三：《心体与性体》上册第 333—345 页；中册第 102—114 页，第 173—177 页。

④ 参考林镇国《理性、空性与历史意识》一文的相关讨论，收入氏著《空性与方法——跨文化佛教哲学十四讲》，台北：政大出版社，2012 年版。

‘依义不依语’。”[①] 依其所述，义与语的区别就是康德所谓的理性知识与历史知识之别。事实上，这只是一种理想性的描述；在实际运作中，理性知识之获得无法脱离具体脉络中的诠释语境。当他以一种基于物质、精神二分之预设而有的实体形上学视角去解读理学思想时，无论是义或语，均依附于基于这一视角产生的某种前见。换言之，牟氏屡屡将刘宗周本人最为得意的理论创见斥为矛盾之说，这种现象所显示的牟氏诠释困境不是个别思想命题上的不相应，而是体系性、整体性的不相应。而这种困境正是牟氏对刘宗周诸多近乎谩骂式的评论（如“蕺山之辩驳多不如理……此是穿凿，不通之甚!”[②] “刘蕺山之智可谓凿而死，往而不返者矣!”[③]）的根源。

## 四、余　论

无论从理论预设、研究方法或结论来说，牟宗三哲学都以西方现代哲学（康德哲学）为模本，或以引出西方现代价值为目标。作为一名现代学者和思想家，牟氏以现代观念为基石所建构的哲学系统自然有其意义。但是问题在于，其以哲学史、思想史的疏理和建构为哲学研究的主要开展途径，这种方式颇具迷惑性：当其以自创的哲学体系为判准疏理古典思想时，会引发诸多严重的问题，但这些问题在其思想史面具的掩盖之下不易发现。概言之，牟氏判教式的研究把古典思想从它所在的脉络中抽离出

① 牟宗三：《现象与物自身·序》，台北：学生书局，1990年版，第9页。

② 牟宗三：《从陆象山到刘蕺山》，上海：上海古籍出版社，2001年版，第320—323页。

③ 牟宗三：《心体与性体》上册，第341页。

来，并把现代人的观念投射回去，放大某种意义，其直接后果便是：古典思想中一些不能由现代思路所涵盖的精义，在这种现代重述中变得毫无立身之地。这对于当前中国古典思想研究来说，不能不说是一个值得深究的经验教训。

（本文原刊于《现代哲学》2015 年第 6 期）

# “识痛痒”即识仁：
## ——“责任感”作为“万物一体”命题条件的探讨

雷　静（华南农业大学哲学系）

## 一、“责任感”与“万物一体”

“万物一体”是二程关于“仁”的诠释。关于“仁”，程颐解释为“一所以为仁”，“公而以人体之故为仁”，侧重于“公”，是视物我为“一”（体）而非“二”（“不仁则二”）。程颢则指出“仁者浑然与物同体”，侧重“与物同体”。尽管二者侧重点有差异①，但“万物一体”却是二者共识。程颐以“公”为“近仁”的原理，而确切地讲“一所以为仁”“公则一，私则万殊”，可见物我一体是“公”所达到的“仁”的境界。程颢的“万物一体之

① 〔英〕葛瑞汉认为，程颐以“公”来定义“仁”，“仁”即是视己身与万物为一体，是“公”而不是“私”，较之程颢更为清晰。而程颢则认为，通过“体仁”就可以与万物一体。氏著，程德祥等译：《中国的两位哲学家——二程兄弟的新儒学》，郑州：大象出版社，2000年，第158页，第160页。陈来从儒学自身脉络出发，指出程颐以“公”解“仁”，并不能全面把握或体现“仁”，因为任何普世原理都要求公无偏私，但公无偏私并不是“仁”的本义。氏著：《仁学本体论》，北京：生活·读书·新知三联书店，2014年，第268页。

仁”更是从境界起论。“公”侧重行为原理，而“物我一体”更侧重境界体验。

> 若夫至仁，则天地为一身，而天地之间，品物万形为四肢百体。夫人岂有视四肢百体而不爱者哉？圣人，仁之至也，独能体是心而已，曷尝支离多端而求之自外乎？故“能近取譬”者，仲尼所以示子贡以为仁之方也。医书有以手足风顽谓之四体不仁，为其疾痛不以累其心故也。夫手足在我，而疾痛不与知焉，非不仁而何？世之忍心无恩者，其自弃亦若是而已。①

这种体验就是“识痛痒”，即从天地大身体的视角来看，我与万物同为一体，万物之痛痒而与我攸关。陈来从儒学仁论的脉络出发，指出程颢并非主张生理知痛痒，而是在心理上把万物体验为自己一部分的内在验觉。这是仁心的境界，是人之为人的本质②。按照狄百瑞的观察，万物一体在王阳明那里，即受到了朱熹的影响，发挥了朱熹的“大人”责任感的宇宙向度③。陈立胜进一步分析指出，西方哲学中的责任意识往往与自由意识联系在一起，但在宋明儒这里，责任却是与“一体之仁”联系在一起，责任感乃是出于“一体不容已之情”。“知”万物一体则必然要负起万物一体的责任④。恻隐之心除了同情向度，更有“关爱、关

---

① ［宋］程颢、程颐著，王孝鱼点校：《河南程氏遗书》卷第四，《二程集》，北京：中华书局，1981年，第74页。

② 陈来：《仁学本体论》，第263页。

③ 〔美〕狄百瑞著，李弘祺译：《中国的自由传统》，香港：香港中文大学出版社，1983年，第90页。

④ 陈立胜：《王阳明“万物一体”论——从“身一体”的立场看》，上海：华东师范大学出版社，2007年，第55页。

心”向度，而此向度表现出强烈的责任感：正像我对自己的身体痛痒负有责任（当下去挠），当我体验到天地万物“大身体”的痛痒时，我对“大身体”的痛痒负有不可推卸的责任[①]。可见，在仁学语脉中，“识痛痒”也是一种责任感，“万物一体”是“大人责任感的宇宙向度”。

如果进一步做出梳理，首先，若仅从形式而言，“责任感”与“万物一体”之间的关系如何？这里是从一般意义，或从“责任感”与“万物一体”的基本含义出发。即规定在此范围内讨论：“责任感”指一方对另一方负有责任的情感，“万物一体”指万物彼此联结为一个整体的关系。尽管“万物一体”范畴并非形式逻辑可以范围，但这种语义的梳理，有助于探索与责任感相关的“万物一体”命题的特点。梳理如下：

如果我有对万物的责任感，不必然有万物一体。对于万物有养护的责任感，不必然推导出万物一体。因为这仅说明了我对万物的行为，而不涉及到万物之间是否一体的状况。

如果有万物一体，则必然有我对万物的责任感。万物与我联结成一个整体，必须相互依赖共同生存，所以万物的存在也是我关心的事情，这种关心本身就是我对万物的责任情感。

因此，仅就抽象的概念而言，“责任感”是“万物一体”的必要但不充分条件。但具体到仁学语境中，“识痛痒”的责任感却是“万物一体”本体论所蕴含的“定言命令”。程颢强调的“识痛痒”是就仁的境界说，责任感本身就是目的，就是仁。

责任感的定位出现的这样差异，乃是因为在仁学语脉中，责任感与万物一体是同质的，取决于“即体即用”的本体论。尽管

① 陈立胜：《王阳明“万物一体”论——从“身一体”的立场看》，上海：华东师范大学出版社，2007年，第52—53页。

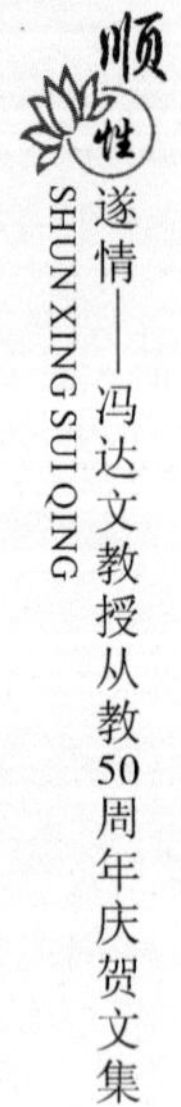


万物一体是本体，责任感是作用现象，但是在体用一如的本体论语境下，二者同质。

然而，尽管也可以理解“同质”，但从语义的角度，如何说明这种“同质”？或者更具体而言，作为境界的“万物一体”命题，具有何种特点，因而责任感可以与之同质？从而在这种同质的层面，如何理解“万物一体”的理路？

## 二、“识痛痒”与动态（“生生”）宇宙论中的“万物一体”

“万物一体”是种物我关系。“识痛痒”作为一种责任感，是这种关系的表现，同时它还是身体动态的机能，而不是静态的结构布局。“识痛痒”表达的物我关系，体现了一种动态的宇宙论。那么，可以首先进入到“识痛痒”关系的特性，进而在其宇宙论的视野下，审视程颢“万物一体”命题的特质，而“识痛痒”与之的关系，也将呼之欲出。

在“万物一体”说的谱系里，除了程颢，以张载之《西铭》最为经典，亦是程颢之说的先声：

> 乾称父，坤称母。予兹藐焉，乃混然中处。故天地之塞，吾其体。天地之帅，吾其性。民吾同胞，物吾与也。[①]

以乾坤天地为父母，万物为子女，渊源于《易传·说卦》：

① ［宋］张载著，章锡琛点校：《正蒙·乾称篇第十七》，《张载集》，北京：中华书局，1978年，第62页。

"乾，天也，故称乎父；坤，地也，故称乎母。"程颢虽赞同并发扬《西铭》万物一体意思，但却并未使用天地父母、万物子女这一关系。这也是程颢乃至二程易学不同于《易》之传统的地方，邵雍、张载则仍是从易象客观方面来说。唐君毅先生因此认为这是二程易学的创新，从此接上了《中庸》传统①。

从关系的时空属性来看，亲子关系乃包含了时间先后与上下本末，但程颢的"万物一体"中，万物之间是身体各部分之间的机能关系，无分时间先后，也不区别上下本末，是共时性的关系。从关系的成立条件来看，身体各部分之间彼此协同的机能性关系，只有识痛痒才能感知其存在，不识痛痒则无法感知其存在。而对于亲子关系来说，无论是否有识痛痒的当下动态情景，都存在亲子之间的互相认肯。亲子关系成立的条件不取决于亲子之间的当下互动，而在于先天既定的血缘关系。它以时间上亲先子后、空间上子继亲体的固有的结构布局为条件，而不以亲子互动为条件。

当进一步考察其宇宙论背景时，可以参考唐君毅先生所指出的：从张载与二程的《易》学特点来看，前者从客观而论，认为人心隶属客观一气，故对于"万物一体"，张载以为人是乾坤孝子，好以下承上，以合内外。而二程则是从生生之体、生生之易来说，天理天道或者体，都应当在生生之用中识取②。唐先生所指出的，张载"从客观而论"，"万物一体"是"客观一气"中，人作为宇宙孝子、万物作为人的同胞兄弟，这是用亲子关系来刻画的宇宙观。其着眼点在固有的布局结构，而未及互动的过程，这也是一种相对静态的宇宙观。程颢"识痛痒"的"万物一体"

① 唐君毅：《中国哲学原论·导论篇》，北京：中国社会科学出版社，2005 年，第 273 页。

② 前揭。

说，则反映了机能性的动态宇宙观。与张载的我与万物之间是同胞血缘的关系相比，程颢的万物一体，模糊了同胞血缘与非同胞血缘之间的界限，而共处在“天地大身体”中。

在程颢机能的、动态的宇宙论中，阐释我对万物负责的“大人的责任感”，会采取什么路径？在张载《西铭》中，充满了亲子之间、同胞血缘之间的情感。但这种情感论证的方式，似乎并不为程颢所采取。而情感论证的方式，也是西方责任伦理学家汉斯·约纳斯所采取的。他认为，政治家对全体人民的责任，类似于父母对子女的责任，二者都指向“全体性”“连续性”和“未来”①，这是在人类普遍情感的基础上奠基。所谓基于人类普遍情感，孟子的“恻隐之心”的“情”的路子，亦是如此。然而，程颢并没有沿袭孟子“恻隐之心”的“情”的路子，却是“识痛痒”的“识”的入径。

须得回到程颢之“识仁”，来一看“识”的端倪：

> 学者须先识仁。仁者浑然与物同体，义、礼、知、信皆仁也。识得此理，以诚、敬存之而已，不须防检，不须穷索。……此道与物无对，大不足以名之。天地之用，皆我之用。孟子言：“万物皆备于我”，须反身而诚，乃为大乐。若反身未诚，则犹是二物有对，以己合彼，终未有之，又安得乐？《订顽》意思乃备言此体。以此意存之，更有何事？②

若“仁”是人性中事，则“仁者浑然与物同体”，是说人性、

① 〔美〕汉斯·约纳斯著，方秋明译：《责任原理：技术文明时代的伦理学探索》，上海：上海人民出版社，2010年，第91页。

② 《河南程氏遗书》卷第二上，《二程集》，第16—17页。

物性皆同体。此意固为程颢所持，其曰物性、人性皆自然[1]，其曰“万物皆备于我”，不独人尔，物皆然，都自这里出去[2]，都是这个意思。这即为“万物一体”题中应有之意。若仅从“同体”论，未能必然肯定为万物同在一身，亦可同为天地父母之子女。《老子》曰“道”“可以为天下母”“强为之名曰大”，但程颢强调，“此道与物无对，大不足以名之”。不以此父母天地之“大”而以为足以状道。若天地为父母，万物为子女，此犹是道与物“有对”。程颢赞赏的境界是天地万物同流的“天地之用，皆我之用”，则可知，天地未曾离“我”而别在，天地与万物的关系，不是彼此身体独立的父母与子女，而是“用”——生机的一气周流，只要有生生不已的道的运动，这就是天地本身，故天地是万物运动的整体。

程颢此宇宙论，不是结构分隔的静态的，而正是一气周流的动态的。以此来解释孟子的“反身”之诚，是以“我”身的生机来体会天地大身体的生机，生机是一机，宇宙生生不已只是一气周流。故此“识”是从我身着眼，体知天地宇宙生生不已的机能。“若反身未诚，则犹是二物有对，以己合彼，终未有之，又安得乐?”“二物有对”是程颢举证的反例，仍是囿于彼此身体隔阂的静态视界，在这种宇宙论下，想机械地“以己合彼”，是不可能达到“万物一体”的。

因此，在程颢的生生不息的宇宙论中，体知到的是天地大身子的物我关系，而正是通过“识痛痒”的身体机能来通达到“万物一体”。在这样的宇宙论中，会主张——有“识痛痒”（责任感），就必然有“万物一体”。而这与之前一般性讨论得到的结论



---

① 《河南程氏遗书》卷第二下，《二程集》，第56页。

② 《河南程氏遗书》卷第二上，《二程集》，第34页。

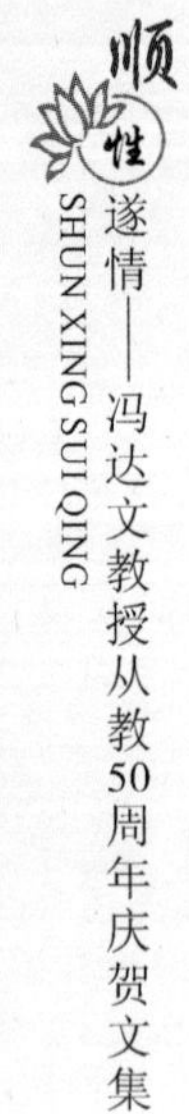


相矛盾，前述结论指出，有“责任感”，不必然有“万物一体”，责任感是“万物一体”命题的必要非充分条件。而在生生宇宙论的语境中，一般意义下责任感之于“万物一体”的条件位置，出现了如此变动。这将使得讨论进入到此语境下，“识痛痒”责任感如何可以作为“万物一体”的充要条件。

## 三、“识痛痒”责任感作为“万物一体”的充要条件

基于程颢的万物同在天地大身体的宇宙论，根据这一语境中责任感与万物一体的具体定义，可以重新考察“识痛痒”之责任感作为“万物一体”命题条件的性质：

甲、万物之间的关系不是同个父母的同胞兄弟的关系，更非在万物之外别有一物（上帝）创造了万物。万物是彼此联结、同在天地大身体中的。这是物我同体的“万物一体”。“识痛痒”是一种责任感，即当他人、他物处于痛苦中时，我感到不能忍受并意欲减轻这种痛苦的责任情感。

乙、如果有“识痛痒”，即当他人、他物处于痛苦中时，我感到不能忍受并意欲减轻这种痛苦，则说明：

丙、我与万物之间身体机能的联结是顺畅的，我对同体之物的痛苦所不能忍受并意欲减轻，表明物我（必然）同处一身的必然性。

丁、因此，有“识痛痒”（的责任感），则必然有万物一体。

加上前述一般性讨论的结论，即“如果有万物一体，则必然有我对万物的责任感”，故而可知，在程颢的宇宙论中，“识痛痒”的“责任感”，是“物我同体”的“万物一体 ”命题（下简称“万物一体”）的充分且必要条件。

从“识痛痒”而“识仁”，“识痛痒”推导出“万物一体之仁”，并且是其充分且必要条件，说明了宇宙的机能性或活动性是万物关系的充要条件。按照杜维明先生的说法，正是在“痛”感中，儒家奠定了其德性[①]。“识痛痒”与否，固然是自明、客观普遍的经验，但由此推导出“万物一体之仁”，则必须在万物彼此联结的机能动态的宇宙论中成立。

在常识理解的范围内，发自于亲子之情，或者孟子“恻怛之情”的，都容易被普遍接受。但无论是亲子之情，尤其恻隐之情，我与你之间仍有彼此之间“我身”的隔阂。用汉斯·约纳斯的分析，即便父母，也有可能常有照顾子女不周的细微之处[②]。

并且，在恻隐之情的境况下，“我”不一定将此情扩充为对你负责的行为。对于孟子的“扩充”，程颢并不满意。他认为，与孔、颜相比，孟子虽是雄才，但当学颜子才能入圣。凡圣之别，就在于孔颜之道是自然之道，而孟子集义功夫落于着意。所谓“充塞”之扩充，也是着意。“仲尼，元气也；颜子，春生也；孟子，并秋杀尽见。……仲尼无迹，颜子微有迹，孟子其迹着。”[③]“孟子有功于道，为万世之师，其才雄，只见雄才，便是不及孔子处。人须当学颜子，便入圣人气象。”[④]“孟子谓‘必有事焉，而勿正，心勿忘，勿助长’正是着意，忘则无物。”[⑤]“凡言充塞云者，却似个有规模的体面，将这气充实之。然此只是指而示之近耳。气则只是气，更说甚充塞？如化育则只是化育，更

---

① 〔美〕杜维明 Tu Wei Ming，“Pain and Suffering in Confucian Self-Cultivation”，*Philosophy East and West*，Vol. 34，no. 4（oct. 1984），pp. 387－388。

② 〔美〕汉斯·约纳斯：《责任原理》，第 85 页。

③ 《河南程氏遗书》卷第五，《二程集》，第 76 页。

④ 前揭。

⑤ 《河南程氏遗书》卷第十一，《二程集》，第 132 页。

说甚赞？赞与充塞，又早却是别一件事也。”[①] 天地万物一体，本是一气周流无碍，而说到充塞扩充，似乎表明在道德本心与其发用流行之间尚有隔阂。如此，则孟子之恻隐之心，还不足够明确地证成其导向道德行为的必然性。那么，如何在普遍有效的常识理解基础上，为道德奠基？

“痛痒”是能够被“我身”在第一时间感知到的，身体各部分之间这种当下迅疾的彼此关切，是身体作为整体的反映，也伴随终身。较之亲子，或陌生人之间的恻隐，这是常识所能理解的直接自明地指向物我一体终身关系的经验。与“痛痒”相比，“恻隐”是后一着，如刘宗周区分的：

> 满腔子皆恻隐之心，以人身八万四千毫窍在灵通，知痛痒也。只此知痛痒心便是恻隐之心。凡乍见孺子感动之心，皆从知痛痒心一体分出来。[②]

可知“知痛痒心”方是体，见孺子感动之心，是从这里分出来。与程颢类似，刘宗周也以为“善”属于天道流行气机状态，故用自然的节奏来为道德奠基[③]。类似地，现代新儒家牟宗三也主张，既存有又活动，以一种活泼流行的宇宙观为儒家道德本体立基之地。牟宗三的“活动”义，主要在于道德主体性，以接心学传统。在程颢，这种主体性本身就是客观性，是“反身而诚”

① 《河南程氏遗书》卷第二上，《二程集》，第35页。

② ［清］黄宗羲著，沈芝盈点校：《明儒学案》，下册，卷六十二，《蕺山学案》，北京：中华书局，1986年，第1525页。

③ 林月惠在《从宋明理学的“性情论”考察刘蕺山对〈中庸〉“喜怒哀乐”的诠释》，详述了刘宗周用气机流行来解说喜怒哀乐，载《中国文哲研究集刊》2004年9月。又，陈来指出刘宗周的这一思想是发展了朱子的心体流行的观念，详见《宋明理学》，上海：华东师范大学出版社，2004年，第300页。

“此道与物无对”“天地之用即我之用”的机能性的宇宙论。而程门弟子谢良佐以“识痛痒”识仁，被朱熹批评为以知觉为性，也是朱熹看到了“识痛痒”定义的动态性。但据陈来的研究，朱子亦有喜怒哀乐四气流动的宇宙观[①]。将主体性归属于客观的宇宙运动，从而道德获得客观普遍性的根基，这确为程颢等新儒家的贡献。

## 四、“以”，而非“是”：基于“识痛痒”责任感的“万物一体”的理路

尤其引人瞩目的是，这一客观普遍的根基，是作为责任感存在的。当“我身”推及到“天地大身体”的时候，“识痛痒”是指识得万物的痛痒。尽管在西方哲学的语境中，这或者为神秘主义的，或者为想象情感的，甚至因此被冠以意义虚无的标签，但在儒学视野中，这是身体的相互感应。陈立胜指出了这一区别，并提到现代镜像神经元的成果可以支持这一现象[②]。儒者对他者疾痛的切身感受、作为真诚恻怛的良知究竟是“呈现”还是“假设”?

之所以留下这样的学术公案，恻隐之心是呈现还是假设的论证，都凸显了儒家想要为利他道德奠基的努力。“识痛痒”、对万物的责任感，被儒者赋予了客观普遍的道德根基的地位。其预设即为“人身八万四千毫窍在灵通”，是宇宙生机一气周流。因此，追问至此，可以问宇宙万物是不是一体的?

① 陈来:《朱子思想中的四德论》，《哲学研究》2011 年第 1 期。

② 陈立胜:《仁・识痛痒・镜像神经元》，《哲学动态》2010 年第 11 期。

以人有限的感知经验，无法证得宇宙的本质，这已是现代哲学消解本体论时所完成的话题。有学者发现，程颢“万物一体”说并没有证明“万物是一体的”，而是说明“万物如何被认识为一体”[①]。就哲学论证的任务来看，形而上学很难从经验角度证明“万物是一体的”，而“万物一体”说本身也不是知识论命题，却是道德实践的本体论命题。去证明“万物是一体的”不是其任务，或者说，对于“万物是一体的”这样的命题，已不是“万物一体”原命题的范围。

“万物是一体的”的“A是B”的句式，也不适用于程颢的本体论。至少根据程颢的解释，“A是B”只能用来界定相对性的现象，而不能适用于绝对性的本体。他指出，“此道与物无对，大不足以名之。”这句话是对道家本体论路线的一种发扬。作为本体的道具有“与物无对”的特点，《老子》有言“道可道，非常道。名可名，非常名。”人们显然无法用“A是B”这样的语言去定义道（万物）。

不能使用“A是B”，程颢却也没有照搬《老子》的“无名天地之性，有名万物之母。”这样的上下分层、超验经验两分的宇宙观，不被程颢所接受。他说“若夫至仁，则天地为一身，而天地之间品物万形为四肢百体。”[②] 此语当解为：“至仁以天地为一身，以天地之间品物万形为四肢百体。”至仁亦可视作常说的“道”，但这句话里，显然并没有说过“至仁是……”（A是B）。程颢提出的是“仁者以天地万物为一体”，使用了“以”而非“是”的句式。“以”的内涵是什么？“以……为”的句式就是

---

① 方旭东认为，程颢将万物一体之仁论说的中心做了转移，即将万物是否一体，转变为认识万物是否一体，而识痛痒之类的情感联通的论述，缺乏说服力。氏撰：《他人的痛——对万物一体之仁说的沉思》，《学术月刊》2005年第2期。

② 朱熹编：《二程子语录》，明刊十行本，中国子学名著集成影印本，第187页。

"以为"、是批评者指出的"万物如何被认识为一体"的以为、认为之意吗？诚然，"以"之以为，或"识得一体"的"识"，均有认识的含义在内，但其目标则不仅仅是"认识"这个行为可以涵盖。"以"所蕴含的"一体"的理路，其显示的本体存在的客观性也不是对象化认识的客观性。

至仁是什么？又或者万物是什么？都不是程颢的问题。因为至仁、道、万物，就其本身而言，人类的经验怎可道、怎可名？但就人类经验和理性的觉知而言，可以体认到以天地为一身，以万物为百体的境界，这种境界就是至仁。若以常识而言，人有恻隐之心，这种恻隐之心本身就是一种"识痛痒"。"识痛痒"，或恻隐之心，并不意味着主体等同地感觉到他人的痛痒，而是主体关心到他人的痛痒正在发生，这个的反面是"不识痛痒""麻木不仁"，即对他人的痛痒毫无关心、其完全没有进入到主体的视野。关于此"识"，程颢用医家的话来摹状：

> 医书有以手足风顽谓之四体不仁，为其疾痛不以累其心故也。夫手足在我，而疾痛不与知焉，非不仁而何？世之忍心无恩者，其自弃亦若是而已。①

所谓不仁，就是疾痛不以累其心，这是一种忍心。另，需要注意的是，因程颢不会用"A是B"这样的理路来定义本体，则"仁"不可以是"仁是……"，故"仁"的反面不是"非仁是……"，而是"不仁"。在明道动态的宇宙观中，"仁"与"不仁"是关于机能活动与否的指称。所谓累其心，实有所关爱："夫人岂有视四肢百体而不爱者哉？"这种"爱"当做"爱护"解。他

① 《河南程氏遗书》卷第四，《二程集》，第74页。

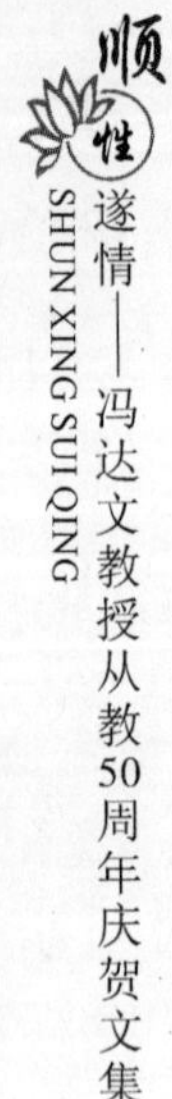


说“医家以不识痛痒谓之不仁，人以不知觉不认义理为不仁，譬最近。”义理者，“仁者浑然与物同体，义礼智信皆仁也”，可见在儒家仁的伦理学中，“识痛痒”之“识”，是对万物的爱护的意识，这种意识，譬如我对自身肢体的爱护。这种爱护肢体的意识，与当肢体痛痒时不能忍的感知，是同质的。这正是“切身之爱”，是看见疼痛而不能忍的意识。因此，问题的关键在于，不是拥有与他人一样的疼痛，而是见到他人疼痛而不能忍受。

汉儒训“万物皆备于我”之“物”为事，被宋以来儒家所沿袭。在“万物一体”之中，“识痛痒”而不能忍他人之痛痒，此时，“物”作为“事”，怎能孤立地存在？“物”就存在于“我对物的痛苦不能忍”的物我关系中。“我”又怎能孤立于“物”而存在？而“我”不能忍受目睹“物”遭受苦痛时，“物”已不在“我”之外，而是被“我”感知到“莫非已也”：

> 医书言手足痿痹为“不仁”，此言最善名状。仁者以天地万物为一体，莫非己也。认得为己，何所不至？若不有诸己，自不与己相干，如手足不仁，气已不贯，皆不属己。故博施济众，乃圣人之功用。仁至难言，故止曰“己欲立而立人，己欲达而达人，能近取譬，可谓仁之方也已”，欲令如是观仁，可以得仁之体。①

“物”是与我“相干”的，是“我”的“事”。当我不能忍物之痛苦时，这物已是我想关爱的物，从结构上说，此物是处在我的意向中的物，进一步，对于“博施济众”而言，是处于圣人之仁“作用”行为中的物。“物”因此不是静态的，而是动态的事

① 《二程子语录》，第35—36页。

物。“仁者以天地万物为一体”，不是静态机械的身体机构，而是意识到“万物的苦痛是我不能忍，而要去爱护它们的‘我’的责任”。“以万物为一体”即“以万物为我的事情”。所以尽管仁至难言，但只要从“己欲立而立人，己欲达而达人”的对他人的责任出发，就可以体认仁。

顾宪成发现，“万物一体”常被忽略的地方：“‘仁者，浑然与物同体，义礼智信皆仁也’，此全提也。后人只说得‘浑然与物同体’，而遗却下半句，此半提也。”① 可见，“万物一体”中，与物同体是形式，而这种形式，在道家、佛教那里也存在类似的说法。“义礼智信皆仁也”是实质的内容，这是“万物一体之仁”的儒家特质。对于理学命题这样的特点，林月惠、陈来、彭国翔，都有指出以“无”为形式，以“有”为内容的特征。“有”的现实关怀，五伦所系的儒者责任，因而是“万物一体”的基调所在。

伊川说，“今士大夫受职于君，尚期尽其职事，又况亲受身于父母，安可不尽其道?”这里把职责与孝道并提，以“受职于君”，或“受身于父母”，来表明忠孝两种责任的来源，以“尽其职事”与“尽其道”之“尽”，来说明责任的落实（尽责）。二程的责任观不是外在的规范，而正是“万物皆备于我也”“反身而诚”的内在要求。前述说“以万物为一体”，是以“万物为我的事情（责任）”，这说明，责任主体的自主判断是首要的。为了尽到孝道的责任，伊川赞赏“逃”的方式。一种“逃”是“小杖受，大杖逃”，这说明孝道的履行是以主体的独立判断为条件，而不是以规训和服从为条件。另一种“逃”是“若舜，须逃也”。

---

① ［清］黄宗羲著，沈善洪主编：《宋元学案》卷十三，《黄宗羲全集》第三册，杭州：浙江古籍出版社，1986 年，第 655 页。

这就是著名的“舜窃父而逃”的故事。为了尽到孝子的责任，终止了作为君王的责任，这说明由于有限的主体的存在，根源于主体内在要求的责任，不可能也不必然是全面的。这更说明，“万物一体”不是面面俱到、以“我”为万物或以万物为我的构造，而是基于“我”的认定与判断——与世界整体之感应的机能。并且，由于“我”的有限性，每个“我”与世界全体感应的渠道、方式也不尽相同，但只要是“我”在自己所在的“大身体”位置上感应到、参与到世界全体的机能，这就是“我”的责任所在，也是“万物一体之仁所在”。

（本文为2017年7月第二十届国际中国哲学大会会议论文）

# 儒家思想对中国宗教的作用

## ——兼谈这种作用的世界意义

李兰芬（中山大学哲学系）

二十世纪的后半叶，基督教神学家汉斯·昆（Hans Kung）发起了倡导全球伦理的运动。这场声势浩大的运动，导致宗教与伦理的关系问题，又一次成为学界及思想界关注的焦点问题。美国学者宾克莱（Luther J. Binkley）分析当代西方社会变化着的价值观时，曾指出：宗教要“继续成为改造人生的一种力量”，就要“能够证明宗教和人类本身的存在有关，和人类企图消灭种族的和社会的不公平的努力有关”；换言之，“如果宗教想要对现代人有任何价值，它就必须适合他们生活环境的需要”。为实现这一目的，宗教思想家们必须“按照流行的哲学和伦理思潮给予宗教意义以新的解释。”[①] 毫无疑问，宗教对人类在未来发展的作用体现，其中一个重要途径便是继续发挥宗教在人类伦理、道德事务上的作用。而为了承担这一重要的历史使命，宗教在某种意义上，与伦理的结合是必要的途径。

但是，尽管宗教与伦理有着密切的关系，二者毕竟是两个不

① 〔美〕L·J. 宾克莱著，马元德、陈白澄、王太庆、吴永泉等译：《理想的冲突：西方社会中变化着的价值观念》，北京：商务印书馆，1986年3版，第287页。

同领域的事情。即使是面对同样的人类问题，两者关怀的角度与方式也不完全相同。因而，宗教与伦理可能在哪种意义上相互结合，对宗教而言，可能在什么意义上从伦理那里吸取承担自己使命的源泉，是当代宗教发展必须正视的问题。

在本篇论文中，作者试图通过从一定角度对儒家伦理思想与中国宗教进行界定，进而对二者之间的关系作出一般性分析；并通过具体分析魏晋南北朝时期，儒家思想与宗教的关系问题，特别是分析儒家思想如何通过玄学体现其作用于中国宗教的可能和方式等；探讨儒家思想对中国宗教的作用问题，对世纪之交的世界宗教与伦理关系解决的出路问题的意义。

## 一、狭义界定下的中国宗教与伦理

狭义上界定的宗教，区别开从文化、文明的广泛视野中，对宗教的一般性界定。也就是说，在狭义的宗教界定中，除将宗教一般地看成对人类文化、文明发展具有核心作用的人类精神、意识形式外，还相对地规定这种特别的精神、意识形式，在体现其作用时，主要地通过这样几种相互关联的途径：宗教情感、宗教观念和理论、宗教行为、宗教组织和制度。按与汉斯·昆合作倡导全球伦理的美国学者斯威特勒（Leonard Swidler）的话来说：

> 传统上所称的宗教，即“对生活的终极意义和相应地该如何生活的一种解释。”通常，所有的宗教都包含四个C——信纲、规范、崇拜、社团结构（Creed，Code，Cult，Community Structure），并以关于超越者的概念为其基础。

"信纲"指的是宗教的认识方面，即进入了对生活的终极意义之"解释"的每一种东西。

"规范"即行为或伦理规范，包括或多或少是随信纲之某一方面而来的一切行动规则和惯例。

"崇拜"意指所有这样的礼仪活动，这些活动直接或间接地使信徒同超越者之某一方面相关联，祈祷是直接关联的例证，而面对神职人员之类超越者代表的某种正式行为则是间接关联的例证。

"社团结构"指的是信徒之间的种种关系；它们可以在很大程度上互不相同，从平等主义的关系（如贵格派教徒之间的关系），到"共和式"的结构（如长老派教徒所有者），直到君主式的结构（如某些哈西德派犹太教徒与其"列比"）皆有。

"超越者"正如其词根所表明的，意指"超出了"对实在之日常的、普通的、表面的经验之外的东西。它可以指精灵、神祇、有人格的上帝、无人格的上帝、空无等等。[①]

狭义的伦理，或说与宗教相对区别开来的伦理，不仅关注"建立一个普遍化的道德原则和规范体系"，而且关注"建立一种适度有效的社会义务和正义体系"[②]。严格来说，它有两个层面的含义："一个是它的行为规范的层面，应用的范围主要是社会制度和作为社会成员、人类一员的人，具体表现为社会正义和人的义务或者说基本约束的问题；另一个层面则涉及价值、理想以及终极关切的层面，应用的范围主要是个人的生活、私人关系，同

① 〔美〕列奥纳德·斯威特勒，何光沪译：《走向全球伦理的宣言》，《东方》第2期（1995年），第35—40页。

② 何怀宏：《良心论》，上海：上海三联书店，1994年1版，第53页。

时也反映出民族、文明的自身的特异之点。”①

显然，这种狭义界定下的宗教与伦理的区别，主要在于：宗教将自己作为精神、意识形式的知、行表现方式与其对超越、神圣对象的信仰相联在一起；而伦理则将自己作为精神、意识形式的知、行表现方式与其对现实人际关系的价值观念理解相联在一起。但是，在对二者所作的这种相对区分中，已充分显示二者之间实际上有着相关联的方面。无论宗教也好，伦理也好，其知、行两个方面的体现，都必定与价值观念相连在一起。只是宗教相联的是关于超越、神圣对象的价值观念，而伦理相联的则是关于实际生活的价值观念。一旦宗教的超越、神圣观念与人在现实中的如何行为联系起来，其内在包含的伦理、道德意味就会呈现出来；而伦理关于现实人生的价值观念一旦追究其中蕴含着的理想、终极关怀层面，其宗教的超越、神圣意味也会呈现出来。正是由于此，从狭义的宗教来说，要发挥其对现实人生和社会的应有作用，就必须面对伦理当中关于实际生活的，人性的善恶、人的义务、道德原则、道德评价和道德行为等的思考②。

下面，我们拿这样一种狭义的宗教与伦理的理解，看看中国儒家思想与中国宗教的相对区别。

首先，从这种对宗教与伦理的狭义界定下，我们将作为中国文化主干的儒家思想主要阐释为一种与伦理相关的思想。儒家思想是宗教还是伦理思想，一直在学界有不同的看法。著名的社会学家韦伯（Max Weber）、历史学家汤因比（Arnold Toynbee）将儒家思想定义为宗教的做法，极具典型意味。

① 参见何怀宏在1997年北京召开的“中国传统伦理与世界伦理”学术研讨会上的发言提纲：《忠恕之道与世界伦理》（刊于中国人民大学基督教文化研究所主编：《基督教文化学刊》第1辑，北京：东方出版社，1999年1版）。

② 〔美〕弗兰克·梯利（Frank Thilly）著，何意译、苗力田校：《伦理学概论》，北京：中国人民大学出版社，1987年1版，第8页。

但必须看到的是，二人都不例外地是站在广义的宗教界定角度下，将儒家思想理解为宗教的。也就是说，他们对宗教的理解都是在人类生活信念与实践行为相一致的意义上作出的。在这里，二者都不约而同地，仅仅将对宗教的看待与人类一般地解决如何实际生活的问题相关联，而没有特别地将对宗教的看待，与人类在特定情形下（尤其是在超越、神圣信念激励下）解决如何实际生活的问题相关联。这样一种广义解释下的宗教，必然主要地具有伦理的意味。

对整个西方社会学思潮有独到研究的法国社会学家雷蒙·阿隆（Raymond Aron）分析韦伯的社会学说时，指出韦伯用他的理解社会学理论来解释宗教与社会的关系时，他仅仅是将宗教世界观，看成是影响人类在各种不同的社会里的行为的、人类对生存的总观念的组成部分[①]，看成是“人类按照自己的信仰解释自己处境对生存所采取的态度”[②]。而汤因比则这样界说宗教：“我这里所说的宗教，指的是对人生的态度，在这种意义上鼓舞人们战胜人生中各种艰难的信念。这也就是，宗教对于有关宇宙的神秘性和人在中间发挥作用的艰难性这一根本问题上，给我们所提供的精神上的满意答案；并在人类生存中给予实际的教训规戒，由此鼓舞人们去战胜人生征途上的困难。”“所谓正确的宗教，就是教导我们对人和包括人以外的整个自然，抱有崇敬心情的宗教。相反，错误的宗教，就是允许牺牲人以外的自然，满足人本身欲望的宗教。”[③]

---

① 〔法〕雷蒙·阿隆著，葛智强、胡秉诚、王沪宁译：《社会学主要思潮》，上海译文出版社，1988年1版，第560页。

② 同上书，第572—573页。

③ 〔英〕A·J·汤因比、〔日〕池田大作著，荀春生、朱继征、陈国梁译：《展望二十一世纪——汤因比与池田大作对话录》，北京：国际文化出版公司，1985年1版，第363、381页。

所以，一旦借用这种广义界定下的宗教来考量中国的儒家思想，特别是探讨儒家思想对中国文化，尤其是对中国社会生活及人伦关系的实际作用，其所突出的只能是儒家思想具有宗教情怀的伦理特征。

对此，韦伯有这样的说法："儒教，就像佛教一样，只不过是一种伦理，即道（Tao），相当于印度的'法'（Dhamma，又译达摩）。不过，与佛教形成强烈对比的是，儒教纯粹是俗世内部的（innerweltlich）一种俗人道德（Laiensittlichkeit）。与佛教形式更加显明对比的是，儒教所要求的是对俗世及其秩序与习俗的适应，归根到底，它只不过是为受过教育的世人确立政治准则与社会礼仪的一部大法典。"① 汤因比则肯定，由于"儒家哲学家为自己设立了一个成为孝子和贤臣的传统日常道德目标，乐于直面痛苦和失败"，"儒家哲学并没有使它的门徒同人性的内在社会性相冲突"，"还没有高傲到在传统的人类社会美德中找不到目标的地步"，反而脚踏实地。所以，"儒家在实践中获得了稳固的成功决不是偶然的"②。

回过头来，我们也从这种狭义界定下的宗教与伦理的理解中，看看何为中国宗教。中国宗教顾名思义指的是在中国文化和地域中存在的各种宗教形态，包括本土的道教、各种民间宗教，外来的佛教、基督教、伊斯兰教和其他的宗教。与伦理不一样，各种中国宗教都以对不同的超越性、神圣性对象的信仰为基础。但是，任何面对中国宗教的学者都看到：中国宗教，无论本土自生和发展的宗教形态，还是外来的先与中国文化冲突，后又逐渐

---

① 〔德〕马克斯·韦伯著，洪天富译：《儒教与道教》，南京：江苏人民出版社，1993年1版，第178页。

② 汤因比著，晏可佳、张龙华译，刘建荣校：《一个历史学家的宗教观》，成都：四川人民出版社，1990年1版，第81—82页。

融合的宗教形态，有着与别的文化背景下的民族、国家宗教不一样的特点。

韦伯曾这样概述中国宗教的特点："中国的宗教意识把用以制服鬼神的巫术性宗教仪式和为农耕民族制定的历法结合起来，并赋予它们以同等的地位和神圣不可侵犯的性质，换言之，它把自然法则和仪式法则合二为一，融于'道'的统一性中，把超时间的和不容变更的东西提高到宗教上至高权力的地位。作为终极的、至高无上的道，不再是一个超世俗的创世主，而是一种超神的、非人格的、始终可与自己同一的、时间上永恒的存在，这种存在同时是永恒的秩序的超时间的表现。非人格的天威，并不向人类'说话'。它是透过地上的统治方式、自然与习俗的稳固秩序——也是宇宙秩序的一部分——以及所有发生于人身上的事故(世界各地皆然)，来启示人类的。"①

而已提到过的史学大师汤因比，他认为中国宗教的特色体现在"儒教世界观中存在的人道主义"；"儒教和佛教所具有的合理主义"；及"道教带来的最宝贵的"，并且是佛教、中国哲学所有流派共同具有的"人的目的不是狂妄地支配自己以外的自然，而是一种必须和自然保持协调而生存的信念"等②。他们都肯定，关注包括佛教、道教等在内的中国宗教体现其超越性、神圣性一面时，必须注意中国宗教受儒家思想影响，而具有的浓厚的伦理色彩。

中国学者陈来认为中国由古代奠定的宗教传统是"伦理宗教"，并进一步断定，这种传统的发扬，主要与对中国古代宗教中伦理思想直接继承，但对中国宗教发展产生作用的儒家思想有

---

① 马克斯·韦伯：《儒教与道教》，第35～36页。

② 汤因比、池田大作著：《展望二十一世纪——汤因比与池大田作对话录》，第287页。

关。在他的《古代宗教与伦理——儒家思想的根源》一书中，他以对周人宗教中的核心概念“天”的解读为例，分析中国宗教信仰和实践的特点：

> 天与帝的不同在于，它既可以是超越的神格，又总是同时代表一种无所不在的自然存在和覆盖万物的宇宙秩序，随着神格信仰的淡化，天的理解就有可能向自然和秩序方面偏移。由于这样一种观念的出现，对于人类的社会性生活而言，人不再需要盲目地向上天顶礼膜拜或祭祀谄媚以求好运。既然天是有伦理理性的可知存在，人所要作的，就是集中在自己的道德行为上，人必须自己为自己负责，自己负责自己行为的后果，也即自己负责自己的命运。[①]

简而言之，中国宗教以其信仰的超越性、神圣性与实践的伦理性、入世性二者的完整结合，而显示自己的特性。并且，这种特性在后来中国宗教的发展中一直保持下来，研究中国宗教的学者都认为，这与儒家思想的影响和作用有关系[②]。

基于以上对儒家思想品格及中国宗教特色的分析，我们很容易看清作为伦理思想的儒家理论之所以能对中国宗教发生作用的可能。从理论上说，这种可能性，或者更加极端来说，这种必然性，首先就根源于儒家思想本身具有的宗教性及宗教必须具有的普世关怀和实践品格。尽管从狭义理解的角度，我们不把儒家思想作为一种宗教形态来看待，但是，从儒家思想与中国古代宗教

---

① 陈来：《古代宗教与伦理——儒家思想的根源》，北京：三联书店，1996 年 1 版，第 197 页。

② 参看余英时、杜维明、刘述先、汤一介、黄俊杰、李明辉、郑家栋等人的专门讨论。

的渊源关系来看，完全有理由说儒家思想有其鲜明的宗教性。对此，在近期，刘述先先生、杜维明先生及黄俊杰先生都有专著或专文讨论。许多研究中国儒家思想的学者也一直对此问题有不同的探讨[①]。

他们对儒家思想宗教性的种种分析，使我们看到，儒家思想本身就包含着不容忽略的宗教情怀。这样一种情怀使儒家面对人性的善恶，参与制定人的行为规则，评价和反思实际的道德体系等的时候，不致因其伦理思想而具的现实性，而显得偏狭。借梁漱溟先生的话来说，儒家思想包含着的宗教性意义，就在于：由于儒家思想“要人认清人生相关系之理，而于彼此相关系中，互以对方为重，”因而，“它融合人我泯忘躯壳，虽不离现实而拓远一步，使人从较深大处寻取人生意义。”从这种角度看儒家的伦理思想，无疑，它同样包含着和宗教终极关怀一样的“超越现实，超越躯壳，不使人生局于浅近狭小而止”的“稳定人生之伟大作用”[②]。

正是由于儒家思想本身所包含的这种宗教性，构成了它能与中国宗教相互契合及相互影响、相互作用的重要机缘。

本来，谈伦理与宗教的关系，应是两方面看待的。同样，谈

① 其中近期，杜维明先生的讨论可参看他的《十年机缘待儒学——东亚价值再评价》（香港：Oxford University Press (China) Ltd.，1999年1版）及《论儒学的宗教性》（武汉：武汉大学出版社，1997年1版）；刘述先先生的讨论可参看他近期的两篇论文：《论宗教的超越和内在》（《二十一世纪》1998年12月号）、《关于终极关怀与儒家宗教性问题的回应》（《二十一世纪》2000年6月号）及陈建洪先生与刘先生讨论的文章《终极关怀与儒家宗教性：与刘述先商榷》（《二十一世纪》2000年4月号）；黄俊杰先生的讨论可参看他的近期论文：《试论儒学的宗教性内涵》（陈明、朱汉民主编：《原道》第六辑，贵阳：贵州人民出版社，2000年1版）。除此之外，他们还一直分别撰写专著及专文，从不同角度讨论对儒家思想的宗教性问题的理解。其他对问题讨论积极参与的学者，包括有汤一介、郑家栋、郭齐勇和李明辉等。

② 梁漱溟著：《中国文化要义》，上海：学林出版社，1994年重版，第89、87页。

到儒家思想与中国宗教的关系时，也应该从相互影响和相互作用两方面来谈。但在本篇论文中，作者将讨论的重点放在：主要体现为伦理思想的儒家理论对以对超越性、神圣性对象的信仰为基础的中国宗教如何作用的问题。并具体地通过魏晋南北朝时期儒、释、道三者关系的分析，来展示作者对这一问题的主要看法。

## 二、从魏晋南北朝时期儒、释、道三者的关系看儒家思想对中国宗教的作用

魏晋南北朝是中国思想及宗教发展的一个非常时期。最突出的一点，便是中国思想家（包括宗教思想家）开始对宗教与中国文化主干——以伦理为特色的儒家思想及中国哲学相互关系的自觉探讨。

这样一个问题之所以成为当时不同的中国思想家们共同关注的问题，不纯粹是因为各种不同学理自然发展所使然。它更多是与现实密切关联、迫在眉睫、急需解决的实际社会历史问题。汉代儒学政治化、神学化（宗教化）使原本儒家思想所具有的道德理想意味，日益变为与事物无常变异及人心随意猜测、人情变幻的喜好等偶然迹象纠缠一起，对统治者意愿变相迎合、任意解释的附庸。后人指责这不仅有违孔孟儒学，而且使儒学变为迷信："汉儒专以灾异、谶纬、与夫风角、鸟占之类为内学。如徐儒之徒多能此，反以义理之学为外学。且如《钟离意传》所载修孔子

庙事，说夫子若会射覆然，甚怪。”[1]

以批判和改造汉儒政治理论为己任的魏晋玄士，对问题的症结作出裁定。开玄学之风的王弼有这样的看法：孔子以后的儒士，不懂“夫立言垂教，将以通性”，“寄旨传辞，将以正邪”，反而在阐释上“弊至于湮”，“势至于繁”[2]；又因与阴阳五行、人事灾异等具体形迹纠缠，不免“伪说滋漫，难可纪矣。互体不足，遂及卦变；变又不足，推至五行。一失其原，巧愈弥甚。”[3]那种沉迷于这种繁、伪之说的儒士，“夫素朴之道不著，而好欲之美不隐，虽极圣明以察之，竭智虑以攻之，巧愈思精，伪愈多变，攻之弥甚，避之弥勤。则乃智愚相欺，六亲相疑，朴散真离，事有其奸。盖舍本而攻末，虽极圣智，愈致斯灾”[4]。

孔子、孟子创建的儒家思想此时的表现，尚且如此不如人意。同时期的宗教，情况又如何呢？汉末出现的道教，因其粗陋、不完善而与迷信、习俗没有多大分别；大概在此时同时传入的佛教，由于道教最初造成人对宗教的印象，而不得不淡化其艰深的学理，以“道术”作为自己传播、教化、宣传的手段[5]。汤用彤、任继愈两位专治佛教史的大师，根据《后汉书》的记载，对早期传入中国的佛教有这样的分析。汤用彤先生指出：“最初佛教势力之推广，不能不谓其为一种祭祀方术，而恰投一时风尚

① ［宋］黎靖德编：《朱子语类》卷第一百三十五（北京：中华书局，1986 年 1 版），第 3230 页。

② ［魏］王弼著，楼宇烈校释：《论语释疑·阳货》，《王弼集校释》，北京：中华书局，1980 年 1 版，第 633 页。

③ 王弼著，《周易略例·明象》，《王弼集校释》，第 609 页。

④ 王弼著：《老子指略》，《王弼集校释》，第 198 页。

⑤ 道教早期历史材料可参看〔日〕福井康顺、山崎宏、木村英一、酒井忠夫监修，朱越利、徐远和、冯佐哲等译：《道教》（一、二、三卷），上海：上海古籍出版社，1990 年 1 版、1992 年 1 版、1992 年 1 版；李养正著：《道教概说》，北京：中华书局，1989 年 1 版；卿希泰著：《中国道教思想史纲》（一、二卷），成都：四川人民出版社，1985 年 1 版等。

也”，“盖在当时国中人士，对于释教无甚深之了解，而羼以神仙道术之言。”① 任继愈先生也在其主编的《中国佛教史》（第一卷）中说：“佛教传入中国的初期，为了在中国站住脚，先要与中国本土的宗教迷信特别是道教相融合，中国人也用看待道教的眼光来看待佛教”。“佛教传入中国所以能被接受，首先不一定是他们那一套‘安般守意’的禅法及般若学，看来他们的方术更能吸引一部分群众。”②

这种种，一方面将中国的思想和宗教如何进一步发展的难题呈现在自觉肩负道德、宗教使命的中国知识分子及一些宗教信徒面前，另一方面迫使他们不仅要在实践上为解决这一难题作出身体力行的尝试，而且需要从学理上创造更深刻、更有效地解决这一难题的思想资源。这时的玄学兴起，及伴之而来并日益发展的佛学，都可以看作是知识分子及宗教内部人士从学理上对这一难题解决而作的自觉努力。

其时儒家思想对中国宗教的影响，主要表现为：

已传入中国的佛教及在本土出现不久的道教，都必须正视由于汉儒的实际努力，儒家思想在中国政治及民间的意识形态中占主导地位的客观事实。由于儒家思想从本质上说仍是有关道德、伦理的一套理论，因而，它在塑造中国文化及政治，及至中国百姓的日常生活时，所主要发挥的是道德、伦理说教，和制定一系列道德、伦理规范等的作用。同样，也是这样一种作用及事实，使佛教和早期道教最先碰到自己所主张的、有道德意味的宗教戒律与建立在儒家日常伦理上的道德规范的矛盾和冲突问题。

---

① 汤用彤著：《魏晋南北朝佛教史》（上册），北京：中华书局，1983 年，第 39、40 页。

② 任继愈主编：《中国佛教史》（第一卷），北京：中国社会科学出版社，1981 年，第 7 页。

其中，在三教之间展开的一场争论，可看作是从总体上对这种矛盾和冲突事实的概括，及企图从根本上对矛盾解决的自觉努力。这场争论虽然是学理上的辩论，但所围绕的四个问题都与中国宗教和中国伦理之间的矛盾事实有关。如夷夏之辩（其余的三个问题分别是：白黑论、神灭论、危国论）就是从儒家礼仪和佛教宗教行为各自差异、互不相容的矛盾（沙门是否该跪拜王者等）开始的。这个争论还波及佛教与中国民情国情是否相容。其他的争论，起因都与佛教和道教从信仰、行为上与儒家思想塑造的中国政治及民间信仰、习俗在一定程度上不相容的事实有关（白黑论涉及伦理、道德的期盼，如福乐、因果报应等等，是实在的还是空玄的；神灭论则关涉形神不灭是否有可能被实际证实的问题；危国论则关心佛教的实际存在是否有助王化、劝佐礼教）[①]。

中国宗教与中国儒家思想这种通过事实表现出来的冲突和矛盾，首先迫使外来的佛教面临能否在中国继续生存下去的问题，迫使道教面临如何在中国社会生活、文化和政治中发挥更为深远的作用问题。在反复较量和学理辩论的过程中，中国宗教内部的思想家都一致认为三教共融是解决矛盾和冲突的最好出路。相继三教争论而来的关于三教关系的本末内外论；均善均圣论及殊途同归论，便是中国宗教与儒家思想互为融通的结果。关于这三论的主要思想，中国精研宗教理论的吕大吉先生作了这样的概括描述：

东晋慧远、北周道安皆以佛为内，儒为外，“内外之道可合而明”（慧远语）。周武帝灭佛前“以儒教为先，道教

① 参看吕澂著：《中国佛学源流略讲》，北京：中华书局，1979年；汤用彤著：《汉魏两晋南北朝佛教史》（下卷），北京：中华书局，1983年；任继愈著：《中国佛教史》（第二、第三卷），北京：中国社会科学出版社，1985年、1988年等书中的有关介绍。

为次，佛教为后”（《北周书·武帝纪》）。葛洪以道为本，儒为末。三教都在以“我”为主前提下，承认他教的地位。均善论则进一步将三教并扬。慧琳主张“六度与五教并行，信顺与慈悲齐立”（《白黑论》）。谢灵运著《辩宗论》折中佛儒。沈约著《均圣论》说“内圣外圣，义均理一”。殊途同归论是承认三教形式方法上的差别，而肯定其宗旨与终极目标的一致。如宗炳《明佛论》说：“孔老如来虽三训殊路，而习善共辙也”。张融《门论》说：“道也与佛逗极无二”，“致本相同”，“达迹成异”。①

可见，在中国宗教与儒家思想的相互辩论中，最终，从宗教方面而言，除认定儒家思想在实际人伦、社会政治中的规范作用外，还认定这种规范虽不同于宗教对超越性、神圣性的信仰追求，但规范的“宗旨与终极目标”与宗教的一致；也肯定了儒家这种以教化为手段的实际作用发挥，对于各种宗教要更有效地体现自己对中国社会和文化的作用，有着不容忽视的启示意义。这样一种认识无疑为中国宗教自觉从儒家思想中吸取发展自己的资源及为儒家能对中国宗教有所作用，廓清了从事实到思想的障碍。

但是，值得注意的是，在这场有关二者是冲突还是融合的争论中，代表道教的并不纯粹是当时与迷信、习俗仍未完全分得清的早期道教，而相反是成为这一时期学术主流的魏晋玄学。同时，无论是传入的佛教还是早期道教，从认识上改变对儒家思想的看法，也与玄学从道家思想角度重说儒家思想有关。从学理上看，至少可以这样断定：儒家思想之所以能对中国宗教的发展发

① 吕大吉主编：《宗教学通论》，北京：中国社会科学出版社，1989年，第580页。

生影响和作用，与玄学有关。

魏晋玄学既不是纯粹的伦理思想和政治思想，也不是纯粹的宗教理论。只能说魏晋玄学是一种介乎政治、伦理与宗教之间的哲学。对这种学术思想有独到研究的汤用彤先生，这样裁定魏晋玄学的特质："玄学家主张儒经圣人，所体者虚无；道家之书，所谈象外。圣人体无，故儒经不言性命与天道；至道超象，故老庄高唱玄之又玄。儒圣所体本即道家所唱，玄儒之间，原无差别。"[①] 他进一步肯定："魏晋名士谈理，虽互有差别，但其宗旨固未尝致力于无用之言，而与人生了无关系。清谈向非空论，玄学亦有其受用。彼神明之贵尚，象外之追求，固可有流弊遗害国家，然玄理与其行事仍求能一贯，非空疏不适实用之哲理也。大凡了解中国一派之学说，必先知其立身行己之旨趣。汉晋中学术之大变迁亦当于士大夫之行事求之。"[②] 如果撇开玄学对道家思想的发展不说，而专注玄学家们如何通过道家思想改造儒学，便可窥见玄学的盛行对于儒家思想能影响中国宗教发展具有何种开启作用。

汉儒所阐发的儒家思想由于与枝末纠缠，而被认为有损原儒对人生、社会的超然、高远的道德理想。在中国，受着儒家文化熏陶长大的知识分子是不会轻言放弃作为于国家、社会的使命的。魏晋名士也同样。重振儒家的道德理想，在他们看来，重要的一点就是高唱孔子所体、而不轻言的道德理想的玄理。这种做法的目的，无非是使道德理想的神圣性及超越性，能在抖落现实人事、物事的过分缠绕中，充分呈现出来。由于儒家思想本就是与实际践行、人事不可分割的伦理、道德理论，所以，完全撇开

---

① 汤用彤著：《汤用彤学术论文集》，北京：中华书局，1983 年，第 223 页。

② 同上书，页 226。

枝末而纯谈玄理，不可能是玄学改造儒学所期盼的结果。实际上，玄学的言说，既必须将包含在道德理想中的玄理与体现在道德实践中的枝末相对区分，不致二者因模糊不清而丧失各自对现实及人生的意义；又必须澄清玄理与践行（体用）之间的相互关联，使儒道互补的完整人格，能在体与用的相互映照、相互贯通的理解中，得以圆融。

这种工作，尽管因为魏晋名士对汉儒太重枝末的风气，在学理上、在实践上作了矫枉过正的努力，使得与实际是非判断密不可分的伦理色彩变得过淡，而召致时人及后人的诸多非议。但是，魏晋玄士的努力毕竟首先使儒家思想有了从抽象学理上与宗教信仰之根本精神沟通的言路，也使儒士第一次有了从相互融通的角度体现其理想及实践的方式、方法。这些都不仅有助于中国宗教在面对儒家思想时，不致因其对世间人生、社会的使命的执着，因其对实际社会生活和文化的作为，而将其理想及使命的深远、辽阔与对眼前利益、是非计较的狭隘、浅近混为一谈；而且有助于中国宗教从这种对儒家思想的认识中，正视超越、神圣的信念应该并且可以与其实际的入世实践结合在一起[①]。

换言之，经过魏晋玄学重建后的儒家思想，日益被认为是一种其所包含的超越性的世界观、人生观理论是极为现实可感的，与现实的人伦关系、实践操作息息相关（儒家称之为日用伦理）的伦理理论。这样一种别具特色的理论，对中国宗教的影响体现

① 关于玄学与儒家思想的关系，陈寅恪先生、唐长孺先生、汤用彤先生、余英时先生等都有专文讨论过。大陆学者高晨阳著有《儒道会通与正始玄学》（山东：齐鲁书社，2000年1版），台湾学者蔡忠道著有《魏晋儒道互补之研究》（台北：文津出版社，2000年1版），台湾学者林登顺著有《魏晋南北朝儒学流变之省察》（台北：文津出版社，1996年初版）等，对魏晋玄学与儒家思想的关系问题的讨论，别有创见。作者也曾写有论文《归本崇无——析王弼对汉儒政治思想的继承和批判》（刊于陈少明主编的《经典与解释》，广州：广东人民出版社，1999年版）探讨二者的关系。

在两方面：1. 理论上的，它能使中国宗教中对超越性、神圣性的理解，落实在实际人性表现上，不致流为抽象、空洞的追求；2. 实践上的，它使宗教使命在实际贯彻时，能针对不同种类的人开出不同的方便法门。

儒家思想对中国宗教的这两方面作用，最显著的表现，便是影响魏晋南北朝时期的佛教僧人开始佛教中国化的自觉努力。同时的三教争论及至三教的融合论，连同传入佛教开始自身学理化的工作（如译经、注疏、论著等），使佛教僧人在对本身教理深刻、全面认识的前提下，同样站在学理层面上注意、重视其他理论的价值（如儒家理论、道家理论及玄学理论等。魏晋极多僧人同时注疏、解释儒家和道家的经典）。而真正从学理上使得佛教中国化（或首先是佛学中国化）的，是僧人对佛理开始进入中国化的解释。

受玄学的影响，魏晋南北朝的佛学发展，大概历经四个阶段。它既与玄学的发展有同步的一面，又有自己甚为独特的一面。汤用彤先生有这样的分疏和比较：

> 详研魏晋僧俗之著述，其最重要之派别有四。
>
> 其一，为王辅嗣之学，释氏有所谓本无义。……王氏形上之学在以无为本，人生之学所反本为鹄。西晋释氏所谓本无宗者，义当相似，而不免失之太偏。本无宗人，有释道安、竺道潜、竺法汰。道安弟子慧远，法汰弟子道生之学亦可谓其枝叶。（道生象外之谈，并重反本，与王弼同，兹不赘。但生公之学精深，非其前辈所及。）
>
> 其二，为向秀、郭象之学，在释氏则有支道林之即色义。其主要著作为向、郭之《庄子注》。其形上之学主独化，其人生之学主安分。……支道林与向、郭同主万象纷纭，无

本无体。……实就二家之说，去其有待而存其无待。

其三，为心无义。……心无义虽不行南朝，然颇行于晋代，而为新颖可注意之说。盖玄学家诠无释有，多偏于空形色，而不空心神。六家七宗，识含宗以三界为大梦，而神位登十地。幻化宗谓世谛诸法皆空，而心神犹真。缘会亦主色相灭坏。至若即色，则就色谈空。凡此“无义”虽殊，而均在色，故悉可称为“色无义”也。独有支愍度乃立“无心义”，空心而不空色，与流行学相径庭，故甚可异也。……晋末刘遗民者，亦心无义家。

其四，为僧肇之不真空义。夫玄学者，乃本体之学，为本末有无之辨。有无之辨，群义互殊。学如崇有，则沉沦于耳目声色之万象，而所明者常在有物之流动。学如贵无，则流连于玄冥超绝之境，而所见者偏于本真之静一。于是一多殊途，动静分说，于真各有所见，而未尝见于全真。故僧肇论学，以为宜契神于有无之间，游心于动静之极，不谈真而逆俗，不顺俗而违真，知体用之一如，动静之不二，则能穷神知化，而见全牛矣。……肇公继承魏晋玄谈极盛之后，契神于有无之间，对于本无论之著无，而示以万法非无。对于向、郭、支遁之著有，而诏之以万法非有。深识诸法非有非无，乃顺第一真谛，而游于中道矣。”①

如果说汤先生所划的魏晋学术第三、第四期只是佛学的发展的话，那么，此时的佛学，或说已中国化的佛学，已肯定作为于现世的社会和人生，这也是佛教义不容辞的神圣使命。显然，这

① 汤用彤著：《魏晋玄学流别略论》，《汤用彤学术论文集》，北京：中华书局，1983年，第234－244页。

与佛学在第一、二期与玄学的互通、交流中，深受玄学化后的儒家思想及其入世情怀的影响有关。这种影响随着隋唐佛学的充分完善化和佛教在中国社会的日益深入人心，佛教愈加在理论上、在实践上强调佛性在于“明心见性”；强调“众生悉有佛性”的平等理论；强调修行方法的简便易行；注重对佛理的意会顿悟；注重现实，淡薄世间与出世间的界限，并把出世之佛教变成世俗化的宗教①。

值得注意的是，儒家思想由于其自身所包含的宗教性，导致受它影响和作用的中国宗教，并没有因其对入世的重视而放弃其本有的对超越性、神圣性的信仰，只是通过融会、比照经玄学化后重建的儒家思想理论，中国宗教自身发展出一套有关出世之信仰与入世之实践相圆融的理论。也就是说，受儒家思想影响和作用的中国宗教，一方面坚持从超越性、神圣性的维度体现宗教对现实人生和社会的意义；另一方面又坚持只有通过具体的道德践行，其意义才不会被搁置成无关痛痒的神圣符号②。

## 三、结语：开发儒家思想对中国宗教作用的世界意义

事实上，儒家思想对中国宗教的作用，或说儒家思想开启中国宗教一种特别的入世情怀，并不是在所有的中国宗教形态中都

① 参看赖永海著：《中国佛性论》，上海：上海人民出版社，1988 年 1 版，第 305～314 页。

② 关于儒家思想与佛学（佛教）的关系问题，近来又成中国学界讨论的热门话题。《中国哲学史》2000 年第 2 期，辟有专栏“儒佛关系研究”。其中，方立天先生撰文《儒、佛以心性论为中心的互动互补》，张立文先生撰文《儒佛之辩与宋明理学》，向世陵先生撰文《见理见性与穷理尽性——传统儒学、佛学（华严禅）与理学》等。另外，赖永海先生也在《江苏社会科学》2000 年第 3 期，撰文《近现代“人生佛教”与儒家的“人本”哲学》，对问题进一步讨论。

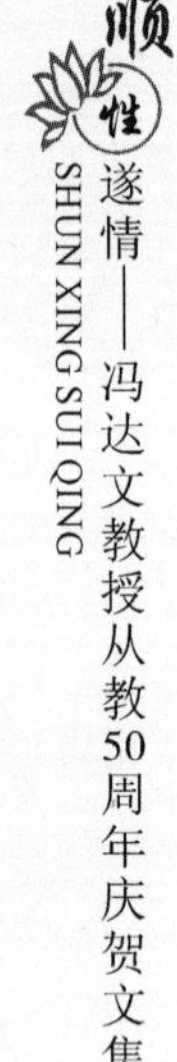


普遍有效，或准确地说，都如对佛教影响和作用那么大。但不可否认的是，在以儒家思想为文化主干的中国土地上生存和发展的每一种宗教形态，都多少受到儒家思想关于道德理想与道德践行关系问题思考的影响，而导致对宗教与世俗关系的严肃思考，导致其将眼光投向现实社会和人生而真诚地关注现世的苦难、快乐、幸福，并努力为消除苦难和带来快乐、幸福而有所作为。

进一步在世界范围内反思儒家思想对中国宗教的作用，对于又将迈向另一个千禧年的人类发展，会有什么意义呢？

已充分现代化的当今世界，宗教由于与政治、经济等实际左右人类生活情形的手段日渐分离，其对人类生活的意义何在及如何体现，又不断地成为思想家们企图找到答案的严峻问题。

反观儒家思想对中国宗教的作用，我们看到：

1. 从儒家思想与中国宗教的关联上看，我们肯定：任何宗教都不应放弃或回避参与实现人的道德理想、社会理想的历史使命。因为宗教对人生意义提出的超越性、神圣性维度，本就不是在完全地与现实人生、与任何具体的人生追求相分离的意义上说的；

2. 从儒家思想对中国宗教发生作用的可能上看，我们肯定：任何宗教要体现其对超越性、神圣性的信仰在现实人生和社会中的作用，首先必须重视塑造这些实在人生和具体社会形态的伦理、道德资源。只有重视和认清这种资源，宗教才可以真正辨明自己面对的人和社会，真正辨明自己对这个社会及这些人作为的可能；

3. 从儒家思想对中国宗教发生作用的结果上看，我们肯定：尽管宗教像伦理思想一般，要自觉承担和体现从实际上塑造人生和社会的重任，但宗教毕竟不是伦理思想。所以任何宗教都需要既从学理上，又从实践上，建立一套关于宗教信仰与践行关系的理论和方案。

最后一点的反思，作者认为，对于当今宗教的发展尤其重要。当今不同形态的宗教并不缺乏实际的道德践行。但是这种宗教的道德践行实际蕴藏的宗教意义何在，及这种道德践行本身是否成为宗教生活的全部等等，都有待进一步深究和思考。

魏晋时期的佛学中国化过程，佛教僧人实际在这方面作出了非常有意味的尝试。他们在学理上的自我澄清，使我们看到，宗教并不仅仅体现为道德使命和道德践行。“心无义”和“不真空义”的阐发，廓清了偏执于宗教超越性、神圣性信仰的虚无，也廓清了偏执于道德践行、现实人生的狭隘[①]。

当代西方学者中，如卢曼（Niklas Luhmann）就强调过：宗教信仰“回到个体的切身处所，不再是道德的工具，而是转化个体的偶在性和脆弱的意义力量。”[②] 也即说，宗教信仰对人生基本问题的解决，能够提供这样一种独到的途径：个体的人能依赖其对超越、神圣的信仰，获得在社会生活中的意义力量（这不是纯粹道德意味上的。按宗教信仰所追求的目标看，道德仍具有有限性、具体性的局限，宗教信仰不纯粹是教人、要求人做一般的“好”人。佛教说要人成觉悟者，基督教说要人得救，伊斯兰教、儒家要人成圣人……）[③]。

---

① 方立天先生在他的《魏晋南北朝佛教论丛》（北京：中华书局，1982 年 1 版）一书中，进一步认为，宗教的入世实践、宗教的修行，与儒家的不一样。魏晋南北朝中佛学二期、四期竺道生“顿悟说”的倡导及僧肇“不真空义”的提出，都是其时佛教对自己与儒家思想作用区别的自觉。

② 转引自刘小枫著：《个体信仰与文化理论》，成都：四川人民出版社，1997 年 1 版，第 241 页。

③ 关于宗教信仰的意义问题，可参看〔德〕卢曼著，刘小枫选编，刘锋、李秋零译：《宗教教义与社会演化》，香港：汉语基督教文化研究所，1998 年；〔德〕卢克曼（Thomas Luckmann）著，覃方明译：《无形的宗教》，香港：汉语基督教文化研究所，1995 年；〔德〕西美尔（G. Simmel）著，曹卫东等译：《现代人与宗教》，香港：汉语基督教文化研究所，1997 年。

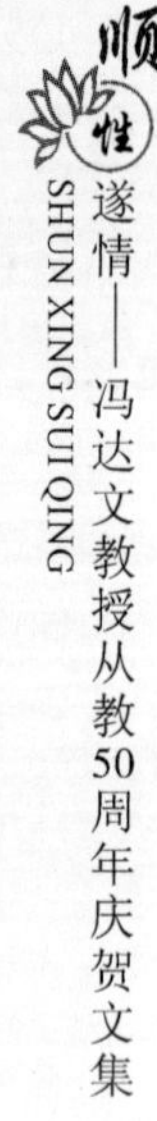


另一位西方学者，也是新政治神学的主要倡导人之一，默茨（Johann Baptist Metz）更称宗教对社会、人生责任的执着和反思，为进行“一种具有神秘性和政治性双重机制的信仰实践：抵制一切力图对宗教进行彻底的社会限制或者对之进行抽象的理论描述的尝试。”①

当今的宗教研究，如果要继续探究宗教在未来对社会、人生的责任这个话题，能适当地注意中国宗教与儒家思想的关系，应该是有启发性的。

写于 2000 年 10 月

修改于 2001 年 2 月

**主要参考书目及论文：**

1. ［德］马克斯·韦伯著，洪天富译：《儒教与道教》，南京：江苏人民出版社，1993 年 1 版。

2. ［英］A·J·汤因比、［日］池田大作著，荀春生、朱继征、陈国梁译：《展望二十一世纪——汤因比与池田大作对话录》，北京：国际文化出版公司，1985 年 1 版。

3. 汤因比著，晏可佳、张龙华译，刘建荣校：《一个历史学家的宗教观》，成都：四川人民出版社，1990 年 1 版。

4. 杜维明著（记录整理：周勤）：《十年机缘待儒学——东亚价值再评价》，香港：Oxford University Press（China）Ltd.，1999 年 1 版。

5. 杜维明著，段德智译：《论儒学的宗教性》，武汉：武汉大学出版社，1997 年 1 版。

6. 杜维明著：《儒家传统的现代转化》，北京：中国广播电视出版社，

① 〔德〕J·B·默茨著，朱雁冰译：《历史与社会中的信仰》，北京：三联书店，1996 年，第 11 页。

1995年1版。

7. 刘述先著：《儒家思想意涵之现代阐释论集》，台北："中央研究院"中国文哲研究所筹备处，2000年1版。

8. 刘述先著：《儒家思想与现代化》，北京：中国广播电视出版社，1992年。

9. 吕澂著：《中国佛学源流略讲》，北京：中华书局，1979年。

10. 汤用彤著：《汉魏两晋南北朝佛教史》（下卷），北京：中华书局，1983年。

11. 任继愈著：《中国佛教史》（第二、第三卷），北京：中国社会科学出版社，1985年、1988年。

12. 唐长孺著：《魏晋南北朝史论》，北京：三联书店，1955年1版。

13. 汤用彤著：《汤用彤学术论文集》，北京：中华书局，1983年1版。

14. 王弼著、楼宇烈校释：《王弼集校释》，北京：中华书局，1987年2版。

15. 高晨阳著：《儒道会通与正始玄学》，山东：齐鲁书社，2000年1版。

16. 余敦康著：《何晏王弼玄学新探》，山东：齐鲁书社，1991年1版。

17. 刘述先撰：《由当代西方宗教思想如何面对现代化问题的角度论儒家传统的宗教意涵》，刊于刘述先主编：《当代儒家论集：传统与创新》，台北："中央研究院"中国文哲研究所筹备处，1995年版。

18. 黄俊杰撰：《试论儒学的宗教性内涵》，刊于陈明、朱汉民主编：《原道》第六辑，贵阳：贵州人民出版社，2000年1版。

19. 郑家栋撰：《儒家思想的宗教性问题》，刊于郑家栋、叶海烟主编：《新儒家评论》第二辑，北京：中国广播电视出版社，1995年1版。

（本文原为提交2000年于台湾花莲召开的"中国传统文化与现代价值的激荡与调融"国际学术研讨会论文，后发表于黄俊杰编：《传统中华文化与现代价值的激荡》，北京：社会科学文献出版社，2002年）

# 商人伦理与宗教伦理

## ——兼论宗教世俗化问题

李大华（深圳大学哲学系）

## 一、商业、扶乩与慈善的关系

商业、扶乩与慈善之间，就是一个三角关系。商人参加扶乩活动，出于本能的需要，预知未来，规避风险，绝境逃生，捕捉转瞬即逝的商机，在一个乱世里面经生，在无助当中祈求神助，这就是商人参与扶乩的直接原因。扶乩正是满足了商人的心理需求，才会在商业比较发达的三角洲地区流行起来，而扶乩的真正职能则是诱导人们向往宗教，它是一个通向宗教的方便门户。一旦叩问神圣成为经常行为，那么乩手就与叩问者之间形成为一种结社团体。而这个团体想要取得合法身份，就要以慈善的面貌出现，且慈善也是商人回报神圣、回报社会的最好办法。而且，慈善也并非只有付出、没有回馈，慈善给予参与的商人诸多的方便，诸如使得他们能够与传统地位的绅士同起同坐，改变商人重利轻义的名声，甚至取得政府赐予或民间称道的社会地位，从而，慈善又反过来滋养了商业和宗教。

这么说并不意味着商人之外的人没有扶乩与宗教，及其慈善的热情，依照宗教学的一般理解，人皆有宗教情感，人皆有宗教依赖，如同人皆有善性一样，这是古今无异的共性。按传统农业社会的结构，士、农、工、商，在这个方面没有不同，恰如除商人之外，士者想要求官会求神，农民祈求好年成、工者（手工艺者）祈求好手艺，也会求神。只不过，有两个方面的情形不同于传统，也显示不同身份的意义。第一，在清末、民初采取扶鸾（乩）结社的方式从事宗教活动，进而转变成慈善运动，这是过去历史不曾有过的。虽然“降授”活动古已有之，但它主要限于宗教教派内部，没有演变成具有社会意义的结社活动。所以，扶鸾结社的出现，可以且应当被看成是人神关系改变的形式，或者说人与宗教关系在新的时空条件下的更新①。这个观点有助于我们理解何以扶鸾结社发生在这个时段而没有发生在历史上的过去。第二，士者、工者、农民虽然也会问神，在扶乩（扶鸾）活动兴盛起来之后也会参与其中，但时机对于三者来说要稀疏得多，读书人一年一度赶考，手工艺人一年一次求神赐艺即可，农民看日落日出以计时，时间对于他们似乎并不蕴涵着机会，所以，三者即便参与问乩，也是问完走人，他们没有因此变成结社团体的成员。只有商人例外，他们有太多的事情需要及时问乩，时间与机会息息相关，频繁的叩问，使得他们最终变成了这些宗教结社的成员，并且，宗教结社与他们自己的生意从来就不相冲

---

① Louis Dupre：《人的宗教向度》（*THE OTHER DIMENSION*）：“宗教并非一成不变的东西，它的伸缩性远比我所知道的要大。它不停地变换面貌并转移阵地。它不是以接受一个客观存在的圣界为唯一标准，更不是一种纯粹主观的意识状态。那么，宗教究竟是什么？我认为它是人类心灵与实在界之间的一种复杂的辩证关系。这种关系是辩证的，因为它兼具主动与被动双重性格，但是更主要的是因为它不停地否定既得的立场。在这种否定过程中，它为人类生命开拓了一个新的向度。”（台北：台湾幼狮文化公司，1996 年出版，导论部分）

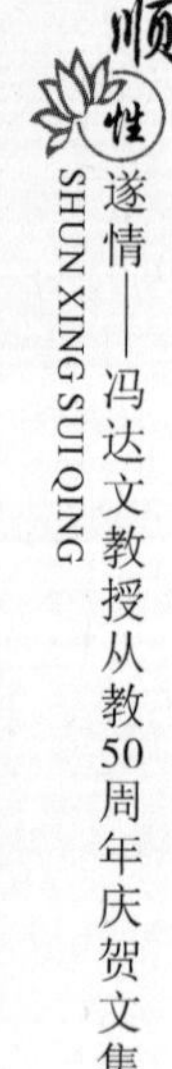


突，在价值取向与人生归依上完全吻合。这就是商人与扶鸾结社的本然联系。这也有助于我们理解何以扶鸾结社活动发生在商人中间而没有发生在农民中间这一现象。

香港道堂、善堂背后普遍有着商人背景，这已是一个不争的事实。诸如：圆玄学院创办的发起人和主持人赵聿修是新界知名的商绅，后来的主持人汤国华也是有实力的商人，现任主持人陈国超也有商人的背景；巨商陆吟舫（1878—1960）为至宝台、青松观的发起人，并从1952年至1959年连任八届青松观理事会理事，他还是圆玄学院的创始人和慈善机构东华三院的总理，青松观在侯宝垣道长羽化后，董事会成员几乎是青一色的商人背景。至于香港富有道教组织背景的慈善组织东华三院、保良局，更是“富商巨贾、社会贤达、中外名流”扎堆的地方。在接受采访的过程中，圆玄学院的李先生说了这样的话：

> 商人具有两重性，一方面是商人，另一方面还有宗教信仰，从而也就有社会身份，社会身份对他们很重要。①

也就是说，从商这种身份具有私人性，而从事宗教活动的身份才具有社会性，所以，“亦商亦教”可谓香港各类宫观、道坛的一大特色。如王赓武主编的《香港史新编》记述的：

> 今日的香港道教，以弘扬道教为专业，以悟道修真为宗旨的道士不多，宫观、道坛等组织亦是亦商亦教，与传统道教的形式及规模大异，但却保留并发扬了植根民间、博施济

---

① 根据采访笔记整理。

众的特色和精神。大小宫观道堂对参与社会事业，可谓不遗余力。[①]

商人与宗教活动的关系之密切，无须过多论证。问题是商人作为世俗的“人”与他们所崇拜的对象、超越的“神”之间，存不存在一种相通与相似关系，只有这种关系存在，才可能有“人神共舞”的情形。即便依照传统西方的基督教的理论，即绝对超越的神与不超越的人不可通约，人不可能揣测神，也不改变神依自己的形象造人的事实，这才有“上帝爱罪人”的说法，即上帝爱自己创造的、背负着“原罪”的人。这种神格与人格在“格”上的（personal）相通，是最大的相通之处。从而，人在荣耀、取悦神的过程中，也自荣与自悦，为自己成为神的义人而荣耀，为得到神的护佑而欢悦。而在主张“内在超越”的中国[②]，虽然并未改变神的超越性、人的俗世性的基本格局，却认为人与神具有内在的相通性，人们总是在内在的本来的心性上去发现神性，像佛教禅宗以及道教内丹学说所推崇的那样。对于华南及香港的全真道来说，这种相似与相通拥有更为具体而实在的内容。首先，商人所崇拜的神与他们自身是否具有气质上的吻合；其次，以这种神所代表的庙宇所宗奉的道德教化学说是否符合他们的期盼。这两个问题需要分开来论说。

在多神崇拜的华南地区以及香港，人们崇拜最为广泛的对象当属吕祖。据香港道教联合会的调查，吕祖为香港地区最为普遍的供奉对象：

① 王赓武主编：《香港史新编》，香港：三联书店，1997年，第787页。

② “内在超越”这一概念在汉学界几成共识，之前，余英时、汤一介、杜维明等先生论证过这个问题（见余英时《中国思想传统的现代诠释》，江苏人民出版社1991年版；杜维明《现代精神与儒家传统》，三联书店1997年版），笔者在《中国宗教的超越性问题》中也论述过这个问题（见《理性主义及其限制》，三联书店2003年版）。

一九九九年香港道教联合会访问团体会员，五十八间受访道堂中以吕祖为主神的占最多，共二十四间，由此可见，吕祖是香港道堂普遍供奉的神仙。……今天，主祀吕祖的港澳宫观，计有云泉仙馆、玉壶仙洞、青松观、信善坛、金蘭观、万德至善社、玉清别馆、蓬莱阆苑等，其中包括龙门派、纯阳派诸派。兼祀吕祖的道堂坛庙更是多不胜数，如啬色园、蓬瀛仙馆、藏霞精舍、红十字会、筲箕湾天后庙、元朗厦村灵度寺等。①

吕祖为全真道的祖师，全真道侍奉自不待论，但“主祀”加上“兼祀”吕祖的占据香港庙宇、宫观的大半，足以表明吕祖在香港地区的特殊地位，已远远超出全真道的范围了。所以，以吕祖与商人的关系为分析对象，具有典范性。

商人行事宗奉的是经济伦理，那么这种经济伦理与道堂的道德伦理要求是否融洽，这是一个经济伦理与宗教伦理的关系问题。我们先来看看道堂的伦理规范。在 1941 年的《广东年鉴》里，说广州地区的道堂“互以修身行善为约则，采纳儒家修养精神，如提倡孝、弟、忠、信、礼、义、廉、耻以为社员规约”，很显然，孝、弟、忠、信、礼、义、廉、耻八德皆为传统的儒家伦理，这是一种最普遍的要求做人的伦理与道德，自然也适用于商人②。但是，我们在《至宝真经》《樵阳玉书》以及《为善最

① 游子安主编：《道风百年》，香港：利文出版社，2002 年，第 28—29 页。

② 在民国的青帮红帮中，我们发现也是以“八德”作为约德的，如洪门有“内外八堂”的建制，“内八堂”为“龙、盟、香、佐、陪、刑、执、礼”，“外八堂”为：“孝、悌、忠、信、礼、义、廉、耻”。洪门的“规律”，乃至清帮的“法规”也是依照儒家的这些价值观念建立起来的。（参见濮文起《民间宗教与结社》，国际文化出版公司 1994 年版。）

乐》等善书中所看到的、现今香港全真教以及其他道派所尊崇的宗教伦理则是“九德”。《至宝真经》云：

> 礼义信廉节惠，仁慈孝顺和忠，九美奉行不怠，加以内外善功，岂只能消浩劫，还堪仙爵高封，人若勤修正道，所求事事皆通。福祸由人自召，何苦自昧其衷。道教无为清净，儒言允执厥中，佛教真如本性，原为万法皆空，三教同归一善，细求三宝能逢。在世当修世法，五常八德为宗，学道先参外果，然后伏虎擒龙。

这部经乃是何启忠在 1942 年一次扶乩过程中吕祖乩示出来的，何启忠在“后跋”中解释道：“民国三十一年，壬午冬月，广州宝盛沙地，第三号，至宝台，承镇坛黄大仙乩谕，谓是日有群仙驾幸坛台，嘱各人肃仪恭候。届时乩手何启忠，凝神注想，如法默祷，握乩运转如环，旋得吕祖降题云……”。在这段经文中，提出了“九美奉行不怠”，又提出了“五常八德为宗”。“九美”就是礼、义、信、廉、节、惠、仁、孝、忠，那“五常八德”呢？“五常”自然是仁、义、礼、智、信，“八德”是否就是《广东年鉴》所提到的孝、弟、忠、信、礼、义、廉、耻？这是可能的，但不必然是，或许就是九德中除去“惠”之外的礼、义、信、廉、节、仁、孝、忠。再看万德至善社刊印的《樵阳玉书》：

> 常发慈悲，九美修治，摄伏皈依，是之为道。日月同辉，帝之所化。博施普济，佛仙圣人，其理一揆。……好应分明，持九美以立身；外功完满，修全真之妙径。三宝皈依，太上化生，为帝者师，为王者师。阐玄微之大法，开道运于初元，化度群生，显无为之秘奥。

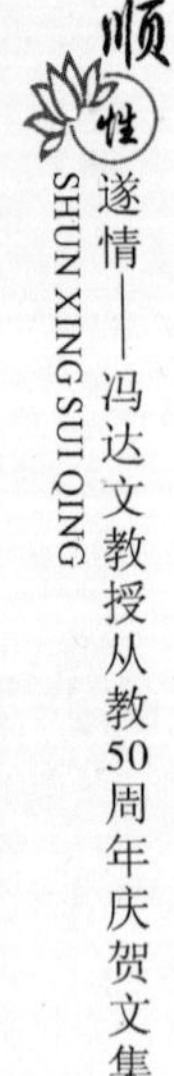


在罗信广为之作的跋语中，说道："丙申岁复谕降真经，信广与信棣、信溢、崇颜、崇冠、崇求、崇娴，诸道侣侍鸾，于十一月念一日开始，至丁酉年六月念三日完成，号曰《樵阳玉书》。全书以性命双修为经，以道、经、师三皈依为纬，阐述大道玄微，晓悟三业之修，龙章凤篆，至笈金科，诚修行之宝典，登天之航梯也。"意味这部书也是吕祖降受的，但是在七个月零二天的时间里面连续降受的，它号称"樵阳玉书"，其实也是吕祖降下来的经书。在这部书里，两次论及"九美德"，即"九美修治"，"持九美以立身"，只是没有列举出九美的具体名目，但在该书的扉页上印出的标志，则是"忠、孝、仁、义、礼、廉、信、节、惠"九德。再看广州芳村信善堂编撰《为善最乐》中记述的 1935 年扶乩的记录：

> 遂蒙降乩："跟我学道得，但要依我治身之道，以忠、孝、廉、节、义、信、仁，兼惠、礼，不准违背，终身信守。"悉依奉教，欣慰莫名。至民国二十四年己亥腊月初五日，得蒙吕祖恩师许为信徒，遂获初衷，实平生之庆幸也。

这段话虽然只是吕祖降乩开示人，但同样提出了九美德以修身，而且，这里所提的九美德与至宝台和万德至善社的九美德完全吻合。这无异于表明，在吕祖所降受的经书与乩语中，从 1935 年、1942 年，到 1957 年的三次不同时期，都提出了修身的"九德"而不是"八德"；"九德"当中都加进了"惠"之德。不论乩语与降受的经书是否可靠，但从宗教社会学的角度来说，这种现象至少反映了一个宗教社会实践、发展的倾向，甚至可称为宗教运动。

我们再来分析一下这三段话中所表达的内容及其内外关系。《至宝真经》中所列“八德”与《广州年鉴》所列“八德”都是传统儒家所讲求的“德”。“九美”与“八德”的关系，从经文看，“九美”要求从道者奉行不怠，并加以内外善功，方可修得善果正道。“五常八德”虽然属于“世间法”，但修道者仍然要以此为宗，换句话，修出世间法要以世间法为宗，世间法修好了未必就可以出世间，但离了世间法是不可以修成出世间法的。依照《至宝真经》的逻辑，包括“惠”在内的“九德”还都属于世间法，也可称为“外功”“外果”。出世间法，则是要修内功、得内果，也即“伏虎擒龙”，也就是修炼内丹，内丹功才能超凡脱尘，超生越死。《樵阳玉书》所说“持九美以立身，外功完满，修全真之妙径，三宝皈依，太上化生”，其实与《至宝真经》相类，也是把“持九美以立身”看作“外功”，而内功则是要“修全真之妙径”，“三宝皈依”指精气神归一（炼精化气，炼气化神，炼神还虚），“太上化生”则指阳神出壳，神超三界，永脱生死。至于《为善最乐》中的乩示，只是用来劝善的，作为一个道徒的基本道德要求，并非超越之道。

然而，“九美德”在全真道乃至其他教派中担当了何种角色呢？从全真教派的青松观和万德至善社来看，“九美德”既是德性，又是教规教戒，正面看就是美德，反面看去就是戒律，如非礼、非义、非仁、无诚信、不孝顺、不和惠、不廉洁、不节制等，就是信徒要力戒的了。这无异于说“九德”的流行象征着一个以德代戒时代的开启。从儒家的仁、义、礼、智、信，到仁、义、礼、信、孝、节、廉、惠、忠，这是一个加法，拥有“五常”之德，配得上“君子”的称呼，而拥有“八德”或可称“仁人”，而拥有“九德”，可做合格道士，信善堂的道徒所接受到的吕祖的“不准违背，终身信守”的训诫，也就是受诫者被恩准为道士的戒条。在香港全真教派的宗教实践中，至今这“九美德”都充当了道徒入门仪式所授的“戒律”，所谓“以德为戒”。“一”这个加法似乎表明了道徒应该具有的秉持、操守比常人要高一些；但是，比照《全真清规》，可就是减法了，如果按照王常月的“三坛大戒”，在形式上看，“九美德”还不及“初真十戒”，更不及“中极戒”和“天仙戒”，以及传统的意义的“七十二戒”“百八十戒”了。远的不论，就以“长春真人清规榜”为对照，“九德”也是简略多了。然而，简略只是戒条的减少与文字的简略，并不意味着要求不高，差别在于“九德”只有九个字，为原则性的、概念性的、总括性的，真正要做到并非容易，一个“仁”字，一个“忠”字，都要一生去努力践行。不过，正因为“九德”是原则性的、概念性的、总括性的，它不是具体的要求，在这个意义上，它比较容易做到，因为人们只要向往它，崇尚它，就意味着在践行着“九德”，一个人在没有明确做出有违“仁”和“忠”的事情，那么就还是应当被视为“仁”和“忠”的。而全真清规的戒条，则是操作性的、具体的、实行的，它们当中的某些戒条反而容易触犯，如“长春真人清规榜”规定：“处静者勿起尘情，所有尘劳，量力运用，不可过度；每一衣食，不可过用”，这应对于“九德”中的“节”，守持“节”之德者，偶有某天某次的衣食过度，不会被认为不守“节”，而在庙里的守戒的道徒即便偶有过度，也会被认为不守戒规。那么，“九德”的推出有何现实意义呢？它的意义在于：它不繁复，简练易记，虽然崇高却容易实行，人们不会因此而像清规那样被束住手脚，这在一个工商经济发达的时代更易推行。从效果来说，“九德”看起来崇高，实际上是宗教道德的下移。它从高高在上的庙堂中，下移到世俗的社会，使“心向往之”的人们能够实行得起来，因为他们只要心向往之就可以了。

可是，从“八德”到“九德”，却是在做着加法。这个“惠”字的德加进去富有某些现实意义。“惠”字本是古已有之的，但它具有多义性，它时而作为德性，时而作为行为。《诗经·邶风》：“终温且惠，淑慎其身。”《荀子·君道》：“宽惠而有礼。”《尔雅》：“惠，爱也。”这里表示温良、宽厚的德性。《诗经·邶风》：“惠而好我，携手同行。”《易经》“益”卦九五：“有孚惠心，勿问元吉。有孚惠我德。”[①]《荀子·君道》：“夫文王欲立贵道，欲白贵名，以惠天下，而不可以独也。”《广雅·释言》：“惠，赐也。”这是表示施及他人好处与利益的行为。这种行为对于所施及的对象来说，就会被看作某种恩德，如《国语·晋》四所言：“未报楚惠而抗宋，我曲楚直。”

《孟子·滕文公》：“分人以财谓之惠，教人以善为之忠，为天下得人者谓之仁。是故以天下与人易，为天下得人难。”“分人以财”属于“以天下与人”的恩惠，“为天下得人”属于得人心的仁慈，相比起来，前者易，后者难，故此，“仁”比“惠”更称得上德性。这是褒义的“惠”。《管子·明法》：“夫舍公法而行私惠，则是利奸邪而长暴乱也。行私惠而赏无功，则是使民偷幸而望于上也。行私惠而赦有罪，则是使民轻上而易为非也。夫舍公法，用私意，明主不为也。故《明法》曰：不为惠于法之内。”[②] 在这里，当惠与私利联系起来时，就属于贬义的了。当“惠”与“公”联系，或者只讲求施与别人而不求回报，就是褒义的，就像在《孟子》书里所说的那样。相对来说，主张“兼相利”“交相爱”的墨子，则是把“惠”与“忠”联系起来，以“惠忠”为一种交往原则下的德性：“内有以食饥息劳，持养其万

① 《象传》解“德”为“得”：“有孚惠心，勿问之矣。惠我德，大得志也。”

② 黎翔凤《管子校注》：“王念孙云：‘私意，当依朱本作私惠，义见上下文。’《群书治要》亦作私惠。”北京：中华书局，2009 年，第 1212 页。

民，则君臣上下惠忠。”（《墨子·天志》中）在交往的原则下，即便“惠”字表达的是德性之义，但它注定要涉及人的行为，如此它不是一个天生禀赋的问题，而是一个社会行为，而一旦作为社会行为，就必定涉及行为的主体与行为的对象。“惠”字的特殊意义在于，仁、义、礼、智、忠、孝等这些德性，虽然也都有一个行为的主体与对象，但它们更多地涉及自己对于他人，主体对于对象的责任与义务，更多地涉及如何奉献，而不考虑对等的回报。而“惠”作为德，尤其是处于墨子所设想的交往场域下的社会，它不只是拥有仁、义、礼、智、忠、孝这些德性的责任、义务与奉献，它也会涉及回报，这就是墨子“兼相爱”“交相利”思想的必然产物，“相”的特殊意义在于其相互性与对称性，即爱、利别人，也希望得到别人的爱与利。墨子不是商人，但他是中国商人经济伦理的鼻祖。不过，在等级社会里，“兼相爱”显得过于理想化，倒是“交相利”比较实际，可以行得通，尤其在商业交往当中行得通。与此相关，“惠”作为德性，由于它本来就具有施与、赐予、分人以财、给人好处的意义，就容易满足“交相利”的条件，所以，它注定要与利益、实惠，乃至互惠等意义联系起来。

从直接讲互利到互惠，并把“惠”作为德性，这是一个依商业交往活动的频繁而随之产生的思想历史过程，但我们没有清楚的证据显示何时完成的这个过程。能够肯定的是，清末民初，“惠”作为加进去的德性，是与商人有关的。因为“惠”德既有一般意义上的贤良之义，亦有给予他人以利益、实惠之义，在某些时候的“让利”也是“惠”德的体现——德行。《善与人同录》记述吕祖的一段话：

至若伦常事业，首从孝悌做起，内能尽乎父子兄弟之道，夫妇之和，推而及乎朋友之信，能尽五常之道，即是修道之根源。为仙之种子，无不有此发生矣。至如贸易场中，所以求利以养家也，而利有自然之利，公平以取，谁识其非。所虑诡计变诈，惨刻以谋，以伪乱真，将虚作实，损于人而人不知，昧乎心而理不直，则虽立刻致富，终为损福折寿，贼子祸孙之根，则当深戒也。①

经商就要求利的，如果避谈利益，也就成不了经济伦理。作为一种商人身份的宗教追求，利益是养家所需，是一种职业，在职场中，追求“自然之利”，这是天经地义的，只是当“公平以取”，不可以“诡计变诈，惨刻以谋，以伪乱真，将虚作实，损于人而人不知，昧乎心而理不直”。如若背离这些伦理，即便获利，只能是私利，将有“损福折寿”的惩罚。在这种人神对话中，透露出商业经济伦理。合理合法地取得自己的利益，为“惠”德的要求，虽则“惠”德仍旧只是世俗的要求，而宗教的追求自然在这个伦理之上，但先做好寻常的人，再去追求神仙，这是一个基本的理路。这种情形应当且只能被视为宗教伦理的一部分。在《省躬录》里面，有一篇《劝商文》，直言经商的合理性，主张以“信义”来“牟义”“理财”，所谓“贪利而忘义者，利源反绌，轻利而重义者，利路恒通”②。

与此相关，传统意义的“诚”“信”等儒家伦理，随着它们

① 《善与人同录》，旅港云泉仙馆藏版，1958年，第62、63页。

② 这是一篇称为黄龙道人在光绪二十四年（1898）十二月初一夕的降书，名《黄仙师劝商文》，其言：“今夫商也者，首以信义为重者也。信义之重，信可及于豚鱼，义可坚于金石。以之牟利，则天下之利薮以开；以之理财，则天下之财源以辟。而商务由是兴焉。……古人之货殖，逐十一，权子母，无非存心忠厚，处世公平，不必指天日以为盟，自不至有沸腾之物议。不必誓鬼神以为证，自不至有叵测之人心。尔无我诈，我无尔虞，其所以取信于人者，在于平日，而不在于临时也。”此外，还有玉仙师的《劝士文》，广祖师的《劝农文》，云仙师的《劝工文》等。

进入商业职场，也会发生某种变化。《中庸》讲："诚者，天之道也；诚之者，人之道也。"《孟子·滕文公》："父子有亲，君臣有义，夫妇有别，长幼有叙，朋友有信。"这里的"诚""义""信"都是在亲情、君臣、友朋，及其熟人范围内的德性，皆不涉及市场交往关系，即便是"来而不往，非礼也"这句话，也无关市场交往关系，这是儒家一向看低商人的缘故。不过，教化的作用使它们成为了最普及的德性，自然也渗透到商业活动中了，只是这些德性一旦到了商业职场，且依旧是商人基本的操守时，它们也就会发生适应性的变化，即从原先那个范围扩大到职场范围的所有人群，包括不相识的陌生人之间，而且，"诚信""信义"不只是父子、君臣、友朋及其熟人关系的彼此担当，也具有了彼此守信用、重承诺以及无诈无欺等内容。这就如同亲戚或官场里面的人与商场的人，同样都在说要讲诚信、重信义，但彼此所理解的含义有差别一样，前者讲这些话不包含利益的意思，后者讲这些话中包含了利益的意思。然而，商人无论出身于何种背景，都会自幼受到儒家伦理教化，何况许多商人还都从儒生蜕变而来，他们将儒家的德性带进职场再自然不过，可是，当他们彼此自觉地将这些伦理规范作为商业伦理加以运用的时候，一则内涵作了变通，二则也是主动把某种类似"紧箍咒"之类的东西加于自己的头上。我们当然可以将此种情形理解为商业活动自身的需要，也只有这样才能够维持良好的商业秩序。只是单从"需要"不足以说明所有人的情况，诸如有人想：这世界人如此之多，每人行一次骗，一生都还忙不过来呢！像这样的人还真不少。所以，将伦理秩序加于自己头上，终究还表明商人在世俗社会里向往善的理性追求。

## 二、神格与人格

“九美德”作为全真信徒的德性与戒条，是吕祖在乩语中降授的，甚至是观照到商人行为的特殊性的，那么吕祖与商人之间虽则是神与人的关系，但彼此之间必定有着某种气质的相通之处，就像在信奉基督教的黑人心目中，基督的皮肤也是黑的一样，商人心目中的吕祖一定是很护佑他们的主神[①]。所以，这里有必要考察一下吕祖的精神气质与商人的精神气质的相关性。

相对来说，吕祖在所有神仙中最具复杂性，他具有多重的“格”，如是，就有一个历史学上的吕祖和宗教学以及宗教社会学上的吕祖。历史学上的吕祖，就是历史文献上所记载的吕祖，而宗教学以及宗教社会学上的吕祖就是作为宗教历史现象或社会现象的吕祖。通过前者，我们可以得到吕祖作为一种特殊现象出现的历史时空，他所经历的历史变化。通过后者，我们可以了解这种现象出现的宗教意义以及社会意义，或者说如何经过人们一代又一代的参与，使其获得了这些意义。所以，需要分开来看待这两种现象。

先从历史文献来看待吕祖。吕祖，名吕岩，字洞宾，号纯阳，元武宗时诏封为“纯阳演正警化浮佑帝君”。唐代沈既济（天宝—贞元时人，约750—797）的《枕中记》可算是最早记载与吕祖相关的小说，说道：开元年间有道士“吕翁”经邯郸道上于一舍中以“黄粱”一梦，使一心沉醉功名的“卢生”见悟，“夫宠辱之数，得丧之理，生死之情，尽知之矣”。由于这则小说

① 这也就像在美国有的教堂里的基督画像，其肌肤就是有色的。

的广泛传颂，以致人们后来把“吕翁”与“吕洞宾”联系起来，以为吕翁就是吕洞宾，北宋太宗时期编撰的《太平广记》也原封不动地转述了这则故事。不过，故事虽然美妙，史家，乃至《仙鉴》《吕祖全书》皆不认为吕翁就是吕洞宾。五代时人孙光宪著《北梦琐言·张濬相破贼》云：“唐黄巢犯阙，僖宗幸蜀，张相国濬白身未有名第，时在河中永乐庄居。里有一道人，或麻衣，或羽帔，不可亲狎。一日，张在村路前行，后有唤‘张三十四郎，驾前待尔破贼’。回顾，乃是此道人。相国曰：‘某一布衣耳，何阶缘而能破贼乎？’道人勉其入蜀，时遇相国圣善疾苦，未果南行。道人乃遗两粒丹曰：‘服此可十年无恙。’相国得药奉亲，所疾痊复。后历登台辅，道者亦不复见。破贼之说，何其验哉？”这则故事并无显明的证据表明这个道士就是吕洞宾，但因其发生地点在河中永乐庄，这与后来传说中的吕洞宾属于永乐庄相应和，故有人猜想这个“道人”就是吕洞宾，美国学者康豹（Katz）据此说道：“很可能写于宋代初年的一个故事似乎说到吕洞宾，虽说这故事没有说出吕洞宾的名字。”[①] 吕洞宾的名字首次出现在文献当中，应该就是北宋初年陶穀（903—970）撰《清异录·含春王》：

> 唐末冯翊城外酒家门额书云：“飞空却回顾，谢此含春王。”于“王”字末大书“酒”也，字体散逸，非世俗书，人谓是吕洞宾题。

此外，北宋的乐史（930—1007）撰写的《太平寰宇记》中记述

① 〔美〕康豹（Katz）：《多面相的神仙——永乐宫的吕洞宾信仰》，济南：齐鲁书社，2010年，第68页。因为《新唐书·张濬传》并没有这个故事的记载，作者不能确信这个“道人”就是吕洞宾，但还是“很可能”是吕洞宾。

了吕洞宾的一些与丹药有关的事迹。这些事迹虽则只有传说的性质，但吕洞宾作为神仙的名字清楚地出现了，而且从脱口而出的称谓，也可看出，吕洞宾在北宋初年已经是一位通晓的人物了。北宋神宗元丰五年（1082）的《吕仙诗碣》中有吕先生诗云："秋景萧条叶乱飞，庭松景里坐趋时。云迷鹤驾何方去，仙洞朝元先我期。肘传丹篆千年术，口诵《黄庭》两卷经。鹤观古檀槐景里，悄无人迹户长扃。"① 比较完整地记述吕洞宾行状的有三则：黄鉴（北宋真宗时期）的《杨文公谈苑》、范致明（北宋哲宗时期）的《岳阳风土记》和岳州石碑的"吕祖本传"。《杨文公谈苑·类苑》卷四十二：

吕洞宾者，多游人间，颇有见之者。丁谓通判饶州日，洞宾往见之，语谓曰："君状貌颇似李德裕，它日富贵皆如之。"谓咸平初，与予言其事，谓今已执政。

张洎家居，忽外有一隐士通谒，乃洞宾名姓，洎倒屣见之。洞宾自言吕渭之后。渭四子，温、恭、俭、让，让终海州刺史，洞宾系海州房。让所任官，《唐书》不载。索纸笔，八分书七言四韵一章，留与洎，颇言将佐鼎席之意。其末句云："功成当在破瓜年。"俗以"破瓜"字为二八，洎年六十四卒，乃其谶也。

洞宾诗什，人间多传写，有《自咏》云："朝辞百越暮三吴，袖有青蛇胆气龛。三入岳阳人不识，朗吟飞过洞庭湖。"又有"饮海龟见人不识，烧山符子鬼难看。一粒粟中藏世界，二升铛内煮山川"之句，大率词意多奇怪类此，人

---

① 见陈垣《道家金石略》，北京：文物出版社，1988 年，第 292、293 页。其中碑文下有注文："元丰五年八月一日登州防御推官，知县事朱□记。"

多诵之。

《岳阳风土记》：

先生名岩，字洞宾，河中府人。唐礼部尚书渭之孙。渭四子，温、恭、俭、让。让终海州刺史。先生海州出也。会昌中，两举进士不第，即有栖隐之志。去游庐山，遇异人授剑术，得长生不死之诀。多游湘潭鄂岳间，或卖纸墨于市以混俗，人莫识也。庆历中，天章阁待制滕宗谅坐事谪守岳阳。一日，有刺谒云："回岩客。"子京云："此吕洞宾也，变异姓名尔。"召坐，置酒高谈，剧饮佯若不知者。密令画工传其状貌。既去，来日使人复召之客舍，主人曰："先生半夜去矣。"留书以遗子京，子京视之，默然。不知所言何事也。今岳阳楼传本，状貌清俊，与俗本特异。

"吕祖自传"的碑文刊行在吴曾（宋高宗时人，生卒不详，绍兴十一年献书）的《能改斋漫录》上：

《雅言系述》有《吕洞宾传》云："关右人，咸通初，举进士不第。值巢贼为梗，携家隐居终南，学《老子》法"云。以此知洞宾乃唐末人。①

吕洞宾尝自传，岳州有石刻。云："吾乃京兆人，唐末，累举进士不第。因游华山，遇锺离，传授金丹大药之方；复遇苦竹真人，方能驱使鬼神；再遇锺离，尽获希夷之妙旨。

---

①《雅言系述》，王举著，北宋时人，《宋书·艺文志》："王举《雅言系述》十卷。"

吾得道年五十，第一度郭上灶，第二度赵仙姑。郭姓顽钝，只与追钱延年之法。赵姓通灵，随吾左右。吾惟是风清月白，神仙聚会之时，常游两浙、汴京、谯郡。尝著白襕角带，右眼下有一痣，如人间使者箸头大。世言吾卖墨，飞剑取人头，吾闻哂之。实有三剑：一断烦恼，二断贪嗔，三断色欲，是吾之剑也。世有传吾之神，不若传吾之法；传吾之法，不若传吾之行。何以故？为人若反是，虽握手接武，终不成道。”嗟乎，观吕之所著，皆自身心始。而学者不能正心修身，徒欲为侥幸之事，可乎？

以上数段文字，虽然并非正史，但它们表述了一个准确的吕洞宾事迹的年月，即“吕洞宾现象”的出现年代，至少在北宋已经是一个广为传诵的了。究竟吕洞宾是何时人，史料仅能证明他至少在北宋初年之前[①]。将以上几段史料加以比照，在吕岩的出生与生活时间上，《杨文公谈苑》不说吕岩的时间，《岳阳风土记》言吕岩“会昌中，两举进士不第”，《雅言系述》言吕岩“咸通初，举进士不第”，《自传》应该不属于他人写传，而是“降授”的结果，言自己“唐末，累举进士不第”[②]。会昌与咸通相隔二十年，不应当在两个时段里举进士不第，而如果是唐末累举进士不第（以黄巢农民起义算的话），则又要晚十五年以上了。出生地点

① 卿希泰主编《中国道教史》第二卷，在引述了多种历史史料与传说之后，对吕洞宾的生卒年月不予置论。（成都：四川人民出版社，第750—754页。康豹（Katz）《多面向的神仙——永乐宫的吕洞宾信仰》，引述李裕民的研究表示，吕洞宾是“五代之季、北宋至初的一个隐士”（第67页）。又引述景安宁的研究，“吕洞宾很可能生于891年前后，约卒于1000年，活了110岁”（同上，第68页）。朱越利认为，“吕洞宾实有其人，是五代至太宗末年（907—997）左右的人。”（《道教考信集》，济南：齐鲁书社，2014年，第456页。）

② “降授”的结果难以作为有效的历史证据，但“降授”出现的时间则是有效的，以及其所提供的时间、地点、事件可作为考察历史人物的线索。

上，彼此所说地点差别不大，“河中”“关右”“京兆”，在唐代皆指关中以东地带。出身上，《杨文公谈苑》与《岳阳风土记》皆言吕岩乃吕渭之后。吕渭，唐德宗贞元时期人[①]。如以元年计算，与“会昌”五十五年，与“咸通”七十四年，与“乾符”八十八年，以二十多年为一代，这三个年代皆有可能，即与“吕渭之后”“吕渭之孙”说不矛盾。随着吕岩在北宋以后民间的传颂以及吕祖不断的应化故事的增加，有关他的身世又有更多的增添，使得人们在论及他的时候难以做出取舍，这就是我们在看到元代《纯阳帝君神化妙通记》《仙鉴》《金莲正宗记》，以及清代人在编辑《吕祖全书》时，在描述他的身世时，也只是以上述材料为基础，并将其他传说杂列出来而不加评议的原因。

事实上，我们能够依据上述史料确定吕岩作为一个由人修成神出现的至迟年代，却不能确定他的上限，因为这些史料只具有传说的性质，而“自传”的“降授”使得它又不能作为知识来运用，在这个意义来说，以这些材料来确定吕岩的上限年代注定是徒劳无益的。然而，如果我们用可以作为知识来运用的著作来考察其年代，或许会有收获，这就是《锺吕传道集》和《灵宝毕法》。

《锺吕传道集》传为正阳真人锺离权著，纯阳真人吕岩集，华阳真人施肩吾传，《灵宝毕法》为吕洞宾撰。这两本书虽属不同人撰，但前后连贯，所论具有一致性。前者为锺吕之间的问答形式，专述修仙过程中一个个问题，如论真仙、论龙虎、论铅汞、论抽添等等；后者则专讲修炼过程。从时间关系以及内丹学说的逻辑关系来说，这两部书应当在崔希范《入药镜》之后，而

---

① 《新唐书·列传》：“吕渭，字君载，河中人。……贞元中，累迁礼部侍郎。……四子：温、恭、俭、让。”

在施肩吾《西山群仙会真记》、张伯端《悟真篇》之前。理由当从以下几方面去看：第一，在施肩吾的《西山群仙会真记》中，多次引用“吕公曰”，又提到“海蟾”“崔公”，还有吕公对崔公《入药镜》的引用，而绝口不提张伯端以及《悟真篇》[①]，这表明吕公、海蟾、崔公都在作者施肩吾之前，而施肩吾却在张伯端之前。当然，施肩吾的生平存疑，论者疑有两个施肩吾，一个是唐宪宗元和时期的，另一个是北宋，甚或金元时期的[②]。元和十年的施肩吾与吕祖《自传》“唐末”之说不合，那么金元时期也不实[③]，他最可能是生活在五代时期的或北宋初（907—1000）的那段时间。在《西山群仙会真记》中，引用了《通玄真经》（即《文子》)、《玉华灵书》、《太上隐书》、《三清贞录》、《九天秘箓》等书，这都是《正统道藏》所未收录的古书，而其论述的修丹内容与《锺吕传道集》《灵宝毕法》《崔公入药镜》相契合，可知此书早于《悟真篇》。第二，《锺吕传道集》和《灵宝毕法》所谈皆为内丹炼气结丹，都是功夫性质的，而且不言“性命”之说，与唐代张果、陶植、羊参微、彭晓以及崔希范的炼气还丹之说为同类主张，而与施肩吾、张伯端主张的性命双修相区别。性命双修是道教内丹学说成熟的标志，而这个过程是在张伯端那里得以完

① 《入药镜·真龙虎》：“吕公曰：‘因看崔公入药镜，令人心地转分明。阳龙言向离中出，阴虎还于坎上生。二物会时为道本，五方行尽得丹名。修真上士如知此，定跨赤龙归玉京。”又曰：“《入药镜》曰：肾中生炁，炁中暗藏真一之水”云云。

② 《文献通考》卷二二五题：“似有二人”。“《四库总目提要》：“肩吾，字希圣，洪州人，唐元和十年进士。隐洪州之西山，好事者以为仙去。此书中引海蟾子语，海蟾子刘操，辽时燕山人，在肩吾之后远矣，殆金元间道流所依托也。”任继愈、锺兆鹏主编《道藏提要》：“按是书与施肩吾编著之《锺吕传道集》内容大体一致。北宋末曾慥所辑《道枢》亦摘录是书，题曰《会真记》，故此编不晚于北宋。”（北京：中国社会科学出版社，1991 年，第 177 页。）

③ 笔者曾以施肩吾为元和时期人，这里更正。

成的，这也说明《锺吕传道集》和《灵宝毕法》是早于《悟真篇》的[1]。第三，《悟真篇》所论内丹学说的神气、性命、药物、火候是最为全面的，且皆用隐喻形式，从内丹理论的形成过程来说，如果没有《崔公入药镜》《锺吕传道集》《灵宝毕法》和《西山群仙会真记》的前后积淀，是不可能突然冒出来这么纯熟的学说的。这也就是说，只要我们将以上几本重要的内丹学说著作放入一个历史过程，就不能不说《锺吕传道集》《灵宝毕法》属于晚唐、五代时期的著作，从而吕岩的生存年代也不言而喻了。

作为宗教学和宗教社会学上的吕祖，他比历史学上的吕祖要复杂得多，从而他的社会担当多得多，每一代人都在加入对他的新的理解[2]，对他有着总是超于过去的期待，从而他也就不得不担当起人们的期待，拥有比过去更多的社会能力。但是，这并不足以说明他一定，或者必须拥有这些社会能力，因为人们也可以对其他的神，诸如关圣帝君、广成祖师、文昌帝君等有着类似的期待，而这些期待并不一定都能够得到满足。在一个多神的文化系统里面，虽然每一个神都神通广大，毕竟每一个神还是有其司

---

① 在《隋唐时期的道教内丹学》一文中，笔者曾提出："道教内丹学就是一种从内修内炼的众方术中游离出来又涵摄众方术的修道理论，它的发展经历了归众方术为行气、修心，又经行气、修心两端分殊显扬的主要理论过程，尔后合而成体的。行气、修心为内丹学的两大理论支柱，为后来内丹修性修命的雏形。""关于行气的方式、过程，各家所述皆有异趣，张果以主张专精用心体察真气在体内的流转见长，陶植、羊参微以主张真阴真阳互涵、铅汞性情合亲、龙虎互逐见长，彭晓以注重炼气之'数'与'候'见长，吴筠以主张气运存形、形神一贯见长，崔希范的《入药镜》统领各类行气之纲，只是语焉不详，唯钟离权、吕岩一派涵盖各家所长，纲目俱备，提供了一个可窥见隋唐炼气全貌的理论系统，《锺吕传道集》分门别类地叙述了真仙、大道、天地、日月、四时、五行、水火、龙虎、丹药、铅汞、抽添、河车、还丹、炼形、朝元、内观、魔难、证验等行气炼丹十八事，《灵宝毕法》则翔实叙述了炼气还丹的全过程。"（《道教文化研究》第五辑，上海：上海古籍出版社，1994年。）

② 《枕中记》中"吕公"与"卢生"黄粱梦的故事，在经过改编后仍然进入到了《吕祖本纪》里，只是人物变成了锺离权与吕洞宾了，两人在长安酒肆相会，锺离借梦点化吕洞宾，所谓"黄粱犹未熟，一梦到华胥"。

责，而且我们也看到在那些扶乩的记载中，经常会看到一个神（如广成祖师）先出来对叩乩的信徒们打个招呼，说某某神将要驾临，各位当静候其旨，云云。这就是说，神是有分工的。但是，吕祖在诸神当中无疑担待最多，这是由于他能够满足人们的需求最多。这种情形一方面要归结为地域、文化、教派乃至信众的行业关系，另一方面要归结到吕祖本身的情性，例如他具有无限量的包容性和普度天下人的宏愿，“惟其誓愿宏大，是以浮沉浊世，行化度人。虽愚夫愚妇，罔不闻名起敬”①。而在诸多神仙里面，吕祖的身份与性情最为丰富，这也是他广受欢迎的一个重要缘由。考察这些身份和性情，有助于理解他与信众的关系，尤其是他与商人的特殊关系。

形象方面，《新唐书》在描述吕渭四子的时候，用了“皆美才”的字眼。“吕祖自传”言“尝着白襕角带，右眼下有一痣，如人间使者箸头大”。即在最初的史料和“自传”中，吕祖并没有具体的描述，但在《吕祖本传》中，他被描述成：“生而金形木质，鹤顶龟背，虎体龙腮，翠眉凤眼，修颈露颧，额阔身圆，鼻梁耸直，面白黄色，左眉角一黑子，左眼下一黑子，箸头大。两足纹隐如龟折，……喜顶华阳巾，衣白黄襕衫，系皂绦，状类张子房。”

名称方面，最初的文献称“回岩客”，为吕洞宾“变异姓名尔”。后来的则随方显迹，自称“回道人”“回道士”“回处士”“宾法师”“无上宫主”“同客人”“吕元圭”等，又受封“孚佑帝君”“吕祖”等。

身世方面，最初史料称“洞宾自言吕渭之后”，“两举进士不

① 《吕祖全书·吕祖本传》，本书采用的是1965年香港德信印务公司影印的乾隆七年（1742）刘体恕汇辑本。

第”，或“累举进士不第”，后来演变成“生天宝十四年十四日”，或“生唐德宗贞元丙子”，还有称“于贞观丙午年四月十四日生”；为“唐宗室姓李”，易姓“吕”；“咸通中，举进士第”，“以科举授江州德化县令”云云。

混俗方面，最初的史料有：“多游湘潭鄂岳间，或卖纸墨于市以混俗，人莫识也。”后来《吕祖全书·灵应事迹》则有“武昌卖墨”“武昌鬻梳”“长安市药”“庐山淬剑”“泰州货墨”“仙乐侑席”“谒张参政”“造访妓馆”“谒石舍人”以及“游天应观”“游庐山寺”等等。

风雅方面，文献言“吾惟是风清月白，神仙聚会之时，常游两浙、汴京、谯郡”，有诗“秋景萧条叶乱飞，庭松景里坐趋时。云迷鹤驾何方去，仙洞超元先我期。肘传丹篆千年术，口诵《黄庭》两卷经。鹤观古檀槐景里，悄无人迹户长扃。”“朝辞百越暮三吴，袖有青蛇胆气粗。三入岳阳人不识，朗吟飞过洞庭湖。”又有“饮海龟见人不识，烧山符子鬼难看。一粒粟中藏世界，二升铛内煮山川”等，但在《全唐诗》《吕祖全集》中则演为五七言律、五七言绝句、词赋、诗歌等，计五卷之多。《吕祖全书·吕祖本传》赞曰：“一剑横秋，清风两袖。道在函三，丹成转九。苍梧北海，白云帝乡。甘河一滴，源远流长。”

化俗方面，“吕祖自传”言：“世言吾卖墨，飞剑取人头，吾闻哂之。实有三剑：一断烦恼，二断贪嗔，三断色欲，是吾之剑也。世有传吾之神，不若传吾之法；传吾之法，不若传吾之行。”后来的传颂中，衍生出更多的显化的神迹，如“化水成酒”“化墨成金”“遗金化石”“度化海蟾”“死鱼复活”“显化四彝”“神光绘像”“云中显像”等等，而遍布各地的降鸾降乩，更是显示了他的无处不在，《吕祖全书·吕祖本传》赞曰：“莫大神通，全在忠孝，利己利人，千秋大道。自古至今，因缘非渺，信笔描来，当前写照。”

明万历杨良弼在“吕祖全书文集后原序”中赞道：“夫仙真以道相授，自黄帝、广成子崆峒问答之后，已有傢言见于载籍，嗣后述作贻世者，代不乏人。至唐吕祖，则度人誓愿尤为深重。由唐贞元暨今，且八百年，而分身化现，殆无日不在世间接引种人，犹虑遇合不易，又撰为诗歌传布焉，甚盛心也”[①]。

综合以上，我们可以得出吕祖的性情与气质的一般特征：他出身名门，相貌俊逸，仕途不顺，皈依仙道；他教养良好，敦厚儒雅，却又洒脱自在。他不常所处，游走江湖，可点石成金，又可遗金化石；他讲求忠孝，又利己利人；他神通广大，善接引众人。这些特征没有商人不喜欢的。商人的经历多与此有关，他们当中的许多人属于儒商，即便不是儒生出身，也有此向往；商人常年奔走于外，追求利益，但不违忠孝，商场上的变幻不测，使得其心理上期望有一个善于应变的神伴其左右。一句话，吕祖的精神气质与商人相通。这是商人信奉吕祖的内在原因。

## 三、商人给道教带来的变化及其世俗化问题

不管商人出于何种原因加入了岭南道教，既然商人已经加入到了其中，就必定给道教，尤其是全真道教带来变化。这些变化可从以下方面看得出：

（一）改变了宗教结社的性质，进而改变了慈善组织的性质。由原先的纯粹宗教团体，一变成为宗教与慈善兼容的组织，再变成为“亦教亦商”的宗教团体。商人开始只是参与结社活动，后

① 《吕祖全书》卷五。

来逐渐成为了主体，在宗教结社向慈善组织转变的过程中，他们就是主人。

在结社乃至慈善组织中成为了主人的商人，又给结社和慈善组织带来了什么呢？这也是日本人夫马进的研究所关注的，他在引述美国人玛丽·兰坎（M. B. Rankin）以及罗威廉（W. T. Rowe）的研究成果时强调：他们二人的著作认为，中国在清代末年曾经出现过类似欧洲近世所曾有过的“公共领域”（public sphere）。善堂善会的意义在于，它既不属于国家的官僚机构也不属于私人，在此意义上，它成为了“开创了公共领域”的先端。对此，夫马进评议说：

> 长达300年的对善会善堂问题的关注，其出发点大致来自于如下两个方面。一个是对“社会福利”问题的考虑，另一个则是对“市民社会”问题的关注。[①]

这样的关注是有充足理由的。在长达千年的历史中，中国社会中具有现代意义的因素没有出现在农民的生活中，也没有出现在宗教社会生活中，更难以想象在国家的官僚制度内能够产生出来，只是在市场交往领域里面，才出现了这些因素，诸如公平的观念、契约关系、民主商议等。至于说何以在一个清王朝没落、社会动荡不安的社会条件下滋生了“公共领域”以及“市民社会”，可以说，这种情况的出现的确有着商业经济与工业经济滋生的社会背景，而一个王朝政治的没落以及社会的动荡，甚至是自然灾害的频发，恰好担当了它产生的催化器。即便扶鸾结社走向慈善化，只是搭了社会慈善、社会运动的“车”，借了它的

① 夫马进：《中国善会善堂史研究》，第17、18页。

"壳"，也不难看出它与慈善运动的同样的性质，以及它给宗教团体带来的改变。这种改变最显著地体现在管理组织的变化，即将中国商人式的民主带进了宗教慈善组织，从原先的师徒相传、子孙相传的管理，变成了民主化的理事会、监事会制度。

《广州年鉴》所说的"广州的善堂，采取董事制或委员会制管理"，就是慈善会的一种普遍情形，而从至宝台慈善会的成立过程我们已可窥见当时道教慈善会的一个掠影。（附至宝台董事会名单）各个道堂的民主化、公司化有快慢，却都走完了这个历程。这里看两则资料：

> 在香港陷日期间，因创堂的道长老去，为适应时势，集合社会贤达之士共襄道务及善业，于是将原来的推尊长老主持堂务的制度，改为理事会选举制，并以非牟利的慈善社团名义注册，开创道堂慈善社团及理事制的先河，此举成为了日后香港不少道坛的管理模楷。[①]
>
> 建馆初期，蓬瀛主要为道侣潜修静养之所，清贫自守，……直到一九四九年，蓬瀛见因缘成熟，遂应时代之需进行改组，在香港华民政务司署登记为道教社团，将主持之职衔，改为馆长……一九五〇年，蓬瀛修订章程，实行重大改革，采用理监事制。此时起，蓬瀛已由一所私人潜修之道堂蜕变进展为政府注册不牟利慈善及宗教团体。一九七二年更获准注册为有限公司，馆务进一步扩大。[②]

---

① 游子安主编：《道风百年・龙庆堂》，香港：香港利文出版社，2002 年，第 156 页。

② 游子安主编：《道风百年・蓬瀛仙馆》，香港：香港利文出版社，2002 年，第 136、137 页。另外，《蓬瀛仙馆 80 周年馆庆》记述："理事和监事每届任期两年，由馆员推选，均为义务工作。理事会设正、副馆长，负责统领馆务，由理事互选，并设各项职务，以第四届理事会为例，即设有总务、司库、核数、交际、文牍、福利、园林、宣道等职；监事会则肩负监察理事会运作的责任。"

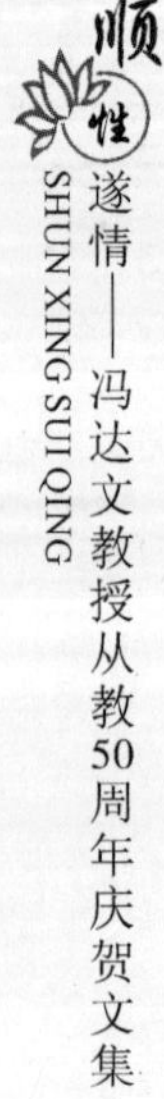



在机构设置上，所有的香港道教团体皆已成为民主管理体制；在人员结构上，各道堂的主体都是商人出身者；在经营方式上，各道堂都是非赢利性的宗教慈善组织。香港的道教团体经历的这个过程虽然有早晚的区别，但都完成了这样一个蜕变。这中间自然受社会变化、政府管理方式的影响，但整体上，这个蜕变是符合商人加入扶鸾结社、组成慈善组织、实现民主自治以及商业化管理的自然历史过程的。

（二）也改变了商人自身，他们从世俗的人变成了道人。自从商人加入道教慈善组织，他们接受了度牒、获得了道号，他们就算是道人了。至宝台、青松观的发起人之一陆吟舫于1960年正月离世，当时香港《华侨日报》报道了“绅商团体千人执绋”的盛大场面，其中一则“哀荣录”写道：

> 美丽丝织厂经理陆吟舫道长
>
> 本港商界闻人陆吟舫，道号陆至真道长，（八）日晨忽感道体不适，即送东华医院，迄止该日午十二时半，遽归道山。……其生前对社会慈善事业，莫不悉力以赴。曾历任东华三院及保良局总理、元朗博爱医院总理、普益商会会长，现为美丽丝织厂经理、青松观理事长、圆玄学院及松荫园佛教社董事，亦为蓬瀛仙馆、报道堂、云泉仙馆道侣。凡百善举，均乐于躬亲领导，深得社会人士称道。今遽归道山，至为悼惜。自噩耗传出，赵聿修、梁子贞等即行组设陆公吟舫治丧委员会。

从某种意义来说，商人自加入宗教组织，他们就获得了双重身份，从而也是把自己的一生托付给了宗教组织，故而，当他们离世的时候，他们的灵骨自然也都会回归到“道山”，得到稳妥的安置，道团会为他们设专门的灵堂，长期供奉，作为对他们在世对道教事业奉献的回报。陆吟舫只是众多商人加入宗教组织的一员，他的“待遇”具有代表性，像主持陆吟舫的丧葬仪式、长期主持圆玄学院道务的道人赵聿修，其出身也是巨商。而我们只要再看看香港道团组织的董事会组织机构，就可以看到，其基本成员为商人，以青松观为例，当侯宝垣道长还在世的时候，道团以他为核心建立了各届董事会，作为德高望重的职业道长，人们习惯称主席侯宝垣为“侯爷”。当他在1999年离世之后青松观成立了新的董事会，出任董事会董事的人可谓青一色的商人，而新任主席，人们不再称“道长”或“某爷”，而称“主席”，这种称谓上的微妙变化，表明了商人出身的道士完全替代职业道士，成为完全意义上的主人。商人加入了道团组织，他们自然还是做他们习惯做的世俗的活，但他们在工作之余就要做超世俗的事情，在生意场上，他们是生意人，而回到道观，穿上道服，他们就是道士，所谓“亦商亦教”。在时间分配上前者为主，后者为次，但在某些时候这个顺序也会颠倒过来，当他们承担了道坛组织的主要职责时，他们要以此为主，像圆玄学院的赵聿修、汤国华，以及青松观的周和来都属于这类情形。

现在我们要来谈一下南方全真教的世俗化问题了。这个问题的实质是：南方全真教的运动方向是否符合宗教世俗化的运动？在谈论这个问题之前，我们需要回顾“世俗化运动”这一理论及对这一理论的批判。

世俗化（Secularition），为现代化理论中的一个决定性概念，它有正负两个方面的意义，如美国学者彼得·贝格尔（Peter L. Berger）所说：

> "世俗化"一词和从它派生的"世俗主义"一词，一直作为一个富有价值判断内涵的意识形态概念被使用，有时有正面的含义，有时有反面的含义。在反教权的和"进步"的圈子里，它逐渐代表了现代人从宗教保护之下的解脱，而在与传统教会有关联的圈子里，它作为"非基督教化"和"异端化"等等而受到攻击。……我们所谓世俗化意指这样一个过程，通过这个过程，社会和文化的一些部分摆脱了宗教制度和宗教象征的控制。当然，在我们谈及西方现代史上的社会和制度时，世俗化就表现为基督教教会之撤出过去控制和影响的领域——它表现为教会与国家的分离，或者对教会领地的剥夺，或者教育之摆脱教会权威。①

也就是说，在传统的教会，尤其是天主教会看来，世俗化表达的是以人为中心的反教权运动，意味着人们对传统教会的脱离，这可以说是文艺复兴运动的另一种说法，故而，在教会看来，它是贬义的；而在人文主义看来，它是积极的、进步的。作为一个社会历史过程，路德宗、加尔文宗的宗教改革运动，可以说是自文艺复兴运动以来，宗教内部的世俗化运动的完成。所以，在韦伯的宗教社会学里面，世俗化理所当然地属于正面的、积极的、进步的。在韦伯看来，宗教世俗化意味着宗教组织放低了身段，向世俗社会、社会生活的渗透，经商赚钱，乃至"从牛身上刮油，从人身上刮钱"，被认为是向上帝证明自己的能力，是合乎宗教教义的。在这个过程中，滋生、培育出一种特有的新教经济伦理以及特殊的精神气质，这个经济伦理看起来是如此的矛盾，既积

---

① 〔美〕彼得·贝格尔（Peter L. Berger）：《神圣的帷幕》（*The Sacred Canopy: Elements of a Sociological Theory of Religion*），高师宁译，上海：上海人民出版社，1991年，第126、128页。

极入世，又在入世中清修苦行。韦伯没有说这种经济伦理和精神气质造就了资本主义文明的话，但说了这样的话："没有这个强大的同盟军，资本主义决不可以前进半步"。无论韦伯如何表达，这种经济伦理和精神气质对于资本主义与现代文明的作用是决定性的，这是读完他的《新教伦理与资本主义精神》这本书必然会得出的结论。对于资本主义以及现代文明，新教伦理是否存在着如此大的影响，这是一个问题，由此引来诸多的批评，但是韦伯的这套理论以其非凡的想象力和理论的严密性，产生了巨大而持续的影响，至今人们也难以从他的理论的笼罩中走出来。众所周知，韦伯的理论脚踩在两个基石之上，一个是历史进步论，一个是理性主义。历史进步论意味资本主义文明的出现是社会历史的进步，世界各国要踏进现代文明，资本主义文明乃是必经阶段，在韦伯看来，资本主义就意味着现代化。哲学上的理性主义，运用在宗教研究中的彻底性，表达为成熟的宗教，意味着对于巫术的脱离，基督教是彻底脱离了巫术的，所以它是理性的成熟的宗教。在两个基石之上所形成的现代化学说，注定是一个一元论的理论。真正的问题在于：韦伯所依据的欧洲、北美宗教经验是具体性质的，而他所得出的现代化结论是普遍性质的，在方法上，这样得出的普遍性结论是否充分和有效？一般说来，一种社会理论总是从具体到抽象，从个别到一般，韦伯的理论似乎也是这个理路，只不过，他是从一个具体和个别到了抽象和一般。故而，韦伯的理论不在于他的推演有什么问题，而在于他的前提。人们质疑的也是他的两大前提，尤其是历史进步论（而在韦伯的时代，历史进步观念是不可逆转地获得普遍认同的）。从欧洲和北美的经验，韦伯能够有理由得出他的结论，那么这个结论放在欧洲、北美之外是否有效，就有待验证。关键在于他的"理想模型"是否够理想。"理想模型"的产生应该是归纳的结果，是在众多的经验事实中抽取其同质的因素，然后选择出一个具体的对象来分析，以它的具体来表现普遍，那么这个选择出来的具体对象所经历的过程，也就是普遍要经历的过程了。其实，韦伯做过验证，只是他验证的并非是这个理论能否运用到亚洲、非洲等地，而是验证了亚洲、非洲没有从它们的宗教内部产生欧洲、北美那样的新经济伦理和精神气质，所以它们没有从传统中走出来，这如同以欧洲、北美为模型，作了类比推理。类比的效用在于"像不像"，越"像"就越"是"，即相似点越多就越可能是同类型，并不能检验模型是否典范。所以，当韦伯运用他的理论分析中国的宗教时，就遭遇到诸多的诘难。

韦伯也是把儒教作为宗教看的，儒教乃是一种"世俗宗教"①，它是"此岸性的"②，儒家有着自己的伦理，但仅仅是"人间的俗人伦理"③，它只是"顺应尘世"④。儒教也有一种"理性"，但只是"秩序的理性主义"⑤。道教乃是一种"神秘主义"，是为了"把灵魂从感官中解放出来"⑥，它"没有神同被造物之间的紧张关系"⑦。道教与商人之间有着特殊的关系⑧，但"在道教里面找不到一点点'市民伦理'"⑨，在道教里面"找不到通往理

---

① 韦伯：《儒教与道教》，北京：商务印书馆，1994年，第194页："国家规定的'世俗宗教'不过是对祖先神灵力量的信仰和崇拜。"

② 同上，第196页："儒教与信徒的关系，不管是巫术性质的，还是祭祀性质的，从其根本上讲，都是此岸性的。"

③ 同上，第203页："与佛教截然不同的是：儒教仅仅是人间的俗人伦理。"

④ 同上，第207页。

⑤ 同上，第221页："儒教的'理性'是一种秩序的理性主义：陈季同（1877年清朝留学生）说：'宁作太平犬，不作离乱民'。"

⑥ 同上，第231页。

⑦ 同上，第237页。

⑧ 同上，第247页："道教的特性不可能对商人的生活方式无足轻重。"

⑨ 同上，第247、248页。

性的——不管是入世的还是出世的——生活方式论之路"[1]。儒教和道教的相同之处是，没有像基督教那样将此岸与彼岸对立起来[2]，没有脱离巫术，没有从宗教伦理内部产生出新的经济伦理，如果有某种"商业的可信赖性"的话，那也是从外部积累起来的[3]。一句话，中国有大量有利于资本主义产生的条件，但没有"造就"资本主义。

韦伯对中国的宗教说不上有多么深入的了解，但他的洞察力是毋庸置疑的，他根据有限的了解就能刺中中国文化的痛处。对于没有造就资本主义的结论，中国学者也无话好说，但对于中国宗教的那些论断，中国学者就不乐意接受了，余英时先生的《中国近世宗教伦理与商人精神》一书，可谓这方面的代表之作。余先生首先对韦伯的"理想类型"提出了质疑：

> 他的具体研究对象是喀尔文教派，他所全神贯注的则是通过具体的历史经验而建立一种"理想型"（"Ideal—type"笔者注）。所谓"理想型"虽不是韦伯最先发明的，但却是因为经过他的大规模的运用而卓著成效的。所谓"理想型"，最简单地说，即是通过想象力把历史上的事象及其相互关系连结为一整体。这样建立起来的"理想型"，其本身乃是一个乌托邦，在真实世界中是找不到的。但是，从另一方面看，"理想型"超越了经验而同时又包括了经验。它本身不是历史的本相，但为历史本相提供了一种清楚的表现方式；它本身也不是一种假设，但其目的则自在引导出假设的建

① 韦伯：《儒教与道教》，北京：商务印书馆，1994年，第256页。

② 同上，第280页："需要注意的是：宗教贬低世俗价值的程度并不等于世俗实际上被拒绝的程度。"

③ 同上，第286页。

立。……韦伯所研究的历史经验是特殊的，但是就宗教信仰和经济行为之间的关系而言，则他所提出的问题又是具有普遍性的。①

在余英时看来，韦伯所得出的中国不可能出现“资本主义精神”这一结论，“也许是正确的”，“但是他获得这一结论的理由则是站不住的”②。韦伯之所以站不住，在于他在论述中国宗教问题时，缺乏历史经验的理据；韦伯的“理想型”宗教伦理精神，就是“入世苦行”，然而，“我们必须说，中国的宗教伦理大体上恰好符合‘入世苦行’的形态”③。余先生以其擅长的历史学方式，以具实的历史文献，表明中国宗教在唐朝的佛教禅宗和金元时期的道教全真教那里，便完成了“入世转向”，厉行的就是入世苦行的精神，“儒家从来就是入世之教”④，故而不存在入世转向问题，但从韩愈之后的新儒家，并不缺乏类似“新教伦理”的运动，儒家并非没有彼岸世界，它的彼岸世界就是“天理世界”，也不缺乏此岸与彼岸之间的紧张，只是它的内在超越性决定了其紧张也是内在的（韦伯恰恰不懂得这个），而不是外在的。至于中国商人，尤其是明清商人，“对于宗教和道德问题确有积极追寻的兴趣”，他们曾经主动地去建构了自己的道德规范，以最理性的方式来达到致富的目的。总之，韦伯缺乏中国历史知识，其“关于儒家、道家的理解可以说基本是错误的和片面的”⑤。

余先生对韦伯的反诘是有道理的和立得住的，对中国宗教精

---

① 余英时：《中国近世宗教伦理与商人精神》，台北：台湾经联出版社，1996年，第62、63页。

② 同上，第67页。

③ 同上，第69页。

④ 同上，第43页。

⑤ 同上，第168页。

神的分析也不可谓不深入，单就“入世苦行”来说，也并非只有基督教才有，禅宗主张的禅戒并用，全真教主张的尘劳和清规并举，都应当被看作另类的“入世苦行”。但是，有两个方面是不同的：一是禅宗和全真教的入世苦行发生的节点不同于基督新教，二是禅宗和全真教的入世苦行并没有与商业经济发生直接的联系。禅宗和全真教的入世虽然也表现为世俗化，但不像基督教的世俗化发生在工业资本兴起时期，所以没有形成社会化资本经营的热情，自然并不会催生出资本主义，设想基督教的世俗化运动如果发生在中世纪，也同样不会有新教那样的社会历史影响。禅宗和全真教的入世意味着打柴担米、过俗世的生活，而基督新教的入世意味着挣钱和资本扩张；禅宗和全真教的苦行意味着并非经济的宗教伦理，而基督新教的苦行意味着建构新的经济伦理。至于余英时先生认为中国没有产生资本主义的原因，并非中国缺乏入世苦行的精神，或许是“由于中国政治和法律还没有经历过‘理性化的过程’（the process of rationalization）”，这似乎是有别于韦伯的另一种历史决定论的观点了[①]。

不过，这里已经涉及宗教的世俗化是不是一次完成的问题，只要我们不把世俗化看作是消极意义的，或者韦伯《新教伦理与资本主义》中的专有词汇的话，而是一个广义的、积极意义的词汇，这个问题就是很有意义的了。我们知道基督教的路德宗教改革是一次世俗化运动，而它的精神力量来自“因信称义”，而这正是保罗将基督教从犹太人当中带出来、由此走向普世化过程中

① 余先生的这个判断会引起另一个疑惑，究竟是生产决定了政治、法律制度，还是政治、法律制度决定生产方式？此外，“理性化”这一概念也容易引起歧解，一方面我们可以说政治、法律制度本身就是理性化的，在这个意义上，即便君主制度下，中国的政治、法律都是理性化的产物；另一方面如果“理性化”指的是韦伯所说的那个意思，那么无异于说中国没有经历西方类似现代化过程，这等于又回到了推论的起点上去了。

的主张，对此孔汉斯说道：

> 路德的称义论的基本论述即“唯有通过恩典”“唯有通过信仰”“人同时是义人和罪人”，确实得到新约的支持，尤其得到在称义学说上起了决定性作用的保罗的支持①。

彼得·贝尔也说道：

> 如果对新教与世俗化之间的历史关系的这种解释被接受(今天他大概已被学术界大多数人所接受)，那么，关于新教世俗化的能力是一种新产生的东西呢，还是渊源于圣经传统更早的因素之中，这个问题就不可避免地要出现。我们可以论证说，后一个回答是正确的，事实上，世俗化的根子可以在古代以色列宗教最早的源泉中发现。换言之，我们可以断言，“世界摆脱巫魅”在“旧约”之中就开始了。②

孔汉斯把新教改革的动因追溯到保罗，而彼得·贝尔追溯到了《旧约》，并指出《旧约》中就有“‘非神圣化’及‘非神话化’的倾向”，并认为圣经传统的宗教发展是一个“独立的变量”，而世俗化影响下的宗教，只是“从属的变量”，所以，“起源于圣经传统的宗教发展可以被认为是现代世俗化世界形成的原因”③。依照这个观点，不仅保罗，即便是基督的“道成肉身”，也被认为

---

① 孔汉斯著，包利民译：《基督教大思想家》，北京：社会科学文献出版社，2001年，第141页。

② 彼得·贝尔著，高师宁译：《神圣的帷幕》，上海：上海人民出版社，1991年，第134、135页。

③ 同上，第152、153页。

是对于传统的“背叛”[1]，就像路德的改革被梵蒂冈看作“背叛”一样，然而，基督教恰恰就有这个核心的特征，“也可以不自觉地为世俗化过程服务，那就是基督教会的社会形式”[2]。从广义的世俗化来说，从旧约圣经开始的“非神圣化”和“非神话化”，经过“道成肉身”，保罗的基督教普世化，一直到路德宗、加尔文宗的宗教改革，都可称得上“世俗化”，区别只在于路德宗之前的宗教改革对宗教自身的发展产生了重大影响，而路德宗的改革伴随着资本运动，不仅对基督教本身，且对人类社会的进程产生了重大影响。

由此来看中国宗教的情形。如果我们认同佛教禅宗的入世苦行就是一场世俗化运动的话，那么这场宗教内部的运动不仅彻底解决了禅宗中国化的问题[3]，也解决了禅宗世俗化的问题，不仅“獦獠”（所谓的南方蛮人）可以学佛，且不识字的愚夫愚妇皆可以学佛，以至于郁郁黄花、青青斑竹皆有佛性，且“禅戒并行”也保持了禅宗自身的同一性，这样的世俗化应该说是比较彻底的。然而，禅宗到了现当代又经历一次世俗化（有曰“社会化”）运动，藉此实现它的现代转向。全真道教在创立伊始就经历着两个向度的运动，一个是世俗化、社会化，一个是自身的庙宇化和禁欲化，通过世俗化、社会化，积极参与社会实践，甚至做常人不堪做的事情，把根子扎在民众的土壤中；通过庙宇化和禁欲化，以宣誓自身与世俗欲望断绝的信念。前者获得了民众的拥

---

① 彼得·贝尔著，高师宁译：《神圣的帷幕》，上海人民出版社，1991 年，第 145 页：“在传统的穆斯林看来，基督教‘背叛’真正一神教的本质，乃表现在‘道成肉身’的教义中，这种教义认为任何东西或任何人都能够与上帝并立或作为上帝与人之间的中介，这个古典的看法也许有某种道理。”

② 同上，第 147 页。

③ 有关这个问题，印顺认为，道安那个时候，就是佛教的人间化的开始，“道安对中国佛教所做的一切，在今天看来，就是我们现在所说的佛教人间化的过程”（《宗教的现代社会角色》，北京：人民出版社，2014 年，第 4 页）。

戴，后者不仅保持了传统的"道与俗反"的同一性，且超越了传统，所以，我们看到的是全真教在两个看似对立的方向都获得了成功。但是，无论禅宗，或者全真教，都不可能培育出资本主义精神，因为资本主义的生产方式还没有出现，它们的世俗化、社会化的内容都没有涵括基督新教的那种内容，所以说禅宗、全真教的世俗化、社会化发生的历史节点不在资本主义的门槛。而且，由于宗教自身的运动，历史上曾经发生的世俗化、社会化运动，也不可能持续几个世纪，"坚持"到最后能够迎来资本主义。就像禅宗当年不坐禅、不立文字，到后来也照旧坐禅、立文字一样，全真教初期的那种开放姿态（诸如王重阳在山东开办的各种"社""会"），到后来越来越封闭，陷入师徒相传的孤立循环。所以，世俗化不是一次就完成了的。

发生在十九世纪的华南扶鸾结社以及慈善运动，乃是道教的一次世俗化运动，它发生的时间正好是在国家政权控制力降低、商业资本和工业资本极其活跃的时期，外加自然灾害的频繁，全真教也正好搭上了资本运动"这班车"，神从庙堂上走下来，资本则进入了坛堂，而开门办慈善、开门阐教（诸如拜天师，不拜人师，广纳信徒），已成不可逆转之势，传统的"演教"，在内涵上演变成了"普济劝善"。

（本文原刊于《宗教与哲学》第五辑，2016年1月）

# 论佛教本怀的佛陀圣教研究

冯焕珍（中山大学哲学系）

## 一、引　言

十多年前，笔者曾对现代中国的佛学研究进行过方法论反省，认为当今应该以“平等的经学观”来从事佛学研究，并作出如下结论：

> 笔者以为可以平等的经学观为基础，容纳傅伟勋先生等人提倡的“佛教诠释学”方法论思想，对佛学进行更多维度的研究。依傅伟勋先生的理解，“佛教诠释学”包含“实谓”“意谓”“蕴谓”“当谓”和“必谓”五个层面的内涵，具体内容如下：1.“实谓”层次，“从原典考证原始资料的考察，去决定原思想家的实际言诠”；2.“意谓”层次，“尽予如实客观地了解并诠释原典义理或原思想家的思想意向”；3.“蕴谓”层次，发掘“原典或原思想家言诠的种种可能义理蕴涵、思想史的理路线索、言诠在思想史上的积淀深化等

等”；4.“当谓”层次，考察“原有思想的深层义蕴或根本义所在，诸般可能诠释方式的优劣裁断或高低评价等等”；5.“必谓”层次，“站在新时代立场对于原有思想之批判地继承与创造地发展”。①

但没有对此结论所依“平等的经学观”作出进一步阐明。今天，借中国佛教协会举办“讲经交流研讨会”之机，笔者愿进一步阐明这种经学观的内涵与意趣，以明确上述结论的根本所依：“平等的经学观”阐扬的内容是与佛法印相契合的佛陀圣教，而以既契合佛法印又具足“六事成就”的佛陀圣典为核心，兼摄佛弟子由阐扬佛陀圣教形成的宗智经典与顺智经典；“平等的经学观”是依佛教本怀从趣智立场而非依世法本怀从趣识立场阐释佛教经典的经学观，只有前者能够真正守护和延续佛陀圣教的价值，后者则会遮蔽乃至伤害佛陀圣教的价值；“站在新时代立场对于原有思想之批判地继承与创造地发展”一项，仅仅适用于研究宗智经典与顺智经典，而不适用于研究佛陀圣典；佛陀圣教的弘扬，应该在守护与延续其价值的基础上，依佛陀“四悉檀”的说法原则随缘开展。

笔者拟通过佛陀宣说的“法四依”来完成这项工作。“法四依”原本是佛陀因佛弟子担心“人四依”会导致皈依三宝不成就

---

① 冯焕珍：《回归本觉——净影寺慧远的真识心缘起思想研究》，北京：中国社会科学出版社，2006年版，第41－42页。

而宣说的法义[1]，目的是为了保证皈依三宝的正确性、实践性与究竟性。既然依教修行的佛弟子都要以"四法"为皈依，以佛教为本怀的佛陀圣教研究者更应以"四法"为皈依，因为佛陀圣教是佛弟子修行的指南，而佛教本怀的研究是在信仰佛教基础上进行的学修一体、趣向佛果的研究，不以"法四依"为皈依，不但无法利益别人，甚至难以利益自己。

## 二、以"法"为标准判定佛陀圣教

阐扬佛教经典，首先得问问："什么是佛教经典?"很多人会认为这是个多余的问题，其实这个问题非但不多余，而且还是一个至关重要的问题，试想一下：如果我们不能确定某部著作是不是佛教经典，如何进行阐扬呢?

我们当然很容易认定阿含类圣典是佛陀圣典（包括经与律），因为它们是释迦牟尼佛（约前565—485）宣说或印可的圣典。但

---

① 例如佛陀在《大般涅槃经》中说："是《大涅槃》微妙经中，有四种人能护正法、建立正法、忆念正法，能多利益，怜愍世间，为世间依，安乐人天。何等为四?有人出世，具烦恼性，是名第一；须陀洹人、斯陀含人，是名第二；阿那含人，是名第三；阿罗汉人，是名第四。是四种人出现于世，能多利益，怜愍世间，为世间依，安乐人天。"（《大般涅槃经》卷六《如来性品》，《大正藏》第12册，第396页下。）迦叶菩萨表示怀疑："世尊！我今不依是四种人。何以故?如《瞿师罗经》中，佛为瞿师罗说：'若天魔、梵，为欲破坏，变为佛像，具足庄严三十二相、八十种好、圆光一寻，面部圆满犹月盛明，眉间毫相白踰珂雪，如是庄严来向汝者，汝当捡校，定其虚实，既觉知已，应当降伏。'世尊！魔等尚能变作佛身，况当不能作罗汉等四种之身，坐卧空中，左胁出水，右胁出火，身出烟炎，犹如火聚?以是因缘，我于是中，心不生信。或有所说，不能禀受，亦无敬念，而作依止。"（《大般涅槃经》卷六《如来性品》，《大正藏》第12册，第397页上一中。）佛陀于是为迦叶菩萨开示法四依的道理，迦叶菩萨因佛陀开示而总结说："世尊！善哉，善哉！如来所说真实不虚，我当顶受。譬如金刚，珍宝异物，如佛所说，是诸比丘当依四法。何等为四?依法不依人，依义不依语，依智不依识，依了义经不依不了义经。如是四法，应当证知非四种人。"（《大般涅槃经》卷六《如来性品》，《大正藏》第12册，第401页中一下。）佛陀予以印可。

是，如果从晚出的非阿含类圣典来看这个问题，情况就要复杂得多。依非阿含类圣典开示，从能说法者看，佛有法身、报身与化身三身，三身都能演说佛法[①]，宣说阿含类圣典的释迦牟尼佛只是如来千百亿化身之一，此其一；其二，除了佛以外，还有其他说法者，《大智度论》就说："如佛毗尼中说：'何者是佛法？佛法有五种人说：一者佛自口说；二者佛弟子说；三者仙人说；四者诸天说；五者化人说。"[②]

从所说法看，佛在不同世界有不同说法方式，如《楞伽经》说，"非一切刹土有言说，言说者是作相耳。或有佛刹，瞻视显法，或有作相，或有扬眉，或有动睛，或笑，或欠，或謦咳，或念刹土，或动摇……如瞻视，及香积世界，普贤如来国土，但以瞻视令诸菩萨得无生法忍，及殊胜三昧"[③]；《维摩诘经》也说，众香国土"如来无文字说，但以众香令诸天、人得入律行。菩萨各各坐香树下，闻斯妙香，即获一切德藏三昧；得是三昧者，菩萨所有功德皆悉具足"[④]。即使佛在同样的世界、借助同样的文字、说同样的佛法，他用的名相也会千差万别，譬如《华严经》说：

---

① 《楞伽阿跋多罗宝经》卷一云："大慧！如工幻师，依草木瓦石作种种幻，起一切众生若干形色，起种种妄想，彼诸妄想亦无真实。如是，大慧！依缘起自性起妄想自性，种种妄想心、种种想行事妄想相，计著习气妄想。大慧！是为妄想自性相生。大慧！是名依佛说法。大慧！法佛者，离心自性相，自觉圣所缘境界，建立施作。大慧！化佛者，说施、戒、忍、精进、禅定，及心智慧。离阴界入，解脱识相分别。观察建立，超外道见，无色见。大慧！又法佛者，离攀缘，所缘离，一切所作根量相灭，非诸凡夫、声闻、缘觉、外道计著我相所著境界，自觉圣究竟差别相建立。"（《大正藏》第16册，第486页上一中）经文中的法佛即法身、依佛即报身、化佛即化身，可见佛三身皆可说法，如《圆觉经》即佛法身所说圣典，《华严经》即佛报身所说圣典。

② 龙树菩萨：《大智度论》卷二《序品》，《大正藏》第25册，第66页。

③ 《楞伽阿跋多罗宝经》卷二《一切佛语心品》，《大正藏》第16册，第493页上一中。

④ 《维摩诘所说经》卷下《积佛品》，《大正藏》第14册，第552页下。

如此娑婆世界中说四圣谛有四百亿十千名，如是东方百千亿无数无量、无边无等、不可数、不可称、不可思、不可量、不可说，尽法界、虚空界所有世界，彼一一世界中说四圣谛亦各有四百亿十千名，随众生心，悉令调伏。如东方，南西北方、四维上下亦复如是[①]。

这样看来，我们能否仅仅站在现代学术立场，依据文献、历史、考古等材料，从某部著作是否释迦牟尼说，判断其是否佛陀宣说的圣典呢？不能。这必然会把许多佛陀圣典拒诸门外，例如非阿含类圣典。这类圣典有两种，一种是释迦牟尼宣说以后，在僧团中潜行密化或藏诸名山大川，待机缘成熟方才出现于世的佛陀圣典[②]；另一种是释迦牟尼或三世十方诸佛等说法者在异时异地宣说，而由登地菩萨受持弘传的佛陀圣典[③]。尽管这两种圣典都得不到文献、考据、历史、考古等方法的证明，但无碍于它们是佛陀圣典，因为这些在凡夫趣识立场上运用的研究方法，根本上是在执著“客观实在”的虚妄前提上做出的“证明”，无论证伪或证明佛陀圣典的“实在性”，最多会对将入佛门者的信心有

① 《大方广佛华严经》卷十二《四圣谛品》，《大正藏》第10册，第62页上—中。

② 太虚大师说：“佛灭后，各时代虽可作如此说，然初五百年亦非无大乘之流传，特零散隐幽耳；六百年后亦非无小乘之流传，且仍繁盛，特不能独占为佛教之正统耳。”（释太虚：《评〈大乘起信论考证〉》，释印顺编：《太虚大师全书》第十六编《书评》，第35页。）

③ 《龙树菩萨传》记载，龙树菩萨读完所见佛陀圣典后，觉得未尽善尽美，想自创新教，“大龙菩萨见其如是，惜而愍之，即接之入海，于宫殿中开七宝藏，发七宝华函，以诸方等深奥经典无量妙法授之。龙树受读九十日中，通解甚多，其心深入，体得宝利。龙知其心而问之曰：‘看经遍未？’答言：‘汝诸函中，经多无量不可尽也，我可读者已十倍阎浮提。’龙言：‘如我宫中所有经典，诸处此比复不可数。’龙树既得诸经，一相深入，无生二忍具足。龙还送出，于南天竺，大弘佛法，摧伏外道”。（《大正藏》第50册，第184页下。）《大方广佛华严经》即由龙树从龙宫请来。

所影响，丝毫不会削弱或增强佛陀圣典的正法性[①]。

那佛教用什么标准判定某部著作的正法性呢？佛陀对此本有明确的开示，即“依法不依人”。依法不依人属于“法四依”之一，佛陀提出此一皈依，根本原因是他清楚地预知，他圆寂后必然有邪魔外道混进佛门淆乱佛法，魔王不但可以化为居士、比丘、比丘尼的形象破坏教团，甚至能够假扮圣贤的形象以假乱真[②]，佛弟子仅仅依人辨别其所说法的邪正当然靠不住，必须以“法”为标准来认识佛法与僧宝，才能保证皈依如法，并由此走向成佛之路。因此，“依法不依人”可以说是佛陀判别法之邪正的根本原则。

这条原则的内容主要见于非阿含类圣典，但阿含类圣典并非没有强调法的至上性与准量性，例如《正法念处经》就说：“诸佛如来以法为师，何况声闻缘觉？”[③]《游行经》说得更具体：

> 当于诸经推其虚实，依法、依律究其本末。若其所言非经、非律、非法者，当语彼言：“佛不说此，汝于众多比丘谬听受耶！所以然者，我依诸经、依律、依法，汝先所言，与法相违。贤士！汝莫受持，莫为人说，当捐舍之。”若其所言依经、依律、依法者，当语彼言：“汝所言是真佛所说。

---

① 太虚大师1932年12月撰文说：“东方人由修证内心、索阐遗言得来之道术，其变迁历程，与西洋人之学术进化史，截然不同：一是顿具渐布，一是渐进渐备。于此义若能审谛不虚者，则原考证‘从学理上考察’之说，无论其有百千万言，皆决然可一扫而空之矣。”（释太虚：《评〈大乘起信论考证〉》，释印顺编：《太虚大师全书》第十六编《书评》，第31页，台北：善导寺佛经流通处1980年版。）

② 佛陀说：“我般涅槃七百岁后，是魔波旬渐当沮坏我之正法。譬如猎师身服法衣，魔王波旬亦复如是，作比丘像、比丘尼像、优婆塞像、优婆夷像，亦复化作须陀洹身，乃至化作阿罗汉身及佛色身。魔王以此有漏之形作无漏身，坏我正法。”（《大般涅槃经》卷七《如来性品》，《大正藏》第12册，第402页下－403页上。）

③ 《正法念处经》卷六十一《观天品》，《大正藏》第17册，第359页上。

所以然者，我依诸经、依律、依法，汝先所言，与法相应。贤士！汝当受持，广为人说，慎勿捐舍。”①

在非阿含类圣典中，佛陀则到处宣说“依法不依人”之理，相关各经对此“法”内容的解释，虽然详略有别、角度互异，但根本点都一样：不应以某人而应以空性或法性为皈依。如《大方等大集经》说：

人者，摄取人见、作者、受者；法者，解无人见、作者、受者……是法性者，不变不易，无作非作，无住不住，一切平等，等亦平等，不平等者亦复平等。无思无缘，得正决定，于一切法无别无异，性相无碍，犹如虚空，是名法性。若有依止是法性者，终不复离一相之法。入是门者，观一切法同一法性，是故说言依一切法，不依于人②。

佛弟子应当皈依法性，因为法性乃是诸法实相，所谓“如来出世，若不出世，法界常住，诸法一相，所谓无相”③。同样，因为它是诸法实相，“世出世间染净等法无不空寂，空寂之体性即真如，即一切法平等之性，此理决定遍诸法中，名之为印”④，唯有此法性堪作判别是否佛教经典的标准。

这里有一个问题：阿含类圣典以“诸行无常，诸法无我，涅槃寂静”的三法印为法印，而非阿含类圣典以诸法实相为法印，

① 《长阿含经》卷三《游行经》中，《大正藏》第1册，第17页下—18页上。

② 《大方等大集经》卷二十九，《大正藏》第13册，第205页中—下。

③ 《大般若波罗蜜多经》第三百七十卷《遍学道品》，《大正藏》第6册，第908页中。

④ 释窥基：《大般若波罗蜜多经般若理趣分述赞》卷一，《大正藏》第33册，第31页下。

两者的实质一样吗？如果不一样，岂不是有两个判断佛陀圣教的标准？这样一来，佛陀圣教还是一味的佛法吗？对此，龙树菩萨曾做过令人信服的论证，他说：

> 佛说三种实法印，广说则四种，略说则一种，无常即是苦谛、集谛、道谛，说无我则一切法，说寂灭涅槃即是尽谛。复次，有为法无常，念念生灭故，皆属因缘，无有自在；无有自在故无我；无常、无我、无相故心不著；无相不著故，即是寂灭涅槃。以是故，摩诃衍法中虽说一切法不生不灭，一相，所谓无相，无相即寂灭涅槃[①]。

龙树菩萨告诉我们，佛陀说三法印、四圣谛或实相印，内涵虽有广略的不同，其实质没有任何差异，三法印中的“诸行无常”印即四圣谛中的苦、集与道三谛，“诸法无我”印指四圣谛所说一切法的性质，“涅槃寂静”印即四圣谛中的灭谛；一切有为法无常故无我，无我故无相，无相故无执著，无执著故寂灭涅槃，因为佛法的目的是引导众生离生死得涅槃，所以为根熟众生说的大乘法集中说寂灭涅槃这个实相印，而为根未熟众生说的声闻法则广说三法印或四圣谛（此处的“大乘法”或“声闻法”皆是从教理深浅说）。这就明确揭示，依三法印、四圣谛或实相印为标准判断，阿含类圣典与非阿含类圣典本质上无二无别，都是一味的佛陀圣教。换句话说，佛陀所说皆是一佛乘的佛陀圣教，并没有单独说过二乘教法，故本文在指称佛陀所说教法时，不沿袭声闻藏、声闻乘（或小乘）佛经或菩萨臧、菩萨乘（或大乘）佛经等称谓，而分别称之为阿含类圣典与非阿含类圣典，总称为佛陀

① 龙树菩萨：《大智度论》卷二十二《序品》，《大正藏》第25册，第223页中。

圣教。

佛陀以空性或法性作为判别法之邪正的标准，显示佛教乃是超越分别识所执种种境而以智慧现证涅槃为归趣的圣教，从而在根本上避免了对任何偶像（包括佛陀及其圣教）的崇拜与迷信①。当然，这并不意味着佛弟子对佛陀与僧宝没有皈敬之心，因为此法性为佛陀首先发现并圆满现证、为僧宝传续而能广布世间，它们都是引导佛弟子修行成佛的先觉者。所以，尽管佛陀圣教并非全部由佛陀宣说，但在佛法流布的世界，佛弟子首先应该皈依与阐扬的依然是有六事成就且契合佛法印的佛陀圣教②。

## 三、依佛教本怀与趣智立场阐释佛陀圣教

我们应该如何研究佛陀圣教？这个问题，对于没有佛教信仰的学者来说似乎很荒谬："现代学术世界，学科众多，方法丰富，无论文献学、历史学、哲学、伦理学、心理学、人类学、社会学乃至自然科学，皆有各自的研究方法，借助其中任何一种研究方法都可以研究佛教，都可以得到相关成果，难道佛教还有独特的研究方法不成？"其实这个问题必须追问，因为问题的要害不在上述种种具体的研究方法，而在支撑这些研究方法的本怀与立场。

---

① 如迦叶菩萨表示恶魔可能化为贤圣混进佛教、不能以人为皈依后，佛陀就说："善男子！于我所说若生疑者，尚不应受，况如是等？是故应当善分别知，是善不善，可作不可作，如是作已，长夜受乐。"（《大般涅槃经》卷六《如来性品》，《大正藏》第12册，第397页中。）佛陀在《金刚经》中也说："汝等比丘，知我说法，如筏喻者，法尚应舍，何况非法？"（《金刚般若波罗蜜经》，《大正藏》第8册，第749页中。）

② 六事成就指在正宗分前载有通序的佛陀圣典，因为"如是我闻，一时，佛在某处，与某某"这一通序，通过说法者（佛）、所说法（如是）、闻法者（我）、时间（时）、地点（地）、闻法众（某某）六项证成佛所说法真实不虚，故称六事成就。

阐释佛陀圣教的本怀与立场有两种：一是世法本怀与趣识立场；二是佛教本怀与趣智立场。所谓世法本怀，即以追求世间有为法的改善为意趣的心怀，依此本怀确立的研究立场就是趣识立场，即以众生分别识为皈依、建立分别见为内容、相对改善世间为归趣的立场。这种立场指导下的佛陀圣教研究，非但不能彰显佛陀圣教不共世间法的义理与宗趣，反而将佛陀圣教化约到佛陀要求佛弟子转舍的识的世界来观察分析，因此实足以遮蔽甚至伤害其不共世间法的义理与宗趣。如果依这种立场研究佛陀圣教，则上述种种方法都有问题，现代各种基于此立场的佛陀圣教研究成果就是明证[①]。

所谓佛教本怀即佛陀本怀。佛陀的本怀是什么？《长阿含经》说："要度众生生、老、病、死"[②]；《妙法莲华经》则说：

> 诸佛世尊唯以一大事因缘故出现于世……云何名诸佛世尊唯以一大事因缘故出现于世？诸佛世尊欲令众生开佛知见、使得清净故出现于世，欲示众生佛之知见故出现于世，欲令众生悟佛知见故出现于世，欲令众生入佛知见道故出现于世。[③]

佛陀上述两种说法，文字有别，意趣不二，即如《法华经》所说，佛陀是为了向众生开发显示佛知见、令众生悟解证入佛知见，才出现于世间，宣说圣教教化众生的。佛知见是什么？即一切种智，亦即佛智慧。《妙法莲华经》云，过去、未来与现在诸佛世尊皆"以无量无数方便、种种因缘、譬喻言辞，而为众生演

① 当然，笔者并不否认趣识立场的佛教研究具有引众生与佛法结缘的功用。
② 《长阿含经》卷一《大本经》，《大正藏》第1册，第4页中。
③ 《妙法莲华经》卷一《方便品》，《大正藏》第9册，第7页上。

说诸法，是法皆为一佛乘故。是诸众生从诸佛闻法，究竟皆得一切种智[①]。可见，佛教本怀就是令一切众生现证佛智慧的心怀。

依佛教本怀确立的研究立场就是趣智立场，即以佛智慧为皈依、获得中道见为内容、现证佛智慧为归趣的立场。这一立场体现在“法四依”中，就是“依智不依识”“依义不依语”和“依了义经不依不了义经”三项原则。这三项原则原本是佛陀为保证佛弟子皈依三宝的正确性、实践性与究竟性提出的，但完全可以作为回归佛教本怀的佛陀圣教研究者落实与贯彻趣智立场的原则。为什么呢？世亲菩萨所说：“世尊正法，体有二种，一教二证，教谓契经调伏对法，证谓三乘菩提分法，有能受持及正说者，佛正教法便住世间；有能依教正修行者，佛正证法便住世间。”[②] 从修学佛法来讲，证法是依教法而起的修行实践，教法是证法所根据的理论指导，依教修行者只有“依智不依识”才能返邪归正、“依义不依语”才能依教起行、“依了义经不依不了义经”才能最终成佛。既然如此，佛陀圣教研究者也只有践行这三条原则，才能守护并开显佛陀圣教不共世间法的内涵与宗趣，才能成就学修一体、趣向佛果的佛学。如果依这种立场研究佛陀圣教，在“依了义经不依不了义经”的经学观统摄下，则上述种种方法都可随宜取用（唯不能用进步、发展观研究佛陀圣教），传统印度和中国阐扬圣教的丰富成果就是明证。

三条原则中，首要的原则是“依智不依识”，它是区分趣智立场与趣识立场的根本原则。何为“依智不依识”？《大方等大集经》说：

---

① 《妙法莲华经》卷二《方便品》，《大正藏》第9册，第7页中。

② 世亲菩萨：《阿毗达磨俱舍论》卷二十九《分别定品》，《大正藏》第29册，第152页中。

识者四识住处。何等四？色识住处，受、想、行、识住处；智者，解了四识，性无所住。识者，若识地大，水、火、风大；智者，识住四大法性无别。识者，眼识色住，耳、鼻、舌、身、意识法住；智者，内性寂灭，外无所行，了知诸法无有忆想。识者，专取所缘思惟分别；智者，心无所缘，不取相貌，于诸法中无所希求。识者，行有为法；智者，知无为法，识无所行，无为法性无有识知。识者，生住灭相；智者，无生住灭相……是名依智不依于识。①

佛陀所说的识指意识与前五识（实际也包括末那识和阿赖耶识），是一切世间法得以成立的基础；智即智慧，是佛陀圣教得以成立的基础。识智对论，各有如下几个特点：1. 从其内涵形成过程看，识因执著色、受、想、行而有，故有执取性；智从看破识的执取性而显，其本性无住。2. 识执著地、水、火、风四大的差别相；智了知地、水、火、风四大本性皆空，本无差别。3. 眼、耳、鼻、舌、身、意六识妄计实有，分别执著色、声、香、味、触、法六尘，隔碍不通；智本性空寂，知诸法空，外不攀缘，内不忆想。4. 识是生灭无常的有为法，智是不生不灭的无为法。趣智立场的圣教研究，只有“依智不依识”才能返邪归正。

“依智不依识”之所以至关重要，与佛陀宣说教法的方式直接相关。佛陀现证诸法实相、获得大智慧后，悲智双运，为令众生悟入佛知见，针对众生的不同需要，依四种悉檀说法。这四种悉檀分别是世界悉檀、为人悉檀、对治悉檀、第一义悉檀：世界悉檀即随顺世间法名相说缘起法，令众生得到世间正智；为人悉檀全称各各为人悉檀，即应众生各别根机与能力说各种出世间行

---

① 《大方等大集经》卷二十九，《大正藏》第13册，第205页上一中。

法，令众生生起善根，又称生善悉檀；对治悉檀即针对众生的贪、嗔、痴等烦恼，应病施予对治法药，令众生灭除烦恼与恶业，又叫断恶悉檀；第一义悉檀即破除一切论议语言，直接以第一义显明诸法实相真理，令众生真正契入佛智慧，又叫入理悉檀①。佛陀依四悉檀宣说的圣教，可以归纳为二谛结构，依前三种悉檀所说法归为世俗谛②，依后一种悉檀所说法则归为第一义谛，故龙树菩萨云：

> 诸佛依二谛，为众生说法，一以世俗谛，二第一义谛。若人不能知，分别于二谛，则于深佛法，不知真实义。若不依俗谛，不得第一义，不得第一义，则不得涅槃。③

可见，理解与研究圣教首先要知道圣教中何者是世俗谛，何者是第一义谛④。

那么是否知道明辨真俗二谛就能得佛智慧呢？不是。还必须

---

① 龙树菩萨说："世界悉檀者，有法从因缘和合故有，无别性。譬如车，辕、轴、辐、辋等和合故有，无别车。人亦如是，五众和合故有，无别人"；"云何各各为人悉檀者？观人心行而为说法，于一事中，或听或不听"；"对治悉檀者，有法对治则有，实性则无"；"第一义悉檀者，一切法性，一切论议语言，一切是法非法，一一可分别破散；诸佛、辟支佛、阿罗汉所行真实法，不可破，不可散。上于三悉檀中所不通者，此中皆通"。（龙树菩萨：《大智度论》卷一《序》，《大正藏》第25册，第59页中、60页上、60页下。）

② 佛陀为令众生生善除恶而说的种种法门，虽然是从佛智慧现起的教法，但他们属于无漏有为法，相对真如、法性、空性等显示诸法实相之法，依然属于世俗谛，不能作为终极依止处。

③ 龙树菩萨：《中论》卷四《观四谛品》，《大正藏》第32册，第33页上。

④ 印顺法师将佛陀说法的"四悉檀"这种应机的方便用于判释佛陀一期圣教，以阿含圣典为第一义悉檀、初期大乘的空相应圣典为对治悉檀、后期大乘的如来藏圣典为各各为人悉檀、秘密大乘佛法圣典为世界悉檀，以为佛陀分别宣说了世俗谛或胜义谛的圣典（参释印顺：《华雨集》四，《印顺法师佛学著作全集》第12卷，中华书局2009年版，第19—22页），这等于说佛曾宣说过不以佛知见为归趣的圣典，笔者不能同意。

依止第一义谛，不依止第一义谛就不能随顺第一义谛现证涅槃，而第一义谛就是直接显示佛智慧的真理，故依第一义谛实即以智慧为皈依。例如，以《解深密经》等经为宗经、《瑜伽师地论》等论为本论的阿赖耶识缘起论这个度化众生的圣教系统，有相当一部分是详细分析六道众生的杂染境界如何依阿赖耶识而产生、表现和流转的过程及其相应境界。这部分内容虽然也是瑜伽行者修习相应行现证的境界，但属于需要转舍的世俗谛范畴，因此佛菩萨对它们进行分析，并不是要肯定这个流转过程及其种种境界，而是要为众生开出清净观行法门提供对境，旨在令他们循序渐进地转舍所知烦恼二障、转得佛智慧与涅槃之果。如果不以智慧为阿赖耶识缘起论的宗本，便很容易将唯识学视为一种深度的意识哲学或心理学，而与以先验意识（相当于末那识）为本体的现象学或以细分意识为本体的精神分析学混为一谈。如果说这种过错在以趣识为立场的佛教学者那里在所难免，那么在以趣智为立场的佛陀圣教研究者这里则应当避免，否则就很难保全唯识学的真面目，古德研究佛经首先要显明一经宗趣，正是此“依智不依识”原则的体现。

第二条原则是“依义不依语”。我们可以把这条原则视为“依智不依识”原则的进一步落实，它要求趣智立场的圣教研究者在“依智不依识”后，不但要以闻、思二慧听闻、研习佛陀圣教义理，还必须走向观行实践（修慧）。此处“语”指佛陀圣教的语言文字，“义”浅层指语言文字包含的义理，究竟指佛陀圣教趣向的智慧。如经明示云，“诸修多罗悉随众生希望心故，为分别说，显示其义，而非真实在于言说。如鹿渴想，诳惑群鹿，鹿于彼相，计著水性，而彼无水。如是一切修多罗所说诸法，为令愚夫发欢喜故，非实圣智在于言说”[1]，只有“离一切妄想相、言说相，是名为义”[2]。

如此说来，佛陀圣教在众生转迷向悟的菩提道上岂非没有多少作用？当然不是。虽然佛陀圣教的真实义不在经教义理，但也不离经教义理，即使随信行门入者本身较少借助经教义理，其善知识也必须宗说皆通，因此，佛陀圣教以及历代高僧大德阐扬佛陀圣教的著作，实际上具有随众生希望心言说以显示佛智慧、令其如理听闻与思惟的闻思二慧作用，亦即《楞严经》所谓指月之指的作用[3]。正是在如何更好地显示、令众生闻思这个月亮的层面，佛陀强调菩萨道修行者从不退住位（十住位的第七位）开始就要学习包括“文随于义，义随于文”在内的十种法[4]，肯定“善观名、句、形身菩萨摩诃萨，随入义、句、形身，疾得阿耨多罗三藐三菩提，如是觉已，觉一切众生”[5]。趣智立场的圣教研究，既要指导研究者自己现证无上菩提，又要指导众生觉悟无上菩提，自然应该做到“文随于义，义随于文”，其价值的重要一面正于不断地为佛弟子提供指月之指。

要达到这个目的，首先要识字。佛陀说：

---

① 《楞伽阿跋多罗宝经》卷一《一切佛语心品》，《大正藏》第 16 册，第 489 页上。

② 《楞伽阿跋多罗宝经》卷三《一切佛语心品》，《大正藏》第 16 册，第 500 页中。

③ 世尊说：“如人以手指月示人，彼人因指当应看月；若复观指以为月体，此人岂唯亡失月轮，亦亡其指。”（《大佛顶如来密因修证了义诸菩萨万行首楞严经》卷二，《大正藏》第 19 册，第 111 页上。）

④ 世尊说：“此菩萨（不退住为菩萨）应劝学十种广大法。何者为十？所谓说一即多，说多即一，文随于义，义随于文，非有即有，有即非有，无相即相，相即无相，无性即性，性即无性。”（《大方广佛华严经》卷十六《十住品》，《大正藏》第 10 册，第 85 页上。）

⑤ 《楞伽阿跋多罗宝经》卷二《一切佛语心品》，《大正藏》第 16 册，第 494 页上一中。

当说名、句、形身相……名身者，谓若依事立名，是名名身；句身者，谓句有义身，自性决定究竟，是名句身；形身者，谓显示名句，是名形身……说名、句、形身相分齐，应当修学。①

"形"指文字，"名"指依事相安立的名相或概念，"句"指由文字、名相、概念组成的能表达确定含义的句子。研究佛陀圣教，对语言文字的修养要求相当高，巴利文和梵文是佛陀圣典传出时所用的语言文字，研究者应当通达；汉语和藏语是传译佛陀圣典最多的两种语言文字，研究者也应当通晓。目前，中国大陆能够达到这个要求的佛陀圣教研究者并不多。

识字固然是研究佛陀圣教的基础，但仅仅识字并不能从事佛陀圣教研究，因为文字进入佛陀圣教的教观体系后，它们会有不同含义，如果对此教观体系没有整体的把握，就不能由识字而通经达义。要通经达义，首先必须信仰佛教。《华严经》说："信为道元功德母，长养一切诸善法。"② 龙树菩萨说："佛法大海，信为能入，智为能度。"③ 可见信仰佛教对理解经义具有至关重要的作用。

例如佛陀所说三世因果，未信仰佛教的人甚至根本无法相信这是佛陀现证的事实；而不相信这一事实，便无法相信与理解缘起性空这个事实，因为三世因果不过是缘起性空的真相在有情世界的体现；至于佛陀圣教中关于佛、菩萨过去世的种种本生、本事故事，就更难免被视为神话了。同时，因为佛陀圣教的目的是

---

① 《楞伽阿跋多罗宝经》卷二《一切佛语心品》，《大正藏》第16册，第494页上—中。

② 《大方广佛华严经》卷十四《贤首品》，《大正藏》第10册，第72页中。

③ 龙树菩萨：《大智度论》卷一《序品》，《大正藏》第25册，第63页上。

引导众生修行觉悟，其中有随信行入者，基于坚固的信仰依教奉行，他们纵然并不识字通经，见道后也能够从事佛陀圣教的阐扬，而且能够真正荷担如来家业，禅宗六祖惠能大师就是其中的典范。

在趣识立场的佛陀圣教入主东方前，推动佛陀圣教在印度与中国流布的主体都是佛教信仰者与修行者，他们都是在趣智立场上研究圣教的，由此形成的各种典籍都属于趣向佛智慧的经典。这些经典可分为两类：一类是圣者阐扬的经典。此处圣者指见道位以上的如实修行者，在声闻道属于须陀洹果以上者，在菩萨道属于欢喜地以上者。此类圣者通过修行获得了与世尊无二无别的根本智，在阐扬佛陀圣教时真正能够落实“依智不依识”“依义不依语”的原则，他们造论著疏无不从智慧流出，因此同样属于圣教。虽然如此，但他们的智慧不及佛陀圆满，其著述尚不能与佛陀圣教等量齐观，我们可称之为宗智经典，即以智慧为宗旨的经典。另一类是贤人阐扬的经典。此处贤人指尚未见道而靠信仰来修行的佛弟子，在声闻道中属于十五心位者①，在菩提道中属

① 声闻道修行者通过观四圣谛成就圣果，一谛有四智，一智相应于一心，至第十六心见道成须陀洹。据《俱舍论》卷二十三《分别贤圣品》，此十六心是：1. 苦法智忍，现观欲界的苦谛，断除迷惑苦谛的见惑；2. 苦法智，现观欲界的苦谛，印证苦谛的道理；3. 集法智忍，现观欲界的集谛，断除迷惑集谛的见惑；4 集法智，现观欲界的集谛，印证集谛的道理；5. 灭法智忍，现观欲界的灭谛，断除迷惑灭谛的见惑；6. 灭法智，现观欲界的灭谛，印证灭谛的道理；7 道法智忍，现观欲界的道谛，断除迷惑道谛的见惑；8. 道法智，现观欲界的道谛，印证道谛的道理；9. 苦类智忍，现观色界、无色界的苦谛，断除对苦谛的见惑；10. 苦类智，现观上两界的苦谛，印证苦谛的道理；11. 集类智忍，现观上两界的集谛，断除对集谛的见惑；12. 集类智，现观上两界的集谛，印证集谛的道理；13. 灭类智忍，现观上两界的灭谛，断除对灭谛的见惑；14. 灭类智，现观上两界的灭谛，印证灭谛的道理；15. 道类智忍，现观上两界的道谛，断除对道谛的见惑；16. 道类智，现观上两界的道谛，印证道谛。

于三贤位者[①]。此类贤人已信仰佛教，能依佛陀的教示思惟和修习圣教，对佛智慧有较为全面深刻的解悟[②]，能真正理解佛陀圣教是以缘起性空为根本真理的境、行、果一体的教化系统，能在阐扬佛陀圣教时正确体会何者是染污性的境、行、果，何者是清

---

① 三贤位为菩萨道修行者登菩萨初地前修习的三个阶位，分别是十住、十行和十回向位。其中十住是：1. 初发心住，上进分善根人以真方便发起十信心，信奉三宝，常住八万四千般若波罗蜜，受习一切行、一切法门，常起信心，不作邪见、十重、五逆、八倒，不生难处，常值佛法，广闻多慧，多求方便，始入空界，住于空性之位，并以空理智心修习佛法，于心生出一切功德；2. 治地住，常随空心，净八万四千法门，其心明净，犹如琉璃内现精金；3. 修行住，前述发心、治地二住智慧都已明了，故游履十方而无障碍；4. 生贵住，由前述妙行冥契妙理，将生佛家为法王子，即行与佛同，受佛气分，如中阴身，自求父母，阴信冥通，入如来种；5. 方便具足住，习无量善根，自利利他，方便具足，相貌无缺；6. 正心住，成就第六般若，非仅相貌，心亦与佛同；7. 不退住，既入无生毕竟空界，心常行空、无相、无愿，身心和合，日日增长；8. 童真住，自发心起，始终不退，不起邪魔破菩提之心，佛的十身灵相至此一时具足；9. 法王子住，自初发心住至第四生贵住称为入圣胎，自第五方便具足住至第八童真住称为长养圣胎，而法王子住则相形具足，出胎绍隆佛位；10. 灌顶住，菩萨既为佛子，堪行佛事，故佛以智水为其灌顶。十行是：1. 欢喜行，菩萨以无量如来妙德随顺十方；2. 饶益行，善能利益一切众生；3 无嗔恨行，修忍辱，离嗔怒，谦卑恭敬，不害自他，对怨能忍；4. 无尽行（或无屈挠行），菩萨行大精进，发心度一切众生令至大涅槃，无有懈怠；5. 离痴乱行，常住正念不散乱，于一切法无痴乱；6. 善现行，虽知无有法、三业寂灭、无缚无著，而不舍教化众生；7. 无著行，历诸尘刹供佛求法，心无厌足，而以寂灭观诸法，于一切无所著；8. 尊重行，尊重善根、智慧等法悉皆成就，由此更增修二利行；9. 善法行，得四无碍陀罗尼门等法，成就种种化他善法，以守护正法，令佛种不绝；10. 真实行，成就第一义谛语，如说能行，如行能说，语行相应，色心皆顺。十回向是：1. 救护一切众生离众生相回向，行六度四摄，救护一切众生，怨亲平等；2. 不坏回向，于三宝所得不坏信，回向此善根，令众生获得善利；3. 等一切佛回向，等同三世佛所作回向，不著生死、不离菩提而修；4. 至一切处回向，以由回向力所修善根，遍至一切三宝乃至众生之处，以作供养利益；5. 无尽功德藏回向，随喜一切无尽善根，回向而作佛事，以得无尽功德善根；6. 随顺平等善根回向，回向所修的善根，为佛所守护，能成一切坚固善根；7. 随顺等观一切众生回向，增长一切善根，回向利益一切众生；8. 如相回向，顺真如相而回向所成善根；9. 无缚无著解脱回向，于一切法无取执缚著，得解脱心，以善法回向，行普贤行，具一切种德；10. 法界无量回向，修习一切无尽善根，以此回向，愿求法界差别无量之功德。

② 佛陀说："此菩萨因初发心，得十力分。何等为十？所谓是处非处智、业报垢净智、诸根智、欲乐智、性智、一切至处道智、一切禅定解脱三昧正受垢净起智、宿命无碍智、天眼无碍智、三世漏尽智，是为十。"（《大方广佛华严经》卷八《菩萨十住品》，《大正藏》第9册，第445页上。）

净性的境、行、果；何者是理，何者是事；何者是因，何者是果；何者是方便说，何者是究竟说；何者是显了说，何者是密义说……如此等等，悉皆了知。此类贤人尚未见道，其著述不能称为圣教，但他们已经远离趣识立场，在信仰与闻思二智的加持下，以趣智为立场进行佛陀圣教研究，其著述对佛陀圣教价值的守护与佛弟子的修行都有利益，可称为顺智经典。

第三条原则是“依了义经不依不了义经”。这条原则要求，佛教本怀的佛陀圣教研究者不能依止二乘的非了义经，必须皈依佛乘的了义经。这是完全彻底贯彻前两条原则的圆满原则，只有落实了这条原则，才能完全落实“依义不依语”和“依智不依识”的原则，才能真正保证佛教本怀的圆满实现。所谓“平等的经学观”，只有建立在这条原则的基础上，才能走进佛陀圣教平等、广大、圆融的世界，运用各种方法将佛陀圣教的深广圆满意蕴显扬出来。

依佛陀圣教，“经”字共有三种含义：（一）某种法义，如世尊宣说某一法义后，每每说“其余诸经亦如是说”中的“经”[①]；



① 例如佛陀一次说完无常法义后说：“如无常，苦、空、非我二经亦如是说。”（《杂阿含经》卷三，《大正藏》第2册，第20页上。）

（二）佛经的某种文体，如三藏十二部经中的“经”[①]；（三）一部一部有经题的经，如《世记经》《正法念处经》《维摩诘经》等经题中的“经”。此处“经”应包括全部三种含义，《大宝积经》说：

菩萨摩诃萨依般若波罗蜜多故善能分别，若诸经中宣说于道，如是言教名不了义；若诸经中宣说于果，如是言教名为了义。若诸经中说世俗谛，名不了义；说胜义谛，名为了义。若诸经中宣说作业、烦恼惑染，名不了义；若有宣说烦恼业尽，是名了义。若诸经中宣说诃责染污之法，名不了义；若有宣说修治清净，如是法者是名了义。若诸经中有所宣说厌背生死、欣乐涅槃，名不了义；若有宣说生死涅槃二无差别，是名了义。若诸经中宣说种种文句差别，名不了义；若说甚深难见难觉，是名了义。若诸经中文句广博，能令众生心意踊跃，名不了义；若有宣说文句及心皆同灰烬，是名了义。若诸经中宣说有我、有情、命者、养者、数取趣者、意生、摩纳婆、作者、受者，又说立有种种受蕴无有主

---

① 据《大般涅槃经》，十二部经为“修多罗、祇夜、授记、伽陀、优陀那、尼陀那、阿波陀那、伊帝曰多伽、阇陀伽、毗佛略、阿浮陀达磨、优波提舍”（《大正藏》第12册，第451页中）。修多罗，即契经，又作长行，为以散文直接记载佛陀的教说，即一般所说的经；祇夜，即应颂，为与修多罗相应，以偈颂重复阐释修多罗所说教法，亦称重颂；授记，音译和伽罗那，又作记别，本为教义的解说，后特指佛陀对众弟子的未来所作的预言；伽陀，即讽颂，为全部以偈颂记载佛陀的教说，又称孤起；优陀那，即自说，为佛陀不待他人问法而自行宣说的教说；尼陀那，即因缘，为记载佛陀教化的因缘，如诸经序品；阿波陀那，即譬喻，为以譬喻宣说法义；伊帝曰多伽，即本事，记载佛陀与弟子生前除本生谭以外的行谊，开卷有“佛如是说”的佛经亦属此类；阇陀伽，即本生，记载佛陀前生修行的种种大悲行；毗佛略，即方广，宣说广大深奥的教义；阿浮陀达磨，即希法或未曾有法，记载佛陀及诸弟子希有之事；优波提舍，即论议，记载佛陀论议抉择诸法体性，分别明了其义。九部经为“修多罗、祇夜、受记、伽陀、优陀那、伊帝曰多伽、阇陀伽、毗佛略、阿浮陀达磨”，（《大正藏》第12册，第383页下。）少尼陀那、阿波陀那与优波提舍三部经。

宰，如是言教名不了义，不应依趣；若诸经中说空、无相、无愿、无生、无起，亦无出现，无有我、无有情、无命者、无养者、无数取趣者及三解脱门，如斯言教是名了义，则可依趣。①

经文所说了不了义主要指第一、二两种含义。《大般涅槃经》说：

声闻乘名不了义；无上大乘乃名了义……声闻乘法则不应依。何以故？如来为欲度众生故，以方便力说声闻乘，犹如长者教子半字……大乘之法则应依止。何以故？如来为欲度众生故，以方便力说于大乘，是故应依，是名了义。②

经文所说了不了义主要指第三种含义。佛陀此一开示，可以归纳为如下两个要点：（一）从一部经蕴含的法义说，宣说非中道义（包括偏空见与世俗谛）者为非了义经，宣说中道见者为了义经；宣说有文字句义者为非了义经，宣说文字句义毕竟空不可得者为了义经；宣说对治道者为非了义经，宣说涅槃果者为了义经；宣说有我、人、众生、作者、受者、六道轮回者为非了义经，宣说我、人、众生、作者、受者、六道轮回空无所得者为了义经。（二）从一部部经说，着重宣说声闻（包括缘觉）乘法者为非了义经，着重宣说佛乘法者为了义经。依此开示，我们可以总结说：从法义上讲，佛弟子应该皈依了义而非不了义的法义；从一部部经来讲，佛弟子应该皈依重在宣说了义而非不了义的圣典。

佛法一味，佛经为什么还有了不了义之别？原因在于众生根

① 《大宝积经》卷五十二《般若波罗蜜多品》，《大正藏》第11册，第304页中—下。

② 《大般涅槃经》卷六《如来性品》，《大正藏》第12册，第402页上。

器有别。佛陀从大圆觉起大慈悲，为令上、中、下诸等根器的众生都能得益并最终成佛，由此有种种教乘的差别。佛陀在阿含类圣典中广开三法印的诸行无常、诸法无我两印，以及四圣谛的苦、集、道三谛，鲜说涅槃寂静印或灭谛，正是由阿含类圣典所被佛弟子的根器使然，而不是说此类圣典只宣说了声闻法；同样，非阿含类圣典集中宣说实相印（亦即涅槃寂静印或灭谛），也是由此类圣典所被佛弟子的根器使然，并不是说此类圣典只宣说了佛乘法。因此，关于大小乘，我们也可以看成由佛弟子理解一佛乘圣教有偏圆差异而产生的教相：根未熟者，未能彻法源底，将一佛乘法解为小乘法，小乘佛教遂行世间；根已熟者，能彻法源底，由此契佛陀本怀，大乘佛教遂行世间。不过，佛陀出世的唯一大事因缘，究竟是开示并令一切众生悟入佛知见，因此无论佛陀说世俗法还是声闻法，最后都要以佛乘法为归宿，正如《妙法莲华经》所说：

> 十方佛土中，唯有一乘法，无二亦无三，除佛方便说。但以假名字，引导于众生，说佛智慧故，诸佛出于世。唯此一事实，余二则非真，终不以小乘，济度于众生。佛自住大乘，如其所得法，定慧力庄严，以此度众生。自证无上道，大乘平等法，若以小乘化，乃至于一人，我则堕悭贪，此事为不可。[①]

何以能如此？因为一切众生皆有佛性、皆能成佛，故“一切三乘同一佛性”[②]。这样，我们可从下学上达维度将佛陀圣教看成如太

---

① 《妙法莲华经》卷一《方便品》，《大正藏》第9册，第8页上。

② 《大般涅槃经》卷十《如来性品》，《大正藏》第12册，第423页上。

虚大师（1889—1947）理解的，“从教法上显示，分为三级来说明……五乘共法，三乘共法，大乘不共法（亦名大乘特法）”的一以贯之的系统[①]。

既然如此，我们就应该依此原则理解与研究佛陀圣教，否则难免偏离佛陀本怀。例如，关于声闻能否回小向大的问题，佛陀圣教中有两种说法，《解深密经》《维摩诘经》等圣典说已得漏尽解脱声闻不能回小向大[②]，而《楞伽经》《法华经》和《涅槃经》等圣典则说声闻能够回小向大[③]。我们应该怎么理解和研究这个问题呢？如果我们从形式逻辑的观点来判断佛陀的相关说法前后自相矛盾，或从发展的观点来论述佛陀在这个问题上如何从粗陋进入细密、从偏颇走向圆满，都是站在趣识立场上做出的理解与

---

① 释太虚：《我怎样判摄一切佛法》，释印顺编：《太虚大师全书》第一编《佛法总学》，第520页，台北：善导寺佛经流通处1980年版。

② 《解深密经》卷二《无自性相品》说：“若一向趣寂声闻种性补特伽罗，虽蒙诸佛施设种种勇猛加行方便化导，终不能令当坐道场、证得阿耨多罗三藐三菩提。何以故？由彼本来唯有下劣种性故，一向慈悲薄弱故，一向怖畏众苦故。由彼一向慈悲薄弱，是故一向弃背利益诸众生事；由彼一向怖畏众苦，是故一向弃背发起诸行所作。我终不说一向弃背利益众生事者、一向弃背发起诸行所作者，当坐道场，能得阿耨多罗三藐三菩提，是故说彼名为一向趣寂声闻。”（《大正藏》第16册，第695页上一中。）《维摩诘所说经》卷二《佛道品》说：“若见无为入正位者，不能复发阿耨多罗三藐三菩提心。譬如高原陆地，不生莲华，卑湿淤泥乃生此华，如是见无为法入正位者，终不复能生于佛法，烦恼泥中乃有众生起佛法耳！又如殖种于空，终不得生，粪壤之地，乃能滋茂。如是入无为正位者，不生佛法；起于我见如须弥山，犹能发于阿耨多罗三藐三菩提心、生佛法矣！”（《大正藏》第14册，第549页中。）所谓见无为入正位者，即指于声闻法得漏尽解脱者。

③ 《楞伽阿跋多罗宝经》卷二《一切佛语心品》说：“譬如海浮木，常随波浪转，声闻愚亦然，相风所飘荡。彼起烦恼灭，除习烦恼愚，味著三昧乐，安住无漏界。无有究竟趣，亦复不退还，得诸三昧身，乃至劫不觉。譬如昏醉人，酒消然后觉，彼觉法亦然，得佛无上身。”（《大正藏》第16册，第497页下。）《妙法莲华经》卷一《方便品》说：“声闻若菩萨，闻我所说法，乃至于一偈，皆成佛无疑。”（《大正藏》第9册，第8页上。）《大般涅槃经》卷九《如来性品》说：“譬如良医，能以妙药治诸盲人，令见日月、星宿、诸明一切色像，唯不能治生盲之人。是大乘典《大涅槃经》亦复如是，能为声闻缘觉之人开发慧眼，令其安住无量无边大乘经典，未发心者，谓犯四禁、五无间罪，悉能令发菩提之心；唯除生盲一阐提辈。”（《大正藏》第12册，第419页中一下。）

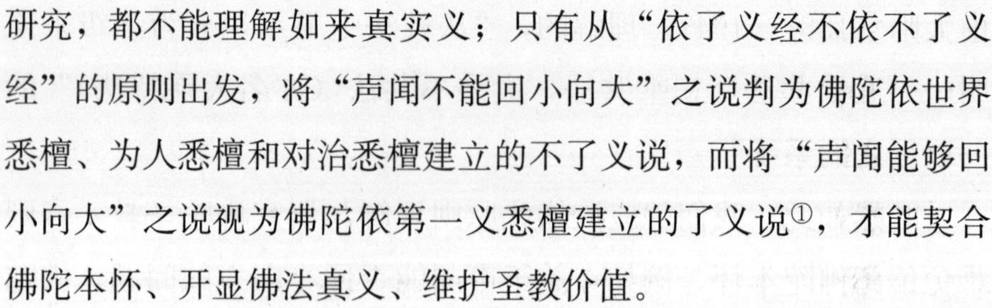
研究，都不能理解如来真实义；只有从“依了义经不依不了义经”的原则出发，将“声闻不能回小向大”之说判为佛陀依世界悉檀、为人悉檀和对治悉檀建立的不了义说，而将“声闻能够回小向大”之说视为佛陀依第一义悉檀建立的了义说①，才能契合佛陀本怀、开显佛法真义、维护圣教价值。

## 四、印度与中国阐扬佛陀圣教的优秀传统

释迦牟尼传出言教后，佛弟子依佛陀言教思惟修习，祈求超出三界、成就圣果，形成了僧伽和包括在家居士在内的教团。佛陀圣教的阐扬，早在释迦牟尼佛应化时已经开始，例如佛弟子间对释迦牟尼宣说法义的理解与切磋，从广义讲也属于阐扬佛陀圣教的范畴。释迦牟尼圆寂后，佛弟子不断将其言教结集起来，于是有了佛陀圣教。然而，随着佛陀化身释迦牟尼以及亲炙其教化的圣弟子入灭，不可避免地出现了如何才能正确理解佛陀圣教的问题，遂有一代代佛弟子依听闻、思惟、修习圣教的闻、思、修三慧，对佛陀圣教加以研究、阐发，由此形成了源远流长、博大精深的佛陀圣教阐扬传统。

古人从所依教，将阐扬佛陀圣教的经典分为宗经与释经两种。宗经经典即以佛陀一代圣教或一类或一（几）部圣典为宗旨，对佛法的根本思想与宗趣加以阐扬的经典。大乘佛教中，前一类经典著名者有：六祖惠能的《坛经》，龙树菩萨的《中论》《十二门论》，无著菩萨的《瑜伽师地论》《摄大乘论》《大乘庄严经论》，坚慧菩萨的《大乘法界无差别论》，弥勒（或坚慧）菩萨

---

① 至于声闻如何回小向大，得专门撰文研究。

的《究竟一乘宝性论》，世亲菩萨的《佛性论》，马鸣菩萨的《大乘起信论》，僧肇大师的《肇论》，吉藏大师的《大乘玄论》，贤首国师的《华严一乘教义分齐章》，宗密大师的《华严原人论》，延寿大师的《宗镜录》，传灯大师的《性善恶论》《净土生无生论》，宗喀巴大师的《菩提道次第广论》《密宗道次第广论》等；后一类著名者有：无著菩萨的《金刚般若波罗蜜经论》，世亲菩萨的《〈金刚般若波罗蜜经〉论》《〈妙法莲华经〉优波提舍》《〈无量寿经〉优波提舍愿生偈》，亲光菩萨的《〈佛地经〉论》，功德施菩萨的《〈金刚般若波罗蜜经〉破取著不坏假名论》，智者大师的《〈妙法莲花经〉玄义》，吉藏大师的《三论玄义》，智俨大师的《华严一乘十玄门》等经典。小乘佛教中，著名者有：舍利弗（传）的《舍利弗阿毗昙》，迦多衍尼子的《阿毗达磨发智论》，五百大汉罗汉的《大毗婆沙论》，世亲菩萨的《阿毗达磨俱舍论》，尊者众贤的《阿毗达磨顺正理论》，诃梨跋摩尊者的《成实论》，尊者法胜的《阿毗昙心论》，尊者法救的《杂阿毗昙心论》，阿罗汉婆素跋陀的《四阿含暮抄解》等经典。释经经典即依注释某部佛陀圣典而形成的经典，大乘佛教著名者有：龙树菩萨的《大智度论》《十住毗婆沙论》，世亲菩萨的《〈十地经〉论》，净影慧远大师的《〈涅槃〉义记》《〈维摩〉义记》，宝亮等的《〈大般涅槃经〉集解》，智者大师的《〈妙法莲华经〉文句》，吉藏大师的《〈维摩经〉义疏》，智俨大师的《〈华严经〉搜玄记》，善导大师的《〈观无量寿佛经〉疏》，贤首国师的《〈华严经〉探玄记》，澄观国师的《〈华严经〉疏》，宗密大师的《〈圆觉经〉大疏》，李通玄长者的《〈华严经〉论》，交光大师的《〈楞严经〉正脉疏》，正受禅师的《〈楞伽经〉集注》，憨山大师的《〈楞严经〉通议》《观〈楞伽经〉笔记》，蕅益大师的《〈阿弥陀佛经〉要解》《〈楞伽经〉义疏》，以及道宣律师的《〈四分律〉删繁补阙行事钞》《〈四分律〉戒本疏》《〈四分律〉羯磨疏》等经典。还有对这些经注的注即抄，如澄观国师的《〈华严经〉疏钞》、宗密大师的《〈圆觉经〉大疏钞》、莲池大师的《〈阿弥陀经〉疏钞》等。更有一类是对宗智经典的注疏，例如青目菩萨的《〈中论〉注》（汉译本即名《中论》），护法等菩萨的《成唯识论》，吉藏大师的《〈中论〉疏》《〈十二门论〉疏》《〈百论〉疏》，法藏大师的《〈大乘起信论〉义记》等等。

如果从教观的侧重不同分，除了大量教观一体的经典，还有特重从观行入手所造的经典，例如大乘佛教的《入菩萨行论》（寂天菩萨）、《禅法要解》（佚名）、《大乘止观法门》、《随自意三昧》、《诸法无争三昧法门》（慧思大师）、《摩诃止观》、《六妙法门》（智者大师）、《华严五教止观》（杜顺大师）、《修华严奥旨妄尽还源观》（贤首国师）、《华严法界玄镜》（澄观国师）、《念佛三昧宝王论》（飞锡大师）、《顿悟入道要门论》（大珠禅师）等经典，小乘佛教的《达摩多罗禅经》（佚名）、《解脱道论》（阿罗汉优波底沙）、《清净道论》（佛音尊者）等经典。

如果我们把佛教经典发挥的作用归纳为显扬正道、摧破邪执和摄化群机三个方面，那么印度与中国历代高僧大德阐扬佛陀圣教的经典绝大部分是三方面作用融为一体的经典，但还有重在摧邪的经典，例如提婆菩萨的《百论》；另外还有一些重在护法的经典，例如庐山慧远大师的《沙门不敬王者论》、道安大师的《二教论》、法琳法师的《辩正论》、张尚英居士的《护法论》、刘谧居士的《三教平心论》、张伯淳居士的《辨伪录》等。

印度与中国古代的高僧大德们，一代代从佛教本怀出发、站在趣智立场、以“法四依”为原则阐释佛陀圣教，不仅成果斐然，还形成了独特的解经思想与方法，其中以印度龙树、世亲菩萨与中国天台、华严两家的相关成就最高，这里不妨略加提持。

例如，龙树菩萨依据佛陀圣教，广显佛陀演说某一圣典的因缘，令学习者开卷即能真切地体会佛陀本怀。例如，龙树菩萨这样解释佛陀说《般若波罗蜜经》的因缘：1. 向弥勒等广说诸菩萨行；2. 为修念佛三昧者带来利益；3. 说甚深法；4. 证明佛陀是一切智人；5. 断一切众生疑惑；6. 断恶邪人高邪慢意；7. 令人信受佛法；8. 令众生生欢喜；9. 令众生服法药；10. 显示佛法甚深微妙，不可测度；11. 随顺世法示现八相成道；12. 令众生远离二边，入于中道；13. 阐明佛化身与法身的果报；14. 与来世众生结缘，为三乘修行者授记；15. 说第一义悉檀；16. 令长爪梵志等外道对佛法生起信心；17. 说诸法实相；18. 令众生明了无诤处；19. 说非善、非不善、非无记诸法相；20. 从四念处说中道；21. 从五众（五阴）说中道[①]。从佛陀说法的四悉檀来归纳，第 1、2、4、7、8、13、14、16 八义是依各各为人悉檀说法，令众生入善；第 5、6 两义是依对治悉檀说法，令众生断恶；第 9、12 两义是兼依各各为人悉檀与对治悉檀说法，令众生既断恶又生善；第 11 义是依世界悉檀说法，令众生生欢喜心；第 3、10、15、17、18、19、20、21 八义是依第一义悉檀说法，令众生成佛。这样的解释，非常有助于后人通达佛陀圣典。

世亲菩萨阐释经文时，以总摄别，层层剖分，令经义云披。例如世亲菩萨的《〈十地经〉论》，在阐扬初地经义时，先总开序、三昧、加持、起（从三昧起）、本（根本法）、请（大众请）、说、校量胜八分[②]，接着又从时间、地点、说法人、听法众、说法角度、说法目的等方面对序分加以阐明[③]，必令各方面内容穷尽无遗。

① 参龙树菩萨：《大智度论》卷一，《大正藏》第 25 册，第 57 页下—62 页下。

② 世亲菩萨：《〈十地经〉论》卷一，《大正藏》第 26 册，第 123 页中。

③ 参世亲菩萨：《〈十地经〉论》卷一，《大正藏》，第 26 册，第 124 上。

天台、华严两家继承印度前贤的解经经验而有所开展，更全面地显扬了佛陀圣教的教理、宗旨与归趣。例如天台宗每解一部经，都要从名、体、宗、用、教五个方面入手，名则解明一经题名，体则显明一经归趣，宗则提挈一经宗旨，用则彰显一经功用，教则广解一经教义；在每个项目之下，又从教、本迹与观心三个侧面加以进一步解释，不但注释内容非常丰富，而且可令修学者随处借教观心。华严宗每解一部经，都要从“教起所由”“藏部所摄”“立教差别”“教所被机”“能诠教体”“所诠宗趣”“释经题目”“部类传译”“文义分齐”“随文解释”十个方面入手，将一经兴起因缘、所属部类、教法深浅、所被根机、教法主体、宗旨归趣、经题含义、传译情况、教理纲要、经文含义囊括殆尽。

天台、华严两家还实现了从整体上对佛陀圣教的融贯性理解。天台、华严两宗的创立者虽然在所宗圣教、觉悟经验、立教角度、安立名相等方面都有差异，但是他们都以中道实相为佛乘教法所依体，并依佛陀“四悉檀”的说法原则，从教理的偏圆与观行的浅深将佛陀圣教纳入一个完整系统之中进行判释（即判教）。他们的判释容有可议之处①，但无疑既突显了一佛乘教法的终极地位，又含摄了二乘教法的摄化作用，实现了对佛陀圣教的融贯性理解。

他们的这些思想与方法都值得我们学习、借鉴和发扬。当然，他们阐扬佛陀圣教的水平和效果如何，都需要从佛陀圣教的一味本怀和应机摄化两个方面进行具体的分析和判断。

---

① 应该看到，无论是天台宗的藏、通、别、圆四教，还是华严宗的小、始、终、顿、圆五教，如果此中“教”始终就经的“法义”来说，则不会有任何误会，且能摄受一分当机众生，但他们有时视《阿含经》为藏教或小教的说法，则会令人以为佛陀曾经说过某种属于小乘的圣典，是为遗憾。

## 五、今日佛陀圣教面临的危机

今天，佛陀圣教在中国面临非常严重的危机，这些危机主要表现在如下几个方面：

第一，源远流长的解经传统极度衰微。佛陀圣教是由信、解、行、证四个层面构成的教证二法一体之学，佛弟子依之修行证果，可有随信行与随法行两条路。随信行之路需要两个前提：一要福德资粮具足；二要具德僧宝引导。此处福德资粮指信、进、念、定、慧五根，而以信根为首，信根不具足则是凡夫[①]，凡夫五盖深重[②]，难以于佛、法、僧、戒得不坏信，难以精进修习相应法门，当然也就无法证果；具德僧宝指见道位以上的僧宝，包括在家菩萨，没有具德僧宝引导，则师资皆盲，以盲引盲，同样难以证果。随法行之路，要求佛弟子信仰佛陀圣教后进而理解佛陀圣教，通过对佛陀圣教的理解，一方面巩固与加深信仰，另一方面依解起行，并最终证道得果。这两条成佛之路虽然皆是佛陀应不同根器的众生开出的方便法门，但只有切入点、侧重点的不同，并非可以各自独立，随法行者不能脱离善知识的指导，随信行者也需要善知识传授足以令其起信之佛陀圣教义理。由此可知，在佛法修习中，佛陀圣教始终处于基础性地位。

事实也如此，纵观中国佛教开展的历史，凡是高僧大德辈出的时代，一定是佛陀圣教的研习与弘扬非常兴盛的时代。我们看中国佛教最繁荣的南北朝隋唐时代，那时研习佛陀圣教可说是蔚

① 佛陀说："若于四不坏净一切时不成就者，我说是等为外凡夫数。"（《杂阿含经》卷三十，《大正藏》第2册，第218页上。）此处净即是信。

② 五盖，指贪欲、嗔恚、睡眠、掉悔、疑五种阻碍智慧的心理状态。

然成风，请看道宣律师所叙此时盛景：

> 晋有道安，独兴论旨，准的前圣，商擢义方，广疏注述，首开衢路……至如道生孤拔，擅奇思于当年；道林远识，标新理而改旦。自斯厥后，祖习余风，虽云较异，盖可知矣。梁高端拱御历，膺奉护持，天监初年，舍邪归正，游心佛理，陶思幽微……当斯时也，天下无事，家国会昌，风化所覃，被于荒服，钟山帝里，宝刹相临，都邑名寺，七百余所，咨质文理，往往而繁……逮于北邺，最称光大，移都兹始，基构极繁。而兼创道场，殄绝魔网，故使英俊林蒸，业正云会，每法筵一建，听侣千余……且夫佛教东传，世称弘播，论其荣茂，勿盛梁齐……隋高荷负在躬，专弘佛教，开皇伊始，广树仁祠，有僧行处，皆为立寺。召诸学徒，普会京辇，其中高第，自为等级。故二十五众峙列帝城，随慕学方，任其披化。每日登殿，坐列七僧，转读众经，及开理义。帝目览万机，而耳餐正法。于时释门重称高敞，虽减梁齐，亦后之寄……及皇唐御历，道务是崇，义学之明方为弘远，伊人之风岂易披述？①

据统计，梁慧皎《高僧传》设“译经”“义解”“神异”“习禅”“明律”“亡身”“诵经”“兴福”“经师”②“唱导”10篇，共收高僧287人，其中译经篇35人、义解篇131人、明律篇13人，三

---

① 释道宣:《续高僧传》卷十五《义解篇·论》,《大正藏》第50册，第548页上—549页中。

② 依慧皎“天竺方俗，凡是歌咏法言，皆称为呗；至于此土，咏经则称为转读，歌赞则号为梵呗”（释慧皎:《高僧传》卷十三,《大正藏》第50册，第415页中）之说，此处“经师”乃转读佛经的法师。

篇计有179人；唐道宣《续高僧传》设“译经”“义解”“习禅”“明律”“护法”“感通”“遗身”“读诵”“兴福”“杂科声德”10篇，共收高僧706人（含附见者），其中译经篇50人、义解篇238人、明律篇61人，三篇计有349人；宋赞宁《宋高僧传》所设篇目与道宣《续高僧传》同，共收高僧666人（含附见者），译经篇44人、义解篇104人、明律68人，三篇计有214人。前述相关数据显示，即使我们撇开译经师们在译经过程中的圣教研习活动不计，三部《高僧传》中所录专门研习圣教的高僧也分别有144人、299人和170人，在总人数中占比都很高。这个数字还不包括比丘尼和在家居士。由此，我们不难明白道宣所说并非虚语。正因为此时佛教义学非常发达，以至有些义学僧淡忘了依教修行的本怀，禅宗二祖慧可才会感叹《楞伽经》将会成为名相之学[①]；而名相之学的泛滥，正是禅宗与净土宗两大简洁易行的宗派和法门产生、兴盛的重大因缘。

中国佛教的禅宗与净土两宗，为佛弟子开出了方便快捷的成佛法门，也大大扩大了佛教的社会影响，但这两个法门都有“不立文字”的特点，如果佛弟子没有正确见地，势必走向轻经慢戒甚至弃经废戒之路。加上晚唐之际，唯识宗已成绝响，天台、华严等宗经典大量灭失，研习圣教之风迅速衰微下来。入宋以后，除了延寿大师的《宗镜录》堪称高唱，天台宗仅能守成，华严宗则命如悬丝。到了明代，由于朝廷对宗教实行高压政策，私度出家人的现象比较严重，导致僧众素养日益走低、经忏佛事大行其道，其景象竟如湛然圆澄禅师（1561—1626）所示：

① 据《续高僧传》记载，“每可说法竟，曰：‘此经四世之后变成名相，一何可悲！’”（释道宣：《续高僧传》卷十六，《大正藏》第50册，第552页中一下。）

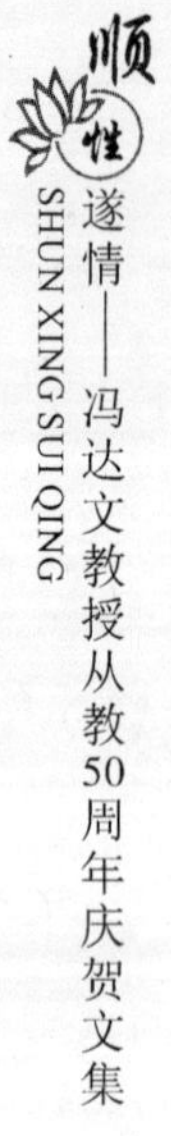

> 今之丛林，众满百余，辄称红莲、白莲之流，一例禁之，致使吾教之衰，莫可振救……且先代之度僧，必由考试，中式者与之给牒披剃；今时度僧，立例上银。既称贫僧，安能纳牒？而太祖佑于例外，致使无名之流得以潜之。然则此之流类满于天下，幸有丛林师德讲论、宗教傍谈、因果罪福、地狱天堂摄伏其心，使贤愚好恶有所分辨，故贤者衣冠济济、礼貌堂堂，不肖者一皆反此。今也概禁讲演，非惟贤愚不可辨，仍恐世间不成安立矣。①

这种趋势，虽因晚明佛教义学复兴而有所缓解，但终于不能挽回，迄至今日，依然没有多少改观。

第二，宗派主义思想日益严重。“人能弘道，非道弘人。”佛陀圣教需要佛弟子传承与弘扬，才能长久住持世间，故佛陀每宣说圣教毕，都要付嘱弟子“广宣流布，无令断绝”。前文已明，佛陀圣教主要靠历代高僧大德推动，高僧大德们修习成就所依佛陀圣典不一、所修法门各异、成就高低有等，悟道后不再执著一经一法，而出世后多弘扬自己所宗经典与法门，并依其见地阐扬佛陀圣教，这无可厚非；一代代当机众生依其所宗佛陀圣典与法门修习成就证果，形成代代相传、师资相承的佛教宗派，这也自然而然。可见，佛教宗派无非是由宗奉同样佛陀圣典与法门的四众构成的学佛团体，其最终目的依然是觉悟佛道。

此中，师父具有指导弟子修学的作用，应当受到弟子礼敬，但这跟他是否属于某个宗派没有太大关系，从觉悟佛道说，有宗派师承者并不比无宗派师承者更有优势。其根本原因有三：（一）宗派中的师父未必是觉悟者，未必能给予对症下药的指导；（二）

① 释圆澄：《慨古录》卷一，《卍续藏》第65册，第368页上一中。

即使师父能对症下药地指导弟子，佛道还须弟子自悟，不见佛道，依旧是凡夫；（三）佛道究竟不可传。这个道理，蕅益大师通过设问作出过明白开示：

> 或曰："佛祖之道，必师资授受，方有的据，否则法嗣未详，终难取信。"无名子应之曰："譬诸世主，桀非传自大禹、纣非传自成汤者乎？身苟无道，天子而不若匹夫矣。今之虽有师承，颠覆如来教戒者，何以异此？汉之高祖，明之太祖，并起草莽，谁授以帝位乎？苟得其道，匹夫而竟开大统矣。今之虽乏师承，能自契合佛祖心印者，亦奚不然？必如子论，是但许有见而知之，不许有闻而知之者矣，可乎哉！且子又不闻，有师资具足，皆不足齿及者乎？譬如俳优及相搏者，岂无师资授受？然不过戏剧及斗诤法耳。吾故曰：'执迹以言道，则道隐。'譬诸射者，期各中的焉耳。十方三世，唯此一的，常住不变，何俟于传？巧之与力，存乎其人，父不能传之子，子不能得之父，有何所传？或见而知之，或闻而知之，及其知之一也，正知其不可传者也。谓有可传，则不至于戏剧斗诤不止，非佛祖圣贤之道也已。"①

然而，佛教传入中国后，由于受到传统宗法观念和习气影响，原来依共同的佛陀圣典与法门修习的宗派，有的渐渐蜕变为类似血缘宗脉的法脉，其表现有三个方面：（一）法辈森严，俨然俗家父子之别；（二）代代相传，犹如血亲父子相继；（三）严分正旁，宛如王家嫡庶有差。由此形成了以法脉、师父为核心的

---

① 释智旭：《儒释宗传窃议》，《灵峰蕅益大师宗论》卷五之三，《嘉兴藏》第 36 册，第 347 页下—348 页上。

浓厚宗派主义习气，法脉成了正宗的代名词，师父则成了佛道的化身：不加入某法脉者，自然是非正统者；虽加入某法脉而未得该法脉师父印可者，则只能称为旁出者；未加入某法脉者，更是等而下之的未详法嗣者，如晚明的云栖袾宏、憨山德清、紫柏真可、蕅益智旭四大师都被视为法嗣不详者。蕅益大师对此习气也作出过严厉呵斥：

> 世间至亲，莫如滴血，出世至亲，莫如法道，法道本离名相，岂以名字为派哉！佛虽曰“四河入海，皆失本名，四姓出家，同称释子”，此但一其姓耳，岂必更一其名？惟其道无足授，不知戒律之当尊，不知绍继之正务，为师者但贪眷属，为徒者专附势利，遂以虚名互相羁系，师资实义扫地矣，岂不痛哉！……同门列为兄弟，岂惟不知出世法，亦不知世法者也。且如公卿也、百寮也、胥吏也、万民也，皆天子臣庶也，然百寮不得呼公卿为兄弟，乃至万民不得呼吏胥为兄弟。何也？分异故也。佛法亦尔，比丘之法，多已十夏者为与和尚等，多已五夏者为阿阇黎等……又况沙弥、沙弥尼但同僧利养、未入僧数者乎？欲称比丘为兄弟，何异有司称宰辅为兄弟也？又况优婆塞等并无僧相，不得同僧利养者乎？欲称沙弥为兄弟，何异民庶称有司为兄弟也？……朝廷无礼法，上下不辨，而天下乱；佛法无律仪，七众不辨，而化道绝，可弗辩乎？[①]

当宗派中人将关心的重点从法道转向法脉是否正宗、门庭是否广

---

① 释智旭：《法派称呼辨》，《灵峰蕅益大师宗论》卷五之三，《嘉兴藏》第36册，第346页下。

大、师父是否有名等等方面后，佛陀圣教的修习必然退居到次要地位。蕅益大师曾经揭露的这种现象，今天也不乐观。

第三，外道知见充斥佛门。外道为梵文 Tīrthaka（底体加）的意译，与作为内道的佛道相对，指心游道外的宗教或学派。大乘佛法兴起后，为了开权显实、大畅佛陀本怀，更将声闻、缘觉等修行者的见地也斥为外道，遂有内外两类共四种外道。如澄观所说：

> 外道有二：一、外外道，即佛法外；二、内外道。此复三种：一、附佛法外道，起自犊子、方广，自以聪明读佛经书而生一见，附佛法起，故得此名。犊子读《舍利弗毘昙》，自别制义，言“我在四句外第五不可说藏中”，佛说此人不异外道，诸论皆推不受名外道也；又方广道人，自以聪明读佛十喻，自作义云，“不生不灭，如幻如化，空幻为宗”，龙树斥言，“此非佛法，方广所作”，亦邪人法也。二、学佛法成外道，谓执佛教门而生烦恼，不得入理故。《智论》云，“若不得般若意，入阿毘昙即坠有中”等。三、以大斥小故，七卷《楞伽》第一云，“大慧，云何为外道恶见，谓不知境界自心分别现，于第一义见有见无而起言说”；又第二云，“复有说言，见一切法因作者有，此是涅槃。大慧，彼无解脱，以未能见法无我故。此是声闻及外道种性，于未出中生出离相。应勤修习，舍此恶见故”。诸大乘诃彼二乘同于外道，非夺方便之意。[1]



① 《大方广佛华严经疏》卷二十八《十回向品》，《大正藏》第 35 册，第 713 页上。

依此可知，凡执著实我实法者皆是外道，可分别称为自宗外道、附佛外道、学佛外道、执小外道。

在内外两类外道中，自宗外道立场鲜明、观点明确，易于识别，虽然会对佛陀圣教有不利影响，但只是佛陀圣教衰微的外缘；附佛外道虽然表现出“佛弟子”形象、依据“佛教”圣典、使用“佛教”名相、研习“佛教”义理、追求“成佛”目的，一切都打上了佛法名号，但其实我实法之执比较明显，也不太难辨别；学佛法外道与执小外道都是因偏执佛陀所说法而成的外道，或不能入佛法义（学佛外道），或执小乘毁大乘（执小外道），其中最难辨别、对佛法损害最深的是执小毁大外道，他们不仅拥有形式上的佛教信徒身份，而且对佛陀圣教的见地达到了声闻的高度，其实我实法之执比较深细且很难改变，倘若不予简择和摧破，则必将障碍大量众生的佛缘、断灭佛乘教法的慧命①。

当代中国佛教界，附佛与学佛两种外道都很猖獗②，其中附佛外道虽多不胜举，但佛教界高僧大德多有破斥，加之本文篇幅有限，不打算论述③，此处仅拟对印顺法师（1906——2005）为代表的执小外道略加驳论。印顺法师信仰坚定④、勤于写作、年寿颇高，著作等身，在佛教的文献、考据、历史等方面做了很多细致的工作，提出了包容主义的经学观和“以佛法研究佛法”的

---

① 《大般涅槃经》中，佛陀宣说佛乘正法后，迦叶菩萨即以声闻身相现身说：“世尊！我从今日始得正见。世尊！自是之前，我等悉名邪见之人。”（《大般涅槃经》卷七《如来性品》，《大正藏》第12册，第407页中。）

② 关于中国历史上的附佛外道问题，可参陈兵：《论附佛外道》，《佛教文化》1999年第5期。

③ 例如对近些年颇有影响的附佛外道萧平实，释智诚、秋吉彭措已撰写专著《般若锋兮金刚焰》一书，依显密教法作过全面深入的批判。（释智诚、秋吉彭措：《般若锋兮金刚焰》，http://read.goodweb.cn/news/news_more.asp?lm2=762）

④ 从印顺法师的多次表白及其一生的行持，笔者一点也不怀疑他是虔诚的佛教信徒。

佛陀圣教研究方法，笔者在《现代中国佛学研究的方法论反省》一文曾对他作出过充分肯定。虽然如此，这不意味着笔者认为印顺法师的研究没有问题，在笔者看来他其实是当代影响最大的执小外道。如果他只是弘扬小乘教法，倒也无可厚非，关键是他不仅将阿含圣典小乘化，而且执小废大，毁坏了佛乘教法，令佛陀本怀不畅、众生起信无门。印顺法师违背佛乘教法的思想，主要体现在如下几方面：

（一）他主张人本主义的佛陀观，认为只有人间有佛陀。印顺法师说："在佛教中，有不同的佛陀观，但正确的佛陀观，到底是佛在人间，即人成佛"，"佛陀是人间的，我们要远离拟想，理解佛在人间的确实性，确立起人间正见的佛陀观"：

> 人间佛教的信仰者，不是人间，就是天上，此外没有你模棱两可的余地。请熟诵佛陀的圣教，树立你正确的佛陀观：诸佛世尊皆出人间，不在天上成佛也！[①]

这种佛陀观否定了诸经宣说三世十方诸佛的存在，否定了佛陀在人间八相成道只是一种示现，从而将"视一切众生为一子"的大慈大悲的佛陀化约为专为人类服务的"人间佛陀"。

（二）他称自己不是某家宗徒而是佛陀正法信仰者[②]，但他理解的正法仅仅局限于从相对于"心"的"法"切入的缘起论。我

---

① 释印顺：《佛在人间》，《印顺法师佛学著作全集》第6卷，北京：中华书局2009年版，第9、10、11页。

② 印顺法师说："我读书不求甚解，泛而不专，是不适于专弘一宗，或深入而广大某一宗的……我的发心修学，只是对佛法的一点真诚，希望从印度传来的三藏中，理解出行持与义解的根源与流变，把握更纯正的，更少为了适应而天（神）化、俗化的佛教。"（释印顺：《空之探究序》，《印顺法师佛学著作全集》第18卷，北京：中华书局2009年版。）

们首先看他如何理解佛陀的缘起法：

> 今依龙树开示的《阿含》中道，应该说：缘起不但是说明现象事相的根本法则，也是说明涅槃实相的根本……释迦“以缘起为元首”，缘起法可以说明缘生事相，同时也能从此悟入涅槃。依相依相缘的缘起法而看到世间现象界——生灭，缘起即与缘生相对，缘起即取得“法性法住法界常住”的性质。依缘起而看到出世的实相界——不生灭，缘起即与涅槃相对，而缘起即取得生灭的性质。《阿含》是以缘起为本而阐述此现象与实相的。依《阿含》说，佛陀的正觉，即觉悟缘起，即是“法性法住法界常住”的缘起，即当体摄得（自性涅槃）空寂的缘起性；所以正觉的缘起，实为与缘生对论的。反之，如与涅槃对论，即偏就缘起生灭说，即摄得——因果生灭的缘起事相。缘起，相依相缘而本性空寂，所以是生灭，也即是不生灭……大乘把握了即空的缘起，所以能成立一切法相；同时，因为缘起即空，所以能从此而通达实相。[①]

这样解说缘起与空固然并无大问题，但仅仅停留于二乘由无常入空的偏空境，尚未深达般若学“色即是空，空即是色”的中道境，自然也未见及如来藏学真空妙有不二的法界境（中道境与法界境并无高下之异，只有遮诠与表诠之别）。由这样的偏执，他只许从“法”论缘起法的阿含与般若类经典为真说，而不许从“心”论缘起法：“心的法性，与一切法的法性，当然平等不二。

① 释印顺：《中观今论》，《印顺法师佛学著作全集》第4卷，北京：中华书局2009年版，第27—28页。

然《阿含》《般若经》论，总是在一切法上说，称为‘诸法空相’‘诸法实相’，并不专说心性。”[①] 如此，当他看到如来藏类经典以“如来藏”“真如心”或“自性清净心”或为所依体论缘起法时，便迫不及待地将其视为“形而上学”本体论或“真常唯心”论，就是再自然不过的事情了：

> 此法性是常住的，涅槃是常住的，菩提是“非去来今”的。常住，那么众生位中，当然也还是如此。这才从众生位中点出真常：或者说常住真心，或者说自心清净，或者说佛性，或说如来藏。此一体系，中国学者称为法性宗（不是三论宗）；日本佛学者称为如来门（这是从上而下的）。这是以法性为本，从形而上的本体来开示一切。如智不二，心境不二——其实是摄境归心、摄如归智为宗本的，与绝对精神的形而上学，很有相同的地方。[②]

在印顺法师对佛陀所说缘起法的坚固实执中，就连阿含圣典开出的“业感缘起”说和唯识经论开出的“赖耶缘起”说，恐怕也未必能得到圆满证成。

（三）他表面上肯定大乘佛教是佛法，甚至怀疑那些认为他反对大乘佛法的人别有用心[③]，实际上从他的论述中只能得出大乘圣典非佛说的结论。由于他只承认释迦牟尼佛所说为佛说，又

① 释印顺：《无诤之辩》，《印顺法师佛学著作全集》第8卷，北京：中华书局2009年版，第104页。

② 释印顺：《无诤之辩》，《印顺法师佛学著作全集》第8卷，北京：中华书局2009年版，第105—106页。

③ 印顺法师说：“我到台湾来，有人说我反对大乘，那不是恶意，就是误会了！”（释印顺：《游心法海六十年》，《印顺法师佛学著作全集》第12卷，北京：中华书局2009年版，第12页。）

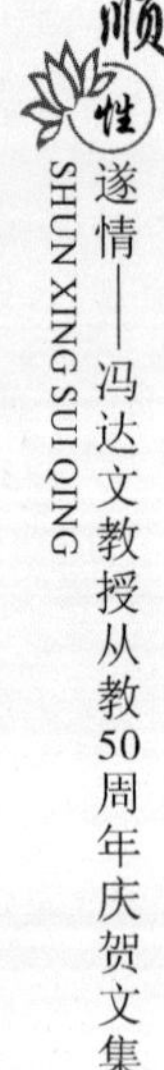


从历史发展观来理解佛陀圣教，故在他眼里大乘佛教是这样出现的：

> “原始佛教”经“部派佛教”而开展为“大乘佛教”，“初期大乘”经“后期大乘”而演化为“秘密大乘佛教”，推动的主力，正是“佛涅槃以后，佛弟子对佛的永恒怀念”。①

他所谓从“原始佛教”产生的“大乘佛教”，不仅指修习大乘佛法的佛弟子的论疏，还包括佛陀圣典：

> 《阿含经》以外，由于“佛涅槃后对佛的永恒怀念”，是佛教界所共同的，所以传出了“菩萨譬喻”“菩萨本生”“佛譬喻”“佛因缘”②；初期大乘经的传出者、编纂者，或重信仰，或重智慧，也有重悲愿的；或重佛，或重正法，或着重世俗的适应，或重理想，或兼顾现实；更通过了传出与编纂者的意境，所以内容是不完全一致的。③

大乘佛法既然是佛弟子对佛永恒怀念的结果，大乘佛经既然是身份未定的“传出者”传出的典籍，而且“通过了传出与编纂者的

---

① 释印顺：《初期大乘佛教的起源与开展自序》，《印顺法师佛学著作全集》第16卷，第5页，北京：中华书局2009年版。太虚大师也严厉批评了这种从历史发展观研究大乘的说法：“今得原著从四含、六足，以至大毗婆娑、顺正理等所曾辩涉各方，揭出虽译久晦之多种精义，及诸可为演生大乘之源泉者，益增教义内容之丰富。然亦因此陷近锡兰之大乘非佛说或大乘从小乘三藏紬译而出之狭见。”（释太虚：《再议〈印度之佛教〉》，释印顺编：《太虚大师全书》第十六编《书评》，台北：善导寺佛经流通处1980年版，第51—52页。）

② 释印顺：《初期大乘佛教的起源与开展自序》，《印顺法师佛学著作全集》第17卷，北京：中华书局2009年版，第1127页。

③ 释印顺：《初期大乘佛教的起源与开展自序》，《印顺法师佛学著作全集》第17卷，北京：中华书局2009年版，第1130页。

意境”（言下之意是说，大乘经由“传出与编纂者”造作的），则无异于说大乘佛法都是凡夫思念佛陀（佛、菩萨根本不会有这种“永恒怀念”之俗情）的产物，试问这样的论述中如何能避免得出“大乘佛经非佛说”的结论呢？他宣称“不反对大乘”又有什么实际意义呢？

（四）他明确判定如来藏的底色是印度神教的神我。印顺法师说：

> 如来藏 tathāgata—garbha 是 tathāgata 与 garbha 的结合语，渊源于印度神教的神学，是不容怀疑的！然如来藏说的流行，是在大乘佛教后期（公元三世纪中），与部派佛教及初期大乘佛教，不能说是没有关系的。应该是：正由于部派佛教及初期大乘的某些思想，启发了如来藏说，使如来与藏相结合而流传起来①。
>
> 常住不变的、妙乐的“我”，是众生的生命自体；转迷妄而达“梵我一如”，得真解脱，是印度神教思想的主流。世尊为人类说法，从众生的蕴界处中，观一切为缘所生法，无常故苦，苦故无我无我所；依空无我得解脱，显出了不共世间、超越世间的佛法。从部派到初期大乘佛教，说明上有无边的方便不同，而依空无我得解脱，还是被公认的。现在说，一切众生的蕴界处中，有常住、清净的如来藏我，这是极不平常的教说！印度佛教有着悠久的传统，没有忘却释尊教法的大乘者，对于如来藏我，起来给以合理的解说：如来藏是约真如空性说的，或约缘起空说的。这样，如来藏出缠

① 释印顺：《如来藏之研究》，《印顺法师佛学著作全集》第 18 卷，北京：中华书局 2009 年版，第 17 页。

> 的佛，可以名为“大我”（或曰八自在说），而众生位上的如来藏，被解说为“无我如来之藏”了。一切众生有（与如来藏同义）佛性，被解说为“当有”了。这是印度大乘佛教的如来藏说（不过，众生的如来藏我，秘密大乘佛教中发展为“本初佛”，与印度的“梵我一如”可说达到了一致的地步）。①

这等于说《楞伽经》（经说宣说“无我如来之藏”）、《大般涅槃经》（经中宣说佛具足常、乐、我、净四德，而我德内涵即“八自在”）和同类密续等圣典非佛说，不过是“没有忘却释尊教法的大乘者”传出与编纂的典籍；如来藏非佛教，仅仅是某些佛弟子从印度神教的神学出发，加上部派佛教与初期大乘佛教思想启发，而传出并加以合理解说的学说。如来藏圣典的神圣性与如来藏思想的正法性就这样被他一笔抹杀了。在这样的见地下，他对依此类圣典开展与发达的传统中国主流佛教做出如此论断就毫不奇怪了：

> 如来藏说，可以说是中国佛学的主流！依此去观察，如贤首宗说“性起”，禅宗说“性生”，天台宗说“性具”，在说明上当然不同，但都是以“性”——“如来（界）性”“法（界）性”为宗本的。这一法门，经中国佛教学者的融会发挥，与原义有了相当的距离。②

---

① 释印顺：《如来藏之研究自序》，《印顺法师佛学著作全集》第18卷，北京：中华书局2009年版，第1—2页。

② 释印顺：《如来藏之研究》，《印顺法师佛学著作全集》第18卷，北京：中华书局2009年版，第3页。

（五）他主张佛弟子只须在人间修菩萨行。由于对缘起的实法执根本排除了佛陀圣教从有情心性入手宣说缘起法的可能性，印顺法师不理解佛性为众生的本性①，也不理佛陀解依佛性（如来藏）为所依体、以对此所依体的迷悟为标准建立的十法界以及依诸法界建立的转迷成悟的大乘各宗②。这样，他虽然经常谈论“六道轮回”或“解脱”“涅槃”等凡圣境界，但没有迷悟的心境为依，无异于空中楼阁；他尽管不时提持“四念处”“六念法”“八正道”“三十七道品”乃至“六度万行”等修法，但这些修法既不是菩提道上的渐修法门（如来禅），也非菩提道上的顿悟法门（祖师禅），只能平面化为印顺法师版人间佛教“不断烦恼，不修禅定”“不厌生死，不欣涅槃”的“人菩萨行”。事实正是如此，他说：

> 有信愿、慈悲、空性胜解，正好在生死海中锻炼身手，从头出头没中自利利人。一般能于菩萨行而随喜的，景仰的，学习的，都是种植菩提种子，都是人中贤哲，世间的上士。有积极利他，为法为人的大心凡夫，即使是“败坏菩萨”，也比自了汉强得多！这种慈悲为本的人菩萨行，浅些是心向佛乘而实是人间的君子——十善菩萨；深些是心存利

① 印顺法师说：“佛性是佛的性德，人的佛性，即人类特性中可以引发而向佛的可能性。”（释印顺：《佛在人间》，《印顺法师佛学著作全集》第6卷，北京：中华书局2009年版，第65页。）这根本违反了《大般涅槃经》关于佛性的开示。《大般涅槃经》将佛性分为正因、缘因和了因三种，以诸法实相为正因佛性、五度波罗蜜为缘因佛性、般若波罗蜜为了因佛性，智者大师即依《大般涅槃经》佛性义云：“法性实相即是正因佛性，般若观照即是了因佛性，五度功德资发般若即是缘因佛性。”（智顗：《妙法莲华经玄义》卷十，《大正藏》第33册，第802页上），与他的佛性说毫无关系。

② 声闻、菩萨与佛三乘是佛陀应众生根器优劣建立的教法，中观、唯识、天台、三论、华严、净土、禅宗、密教、律宗等宗派则是菩萨以现量为因、佛陀圣教与大乘根器众生为缘，从不同角度开出的教法。

世，利益人间的大乘正器。从外凡、内凡而渐登贤位的菩萨，没有得解脱的自利，却能为一切众生而修学，为一切众生而忍苦牺牲。渐学渐深，从人间正行而阶梯佛乘，这才是菩萨的中道正行。真能存菩萨的心胸，有菩萨的风格，理解菩萨利他的真精神，那里会如丧考妣的急求己利？①

这种没有上求下化的“人菩萨行”，尽管具足成佛的信愿、度人的慈悲和空性的胜解，对大多数佛弟子来说不过是镜花水月，最多可以达成世间有漏善行，如何可能成为佛弟子证得涅槃的菩提具呢？

印顺法师的这些见地，并不是他从对治或为人悉檀作出的方便说，而是他的实义说，这从他受到批评后的反应即可得知。当年，当他将其《印度之佛教》一书的样章寄给太虚大师，太虚大师阅后即对其种种偏邪知见给予毫不留情地驳斥：

原著以阿含“诸佛皆出人间，终不在天上成佛也”片言，有将佛法割离余有情界，孤取人间为本之趋向，则落人本之狭隘。但求现实人间乐者，将谓佛法不如儒道之切要——梁漱溟、熊子真、马一浮、冯有（有当为友——引者）兰等；但求未来天上乐者，将谓佛法不如耶、回之简捷；而佛法恰须被弃于人间矣。②

他接到太虚大师的回信后，即回应说：

---

① 释印顺：《学佛三要》，《印顺法师佛学著作全集》第7卷，北京：中华书局2009年版，第100－101页。

② 释太虚：《再议〈印度之佛教〉》，释印顺编：《太虚大师全书》第十六编《书评》，台北：善导寺佛经流通处1980年版，第52页。

一切佛教乃同依本教流变而来。本教即释尊之遗言景行、弟子（闻佛声而奉行者，即声闻）见闻而受持者。大乘道孕于其中，然就历史而论，则初期以声闻行果为所崇，故名之为“声闻为本之解脱同归”。此后之佛教，莫非据此本教，内为理论之开发，外为方便之适应，而次第发达成之。①

这表明他对自己的立场方法充满自信。

印顺法师的执小废大思想，近来遭到不少人的反思或批判②，智诚法师、秋吉彭措堪布甚至尖锐地质问他：“不知印顺有无觉察，自己的大量言论，已经在事实上起到了断人正见、坏人正信的负面作用，使得不少佛教徒‘如枯树不生华实’‘于佛法中空无所得’?!”③ 但相对印顺法师思想的影响来说，这样的反思远远不够，无法达到开权显实的效果。

印顺法师是如何得出上述种种结论的呢？单从他关于研究佛陀圣教的立场与方法的说明，是无法得到答案的。他曾说：

在立场上，涅槃寂静是研究者的信仰与理想，应为此佛

① 释印顺：《无诤之辩》，《印顺法师佛学著作全集》第8册，北京：中华书局2009年版，第78页。

② 这方面的代表性成果，请参蒋劲松：《中国近代佛教史上一场重要的路线斗争——太虚大师对印顺法师〈印度之佛教〉的评议略述》，http：//www.aisixiang.com/data/93283.html；如石法师：《台湾佛教界学术研究、阿含学风与人间佛教走向之综合省思》（上、下），《香光庄严》六十六、六十七期；恒毓：《印顺法师的悲哀——以现代禅的质疑为线索》，http：//www.hymzw.net/zjdz/ysfsdba/；周贵华：《释印顺“人间佛教”思想之特质评价》，《哲学研究》2006年第11期；周贵华：《在信仰与学术之间——对释印顺佛教思想的再反思》，《佛教与当代社会文化建设学术研讨会论文集》，西安：西北大学出版社2013年版。

③ 释智诚、秋吉彭措．《般若锋兮金刚焰》第四章，http：//read.goodweb.cn/news/news_more.asp?lm2=762.

法的崇高理想而研究。佛法的研究者，不但要把文字所显的实义，体会到学者自心；还要了解文字的无常无我，直接从文字去体现寂灭。我在《入世与佛学》一文中，认为："契合于根本大法（法印）的圣教流传，是完全契合的史的发展，而可以考证论究的。在史的论证中，过去佛教的真实情形，充分地表现出来。佛法（思想与制度）是有变化的，但未必进化。说进化，已是一只眼；在佛法的流传中，还有退化、腐化。"……然对于佛法中，为学问而学问、为研究而研究、为考证而考证的学者，不能表示同情。我以为："一、研究的对象——佛法，应重视其宗教性。""二、以佛学为宗教的，从事史的考证，应重于求真实。""三、史的研究考证，以探求真实为标的。在进行真实的研究中（从学佛说，应引为个人信解的准绳），对现代佛学来说，应有以古为鉴的实际意义。"佛法与佛学史的研究，作为一个佛弟子，应有纯正高洁的理想——涅槃寂静是信仰，是趣求的理想。为纯正的佛法而研究，对那些神化的，俗化的，偏激的，适应低级趣味的种种方便（专重思辨也不一定是好事），使佛法逐渐走上衰运，我们不应该为正法而多多反省吗？[①]

依这样的立场与方法研究佛陀圣教，既能护持佛法的纯正性，又能洞察、纠正佛法流布过程中的"神化""俗化"和"偏激"等现象，还能做出学修一体的学问，这是多么切当的研究佛陀圣教的方法论呀！

但是，当我们知道他这种立场与方法的来源及其底色后，我

---

① 释印顺：《游心法海六十年》，《印顺法师佛学著作全集》第12卷，北京：中华书局2009年版，第33页。

们对他走向执小外道这一结局就恍然大悟了。据他回忆，他是这样确立起研究立场的：

> 一九三七年上学期，住在武昌佛学院。读到了日本高楠顺次郎与木村泰贤合编的《印度哲学宗教史》，木村泰贤著的《原始佛教思想论》；还有墨禅所译的，结城令闻所著的，关于心意识的唯识思想史（书名已记不清，译本也因战乱而没有出版）。这几部书，使我探求佛法的方法，有了新的启发。对于历史、地理、考证，我没有下过功夫，却有兴趣阅读。从现实人间的一定时空中，去理解佛法的本源与流变，渐成为我探求佛法的方针。觉得惟有这样，才能使佛法与中国现实佛教界间的距离，正确地明白出来。①

他不知道这些日本人的研究方法都是建立在趣识立场上的，不加反省地取用，从而使他的上述立场与方法都受到了趣识立场的支配——他的根本立场实际上是趣识立场。从趣识立场出发，他对佛陀圣教与佛陀圣教在世间的流布不加区分，一味以人本为中心、以历史与发展的眼光看待佛教，于是只能以阿含圣典为佛说；由于他偏执阿含圣典依“法”而不是依“心”说缘起性空，因此在他看来，后世佛法中只有符合这一法义者才是纯正的佛法，反之就是“神化”“俗化”和“偏激化”的佛法（尽管他这种说法常常是隐晦甚至是前后相违的）。他的确实现了所谓“使佛法与中国现实佛教界间的距离，正确地明白出来”的目标，但不是通过开显而是通过毁灭大乘佛法的方式实现的，这大概是他

① 释印顺：《游心法海六十年》，《印顺法师佛学著作全集》第12卷，北京：中华书局2009年版，第6—7页。

始料未及的结局吧。

这个例子告诫佛弟子，佛陀圣教的确需要阐扬，但如前文所述，只有趣智立场的阐扬才能守护其价值，趣识立场的研究不仅不能守护其价值，反而足以遮蔽甚至肢解其真实义。因为分别识的境界为人类所习见，特别因为分别识带来的科学成果能够前所未有地满足众生的五欲之乐，趣识立场以及由之衍生的种种"科学"研究方法，正以汹涌澎湃之势侵入佛陀圣教的研究领域①，纷纷将普被十法界的佛陀圣教纳入分别识的世界，化约成一种与世间学问完全相同的学问，由此造成了佛陀圣教的严重蜕化与变质。这样的研究得出的见解无非分别见，虽然非佛教信仰者难免做这样的研究，但作为佛教信仰者则应自觉避免走上此路，否则必然会对佛陀圣教带来极大伤害。

第四，佛教教团严重世俗化。此处教团由四众构成而以出家人为主导的佛教圈；世俗化是相对觉悟佛智慧这一佛教本怀而言的态势，指教团偏离佛教本怀的现象较为严重。教团世俗化实际上主要是由前述危机带来的总危机，主要现在如下几个方面：一是佛陀圣教平面化，指在趣识立场上开展"人间佛教"引生的种种对佛陀圣教的窄化、矮化和俗化理解；二是修学道场商业化，指以修学佛道为归趣的道场自觉不自觉变成了某些个人或集团牟利的场所（包括成为旅游观光的景点、公司上市的股份、老板承包的项目等等）；三是教团管理制度官僚化，这是指以六和敬为

---

① 周贵华先生也说："在现代，在西方文化及学术研究的浪潮中，中国佛教研究通过日本佛教学术界的引导，大多转向学术研究。佛教学术研究以科学、人本与逻辑主义为指导，宣称诉诸客观、中立、公正、公共等等标准，构成一种外在于佛教性质的研究，即外在的佛教研究，很快发达起来，占据佛教学问的主流，结果，基于佛教本位的佛教义学研究就无法保持自己的规范、标准。换言之，佛教义学研究在现今的学术规范下，难以获得一席之地，其空间不说被彻底但至少被大大压缩了。"（周贵华：《中国佛教义学的过去与现在》，《西南民族大学学报》2014 年第 4 期。）

根本组织原则的十方选贤丛林普遍变成了师资相传的子孙丛林；四是佛教信众迷信化，这不是指如理如法的祈福、斋天、荐鬼等经忏活动，而是指佛陀明确禁止的看相、算命、星相、咒术、治病等等迷信活动大行其道①。由此，又导致不愿出家，甚至不愿皈依三宝的俗人纷纷假冒僧人牟利的乱象。由于这方面不是本文讨论的主题，暂且略过不详。

## 六、佛弟子应当如何阐扬佛陀圣教

在如此严峻的现实面前，我们要在人间弘扬佛陀圣教，首要的是佛教四众应发起起衰救弊、续佛慧命之心，献身于守护佛陀圣教与弘法利生的事业之中。前一方面是佛弟子的自利事业，可说是佛教之体；后一方面是佛弟子的利他事业，可说是佛教之用。

佛教四众要做好自利事业，窃以为起码应当进行如下两方面的建设：

一是健康教团的培育。佛教教团，自释迦牟尼佛应世以来，

① 《长阿含经》卷十三云："摩纳！如余沙门、婆罗门食他信施，行遮道法，邪命自活，召唤鬼神，或复驱遣，或能令住，种种厌祷，无数方道，恐吓于人，能聚能散，能苦能乐，又能为人安胎出衣，亦能咒人使作驴马，亦能使人盲聋瘖症，现诸技术，叉手向日月，作诸苦行以求利养；入我法者，无如是事。摩纳！如余沙门、婆罗门食他信施，行遮道法，邪命自活，为人咒病，或诵恶术，或为善咒，或为医方、针灸、药石，疗治众病；入我法者，无如是事。摩纳！如余沙门、婆罗门食他信施，行遮道法，邪命自活，或咒水火，或为鬼咒，或诵刹利咒，或诵鸟咒，或支节咒，或是安宅符咒，或火烧、鼠啮能为解咒，或诵别死生书，或读梦书，或相手面，或诵天文书，或诵一切音书；入我法者，无如是事。摩纳！如余沙门、婆罗门食他信施，行遮道法，邪命自活，瞻相天时，言雨不雨，谷贵谷贱，多病少病，恐怖安隐，或说地动、彗星、日月薄蚀，或言星蚀，或言不蚀，如是善瑞，如是恶征；入我法者，无如是事。"（《大正藏》第1册，第84页中一下。）

就指由出家二众（比丘、比丘尼）与在家二众（优婆塞、优婆夷）组成的佛教修学团体。教团是佛陀圣教价值存续下去的根本载体，这个载体的取向、格局与水平，直接决定佛陀圣教的兴衰，故其如法建设至关重要。

依佛陀圣教开示，健康教团当以三宝为皈依处，只有三宝才能引导有情证得无上菩提。佛陀教示说，一切有情都应当这样观想：

> 谁能与我作归依处，除其衰患，令得安乐？于此三界五道之中，天、龙、药叉、阿苏罗、迦噜啰、健达婆、紧捺罗、摩怙洛迦、人非人等诸众之中而求觅之，无有能为作归依者。所以者何？彼诸天等，自未能免生死羁锁，烦恼系缚，流转三界，无量无边，众苦吞啖，诸怖畏事，以贪欲网之所缠缚，况能为我作归依处？又诸天等常被甲胄斗战之具，心怀怖畏彼阿苏罗，而况于人及余诸趣？以是观察三界六道，无有堪能拔济我者，以是应当归依佛、法、僧。除佛法僧，更无有能救护我者。一切有情若欲求于阿耨多罗三藐三菩提涅槃乐者，应当归依佛、法、僧宝。[①]

此处佛即三世十方诸佛，法即以成佛为归趣的如来教法，僧即证得圣果的贤圣僧[②]。但是，佛弟子皈依三宝时，并不知道僧伽中

---

① 《大乘理趣六波罗蜜多经》卷一《归依三宝品》，《大正藏》第8册，第866页上一下。

② 佛传授三皈依戒时即说："善男子善女人当受戒时，先礼过去世尽过去际一切佛，礼未来世尽未来际一切佛，礼现在世尽现在际一切佛。如是三礼已，法僧亦然。佛子！复敬受四不坏信，依止四依法。'从今时尽未来际身，归依佛、归依法、归依贤圣僧、归依法戒。'"（《菩萨璎珞本业经》卷二《大众受学品》，《大正藏》第24册，第1020页下。）

谁是贤圣僧，也不应该以分别心揣度谁是贤圣僧；况且根本说来，三宝一体，“佛即是法，法即是众，是三宝皆无为相，与虚空等”[①]。因此，佛弟子皈依僧宝，实际上意味着皈依整个僧伽，唯此皈依才是如法皈依。

教团依七灭诤[②]、六和敬[③]和四摄法等组织原则息灭斗诤、和合共住。在这和合共住的教团中，四众都须依止出家众安住修学：“一切菩萨修胜道，四种法要应当知，亲近善友为第一，听闻正法为第二，如理思量为第三，如法修证为第四。”[④] 此处“善友”即善知识，根本指圣僧，但也包括凡僧；此处“正法”的根本内容是佛陀圣教，而非某个师父或方丈的开示或语录。教团中，出家二众一心以续佛慧命为使命，这是众所周知的事情，无须赘言，但在家二众应当发挥什么作用，世人多有不知，不妨略加介绍。

在教团中，在家众除了依止僧伽修学自觉外，是不是了无别事可做呢？非也。首先，他们应该供养三宝。佛说世间有报恩、功德和贫穷三种福田，父母、师长、和尚是报恩田，贤圣僧是功

---

① 《维摩诘所说经》卷中《入不二法门品》，《大正藏》第14册，第551页中。

② 《息诤因缘经》云：“若斗诤起时，有七种灭诤法，如我所说，阿难，诸有诤事，若已起、若未起，悉能息灭。何等为七？所谓现前毗尼、忆念毗尼、不痴毗尼、自言治、多人语、知所作、如草覆地，是为七种。”（《大正藏》第1册，第905页下。）

③ 《息诤因缘经》云：“有六种和敬法。汝等谛听，如理作意，如善记念，今为汝说。何等为六？所谓于其身业行慈和事，常于佛所净修梵行，于诸正法尊重礼敬、如理修行，于苾刍众和合共住，此名身业和敬法。复于语业，出慈和语，无诸违诤，此名语业和敬法。复于意业，起慈和意，无所违背，此名意业和敬法。又复若得法利，及世利养，悉同所受，或时持钵次第行乞，随有所得饮食等物，白众令知，与众同受，勿私隐用，若众同知者，即同梵行，此名利和敬法。又复于戒不破不断，戒力坚固、离垢清净已，知时知处，普徧平等，应受施主饮食供养，如是净戒同一所修、同所了知、同修梵行，此名戒和敬法。又复若见圣智趣证出离之道，乃至尽苦边际，于如是相如实见已，同一所作、同所了知、同修梵行，此名见和敬法。如是等名为六和敬法。”（《大正藏》第1册，第906页下。）

④ 《大乘本生心地观经》卷三《报恩品》，《大正藏》第3册，第305页上。

德田，穷苦困厄者（包括凡夫僧）是贫穷田，“以是因缘，菩萨已受优婆塞戒，应当至心勤供养三宝”[①]。其次，他们当劝诫出家众精进修学。如果出家众有懒惰、昏沉或掉举等情况，因缘具足时，在家众应该进行劝诫。例如《杂阿含经》中即记载，天神（天神有佛、菩萨示现与凡夫修成两种）看见比丘未能一心修行，均会对其加以劝诫[②]。其三，在家众还应该护持正法。诸佛为破邪显正而出世，佛陀正法也只有在不断摧邪显正的过程中才能得到真正的维护。依佛陀教示，在家众应该不顾一切地护持正法，

> 若诸国王、大臣、长者、优婆塞等，为护法故，虽持刀杖，我说是等名为持戒。虽持刀杖，不应断命。若能如是，即得名为第一持戒[③]；若有受持五戒之者，不得名为大乘人也；不受五戒，为护正法，乃名大乘。护正法者，应当执持刀剑、器仗侍说法者。[④]

更为重要的一点是，已受菩萨戒的在家众，若有智慧和能力，还应该收在家弟子，向他们传授佛陀正法、续佛慧命。佛陀开示说：

> 菩萨二种，一者在家，二者出家。出家菩萨有二弟子，一者出家，二者在家，在家菩萨有一弟子，所谓在家。[⑤]

---

① 《优婆塞戒经》卷三《供养三宝品》，《大正藏》第24册，第1051页下。

② 参《杂阿含经》第五十卷第一三三二、一三三四、一三四一、一三四二、一三五九经。

③ 《大般涅槃经》卷三《金刚身品》，《大正藏》第12册，第384页中。

④ 《大般涅槃经》卷三《金刚身品》，《大正藏》第12册，第384页上。

⑤ 《优婆塞戒经》卷三《摄取品》，《大正藏》第24册，第1046页中。

这种以依止三宝、和合四众、修习佛法为核心的健康教团，可以有效淡化佛教宗派化、偶像化和世俗化等偏向，是今天任何一个发菩提心、有智慧力的高僧大德都应该认真考虑的教团建设方向。

二是佛陀圣典的修习。佛法的修习虽然有很多具体法门，但总不出“听闻正法”“如理思量”和“如法修证”的闻、思、修三慧，没有闻慧不会有思慧，没有思慧不会有修慧，没有修慧则不会得涅槃，因此四众弟子都应该修习佛陀圣典。在修习佛陀圣典的过程中，应当从始至终贯穿“依智不依识”“依义不依语”和“依了义经不依不了义经”三原则，否则很难保证佛弟子是在趣向涅槃的轨道上修习佛陀圣典。

在这个过程中，诵读佛陀圣典具有基础性的地位。这一点，道宣律师说得很好：

> 经叹说行，要先受诵。何以然耶？但由庸识未剖，必假闻持，昆竹不断，凤音宁显？义当才登解发，即须通览。采酌经纬，穷搜名理，疑伪杂录，单复出生，普阅目前，铨品人世。然后要约法句，诵镇心神，广说缘本，用疏迷结。遂能条贯本支，释疑滞以通化；统略玄旨，附事用以征治。是故经云，受持读诵、书写解说、如法修行，斯诚诚也。[①]

对那些以盲修瞎练以相炫耀、“以寻理为诸见，用博文为障道”者，他毫不客气地斥之为“愚计相封”的陋见[②]。我们看到，汉

① 释道宣：《续高僧传》卷二十八，《大正藏》第50册，第690页下。
② 释道宣：《续高僧传》卷二十八，《大正藏》第50册，第690页下。

传佛教地区已经开始推广“阅藏”工程①，有的地方已经建立起专门的阅藏中心②，这表明认识到修习佛陀圣典重要性的佛弟子已越来越多。

诵读佛陀圣典，有几点值得注意，其中首要的莫过能真正诵读到佛陀圣典。在佛陀圣教流布的过程中，已有不少外道典籍已经杂入佛陀圣典，这是不争的事实。历代虽不断有人去伪存真，但所依标准既不一样，所得结果也就互不相同。传统中多以经典传出时地为原则判定佛陀圣典，这会遗漏掉传自他方世界的佛陀圣典，因而不够圆满；窃以为应以“依法不依人”这条原则为根本标准，凡是契合佛法印、具足六事成就的经典，都是共许极成的佛陀圣典；虽契合佛法印而不具足六事成就的典籍，则可作为第二序的佛陀圣典。

诵读佛陀圣典，不能像世间大众对待书籍一样，毫无恭敬之心，应遵循一定仪轨以示恭敬。经云：“佛以法为师，佛从法生；法是佛母，佛依法住。”③ 法宝既是三世十方诸佛之母，也是六道众生成佛之炬，佛弟子应敬之如佛，否则智慧无由得生。印光大师即谆谆告诫：

> 欲得佛法实益，须向恭敬中求。有一份恭敬，则灭一分罪业，增一分智慧。有十分恭敬，则灭十分罪业，增十分福慧。若全无恭敬，虽种远因，其亵慢之罪，有不堪设想者。④

---

① 汉传佛教地区，首先大规模推动阅藏工程者是河北佛学院为组织的“大众阅藏”工程，他们于 2015 年 12 月 12 日在河北佛学院举行了该工程的启动仪式。

② 参《全国阅藏开放场所一览表》，http://blog.sina.com.cn/s/blog_14ca0472b0102xoz4.html.

③ 《大方便佛报恩经》卷六《优波离品》，《大正藏》第 3 册，第 157 页中。

④ 释印光：《复高邵麟居士书四》，《新编全本印光大师文抄》第 1 卷，第 85 页，郑州：中州古籍出版社 2010 年版。

如果条件允许，诵经前开始前和结束后，都应严格按照诵经起止仪轨实行。将要诵经时，应如古德开示而行：要净手洁案、置经桌面，清净身口意三业，或者先端身正坐一会，凝定身心，然后拜佛再朗诵，或者默念；或者拜佛后端坐一会，然后翻开经典诵经。必须端正自己身体坐着，好像面对着圣人，亲耳聆听圣人教诲一般，不敢萌发一念懈怠，不敢起一念分别，从头到尾一直读下去，不去管经文的语言和意思。对于——

> 经像之不能读不能供者，固当焚化之。然不可作平常字纸化，必须另设化器，严以防守，不令灰飞余处。以其灰取而装于极密致之布袋中，又加以净沙或净石，俾入水即沉，不致漂于两岸。有过海者，到深处投之海中，或大江深处则可，小沟小河断不可投。如是行者，是为如法。若不加沙石，决定漂至两旁，仍称亵渎，其罪非小。而秽石秽砖，切不可用。①

如果条件不允许，或者诵读的是电子佛典，也应在诵读开始前默念炉香赞、开经偈，圆满后默念回向偈，并且始终保持对佛法的恭敬心。

诵经本身是一殊胜修行法门，一般的佛弟子如果不弘扬佛法，只要一心诵读佛陀圣典，根性利的人能够证得诸法实相；即使是根性迟钝的人，也能够消除业障、增长福慧。如果佛弟子发愿弘法利生，首先要如理思维、如法修证，努力做到解行相应。如理思维、如法修证，对于从趣智立场研究佛陀圣教的佛弟子而

① 释印光：《复如岑师代友人问书》，《新编全本印光大师文抄》第13卷，郑州：中州古籍出版社，2010年，第11—12页。

言，既是自利的本分，也是利他的前提。佛弟子如果没有修慧，总是停留于对佛陀圣教义理的思惟分别之中，自己得不到佛法的真实受用，根本不可能做出自利利他的研究成果。当今有不少人，你一向他提起佛陀圣教研究，他就将其视为从趣识立场得来的分别见，固然与趣识立场的佛陀圣教研究甚嚣尘上有关，但也与从趣智立场研究佛陀圣教者亟待提升其修行境界有关。佛弟子无论依教奉行，还是研究佛陀圣教，最重要的莫过依前述三大原则践行。

由此出发，次第提升，先将佛陀圣教义理融为一炉，进而探求其在印度与中国不同时空中流布的轨迹，谛察历代高僧大德们从哪些角度和层面开展佛法，他们的开展对佛陀圣教一味本怀的守护和随顺不同机缘的弘化有哪些经验和教训，从而为在今天的因缘中弘法利生打下坚实的基础。

要弘扬佛法，必须先清醒地意识到，无论东方还是西方，现代社会与古代社会都有很大不同，从起主导作用的因素看，其根本区别是：传统社会是以宗教信仰与伦理道德为主导的伦理社会，现代社会则是以工具理性与法律制度为主导的法律社会。现代社会中，无论东西方，主导人们精神的是唯物主义世界观和科学主义认识论，人们普遍认为世界是独立于人心的客观实在，人只有以科学的方式才能认识世界真相，而人认识世界真相的唯一目的是为了满足或更好地满足自己现实的需要。人类由此建立了个人自由和平等权利至高无上的价值观念，并在此基础上形成了国家法律和种种社会制度，社会的各种制度都必须以保护这一价值为最高目的。在这样的社会里，以超越分别识、获得无分别智为终极目的的佛教，的确面临前着所未有的挑战[①]。但是，由于世俗社会中的人永远无法解决人欲无穷而满足人欲的外在条件有限这一生存性矛盾，他们必然陷入无穷无尽的痛苦之中，这又为善于以空性智慧应世的佛教进入现代社会提供了难得的契机。

认清这一点，再借助佛教“先以欲钩牵，后令入佛道”[②] 的方便善巧，则不难实现佛弟子利他的目的。在保证佛陀一味本怀不变的前提下，对于一般人可以从因果思想入手进行教育，让他们知道佛教的因果思想不是迷信，而是与科学规律一样的人生规律，是人类健康生活必须遵循的大法，遵循它则会给自己的生活带来利益，违背它则会给自己的生活带来损害；对于执著各种分别见的知识分子，则可依佛陀圣教二谛结构的优势，将其偏执的知识安立为世俗谛，令其依此世俗谛觉悟第一义，更由第一义证得涅槃。

我想，佛弟子如果能够在前文所说的顺智层面阐扬佛陀圣教，则佛陀圣教不至变质；如果能在宗智层面阐扬佛陀圣教，则佛陀圣教必将发扬光大。

（本文初次发表于2015年在南华寺举办的“中国佛教讲经交流会学术论坛”，后部分文字发表于《佛学研究》2015年卷）

① 参（美）琳达·赫伍曼著，圆净、大愚译：《佛教现代化的困境——论当前的时代背景及其对佛教的挑战》，http：//www.zhibeifw.com/wap/r.php？id=14684.

② 《维摩诘所说经》卷中《佛道品》，《大正藏》第14册，第550页中。

# 中国佛教史上第一篇孟子学文献

## ——《牟子理惑论》新探

杨海文（《中山大学学报》编辑部）

目前的《牟子理惑论》研究，文献学考注远远多于思想史阐释，对《牟子理惑论》与孟子的相互关系予以专题研讨者尚属阙如。如何论证《牟子理惑论》是中国佛教史上第一篇孟子学文献？这一问题涉及《牟子理惑论》与孟学史两个领域，需要文献学考注与思想史阐释双管齐下，博采众家之说而又合乎历史—逻辑地断以己意。

## 一、成书于东汉末年

自从明代胡应麟（1551—1602）的《四部正讹》与《双树幻

钞》发起质疑[①]以来，《牟子理惑论》研究一直弥漫着真伪之辨、成书年代之辨、作者之辨，积累下许多成果[②]，也让人有无所适从之感。不解决这些问题，自然难以从时代的角度考量《牟子理惑论》在佛教史、三教关系史以及孟学史上独特的理论贡献。我们认为《牟子理惑论》成书于东汉末年，并称其作者为牟子（又称牟融）。

《牟子理惑论》最早收入南朝宋明帝在位时期（465—471）陆澄（425—494）编的《法论》，但此书已佚。据僧祐（445—518）编《出三藏记集》卷12《宋明帝敕中书侍郎陆澄撰法论目录序第一》可知，此文收入《法论》第14帙《缘序集》，陆澄又言："牟子不入教门，而入缘序，以特载汉明之时，像法初传故也。"[③] 梁武帝天监年间（502—519），僧祐编《弘明集》，把《牟子理惑论》列为卷1首篇，当是对其成书于东汉的肯定。唐代湛然（711—782）的《止观辅行传弘决》卷5之一指出："后汉灵帝崩后，献帝时有牟子深信佛宗，讥斥庄老，著论三卷，三十七

---

① 《少室山房笔丛》丁部卷32《四部正讹下》："《弘明集》有《牟子论》三十七篇，题汉末牟融撰。案，《隋志》儒家有《牟子》二卷，称汉太尉牟融。考《后汉书》有融传，在汉明前，其时佛法固未入中国。今其书已亡，而《弘明·牟子论》序称'灵帝时遭世乱离，著书不仕，精研佛道，撰《理惑论》三十七篇'，其非儒家《牟子》明甚。且隋、唐诸志并无此书，尝疑六朝晋、宋间文士因儒家有《牟子》，伪撰此论以佐右浮屠。读其文虽猥浅而词颇近东京，意原录释藏中，故《隋志》不载，若《参同契》之属。然伯阳姓名，唐以前传记昭灼，而融诸论绝不闻援引，竟可疑也。"（[明]胡应麟：《少室山房笔丛》，上海书店出版社2001年版，第318页）胡氏质疑，又见《少室山房笔丛》癸部卷47《双树幻钞中》（同上书，第490页）。

② 参见刘立夫：《弘道与明教——〈弘明集〉研究》第6章补论三《关于〈牟子理惑论〉的著作年代》，中国社会科学出版社2004年版，第267—281页；李小荣：《〈弘明集〉〈广弘明集〉述论稿》第1章《〈牟子理惑论〉再检讨》，巴蜀书社2005年版，第1—45页。

③ 参见[南朝梁]释僧祐撰，苏晋仁、萧錬子点校：《出三藏记集》，中华书局1995年版，第445、429页。

篇。”[①] 这里比较明确地认为《牟子理惑论》成书于献帝（189—220）时期。南宋末年释志磐（生卒年不详）的《佛祖统纪》卷35《法运通塞志二》把《牟子理惑论》定为献帝初平二年（191）成书[②]，东汉自东汉，但系年太确切，倒显得拘泥。

1920年，著名汉学家伯希和（Paul Pelliot，1878—1945）发表《牟子理惑论》法文译本及长文《牟子考》，就牟子其人其书的年代问题，指出：

> 避难诸人之中，有应特予注意者，厥为牟子。牟子之为何人？吾人仅据《牟子》原序知之。其人或者生于昔之苍梧今之梧州。灵帝崩后（公元一八九），将母避世交趾。年二十六，归苍梧娶妻。其后未久，参加若干事变，吾人参考旁证，可以位其事于一九四至一九五年。则牟子之生年似在一六五至一七〇年之间矣。牟子避居交趾之时，锐志于佛道，世俗之徒虽多非之，然其信仰不变，遂撰《牟子理惑论》而证解之。其名因以传于今日。[③]
>
> 余固不敢断言牟子所言之时代确为其撰述之年代。但吾人应讨论者，司马帛洛君主张之说，是否可以采用也。其说一方面承认序文之真，又一方面因文句有类《太子瑞应本起经》，而以撰年在二二五年之后。牟子之年岁似不足为考订之障碍。盖其生于一六五至一七〇年之间，则在二二五年时，其年最高不过六十也。第若细审《牟子》之文，其辩论

---

① ［唐］湛然：《止观辅行传弘决》，《大正藏》第46卷，佛陀教育基金会出版部1990年版，第279页上。

② 参见［南宋］志磐：《佛祖统纪》，《大正藏》第49卷，佛陀教育基金会出版部1990年版，第331页上—中。

③ ［法］伯希和著，冯承钧译：《牟子考》，周叔迦辑撰，周绍良新编：《牟子丛残新编》，中国书店2001年版，第93页。

似由一青年之人为之，而尚保存其前此信仰之纪念者也。再若细审《序文》，牟子于三十年后志其青年时所经之事，似无理由。例如汉亡分为三国，牟子略而不言，乃反言及三十年前豫章太守被杀之旧事，似无是理。余以为中国佛教史籍根据序文所言之事，而定《牟子》撰述之年，实有理由。盖或者序文是真，而《牟子》确为二世纪末年之撰述，或者全书皆伪，其伪造之时不特可谓在二二五年之后，亦可谓其在四五世纪之中。①

伯希和立足于原著，考订牟子生于165—170年间，推定《牟子理惑论》成书于2世纪末年。这两个结论是谨慎、可靠的。当然，设定《牟子理惑论》成书于东汉末年，又比严格限定为2世纪末年，更合乎常理一些。另外，后人也可能改窜过《牟子理惑论》。正如陈垣（1880—1971）所言：

《理惑》文中数称佛经佛道，佛之名称，为后汉末所无，当时概称佛为浮屠。假定今本《牟子理惑》为真后汉时作，亦必经后人改窜，不尽原文也。明末天主教人著书，恒译天主为上帝，自康熙时，教廷禁称上帝，教会翻刻明末书籍，遂悉将上帝等字改为天主，亦其例也。②

《牟子理惑论》在汉代佛教史上，有其重要的文献学价值、思想史价值。周叔迦（1899—1970）是《牟子理惑论》研究大家，其《牟子丛残序》云："然则汉人所著典籍之论及佛道者，

① ［法］伯希和著，冯承钧译：《牟子考》，前揭书，第96—97页。
② 陈垣：《中国佛教史籍概论》，中华书局1962年版，第52页。

唯此篇耳，不可以不传。"① 汤用彤（1893—1964）的名著《汉魏两晋南北朝佛教史》第4章认为："汉代佛教，附庸方术。魏晋释子，雅尚《老》《庄》。牟子适为过渡时代之人物。则牟子《理惑论》者，为中国佛教史上重要之一页也。"②《中国佛学人名辞典》称牟子"为我国著论弘化之第一人"③，足以信从！

## 二、汉代浮屠、黄老为一家

初传之际，佛教如何看本土的儒、道两家？具体到《牟子理惑论》，它如何看三教关系？任继愈（1916—2009）指出："《牟子》认为佛教与中国封建社会的传统思想并无根本对立，其总的思想倾向具有鲜明的佛教、道家、儒家一致，特别是佛教、道家一致的观点。"④《牟子理惑论》为何特别认为佛、道相一致呢？这得联系汉代浮屠、黄老为一家⑤那段历史来看。

据《后汉书》记载，东汉有两位名人敬奉浮屠、黄老，先是汉明帝（28—75）的异母兄弟楚王刘英（生卒年不详），后是汉桓帝（132—167）。《光武十王列传》楚王英本传："英……晚节更喜黄老，学为浮屠斋戒祭祀。"又引诏报："楚王诵黄老之微

① 周叔迦辑撰，周绍良新编：《牟子丛残新编》，第3页。

② 汤用彤：《汉魏两晋南北朝佛教史》，刘梦溪主编、孙尚扬编校：《中国现代学术经典·汤用彤卷》，河北教育出版社1996年版，第62页。

③ 参见比丘明复编：《中国佛学人名辞典》，中华书局1988年版，第118页。

④ 任继愈主编：《中国佛教史》第1卷，中国社会科学出版社1981年版，第204页。

⑤《过庭录》卷12有"汉代浮屠黄老为一家"条（参见［清］宋翔凤撰，梁运华点校：《过庭录》，中华书局1986年版，第200—202页）。

言，尚浮屠之仁祠……”[①]《孝桓帝纪》论曰：“前史称桓帝……设华盖以祠浮图、老子，斯将所谓‘听于神’乎！”[②]《西域传》“天竺国”条：“楚王英始信其术，中国因此颇有奉其道者。后桓帝好神，数祀浮图、老子，百姓稍有奉者，后遂转盛。”[③]

人们常说“黄老于汉”[④]，足见黄老对汉代人的影响极深。汉代浮屠、黄老为一家，实有主宾、强弱之分：黄老为主、为强，浮屠为宾、为弱。佛教初来乍到，为自身发展计，暂时依附于深厚、强大的黄老本土传统，这也是文化传播的常规。但是，这样做有个致命后果，就是强大了他者、淹没了自己。汤用彤指出：“汉代佛教，历史材料甚少，极为难言。便余极信佛教在汉代不过为道术之一。华人视之，其威仪义理或有殊异，但论其性质，则视之与黄老固属一类也。”[⑤]人们拿黄老看佛教，佛教自身的发展也就成了大问题。

黄老之中，神仙家求福气、求长生，尤其受到社会各阶层的青睐。牟子所在的交州也不例外，有关士燮（137—226）晚年及身后的两个传说可资佐证。《三国志》卷49《吴书四》士燮本传注引葛洪（283—363）《神仙传》：“燮尝病死，已三日，仙人董奉以一丸药与服，以水含之，捧其头摇（捎）［消］之，食顷，即开目动手，颜色渐复，半日能起坐，四日复能语，遂复常。奉字君异，侯官人也。”[⑥]此即“董奉活燮”一典，但必非真事，盖

---

① ［南朝宋］范晔撰，［唐］李贤等注：《后汉书》第5册，中华书局1965年版，第1428页。

② ［南朝宋］范晔撰，［唐］李贤等注：《后汉书》第2册，第320页。

③ ［南朝宋］范晔撰，［唐］李贤等注：《后汉书》第10册，第2922页。

④ 韩愈的《原道》《读荀》均有此语（参见［唐］韩愈著，钱仲联、马茂元校点：《韩愈全集》，上海古籍出版社1997年版，第120、128页）。

⑤ 汤用彤：《汉魏两晋南北朝佛教史》，前揭书，第81页。

⑥ ［西晋］陈寿撰，［南朝宋］裴松之注，陈乃乾校点：《三国志》第5册，中华书局1982年第2版，第1192页。

因董奉（220—280）不可能六七岁就救士燮。士燮信神仙家吗？《大越史记全书·外纪》卷3《士王纪》有云："世传王既葬之后至晋宋，凡百六十余年，林邑人入寇，掘发王塚，见其体面如生，大惧，乃复封瘗。士人以为神，立庙事之，号士王僊。盖其英气不朽，所以能为神也。神祠在旧城龙编。"① 死后一百六十多年尚且体面如生，似乎可证士燮生前注重养生；越南人把士燮当成"神"，称为"士王僊（仙）"，则士燮已被打造为神仙家！

牟子的时代，神仙家同样活跃。汉灵帝于189年驾崩，时局动荡，只有偏远的交州还算安定。很多神仙家南下避难，不少交州人向他们学习。这时，牟子已经皈依佛法，但佛教的社会影响显然不大，人们对其知之甚少。因而，牟子自设宾主、一问一答，写成《牟子理惑论》。就其写作动机，《佛祖统纪·法运通塞志二》指出："苍梧儒生牟子，因世乱，无仕官意，锐志佛道，而世多非之，乃制《理惑论》以为劝。"② 就其文体形式，伯希和指出："《牟子理惑论》，一种问答之文也。假设一人作种种之问难，而由牟子作胜利之答辩，终致问难之人感化，归依佛法。此类撰述，在牟子之前尚未见有先例。中国古代子书固常有问答之词，然无此类定式问答之体。"③

既要问得好，又要答得好，实则佛教如何自立及其中国化的问题。自立是中国化的前提，中国化是自立的实现。不自立，中国化无从谈起；不中国化，自立亦是一句空言。自立与中国化相

---

① 陈荆和编校：《（校合本）大越史记全书》上册，東京大学東洋文化研究所附属東洋学文献センター刊行委員会1985年版，第133页。按，引者已对标点符号做规范处理。

② ［南宋］志磐：《佛祖统纪》，《大正藏》第49卷，第331页上。

③ ［法］伯希和著，冯承钧译：《牟子考》，前揭书，第93—94页。按，梁启超的《牟子理惑论辨伪》针锋相对："此书文体，一望而知为两晋、六朝乡曲人不善属文者所作，汉贤决无此手笔。稍明文章流别者自能辨之。"（周叔迦辑撰，周绍良新编：《牟子丛残新编》，第78页。）

辅相成，缺一不可。牟子身兼问、答二职，不仅得掌握必备的佛教知识，而且得对中国传统典籍信手拈来。有论者指出：《牟子理惑论》引中国传统典籍至少有28种，其中就有《孟子》[1]。由此，《牟子理惑论》究竟如何看孟子，如何以孟援佛，需要我们立足于文献学考注，并加以合乎历史—逻辑的思想史阐释。

## 三、实名涉孟语句6例

《牟子理惑论》大约一万字，实名的涉孟语句[2]有6例（以下首次引用时，对各例中的“孟子”“孟轲”字样加上边框，以一目了然），涉及距杨墨（凡2例；据出现的先后，为第1、6例）、辨夷夏（凡3例；据出场的先后，为第2、3、4例）、权时地（凡1例；据出现的先后，为第5例）等内容。

---

① 参见吴勇：《试论〈牟子理惑论〉之真伪》，《宗教学研究》2007年第2期，第72页。按，就中国传统典籍一面而言，《牟子理惑论》究竟引过哪些书，又如何引（是实名引用还是匿名引用），需要人们详细考证。《弘道与明教——〈弘明集〉研究》附录《〈弘明集〉用典考注》，其中《牟子理惑论》部分凡175条，可资参考（参见刘立夫：《弘道与明教——〈弘明集〉研究》，第284—306页）。

② 实名引用、显性—匿名引用、隐性—匿名引用这套分析工具，乃笔者所建构，藉以对汉唐孟学史上的思想家及其他人士怎样理会孟子、接受程度如何等情形，予以最大限度的计量化解析，进而祛除因主观臆测造成的治学陋习。“实名涉孟”等等，乃其简称。相关成果，参见杨海文：《中国思想史上的“引用”：以〈新语〉引孔孟荀为例》，《福建论坛》（人文社会科学版）2012年第1期，第73－76页；杨海文：《贾谊〈新书〉对孟荀的显性——匿名引用》，《中山大学学报》（社会科学版）2012年第5期，第150－161页；杨海文：《孟子与“初唐四杰”》，《中华读书报》2012年9月19日，第15版“国学”。

（一）距杨墨

且看《牟子理惑论》开篇[①]所言：

> 牟子既修经传诸子，书无大小，靡不好之。虽不乐兵法，然犹读焉。虽读神仙不死之书，抑而不信，以为虚诞。是时灵帝崩后，天下扰乱。独交州差安，北方异人咸来在焉，多为神仙辟谷长生之术，时人多有学者。牟子常以《五经》难之，道家术士莫敢对焉，比之于孟轲距杨朱、墨翟。[②]

《牟子理惑论》无"黄老"一词。它把三教关系具体化为："尧、舜、周、孔，修世事也；佛与老子，无为志也。""于是锐志于佛道，兼研《老子》五千文。""《五经》则五味，佛道则五谷矣。吾自闻道已来，如开云见白日，炬火入冥室焉。"[③] 尧、舜、周、孔为一边，佛与老子为另一边，表明牟子已把神仙不死之书、辟谷长生之术从老子那里分离开来，老子自老子，神仙家自神仙家，神仙家才是真正要批判的对象。牟子如何批神仙家

① 《牟子理惑论》的文本结构为：篇首类似《序》；其后37篇，为主体部分；篇末类似《跋》。多家点校本之中，据笔者所见，仅有周叔迦点校的《牟子理惑论一卷》就各篇予以数目字标识，并把《跋》标识为第38篇（参见周叔迦辑撰，周绍良新编：《牟子丛残新编》，第1—24页）。本文引《牟子理惑论》，均据《弘明集》卷1（［南朝梁］僧祐：《弘明集》，上海古籍出版社1991年版，第1—7页。又，该书与［唐］道宣《广弘明集》合为一册），并加以标点。该书未对各篇及序、跋给予标识，本文引用从其例。

② ［南朝梁］僧祐：《弘明集》，第1页中—下。

③ ［南朝梁］僧祐：《弘明集》，第3页中、第1页下、第5页中。

呢？受论题所限，我们对其“武器的批判”不予考察[①]，但由“比之于孟轲距杨朱、墨翟”可知，其“批判的武器”正是孟子的“距杨墨”思想。

《牟子理惑论》又云：“昔杨、墨塞群儒之[②]路，车不得前，人不得步，孟轲辟之，乃知所从。”[③] 尽管这里对孟子距杨墨的历史作用有些夸张，但它何尝不是牟子对自己寄予的厚望呢？孟子说过：“能言距杨、墨者，圣人之徒也。”（《孟子》6·9[④]）《牟子理惑论》说佛为太子时，“有三十二相，八十种好，身长丈六，体皆金色，顶有肉髻，颊车如师子，舌自覆面，手把千辐轮，顶光照万里”[⑤]。牟子批神仙家，也是要成为此佛之徒！

（二）辨夷夏

从实名涉孟语句的数量看，《牟子理惑论》以下一章最为集中：

问曰：“孔子曰：‘夷狄之有君，不如诸夏之亡也。’孟子讥陈相更学许行之术，曰：‘吾闻用夏变夷，未闻用夷

---

① 神仙家讲长生不老，《牟子理惑论》讲灵魂不灭：“魂神固不灭矣，但身自朽烂耳。身譬如五谷之根叶，魂神如五谷之种实。根叶生必当死，种实岂有终亡？得道身灭耳。”（［南朝梁］僧祐：《弘明集》，第3页中—下）又讲善恶报应：“有道虽死，神归福堂；为恶既死，神当其殃。”（同上书，第3页下）这两个观念均较为简单，盖因佛教初传时期仅此水平而已。尔后，魏晋讲（消极的）三界轮回，南北朝讲（积极的）佛性论（参见刘梁剑：《“形神”不定：魏晋南北朝思想的一个面向》，《中山大学学报》（社会科学版）2013年第3期，第133—139页）。

② “之”，原文作“子”，此据周叔迦本《牟子理惑论》第33篇校改（参见周叔迦辑撰，周绍良新编：《牟子丛残新编》，第22页）。

③ ［南朝梁］僧祐：《弘明集》，第4页中。

④ 此种序号注释，以杨伯峻《孟子译注》（中华书局2010年第3版）为据，下同。

⑤ 参见［南朝梁］僧祐：《弘明集》，第2页上。

变夏者也。'吾子弱冠学尧舜、周孔之道，而今舍之，更学夷狄之术，不已惑乎！"

牟子曰："此吾未解大道时之余语耳。若子可谓见礼制之华，而暗道德之实；窥炬烛之明，未睹天庭之日也。孔子所言，矫世法矣；孟轲所云，疾专一耳。昔孔子欲居九夷，曰：'君子居之，何陋之有？'及仲尼不容于鲁、卫，孟轲不用于齐、梁，岂复仕于夷狄乎？禹出西羌而圣喆，瞽叟生舜而顽嚚，由余产狄国而霸秦，管、蔡自河洛而流言。传曰：'北辰之星，在天之中，在人之北。'以此观之，汉地未必为天中也。佛经所说，上下周极，含血之类物，皆属佛焉。是以吾复尊而学之，何为当舍尧舜、周孔之道？金玉不相伤，随碧不相妨。谓人为惑，时自惑乎！"[①]

传统的夷夏之辨，根深蒂固。孔子说过："夷狄之有君，不如诸夏之亡也。"（《论语》3·5[②]）孟子亦云："吾闻用夏变夷者，未闻变于夷者也。"（5·4）牟子过去学尧舜、周孔之道，现在却倒向佛教。问者觉得：这不迷失方向了吗？

牟子答曰：孔子所要矫正者，是夷狄有君主却不讲礼制法度；孟子所要反对者，是把夷狄落后的礼制法度搬到先进的中国

① ［南朝梁］僧祐：《弘明集》，第3页下—4页上。

② 此种序号注释，以杨伯峻《论语译注》（中华书局1980年第2版）为据，下同。

来用[①]。要是君子住到夷狄那里去讲礼制法度，又会如何？牟子引《论语》“子欲居九夷”章（9·14）[②]，就是为了说明夷夏之辨不是僵死的地域之辨，而是君子在哪里，礼制法度就在哪里。鲁、卫不容孔子，齐、梁不用孟子，他们也会跑到夷狄那里去做官！牟子又说：汉地不一定居于天下的中心，但时空中的一切均为佛法涵摄。我尊重佛法，学习佛法，有何不可？更何况，我这样做的同时，并没有舍弃尧舜、周孔之道！佛法与儒教并存，难道不好吗？

《牟子理惑论》这里对礼制、道德做出华（表象）、实（本质）之分，致使其夷夏观既包含极端义，又包含调和义。从极端义看，因为道德比礼制更重要，佛法比儒教更重要，故须以夷变夏；从调和义看，因为道德与礼制密不可分，佛法与儒教密不可分，故须夷夏并存。无论以夷变夏的极端义，还是夷夏并存的调和义，均迥异于孔孟讲的以夏变夷。孟学史不只是抄《孟子》、背《孟子》、“正确地”理会孟子的历史，而且也是“错误地”阐释孟子、创新并超越孟子的历史。从孟学史既是继承，也是发展的历史看，《牟子理惑论》对传统夷夏之辨的创新及超越，即是孟学史的内在演进规律使然。

### （三）权时地

先是问者的疑惑：“若佛经深妙靡丽，子胡不谈之于朝廷，

---

① 孟子论夷夏关系，意为：“我只听说过用中国的礼制法度改变野蛮落后的国家，没有听说过用野蛮落后国家的礼制法度来改变中国。”《牟子理惑论》说“孟轲所云，疾专一耳”，若解释为“孟轲那样说，是担忧人们只是片面地学习某一门学问”，显然并不合乎孟子的本意。孟子讲“专一”但不“疾”，是故，“疾”字或非《牟子理惑论》原文，乃传抄之讹所致。又，若释“疾”为“猛烈”，释“疾专一”为“让专一来得更猛烈些”，则合孟子之意。

② 《论语》原文为：“子欲居九夷。或曰：‘陋，如之何？’子曰：‘君子居之，何陋之有？’”（9·14）

论之于君父，修之于闺门，接之于朋友？何复学经传，读诸子乎？”牟子回答：军营前摆祭器，朝廷上插彩旗，夏天穿狐皮大衣，冬天穿葛布夏衫，丽则丽矣，但丽得不是地方，也不是时候。同理，“故持孔子之术入商鞅之门，赍孟轲之说诣苏、张之庭，功无分寸，过有丈尺矣”[①]。商鞅门下、苏（秦）张（仪）府上，岂是孔孟之徒能待，又待得住的地方？如果硬要待在那里，别说建立分寸之功不可能，更会惹来丈尺之过！

牟子感到拿佛法来征服并改变中国的时机远远不够成熟，现在还得先掌握好中国自身的东西，为佛教的自立及其中国化做好前期准备工作。权其时，对于牟子“一人”而言，不是守株待兔、消极等待，而是积极有为、创造条件等待机会。但是，对于“整个”佛教的自立及其中国化而言，时又与神秘莫测的天命相关，这就未必是渺小的个体所能把握的。孟子有言：“得之不得曰‘有命’。”（9·8）《牟子理惑论》亦云：“用不用自天也，行不行乃时也，信不信其命也。”[②] 两相对照，牟子与孟子对时命之辨的理解如出一辙：求在我者积极，求在外者消极，既积极又消极，化不可预测的消极于自己足以掌控的积极之中，正所谓“尽人事而听天命”也！

《牟子理惑论》从距杨墨、辨夷夏、权时地三个方面实名地引论孟子，目的在于以孟援佛，藉助传统的资源以彰显自己的思想。传统的资源属于支援意识，自己的思想属于集中意识；前者为末，后者为本。正如《佛祖统纪·法运通塞志二》所说：“当佛道未大行之日，而能为论，援三家之事义，比决优劣，以祛世

① 参见［南朝梁］僧祐：《弘明集》，第 4 页下。
② ［南朝梁］僧祐：《弘明集》，第 5 页中。

惑，以御外侮。是殆大士示迹，如来之使也。”[1] 回到孟学史，以上三个方面实亦孟子思想体系的重要内涵，再加上《牟子理惑论》极为自洽的阐释，牟子可谓深知而且善用孟子者。

## 四、显性—匿名涉孟语句 11 例

除实名涉孟语句 6 例外，《牟子理惑论》尚有显性—匿名涉孟语句 11 例[2]，此亦牟子深知且善用孟子的体现。下面，我们依出现的先后次序，录出这些语句，并附以《孟子》原文，供读者参考：

[1—1] 四师虽圣，比之于佛，犹白鹿之与麒麟，燕鸟之与凤凰也。(《牟子理惑论》)[3]

[1—2] 麒麟之于走兽，凤凰之于飞鸟……类也。(《孟子》3·2)

[2—1] 不孝莫过于无后。(《牟子理惑论》)[4]

[2—2] 不孝有三，无后为大。(《孟子》7·26)

[3—1] 娶妻之义，必告父母。舜不告而娶，以成大伦。(《牟子理惑论》)[5]

[3—2] 万章问曰：“《诗》云，‘娶妻如之何？必告父母。’信斯言也，宜莫若舜。舜之不告而娶，何也？”

---

① ［南宋］志磐：《佛祖统纪》，《大正藏》第 49 卷，第 331 页中。

② 《牟子理惑论》也有若干隐性—匿名的涉孟语句，这里不另讨论，盖因实名以及显性—匿名的涉孟语句足以说明本文的论题。

③ ［南朝梁］僧祐：《弘明集》，第 2 页下。

④ ［南朝梁］僧祐：《弘明集》，第 3 页上。

⑤ ［南朝梁］僧祐：《弘明集》，第 4 页上。

孟子曰："告则不得娶。男女居室，人之大伦也。如告，则废人之大伦，以怼父母，是以不告也。"（《孟子》9·2）

［4—1］伊尹负鼎干汤。（《牟子理惑论》）①

［4—2］万章问曰："人有言，'伊尹以割烹要汤'，有诸？"（《孟子》9·7）

［5—1］礼，男女不亲授。嫂溺则授之以手，权其急也。（《牟子理惑论》）②

［5—2］男女授受不亲，礼也；嫂溺，援之以手者，权也。（《孟子》7·17）

［6—1］工输能与人斧斤绳墨，而不能使人巧。（《牟子理惑论》）③

［6—2］梓匠轮舆能与人规矩，不能使人巧。（《孟子》14·5）

［7—1］彼一时也，此一时也。（《牟子理惑论》）④

［7—2］彼一时，此一时也。（《孟子》4·13）

［8—1］柳下惠不以三公之位易其行。（《牟子理惑论》）⑤

［8—2］柳下惠不以三公易其介。（《孟子》13·28）

［9—1］师旷虽巧，不能弹无弦之琴。（《牟子理惑论》）⑥

［9—2］师旷之聪，不以六律，不能正五音。（《孟子》7·1）

---

① ［南朝梁］僧祐：《弘明集》，第4页上。
② ［南朝梁］僧祐：《弘明集》，第4页上。按，"嫂"，原文作"娌"。
③ ［南朝梁］僧祐：《弘明集》，第4页上。
④ ［南朝梁］僧祐：《弘明集》，第4页中。
⑤ ［南朝梁］僧祐：《弘明集》，第4页下。
⑥ ［南朝梁］僧祐：《弘明集》，第5页下。

[10—1] 比其形，犹丘垤之与华、恒，涓渎之与江海。（《牟子理惑论》）[①]

[10—2] ……太山之于丘垤，河海之于行潦，类也。（《孟子》3·2）

[11—1] 朱紫相夺，仲尼为之叹息。（《牟子理惑论》）[②]

[11—2] 孔子曰：……恶紫，恐其乱朱也……（《孟子》14·37）

《牟子理惑论》对孟子的显性—匿名引用，可以分为语句之采借、观念之援用两种情形。其中，第1、6—7、10例属于语句之采借，凡4例；第2—5、8—9、11例属于观念之援用，凡7例。下面选择几个典型例句略予评析。

先看语句之采借，并侧重考察第1、10例。第1例是说：尧向尹寿学习，舜向务成学习，周公旦学于吕望，孔丘学于老聃。这四位老师虽然是圣哲，但与佛相比，犹如以白鹿比麒麟，以燕鸟比凤凰，差得远！第10例是说：拿神仙家之书与佛经相比，从形式上看，犹如以小丘比高山，以小溪比江海，差得更远！牟子所云，均极言佛之神圣。这两个例句典出《孟子》同一语境下的一段话，亦即孟子借有若之口，极言孔子的伟大："岂惟民哉？麒麟之于走兽，凤凰之于飞鸟，太山之于丘垤，河海之于行潦，类也。圣人之于民，亦类也。出于其类，拔乎其萃，自生民以来，未有盛于孔子也。"（3·2）这里，牟子借用了《孟子》赞美孔子的语句，只不过把"孔子"换成"佛""佛经"而已。此亦显性—匿名引用时常采用的表述方式。

① ［南朝梁］僧祐：《弘明集》，第6页上。
② ［南朝梁］僧祐：《弘明集》，第6页中。

再看观念之援用，并侧重考察第 3、5 例。有人对牟子说："太子须大拏把父亲的钱财给了陌生人，把国家的宝象给了仇家，连妻子也给了别人。按照儒家传统，须大拏既不孝，也不仁。你们佛家却那么尊敬他，真叫人惊讶！"牟子回答这一问题的基本思路是儒家的经权之辨，其中用到《孟子》书中的"舜不告而娶""嫂溺援之以手"两个典故。就"舜不告而娶"看，娶妻得向父母禀告，以及结婚、生育本身，均是儒家经典的要求；舜权其轻重，没有告诉父母就娶了妻，盖因"成大伦"比禀告父母更为重要。就"嫂溺援之以手"看，儒家经典规定男女授受不亲，但小叔子权其缓急，救起了掉进水里的嫂子，盖因人命关天，哪里还会顾忌书上的条条框框！牟子告诉提问的人：须大拏（佛）之行事，达于权变，不拘小节，又从大处着眼，"权其急"以"成大伦"，何尝不符合孟子的精神旨趣呢？问者以儒难佛，答者以孟援佛，而问者、答者均为牟子，由此亦见牟子深谙儒、佛之异同，深知如何化腐朽（儒）为神奇（佛），以达成佛教的自立及其中国化。

《孟子》一书，既是文学佳构，又是哲理名篇。其文辞隽永，常能刻人之骨，故语句之采借多；其思想深刻，常能铭人之心，故观念之援用多。拿上面重点分析过的几个例子来说，《牟子理惑论》采借其语句，以极言佛之神圣；援用其观念，以佐证佛之通达。正如实名涉孟一样，牟子大量地显性—匿名涉孟，夯实并扩大了孟子的影响，尤其是把孟子思想纳入东来不久的佛教传播过程之中，使得《牟子理惑论》成为中国佛教史上第一篇孟子学文献。放眼东汉孟学史，撇开那些大家、名作不谈，像《牟子理惑论》这样熟悉《孟子》，又能运用自如、恰到好处者，并不多见！

## 五、孔孟并称4例

《牟子理惑论》崇佛，同时亦敬重儒、道。儒家有孔、孟、荀，道家有老、庄。牟子对孟子之外的其他四家有过引用吗？又是如何引用的？笔者以为，依据这些实实在在的文献学指标，可以最大限度，并且避免臆测之嫌地测量出：孟子在牟子心中的地位究竟如何？《牟子理惑论》究竟在大思想史上如何看孟子？

读《牟子理惑论》，一望可知牟子对老子、孔子的高度重视。先看与老子有关者：其名，“老子（含《老子》）”24见，“老氏”4见，“老聃”1见；其言，引《老子》原文20例（其中径称“《老子》曰”或“《老子》云”者14例），另有引《老子》别本原文1例（即“观三代之遗风……恬惔者所不恤”一段[①]）。再看与孔子有关者：其名，“孔子”18见，“仲尼”15见，“周、孔”8见；其言，引孔子原文14例（其中径称“孔子曰”或“孔子云”“孔子称”“孔圣称[②]”者12例），又有“《论语》曰”1例。与佛陀（“佛”70见）之外的其他所有人物相比，老子、孔子其名其言是实名被引频次最高的两位，此亦他们历来的重要地位在《牟子理惑论》文中的折射。三教之中，牟子把尧、舜、周、孔归为一边，把佛、老子归为另一边，明显以为老高于孔。老子原文被引21例（含别本1例），而孔子原文被引15例（含“《论语》曰”1例），这一差异亦其价值取向的体现。

---

① 参见［南朝梁］僧祐：《弘明集》，第3页上—中。

② “孔圣”，原文作“舜圣孔”（参见［南朝梁］僧祐：《弘明集》，第3页中），此据周叔迦本《牟子理惑论》第10篇校改（参见周叔迦辑撰，周绍良新编：《牟子丛残新编》，第8页）。

至于庄子、荀子，《牟子理惑论》均无实名引用，只有显性以及隐性的匿名引用，而且数量不多，涉荀者又少于涉庄者[①]。下面就其显性—匿名引用，各举一例：

[1—1] 灵龟发梦于宋元，不能免豫沮之网。(《牟子理惑论》)[②]

[1—2] 仲尼曰："神龟能见梦于元君，而不能避余且之网……"(《庄子·外物》)[③]

[2—1] 故能言不能行，国之师也；能行不能言，国之用也；能行能言，国之宝也。三品各有所施，何德之贱乎？唯不能言又不能行，是谓贱也。(《牟子理惑论》)[④]

[2—2] 口能言之，身能行之，国宝也。口不能言，身能行之，国器也。口能言之，身不能行，国用也。口言善，身行恶，国妖也。治国者敬其宝，爱其器，任其用，除其妖。(《荀子·大略》)[⑤]

---

① 据《〈弘明集〉用典考注》，《牟子理惑论》部分第40、115、122、134、150条涉庄，第110、150条涉荀（参见刘立夫：《弘道与明教——〈弘明集〉研究》，第289、298、299、301、304，297、303页），第150条双重涉及。此一考注未必周详，但可供参考。

② ［南朝梁］僧祐：《弘明集》，第5页中。

③ 陈鼓应注译：《庄子今注今译》下册，中华书局1983年版，第715页。按，《牟子理惑论》："神蚍能断而复续，不能使人不断也。灵龟发梦于宋元，不能免豫沮之网。"（［南朝梁］僧祐：《弘明集》，第5页中）《淮南子·说山训》："神蛇能断而复续，而不能使人勿断也。神龟能见梦元王，而不能自出渔者之笼。"（刘文典撰，冯逸、乔华点校：《淮南鸿烈集解》下册，中华书局1989年版，第514页）两相对照，牟子这里受《淮南子》的影响大过《庄子》。《牟子理惑论》对《淮南子》有较多的匿名引用，值得注意。

④ ［南朝梁］僧祐：《弘明集》，第5页上。

⑤ ［清］王先谦撰，沈啸寰、王星贤点校：《荀子集解》下册，中华书局1988年版，第498页。按，个别标点符号略有校改。

毫无疑问，庄子、荀子在牟子心中的分量根本无法与孟子相提并论。牟子读《孟》比读《庄》《荀》要熟得多，亦是情理中事。孟子有云：“乃所愿，则学孔子也。”（3·2）牟子也深切体会到孔孟在精神上的一脉相承，证据就是《牟子理惑论》实名的涉孟语句有6例，其中有4例并称孔孟。为方便阅读起见，再把它们抄下：

[1] 孔子曰：“夷狄之有君，不如诸夏之亡也。”孟子讥陈相更学许行之术，曰：“吾闻用夏变夷，未闻用夷变夏者也。”①

[2] 孔子所言，矫世法矣；孟轲所云，疾专一耳。②

[3] 及仲尼不容于鲁、卫，孟轲不用于齐、梁，岂复仕于夷狄乎?③

[4] 故持孔子之术入商鞅之门，赍孟轲之说诣苏、张之庭，功无分寸，过有丈尺矣。④

汉唐孟学史上的“孔孟并称”现象，既属文献学问题，更是思想史问题。从文献学角度看，它有广义、狭义两类：狭义者，即“孔孟”二字并称，其变形为“尼轲”，可能还有其他变形；广义者，即狭义之外把孔子、孟子连在一起的表述。从思想史角度看，它既是阐释者的主观意图，有意把孟子纳入孔子的精神谱系；又是历史发展的客观效果，孟子地位得以逐渐提升。两汉时期，广义的“孔孟”并称已经较为普遍。《牟子理惑论》有4例

① ［南朝梁］僧祐：《弘明集》，第3页下。
② ［南朝梁］僧祐：《弘明集》，第3页下—4页上。
③ ［南朝梁］僧祐：《弘明集》，第4页上。
④ ［南朝梁］僧祐：《弘明集》，第4页下。

并称“孔孟”，试图在大思想史上对孟子进行定位，这种来自佛家阵营的声援令人深思。

综上所述，《牟子理惑论》之于孟子，有实名涉孟语句6例、显性—匿名涉孟语句11例、孔孟并称4例，不仅文献学指标高，而且思想史分量重。东汉末年，浮屠、黄老为一家，神仙家异常活跃，而佛教初来乍到，社会影响小。牟子皈依佛法，又三教并重，十分重视孟子。孟子的许多思想及语句，尤其是距杨墨、辨夷夏、权时地等核心观点，得到《牟子理惑论》智慧的理论阐释与有效的实际运用，并藉以服务于佛教的自立及其中国化；牟子不仅以孟援佛，还多次并称孔孟，试图在大思想史上提升孟子的地位。

汤用彤指出：“牟子作《理惑论》，公然黜百家经传，斥神仙方术。佛教自立，而不托庇他人，其精神始见于《理惑论》。不仅因其为现存支那撰述之最早者，而可重视也。”[①] 职是之故，《牟子理惑论》既是东汉重要的孟子学作品，同时具有其他人的论著无法比肩的两个属性：从地域角度看，它是交州孟子学的代表作（其首座则为《孟子注》作者刘熙[②]）；从思想流派看，它是中国佛教史上第一篇孟子学文献。佛教既存在于时空之中但又超越于具体的时（东汉）空（交州），因而，《牟子理惑论》作为中国佛教史上第一篇孟子学文献，其在孟学史上的地位更是举足轻重！

（本文原刊于《湖南大学学报》2013年第5期）

---

① 汤用彤：《汉魏两晋南北朝佛教史》，前揭书，第60页。

② 参见杨海文：《刘熙与交州孟子学》，《中华读书报》2013年5月1日，第15版“国学”。

# 韩愈与佛教

文碧方（武汉大学哲学学院）

在中唐儒学的复兴运动中，韩愈可谓这场儒学复兴运动的主将，他在佛门强势佛风劲吹的中唐挺身亮出儒学的大旗倡导儒学，开启了宋代新儒学的序幕，被视之为宋代新儒学的先驱，故钱穆在其《中国近三百年学术史》称："治宋学必始于唐，而以昌黎韩氏为之率"[①]。历来对韩愈思想这方面的研究相当多，然而以往的研究者虽对韩愈思想中宣传儒学和排斥佛教的这两个方面都颇为注重，但他们一般将韩愈的宣传儒学和排斥佛教视为两个不同的方面，故对于两者之间的内在关联并没有充分地揭示，此正是本文所致力之处。对于韩愈与有文才的僧侣之间的交往，先行的研究一般只是就韩愈写给僧侣们的诗文做一些字面上的分析与解释，本文则力图从韩愈与文僧交往时他所采取的原则和欲达致目标的角度来对他与文僧的交往作一分析和说明。历史上对韩愈与大颠之间关系的看法聚讼纷纷、莫衷一是，本文力图从宋代新儒学兴起的大背景亦即如何在儒家的立场上对佛老的合理性有所吸收这一宏阔的视域下对他们之间的关系作一重新梳理和探

① 钱穆：《中国近三百年学术史》，北京：中华书局，1987 年。

讨，以期深化韩愈与佛教之间关系的认识和消除人们对曾经激烈排佛的韩愈何以折服大颠的种种不解。

## 一、倡儒与排佛

在佛风强盛的中唐，面对佛教的冲击，韩愈不仅以倡导儒学著称，而且还以排斥佛教而名世，实际上，他的倡导儒学排斥佛教可谓一体两面，也就是说，他一方面通过排斥佛教来倡导儒学，另一方面又通过倡导儒学来排斥佛教。正因为如此，这位倡导儒学的健将也就与佛教有了某种关系。何为儒学的核心价值？应该重视哪一种儒学经典？究竟通过何种方式来倡导儒家思想？等等，处于儒学传统几近中断时期的韩愈、开始时并没有完全自觉的理论意识，他后来所推尊和宣扬的儒家思想可以说是在佛教思想的刺激与启发下逐渐形成的，他建立道统阐扬《大学》即充分显示了这一点。

历史学家陈寅恪在《论韩愈》一文中曾指出，韩愈的道统说是受佛教的传法世系的影响而建立，他列举历史事实从外因方面说明道：韩愈幼年时生活于新禅宗的发祥地韶州，正值新禅宗学说宣传极盛之时，幼年颖悟的韩愈无疑受到了新禅宗学说浓厚的环境气氛的影响，故后来他借鉴禅宗教外别传之说建立儒家道统说。① 陈寅恪此说应当是合乎历史事实的看法。并且，依陈寅恪之见，在儒学衰微的中唐时期，韩愈在倡导儒学时之所以能“直指人伦，扫除章句之繁琐”，是因为他受新禅宗启发效仿其“直指人心见性成佛”方法之故。陈寅恪这一看法也是有其合理性

① 陈寅恪：《论韩愈》，《历史研究》，1954年第2期。

的，因为从韩愈学儒的经历与渊源来看，无非是“沉潜乎训义，反复乎句读”（《韩昌黎集》卷15《上兵部李侍郎书》）[①]，这种训义注疏的章句之学，是两汉以来的学儒之传统，如果不是受到了新的刺激与启发，深受这一学儒传统训练熏陶的韩愈不仅难以对这一流行近千年的烦琐支离的章句之学生出质疑，而且更不会发出振聋发聩的“春秋三传束高阁，独抱遗经究始终”（《韩昌黎集》卷5《寄卢仝诗》）[②] 的呼唤。从内因方面来看，如果对韩愈那两篇著名的排佛文章《原道》《论佛骨表》作一分析，那么，亦可见出韩愈所推尊、宣扬的儒家思想与佛教的关系。

汤用彤曾把唐代士大夫反佛所持的理由归纳为四种：（一）佛教害政；（二）佛法无助于延长国祚；（三）当以高祖沙汰僧徒为法；（四）僧尼守戒不严，佛寺沦为贸易之场、逋逃之薮。[③] 韩愈当然也不例外，他《送灵师》诗中所谓“佛法入中国，尔来六百年。齐民逃赋役，高士著幽禅，官吏不之制，纷纷听其然。耕桑日失隶，朝署时遗贤”（《韩昌黎集》卷2）[④] 即如此；他《原道》中所谓“古之为民者四，今之为民者六；古之教者处其一，今之教者处其叁。农之家一，而食粟之家六；工之家一，而用器之家六；贾之家一，而资焉之家六。奈之何民不穷且盗也”（《韩昌黎集》卷11）[⑤] 亦如此。但在《原道》《论佛骨表》中，韩愈则似乎更多是从夷夏之异来辟佛和倡导儒学，进而言之，《原道》《论佛骨表》二文是通过揭橥夷夏之道、之法、之不同来排佛反佛的，例如：“‘斯道也，何道也？’曰：‘斯吾所谓道也，非向所

① 韩愈：《韩昌黎集》第4册，北京：商务印书馆，1930年，第44页。
② 韩愈：《韩昌黎集》第2册，北京：商务印书馆，1930年，第39页。
③ 汤用彤：《隋唐佛教史稿》，北京：中华书局，1982年，第33—39页。
④ 韩愈：《韩昌黎集》第1册，北京：商务印书馆，1930年，第35页。
⑤ 韩愈：《韩昌黎集》第3册，北京：商务印书馆，1930年，第61页。

谓老与佛之道也。'"（《原道》）[①]"伏以佛者，夷狄之一法耳，自后汉时流入中国，上古未尝有也。""夫佛本夷狄之人，与中国言语不通，衣服殊制；口不言先王之法言，身不服先王之法服。"（《韩昌黎集》卷39《论佛骨表》）[②] 然而，正是在佛老特别是佛教之道之法的刺激与启发下，韩愈以佛之道之法为参照，比照其道其法一步步提出了与之相抗衡的儒家之道之法。

比照佛教之典籍，韩愈声称儒家也有自己的典籍，此即"《诗》《书》《易》《春秋》"；比照佛教之法度，韩愈认为儒家之法度为"礼、乐、刑政"；比照佛教之僧尼及其关系，韩愈认为儒家所主张是"其民，士农工贾；其位，君臣父子师友宾主昆弟夫妇"；比照佛教徒之食素衣僧服居寺庙，韩愈认为儒家所赞同是"其服，麻丝；其居，宫室；其食，粟米果蔬鱼肉"（《原道》）[③] 等等，而这一切皆源于"斯吾所谓道也，非向所谓老与佛之道也"（《原道》）[④]。"斯吾所谓道"究竟为何？比照佛老之道，韩愈揭示与概括道："夫所谓先王之教者，何也？博爱之谓仁，行而宜之之谓义，由是而之焉之谓道，足乎己无待于外之谓德。"（《原道》）[⑤] 这表明韩愈是以仁义道德为儒家之道的核心内容的。不仅如此，韩愈还比照佛教传法世系建立道统来说明以仁义道德为核心内容的儒家之道的传授渊源，他称："尧以是传之舜，舜以是传之禹，禹以是传之汤，汤以是传之文武周公，文武周公传之孔子，孔子传之孟轲；轲之死，不得其传焉"（《原道》）[⑥]。尽管《孟子》中已有儒家"道统"的雏形，但如此明确建立儒家

---

① 韩愈：《韩昌黎集》第3册，北京：商务印书馆，1930年，第62页。
② 韩愈：《韩昌黎集》第7册，北京：商务印书馆，1930年，第36页。
③ 韩愈：《韩昌黎集》第3册，北京：商务印书馆，1930年，第62页。
④ 韩愈：《韩昌黎集》第3册，北京：商务印书馆，1930年，第62页。
⑤ 韩愈：《韩昌黎集》第3册，北京：商务印书馆，1930年，第62页。
⑥ 韩愈：《韩昌黎集》第3册，北京：商务印书馆，1930年，第63页。

“道统”者则为韩愈。对韩愈而言，这种从尧、舜、禹、汤、文、武、周公、孔子到孟轲一代一代传下来的儒家道统不仅源远流长，而且在时间上比佛教传法世系更久远更为历史所检验，故韩愈慨然以道自任，宣称“使其道由愈粗传，随灭死万万无恨”（《韩昌黎集》卷18《与孟尚书书》）[①]。

在排佛反佛的过程中，韩愈对佛教最为耿耿于怀的是“不知君臣之义，父子之情”（《论佛骨表》）[②]、“外天下国家，灭其天常；子焉而不父其父，臣焉而不君其君，民焉而不事其事”（《原道》）[③]。在佛教这种刺激下，为了对抗佛教的这种“外天下国家”“必弃而君臣，去而父子，禁而相生养之道”（《原道》）[④]，韩愈特意把《大学》提揭出来加以阐发：“‘古之欲明明德于天下者，先治其国；欲治其国者，先齐其家。欲齐其家者，先修其身；欲修其身者，先正其心；欲正其心者，先诚其意。’然则古之所谓正心而诚意者，将以有为也。”（《原道》）[⑤]《大学》的“齐家治国平天下”可谓与佛教的“不知君臣之义，父子之情”“外天下国家，灭其天常”真正针锋相对，这就为韩愈排佛反佛提供了真正的理论依据和经典依据。《大学》原为《礼记》中的一篇，自秦汉以来并不为人们所重视，如果没有佛教的刺激以及与佛教的行事比照，韩愈断不可提揭和重视作为《礼记》之一篇的《大学》。

唐代的佛学较之于儒学，心性之学无疑是其胜场，但佛教的明心见性的结果却与儒家所期望的截然相反，韩愈也深深认识到这一点，故他称：“古之所谓正心而诚意者，将以有为也。今也

---

① 韩愈：《韩昌黎集》第4册，北京：商务印书馆，1930年，第86页。
② 韩愈：《韩昌黎集》第7册，北京：商务印书馆，1930年，第36页。
③ 韩愈：《韩昌黎集》第3册，北京：商务印书馆，1930年，第62页。
④ 韩愈：《韩昌黎集》第3册，北京：商务印书馆，1930年，第61页。
⑤ 韩愈：《韩昌黎集》第3册，北京：商务印书馆，1930年，第62页。

欲治其心，而外天下国家，灭其天常。”（《原道》）[1] 如何将“正心诚意”与“有为”、“治心”与“齐家治国平天下”结合起来二者一以贯之？这显然也是韩愈所着力要解决的问题，在佛教特别是禅宗的“明心见性”“见性成佛”等思想的影响与启迪下，韩愈在阐扬《大学》之“齐家治国平天下”的同时，亦致力于儒家心性之学的发掘和探讨，力图为儒家的“仁义”以及“齐家治国平天下”提供心性论的基础与根据，《原性》篇即他对“性”所作的儒家式的探究。在《原性》篇中，韩愈不仅视“性”“与生俱生”先天本有，而且认为“其所以为性者五：曰仁、曰礼、曰信、曰义、曰智”（《韩昌黎集》卷 11）[2]，这表明韩愈是以人之先天内在本有之“性”作为儒家仁义等核心价值的依据的，他在《答陈生书》中也论及到了这一点：“盖君子病乎在己而顺乎在天，待己以信而事亲以诚。所谓病乎在己者，仁义存乎内，彼圣贤者能推而广之，而我蠢焉为众人”（《韩昌黎集》卷 16）[3]。仁义内在，确切说，“仁义”内在于“性”或“性”具“仁义”，具“仁义”之“性”无疑与禅宗“无相”“无住”之性迥然有别。正因为此，朱子称赞道：“韩文《原性》人多忽之，却不见他好处。如言‘所以为性者五，曰仁义礼智信’，此语甚实”“退之说性，只将仁、义、礼、智来说，便是识见高处。”“韩子《原性》曰：‘人之性有五。’最识得性分明。”（《朱子语类》卷 137《战国汉唐诸子》）[4] 当然，韩愈《原性》一文在理学家看来还相当粗疏，特别是他的性三品说，他试图对儒家的人性论作一总结以对抗佛教的人性论，但实质上与董仲舒的三品说没有什么本质的区别。韩

① 韩愈：《韩昌黎集》第 3 册，北京：商务印书馆，1930 年，第 62 页。

② 韩愈：《韩昌黎集》第 3 册，北京：商务印书馆，1930 年，第 64 页。

③ 韩愈：《韩昌黎集》第 4 册，北京：商务印书馆，1930 年，第 62 页。

④ 黎靖德编，王星贤点校：《朱子语类》第 8 册，北京：中华书局，1986 年，第 3272 页。

愈《原性》一文对儒家心性之学的发掘与发明尽管粗疏简陋，但他毕竟是在佛学在此领域有着极大的发言权的氛围下的孤明先发，他之所以能独得先机，这显然也与佛教心性之学的刺激和启迪分不开。

韩愈之前的士大夫排佛反佛，仅仅只是为排佛而排佛、为反佛而反佛，只破而不立；韩愈的排佛反佛与他们不同的是：在排佛反佛的过程中，他不仅获得了一个看待儒家经典的新的视野，而且还通过借鉴与比照佛教思想来倡导和宣扬与之相对的儒家思想，破中有立，从而使排斥佛教与倡导儒学结合为一体，发人之所未发，开启了宋明新儒学的先河。因此，陈寅恪认为韩愈乃“唐代文化学术史上承先启后转旧为新关捩点之人物也”[①]。

## 二、韩愈与文僧

在《原道》和《论佛骨表》中，韩愈不仅要求把佛骨“投诸水火，永绝根本”（《论佛骨表》）[②]，而且还主张对佛教“人其人，火其书，庐其居”（《原道》）[③]，其排佛斥佛之态度之决绝、言辞之激烈、手段之粗暴，可谓无以复加。当好友柳宗元对僧徒文畅礼遇有加时，韩愈即作《送浮屠文畅师序》来表达他的不满：“今吾与文畅，安居而暇食，优游以生死，与禽兽异者，宁可不知其所自邪？夫不知者，非其人之罪也；知而不为焉，惑也；悦乎故，不能即乎新者，弱也；知而不以告人者，不仁也，告而不

① 陈寅恪：《论韩愈》，《历史研究》，1954年第2期。

② 韩愈：《韩昌黎集》第7册，北京：商务印书馆，1930年，第36页。

③ 韩愈：《韩昌黎集》第3册，北京：商务印书馆，1930年，第63页。

以实者，不信也。”（《韩昌黎集》卷20）[①] 依韩愈之见，作为儒者应对佛徒告之以圣人之道施之以圣人之教，否则，则是知而不为，不仁不信，未尽儒者之责。

尽管韩愈对柳宗元礼遇和友善僧徒颇有微词，但在佛风大盛的唐代，韩愈自己也无法避免不与佛教徒往来，事实上他与佛教徒亦屡有交往。朱熹曾说：“退之虽辟佛，也多要接引僧徒”（《朱子语类》卷139《论文上》）[②]。检观韩愈文集，韩愈有诗或文相赠的僧人先后有十五人，即澄观、惠师、灵师、盈上人、僧约、文畅、无本、广宣、颖师、秀师、澹师、高闲、令纵、大颠、译经僧等。如果对韩愈这些诗或文作一简约分析，也可以对韩愈与佛教的关系有所了解和把握。

在韩愈作序赋诗相赠的僧人中，澄观可以说是最早得韩愈赋诗相赠者，此即著名的《送僧澄观》诗。此诗前半段云：“浮屠西来何施为，扰扰四海争奔驰。构楼架阁切星汉，夸雄斗丽止者谁。僧伽后出淮泗上，势到众佛尤恢奇。越商胡贾脱身罪，珪璧满船宁计资。清淮无波平如席，栏柱倾扶半天赤。火烧水转扫地空，突兀便高三百尺。影沈潭底龙惊遁，当昼无云跨虚碧。”（《韩昌黎集》卷7）[③]《送僧澄观》诗这一部分对佛教信徒修建寺塔时的穷奢极侈与劳民伤财严加斥责。此诗中间一部分云：“道人澄观名籍籍。愈昔从军大梁下，往来满屋贤豪者。皆言澄观虽僧徒，公才吏用当今无。后从徐州辟书至，纷纷过客何由记。人言澄观乃诗人，一座竞吟诗句新。向风长叹不可见，我欲收敛加冠巾。”[④] 从诗的这一部分来看，僧人澄观既有吏才又有诗才，可

① 韩愈：《韩昌黎集》第5册，北京：商务印书馆，1930年，第19页。

② 黎靖德编，王星贤点校：《朱子语类》第8册，北京：中华书局，1986年，第3305页。

③ 韩愈：《韩昌黎集》第2册，北京：商务印书馆，1930年，第74—75页。

④ 韩愈：《韩昌黎集》第2册，北京：商务印书馆，1930年，第75页。

惜遁入空门，但韩愈表示“我欲收敛加冠巾”，也就是说，我要对其授之以圣人之道，劝其弃佛还俗用世。《送僧澄观》诗中的这种既对佛教大加斥责又对僧徒“我欲收敛加冠巾”可以说是韩愈的其它赠佛僧的诗文中也屡屡出现的两大主题。前文所提及的《送灵师》诗即如此，此诗的前一部分云：“佛法入中国，尔来六百年。齐民逃赋役，高士著幽禅，官吏不之制，纷纷听其然。耕桑日失隶，朝署时遗贤。”[1] 这一部分可以说对佛教所造成的“齐民逃赋役，高士著幽禅”局面和危害作了毫不留情地抨击与谴责。中间一部分云：“灵师皇甫姓，胤胄本蝉联。少小涉书史，早能缀文篇。中间不得意，失迹成延迁。逸志不拘教，轩腾断牵挛……材调真可惜，朱丹在磨研。方将敛之道，且欲冠其颠。”[2] 灵师早年博览书史善文章，但因不得志而遁入佛门，韩愈惜其才欲以圣人礼义教化他弃佛从儒，因此，韩愈在诗中称：“方将敛之道，且欲冠其颠”。

韩愈之所以频交僧徒并常常欲对其“我欲收敛加冠巾”“方将敛之道，且欲冠其颠”，他在《送浮屠文畅师序》中有一说明。他在此序中称：“人固有儒名而墨行者，问其名则是，校其行则非，可以与之游乎？如有墨名而儒行者，问其名则非，校其行而是，可以与之游乎？扬子云称：‘在门墙则挥之，在夷狄则进之。’吾取以为法焉”[3]，这表明：韩愈之所以如此对待僧徒，他所效法和采取的是扬雄所谓的“在门墙则挥之，在夷狄则进之”的原则。

对韩愈而言，“佛者夷狄之一法耳”，浮屠无非夷狄，故需“进之”。因此，他在《送浮屠文畅师序》中对浮屠文畅如此“进

---

① 韩愈：《韩昌黎集》第 1 册，北京：商务印书馆，1930 年，第 35 页。
② 韩愈：《韩昌黎集》第 1 册，北京：商务印书馆，1930 年，第 35－36 页。
③ 韩愈：《韩昌黎集》第 5 册，北京：商务印书馆，1930 年，第 18 页。

之”道：“浮屠师文畅喜文章，其周游天下，凡有行必请于缙绅先生，以求咏歌其所志。贞元十九年春，将行东南，柳君宗元为之请。解其装，得所得叙诗累百余篇，非至笃好，其何能致多如是耶？惜其无以圣人之道告之者，而徒举浮屠之说赠焉。夫文畅，浮屠也。如欲闻浮屠之说，当自就其师而问之，何故谒吾徒而来请也？彼见吾君臣父子之懿，文物事为之盛，其心有慕焉，拘其法而未能入，故乐闻其说而请之。如吾徒者，宜当告之以二帝三王之道，日月星辰之行，天地之所以著，鬼神之所以幽，人物之所以蕃，江河之所以流，而语之，不当又为浮屠之说而渎告之也。民之初生，固若禽兽夷狄然。圣人者立，然后知宫居而粒食，亲亲而尊尊，生者养而死者藏。是故道莫大乎仁义，教莫正乎礼乐刑政。施之于天下，万物得其宜；措之于其躬，体安而气平。尧以是传之舜，舜以是传之禹，禹以是传之汤，汤以是传之文武，文武以是传之周公、孔子，书之于册，中国之人世守之。今浮屠者，孰为而孰传之耶？”[①] 在韩愈看来，浮屠文畅之所以与我辈有诗文交往，是他对“吾君臣父子之懿，文物事为之盛”心有慕焉，既然他乐闻我圣人之道愿学我圣人之道，那么，我们就“宜当告之以二帝三王之道”，告诉他“道莫大乎仁义，教莫正乎礼乐刑政”，因为此道此教源远流长是“中国之人世守之”者。尽管这些话语是韩愈的一面之词亦是他的一厢情愿，但韩愈确实是这么想也是这样做的。每当他见到僧徒中多才多艺、才华出众者，他便只惜其才调而完全忘记了其佛徒之身份，并情不自禁地欣赏之赞誉之，或视其为友，或欲招之为徒，或规之劝之循循诱导之。他在《送浮屠令纵西游序》中亦将他这种爱才惜才之情表现得淋漓尽致：“其行异，其情同，君子与其进，可也。令纵，

① 韩愈：《韩昌黎集》第5册，北京：商务印书馆，1930年，第18—19页。

释氏之秀者，又善为文，浮游徜徉，迹接天下。藩维大臣，文武豪士，令纵未始不褰衣而负业，往造其门下。其有尊行美德，建功树业，令纵从而为之歌颂，典而不谀，丽而不淫，其有中古之遗风与！乘间致密，促席接膝，讥评文章，商较人氏，浩浩乎不穷，愔愔乎深而有归。于是乎吾忘令纵之为释氏之子也”（《韩昌黎集》外集卷 3）[①]。韩愈在此对令纵的好学善文、见识过人可谓赞誉有加，他甚至称“其行异，其情同，君子与其进可也”“吾忘令纵之为释氏之子也”，其爱才惜才之心跃然纸上。

正是在韩愈这种爱才惜才之心的感召下，僧人也是诗人的无本亦即贾岛终于弃佛还俗，这是韩愈多年来用心良苦的成果，亦是他循循善诱地劝说下最为成功的范例，但亦仅此一例而已。实际上，无任韩愈是多么苦口婆心地劝之、用心良苦地告之，但那些僧侣们仍然是乐而不返依然故我。既然“孺子不可教”“朽木不可雕”，故韩愈对那些本应“进之”的夷狄之徒有时也就只好采取那种“挥之”的态度。他在《送惠师》中曾愤怒地与元惠划清界限道：“吾言子当去，子道非吾遵。江鱼不池活，野鸟难笼驯。吾非西方教，怜子狂且醇；吾嫉惰游者，怜子愚且谆。去矣各异趣，何为浪沾巾”（《韩昌黎集》卷 2）[②]，我与你“道不同不相与谋”，你何须纠缠。在《赠译经僧》中对译经僧更是严加斥责道“万里休言道路赊，有谁教汝度流沙。只今中国方多事，不用无端更乱华”[③]，韩愈在此可谓义正词严，不稍假借。



---

① 韩愈：《韩昌黎集》第 7 册，北京：商务印书馆，1930 年，第 74 页。

② 韩愈：《韩昌黎集》第 1 册，北京：商务印书馆，1930 年，第 35 页。

③ 韩愈：《赠译经僧》，《全唐诗》第 10 册，北京：中华书局，1960 年，第 3872 页。

## 三、韩愈与大颠

安史之乱之前，在盛唐的八面威风中，士人们尚能在建功立业的外在事功中寄托其豪情和身心，安史之乱之后，那盛极一时的大唐帝国竟然一蹶不振、暮气沉沉，“白头宫女在，闲话说玄宗”。既然那盛唐的气象、盛唐的荣光、盛唐的辉煌不再，那些从建功立业、外在事功之中退身下来的士人们除了向内来安顿身心已别无他途，于是，逃佛尤其是逃禅者蔚然成风，那些久困于章句的文人更是趋之若骛。

柳宗元曾在《送僧浩初序》中称：“儒者韩退之与余善，尝病余嗜浮图，訾余与浮图游。近陇西李生础自东都来，退之又寓书罪余，且曰：‘见《送元生序》，不斥浮图’。浮图诚有不可斥者，往往与《易》《论语》合，诚乐之，其于性情爽然，不与孔子异道。”（《柳河东集》卷25）[①] 柳宗元面对好友韩愈对自己的一次次责怪与不满，不仅毫不掩饰自己“嗜浮图”，而且还声称“浮图诚有不可斥者”。为何柳宗元认为“浮图诚有不可斥者”？他在《送僧浩初序》中如此说明道：“吾之所取者与《易》《论语》合，虽圣人复生不可得而斥也。退之所罪者其迹也。曰：‘髡而缁，无夫妇父子，不为耕农蚕桑而活乎人。’若是，虽吾亦不乐也。退之忿其外而遗其中，是知石而不知韫玉也。吾之所以嗜浮屠之言以此……今浩初闲其性，安其情，读其书，通《易》《论语》，唯山水之乐，有文而文之。又父子咸为其道，以养而居，泊焉而无求，则其贤于为庄、墨、申、韩之言，而逐逐然唯

① 柳宗元：《柳河东集》，北京：中华书局，1958年，第425页。

印组为务以相轧者，其亦远矣”[①]。对柳宗元而言，他之“嗜浮图”全然不在其对社会义务所持的那种否定态度，更不是向往僧侣的那种寺庙生活，而是僧徒那种“闲其性，安其情”“泊焉而无求”的身心修养与精神境界，此亦即他所谓的“且凡为其道者，不爱官，不争能，乐山水而嗜闲安者为多，吾病世之逐逐然唯印组为务以相轧也，则舍是其焉从?”这表明他已强烈地感受到了佛教在精神生活和境界方面的吸引力以及其自身心灵的需求。依柳宗元之见，韩愈只知罪浮图之“迹”，而完全忽视浮图那种使人“性情爽然”“闲其性，安其情”“泊焉而无求”的身心修养与精神境界，是“忿其外而遗其中，是知石而不知韫玉也”。不仅如此，柳宗元借助佛教的这种身心修养与精神境界的观照发现儒家的经典《易》《论语》中也有着与此相合能使人“性情爽然”的修养和境界，故益增其自信道：“其于性情爽然，不与孔子异道”“吾之所取者与《易》《论语》合，虽圣人复生不可得而斥也”。

在中唐时与“韩柳”齐名亦是他们的友人的刘禹锡也同样宣称道：“儒以中道御群生，罕言性命，世衰而演息；佛而大悲救诸苦，广启因业，故劫浊而益尊。”(《刘梦得文集》卷4《袁州萍乡县杨岐山故广禅师碑》)[②]“以中道御群生”的儒家因“罕言性命”，故致“世衰而演息”；而佛教之所以“劫浊而益尊”，即在于其有此“性命”之本，刘禹锡在此无疑是以此“性命”之学来作为衡量与判别儒佛高下的标准的。正因为如此，注重“性命”之学的刘禹锡晚年便一头扎进佛典之中乐而忘返，他在述说自己这段早年习儒书晚读佛典的经历时称：“曩予习《礼》之《中

① 柳宗元：《柳河东集》，北京：中华书局，1958年，第425—426页。

② 刘禹锡：《袁州萍乡县杨岐山故广禅师碑》，《刘梦得文集》第4卷，北京：北京图书馆出版社，2006年，第5页。

庸》，至不勉而中，不思而得，悚然知圣人之德，学以至于无学。然而斯言也，犹示行者以室庐之奥尔，求其径术而布武，未易得也。晚读佛书，见大雄念物之普，级宝山而梯之，高揭慧火，巧熔恶见，广疏便门，旁束邪径，其所证入如舟沿川，未始念于前而日远矣，夫何勉而思之邪！是余知突奥于《中庸》，启键关于内典，会而归之，犹初心也。”（《刘梦得文集》卷7《赠别君素上人》）[①] 刘禹锡早年读《中庸》时虽强烈地感受到那种“不勉而中，不思而得”的圣人境界的吸引力，却因找不到登堂入室的路径，故不得不放弃。晚年读佛书时，他不仅发现佛典“高揭慧火，巧熔恶见，广疏便门，旁束邪径”，而且自己还亲身体证到了那种“如舟沿川，未始念于前而日远矣，夫何勉而思之邪”之境，这表明晚年的刘禹锡似乎通过读佛书找到了自己的安身立命之处。

柳宗元、刘禹锡早年皆习儒，踔厉风发，奋发进取，后在坎坷的人生途中都被佛之身心修养与精神境界所吸引而沉溺于佛。既然韩愈与他二人生活于同一个时代又彼此相交相识而为友，那么，一生“困厄悲愁”而又“攘斥佛老”不遗余力的韩愈是否同他们一样也有过被佛之修养境界的魅力所吸引而有所迷恋的经历呢？答案是肯定的。那也是在他晚年，在他向唐宪宗上他那封著名的《论佛骨表》后，“一封朝奏九重天，夕贬潮阳路八千”（《韩昌黎集》卷10《左迁至蓝关示侄孙湘》）[②]，他由刑部侍郎贬为潮州刺史，在历经三个多月的艰辛跋涉后到达了去京长安路八千的蛮荒之地潮州，当时他的身心状况与处境且看他在《潮州刺史谢上表》的自述：“臣所领州，在广府极东界上，去广府虽云

① 刘禹锡：《赠别君素上人》，《刘梦得文集》第7卷，北京：商务印书馆，1929年，第2页。

② 韩愈：《韩昌黎集》第3册，北京：商务印书馆，1930年，第50页。

才二千里，然来往动皆经月。通海口，下恶水，涛泷壮猛，难计程期。飓风鳄鱼，患祸不测。州南近界，涨海连天，毒雾瘴氛，日夕发作。臣少多病，年才五十，发白齿落，理不久长，加以罪犯至重，所处又极远恶，忧惶惭悸，死亡无日。单立一身，朝无亲党，居蛮夷之地，与魑魅为群。苟非陛下哀而念之，谁肯为臣言者？……臣负罪婴衅，自拘海岛，戚戚嗟嗟，日与死迫，曾不得奏薄技于从官之内、隶御之间，穷思毕精，以赎罪过。怀痛穷天，死不闭目，瞻望宸极，魂神飞去。”（《韩昌黎集》卷 39《潮州刺史谢上表》)[①] 从韩愈这一谢表的文字来看，处于地僻而又险恶之环境下的韩愈此时不仅满目萧然、怀痛穷天、孤立无助，而且在忧惶惭悸、戚戚嗟嗟中频感理不久长、日与死迫、死亡无日。韩愈对死亡的这种恐惧与无助，并非他谢表上的一时夸张之语，在他刚踏上贬谪之途时那首《左迁至蓝关示侄孙湘》中所谓“知汝远来应有意，好收吾骨瘴江边”[②] 即已有之，即使后来他离开了潮州但每当忆及其所贬之途、所贬之地的情景，他内心深处那种死亡的恐惧与无助仍挥之不去、心有余悸。例如：“前岁之春，愈以罪犯黜守潮州。惧以谴死，且虞海山之波雾瘴毒为灾，以殒其命，舟次祠下，是用有祷于神。”（《韩昌黎集》卷 23《祭湘君夫人文》)[③] “元和十四年春，余以言事得罪，黜为潮州刺史。其地于汉为南海之揭阳，厉毒所聚，惧不得脱死，过庙而祷之”（《韩昌黎集》卷 31《黄陵庙碑》)[④]。“惧以谴死”“惧不得脱死”，毫无疑问，在韩愈踏上贬潮之途起死亡的阴影与恐惧即如魅相随，此确确实实是他当时的真实心态和处境。

---

① 韩愈：《韩昌黎集》第 7 册，北京：商务印书馆，1930 年，第 37—38 页。

② 韩愈：《韩昌黎集》第 3 册，北京：商务印书馆，1930 年，第 50 页。

③ 韩愈：《韩昌黎集》第 5 册，北京：商务印书馆，1930 年，第 57 页。

④ 韩愈：《韩昌黎集》第 6 册，北京：商务印书馆，1930 年，第 62 页。

面对生还无日、日与死迫，贬谪途中，韩愈虽平日宣称“事佛求福，乃更得祸”，但此时的他也不得不“有祷于神”“过庙而祷之”以求神护佑；抵潮之后，韩愈尽管驱鳄兴学勤于政事尽其职守，但政事之余他所着力的无疑是：如何来排遣和化解那怀痛穷天、死亡无日的恐惧与无望？如何来慰藉和平衡自己那百无聊赖、生意几尽的心境？就在此孤独无助、无可告语之际，韩愈听说并见到了一个人，此即僧人大颠。关于大颠，据顺治《吴府志》卷十记载：“释宝通，号大颠，潮阳县人。与药山惟俨同师惠照于西岩，既复游南岳，参石头希迁。后入罗浮瀑布岩……贞元五年（789）开白牛岩以居……七年（791）建灵山院……长庆四年（824）年，九十有三，无疾而逝。”由此可见，大颠为禅宗六祖惠能的四传弟子，潮州灵山禅院的创立者。有关直接涉及韩愈与大颠交往的文字现存有韩愈的《与孟尚书书》和《与大颠师书》三封，由于韩愈的这三封《与大颠师书》真伪难辨，历史上即已聚讼不已，故撇开不论，下面我们只就韩愈的《与孟尚书书》作一分析与讨论。

在《与孟尚书书》中，韩愈对自己与大颠的交往如此记述道：“潮州时，有一老僧号大颠，颇聪明，识道理，远地无可与语者，故自山召至州郭，留十数日，实能外形骸，以理自胜，不为事物侵乱。与之语，虽不尽解，要自胸中无滞碍；以为难得，因与来往。及祭神至海上，遂造其庐，及来袁州，留衣服为别”①。从韩愈的这一叙述来看，他在潮州时听说了老和尚大颠之后，于是把他从灵山禅院招请到了州府衙署，韩愈也就与大颠相处了十数日，通过这十数日的相处，韩愈觉得这一老僧诚为难得和可贵。感佩之余，韩愈后来曾两次亲自去灵山禅院造访大颠，

① 韩愈：《韩昌黎集》第4册，北京：商务印书馆，1930年，第81—82页。

一次是在祭神于海上时借道灵山与其相会；另一次是在量移为袁州刺史即将离开潮州之际他特意又亲往灵山禅院访大颠并“留衣服为别”。韩愈在潮州仅七个月，但就是在这短短的七个月里他不仅留大颠在衙署十数日，而且竟连连造访大颠，这似乎与他平日所作所为大相径庭，因为他以往遇僧徒不是教之以圣人之道，就是严词斥责不假颜色，何以唯独对一蛮荒之地的老僧既敬且佩礼遇有加？对于韩愈与大颠的交往及其关系，朱熹曾有过许多分析与探讨。朱熹作为宋代理学的集大成者，他不仅对宋代理学开创者们的思想作过全面的综合与整理，而且对那些理学形成过程中发挥过作用的文人与学者的思想也有过深入的探讨，朱熹对公认为理学先驱者的韩愈极为重视，他研究韩愈的文字达 84 篇[①]之多，大大超出他前后的任何学者。以朱熹对韩愈的用力之勤、了解之全、探讨之深，历史上应无有任何学者能出其右，故下面主要依据朱熹的这些分析与探讨对韩愈与大颠的关系作进一步的说明与把握。

在《朱子语类》卷一百三十七《战国汉唐诸子》中，朱子与门人在讨论韩愈与大颠的关系时，他曾有过一个说明：“退之晚来觉没顿身己处，如招聚许多人博塞为戏，所与交如灵师、惠师之徒，皆饮酒无赖。及至海上见大颠壁立万仞，自是心服。其言‘实能外形骸，以理自胜，不为事物侵乱’，此是退之死矣。”[②] 朱子的这一说明显然是顺韩愈自己所谓大颠“实能外形骸，以理自胜，不为事物侵乱。与之语，虽不尽解，要自胸中无滞碍”的说法而来，这应符合事实。在韩愈所交接的僧徒中，大颠之前都只是一些饮酒吟诗有文才的无赖和尚，无德更无行；大颠与他们不

① 吴文治：《韩愈资料汇编》，北京：中华书局，1983 年，第 399—424 页。

② 黎靖德编，王星贤点校：《朱子语类》第 8 册，北京：中华书局，1986 年，第 3275 页。

同的是：不仅是“颇聪明，识道理”，而且是一躬身践履有德有行具极高修养境界之高僧。综合韩愈与朱子的说明，我们完全可以说：处于生死困穷之际的韩愈此时不仅为大颠德行兼备的人格魅力所倾倒，而且更为大颠“胸中无滞碍”的修养境界所深深折服。

对于韩愈之所以“心服”大颠的原因，朱子也为此作了进一步的分析：“他也是不曾去做工夫。他于外面皮壳子上都见得，安排位次是恁地。于《原道》中所谓‘寒而后为之衣，饥然后为之食，为宫室，为城郭’等，皆说得好。只是不曾向里面省察，不曾就身上细密做工夫。只从粗处去，不见得原头来处。如一港水，他只见得是水，却不见那原头来处是如何。把那道别做一件事。道是可以行于世，我今只是恁地去行。故立朝议论风采，亦有可观，却不是从里面流出。平日只以做文吟诗，饮酒博戏为事。及贬潮州，寂寥，无人共吟诗，无人共饮酒，又无人共博戏，见一个僧说道理，便为之动。如云‘所示广大深迴，非造次可喻’，不知大颠与他说个什么，得恁地倾心信向。韩公所说底，大颠未必晓得；大颠所说底，韩公亦见不破。但是它说得恁地好后，便被它动了。”① “佛学自前也只是外面粗说，到梁达磨来，方说那心性。然士大夫未甚理会做工夫。及唐中宗时有六祖禅学，专就身上做工夫，直要求心见性。士大夫才有向里者，无不归他去。韩公当初若早有向里底工夫，亦早落在中去了。”② 从上述朱子分析韩愈“心服”大颠的原因来看，其原因概而言之有三点：首先，韩愈只是一个做文吟诗、饮酒博戏的文士而已；其

---

① 黎靖德编，王星贤点校：《朱子语类》第8册，北京：中华书局，1986年，第3273—3274页。

② 黎靖德编，王星贤点校：《朱子语类》第8册，北京：中华书局，1986年，第3274页。

次，韩愈既无内在的身心修养也无践履功夫；再次，韩愈对儒学只有粗浅表面的认识和知识并“不见得原头来处”。当然，这三点之间是相互联系、相互影响、相互制约的。

对于韩愈的文人习气这一点，朱子在研读韩愈诗文的过程中曾屡屡提及，例如，他在研读韩愈的文集后认为：“今读其（韩愈）书，则出于谄谀、戏豫、放浪而无实者，自不为少。”（《晦庵先生朱文公文集》卷70《读唐志》）[①] 他在研读韩愈的诗后指出：“然考其（韩愈）平生意向之所在，终不免于文士浮华放浪之习，时俗富贵利达之求。”（《晦庵先生朱文公文集》卷67《王氏续经说》）[②] “他当初本只是要讨官职做，始终只是这心。他只是要做得言语似六经，便以为传道。至其每日功夫，只是做诗博弈，酣饮取乐而已，观其诗便可见。”（《战国汉唐诸子》）[③] 其实，韩愈仅是一未脱文人之习的文士，从北宋初僧人契嵩开始就有此看法，就是当时颇为推崇韩愈的欧阳修也觉得无法否认这一点：“每见前世有名人，当论事时，感激不避诛死，真若知义者。及到贬所，则戚戚怨嗟，有不堪之穷愁形于文字。其心欢戚，无异庸人。虽韩文公不免此累。”（《欧阳修全集》卷69《与尹师鲁第一书》）[④] 契嵩、欧阳修之后，人们一般都认同这一看法。可见，视韩愈为一未脱文人之习的文士并非朱子之私见，而是历史上人们的共识。

关于韩愈既无内在的身心修养也无践履功夫这一点，显然，

---

① 朱熹撰，朱杰人等编：《朱子全书》第23册，上海：上海古籍出版社；合肥：安徽教育出版社，2010年，第3375页。

② 朱熹撰，朱杰人等编：《朱子全书》第23册，上海：上海古籍出版社；合肥：安徽教育出版社，2010年，第3283页。

③ 黎靖德编，王星贤点校：《朱子语类》第8册，北京：中华书局，1986年，第3260页。

④ 欧阳修撰，李逸安点校：《欧阳修全集》第3册，北京：中华书局，2001年，第999页。

从韩愈为一未脱文人之习的文士这一点即可以推出，因为一个终日把时间精力消磨与耗费在做文戏豫、吟诗博弈、酣饮取乐的文士绝不可能从事那种艰辛的日复一日、年复一年的身心修养与锻炼，当然也不可能真正去践履与实践自己的理念和思想。实际上，作为理学家的朱熹与作为文士的韩愈的最主要的区别就在于朱子终其一生有着持之有恒的“践履功夫”而韩愈则无此“践履功夫”，而判别理学家与文士的标准可以说正在于此，故有此“践履功夫”的朱子在研究韩愈其人其学时自然极易见出这一点。当然，从韩愈本身的思想来看，他既没有为人之身心修养提供理论上的依据，也没有为人之身心修养提供任何具体可行的方法。就拿他那与人之身心修养最有关的性三品来说吧。韩愈称：“性之品有上、中、下三：上焉者，善焉而已矣；中焉者，可导而上下也；下焉者，恶焉而已矣……曰上之性，就学而愈明；下之性，畏威而寡罪。是故上者可教，而下者可制也。其品则孔子谓不移也。”（《原性》）[①] 在韩愈看来，上品人性纯善无恶，下品人性恶而无善，中品人性或为善或为不善，并且每个人生来属何种品类是固定的，不可改变。既然此三种品类的人性是固定而不可变的，那么，生而性善的上品人性之人其实无需修身进德亦自然是圣人，而生而性恶的下品人性之人则无论多么努力去修身进德仍还是恶人。对生来即圣的上品人性之人而言，韩愈所谓“就学而愈明”“上者可教”显然是多此一举之赘言；对生来即恶的下品人性之人而言，由于无法提升其道德，故除了“制之”“畏威而寡罪”别无它途。至于中品之性，因其既不是指纯善无恶之性也不是指恶而无善之性，故无疑是指善恶相混之性，这就与扬雄所主张的“性善恶混”的观点并无不同，扬雄认为：“人之性也，

① 韩愈：《韩昌黎集》第3册，北京：商务印书馆，1930年，第64—65页。

善恶混。修其善则为善人，修其恶则为恶人。气也者，所以适善恶之马也与?”（《法言义疏》修身卷第三）[①] 司马光颇赞同扬雄的这一观点，故在注释扬雄段话时称：“夫性者，人之所受于天以生者也，善与恶必兼有之，犹阴之与阳也。”[②] 对“善恶混”的中品人性之人而言，因为其同时兼有天生的善与恶两性，若依此善恶相混之两性来从事其自身的身心修养，那么为善的可能性显然只有一半而已，故主张“性善恶混”的观点的人并没有为人之自身的修身进德提供理论上的依据，也可以说他们不重视人之自身的道德提升。扬雄所谓的“人之性也，善恶混。修其善则为善人，修其恶则为恶人”，实际上是指：人同时兼有天生的善性和恶性，在外在的环境的影响和教育的型塑下，可以为善，可以为不善。韩愈所谓的“中焉者，可导而上下也”亦显然指：“善恶混”的中品人性之人在外在的环境和教育的影响下或为善或为不善。一个“导”字也表明了“中焉者”的为善为不善是由外在的环境和教育的引导所致。正因为韩愈在人之自身的修身进德上既没有提供理论根据又没有提供践履之方，故他在《原道》中所反复强调的是“有圣人者立，然后教之以相生养之道”“如古之无圣人，人之类灭久矣”“明先王之道以道之”[③]。依韩愈之见，人类之所以能世代绵延、相生相养，全赖圣人之教先王之道之力。毫无疑问，韩愈所推崇的“圣人”“先王”决非人们修身进德的榜样与楷模，而是人类的救主和教化芸芸众生的教主。由此可见，韩愈不仅其自身缺乏内在的身心修养和践履功夫，而且他从

① 杨雄撰，汪荣宝注疏：《法言义疏》上册，北京：中华书局，1987 年，第 85 页。

② 杨雄撰，汪荣宝注疏：《法言义疏》上册，北京：中华书局，1987 年，第 85 页。

③ 韩愈：《韩昌黎集》第 3 册，北京：商务印书馆，1930 年，第 61—63 页。

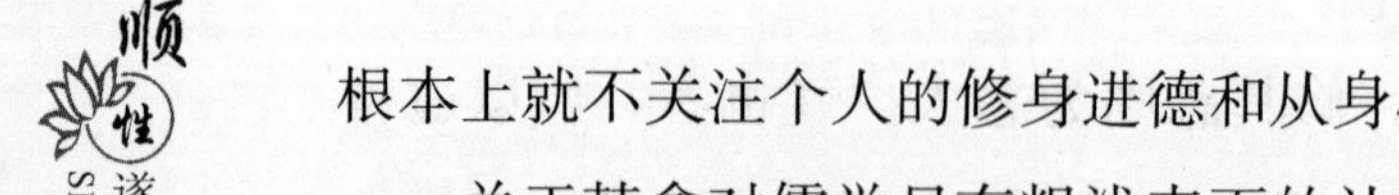



根本上就不关注个人的修身进德和从身心上做工夫。

关于韩愈对儒学只有粗浅表面的认识和知识并“不见得原头来处”这一点，其实也与前面两点大有关系。由于韩愈作为一个终日吟诗饮酒博戏的文士并不关注个人的身心修养与修身进德更没有为其提供理论上的根据和践履之方，这就使得韩愈不仅不重视儒学自身的理论建设，而且对儒家思想也只停留在粗浅表面的认识上并没有进一步的推进和发展。如果说他早年“穷究于经传史百家之说，沉潜乎训义反复乎句读”（《上兵部李侍郎书》）[1] 是儒学的传统习惯使之然，那么，他后来倡导道统推崇孟子阐扬《大学》则主要是出于他当时在现实政治伦理上来排击佛老的考虑和需要，此无疑是一种以工具性、政治性为主导来标榜儒学宣扬儒学的思维和做法。在这种出自现实政治的需要的工具性思维主导下，韩愈显然不会真正去关心儒学自身的理论建设，当然更谈不上从“原头来处”去推进去发展儒学，实际上他所提倡的儒学还只是一种简单与浅陋的口号与宣言而已，因此，他所宣扬的儒学不仅在佛老那系统完备的理论面前缺乏理论上的说服力，而且在现实生活中也无法满足人们的需要真正与佛老抗衡。对韩愈来说，既然批判的武器不能让对手心悦诚服，于是，他坚决主张采用武器的批判对对手的一切形而下的东西完全、彻底、干净地消灭之。“人其人，火其书，庐其居”（《原道》）[2]、“乞以此骨付之有司，投诸水火，永绝根本，断天下之疑，绝后代之惑。”（《论佛骨表》）[3] 何等干净利落！又何等粗暴野蛮！此可谓那种政治性、工具性思维的登峰造极。

作为一个以道自任的儒者，韩愈的儒家立场不容怀疑；作为

---

① 韩愈：《韩昌黎集》第4册，北京：商务印书馆，1930年，第44页。
② 韩愈：《韩昌黎集》第3册，北京：商务印书馆，1930年，第63页。
③ 韩愈：《韩昌黎集》第7册，北京：商务印书馆，1930年，第36页。

一个毫无身心修养戚戚怨嗟的文士，韩愈心服并向往老僧大颠“胸中无滞碍”之境也应是无可否认的事实。何以兼顾协调此两者，其实正是后来七八年里理学家们一直关注并致力解决的问题，作为理学先驱者的韩愈在面对此问题时的尴尬与困扰则可想而知，当他与大颠游以致人们误以为他信奉佛教时，他只好对天地鬼神发誓以自证道“天地鬼神，临之在上，质之在傍，又安得因一摧折，自毁其道以从于邪也！”（《与孟尚书书》）[①]“胸中无滞碍”究竟何义？何以令激进排佛的韩愈竟如此倾倒与向往？“胸中无滞碍”就是在任何情况下、任何环境中都不为外在的诱惑冲击所牵引侵乱和内在的情感情绪所干扰破坏，时时保持心境的平静和自得，此即《金刚经》所谓“应无所著而生其心”，这意味着已不受感性自然法则的支配与制约，可谓一摆脱了自然因果性的自由之境。这一无滞无碍的境界显然超出了社会伦理意义是一具有人之生存意义的超越之境，换言之，这一无滞无碍之境所涵有的生存意义上的智慧和境界已超出了纯粹伦理之意义而与宗教之境相通。对一个儒者来说，追求这一境界并不以放弃儒家的生活态度与伦理道德之境为条件，而是为了更好地成就此伦理道德之境真正达到道德的至善。具体就韩愈而言，这一境界尽管对遭受了巨大的人生变故的韩愈有一种精神的震撼和发自心灵的强烈需要，但其并不影响他的儒家立场，他也无须放弃自己的儒家信念。毫无疑问，这一无滞无碍之境需要长期的身心修养与精神锻炼才能达致和实现，而非靠某种社会伦理实践的方式即可获得。正是有见于佛道这一生存意义上的境界与智慧，后来王阳明曾感慨系之道：“人生动多牵滞，反不若他流外道之脱然也。”（《王阳

① 韩愈：《韩昌黎集》第4册，北京：商务印书馆，1930年，第86页。

明全集》卷4《与黄宗贤》)[1] 因此，陈来先生指出："佛老对儒家的挑战，从根本上来说，不在于如何对待伦理关系，而在于面对人的生存情境及深度感受方面的问题提供给人以安心立命的答案。"[2]"如果说中唐儒者对'无'的境界的向往多出于满足自己在坎坷的人生旅途中安心立命的心灵需要，那么，宋儒则是力图从根本上把佛教的这种境界及实现此种境界的工夫扬弃到儒家内部中来。"[3]"在这个意义下，整个宋明理学发展的一个基本主题就是：如何在儒家有我之境的立场上消化吸收佛教（也包括道家文化）的无我之境"[4]。

（本文原刊于《海南大学学报》2013年第4期）

① 王守仁撰，吴光、钱明、董平、姚延福编校：《王阳明全集》，上海：上海古籍出版社，2011年，第172页。

② 陈来：《有无之境》，北京：人民出版社，1991年，第241—242页。

③ 陈来：《有无之境》，北京：人民出版社，1991年，第237—238页。

④ 陈来：《有无之境》，北京：人民出版社，1991年，第236页。

# 从《心学宗》看方学渐的学派归属问题

张永义（中山大学哲学系）

方学渐（1540—1615）是晚明理学家，桐城方氏学派的开创者。其思想归属问题一直颇有争议，黄宗羲《明儒学案》把他列入泰州学派，晚近学者受叶灿和方孔炤的影响[①]，多认为他的哲学是调和心学与理学的产物[②]。不过，个人认为，思想的实际后果是一回事儿，思想家本人的自我定位则是另一回事儿。通过《心学宗》这部晚年作品（1604），我们可以发现，方学渐虽极力排拒龙溪之说，但却把“致良知”看成是儒学之嫡传正宗，这说明他仍然以接续阳明之学为己任，他个人的许多说法都必须放在王学的脉络下才能得到理解。

① 叶灿：《方明善先生行状》：“先生潜心学问，揭性善以明宗，究良知而归实，掊击一切空幻之说，使近世说无碍禅而肆无忌惮者无所关其口，信可谓紫阳之肖子、新建之忠臣矣。”方孔炤《宁澹语跋》：“大父揭性善日月，鹄紫阳，翼新建，崛淮盱会稽诸杰后，确乎不可拔者。”

② 如张永堂认为，方学渐理学“主张朱王调和论”（《方以智的生平与思想》，台大博士论文，1977 年，第 15 页）。蒋国保认为，方学渐“以折衷程朱与陆王为归宿，真真地背叛了王学的立场”（《方以智哲学思想研究》，安徽人民出版社，1987 年，第 125 页）。

# 一

方学渐，字达卿，号本庵。早年曾从学于张甑山、耿楚侗[①]，故《明儒学案》把他列入《泰州学案四》耿定向、定理、焦竑、潘藻数人之后。

从传世文献来看，方学渐与耿定向交游的材料绝少，他们的师生关系似乎主要与耿氏督学南畿，广招十四郡诸生就读崇正书院一事有关。但张甑山的情况有所不同，他对方学渐的人生道路有着决定性的影响。叶灿《方明善先生行状》称："汉阳张甑山先生署桐之教谕，倡道作人，先生首称弟子，毅然有为圣贤之志。"[②] 可以说，方学渐走上理学之路，正是张甑山引导的结果。

甑山本名张绪，字无意，湖北汉阳人。焦竑称其"入南雍，师邹文庄公，因以闻东越之学，知圣贤必可为。读其遗书，严奉若秘文焉。志意高迈，鄙远声利，挺然以学术廉耻自立。"[③] 邹文庄即邹守益，东越代指阳明，甑山既曾师事邹守益，实乃阳明再传弟子。甑山本人并无著述传世，但其人格魅力颇见诸史乘。其

① 清代以来，亦有学者称方学渐之师为耿定理或耿定力者。如程嗣章《明儒讲学考》："方学渐字达卿，号本庵，桐城人，岁贡，学于定力。"张永堂《方以智的生平与思想》已有辩驳。

② 方昌翰编：《七代系传》，《桐城方氏七代遗书》，光绪十四年刻本。

③ 焦竑：《张甑山先生墓志铭》，《澹园集》，中华书局，1999年，第477页。

中，最为人乐道的是他与耿定向、焦竑一起接引繁昌农夫夏廷美之事①。有点巧合的是，这三个人与方学渐皆有着或师或友的关系②。方学渐和夏廷美均有强烈的排佛倾向，这一点很可能与甑山的教导有关③。

方学渐的科举之路非常不顺利，他曾七上南闱，但都没能考取举人，直到五十三岁才最后放弃岁贡的机会，专门从事讲学活动。根据史传记载，方学渐的讲学在桐城地区影响颇大，不仅"里中弟子十五出门下"，而且"四方长者悦其风，竞为社会，会必推牛耳先生"。他主持过的讲会，"西有斗冈，东有孔川，南有枞川，北有金山，旁郡则有九华、齐山、祁阊、龙舒、庐江"④。在七十二岁的高龄时，他甚至不远千里远赴东林，参与万历三十九年（1611）秋天的会讲活动。正是在这次大会上，方学渐第一次见到了神交已久的顾宪成、史孟麟、蔡虚台等人。他的《心学宗》一书，就是在以上数人的推动下刊刻而成⑤。

方学渐著作很多，除《心学宗》外，现存的尚有《庸言》《性善绎》《东游记》《桐彝》《迩训》等。其中，《桐彝》《迩训》属史传类，此处可以不论。《庸言》作于万历壬寅（1602），《心学宗》作于万历甲辰（1604），《性善绎》作于万历庚戌（1610），

① 《明儒学案》卷三十二："夏廷美，繁昌田夫也。一日听张甑山讲学，谓：'为学，学为人也。为人须求为真人，毋为假人。'叟怃然曰：'吾平日为人，得毋未真耶？'乃之楚，访天台。天台谓：'汝乡焦弱侯可师也。'归从弱侯游，得自然旨趣。弱侯曰：'要自然，便不自然。可将汝自然抛去。'叟闻而自省……李士龙为讲经社，供奉一僧，叟至会，拂衣而出，谓士龙子曰：'汝父以学术杀人，奈何不诤？'又谓人曰：'都会讲学，乃拥一死和尚讲佛经乎？作此勾当，成何世界？'会中有言：'良知非究竟宗旨，更有向上一着，无声无臭是也。'叟瞿然起立，抗声曰：'良知曾有声有臭耶？'"

② 焦竑曾为方学渐作《桐川会馆记》，载于《焦氏澹园续集》卷四。

③ 焦竑是儒佛会通的提倡者，耿定向则自称"不佞佛，亦不辟佛"。

④ 叶灿：《方明善先生行状》，《桐城方氏七代遗书》，光绪十四年刻本。

⑤ 方学渐：《东游记小引》（《桐城方氏七代遗书》，光绪十四年刻本）："顾泾阳先生见余《心学宗》一编，不鄙刍荛而采之，冠以序，史公玉池亦为之序，梓于阳羡，而余遂附神交之末，然未之亲炙也。"

《东游记》作于万历辛亥（1611），这四部著作都有一个共同的主题，即以“崇实”批判“虚无”、以“性善”论批判“无善无恶”说。

在《性善绎》中，方学渐曾经这样回忆道：“予壮时亦为《天泉》所惑，沉潜反覆，不得其解。五十有八始觉其非，体认良知，庶几亲切。阳明提一‘知’字，已开八目之橐钥；一‘良’字，已标至善之真宗；一‘致’字，已该明善之工夫。有无一致，上下一机，此阳明所以接性善之统也，恶用《天泉》之骈枝为哉？”学渐生于嘉靖庚子（1540），五十八岁当为万历戊戌年（1598）。这一年，顾宪成与管东溟正围绕着“无善无恶心之体”进行激烈的辩论。方学渐有否接触过双方辩难的文字，我们不得而知，但作为热衷讲会活动的学者，若说不知道这场颇具影响的争论，也是不合情理的。无论如何，在批判“无善无恶”说方面，方学渐与顾宪成可谓志同道合，所以当后者获读《心学宗》一书时才会发出如下的由衷感叹：“顷岁从令郎老公祖受《心学宗》读之，不觉跃然起曰：孔孟之正脉，其在斯乎！是天之不弃吾道，而以先生畀之也。”[①]“方本庵先生，真老成典型，足为此时砥柱，可见天下未尝无人也。”[②]“世方以无善无恶附会性善，方本庵独以性善扫除无善无恶，直狂澜之砥柱也。”[③]

可能正是受了顾宪成的影响，黄宗羲《明儒学案》中有关方学渐的部分，无论是传记、评论，还是节录的文献，基本上都是

① 顾宪成：《泾皋藏稿》卷四，《复方本庵》。
② 顾宪成：《泾皋藏稿》卷五，《与史玉池书》。
③ 顾宪成：《小心斋札记》卷十六，《续修四库全书》第943册，第208页。

出于或针对《心学宗》一书的[1]。因此，若说《心学宗》是方学渐最有影响的作品，应该没有什么疑义。

## 二

《心学宗》正文凡四卷，每卷皆从经传或语录中摘取前人论心的言论，然后加以简略的解释或评论。第一卷始于尧，终于孟子。第二卷始于董子，终于朱子。第三卷始于陆子，终于吴草庐。第四卷始于薛敬轩，终于王艮。卷前除自序外，另有章潢、顾宪成、史孟麟、李右谏等人的序文。卷后则是方大镇、刘胤昌等人的跋文。

全书并没有体例的说明，但有几点值得特别注意：一是每位儒者被选言论的多少，通常与其在心学史上的重要程度有关。上古圣帝明王除外，采择较多的儒者包括孔子、孟子、周敦颐、二程、张载、朱熹、陆九渊、薛敬轩、胡敬斋、陈白沙、王阳明等十二人。这种安排说明，方学渐虽属王学的系统，但并不排斥程朱理学。二是第三卷收录人数最多，但并未严格按照时间顺序编排。陆九渊之后，依次为邵雍、杨时、谢上蔡、罗豫章、李延平、胡安国、司马光、蔡西山、张南轩、黄勉斋、胡宏、陈北溪、吕东莱等人。方学渐本人没有解释这样编排的理由，但章潢序中有段话可能与此有关："盖人之生也，各从始祖立宗，厥后则依姓氏支分派别，虽世代辽远，伦次赖以攸序。"[2] 也就是说，

---

① 具体地说，《明儒学案》方学渐小传，前半部分摘自顾宪成《心学宗序》，后半部分是黄宗羲本人对方学渐的批评。黄宗羲认为，学渐虽然提倡崇实辟虚，但对虚实关系的理解有误，没有认识到虚实一体，反而把理欲都看成源于心体，结果非但不能驳倒"无善无恶心之体"的说法，自己却坠入到善恶皆心体的错误见解。

② 方学渐：《心学宗》，《四库全书存目丛书》子部第12册，第127页。

孔孟以下十二人属于“心学宗”中大宗，其他儒者则属支脉。支脉仍属心学的传统，但于大宗相比，则有远近的不同。三是全书以王艮收尾，阳明门下只此一人。黄宗羲《明儒学案》称王学因泰州、龙溪而渐失其传，但方学渐显然并不这样认为，他大概相信心斋之学才是阳明学的正宗，这应该也是黄宗羲把他归入到泰州学派的主要原因。

另外，几篇序文也有值得注意之处。第一篇的作者章潢是江右王门的传人，顾宪成、史孟麟则属东林派，以程朱理学为主。由于分属心学和理学两个传统，他们对待阳明的态度有着明显的不同。章潢这样写道：“万古一心，外心匪学也。千圣一学，外心学弗宗也。此本庵先生《心学宗》所由编乎！”“秦汉以来，百家横议，圣学失真，陋儒不免支离训诂，老释乃乘其弊，揭虚寂以眩惑人心，中间尚赖董王濂闽诸儒树之的焉，彼亦不过流云浮霭偶翳大空，而皎然赤日中天如故也，岂若近世耽虚归寂，环宇悉遵夷教弗之恤焉？”① 顾宪成则认为：“昔王文成之揭良知，自信易简直截，可俟百世，诚为不诬。而天泉证道，又独标无善无恶为第一谛焉。予窃惟良即善也，善所本有，还其本有，恶所本无，还其本无，是曰自然。夷善为恶，矫有为无，不免费安排矣。以此论之，孰为易简，孰为支离，孰为直截，孰为劳攘，讵不了了？然则先生是编，正所以阐明良知之蕴，假令文成复起，亦应首肯。”② 史孟麟的说法是：“盖文成先生揭宗以良知，其证道则曰无善无恶者心之体，而龙溪先生更以无善无恶概之乎心意知物，于是寓内易理学为心学矣……今言心学者遍寓内，其学也学其无学也，其心也心其无心也，为善则理即为障，信心则恶即

① 《四库全书存目丛书》子部第12册，第127页。

② 《四库全书存目丛书》子部第12册，第128—129页。

为心。人心同善，彼不谓善，人心同恶，彼不谓恶，以任情纵欲为透悟，以穷理尽性为矫揉，则无其善者祇以有其恶耳，无曷贵焉？皖桐本庵方先生，嗜心学而严无善之防，遡唐虞，历鲁邹，暨濂洛关闽，以迄昭代，择言焉而分疏，以己意辟虚无者十有其七，命曰《心学宗》。"[1] 三人都指出，方学渐作《心学宗》的目的，就是要对治儒佛混同、流于虚无的时弊，但章潢并未把这种时弊与阳明本人关联起来，更多地是在强调《心学宗》在阐明"执中""道心"这些圣学正宗方面的贡献，而顾、史二人则把批判的矛头直接指向了阳明，认为儒佛不分、虚无盛行正是阳明"四句教"所带来的恶果。

对照方学渐的自序，我们不难发现，他的立场更接近章潢而不是顾、史二人：

> 吾闻诸舜，人心惟危，道心惟微；闻诸孟子，仁，人心也；闻诸陆子，心即理也；闻诸王阳明，至善心之本体。一圣三贤，可谓善言心也已矣……王龙溪作《天泉证道记》，以"无善无恶心之体"为阳明晚年之密传，阳明大贤也，其于心体之善见之真、论之确，盖已素矣，何乃晚年临别之顷顿易其素，不显示而密传？倘亦有所附会而失真欤？此记一出，遂使承学之士茫然不知心体之谓何，天下称善，我不名善，天下称恶，我不名恶，恣情徇欲，猥云信心，使异端得入吾室，几于夺嫡而易宗，则不察人心之本善故也[2]。

在方学渐看来，心学谱系中最正宗、最善言心的一共有四个人，

① 《四库全书存目丛书》子部第 12 册，第 130－131 页。

② 《四库全书存目丛书》子部第 12 册，第 134 页。

他们分别是大舜、孟子、陆九渊和阳明。阳明既然说过“至善是心之本体”，足证其对“心体之善见之真、论之确”，他怎么可能在晚年临别之顷才突然改变其一贯的立场，密传什么“无善无恶”说呢？剩下的只有一种可能，那就是《天泉记》乃龙溪的附会[①]，与阳明无关，王龙溪才是导致心宗失传的罪魁祸首。

平心而论，把“无善无恶”说归罪于龙溪并不公平，有大量的材料可以证明“四句教”属于阳明本人的主张，王龙溪只不过把阳明的说法做了进一步的引申而已。但从另一方面看，极诋龙溪，极尊阳明，正好说明方学渐给自己的思想定位仍属于王学的系统，所以阳明本身并无问题，批龙溪之妄正是为了显阳明之真，阳明始终是方学渐所认为的心学之正宗嫡传。

## 三

由于基本立场仍属心学的系统，所以方学渐在评论诸家学说特别是宋儒时，就常常表现出心学的特色。即便某些地方对程朱理学表现出认同的态度，那也只是建立在心学可以接受的前提之下。比较突出的例子有以下几点：

(1) 心即理

一即心也，心即理也。虞之惟一，伊训之克一，乃孔子之一贯所来也。忠恕，心学也，圣学尽之矣。不求诸心，多

---

① 方学渐之后，认为“四句教”出于龙溪附会的还有刘宗周。其言曰：“四句教法，考之阳明集中，并不经见。其说乃出于龙溪。平日间尝有是言，而未敢笔之于书，以滋学者之惑。”（《明儒学案·师说》）

学而识，何为耶？[①]

孟子指理义根于心，而后之人曰“在物为理，处物为义”，此异说所由起也。或问：“物理者何？”曰：“物在外，物之理在心。提吾心则能物物，是理在心而不在物也。”[②]

孔子自称“吾道一以贯之”，曾子则以“忠恕”解释一贯。在方学渐看来，所谓一贯、所谓忠恕，指的都是人的本心，而本心即天理。天理赋予人为人之性，赋予物为物之理，但物理并不在物中，而是在人之心中。这种说法与阳明指责朱子析心理为二、外心求理如出一辙，难怪他会认为小程子“在物为理，处理为义”的话是产生异说的根源。

（2）气质非性

阴阳以理言，故谓之道。此道生生，毫无杀机，故曰善。得此而成性，其善可知，此君子之道也[③]。

性本善，气质乃有不善[④]。

程子以理言性得之矣，他日又曰“性即气，气即性”，取告子生之谓性之言，其在出入二氏之时乎？[⑤]

圣贤之论性也以理，诸子之论性也以气。朱子见已及此，然又兼气质而言性，何也？[⑥]

天地有好生之德，生生之理为善。人得此而成性，故人性本善。

① 《四库全书存目丛书》子部第 12 册，第 146 页。
② 《四库全书存目丛书》子部第 12 册，第 152 页。
③ 《四库全书存目丛书》子部第 12 册，第 143 页。
④ 《四库全书存目丛书》子部第 12 册，第 151 页。
⑤ 《四库全书存目丛书》子部第 12 册，第 163 页。
⑥ 《四库全书存目丛书》子部第 12 册，第 169 页。

因此，理善是性善的保证，性即理。至此，方学渐于程朱并无不同。但是对于气质之说，方学渐坚决反对，他担心此说会把恶也归于人之本性，从而混同于诸子的善恶二元论。朱子的想法刚好相反，他认为气质之性很好地解释了恶的起源，故称“气质之说，起于张程，极有功于圣门”。

(3) 君子之学，尊德性而已

性具于心，谓之道心。善学者求道于心，不求道于事物。善事心者，日用事物皆心也[1]。

宋人谓今日格一物，明日格一物，因已知之理而益穷之，以求至其极，语亦相似，但从物上加功，不免徇外。阳明在良知上加功，则向内寻求[2]。

君子之学以尊德性为主，道问学仅有辅助的价值。如果本末倒置，去物中求道，从物上加功，不仅非善学而已，还有可能流于异端。小程“今日格一物，明日格一物”，朱子“因已知之理而益穷之，以求至其极”都不免于徇外之讥，唯有阳明之致良知，才是正道。

(4) 躬行为本

近者学者好谈心体，略于躬行，听之妙入玄虚，察之满腔利欲，则又以佛绪而饰伯术也[3]。

阳明论良知根于性善，学者不此之求，浮慕无善无恶之为高，而行为虚寂之说，盖徒有见于不学不虑，而无见于爱

① 《四库全书存目丛书》子部第12册，第179页。
② 《四库全书存目丛书》子部第12册，第202页。
③ 《四库全书存目丛书》子部第12册，第198页。

亲敬长，漓圣贤之旨矣[①]。

德性之学在于躬行实践，无行无实之空谈虽然看似玄妙，但其背后实潜藏着满腔的利欲之心，这不仅有违阳明的教导，而且也偏离了圣贤的宗旨。

（5）三教非一

世混三教而一之者曰，三教之体原同，但作用不同耳。夫体用一也，知用之不同，则知体之不同矣。知体之不同，则知三教之非一矣。体之不同者，见不同也[②]。

三教关系是晚明学者津津乐道的话题，方学渐这段话是对王艮以下言论的注解："或言佛老得吾儒之体，先生曰：体用一原，有吾儒之体，便有吾儒之用。佛老之用，则自是佛老之体也。"世人常说心斋启瞿昙之秘，方学渐显然并不同意这种说法。

（6）我印六经

悟在书外，不役于书，书固心之注脚也[③]。

学古有获，则六经印我。本心自得，则我印六经[④]。

陆九渊称："六经皆我注脚。"陈白沙云："吾能握其机，何必窥陈编。"王阳明云："悟后六经无一字。"重视证悟本是心学的老传统。作为这一传统的继承者，方学渐在这条道路上走得如

① 《四库全书存目丛书》子部第12册，第201页。
② 《四库全书存目丛书》子部第12册，第206页。
③ 《四库全书存目丛书》子部第12册，第190页。
④ 《四库全书存目丛书》子部第12册，第206页。

此之远，以至曾经的同道有时也难以接受。他解《论语》说："窃疑'子绝四'一章，乃二三子以我为隐者之言。'无可无不可'，乃夫子权衡逸民之言，皆非至论。"[①] 这已经有点不以孔子之是非为是非的意味。他解"良知良能"时说："若夫甘食悦色亦不学不虑，然其始由欲根而来，其终不能保一身，谓之良焉可乎?"[②] 曾招致黄宗羲"自堕于有善有恶心之体"的批评。特别是，他把"人心惟危"的"危"解释为"高大"[③]，连高攀龙也觉得有必要专门致书提醒："大集中惟'人心惟危'一语，于同然之心未合。近见《南游记》中，以'语大莫载''洋洋发育'属'惟危'，'语小莫破''优优礼仪'属'惟微'，恐宜再入思虑，不可以老年伯之书垂于千古而有一语之不慊也。"[④]

《四库提要》曾这样评论方学渐和《心学宗》："盖学渐之说本于姚江，故以陆王并称，而书中解'人心惟危'为高大意，解'不愧屋漏'为喻心曲隐微，解'格物'为去不正以归于正，大意皆主心体至善，一辟虚无空寂之宗，而力斥王畿《天泉证道记》为附会，故其言皆有归宿。宪成序其首曰：'假令文成复起，亦应首肯。'盖虽同为良知之学，较之龙溪诸家，犹为近正云。"[⑤]

四库馆臣虽有强烈的排斥理学倾向，但从以上数条可以看出，把方学渐归宗姚江，不能不说是一个比较准确的判断。至

---

① 《四库全书存目丛书》子部第12册，第142页。

② 《四库全书存目丛书》子部第12册，第153页。

③ 方学渐云："人心道心，非谓心有二也。危，高大也。人心之量本自高大，其中道理则极精微。心危而微，故谓之中。何以执之？必也惟精乎。精于求微，乃充满其惟危之量，而道始归于一，一则中矣，此允执厥中之旨也。谈道之士，慕高大而忽精微，唐虞之时盖已有之。舜逆知其流必至放荡而多岐，不得已而言此，以立万世之坊。世之慕危而忽微者，其言无实可稽，其谋弗通于众。无稽易于行诈，弗询易于衒奇，乃得肆其无忌惮之说，惑世而害道，故圣人戒之。"（《四库全书存目丛书》子部第12册，第136页。）

④ 《高子遗书》卷八《答方本庵二》。

⑤ 《四库全书存目丛书》子部第12册，第243页。

少，它要比“紫阳肖子、阳明忠臣”“朱陆调和”等说法要接近方学渐的自我定位。

（本文原刊于《船山学刊》2016年第1期）

# 方以智存世文献考*

邢益海（广东省社会科学院）

关于方以智文献，无论是侯外庐的最早系统披露，还是任道斌、蒋国保的著作考，均非立足于文献整理。从编辑《方以智全书》立场看方以智现存文献，冒怀辛在《通雅》整理本前言中所做工作也未尽人意，故有重新报告的必要。

## 一、披　露

最早对方以智现存文献进行系统披露的，是侯外庐主编的《中国思想通史》：

> 方以智的著作很多，除《通雅》和《物理小识》为人所熟知外，据我们所搜集，现存尚有下列各种：
>
> 文集、诗集：《浮山前集》十卷。《浮山后集》四卷（抄

* 本文为国家社科基金 2015 年度项目“方以智禅学研究”（编号 15BZX068）部分成果。

本）。《博依集》十卷。《流离草》（抄本《方密之诗钞》摘录）。《流寓草》九卷。《药集》（抄本）。《滕寓信笔》（见《桐城方氏七代遗书》）。《象环寤记》（抄本）。《合山栾庐占》（抄本）。

哲学著作：《药地炮庄》（刊本，成都美学林排印本不全）。《东西均》（抄本）。《易余》（抄本）。《性故》（又名《会宜编》，抄本）。《一贯问答》（抄本）。

语录、禅诗：《冬灰录》（抄本）。《愚者智禅师语录》（《嘉兴藏》本）。《禅乐府》。

音韵学著作：《四韵定本》（抄本）。《正叶》（抄本）。《五老约》（抄本）。

医学著作：《内经经络》（抄本）。《医学会通》（抄本）。

杂著：《庐墓考》（抄本）。《印章考》（见《篆学琐著》）。①

上引描述有多处错误。未注明抄本的，即指刻本。其中，言《浮山前集》十卷，显然有误，该书延续侯外庐长文《方以智——中国的百科全书派大哲学家（上篇）》的错误：

他的著作很多，除《通雅》和《物理小识》（总论一部分又见于《浮山前集》）为人所熟知外，有《药地炮庄》、《浮山文集前后编》（此书在清代列为禁书，绝少见，北京只郑振铎藏有《前集》）、《愚者智禅师语录》（疑即《浮山后集》的一部分）、《滕寓信笔》《稽古堂文集》（即《浮山前

---

① 侯外庐主编：《中国思想通史》第四卷（下），北京：人民出版社，1960年，第1123—1124页。

集》的一部分)。①

显见，侯外庐将《浮山文集前编》误同《浮山前集》。而疑《愚者智禅师语录》即《浮山后集》的一部分，更是错得离谱。《浮山前集》与《浮山后集》(或合称《浮山前后集》)，均为诗(含词赋)集。《中国思想通史》所云《浮山前集》十卷，实为《浮山文集前编》十卷。

凌明标点《浮山文集后编》《浮山此藏轩别集》按语称："浙江图书馆藏有海宁张宗祥先生精钞《浮山文集》全帙，其中《前编》十卷及所附《膝寓信笔》与北京图书馆藏康熙刻本相同，而《后编》《别集》各二卷都为目前所仅见。"② 实际上，孙殿起早指出："《浮山文集后编》二卷、《浮山别集》二卷……药地愚者智随笔，无刻书年月，约康熙间此藏轩刊"③。任道斌也称："刻本今未见，然海宁张宗祥先生有精钞过录本。全书约三万五千言。"④ "刻本今未见，海宁张宗祥先生亦有精钞过录本。全书约三万余言。"⑤ 今北京图书馆所藏《浮山文集前编》十卷，康熙此藏轩刻本，系郑振铎所赠。后来，湖北省图书馆不仅发现《浮山文集前编》十卷刻本，还发现了《浮山文集后编》二卷、《浮山此藏轩别集》二卷，均为康熙此藏轩刻本，《四库禁毁书丛刊》据以影印收入集部第113册(北京，北京出版社，1999)，后又影印收入《续修四库全书》集部别集类第1398册(上海，上海古籍出版社，2002)。

此外，《浮山后集》四卷、《药集》、《合山栾庐占》、《正叶》、

① 见《历史研究》1957年第6期。
② 见《清史资料》第六辑，北京：中华书局，1985年。
③ 孙殿起：《清代禁书知见录》，上海：商务印书馆，1957年，第131页。
④ 任道斌：《方以智、茅元仪著述知见录》，1985年，第50页。
⑤ 任道斌：《方以智、茅元仪著述知见录》，1985年，第51页。

《五老约》均非抄本，而是刻本，安徽省博物馆有藏。

侯外庐又称：

> 在他参加编辑的《青原志略》（抄本）中还有一些散佚材料。但他的佚失的书也不少，如据方昌翰上引《遗书》编案说：“《易余》见于《经义考》，他如《学易纲宗》《易筹》《诸子燔痏》《四书约提》《阳符中衍》《旁观铎》《太平铎》等百余种，今皆佚去”；又如《桐城耆旧传·方密之传》说他“凡天人礼乐律数声音文字书画药卜，下逮琴剑，无不析其旨趣，著书数十万言。……所著《易余》《切韵源流》《通雅》《物理小识》《炮庄》《诸子燔痏》《几表》《浮山前后集》”；再据《安徽通志》卷一七〇载，还有《周易图象》《烹雪录》等书；据他自己的《浮山前集》，还有《史汉释诂》《五言古诗》《医学》等书，这里面不少种是已经佚失了。[①]

《切韵源流》为《切韵声原》之误引。《浮山前后集》是对《桐城耆旧传》所言“浮山《前后集》二十二卷《前后编》十六卷”的略引，系未弄清前者指诗集、后者为文集所致。方以智佚失的书确实不少，除侯外庐提及的《桐城方氏七代遗书》[②]外，方氏后人方鸿寿《方以智年谱》（1961年初稿，1981年修订）[③]、方叔文《方密之先生年谱》（主体部分写于抗战后期，1960年去

① 侯外庐主编：《中国思想通史》第四卷（下），北京：人民出版社，1960年，第1124页。

② 光绪十四（1888）年刻本，编者方昌翰（字宗屏，号新野，方宝仁次子），系桐城桂林方氏中一房21世方印一支，方以智七世孙。

③ 载《艺文志》第二辑，太原：山西人民出版社，1983年。

世前将手稿交给安徽省桐城县档案馆）均是重要的参考文献，两人均提及《方氏艺文志》，方叔文将其列为参考文献，并题为方伯韬[①]撰，但方鸿寿称："按以智所著其书目载于《方氏艺文志》者尚有多种，现《方氏艺文志》已毁于'文革'之火，故无从查考"[②]。已佚失的文献，不在本文考证范围，仅就迄今为止已发现的方以智存世文献作一番梳理，以期对20世纪80年代任道斌[③]、蒋国保[④]、冒怀辛[⑤]三位前辈学者的工作有个更新。

## 二、分期与分类

现存文献中对方以智作品的分期与分类，大致以方以智出家为僧划界。《浮山诗集》分别命名为《浮山前集》与《浮山后集》，同样，《浮山文集》也据此划分为《前编》《后编》。实际上，方以智全部作品宜划分两期，出家前著作为前期，出家后著作为后期。方豪藏有《浮山诗集·流离草》抄本，张永堂《方以智》（王寿南编《中国历代思想家》三七）扉页提供书影。方豪有文称："《流离草》，旁题《浮山诗集》，'诗'字又以朱笔改为'前'字。"方中通曾提到《浮山集》，见方中通《忆三弟首山》

① 方昌棨，字伯韬，系桐城桂林方氏中一房二十一世方印一支，方以智七世孙。

② 载《艺文志》第二辑，太原：山西人民出版社，1983年，第241页。

③ 任道斌1981年毕业于中国社会科学院研究生院，获历史学硕士学位。他在由谢国桢指导编纂的《方以智年谱》（1983），特别是随后出版的《方以智茅元仪著述知见录》（北京：书目文献出版社，1985年）中对方以智著述考据甚详。

④ 见《方以智哲学研究》第四章"方以智著作索考"，合肥：安徽人民出版社，1987年。

⑤ 1988年，侯外庐主编的《方以智全书》第一册《通雅》由上海古籍出版社（原中华书局上海编辑所）出版，《方以智的生平与学术贡献——方以智全书前言》执笔人为冒怀辛，该《前言》对方以智的文献作了一定的考据梳理。

自注云："时在首山刊《浮山集》。"据同书《又编次（浮山后集）》诗称："《浮山前后集》，子舍录千篇。"任道斌认为："疑《浮山集》即《浮山前后集》，似为方以智诗词合集。"

潘江《龙眠风雅》又称："诗文奏议，丧乱后多半散佚，诸子搜求之四方，编成四十卷，分《前集》《后集》《别集》，总名之曰《浮山全集》，行于世。"此又为合诗、文而有《浮山全集》（实应为诗文集之《浮山集》，而非指方以智全部著述）之说，但《浮山全集》至今连分类目录都未见，是否实际"行于世"存疑。又，方中通《陪诗》卷四《哀述》曾言及《浮山全书》："老父……生平著作百余种，别有书目，总名之曰《浮山全书》"。可是，《浮山全书》似乎并未汇刊，并且连方中通所云书目也不存。

方以智生前即有大量著作陆续刻板印行，现已被发现的早期诗文集有《博依集》《方子流寓草》等，但以"此藏轩"名义集中出版方氏著作，是在他"禅游江右"（江右为江西的时称）后，由弟子揭暄和方氏三子中德、中通、中履等操办的，《物理小识》《炮庄》《通雅》即为其间出版，不过，此藏轩《浮山文集》的刊刻却已在方氏卒后[①]。由于命运坎坷，特别是方以智晚年遭"粤难"事件而殒亡后，方氏家族遭受沉重打击，方氏后人又有卷入戴名世《南山集》文字狱，《浮山文集》等更在乾隆年间遭禁，因此方以智著作除《物理小识》《通雅》被《四库全书》子部杂家类收录而较为流行外，即便是为《钦定四库全书总目》道家类存目并有"提要"的《药地炮庄》，虽为世人所知，却已是千金难求，更遑论那些仅有家传抄本流存的。如《东西均》《冬灰录》《易余》等抄本均系方氏后人世代守护了近三百年，于1954年11

① 《浮山文集》前编总目，标记由方氏三子及从子中发、孙正瑗（中德长子）、正璀（中德次子）等较。文中多见墨钉，显是将一些骂清朝的"语涉违碍"的地方留空或挖去。

月，由方以智十一世孙方鸿寿捐献的，含刻本和抄本，使得方氏家藏方以智大部分遗著今天能够幸运地存世于安徽省博物馆。至于《鼎薪》《诸子燔痏》《烹雪录》等一些见于官修地方志的重要著作至今尚湮没未见，极有可能是毁于“太平天国”战火和“文化大革命”动乱这两次灾难性的文献浩劫。下分刻本与抄本略述方以智现存文献。

## 三、刻　本

已刊刻目前尚存的方以智著作，就古本而言，除《通雅》《物理小识》的乾隆《四库全书》本外[①]，尚有：

1.《博衣集》十卷

诗集，约六百余首，方以智前期作品。卷首有文震孟于崇祯五年（1632）所作“序”。又有陈子龙“序”，当作于崇祯六年（癸酉，1633）。刊刻年月应在此后，据孙殿起，刊于明崇祯十一年[②]。后纳入《浮山诗集》（《浮山前集》）之一种[③]。《博衣集》刻本现北京图书馆、北京大学图书馆有藏，尚无影印出版。据任道斌，“北京大学图书馆善本室藏有崇祯刻本十卷，略有缺页。

① 《通雅》，见景印文渊阁《四库全书》第857册子部杂家类一六三；《物理小识》，见景印文渊阁《四库全书》第867册子部杂家类一七三，台北：台湾商务印书馆，1986年。

② 据孙殿起《清代禁书知见录》：“无刻书年月，约崇祯戊寅年刊。”见孙殿起：《清代禁书知见录》，上海：商务印书馆，1957年，第24页。

③ 据张永堂《方以智》（王寿南编《中国历代思想家》三七，台北：台湾商务印书馆，1978年）扉页所提供部分书影，方豪藏有《浮山诗集·流离草》抄本。方豪有文称：“《流离草》，旁题《浮山诗集》，‘诗’字又以朱笔改为‘前’字。”转引自任道斌《方以智、茅元仪著述知见录》，第11页。

北京图书馆善本室也藏有崇祯刻本，惜缺卷首、卷一、卷六、卷七。”[1] 蒋国保也称：“现只有北京图书馆和北京大学图书馆有藏，而且北图藏本还少一卷。”[2] 冒怀辛认为两个藏本“可以互相补苴”[3]。据笔者所见冒怀辛藏北京图书馆抄本（缺本以北大本补，卷八似缺页严重）复印件，任道斌的描述为是。

《博衣集》有清代多种选刻本[4]。方于穀[5]编道光元年（1821）饲经堂刻本《桐城方氏诗辑》卷二十二至二十三选收。在卷上《博衣集》标题下有注：“古今体俱从《浮山前集》中录出，《后集》未录。”则《博衣集》十卷当为《浮山前集》之一种。

2.《方子流寓草》九卷

诗集[6]，后纳入《浮山前集》之一种。方以智前期作品。清刻本，孙殿起《清代禁书知见录》：“无刻书年月，约崇祯戊寅年

---

① 任道斌编：《方以智、茅元仪著述知见录》，北京：书目文献出版社，1985年，第3页。

② 蒋国保：《方以智哲学思想研究》，合肥：安徽人民出版社，1987年，第86页。

③ 见侯外庐主编《方以智全书》前言，上海：上海古籍出版社，1988年，第39页。

④ 清代有关方以智诗词的选刻本，首推方于穀《桐城方氏诗辑》，此外尚有潘江所辑《龙眠风雅》卷四十三收方以智诗169首、卷六十四收释弘智（方以智僧号）77首。参彭君华主编：《龙眠风雅全编》，合肥：黄山书社，2013年。又，徐璈咸丰元年（1851）刻本《桐旧集》卷二，据《明诗综选》《御选明诗录》等选录方以智诗84首。

⑤ 方于穀，字贻孙，号拳庄，生卒年为1757－1841，桐城桂林方氏十八世中一房方印一支。《桐城方氏诗辑》方以智入选诗与清抄本《方密之诗抄》数量相等，二者都选收了《博衣集》《流寓草》《痒讯》《瞻旻》《流离草》，这五种是《浮山前集》的主要书目。

⑥ 据任道斌：“共收有诗赋等五百余首，卷首有徐世溥、周歧、宋征舆、李雯、陈子龙各序一篇。”“该书所收诗赋，起于甲戌（崇祯七年，1634年），流寓南京；止于戊寅（崇祯十一年，1638年），随父征楚，离开南京。”见氏著《方以智、茅元仪著述知见录》，1985年，第3－4页。

(1638）刊。”[①] 北京大学图书馆有藏[②]，冒怀辛未见，仅提“抄本分体编九卷”[③]。方于穀《桐城方氏诗辑》卷二十四至二十五选刻了《流寓草》。又影印收入《四库禁毁书丛刊》集部第50册。

3.《膝寓信笔》

文集。前期作品，方以智流寓南京时所作随笔。见方昌翰辑《桐城方氏七代遗书》光绪十四年（1888）刻本，北京大学图书馆有藏。收入《浮山文集》为宜。

4—6.《痒讯》《瞻旻》《流离草》

诗集，前期作品。《桐城方氏诗辑》卷二十六选刻了《痒讯》《瞻旻》，卷二十七选刻了《流离草》[④]。

7.《通雅》，五十五卷（含卷首三卷）

专书。方以智前期作品。书稿初成及定名的时间，据方以智《痒讯》（见《方密之诗抄》），有“取稽古堂各种杂录合编之曰通雅”一题，下注辛巳，即公元1641年。后期（大约截止于方以智为父亲方孔炤合山庐墓）续有增补，但不影响著作主体属于前期作品的性质。有本衙藏板（又称“此藏轩版”），即“康熙丙午（1666）夏日龙眠姚文燮题于芝山之春草堂，方密之先生手辑，姚经三先生校定”本。康熙丙午并非《通雅》刊行年，全书刊行应在此后。康熙六年（1667）秋，方以智游福建，赴建宁，其书

---

① 孙殿起：《清代禁书知见录》，上海：商务印书馆，1957年，第168页。

② 据任道斌：“北京大学图书馆善本室藏有崇祯刻本，九卷俱全。《桐城方氏诗辑》卷二十四、二十五选录一百二十余首，题为《流寓草》，删去周岐、宋征舆两序”。见氏著《方以智、茅元仪著述知见录》，1985年，第5页。

③ 见侯外庐主编《方以智全书》前言，《通雅》，上海：上海古籍出版社，1988年，第39页。

④ 方鸿寿《方以智年谱》所列参考书目中有《流离草》，未知是刻本还是抄本，是全本还是选本。

已刊十之七八[①]。日本有立教馆校镌本，据本衙藏板翻刻，时为嘉庆十年（1805）。二书安徽省图书馆均有藏。

此后，尚有多种刻板。

《通雅》琴书阁藏板（卷首附有《钦定四库全书提要》评语，似为乾隆后期）[②]。乾隆五十八年（1793）张裕叶“得当日原本”[③]，据以校正和补校，出《通雅刊误补遗》一卷，由方传理[④]重刊。

由于《通雅》曾被“四库馆”抽出“全毁”，又有依据日本立教馆刻本为底本的翻刻本。中国科学院图书馆及四川省图书馆等处均有收藏。

光绪十一年（1885），方传理之子方宝彝《方氏通雅》跋称：“道光年间，姚氏藏板已残阙不完，先生后嗣乃购归方氏，补缀刊印，盖亦非当时原本矣。粤寇之乱，其版悉付灰烬。”[⑤] 光绪六年（1880）六月，方氏后裔（应指方传理）重刻《通雅》，即“桐城方氏重刻本”，名《方氏通雅》（附张裕叶《通雅刊误补遗》）[⑥]，删去钱澄之序，方宝彝[⑦]作跋，可见方宝彝重刻本《方

---

① 据方中通《陪诗·忆亲闽中》诗自注：“书坊熊、郑诸公皆皈依老父，《周易时论》《药地炮庄》《物理小识》三种书版，游子六向寄熊叔明、熊长吉家，刷行后，揭子宣转托郑玉友，并寄《通雅》，板已刊十之七八矣。”

② 琴书阁藏板《通雅》，共十六本，广东省社会科学院藏。卷首附有《钦定四库全书提要》评语，似刊于乾隆后期。如沈宗骞《芥舟学画编》，也署琴书阁藏板，为乾隆辛丑（1781）年镌，现存日本翻刻本。

③ 见“张裕叶通雅刊误补遗书后”，参侯外庐主编《通雅》，上海：上海古籍出版社，1988 年，第 1591 页。

④ ［清］方传理等纂修：《桐城桂林方氏家谱》卷三十二上页三十六，芜湖：安徽师范大学出版社，2016 年。方传理系桐城桂林方氏中一房十九世方塘一支，方以智五世侄孙，《桐城桂林方氏家谱》66 卷刊于光绪六年（1880）。

⑤ 见侯外庐主编《通雅》，上海：上海古籍出版社，1988 年，第 1590 页。

⑥ 枞阳县文物管理所有藏。见《枞阳文物志》，北京：中国文史出版社，2003 年，第 202 页。

⑦ 《桐城桂林方氏家谱》卷三十八上页四十八。

氏通雅》成书于光绪十一年（1885）。方昌翰《桐城方氏七代遗书》为《通雅》所写的《案语》中，提到“东洋刊本及族中重刻本”，即指当时已流行的日本立教馆刊本和光绪六年（1880）至光绪十一年（1885）间方宝彝重刻本。

8.《物理小识》十二卷

专书。方以智前期作品。由目录“浮山此藏轩物理小识目录”可知，为浮山此藏轩刻本；又据康熙甲辰（1664）于藻序题“康熙甲辰宛平于藻题于庐陵署中之春音堂”可知，为康熙甲辰（1664）本[①]。此初刻本似是潭阳大集堂藏板，现收藏情况不详，待考。此后有翻刻本，《四部精要》第13册据以影印收入（上海，上海古籍出版社，1992）。

又有光绪甲申（1884）宁静堂重雕本，共六册，安徽省博物馆有藏。

9.《浮山文集前编》十卷

文集，方以智前期作品。卷一、二、三为《稽古堂初集》、《稽古堂二集》（上）、《稽古堂二集》（下）。卷四、五、六为《曼寓草》上、中、下。卷七、八、九为《岭外稿》上、中、下。卷十为《猺峒废稿》。

此书在清代被列为禁书，北京图书馆藏有康熙此藏轩刻本，任道斌称：“系郑振铎夫妇所捐赠，为仅存传世刻本。”[②] 方昌翰辑刻《桐城方氏七代遗书》，收《稽古堂文集》上、下卷，相当于《浮山文集前编》之前三卷。另据任道斌：“此书有民国二十一年晒蓝本，藏于台湾‘中央研究院’。海盐朱希祖先生曾有旧

① 方中通《同方乘六编次老父〈物理小识〉授梓》：“今日重抄纂，相传与世知。”

② 任道斌：《方以智、茅元仪著述知见录》，第25—26页。

传钞本。”[①] 凌明在标点《浮山文集后编》《浮山此藏轩别集》按语中又指出有张宗祥钞本：“浙江图书馆藏有海宁张宗祥先生精钞《浮山文集》全帙，其中《前编》十卷及所附《膝寓信笔》与北京图书馆藏康熙刻本相同”[②]。后来，湖北省图书馆也发现《浮山文集前编》十卷刻本。

10—11.《浮山文集后编》二卷、《浮山此藏轩别集》二卷

文集，康熙此藏轩刻本，方以智后期作品。

孙殿起早指出：“《浮山文集后编》二卷、《浮山别集》二卷……药地愚者智随笔，无刻书年月，约康熙间此藏轩刊。”[③]凌明标点本按语称：“浙江图书馆藏有海宁张宗祥先生精钞《浮山文集》全帙，……《后编》《别集》各二卷，都为目前所仅见。”[④]任道斌也称《浮山文集后编》：“刻本今未见，然海宁张宗祥先生有精钞过录本。全书约三万五千言。”[⑤]又言《浮山别集》：“刻本今未见，海宁张宗祥先生亦有精钞过录本。全书约三万余言。”[⑥]冒怀辛也未见刻本，对《后编》《别集》，均称“今有抄本”[⑦]。但后来，湖北省图书馆不仅发现《浮山文集前编》十卷刻本，还发现了《浮山文集后编》二卷、《浮山此藏轩别集》二卷，均为康熙此藏轩刻本，《四库禁毁书丛刊》据以影印收入集部第 113 册。后又影印收入《续修四库全书》集部别集类第 1398 册。

12—15.《浮山后集》四卷五册

诗集，约三百五十首，“此藏轩”刻本，方以智后期作品。

---

① 任道斌：《方以智、茅元仪著述知见录》，第 26 页。

② 见《清史资料》第六辑，北京：中华书局，1985 年。

③ 孙殿起：《清代禁书知见录》，第 131 页。

④ 见《清史资料》第六辑，北京：中华书局，1985 年。

⑤ 《方以智、茅元仪著述知见录》，第 50 页。

⑥ 《方以智、茅元仪著述知见录》，第 51 页。

⑦ 见侯外庐主编《方以智全书》前言，上海：上海古籍出版社，1988 年，第 36—38 页。

卷首有余佺“序”，题为《浮山前后集序》（已残）。卷之一《无生寱》（非善本，有残页），题为“易贡游子笔”，由“学人王必逑、曾传灿较”；卷之二《借庐语》，有钱谦益序，题为“宓山愚者随笔”，由“学人黄虞稷、戴迻孝校。”；卷之三《鸟道吟》，题为“无可智道人随笔”，二册：分出词集（标“诗余”），《信叶》另册，收录三十首又一阕词；卷之四《建初集》，题为“无可智道人随笔”。安徽省博物馆藏[①]。

16—19. 诗集四种

《合山栾庐诗》（近九十首，书的封皮题为《合山栾庐占》）[②]，清刻本。

《五老约》（二十二首），清刻本。

《正叶》（存二十一首），清刻本。方以智书前自序谓“浮山孤子愚者题于易寓中”。

《药集》（三十首），清刻本，书口刊有“易寓”二字。冒怀辛以为此书和前书的“易寓”，表示“在江西黎川的廪山所作”[③]，实际上“易寓”应指方以智庐墓合（明）山时的寓所，因此时他率儿子和门人编辑方氏家学《周易时论合编》而命名。方鸿寿写作《方以智年谱》时，曾参考《浮庐药游》一书[④]，今未见，未

---

① 台湾学者方豪先生未见刻本，他曾说：“《浮山后集》则除寒斋藏本外，未见有他本。”他的藏本为“密之手改抄本”，“纯为诗集”。（转引自任道斌《方以智、茅元仪著述知见录》，第11页。）又据张永堂《方以智》扉页所提供部分书影（见张永堂著《方以智》，王寿南编《中国历代思想家》三七，台北：台湾商务印书馆，1978年），方豪藏《浮山后集》抄本仅三种，即《鸟道鸣》《无生寱》《借庐语》，无《建初集》，也未知《鸟道鸣》（刻本作《鸟道吟》）是否含《信叶》。

② 冒怀辛以为书名是《合山栾庐占》，误。见侯外庐主编《方以智全书》前言，上海：上海古籍出版社，1988年，第42页。方鸿寿《方以智年谱》记为《合山栾庐诗》。

③ 见侯外庐主编《方以智全书》前言，上海：上海古籍出版社，1988年，第44页。

④ 见《艺文志》第二辑，太原：山西人民出版社，1983年，第242页。

知与《药集》同否。

以上四种均为诗集，方以智庐墓时作，后期作品，似都应编入《浮山后集》。安徽省博物馆藏。

20.《周易图象几表》八卷、《周易时论》十五卷（合编）

专书。方以智后期作品。清顺治十七年刻本。潘江《龙眠风雅》谓方以智著有《周易图象几表》[①]。据任道斌，中国社会科学院哲学研究所有藏[②]。

该书见于方孔炤、方以智编：《周易时论合编》（分《周易时论》十五卷、《图象几表》八卷），北京大学图书馆藏清顺治十七年白华堂刻本，影印收入《续修四库全书》经部易类第 15 册。此外，虽版本相同，但内文辨认方面可与北大藏本互补的，有日本内阁文库藏清顺治十七年（1660）白华堂刻本，台北文镜文化事业公司 1983 年据以影印出版。又《四库全书存目丛书》影印收入经部第 21 册。

《周易时论》十五卷，可视为方孔炤、方以智合编，书中有方以智大量按语，是方以智易学思想重要组成部分。

21.《药地炮庄》九卷总论三卷

专书。方以智后期作品[③]。现存四种古本。潭阳大集堂藏板，康熙此藏轩刻本（四册），安徽省博物馆藏。大集堂本外，尚存三种古本：其一，天瑞堂增补重印本，北京中国社会科学院历史研究所图书馆藏善本，影印收入《续修四库全书》子部第 957 册。其二，王木斋 1857 年残卷辑补，台湾“中央研究院”历史

① 参彭君华主编：《龙眠风雅全编》第四册，合肥：黄山书社，2013 年，第 1666 页。

② 见《方以智、茅元仪著述知见录》，第 39 页。

③ 现代整理本有：张永义、邢益海校点，北京：华夏出版社，2011 年初版，2016 年修订版。

与语言研究所图书馆藏，台北广文书局1975年据以影印出版。其三，四川省图书馆藏天瑞堂残本（共三册），影印收入《四库全书存目丛书》子部道家类257册。大体而言，四种古本除安博藏大集堂原刻本未有外传，其余三种（即社科院藏天瑞堂增补重印本、“中研院”藏王木斋1857年残卷辑补本、川图藏天瑞堂残本）为现代各种流通本子的母本。依文献价值论，大集堂本最高，天瑞堂本次之。但若论流通价值，后二者因有排印本或影印本较早问世且广为流通，则王木斋本影响最大，川图本次之。

《药地炮庄》尚有成都美学林本，1932年据四川省图书馆藏天瑞堂残本铅字排印，影印收入严灵峰编《无求备斋庄子集成初编》第17册（台北，台湾艺文印书馆，1972）。又，影印收入《藏外道书》第2册（成都，巴蜀书社，1992—1995）。冒怀辛对美学林本的认识和蒋国保一样，都是没有区分初刻本、残本所致[①]。

22.《青原愚者智禅师语录》

专书。方以智后期作品，兴罄（方中通）、兴斧合编，收入清初刻本《嘉兴藏》（即明嘉兴大藏经）[②]。冒怀辛称：“熊开元（正志）在《冬灰录》中的序，也载此书前”[③]，实则《冬灰录》里并无该序——《寓黄山云谷法弟序》。

以上为方以智现存22种古刻本。

另有《青原志略》《浮山志》等清代山志和方志刻本选收部

① 见侯外庐主编《方以智全书》前言，上海：上海古籍出版社，1988年，第31页。关于《药地炮庄》版本考，详参邢益海著《方以智庄学研究》，北京：北京师范大学出版社，2015年，第234—243页。

② 见《嘉兴藏》第34册第313卷，台北：新文丰出版公司，1988年。现代整理本附于邢益海校注：《冬灰录（外一种）》，北京：华夏出版社，2014年。

③ 见侯外庐主编《方以智全书》前言，上海：上海古籍出版社，1988年，第32—33页。

分方以智诗文。始刻于清康熙八年（1669），后续有增补的《青原志略》[①]，原署释大然撰，施闰章补辑，收有方以智诗十五首、文二十五篇。安徽博物馆、北京师范大学图书馆等藏有康熙刻本。此外，《浮山志》（康熙初年吴道新纂辑，陈焯修订，同治十二年吴康弼增补重刊）以及《吉安府志》等，也存有方以智少量诗文。

以上为已知现存方以智著作或收录方以智部分作品的主要古刻本。

## 四、抄　本

（一）方氏家藏抄本

1.《庐墓考》（三卷）三册，作于崇祯二年（1629），前期作品。

2.《四韵定本》（亦称《四韵定本正叶》）上、下册，前期作品。

3.《易余》六册，前期作品[②]。由方宝仁（生卒年约为1787—1857）重录。

4.《性故》单册，后期作品。又名《此藏轩会宜编》，潘江《龙眠风雅》谓方以智著有《会宜编》[③]，卢见曾《感旧集》所言

---

① 影印收入《四库全书存目丛书》史部第245册。又收入《中国佛寺志丛书》第18—19册，扬州：广陵书社，2006年。现代整理本有段晓华、宋三平校注本，南昌：江西人民出版社，1998年。张永义（校注）本，北京：华夏出版社，2012年。

② 现代本见张昭炜整理本：《象环寤记·易余·一贯问答》，北京：九州出版社，2015年。

③ 参彭君华主编：《龙眠风雅全编》第四册，合肥：黄山书社，2013年，第1666页。

《古今性说合观》或也指此书。以上四种都题署："六世孙宝仁录"，精抄本，冠以"连理亭方氏著述"。方宝仁（生卒年约为1787－1857），系桐城桂林方氏二十世中一房方印一支，方以智六世孙。

方氏家藏其它抄本尚有：

5.《医学会通（明堂图说附）》，抄本，冠名"浮山此藏轩"，前期作品。

6.《内经经络（医方附）》，任道斌误作《内经经脉》①。抄本，前期作品。

7.《象环寤记》，清抄本，后期作品②。

8.《东西均》，清抄本，后期作品③。冒怀辛对《东西均》是否出自方以智手笔有大段讨论④，可能是受蒋国保《方以智哲学思想研究》误导。实际上胡必选《安庆府桐城县志》卷之四理学"方以智"条、方传理《桐城桂林方氏家谱》卷五十二列传"方以智"部分，均明确提及方以智著《东西均》⑤。

9.《一贯问答》，精抄本，后期作品⑥。孙殿起称："药地愚者智随笔，无刻书年月，约康熙间此藏轩刊"⑦。似有刻本，未详。

10.《冬灰录》五册，精抄本，后期作品。冒怀辛称：《冬灰

---

① 见《方以智茅元仪著述知见录》，第29页。

② 整理本见《东西均》附录，李学勤校点，上海：中华书局，1962年。

③ 影印本见《续修四库全书》子部杂家类第1134册。有两种现代整理本：李学勤校点本《东西均》。庞朴注释本《东西均注释》，北京：中华书局，2001年。

④ 见侯外庐主编《方以智全书》前言，上海：上海古籍出版社，1988年，第27－29页。

⑤ 参邢益海著：《方以智庄学研究》，北京：北京师范大学出版社，2015年，第246－247页。

⑥ 整理本有庞朴注释《一贯问答》，见《儒林》（山东大学儒学研究中心编）第一辑（2005年）、第二辑（2006年），济南：山东大学出版社。

⑦ 见《清代禁书知见录》，第131页。

录》“有《东海学人兴翱赵嵺序》《寓黄山云谷法弟正志序》及弟子兴磬、兴斧二跋记编集的经过。”① 实则《寓黄山云谷法弟正志序》及兴磬、兴斧二跋是《青原愚者智禅师语录》才有的，《冬灰录》只有《东海学人兴翱赵嵺序》。冒怀辛还推测《冬灰录》里的“中五道场图”所称中五道场，“即是方以智在新城廪山寿昌时所处的庙宇。”② 实则新城即今黎川，廪山与寿昌乃为两个不同寺庙，方以智在寿昌寺并没有住持，只是客居黄龙背“药地”；而廪山寺虽为方以智重修塔院，但该寺规模小、方以智住持时间也短，断无可能大规模兴建道场。笔者认为，方以智住持青原山净居寺时，才按照“中五道场图”进行道场建设③。

以上十种方氏家藏抄本，今仅存于安徽省博物馆。

（二）其它抄本

11.《方密之诗抄》（共三卷、四册），北京图书馆藏清手抄本。其中，卷上《博衣集》，卷中《流离草》，卷下《流寓草》，附《痒讯》《瞻旻》。另，方豪藏有《浮山诗集·流离草》抄本及《浮山后集》抄本三种，即《鸟道鸣》《无生寱》《借庐语》。

12.《禅乐府》（二十二首），也当有抄本，今未见，仅存方以智十世孙方叔文（1902—1960）、十一世孙方鸿寿（1914—1982）校刊，1936 年出排印本④。当属方以智后期作品。

① 见侯外庐主编《方以智全书》前言，上海：上海古籍出版社，1988 年，第 31 页。

② 见侯外庐主编《方以智全书》前言，上海：上海古籍出版社，1988 年，第 61 页。

③ 详参邢益海著《方以智庄学研究》，北京：北京师范大学出版社，2015 年，第 162—163 页。

④ 冒怀辛认为该本系方鸿寿 1935 年校刊，误。见侯外庐主编《方以智全书》前言，上海：上海古籍出版社，1988 年，第 33 页。

# “界外”：中国乡村“空心化”的反向运动

吴重庆（中山大学哲学系）

孙村所在的福建莆田沿海地区史称“界外”。“界外”之名来自清初莆田的“迁界”政策。郑成功于清顺治四年（1647）海上起兵抗清，至1661年，郑成功部控制了莆田沿海的南日、湄洲诸岛。清政府为剿灭郑部，于1662年下“截界”令，沿海核定新界线并筑界墙，每隔五里即筑一石寨，将沿海居民迁至“界”内，在“界外”实行坚壁清野政策。直至1680年，莆田沿海诸岛方为清军收复。康熙二十年（1683），台湾纳入大清版图，莆田沿海复界。①

虽然“界墙”之存不过21年，但“界外”（有时也被称为“界外底”）之名却一直沿用至今，并演变为一种根深蒂固的地方性歧视。在莆田城里及平原地区的居民看来，“界外”意味着边缘、落后、贫穷、愚昧、粗鲁。不过近二十年来，“界外”也渐渐在去“污名化”。“你们‘界外’人能闯，有钱”，这是莆田城

① 莆田县县志编集委员会：《莆田县志·清初莆田沿海截界始末》，1963年11月。

区居民对“界外”作出的史无前例的正面评价。从城里人口里说出的对“界外”的这一貌似不经意的逆转性评价的背后，是“界外”人手胼足胝的“突围”与“翻身”。

## 一、边缘地带的社会网络

城里人对“界外”的评价，其实部分符合事实。孙村所在的“界外”，不仅是地理意义上的边缘，也是经济、文化及社会意义上的边缘。“界外”实属传统所谓的“化外之区”。

姚中秋先生有“钱塘江以南中国”之说，“西晋灭亡，居住于洛阳及其附近上层士族南迁，其组织严密，人数众多，不愿与吴中豪杰争锋，于是选择渡过钱塘江，分布于会稽一带，建立起强有力社会组织。后来南迁者无法渗入，只好继续南迁。钱塘江成为中国文化的一条重要分界线”，“每一次战乱，都推动相当一部分儒家化程度较高的人群向南迁徙”，以致“钱塘江以南中国”（宁波以南之沿海地区、皖南、江西等）后来居上，在儒家文化保存并且发挥治理作用的程度上，反超江南及中原地区[①]。他以历史上因战乱而豪族南迁解释今天钱塘江以南中国农村何以宗族文化及民间社会网络较为发达的现象，这是从“豪族”看“社会”的构成，算是精英主义的视角。

其实在中国东南沿海的许多偏僻村落里，自然资源的禀赋稀薄，不足以支持大家族的扎根、开枝和繁衍，但其民间社会网络也照样发达。这就引出如何从底层视角看社会构成的问题，具体

① 姚中秋：《钱塘江以南中国：儒家式现代秩序》，《开放时代》2012年第4期。

说就是社会如何在底层人民日常的经济活动中得以构成[①]。这也是施坚雅的视角，他说“基本市场”（standard marketing area）乃是中国农村最为重要的交往空间，其自成一个具“地方性”色彩的社会文化体系[②]。

今天的研究者多少带有将帝制时期中国农村视为一个封闭的自给自足的社会单位的倾向，想当然地认为一个自然村的地理边界大体就是它的社会边界。其实，在东南沿海地区农村，其乡土社会网络的开放度超乎常人之想象。而其形成开放性社会网络的关节点，是源远流长的发达的流动型兼业传统。

农民兼业可以分为两种：一种是常见的在地型兼业，即自给自足的“男耕女织”，如黄宗智先生指出，这种类型在中国传统农业小农经济体系中占有相当的比重，占人口绝大多数的农户不需参加市场交换，形成了耕织结合的家庭生产方式，并因此导致我国农业社会的基本特征[③]。另一种就是流动型兼业。在地型兼业是由家庭辅助劳动力承担副业，而流动型兼业则是由家庭主劳力承担副业，即男主外当流动货郎或游走四方的工匠，聊称之为“男商（匠）女耕”。此种兼业多出现于人多地少、十年九旱的沿海地区，其农业产出不足以糊口，逼迫男人常年或者在农闲季节纷纷外出谋生。

选择“男商女耕”作为流动型兼业内容的家庭，因为无日常盈余及资本积累可言，所以只能加入低门槛的流动货郎行列，而

① 还有强调方言影响社会构成的，如从事客家研究的人类学家 Myron Cohen 认为方言是中国社会结构的另一个变数，是构成群体的一个主要力量，许多特殊的社会活动方式都直接与方言之差异有关，如果不加以考虑，任何有关这一地区的社会组织研究均不算完整。参阅杨国枢、文崇一主编：《社会及行为科学研究的中国化》，台北：台湾“中央研究院”民族学研究所，1982 年版，第 302 页。

② 施坚雅：《中国农村的市场和社会结构》，中国社会科学出版社，1998 年版。

③ 黄宗智：《华北的小农经济与社会变迁》，中华书局，2000 年版。

且必须想方设法最大限度地减少经营资本的投入。

孙村位于福建省最大的海水晒盐场莆田盐场附近，民国时期此盐场为地方军阀（俗称“北军”）把持专营，但还是有盐工偷运出来低价转卖，此谓“私盐”。孙村货郎往往在离家出行时购上一两百斤“私盐”，肩挑至二三十公里外的平原稻作区（俗称“洋面”），沿途贩卖。售卖告罄，殆日暮行至莆田县城（俗称“城里”），他们在“城里”简陋客栈歇脚一宿，次日一早上街购买一些洋日什用品及平原地区物产如火柴、发夹、纸烟、茶叶、橄榄、柚柑、菱角之类，之后出县城穿平原奔沿海，在“界外”的广大乡间兜售。在货郎往还城乡的过程中，事实上从事着跨区域的物产交易，他们且行且止，在每一趟的往返中，细心收集不同区域的消费者在不同时节的不同需求。货郎大体都有各自的行走线路、店家、熟客、歇脚点，流动货郎成为城乡之间、区域之间、村落之间的信息传递者及社会关系网络的缔结者。

另一种流动型兼业模式就是“男匠女耕”。“界外”人往往认为男孩拜师学手工艺的年龄越小越好，说是年少手巧，其实是想着在其还没有成为农业足劳动力之前外出学艺，家里可以少一张嘴吃饭。在强制性的义务教育实施之前，孙村的男孩往往在十二三岁就会被父母安排去“学一门手艺”。这些手艺都是服务于日用民生的，除了少数需要动用较笨重工具的手艺如裁缝（俗称“车衣裳”）、铁匠（俗称“打铁”）、染布（俗称“移乌移蓝”）等是设店营业的，其他如木工、泥瓦匠（俗称“土水”）、石匠（俗称“打石”）、绘工、雕工、漆工等是流动接活的，而竹匠（俗称“补簸嫁笠”）、炊具匠（俗称“卷炊”）、锅匠（俗称“补鼎”）、剃头匠、阉猪等则是沿途吆喝的。

货郎的经营内容及特点决定了其活动范围部分是单线的（“城里”到“界外”的距离），部分是小半径范围的（卖盐的平原地区及卖洋货的“界外”）。就活动半径而言，流动工匠的活动范围可能还大于货郎。所以，在跨村庄社会关系结成的广度上，工匠丝毫不亚于货郎，而在这种社会关系的稳固程度上，货郎无法与工匠的师徒关系、同门关系、雇主关系相比。所以，孙村人把拜师学艺靠手艺活外出谋生的匠人称为“出社会”，指其真正走进了孙村之外的社会关系网络。

在改革开放之前的人民公社化时期，货郎和工匠的活动都是可以被当作“资本主义尾巴”而加以割除的。由于孙村所在的“界外”人多地少，如果没有这种流动型的兼业模式，农民的确无法维持生计，加上有限的农业也无法吸纳过多的劳动力，所以，生产队干部基本上是睁一只眼闭一只眼地让货郎和工匠继续从事当时被称为“副业”的这种流动型兼业，只是他们需要向生产队缴纳一笔“副业金”，以换取口粮。

## 二、从边缘到中心：“打金”业相关生产要素的在地集结

早在改革开放之前的70年代初期，手艺门类众多、能工巧匠辈出的“界外”出现了一门被称为“打金”的新手艺活，人们沿用传统的“打铁”“打石”之说，将黄金首饰加工称为“打金”。其始作俑者是与孙村相距不过3公里的埕头村叶先锋。叶先锋自创“打金”手艺，他以游走经营的方式，专为女儿将嫁的家庭打制金耳环、金戒指（时未有金项链）。叶先峰虽然平日乐善好施，但拒绝收徒，以免“打金”手艺外传。无奈“打金”为新兴手艺，获利颇丰，惹得村人尾随偷师，该手艺终于流传开来。此时恰逢改革开放，农民可以自由流动，加上城乡人民生活水平提高后复苏了对黄金首饰的消费需求，“打金”行情看涨。

初期的“打金”全赖匠人纯手工打制，并不需要假以模具铸造。但这样不仅加工速度慢，而且技术难度高。这次是孙村的几个年轻铁匠和石匠捕捉到了商机，他们以家庭作坊手工打造出加工黄金首饰的铁模具（俗称“铁模”）。“铁模”的款式设计者与模具加工者是合二为一的，“铁模”匠往往不需要任何平面设计稿，单凭巧运匠思，就可以在方铁上使用金刚钻直接雕刻成款。

由于“打金”不再需要手工打制，“打金”的技术门槛突然降低了，这让家长及年轻人觉得“打金”已是一门最易习得的手艺，加上有利可图，“打金”者陡增。又因为“铁模”发明于孙村，加上孙村恰好位于“界外”的埭头、北高、东峤三个乡镇的交界处，导致上个世纪 80 年代初以孙村为中心的“打金”业在以上三个乡镇迅猛发展。

“铁模”的发明对“打金”业来说具有革命性的意义，它促进了“打金”这一新兴手艺的行业细分，催生了黄金首饰款式设计者、模具加工者、模具推销者、“打金”匠，同时也使“打金”从作为少数人在区域内流动兼业谋生的手工艺发展成为带动具有流动兼业传统的“界外人”在全国范围内发财致富的支柱产业。

孙村出品的“铁模”款式多样新颖，此鼓励了原在本地乡间游走“打金”的匠人跨出“界外”，背上一批孙村的“铁模”，远赴当时富甲一方的邻省广东，在潮汕及珠三角开设“打金店”。“打金”匠一旦在异地设店经营，则不便随时离店，因此，一支往返于福建广东之间的专业的“铁模”推销队伍应运而生，他们从莆田坐汽车到达广东后，靠双脚沿街兜售“铁模”，俗称“走街”。

2010 年春节，我在孙村访问了第一批的“铁模”推销者国恩、国泰兄弟，国恩说：

当时铁模相当重，每次用军用帆布包，最多装三四十个，挎在肩上，那就有四五十斤重了，一趟不敢装太多。一般从莆田坐汽车到潮州，落车后就沿途找“打金店”推销。反正是“走街”，且走且坐且吃茶且讲新闻，什么款销路好什么款销路次，当地又有什么别途的新款，反正都是走走坐坐茶吃吃新闻讲讲得来的消息。

“铁模”推销者与“铁模”生产者之间都是非亲即故的乡里，生产者允许推销者先销售后付款，推销者返回孙村后也乐于将沿途所得的来自最前线的款式需求及最新颖的款式信息及时反馈给生产者。因为“铁模”本身就有笨重、成本高、款式更新慢的缺点，加上受到来自广大推销者的反馈信息的刺激，促使“铁模”加工者下决心改变模具的材料，转向石膏模具（俗称“石膏模”）的批量生产。他们为了解决资金缺口而联合起来，从福州引进了一条石膏模的生产线，依然在广大“铁模”推销者已经熟门熟路的孙村附近设厂，先后兴办了“亚太”“金得利”“金达美”三个黄金首饰石膏模厂。

石膏模生产具有量大、款式繁多、产品更新换代快、体积小、重量轻、价格低廉等优点。所以，新品甫出，即大受模具推销者及各地“打金”店的青睐，一时间来自埭头、北高、东峤三个乡镇的模具推销者蜂拥而至，石膏模瞬时行销各地。据孙村业内人士估计，三个乡镇从事石膏模具推销者最多时高达两三万之众，他们足迹遍布全国。在当时远未出现物流公司的情况下，与孙村相距两三公里的上塘村应运而生多家个体客运（实为客货混运），先后开辟每天通往广州、深圳、苏州、上海、昆明、重庆等地的班车，成千上万的石膏模推销者从孙村出发，直达各大中心城市，再辐射到二三线城市及县城。

"界外"人数众多的石膏模推销大军与上世纪80年代形成的"温州模式"中的推销员的职能类似，也是身兼数职，扮演了"信息采集者、产品推销员、市场构筑人、生产组织者、转型导向者"的角色[①]，他们给石膏模具厂家带回大量的产品信息反馈，设计者及时推陈出新，孙村一跃成为著名的石膏模具生产中心。同时，孙村人巧妙善用这个不需要任何组织成本而又在国内无远弗届的推销网络，竞相通过熟人关系网络委托这支推销大军在返乡时顺便带回全国各地与金银首饰有关的任何款式样品及生产工具样品，此导致孙村出现了一些专门生产"打金"成套工具如汽油炉、喷火枪、锤子、镊子、天秤、首饰盒等的小工厂；同时各地各式各样的银（首）饰品也被带回来，有人转而开发银饰品，银饰业最终也成行成市，出现一批银饰品展销店，孙村出外"打金"的人也习惯顺便带一些银饰品出去，摆在他们开在全国各地的"打金"店里零售。

石膏模的出现，其革命性效应丝毫不亚于当初的"铁模"。如果说"铁模"刺激了更多人加入"打金"的行列，催生了模具推销者，那么，石膏模的出现不仅进一步扩大了这两种从业人员的队伍，还推动了与"打金"行业相关的其它生产要素的在地集结，如全部是个体经营的客运与物流、"打金"工具生产、银饰品批发、与首饰业相关的各类信息的汇总以及黄金地下收购点。依托于由在地人员构成的庞大推销大军的不断往返以及新开辟的直接通往国内各大城市的大巴的日夜穿梭，孙村成为了国内规模最大的也是最核心的与"打金"业相关的各种生产因素的集结地与流转地。

---

① 上海社会科学院：《温州模式与富裕之路》，上海社会科学院出版社，1987年版，第66、101—106页。

黄宗智先生说，“在英国和西欧的‘早期工业化’过程中，手工业与农业逐渐分离。前者逐渐成为独立的工场生产，亦即由个体化的工人集合在一起共同生产，主要在城镇进行”，“但在中国，手工业则一直非常顽强地与家庭农业结合在一起，密不可分，直到20世纪中叶仍然如此。”[①] 孙村“打金”业的在地兴起，意味着手工业与农业的分离，其分离过程的特殊之处在于，既不是像当年西欧那样移到城镇去开设工场，也不像80年代中国那样表现为乡镇企业模式。借用今天流行的“总部经济”概念，孙村类似“打金”业的总部，成千上万遍布于全国都会城镇的“打金”店、“打金”工具及模具批发店，不过是总部经济的延伸与辐射，孙村从“界外”突入中心，这是经济史上罕有的“中心—边缘”格局的翻转，乡村是中心，城市反成了边缘。而其奥妙在于，孙村人以其特殊的经济—社会网络，将“打金”业的所有产业链条、生产环节都掌握在自己手里，他们以非正规经济的灵活与低成本优势，不给任何大资本、大企业在竞争中获胜的机会。

## 三、致胜端在“同乡同业”

20世纪80年代末，与“打金”业相关的各种生产要素在以孙村为中心的“界外”基本集结完毕。对当时“界外”的年轻人来说，“打金”成了非农就业中准入门槛最低的一个行业，不仅

---

① 黄宗智先生说：“在英国和西欧的‘早期工业化’过程中，手工业与农业逐渐分离。前者逐渐成为独立的工场生产，亦即由个体化的工人集合在一起共同生产，主要在城镇进行。”黄宗智：《中国过去和现在的基本经济单位：家庭还是个人?》，《人民论坛·学术前沿》，2012年3月；黄宗智：《中国的现代家庭：来自经济史和法律史的视角》，《开放时代》，2011年第5期。

技术门槛低，信息易得，网络易入，而且资金门槛也低。踏入“打金”行业的年轻人一般是拜有血缘关系的亲戚、姻亲兄弟及父辈结交的朋友为师。在此特殊人际关系背景下，师傅并不把徒弟视为雇工，师徒关系并非常见的雇佣关系。师傅不仅在最短的时间内教给徒弟关键的技术，而且还得帮徒弟寻找合适的店面，无偿借给生产工具及少量资金，助其快速另立门户。在各个微型的非亲即故的亲缘关系圈中，共同致富毋宁成为共识。如果有人只顾自己发财而不扶持徒弟，其日后也将得不到亲缘关系圈中其他人的帮助。此种情形不同于有学者在研究湖南新化人数码快印业店覆盖全国现象时得出的“亲缘和地缘关系从未也不可能代替雇佣关系”的结论①。

当其时也，孙村的“打金”业得“天时地利人和”之便而呈几何级数扩张之势。“天时”即“界外”人在全国首创“打金”业，“地利”即与“打金”业相关的各种生产要素在孙村集结，“人和”即依托共同致富的亲缘网络。从80年代末到90年代不到十年时间里，以孙村为中心的“界外”人便把近万家“打金”店开到了全国各大小城市、县城、乡镇，在任何地方任何角落，只要看到挂着“打金”招牌的小店面，不用问，其店主基本都是来自孙村一带的“界外”人。

这些从地理边缘、社会边缘、经济边缘甚至文化边缘杀出来的“界外”人，既无雄厚资本，亦非依靠现代连锁经营理念，为什么可以在“打金”这一新兴的行业上攻城略地？为什么其他区域的人难以与其开展同业竞争？在此，需要讨论孙村“打金”业特殊的经济—社会网络，即“同乡同业”问题。

① 谭同学：《亲缘、地缘与市场的互嵌：社会经济视角下的新化数码快印业研究》，《开放时代》，2012年第6期。

有学者在研究马来西亚芙蓉坡莆田裔华人的“同乡同业”传统时对“同乡同业”作了界定：“所谓‘同乡同业’，主要是指在城市工商业经济中，来自同一地区的人群经营相同的行业，利用同乡或同族关系建立商业网络，实现对市场和资源的垄断与控制。”论者还从历史学的角度，追溯了中国传统社会中的同乡同业传统，如傅衣凌先生揭示的明清时期地域性商帮与族工、族商现象，以及傅衣凌的学生郑振满、陈支平等教授对明清以来的乡族经济的研究，分析了同乡同业传统与乡族组织的内在历史联系①。

“同乡同业”的概念准确地反映了经济活动与特定社会网络之间的相互嵌入关系，我试图借用这一概念来概括孙村的“打金”业。不过在历史与现实之间，“同乡同业”的现象并不尽同。历史上的“同乡同业”可能的确存在对市场和资源的垄断与控制问题，所以，傅衣凌先生认为“乡族势力对中国封建经济的干涉”，是中国资本主义萌芽不能顺利发展的主要原因之一②。但今天的孙村“打金”业，其实并非如此。首先，孙村“打金”业都是一些个体户、小业主，他们在城市里开展的经营活动，仅仅依托于各自的微型亲缘网络，各网络之间并没有形成进一步的联合或者结盟（如近代城市里的同乡会馆或同业公会）以垄断市场；其次，孙村“打金”业虽然是在城市里设店营业，但其所需要的生产工具、劳动力、技术、款式、信息等生产要素都来自孙村本土，不存在依靠同乡网络在城市里控制生产资源的问题。

如果不是以同乡网络在城市里控制和垄断市场资源，那么，

---

① 郑莉：《东南亚华人的同乡同业传统：以马来西亚芙蓉坡兴化人为例》，“社会经济在中国：第九届开放时代论坛”会议论文，2011年11月，广州。

② 傅衣凌：《论乡族势力对于中国封建经济的干涉》，《厦门大学学报》，1961年第3期。

孙村“打金”业为什么具有强劲的竞争及扩张能力？

谭同学研究了湖南新化人如何在全国范围经营数码快印业，他认为“对于市场中的部分主体而言，社会因素有利于帮助它们降低交易成本，从而在市场中具有更强的生命力。对比科斯（Ronard H. Coase）关于企业的经济性质在于降低交易成本的判断，可以说，包括亲缘和地缘关系网络在内的社会因素，与市场有着深度契合的一面。”[①] 其实，“同乡同业”形态的小本经营活动，并不严格依循现代企业制度，从其“企业总成本”的角度看，“交易成本”的比例应该远低于“生产要素成本”。换句话说，在研究“同乡同业”形态的小本经营活动时，除“交易成本”外，还应关注此种特殊业态为何可以有效降低“生产要素成本”。

首先，孙村的“打金”业依托于地方社会网络，其所有的生产材料都可以在孙村完成一站式采购，不仅价格低，而且如果一时资金周转不了，还可以赊账。“打金”者可以随时通过电话，请远在孙村的家人或者熟人将货品以每大包仅十元的“手续费”托给孙村直达各大城市的客运大巴，这也大大降低了物流成本。

其次，一个加入“打金”行业的年轻人依托于亲缘关系网络，无需任何培训费就可以拜师学艺，而创业所需的资金，也可以快速地在亲戚朋友间筹集完成，筹资成本几近于零。已是行业前辈的亲戚朋友还会根据经验帮助刚刚入行的后辈盘下较有商机的店面。

最后，他们在都会城镇的“打金”活动，往往是同一个亲缘关系圈的人相对集中于同一个城市，方便于互帮互助。一个“打

① 谭同学：《亲缘、地缘与市场的互嵌：社会经济视角下的新化数码快印业研究》，《开放时代》，2012年第6期。

金”店的收入一般来自代客翻新首饰款式的加工费、加工过程必要耗损的金粉的提炼、零售金银首饰品赚取的差价。这些业务的开展需要他们不间断地交流信息，如黄金及生产材料价格的起落、何种款式好卖、该进什么货等。他们也开展互惠式的合作，如相互间的资金借贷、生产材料的互通有无、生产工具维修及首饰加工技术的相互帮忙相互指导、店面的相互照看等①。

在这样一种经济活动与在地社会网络紧密相嵌的情形下，孙村“打金”业的交易成本及生产要素成本都大为降低，其竞争扩张能力相应强大，这也是外来者无法步孙村人后尘涉足“打金”业的原因，但其间体现的并非通过资本扩张达到垄断市场资源的“大鱼吃小鱼”的资本主义经济逻辑。可以说，越是成现代企业建制的竞争对手，其企业的交易成本及生产要素成本就越高，就越是不可能击败“同乡同业”的孙村“打金”业。所以，对一个想加入“打金”业的孙村年轻人来说，只要他紧紧依托于熟人社会及亲缘关系圈，便很容易走上自主创业的道路。今天的孙村年轻人几乎无人到珠三角或者长三角的代工厂打工就是一个明证。

## 四、乡土社会资源与“同乡同业”经济的相互激活

有道是“天下没有免费的午餐”。一个依靠熟人社会及亲缘关系圈的帮助而自主创业的孙村“打金”人，也必须对这个熟人

① 类似情况也见于湖南新化人的数码快印业，谭同学发现，“较之于其他经营者和技工，成功的经营经验和新技术在新化人的亲缘与地缘网络中传播速度极快、成本极低。这一优势弥补了他们文化水平低的不足，让他们在打字机修理行业内取得了举足轻重的地位。”参阅谭同学：《亲缘、地缘与市场的互嵌：社会经济视角下的新化数码快印业研究》，《开放时代》，2012年第6期。

社会及亲缘关系圈的节庆参与及人情往来投入时间和金钱，这既是回报，也是其在孙村的乡土社会里作为一个成员的自我确证与他人认同，更是为了其自身的进一步创业而不断累积社会资本的必要投入。对缺乏社会资本的底层人民来说，已然形成的乡土社会网络几乎是他们唯一可动用的“社会资本”，理性驱使他们不会轻易放弃这一唾手可得的关系网络。

如今，孙村的年轻男子十有八九是离家出外从事“打金”业的，但与一般进厂打工的人不同，“打金”的孙村人其实随时都与村里保持各种渠道的密切联系。

首先是“打金”的日常业务联系。都会城镇不过是孙村“打金”业的卖场和客源所在，此外，其它所有的生产要素几乎都从孙村流出，每天五六部大客车穿梭于孙村与全国各大城市现象的背后，是源源不断的物流、人流、资金流、信息流。

其次是亲缘关系圈情感沟通。每逢孙村重大节庆如春节、清明节、中秋节、自家或者亲缘关系圈家庭的婚丧嫁娶寿庆满月，他们总是不惜时间及花费，不远千百里返乡或设宴或赴宴或二者兼有。如有“谢恩”或“拜悔”仪式举行①，也必特地回家虔诚跪拜跟香。这种貌似非理性的人情消费，实为一种生产性的开支，因为孙村“打金”人的业务往来及社会交往一直是以本土的熟人社会及亲缘关系圈为主，作为“打金”业中心的孙村是累积他们的社会资本的不二场域。

再者是成功取向的在地化。孙村既是“打金”人的家乡，也

① “谢恩”是以家族为单位酬神还愿意答谢天恩，“拜忏”也是以家族为单位祭祀所有同宗先人亡灵。此两仪式极为隆重，一般需要两三个日夜铺陈科仪。关于“谢恩”，请参阅郑莉：《私人宗教仪式与社区关系：莆田东华“谢恩”仪式的田野考察》，《开放时代》2009年第6期；另参阅吴重庆：《孙村：一个共时态社区》，《新史学》第二卷，商务印书馆，2008年版。

是他们在外创业的重要基地。与一般的经商人士不同，孙村“打金”人最为看重的是回到村里展示创业成功，他们赚到钱后，第一件事就是回家盖新房，所谓“方便别人称呼”，意思是新房矗立在村表明他任何时候都是孙村的一份子。有个年轻人不是先回孙村盖新房，而是先到莆田城里买了一套商品房，结果颇受非议，舆论压力之下还是于次年回孙村另择宅基地。今天，三至六层的新楼房已遍布孙村，在他们竞相夸富的背后，其实是对乡土社会的内向认同，此大不同于“外向型村庄”的行为逻辑[①]。

最后是对熟人社会成员身份的积极认同。孙村是沿海偏乡，既无族谱亦无祠堂，只有一座小规模的社庙永进社。自 20 世纪 80 年代“打金”业兴起之后，永进社供奉的主神杨公太师每年正月十五元宵出游及农历四月二十六和九月二十六的神诞就日益热闹，杨公太师的灵力及主持社庙事务的乡老的号召力也随之看涨。原因是“打金”人越来越积极参与孙村的重大节庆，他们既看重本土神明的护佑，也想借机尽到他作为孙村人的职责。杨公太师元宵出游时，每家每户都会给“压岁钱”，初期是一二十元不等，如今已自发提升至上千元。神明的“压岁钱”其实就是孙村的公益基金，乡老将这笔钱用于社庙修缮、香火、节庆社庙筵席、神诞会演莆仙戏等。乡老往往在元宵期间提出本年度的一些公益项目（如铺路、修桥、办学、成立老人协会等），并提议大家赞助，大多认捐热烈。而神诞会演，“打金”人也必回家大摆宴席大宴宾客，说是“给神明做热闹”，其实与参与孙村公益一样，都是为了寻求熟人社会的身份认同。

施坚雅根据“中地系统”（central place system）研究中国乡

---

① 贺雪峰一直有“外向型村庄”之说，参阅仝志辉、贺雪峰：《村庄权力结构的三层分析》，《中国社会科学》，2002 年第 1 期。

村的市场体系，认为由于存在“距离成本”（distance costs），市集往往位于等边六角形中心[①]。如果从“中地系统”及“距离成本”的角度看，似乎很难理解偏于东南沿海一隅的“界外”孙村为什么会成为“打金”业各种生产要素的集结地与流转地，而处于更为核心地理位置的城市反而成了孙村的次级市场。但我们不能像经济地理学家那样单从“距离成本”的角度考虑问题。事实上，施坚雅本人并非经济地理学家而首先是一个人类学家，虽然其“中地系统”揭示的中国市场体系与经济地理学家建构的普遍模式相比并无不同之处。作为人类学家的施坚雅，他强调的是市场体系所具有的社会意义的重要性不亚于经济意义，空间经济体系也是一个社会文化体系[②]。如果既看到孙村是一个“打金”业各种生产要素的集结地与流转地，又看到它是一个特定的社会文化体系；既看到经济活动的“距离成本”，又看到经济活动的交易成本和生产要素成本；既看到各种生产要素集结与流转的过程，又看到各种社会及文化的要素的集结与流转以及经济与社会的相互嵌入，那么就可以理解孙村何以维持其在成千上万的“打金”者心中的中心地位。

费孝通先生曾经以“离土不离乡”来概括“苏南模式”，也曾以“离土又离乡”来概括“温州模式”[③]。在费先生那里，“离土不离乡”指的是苏南的乡镇企业，“离土又离乡”指的是温州数十万勇闯全国市场的小商品推销员。“土”指依赖土地的农业，“乡”指地理空间意义上的家乡。孙村的“同乡同业”经济肯定是“离土”的，也肯定不是“离乡”的。但说它“不离乡”，又并非指其在地办乡镇企业。在此，似乎很难以费孝通先生意义上

① 施坚雅：《中国农村的市场和社会结构》，中国社会科学出版社，1998 年版。

② 施坚雅：《中国农村的市场和社会结构》，中国社会科学出版社，1998 年版。

③ 费孝通：《小城镇大问题》及“小商品大市场”

的“离土不离乡”或“离土又离乡”来概括孙村的“同乡同业”经济。如果一定需要借用费孝通先生“离土不离乡”的说法，则应该把“乡”的含义扩大，“乡”不仅是地理空间意义上的，同时也是社会空间意义上的，那么，孙村“离土”在外的“打金”人其实从来就没有脱离过社会空间意义上的“乡”。

且不说孙村“打金”人出于业务、亲缘情感沟通、社区身份认同的需要，积极地往返于城市与家乡之间。就是他们在都会城镇从业的过程中，他们也是紧紧依托家族网络、乡土社会网络形成经济活动的纽带，创造出有别于今天流行的市场经济的经济形态，这一经济形态就是社会网络与经济网络的相互嵌入。其经济活动不仅与乡土社会网络相互依托，更重要的是二者之间还相互激活，使传统、乡土、家族这些有可能被认为是过去式的遗存，在孙村所在的“界外”却呈现活态，其不仅渗透于人伦日用，还贯彻于经济民生。

## 五、中国乡村空心化的反向运动

中国乡村空心化指的是农村的劳动力、原材料、资金都被工业化城市化吸纳殆尽，农业凋敝，劳动力流失，农村的经济及社会皆已失去再生及可持续发展的能力[①]。乡村空心化之所以已成不可逆之势，其原因在于经济全球化的浪潮无可阻挡。中国乡村空心化的实质是资本主义生产方式在全球及全国范围内对各类生产要素的重新整合和价格的“逐底竞争”(race to bottom)，即全

① 参阅吴重庆：《从熟人社会到“无主体熟人社会”》，《读书》，2011年第1期。

球化（globalization）和全国化（nationalization）[1]。经济全球化或者经济全国化必然带来“经济”与“社会”的彻底分离，在资本逐利的本性驱使下，任何一种生产要素都可能被抽离出它原先的在地背景，而得以在任何一个可以实现成本最低化和利润最大化的场所重新组合，形成“无心无肺”的经济怪胎。

卡尔·波兰尼在《大转型：我们时代的政治与经济起源》一书中提出市场与社会的反向的“双重运动”，他认为市场社会正是由这样两种相互对立的运动组成的，一个是自由放任的资本主义不断扩展市场的运动，另一个则是由此而来的抵制经济“脱嵌”的保护性反向运动，使经济活动重新“嵌入”于总的社会关系之中[2]。我们已经习惯于对中国乡村空心化的判断，也习惯于将波兰尼在百年前的期待视为遥不可及的神话。可是，中国农村之辽阔、区域差异之巨大，远非“中国农村”四字可概括。在从温州、闽南到潮汕这一中国东南沿海的狭长区域里，存在着类似的乡土文化传承及“兼业”的谋生方式，这导致今天该地区的人群拥有一种非常特殊的经济活动形态，就是离乡离土的农民很少进入大工厂大企业打工，而且从内心里鄙视“打工”。他们毋宁是机动灵活的游击小分队，以核心家庭或者以亲缘关系圈作为经济活动单位，在全国乃至世界各地，生机勃勃地开展各类非正规经济的“同乡同业”经营[3]。孙村的“打金”业不过是这个盛行“同乡同业”经济的特殊区域里的一个典型。

---

① “全国化”（nationalization）是我自创的一个概念，意思是指，在中国这样一个区域发展不平衡、资本活跃、幅员辽阔的大国，完全可能出现经济内殖民的现象，与经济“全球化”的逻辑并无二致。

② 卡尔·波兰尼：《大转型：我们时代的政治与经济起源》，浙江人民出版社，2007年版，第　页。

③ 关于“非正规经济”，可参阅黄宗智：《中国被忽视的非正规经济：现实与理论》，《开放时代》，2009年第2期。

"同乡同业"经济活动的生命力，体现了乡村空心化的反向运动。在乡村空心化的大潮之中，乡村的所有生产要素都是向城市流动的。从城市的视角看，乡村不过是廉价的劳动力及原材料的供应地。孙村的年轻人奔向城市"打金"，并不是作为廉价的劳动力被动卷入城市的资本主义经济模式之中。对活跃的孙村"打金"业来说，全国范围内的都会城镇，倒是给"打金"业提供了另一种生产因素，即源源不断的顾客和市场空间。是孙村人依托本土的社会网络，慢慢在地集结"打金"业的各种生产要素，然后突入城市，对城市里的生产要素进行反组合。近三十年来，一拨又一拨的孙村年轻人出到城市"打金"，但孙村并没有因此空心化。相反，随着作为"同乡同业"经济的"打金"业的不断扩大，与"打金"业相关的生产要素得以更加活跃地在孙村所在的"界外"集结，其所发挥的"打金"业的枢纽中心的功能有增无减。由于孙村的"打金"业是深深嵌入于本土社会网络之中的，所以，在"打金"业发展的刺激下，社会资本也得以良性运转，民间社会更添活力。这也许就是卡尔·波兰尼期待的经济与社会发展的相互嵌入，这种"同乡同业"的经济形态也许可以称为有别于市场经济（market economy）的社会经济（social economy）①。

孙村位于"界外"，一个曾经的地理意义、社会意义和文化意义上的多重边缘地带；今天孙村的"打金"业，作为"同乡同业"经济和非正规经济的一种业态，在主流的、"现代"的资本主义经济的话语体系里，也一定是被视为不入流的、落后的、边缘化的经济形式。孙村似乎一直都难以从"界外"的角色中摆脱

---

① 关于"社会经济"，可参阅《社会经济在中国》，《开放时代》2012年第1期、第2期；《社会经济专题》，《开放时代》2012年第6期。

出来。不过，这些都无关紧要。紧要的是，在目前铜墙铁壁似的政治——经济结构中，大概只有从“界外”，从另类的经济实践中，方可获得突围的可能与机会。

（本文中文版原刊于《开放时代》2014年第1期，英文版刊于*Modern China*，July，2015）

# 理学与宗族的复兴及祭祀空间

## ——以闽北樟湖镇的田野调查为中心

麻国庆（中央民族大学民族学与社会学学院）

## 一、问题的提出

20世纪可以说是文化自觉地被传承、被发现、被创造的世纪。这一文化也是近代以来民族—国家认同的一个重要源泉。文化人类学的研究一直着眼于民族文化的研究，特别是侧重于"无意识的文化传承"的研究。而在今天，不同国家、地域和民族的文化其"无意识地传承"传统，常常为来自国家和民间的力量，进行着"有意识地创造"，这种创造的过程，正是一种"文化的复制"与"文化的再生产"的过程。这种"复制"和"生产"的基础，并没有脱离固有的文化传统。同时，这一过程，也从单一的民族文化的领域进入到地域共同体之中。现代中国汉族社会作为文化共同体的宗族和作为文化仪式的祖先祭祀与民间信仰，就是在文化的"复制"和"生产"中，滋生、发展起来的。

将日光转向东亚社会，20世纪80年代以后，随着东亚经济的发展，东亚经济圈和"儒教文化圈"的关系开始备受关注。有学者认为东亚经济的繁荣与“汉字文化圈”儒教文明的复兴之间有着直接的关系。可以说这与马克思·韦伯以来，围绕经济和文化关系展开的讨论一脉相承。在讨论东亚儒教文明时，学者间普遍达成了一种共识，即虽然东亚各个社会都接受了儒教，但不同的社会选择吸收儒教的侧重点不尽相同。而在东亚社会的人类学研究中，关于儒教文明圈的研究很少关注儒教本身的异质性。因此我们可以将视野扩展到了与这种文化有直接联系的东亚社会结构，以社会结构中的异质性为主题，关注儒教文化为基础的东亚社会。譬如，家族主义和家族组织，亲族网络和社会组织、民间结社和民间宗教组织等都是东亚社会中极具特色的社会结构的组成部分。因此通过整合儒学和社会结构，我们可以清楚地看到存在于东亚社会内部的结构和理解文化的重要线索。

中国传统社会的宗族形态及其内含，因社会经济条件和文化背景差别，在不同时期和不同地区呈现出许多差异。在华南的福建、广东、香港、澳门等地区广泛存在的宗族组织，是该地区独特的文化和历史过程的产物。宗族发展历史中的文化过程，蕴涵着社会变迁的重要信息。正如傅衣凌先生所言，传统中国农村社会的所有实体性和非实体性的组织都可被视为乡族组织，每一社会成员都在乡族网络的控制之中，并且只有这样才能确定自己的社会身份和社会地位。国家政权对社会的，实际上也就是“公”和“私”两大系统互相冲突有互相利用的互动过程。……接着他又提到即使在中国沦为半封建半殖民地社会，在这一新的社会中，传统中国多元的社会结构并未有根本改变，相反的，他很好地适应了变化中的社会环境，表现了很强的生命力。直到今天，从社会、政治生活中存在的专制主义、官僚主义、裙带关系迷信活动和宗族势力等等现象，仍然可以看到这社会结构的残余①。这一“残余”即使在步入21世纪的今天，仍然能看到其强劲的生命力。所以，从某种角度讲，以“残余”的概念来表述宗族与其文化仪式，可能也难于解释一种具体的事实存在。

在中国历史上，始于宋代的宗族复兴与这一时期的理学发展有着极为密切的关联。朱熹的理学提倡恢复和强化封建人伦关系，由此儒家礼教在理学上有极大的发展，以三纲五常为核心的封建伦理观念渗透在社会的各个角落。在此趋势下，古代宗族制度被理学家再次倡导，并赋予了新的意义。由此，中国的宗族迈入了新阶段，编写族谱，建立宗祠，修建族田，推选族长，确立族规等，形成了体现封建宗族权力的宗族制度。此后，宗族组织发展成了联结血缘和地缘关系的同姓集体。在华南、华中和华东的一部分农村中，至今以宗族为单位居住，较多为一姓一村、一姓数村、数村一姓的情况。从意识形态的角度来考虑的话，作为组织严密、结构完整、制度完善的中国宗族组织，到20世纪50年代可以说已画上了句号。但这种制度化宗族的消失并不意味着基于血缘和文化机制的宗族关系的解体。这种关系即使是在运动频繁的50—70年代，也并没有为轰轰烈烈的革命运动彻底淹没，而是以一种特有的文化基调在舞台背后延续下来。随着70年代末的中国农村政策的转型与体制的突破，以家为中心的经济单位的确立，以地缘为基础的村落功能的相对弱化，农村的宗族组织又以其固有的文化传统和特有的屏蔽色彩，展现在我们面前。这一宗族组织的重建和重构，主要是在民间的努力下，一方面对固有的宗族传统及其文化仪式在某些方面进行“复制”，而另一方

① 傅衣凌：《中国传统社会：多元的结构》，《中国社会经济史研究》1988年第3期。

面就是对固有的文化传统进行“创新”和“生产”。

对汉族的宗族、祖先祭祀与民间信仰的研究，可以说是汉族社会人类学研究的核心之一①。祖先崇拜并不是全世界各地都普遍存在着一种文化现象。在人类学的研究中，这一文化现象主要存在于东亚、非洲和澳大利亚一部分地区。其中存在于东亚社会的祖先崇拜与非洲和澳洲土著社会最大的不同之处，就是基于以单系父系血缘为基础的人群的一种文化仪式，且这一仪式及其主要功能，已融于东亚的社会结构之中，成为东亚社会得以建立的一个很重要的基础。正像我们所熟悉的如日本的“同族”、冲绳的“门中”、韩国的“门中”以及中国的“宗族”，就是典型的代表。可以说，祖先或祖先祭祀以其自身特有的方式存在于东亚的具体社会结构和象征礼仪之中。有的学者从社会结构的角度进一步进行分析后认为，祖先崇拜是社会组织得以延续的一个重要组成部分，东亚的祖先和祖先崇拜可以说是传统的社会结构的延续②。不过，在我看来，如果更确切地说，应为汉族传统社会结构得以延续的重要基础是祖先观念与祖先崇拜。

祖先崇拜说到底是一种信仰体系。在汉族农村社会与祖先崇拜这一信仰体系相对应的另一信仰体系即为神祇信仰。这两种信仰体系相对应的物化的祭祀空间为祠堂和庙宇。这两种信仰体系与中国汉族社会的血缘与地缘有着直接的关系，一些人类学方面的研究对此予以了高度的关注。

日本侵华战争中，在满铁调查部的成果中，和人类学关系最深的是与东亚研究所共同完成的华北农村《惯行调查》。调查以河北省和山东省为中心，于 1940 年到 1943 年间进行。50 年代，

---

① 可参考麻国庆：《家与中国社会结构》，文物出版社，1999 年 1 月。

② Seymour－Smith. C，*Dictionary of Anthropology*，London：Macmillan，1986.

日本公开出版了《中国农村惯行调查》(6册)，1981年又再版发行。这一调查涉及面相当广泛，即使“关于家庭构成的实态调查，也不仅仅着眼于家庭的构成人员数，居住状况及其他外在的构成，它更为关注的是家庭内部的权威关系及规范意识，通过法律的习惯调查，了解中国社会的特质是本调查的特点。”[①] 基于这一基础的研究，特别强调中国村落社会中血缘和地缘的分离特质。如平野义太郎等的研究。平野义太郎作为日本侵略中国时满铁调查的负责人之一，在华北农村进行了较长时间的实地调查。在此基础上他于1943年出版了《作为北支村落的基础要素的宗族和村庙》[②]，首次对中国的宗祠、村庙和日本的氏神、镇守进行了对比。他认为在中国，第一，血缘集团的祠堂和地缘社会的村庙，在村落的历史发展中不像日本那样自然地融合在一起，而是各自独立存在的；第二，汉族的祖先崇拜仅为家族的祖灵崇拜，而不像日本作为民族普遍的祖神崇拜，进而他认为日本的神社通过祭神和国家紧密地结合在一起，而中国的村庙通过城隍庙和上帝联在一起，没有统一的与国家联在一起。这一观点也基本上代表了满铁研究者的基本看法，如福武直[③]、仁井田陞[④]等。在欧美有关汉族村落的研究中也非常强调这一问题。如从1925年库珀以广东省汕头市附近的凤凰村为调查在美国出版的《南部中国的村落生活——家族主义的社会学》[⑤]，到60、70年代以后的人类学研究。如托伯利（M. Topley）也认为：“作为村落的政治的

① 中国农村惯行调查刊行会编：《中国农村惯行调查》全6卷，东京：岩波书店，1981年。

② 平野义太郎：《作为北支村落的基础要素的宗族和村庙》，《支那农村惯行调查报告书》第一辑，1943年。

③ 福武直：《福武直著作集》，第九卷，东京大学出版社，1976年。

④ 仁井田陞：《中国的农村家庭》，东京大学出版社，1952年。

⑤ Kulp，D. H.：*Country Life in South China. The Sociology of Familism.* New York Teachers College，Columbia University，1925.

中枢机构的祠堂和村庙，在各个村落的政治中枢中，二者必择其一”[①]。此外有关香港研究的贝克（H. D. R，Baker）在1960年的上水村的调查[②]；扎克·彼得（J. M. Potter）1960年的坑尾村的研究[③]；沃斯特（J. Waston）1970年的新田调查[④]以及濑川1980年代中期的S村的研究等[⑤]。

在中国的传统汉族村落，村庙仅在形式上为地缘的信仰，平时信仰的目的以家和个人的标准为基础，祭祀的时候仅为祈愿各自家庭的幸福。中国的村落血缘结合的组织凝聚力很强，但村落本身实际上是分散的，缺乏凝聚性。这样血缘和地缘的关系一直是处于相对分离的状态。这当然也是村落社会的主流。但在事实运行中，还存在着合的一面，而合的出现也并不是以地缘为中心的合，而是在血缘基础上的合。

因此，在这里我们以闽北的田野调查资料为基础，以宗族的复兴及其活动为主线，来展开对处于不断创造之中的文化共同体的宗族、文化仪式的祖先崇拜和民间信仰的仪式表现及其关联性的讨论，进而明了以血缘和地缘为基础的汉族农村社会，所体现出来的社会结合特性在形式和内容上的有效的统一与农民群体灵活多变的生存智慧。从中我们也会自然地领悟和感受到理学在当今朱子的故乡——闽北的现代延续和创造，特别是在宗族和祖先

① Topley Marjorie: Chinese Religion and Rural Cohesion in the Nineteenth Century. JHKBRAS, 8.（JHKBRAS : Journal of the Hong Kong Branch of the Royal Asiatic Society）

② Baker，H. D. R.：*Chinese Family and Kinship*，London，Macmillan Press，1979.

③ Potter，J. M.：*Capitalism and the Chinese Peasant*，Univ. of California Press，1968.

④ Watson，J. L.：*Emigration and the Chinese Lineage*，Univ. of California Press，1975.

⑤ 濑川昌久：《东南中国农村的社会组织：以台湾、香港的事例为中心》，东京大学修士论文，1983年。

崇拜等方面，表现出社会与文化的延续特点。

## 二、闽北的历史认识与人文环境

闽北地区位于福建省北部，武夷山东南侧，闽江上游。地理上介于东经 117°25′，北纬 26°20′之间。东北与浙江省江山、龙泉、庆元等县相邻，西北与江西的资溪、铅山、广丰等县接壤，东南与古田县、屏南县交界，西南与泰宁、将乐、沙县、尤溪等县毗连。总面积 26031 平方公里，是福建省最大的一个地区，也是福建与全国北往南来的咽喉要塞。闽北地区行政上主要属南平市管辖。

闽北，也是福建开发最早的一个地域之一，至今已有近五千年的历史。福建土著最早在武夷山、杉岭山脉定居下来，居住在这里的土著闽越族及随后迁来的汉族，经过二千多年的开发，使福建由蛮荒之地，变为中国东南沿海的重要经济文化中心。

早在先秦时期，闽北就已成为联系福建地区与中原文化的重要纽带。秦始皇统一中国后，“南取百越之地”，闽越是百越之一，是生活在这一地区的土著民族。公元前 204 年到 207 年属闽中郡，从此开辟了京都通往福建的第一条官道，即五尺道，加之秦末战乱，北人入闽，即一些汉人随之进入闽北。西汉时，属闽越国。汉武帝时，平定闽越，汉廷入闽统治，此时汉族不断从中原南迁入闽。东汉建安初期，在闽北的建安（建瓯）、汉兴（浦城）、南平设三县。汉末到三国时期，土著人不满汉室的统治而叛乱。吴孙权的胞兄孙策派遣贺齐建安（建瓯），经过数次用兵，平定了越人的反乱，并驻兵五千。建安十二年，复立县邑，在福建设五县，即侯官、建安、南平、汉兴、建阳县。三国吴永安三年（260）属建安郡。可见这一时期福建的经济政治中心在闽北。

魏晋南北朝时，由于中原纷争，战乱不止，大批中原豪绅、地主携家避难入闽，随之平民百姓也纷至沓来。晋元康元年（291），建安郡辖建安、南平、建阳、东平、吴兴、将乐、邵武7县。此时由于北方汉族的大量南下入闽，使得闽北的经济和文化有了显著的发展。正如南朝梁时到任的建安太守诗云："余衣本百结，闽中徒八蚕"，这与东汉末年许靖避乱，途经瓯越，写信给曹操所说的："行经万里，不见汉地"的感慨形成了明显的对比。

隋朝结束了长期的南北分治的局面，实行并郡县，经济得到了一定的发展。这时的福建经济以建州和晋安最为发达。进入唐代中叶，建安有9.1万户人，比隋朝建安郡的1.2万户人增加了近8倍。这时闽北的梯田、茶叶业及采冶业有了很大的发展。与此同时，闽北的书院也开始发展起来。唐中叶以后，由于土地兼并严重，爆发了黄巢农民起义。唐末的黄巢起义，使得中原望族大批南迁，这次迁徙从二路入闽，一路从江浙经陆路过仙霞岭进入闽北，一路渡长江入赣，进入闽西北，这次南迁，中原文化的传入，对闽北文化的发展产生很大的影响。同时，黄巢的起义军自浙江经浦城达建州，史称黄巢开山洞705里。黄巢入闽也改变了闽北与省内外的交通，便利了南北文化的交流。唐末的南迁规模最大，对闽北的影响最深。从姓氏看，多为望族。五代十国时，中原内乱，中原民众多次避乱入闽。据载："自五代乱离，江北士大夫、文人、豪商、巨贾、多避乱于此。故建州备五方之俗"①。

① 《八闽通志》卷三《风俗》引《建安志》。

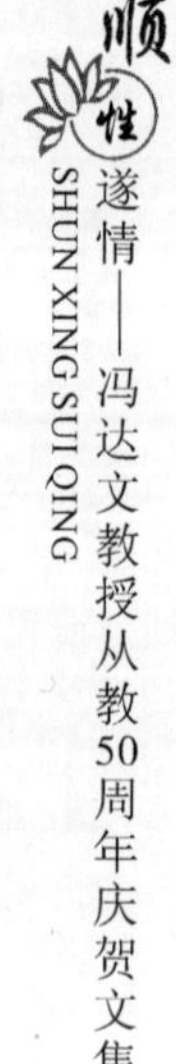


两宋时期是闽北发展最鼎盛的时代，著名的图书纸业就出在建阳，一时间“建阳书林擅天下之富”，历史上被称为“图书之府”。建阳书坊的印刷业名播海内外。根据福建地方文献及闽人著作综录收集的三千多种古籍：有一千余种是闽北人编著的，宋代尤多，包括各个种类的著作。如朱氏的朱熹、朱震的著作达几百种，朱熹的《四书集注》成为从宋至清入仕做官必读的书。建阳的蔡氏，蔡元定、蔡抗、蔡沈、蔡渊父子，游氏的游酢、游九言；崇安的胡安国、胡寅，李氏的李纲、李侗都有大量的著作传世。

元初的闽北经济非常萧条，元代中期后，闽北的经济开始恢复。

明代闽北与福州和闽南沿海的资本主义萌芽的经济形态不同，仍然是传统的自然经济小市镇及农村墟市，不过这一时期的造纸业、印刷业、文学艺术等有了很大的发展。清代，特别是从康熙开始，闽北在农业发展的基础上，茶叶产量大增，并出口欧洲。水运业发展较快，各地木帆船汇集南平，最多时有5000余艘，作为以水运为主要交通的闽北而言，这些对闽北的经济民生产生很大的影响。清末，一些地主和华侨开始兴办企业。

民国时期，闽北的经济在水运和造纸等有一定的发展，不过由于日本入侵及1945年后的通货膨胀，闽北的发展受到了很大的限制。1949年后，闽北的经济和社会文化进入了一个新的发展时期，特别是进入20世纪80年代后，与中国其它地方一样，闽北也进入了一个前所未有的发展时期。

由于历史上的这些原因，闽北的姓氏形成了相对比较集中的特点。据南平市初步统计有122个姓，主要姓氏有：陈、林、张、黄、王、叶、应、吴、刘、游、朱、罗、李、杨、赵、范、龚、邓、卢、俞、郑、官、魏、丁、曾、江、蔡、欧、廖、梁、周等，少数户姓有：查、车、鄞、邬、祝、安、府、莫、九、席、康、危、梅、宋、练等。在农村出现了姓氏村庄。许多村庄是以姓氏取名的，这些村庄都是姓氏迁徙繁衍而形成的。据南平地名录载，南平以姓氏为名的村庄有几十个，如罗源、蔡源、吴坍、刘家、游地、曾厝、杨厝、谢地、黄坑、宋坍、张坑、朱地、杜坑、叶坑、廖坪、邓坍、郑坑、邹坍、陈当、严当等，还有如不是姓氏为名的村庄，也集居着大姓人家，这些姓氏村庄都有几百年上千年的历史，如建阳的麻沙就是以刘姓为主的千年古镇。这里形成了祠堂书院林立，敬祖收族尚文的人文景观。闽北著名的宗祠有南平的罗文质祠、朱文公祠，建瓯的游御史祠、胡文定祠，崇安五夫的刘氏宗祠，浦城的江文宪祠，政和的陇西公祠、范公祠，邵武的李忠定祠等。与宗祠相媲美的为姓氏书院。这种书院是姓氏名人为培养本族的子孙而建，它也是求取功名的重要途径，因此，各姓都极重视读书。一是入仕做官，二是提高宗族的素质。闽北的姓氏书院，有名的有闽学四贤之一南平的李延平，有延平书院，罗从彦有豫章书院，崇安五夫的集贤书院，建阳麻沙刘氏瑞樟书院，浦城真德秀的西山精舍、读书阁，建阳游酢的荐山书院，朱熹的紫阳书院。闽北从宋以来的理学家、文学家，都是从姓氏书院进入仕途的①。

闽北的理学之所以得以兴盛，和这一地方所形成的宗族理念有着直接的关系。而随后的朱熹理学的发展，又进一步刺激了宗族制度的延续和再造。我们今天所能看到的这一地区的祠堂林立、祭祖之风日盛、民间信仰复活、寺庙香火不断等的民间图像，正是这一理学传统的延续和再生的写照。

本文拟在闽北社会文化这一大背景下，通过闽北一千年古镇

① 刘光舟：《闽北姓氏文化考》，《南平文史资料》第14辑，1993年。

——樟湖镇及其下属的几个村落的田野调查，以宗族的运行机制、祖先祭祀民间信仰为主线，来说明文化的复制与和再生产的问题。

## 三、调查地樟湖镇的生态和人文社会背景

### （一）行政与自然景观

樟湖镇位于闽北的最南端，隶属于福建省南平市延平区。东距闽清、南距龙溪、西距南平、北距古田县城各 60 公里。地处四县市结合部，是闽江中游最大的集镇，也是福建水口水电站库区最大的库区乡镇。全镇疆域面积 198.18 平方公里。樟湖镇所辖 14 个行政村，习惯上称为镇上六街、外围八村，一个居委会，人口 2.38 万人。樟湖镇基础设施较为完善。交通发达，316 国道、来福铁路、闽江航道贯穿全镇，规划中的京福高速公路将穿境而过。

樟湖镇地域优势明显，自然资源丰富。樟湖地处山海结合部，四面环山，闽江从镇北面至西向东横穿而过，这里地理独特，它扼上尤溪口下尤溪口，武步溪口为三溪之源，这里文化积淀深厚，它向来都是闽中四县结合的文化经济中心和交通要冲，扼南平的南大门，是福州、闽东南发达地区向闽北内地辐射的前沿地带。1992 年随着水口大型水电站的建立，原来的古镇已成为水下之城，而其固有的地方文化传统并没有随着水库的建设而沉溺于水下。而是以其特有的姿态被复制、创造展现在世人面前。

樟湖镇共分布约 35 个姓氏，其中镇上就有 20 个姓。人口 1.1 万人。千人以上的有 3 个，陈姓共 5000 余人，在镇上约

3500 人，胡姓约 2200 人，张姓约 1100 人，其中外围溪口村的廖姓也约有 3000 人。其他各姓都在 100—500 人之间，100 人以下的也约有 5 个姓。陈姓为樟湖最大姓，如加上外迁、外出工作的约有万人之众。

樟湖镇所在地内 20 个姓氏分别为：陈、胡、张、王、黄、董、蔡、杨、邓、郑、游、魏、刘、沈、丁、施、李、廖、林、吴 。集镇外围八村的 15 个姓氏分别为：廖、吴、池、潘、章、叶、高、赵、朱、付、谢、陆、欧、鄢、郭。以上 35 姓构筑着樟湖坂及其周边丰富多彩的民间文化体系。同时它融合了闽越文化与中原文化的内在特点，形成了具有地方特质的文化传统。

据初步调查，目前樟湖镇现存的姓氏大多是晋、唐时期（如张姓、陈姓），以至更晚年代再从八闽其他县迁至樟湖内落脚生根的。相传最早，樟湖坂本地只有二姓，即“上坂溯下坂李”之说。唐、宋以后樟湖坂的政治、经济已具相当规模，这时许多姓氏就成批迁入。明清两代樟湖坂又是一个大发展时期、这在姓氏族谱中就有反映。经过多年的开发，街道、码头、祠堂、庙宇等应运而生。

（二）樟湖庙宇、祠堂分布

现镇上的庙宇基本上是把未建水库前老镇上的庙宇按原样搬迁复建的，规模也大径相同，其中蛇王庙、圣等庙（上塘奄古戏台）已被列为南平市级重点文物保护单位，是按原样原拆原建的，这两处建筑为纯古建筑，其余庙宇祠堂迁建时多有改、扩建等，并形成一相对固定的信仰圈。如蛇王庙（连公庙）、圣母庙（上塘庵）、钟灵庵（齐天大圣）属坂头林经街；聚灵庵（齐天大圣）属上坂中和街；显灵庵（齐天大圣）属中坂下坂街；潘公堂（除胡姓，下坂陈姓外）均有祭祀；陈公堂属坂头街、林经街。

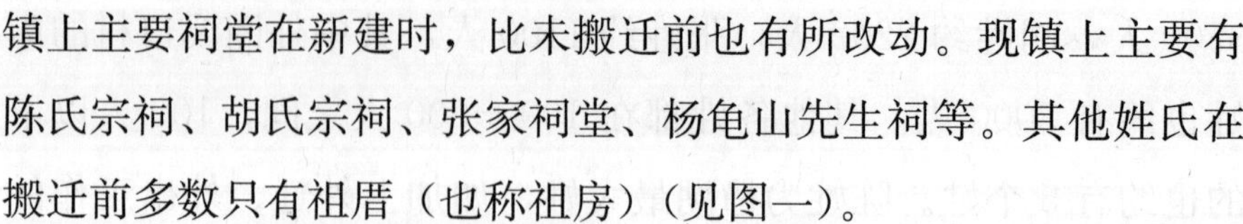

镇上主要祠堂在新建时，比未搬迁前也有所改动。现镇上主要有陈氏宗祠、胡氏宗祠、张家祠堂、杨龟山先生祠等。其他姓氏在搬迁前多数只有祖厝（也称祖房）（见图一）。

此外，集镇外围的村落如溪口村、新岭村、剧头村等的庙宇祠堂也很多，如溪口村的廖氏祠堂就有 2 处、新岭村的王氏祠堂、剧头村的吴氏祠堂等。这些村都有庙宇。

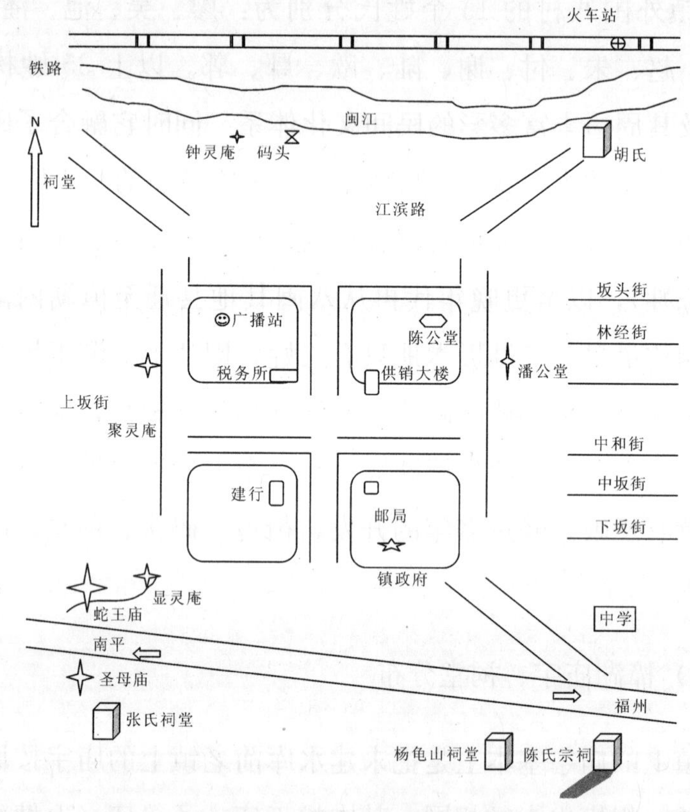


图一　樟湖镇上的街道与庙宇、祠堂的分布

（三）樟湖镇的建筑及居住格局

以镇上为例，在建水电站之前，樟湖坂的建筑风格基本上保持了明清两代的江南民间建筑的风格，居住方式多家族内数代至亲同住一个院落为主，一般院子十几户到五十户不等，如陈某家原搬迁前，院内就住有 36 户同祖至亲，现在搬迁后全部分散，居住格局也由此而改变。比如他家兄弟四家，搬迁前同住一厅共走一个门，而今居住地已分为四个安置点。

樟湖镇搬迁前，民居建筑较为独特考究，以木结构房为主，窗户、门做工精细。一座院落占地多在 3000－5000 平方米，前有大门，大门前两边立有石双斗旗杆。如搬迁前镇上中坂街一家，院内仅大小厅堂就有十九个。院中还有池塘花园，并有工房(旧时是专门给打长工的人住)、书斋，院外还有芦厂（停放棺材用房)。搬迁后这座院内的几十户人家同样是在政府统一分配的宅地上建设新家。

镇上民间姓氏之间向来关系较为融洽，异姓间通婚频繁。姓氏之间，相处和好，大姓欺小姓现象不多见。比如镇上潘公堂祭祀就是各姓都有，“迎活蛇”也各姓参与。

## 四、宗族的复兴与人群结合

闽北宗族的复兴主要开始于 20 世纪 80 年代中期，特别是进入 90 年代以后，其修谱建祠拜祖之风日盛。我们以所调查的樟湖镇及其有关村落的调查来说明这一问题。

### （一）修谱与合众：祖先与子孙谱系的重建

宗谱是中国宗族建立的系谱，即是记述一个家族或氏族世系的系谱，宗谱在中国古代相当发达，经过传播，传到越南、朝鲜、冲绳群岛等地，日本在近代兴起的家谱也受到这一影响。

宗族是出自同一父系的同宗亲族，即使同姓如果不是同宗也不是宗亲。第二次大战后，在香港的同姓团体的宗亲会非常盛

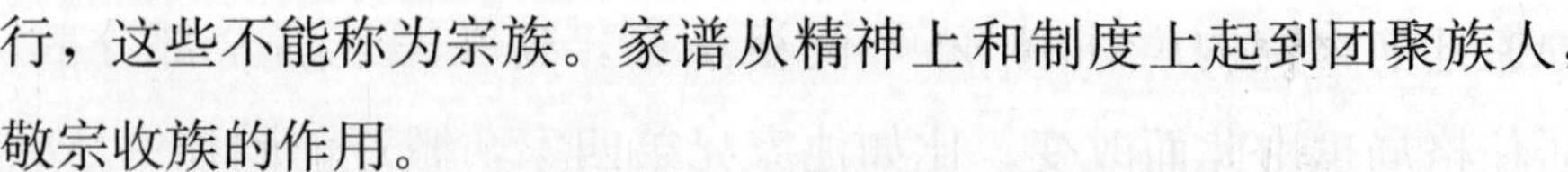

行，这些不能称为宗族。家谱从精神上和制度上起到团聚族人，敬宗收族的作用。

每个宗族大多有一部家谱，又称宗谱、支谱、族谱等等。在大的族谱中，下分有“派”和“房”。家谱记录了宗族的起源、演变过程，规定了宗族内的人伦关系和族人的行为方式。家谱上记载着全族的户口、婚配和血缘关系，直系亲属中谁应受到尊敬，全族的祖先墓、族产公田的坐落地点、四至方位及其图表等。另外修谱可以正本源而清血统，确认家族的世系血统，防止血缘关系的混乱。所谓“谱所以明宗派，别亲疏”。族人在家族中和社会上的地位和利益，在很大的程度上取决于他们的血缘关系的亲疏远近，所以血缘关系的明确是一个家族存在的前提。同时家谱也是防止异姓乱宗、紊乱血缘关系的工具。如何去防？一是防止异姓乱宗，二是防止同姓冒族。其办法就是异姓子、义子、后妻携来之子、婿等等均不得入谱，或虽入谱，但要在名下注明其身份、原姓，不准他们紊乱宗族的血缘关系。

宗谱常写有祖先的名字，像位牌一样被尊敬起来。如宋代曾建立了族谱亭，把谱刻到石碑上，在亭下族人常常祭拜，族长在一定时间还要给族人读谱，每月族人集中后，要拜族谱图。在中国华南和东北地区即使现代也有拜家谱的风俗。因此，宗谱不只是过去的记录，通过对祖先的崇拜，能唤起族人对同族团结的关心，加强了同族群体的凝聚力。族人根据族谱上的排列名单，享受族长的选举、义庄的管理、义米的分配、义塾的经营、子弟的入塾等各种各样的权利和利益，进而以宗族的荣誉和势力为背景来从事一些社会活动。与此相适应的是族人必须履行参加祭祀、承担各种费用及参加械斗的义务。另外，还必须服从家训，遵守家范、宗规宗约等。

如果忽视对这些义务的履行，将会受到全族的诫告、制裁，严重的要把他从族谱上除掉。如果某人从族谱上被消除，不仅失去作为宗人的资格，而且这种人也为社会所遗弃。可见，宗谱也为族人户籍本。清末，在盛行立族谱的地区其宗谱比官府的户籍更为详细。在宗族内生活的族人，如果夭折或没有加冠而死，尽管在宗谱上有记载，但比一般的宗人的地位要低得多。另外，即使一开始为宗谱所记载，但后来成为一些不轨之徒或成为僧侣、道士及转为奴婢者，也要从宗谱中除掉，从他姓过来的养子和入赘者也不予记载。因此，谱有六不书，即“弃祖、叛党、刑犯、败伦、背义、杂贱”。此外还用不入谱、“除籍”（谱）等手段处罚族众，维护家族势力的统治。家谱是家族势力惩罚族人的一种手段。在家族制度盛行的宋以后的农村，族人的名字列进了家谱的世系图表，就表示得到了家族的承认，取得了合法地位；不准入谱或去谱名，在人们的观念上认为是一种耻辱，而且不能接受宗族的救济了。

这一修谱的习惯，进入 20 世纪 80 年代以来，在闽北地区很为流行，每家都要出钱出力，但宗谱的内容已和旧式的宗谱不尽相同，又增添了很多新的内容。族谱的纂修是族人认同的重要标志。

个案 1：

樟湖坂的湖峰陈氏，发源妫汭（为舜帝之后裔，传说舜帝起源于妫汭），分派颍川，椒衍闽山。从闽清湶上移居长乐，后迁樟湖坂。其始祖为大宋时国随公，德配蔡氏。迁到此地迄今 860 多年。其族谱所言：“论时间、人口、码头、热闹，均居樟湖首位。祥道公余荫，簪缨济济。贤良代代。”现陈姓不同支系分布于闽北各地。分布在樟湖镇的陈姓主要为伯旺公之裔，居于樟湖上塘（上、下坂两街）。据陈氏族谱记载，从宋朝开始修谱，到民国六年，约续修过 11 次，历代都有名人来做谱序，如宋朝的朱熹、明代的王守仁、民国的林森等。但陈氏族谱从民国初年一直到20世纪90年代初，由于各种原因，一直未修。在“文革”规律时期，樟湖陈氏宗谱被搜查，强行集中焚烧，有两位陈氏宗亲在点火之际，果断地从火中取回宗谱，秘密保存。“文革”后都先后献出，他俩所存之谱可看清陈氏祖宗所志珍贵资料，如陈熹公世系点录，陵园所在。为后来勘察重修族谱提供了可靠的依据。现在的新谱，就是在此基础上，访查陈氏各支谱系，参照有关史料，以陈氏150世后裔陈学炳等为主，组成颍川陈熹公千郎宗谱理事会，理事会成员涉及闽清、南平、古田、尤溪、永泰等地陈氏宗亲62人，并设编撰人员24人，于1995年5月修订完毕。期间编谱所需费用由族人提供支助。其中出1万元的1人，5千元的2人，千元以上的16人，500元人民币的20人。

个案2：

居住在樟湖坂曲尺巷、新岭等地的王姓之祖，迁樟湖新岭后峡定居以来，有数百年的历史。王氏族谱修于民国三十五年，以王夏诚为首发起，倡修族谱之事，奔驰各乡劝导族众，族众赞同。并特聘福州端木梓培先生为纂辑。两年后终于将王福田支派新谱完成。樟湖王毓瑞曾在1964年仲秋间，提出倡修族谱之事，族众均能赞同。后因各种原因将其搁置。80年代以后，王毓瑞到各乡劝导建祠堂时，参阅各乡族谱文献，并到王氏宗族分布的地方，拜访宗亲搜集族谱资料，又走访四邻各县，上至永安，下至福州，以及边远山区，寻宗遍访诸宗亲，倡议为纂修族谱，经过整理，于1993年将族谱重新作成。

在其族谱中，把有关王氏名人都视为同宗。正如族谱所言：“太原系人才荟萃，战国时魏国伊阳君王恢，秦大将军王翦，汉安国侯王陵，东晋名相王导，大将军王敦，书法家王羲之、王献之父子，文学家王俭、王融、王筠、王僧虔；唐代诗人王朝、王维、王勃、王驾；北宋名相大政治家、思想家、文学家王安石；南宋抗金名将王彦等皆出太原之系。”

个案3：

樟湖溪口廖氏族谱，现流传在世的曾有族老廖光向、廖福官、廖长铭等分别保存至今的“康熙本”“乾隆三十四年本”“民国七年本”等族谱。新族谱经10多年的努力，断断续续地收集到一批有关素材。尤其是近年来，随着库区搬迁，复建廖氏宗祠后，廖氏宗亲又大张旗鼓地征集散失在乡间族人手中的谱牒。通过召开各种人士座谈会、约请族老回忆、重新稽核墓碑和各种志铭、契约等方式，取得了廖氏姓源的可靠依据。其目的正如家谱所言：“既编纂族谱，又促进延平廖氏的研究。商讨家乡族人团结，推动经济发展的新举措，引起各界的重视，举一反三，影响深远。”

南剑龙溪（今南平溪口）廖氏族谱能得以纂出，除编纂者之外，族人也提供了资金，并热心关注。《南剑龙溪廖氏族谱》编纂属于全乡性地总动员还是第一次，尽力吸收历史老族谱的种种优点，克服弊端；又参阅了先行编出的他姓各种族谱的样本，取长补短，便于寻根问祖，便于后人阅读，形成自我特色的族谱。于1995年3月编成印行。

另有胡氏新族谱、剧头吴氏新族谱及西塘村池氏新谱等正在编撰之中。

（二）祠堂的新建与重修

在笔者调查的樟湖镇，印象最深的是几乎每村都有一个以上的祠堂或祖厝，在很多地方，还在大兴土木，重修重建祠堂，不同姓氏建造的祠堂可谓富丽堂皇，是当地最为引人注目的建筑。有的地方还成立了董事会，专门负责宗族的各种活动，运行的程序井然有序。宗族在当地的各项事务中仍在发挥着重要的作用，当然其性质与50年前也不相同了。

在闽北汉族社会，大多宗族都有一个祠堂（有的只有祖厝），也称宗祠、家庙。祠堂里供奉着死去的祖先的神主牌位，所以祠堂首先是祭祀祖先的场所。通过祭祀祖先，向族众灌输宗族团结、血亲相爱的观念，把家族团聚在一起。明代以前，法令上只允许贵族品官设立祠堂，追祀先祖。明朝中期正式准许庶民修建祠堂祭祀先祖，于是民间修葺祠堂兴盛起来。祠堂的兴建，表明人们表达其宗族观念的行为模式进一步系统化和规范化。

祠堂既是宗族的标志，自然受到宗族的重视。近代各地宗族的祠堂其建筑形式各异，但都体现了礼尊貌严。一般的形式包括龛室，用来供奉祖先神主，分别昭穆；大厅，用来集聚族众行礼；回楼，用于接待宾朋和宣讲经旨，两厢则设置义学，以供子弟读书。在许多地方，族众常常是围绕祠堂而居，体现了祠堂在族人心目中的地位。祠堂的规制，视家族人口的众寡和族产族田的多少而定，所以宗族规模愈大，祠堂规模也愈宏大，反之亦然。祠堂一般为数开数进的宫殿式建筑，富裕家族的祠堂则异常的富丽堂皇。祠堂有宗祠、支祠之分。一族合祀者为宗祠，或称总祠，分支各祀者为支祠。

可见，祠堂是一个宗族的中心，象征着祖先，象征着宗族的团结。宗族成员通过祭祀祖先，通过父系血缘关系把族人凝集在一起，形成一个严密的家族组织。所以，祠堂的修建是宗族复兴的又一重要标志。

个案1：

樟湖坂复建陈氏家祠：水口电站建后，淹没了樟湖旧镇，陈氏宗族合族商议，选址丹山水根头，复建陈氏宗祠，十三支祠均表赞成，并把原在搬迁前陈氏祠堂有3座合并在一起。本祠坐乙兼辰，水出乾。于 1994 年秋建成，举行盛大晋礼大典。这一陈氏大宗祠，系祥道、师道后裔十三支祠合建、面积 2000 平方米，祭祀陈氏始祖千郎公前后历代祖考妣之神位，为二层半仿古建筑，重檐斗拱巍峨壮观。其内有三大厅、两护厝，可排酒席 120 桌。

其大门埕围矮墙，有清督标卫守府道南公石旗杆一付；台籍院士陈良善暨其叔美籍博士陈明茂为尊祖敬宗，特意奉献大石狮一对，竖立大门口，以壮观瞻。

祠内正厅，祀后梁人闽一世祖三司左丞千郎公与祥道公、师道公暨历代祖考妣之神位。

厅内有楹联云：兄弟两尚书凤毛济美；同胞四进士棣萼联辉。

另外，在闽清县还有陈氏入闽先祖千郎公的祖祠。据陈氏千郎祠记略，为立孝祖先，追本溯源，团结宗亲，激励后昆，于 1947 年元月爰集各县宗亲商议，公推陈绍宽、陈培刊、陈联芬等 135 位为董事会亭宗亲为建祠名誉总经理，陈光亮、陈佑南为经理。选择旷爽之地白云渡（今樟山村），集资起建千郎祠。建筑面积计 2200 平方米，各地陈氏宗亲纷纷义务投工，计时二年余，于 1949 年前，祠宇功将告竣。

此外，陈氏先祖曾出一门双理学贤达。宋代皇帝悯其功，录其贤，建祠于县治明伦堂后，一般称陈公二贤祠。宋以后，到清代由于兵乱等，贤祠遭毁。雍正十二年（1734），皇旨颁下，查各省贤裔，准其具题，承顶余志，发帑重修，乃发库钱 149 两 4 钱 6 分，统付当时孙县，负责择地，在城南关外盘谷山麓起盖贤祠。1739 年，拨出陛科粮银 6 两，作为二贤祠春祭秋祭祀费用。光绪二十九年（1903）裔生陈存宗等，集资购地，重建于旧址后山之上。之后相当一段时间，贤祠挪为他用，以后又被拆毁。

1987年，陈氏宗亲出面交涉，争回祖业。组成建祠筹委会，并由宗亲绘出外观景图，传到海外东南亚一带，于是由东南亚海外宗亲捐资，动工再建。后因资金不济，中途辍工。

个案2：

我们所调查的王氏宗祠又称开闽王纪念堂，坐落于南平樟湖镇新岭村后峡，始建于985年，清朝乾隆年间因遭回禄，后由尤邑龙门场王瑞图为首向各支系筹集大洋贰千余元重新兴建。民国二十八年祠堂因多年失修，屋宇塌坏，由尤邑高坪王松圃为首，用祠堂集体资金整修。

“文革”时期，祠堂一切祭器及有文物价值的金字匾额均遭一炬，祠堂被占为广场，直至“文革”结束后于1983年秋间由南平樟湖坂曲尺巷王祥进、王金同、王毓瑞为首发起重整祠容，恢复祭祀，按旧例每年农历七月十二日各村集中公祭一次。

1989年国家在水口兴建水电站，王姓祠堂位于库区之内，应于搬迁，政府按原占地面积每平方米估价补贴，实补祠堂拆迁费四万多元人民币，该款给新岭村挪用，只拿出九千元。1992年，眼看祠堂即被淹没，此时樟湖坂上坂街王毓瑞公自告奋勇担负起拆迁重任，不顾年高体弱，跑三村访四舍，宣喻水源木本之道，筹集资金，各系因其热诚而鼎力支持，终于筹得三万余元人民币。

经各乡族众代表实地踏勘后认为，后峡实为发祥之地。因此确定在后峡316国道旁破土奠基，于1992年12月15日动工（拆迁工作已从1992年11月始），边筹备边动工，经族众鼎力相助，努力奋战，到1993年农历闰月基本落成，为时只有四个多月，并在同年农历壬三月廿二日即公历5月13日，举行安神进香庆典仪式，其场面甚为隆重，合族振奋。此举之速，也令王氏族人出乎意料之外，以其族谱所言：“吾祖在天之灵应开颜一笑，吾辈也应引以为豪。”

个案3：

溪口村人口4052人，户数910户，11个村民小组，其中廖氏有650户。廖氏有前廖和后廖之分。属于廖氏不同的房系。前廖的祠堂较后廖的祠堂要大而宏伟。前廖祠堂为搬迁后所建。并成立了祠堂管理董事会，筹集资金25万元多，建祠堂花费20万元，现还有基金5万元，用于祠堂的维护和有关的仪式。

此外，像镇上的胡氏等祠堂，建筑也非常考究，都为搬迁后重新所建，在此就不一一列举了。

### （三）祖坟的重建与修缮

墓地作为死者的葬身之地，一直为人们所重视。有的学者通过实证研究，总结出汉族的墓地具有如下的特点：1. 墓地是血缘的集结；2. 墓地是家族和财力的象征；3. 墓地是祖先与后代交流的场所；4. 墓地是阴阳两世界的交接点，冥府他界的入口处①。正由于此，汉族社会对墓地有着一套系统的文化观念。同时，墓地也是联结人群结合的重要方式。特别是祖墓，是宗族社会跨地域的社会向心力之所在。樟湖镇的陈氏先祖墓就是一典型的案例。从为祖坟而对簿公堂到由此引发的修缮祖墓以及超越地域的空间限制的合族祭祀，就是宗族复兴与宗族认同的具体体现。

闽清县洓上凤凰山，虎砂过案，号凤凰展翅。上下斜连三穴，左边上一穴葬玩公骨殖，中一穴葬衲公，右边一穴葬陈旸公生母谢氏太夫人，坐申向寅。从1982年开始围绕着在闽清的谢氏四娘坟墓，引发出一起长达六年的诉讼官事。1982年因有人图

① 何彬：《江浙汉族丧葬文化》，中央民族大学出版社，1995年，第97—98页。

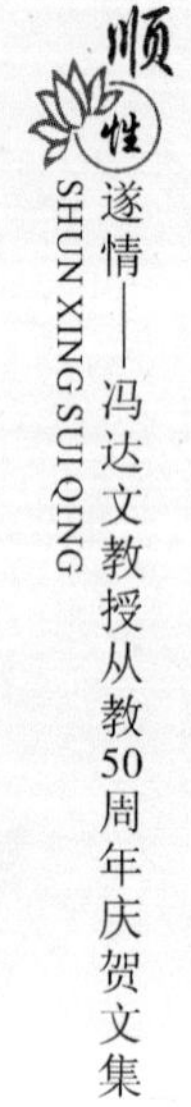


谋占陈氏宗族墓地。陈氏宗亲及时通报后，第二年清明节各地宗亲集于谢氏太夫人墓前祭扫，并运石建墓。1983年6月闽清添上蒋氏族人状告陈氏石块堆砌其毗邻的蒋家墓道。闽清县法院受理此案后，于1985年元月做出判决如下：

1983年清明节期间，白樟、坂东、三溪等地的陈姓群众祭扫“凤凰墓”时，商量修造坐落于添上村“琪墙仑”地方的一台无碑墓，同年7月间，陈姓群众动工修造，发现该墓右边有一台荒坟墓，经扒土观看墓碑，碑记“蒋乃亨墓”。且此无碑墓乃蒋乃元墓为由，不允陈氏群众继续修墓，引起纠纷。陈东标……等依据“梅坂族谱”，以该无碑墓系其祖先“谢氏四娘”之墓为由，诉来我院，要求确认墓主，继续修墓。经本院查证勘验，“谢氏四娘”坟墓的坐落、方向均与荒墓不符。不能确认该墓就是“谢氏四娘”之墓。也无证据认定该墓为蒋乃元之墓，据此，本院判决如下：

一、准予蒋乃亨后裔及其亲族修建蒋乃亨墓。但左边外围限于蒋乃亨墓中心线（俗称合砖线）起向左延伸2.10米范围内修建。

二、双方所争执的无墓碑，按无主墓处理，应予维持现状。

如果不服本判决，可在接到判决书的第二天起十五天内，向本院提出诉状及副本三份，上诉于福州市中级人民法院。

收原告人诉讼费五十元，收被告人诉讼费三十元。

这一判决书下来后，陈氏宗亲不服。并由陈东宜等发起，坂头陈东标、三溪陈绍煌、樟山陈邦凤三位领头，其他族人大力声援、协助工作，他们力争祖宗之业。奔告鸣冤，前后历时六个年头，十四庭次审辩，闽清法院仍判陈氏宗族败诉。

在非常困难之时，旅马来西亚陈氏宗亲陈树新，闻讯后立即资助人民币一千元。一些陈氏宗亲背状上省，呈诉于福州市中级人民法院。经福州市中级人民法院调审所有诉状档案，查明事实后，于1987年终审判决如下：

……上诉人（陈氏）和被上诉人在沶上凤凰山中仑右边下各有祖坟一台，两台相邻，这在蒋家诉状中已承认，现被上诉人又加以否认，是不对的。为了维护群众祖墓，加强双方团结，从实际情况出发，特作如下判决：一、维持闽清县人民法院……民事判决书第一条，撤消第二条。二、诉争坟墓属陈家坟墓，准许陈家在其范围内即距离蒋乃亨墓中心线延伸2.1米外修建。

经过六载的讼争，1987年福州市中级人民法院判还陈氏宗族。此事引发陈氏宗亲更加团结。以此为契机，陈氏海内外宗亲出钱出力，修复宋代祖墓等十二台。在修坟高潮推动下，南平樟湖坂陈学炳老宗亲，鉴于以往大事皆联合整个陈熹公系族亲，首先倡重修大唐晋国公熹公陵墓。陈学炳等宗亲依据樟湖坂族谱详细记载做过详细查勘考证，在闽清三溪崇福寺后找到千郎公生父熹公陵墓。陈学炳等还专程赴长乐与陈熹公另支后裔汇报祖陵考察经过，后来陈熹公三支苗裔重叙手足之情。合力重修陈熹公祖坟。这样前后仅两年时间，陈氏宗亲共修复千郎公及以下祖坟共一十三台。期间，陈氏宗亲组成各种形式的修复祖墓委员会，募集资金近10万元。

1992年，长乐大义夔公后裔运来巨大石碑，石刻“唐晋国公熹公之墓”。并于1993年10月10日阴历八月二十五日，定居于长乐江田、闽清三溪、南平樟湖镇及全省各地陈氏后裔代表500余人，云集三溪，祭拜唐晋国公熹公之灵。由三溪宗长主持祭祀，由陈夔公后裔陈良生宣读祭文，举行了盛大的祭祖活动。

可见，由于对祖坟的修缮，使得不同支系的陈姓宗族，形成一超地缘的宗族共同体。这一共同体得以维持、协同、发展的原本之根，不正是对祖先的祭祀吗？

## 五、宗族的根：祖先祭祀及其空间“场”

宗族的持续和发展，其最重要的基础就是祖先祭祀。在中国的传统文化中，儒家的思想占统治地位。在儒家的祖师——孔子的思想中，“仁”是核心，“孝”是根本。而“孝”又以“子嗣”为主，“不孝有三，无后为大”。这意味着人生的意义和血缘的延续紧密地相联，生命的意义在于把祖宗的“香火”延续下去。在汉族民间社会，直至今日许多乡村还悬挂着象征福禄寿的神像，一为寿星（寿），一为文官（禄），一为平民怀中抱子（福）。家中逢年过节，福字随处可见。

人们认为福之最高境界即为子福，表明种的延续观念甚强。这种观念具体体现在祖宗观念和后代观念上。祖宗观念的体现即为祖先崇拜。祖，甲骨文、金文都作“且”，即象征男性生殖器，用男性生殖器作为人类祖先的文字符号，恰好说明在古人的眼中，祖先的首要功绩就是繁衍后代子孙。对于每个家庭或家族来说，死去的祖先将会保佑家庭或家族人口的繁衍、生存、安宁和兴盛。殷周时代，祖先被奉为神明。祭祖的传统在汉族社会从远古一直延续到近现代。在汉族的祭祖传统中，仅春节期间复杂的拜祖仪式就让人眼花缭乱，目不暇接。从腊月下旬的过小年，到大年三十晚上的守夜，再到正月初几的送年，最后到正月十五的元宵节，其中都贯穿着拜祖的仪式，并且是一年中最为重要的祭祖仪式之一。

汉族的家族或宗族仪式，祖先崇拜可以说是最核心或最重要的部分。研究中国社会的学者通常认为祖先崇拜始终是中国社会的特质。祖先崇拜与中国家族有着密切的关系。谈到汉人家族的研究，大多从功能的观点来探讨家庭的类型与结构，例如最初对汉人家族制度进行分类尝试的研究者是美国学者库珀。他通过对广东汕头市附近的凤凰村的研究，依据功能的观点将凤凰村的家族组织分为几个不同的层次来加以界说。他根据家庭的功能，将中国的家庭分为自然家庭（natural family）、经济家庭（economic family）、宗教家庭（religious family）和传统或氏族家庭（conventional or sibfamily）四种不同形态。由于诸分家户固有的强烈的父系观念，以及彼此又有结合的倾向，从而形成宗族，上述的“宗教家庭”“习惯家庭”即是[①]。

较完整的祖先崇拜仪式，应包括祖先牌位崇拜和坟墓崇拜两部分[②]。祖先崇拜通常在培养家系观念中起决定性作用。一个人的存在是由于他的祖先，而祖先的存在是由于他的子孙。古人认为阴界祖先的生活必须靠阳界子孙的供奉，祖先既无人照料其阴间的生活，阳界的子孙也将不能在祖先的荫护下接续香火。家族伦理中的宗教性和礼教性集中体现在祖先崇拜上。马凌诺斯基曾经这样赞美中国家庭组织。他说：“家，特别是宗教的一方面，

---

① Kulp, K. H., Country Life in South China. The Sociology of Familism. New York Teachers College, Columbia Univercity, 1925.

② 李亦园：《近代中国家庭的变迁：一个人类学的探讨》，《“中央研究院”民族学研究所集刊》，第54期：1984年，第7—24页。

曾是中国社会与中国文化的强有力的源泉。中国的旧式家庭，对于一切见解正确的人类学家，一定是可以羡慕的对象——几乎是可以崇拜的对象。因为它在许多方面，曾是那么优美。”①

在古代中国，祭祀祖先，每日、每时、每餐之前都要进行，家长浇奠，并献给祖先一口饭食；如果他从君王、上级的桌上得到一盘菜或一块面食，都应先有祖先一份。

在中国的礼制中，祭礼是“四礼”中最高的礼节，它限定了传统中国人的生活方式。四礼中的前两礼，“冠”礼和“婚”礼，如不求助于祖先就不够完满。

祭祀祖先，是祖先崇拜的反映，拜祖是其最重要的主题活动。各种拜祖活动名目繁多，礼仪繁缛。不同的宗族社会都有一套特有的专门用于拜祖仪式的程序，每一种仪式又是由一系列更小的子仪式组成，它们构成了一个错综复杂的拜祖文化系统。祭祀的意义，就是通过这种祭祀的仪式，把家族成员从精神上束缚在死去了的祖先的周围，防止家族的离散。

对祖先的祭祀是宗族最重要的祭祀。尊祖敬宗，敬宗才能收族。对本宗族祖先的祭祀是宗族的头等大事。唯有祭祖，才能唤起族人的血系观念。唯有祭祖，才能强化宗族的内聚力。同时，宗族的建立也与汉人社会家庭的运行机制有着直接的关系。这个家的运行机制就是分家。常常认为汉族的家庭继承的是一个分裂的家庭，即没有继承一个完整的家。这一看法是把财产的均分看作是家的分裂，事实上在分的背后一个很关键的字就是“继”。这个“继”字正是中国家庭的基本特点。这个家庭是“上以事祖先”而“下以继后世”的团体。这个“继”字，在法学术语中常以“继承”二字体现出来，在家庭的再生产过程中，是关键的一

① 马凌诺斯基著，李安宅译：《两性社会学》，商务印书馆，1986年，第1页。

个环节，它是和分家的概念不可分割的。继承的概念，在汉语中常包含财产继承之外的继承。日本著名的中国法制史家滋贺秀三对这一概念进行了明晰的解释。他认为所谓“继承”，第一是继承某人的一切，是全部的“继嗣”（即血缘的继承，笔者注），第二是继承祭祀，即对父系血缘祖先的祭祀（养子的场合，为对养父祖先的祭祀），第三是继承财产，即我们常说的“继业”[①]。滋贺秀三还认为，在中国文献中，“继承某人”和“祭祀某人”是同义语。这三者是统一的。在笔者看来，血缘是以生育为基础构成的社会关系，祭祀是体现生者和死者关系的仪式，财产是生活资料的积累或储蓄，三者是有联系而非统一的。这就是“祭祀某人”为一种象征，“继承某人”为一种具体的所指，而“继承财产”为一种具体的结果。如此人人皆祭父，人人皆分财产。事实上，财产继承的权利和对双亲的抚养及其死后的祭祀的义务是相对应的，兄弟间的平等性和父系关系的连续性，是汉人社会家族关系的根本所在，也是祖先祭祀的基础。其实，在中国古代有关继承的法律中，析产与继承虽有密切关系，但其性质迥然有别。析产只涉及家庭财产的分割与分配，继承却关乎宗系的合法传承。虽然继承地位的获得可以同时包含对一定财产的请求权，但从分家意义上而言，继承具有义务的性质。笔者所认为的“分中有继”的“继”主要包含两层意思：一为继人，这就是对老人的抚养义务，二为继宗祧，就是要继祖先的祭祀，在一些地方继的是牌位。这正是中国家的“分中有继也有合”的具体体现[②]。

一般可以把家族的祭祖方式大致分为三类：一是家祭，二是墓祭，三是祠祭，这三种不同层次不同规模的祭祖方式，组成了

① 滋贺秀三：《中国家族法的原理》，东京：创文社，1967年，第116—17页。

② 麻国庆：《分家：分中有继也有合——中国分家制度研究》，《中国社会科学》1999年第1期。

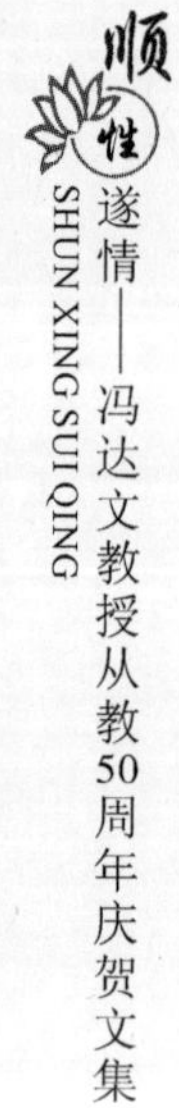


家族内部严密而又交错的祭祖文化网络。所谓“祭各不同，有家祭，有祠堂之祭，有茔墓之祭”，就是说的上述三种方式。

上述三种祭祀祖先的类型基本上概括了汉人社会祭祖的方式。不过由于所处的地理环境及其家族传统的不同，使得祭祖方式呈现出结构上的多层性与形式上的多样性的特点。即使在同一地域如樟湖镇的家族祭祖也有不同。然而，不论其形式如何，在结构上都呈现出一种封闭性的多层循环体系。在樟湖的调查中，一般为上述三种方式，但也有的姓氏多达四种或五种。如果细分的话，可分为五种，即家祭、祖厝祭、祠祭、墓祭和墓亭祭。

（一）家祭

家祭就是在自家屋中正厅，通过祖先牌位或画像（现有的加以照片等），在一定的节日对祖先进行祭祀的方式。这也是民间最为普遍、从先秦以来一直延续下来的祭祖方式。当然其祭祀的仪式及对祖先祭祀的代数也不尽相同。据有的学者研究，宋代以前只允许祭祀祖先两代，宋以后可祭祀三至四代祖先。这和宋代以来的程颐和朱熹等理学家提倡放宽百姓高、曾、祖、祢四代的限制有着很大的关系。即允许百姓厅堂上祭祀四代祖先。这种理学的倡导，在民间是否一成不变地延续下来了呢？

在研究汉人祖先祭祀的学者中，对于祖先祭祀的场所与其祭祀内涵的讨论，可以说是一由来已久的问题。有的人类学家以此为基础，对汉族的祖先祭祀进行二分法的研究。弗里德曼的研究就最具代表性。他认为汉族的祖先崇拜分成家庭和宗族两个层次，四代之前的近祖在家设祭坛，家族中的每个个体小家庭，都在家中的厅堂正中（叫“寝”）设立神位，供奉直系祖先的神主牌位，一般要包括高、曾、祖、考四世，每逢朔望日和祖先的忌日作醴备牲设祭。四代以上的远祖成为宗祠的位牌，由宗族来祭祀。末成道男的研究对此提出不同的观点，他认为，“家祠”不仅是家庭层次而且也为宗族层次的仪礼的场所[①]，事实上作为祭祀的场所，“家祠”和“宗祠”仅为祭祀的时间和空间不同。弗里德曼所强调的是家庭中的祖先崇拜与公共祠堂里对共同祖先的崇拜之间存在着明显的区别，并认为这是引起宗族紧张的原因。家内崇拜较近的祖先，与活着的人有着密切的关系，因而作为祖宗可能会受到特别的尊敬，但祠堂里崇拜的祖先同家内祖先相比，与活着的人的关系较疏远。从先验上说，弗里德曼的立论是合理的。但他由此认为“这种情况（指家族中的崇拜）下的祖先，仅仅是血系中各部分的一个点，成为一种在等级序列即男系诸单位以外的与活着的人保持关系的存在。很清楚，在由父系子孙组成的家庭被分别崇拜的人，对于维持超家庭范围的亲族的统一并无直接关系，他只是一个归依的对象而已”[②]。可以说，在不同的祠堂里崇拜不同的祖先，并不能认为是整个宗族中亲属统一的瓦解。许烺光博士认为弗里德曼的立论“见木不见林”，弗里德曼没有注意到一个事实：在许多家庭中，把“同姓（宗族）所有祖先”统统写在一个挂轴或牌位上，收纳在神龛里（同上）。在山东东部一些地方，平时联系不多的各房在大年三十集中在一起，把族谱挂在院里，各个分支的男性都来这里拜谱。在宗族的运行机制中，“族”和“房”是认识这一问题的关键。弗里德曼把家的扩大排斥于族的成因之外，同时把族和房放在一对立面上，强调族的分支——房所带来的族的分裂性。

闽北汉族的家祭，所体现出来的特点，并不是非常清楚地表现出近祖和远祖的问题。在樟湖镇，由于“文革”、水库搬迁等

① 末成道男：《家祠》和《宗祠》，《文化人类学》第5期，日本，1988年。

② 许烺光：《宗族、种族与俱乐部》，华夏出版社，1990年。

原因，大多家中的祖先牌位已化为灰烬，家中的厅中神龛以用红纸写的祖先牌位和相片为主。不过，在我们调查的闽北其它地方，还保留着较为完整的祖先牌位，从家中所供牌位，就可见一斑。如武夷山市头田镇的城村，很多家庭在中堂都设有木制的祖先牌位，并把历代祖先的生辰八字、去世时间等都写在祖先牌位的后边。如有一林氏家庭在中堂的左边设有一祭位，最上为菩萨，中间为祖先牌位，祖宗牌位上写有历代祖先的名字，称祖公☆☆，同时也写有各祖先的夫人的名字，称祖妈☆☆；在祖先牌位下方为用红纸写得土地神位。

详见下图：

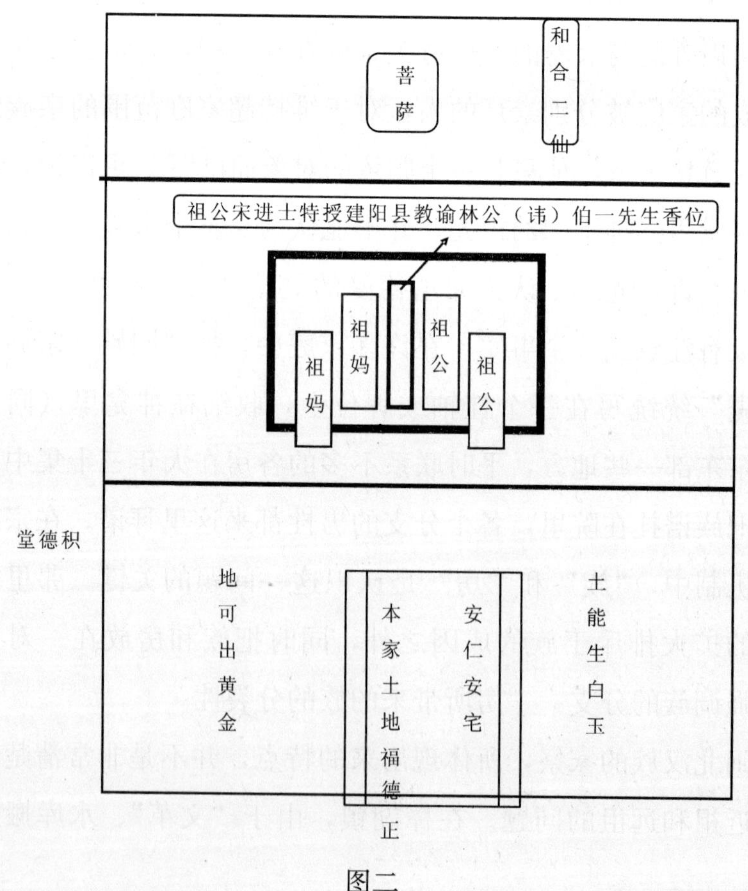


图二

从上述家庭所设牌位看出，一是把祖先与菩萨、妈祖及土地神等诸神，置于同一祭祀空间之下进行祭祀，从一个侧面反映了在人们的心目中，这些神灵是可以互通有无的，同时这些神灵是可以保佑现世的人们的。此外，对于祖先的祭祀更非只祭祀近四代的祖先，而是祭祀历代祖先。

（二）祠祭

祠祭是在宗族祠堂举行祭祖的仪式。据研究祠祭祖先，始盛于汉代的墓祠。我们现代意义上的宗祠主要出现于南宋时期。这和民间的实践与朱熹理学的兴起有着直接的关系。之后经过元明清三代，特别是清代以后宗祠体系日趋完善和制度化。如元代祠堂的形成有两个重要特征，一是由杰出祖先的纪念性专祠转化为宗祠，明清时期的不少宗祠就是由此种前代专祠形成；二是宗祠建于祖先故居，又可分为两种情形：一是与名人故居建纪念性祠堂，二是于祖先故居建祠堂[①]。现代留下来的祠堂，也基本上保持了类似的传统。闽北的祠祭或许更有代表性。

祠堂祭祀主要为始祖和先祖。不过各宗族所祭始祖和先祖的标准不一，甚至还有一定的选择性。在清代祭祀始祖的普遍标准，尤以祭祀始迁祖为多，而始迁者往往是最早做官迁往外地者，随之也出现一些滥认始祖的现象。而先祖是始祖之下，高祖以上的祖先，除强调辈分外，还要有功有德有才有爵等。祠堂一年中最为重要的活动莫过于祭祖了。对于祭祖在历史上有诸多的礼制，不过在民间各地，甚至同一地方如樟湖镇不同的宗族其祭祖的时间、仪式、参加者的限制也不完全相同。

个案1：

---

① 常建华：《中华文化通志·宗族志》，上海人民出版社，1998年，第87－94页。

樟湖新岭王家祠堂所祭为开山闽王及王姓的直接祖宗福山、福海、福田，即老祖宗。王氏原姬姓，乃周文王之后，自文王至灵王泄心传历廿四世，灵王有卅八子，太子晋，字子乔，即为王姓鼻祖。是年关中洪水泛滥，伊、洛两水横漫及王城，王急召群下议于朝堂，以求治洪之术，群僚皆一筹莫展，王无策，即以水来土掩之法壅塞洪流，以保王宫，臣下皆称吾王圣明。当时殿后走出年方十七的太子晋，晋奏曰："臣闻万物皆有生生制约之道，治洪宜疏，焉能塞为？今虽王室得保，而万民于波涛之中，此乃亡国之君所为也。"晋因此得欺君之罪，判以死刑，时虽有诸臣与后宫保奏，但王怒不息，恕其死罪，废为庶民，赶出王宫，晋出宫后与民共事治洪之业。事后王悔甚，遣人觅晋，而晋已不知去向[①]。据说这一支迁到山西。现族谱中提及的王氏宗族起源于山西太原，与此有关。秦末汉初，其中族中一支系迁入今山东临沂以北，该支系在河南光州固始县繁衍，其始祖王审知（谥号忠懿）兄弟皆出于固始县子贤八井村，王审知入闽后，909 年，王审知受封于后梁为闽王，都福州，谓之闽王。

其始祖王审知入闽期间于 893 年至 945 年，当时正是五代十国争雄之秋，闽都名列十国之一。闽国建立于 893 年至 945 年，共存 53 年。

王审知之孙王仲详，于 905 年前后任剑州守，而王仲详之子王良材，官授南唐兵部尚书，这一支即为今后峡宗祠始祖。王仲详去世后，葬南邑下青峰虎形，王良材为三年守孝而定居樟湖坂新岭后峡。王良材公生活于 940 年到 990 年前后，历经宋世祖王必正，元世祖王镇燕，明世祖福山十五公、福海十六公、福田十七公，其系遍布南、尤两邑。现这一带的王氏宗族主要即为明世

① 《樟湖王氏族谱》，1993 年。

祖福山、福海、福田之后。其各支分布不一，具体分布如下：

福山公：尤邑洋边、高坪，樟溪坂，尤门场，寨兜，丁山、西洋、双洋、半兜。

神海公：尤邑上圹，罗园，下洋。

福田公：南邑樟湖坂曲尺巷、新岭、九龙武步，尤邑半岭坑。

王氏之祖，迁樟湖新岭后峡定居后，人丁兴旺。正如祠堂中的对联所言：

> 晋水流长，榕城建国，闽江上下布吾族。
> 三槐枝茂，新岭发祥，南尤两邑遍同宗。

现祠堂所祭的始祖即为开闽王王审知。祠堂正厅所供祖先牌位如下：

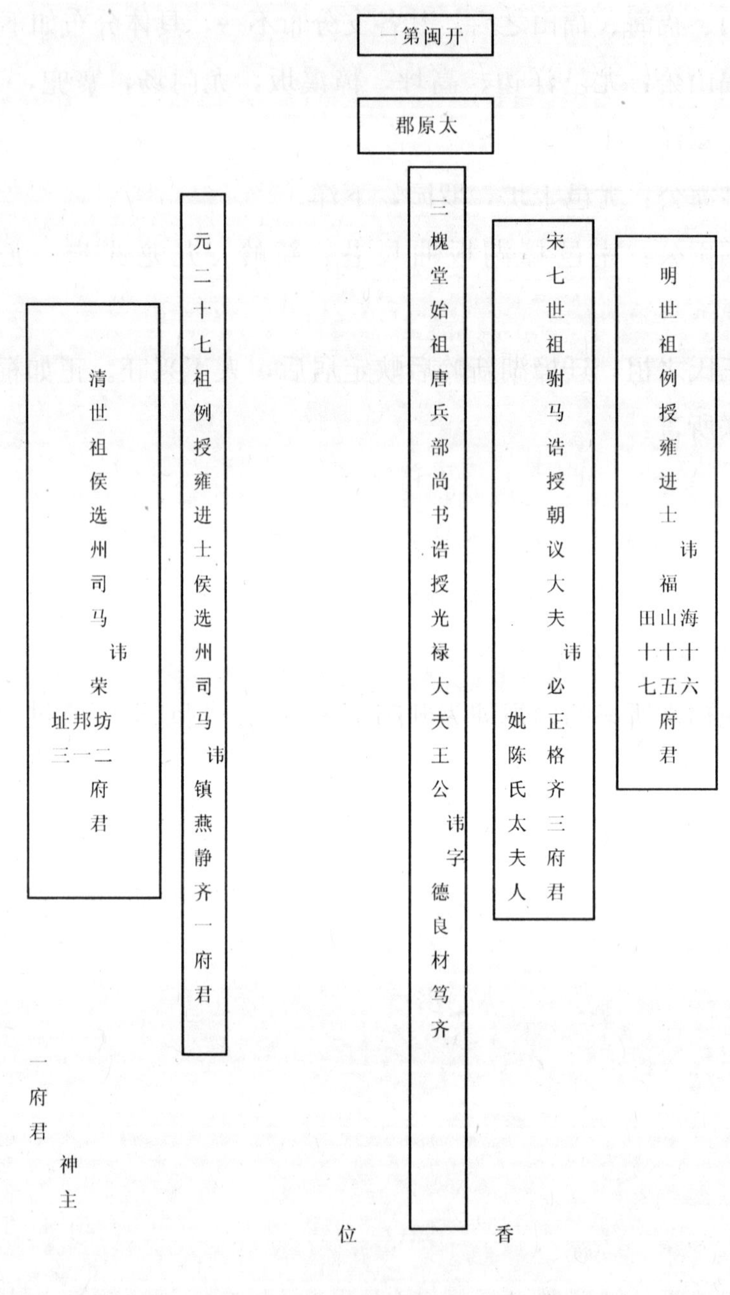


图三

祠堂祭祖　时间每年旧历七月十二日，早 5：00 开始，天亮前结束。参加者为各房代表，共 20 余人，都为男性，年龄不限。地点为新岭村靠近国道的王氏祠堂。祠堂祭祀为公祭，所祭为开山闽王及王姓的直接祖宗福山、福海、福田，即老祖宗。现福山、福海的后裔在尤溪，福田的后裔在樟湖、新岭、九龙和巨口。

前来参加者有18个村庄的代表，涵盖了王氏三房的所有后裔的代表。祠祭非常隆重，并有专人主持，所供祭品除一般的鸡猪鸦肉外，必备整猪。祭毕后，各房男性代表30余人，从10点左右开始，在祠堂正厅开会。商讨如何装饰祠堂、不同房之间如何通力合作、该出多少钱。会议由祠堂董事会一负责人主持。

个案2：

溪口村的廖氏，据南平市延平区政协廖木荣考证①，延平廖氏族人衍行于唐朝，从江西省云都廖氏老谱和延平廖氏谱牒中可以看到上述两地是南方廖姓族人的发祥地，这两地老谱都详细记载了廖氏从中原南下到赣南、闽中的权威性资料。廖氏的南迁，是晋代之后的事。廖姓最初从黄河以北地区，逐渐向南发展，先是在晋朝末年的永嘉之乱、五胡乱华之时，他们离开中原老家，落籍于长江以南。到唐朝末年的黄巢起义，他们又辗转入闽，在福建各地繁衍，并成为当地的一个庞大家族。以后，宋朝末年自北方长驱南下的蒙人，又使他们再度转徙于广东。到五代十国时廖氏已成为闽、粤一带的盛族之一。

查廖氏渊源历上古时期三十七世；春秋至西晋时期历二十一世；从西晋子璋公传闽汀花公历十七世，此时战乱兵燹谱牒无征数世，故花公前遗失二百五十年记载，清代老谱尚缺四十一郎、文兴两公等由江西赣州迁往福建宁化两代人的衍行踪迹现通过考证已详补。据《龙溪廖谱》（康熙本）记载，四十一郎与文兴两世人之间尚缺三世须等待考补齐；由闽汀祖花公历九世，传至樟

① 《南剑龙溪廖氏族谱》（乙亥版）。

湖龙谱（今溪口）始祖生才公，于明太祖洪武三年（1370）开宗至今已历传二十二世，历六百二十四年。还有天宝公也开宗于此，称后廖。综上所述，溪口廖姓氏族人从古至今已历传一百一十四世。现祠堂祭拜的为始祖等。

廖氏八月十五日中秋祭祖。在祠堂办宴席，60 岁以上老人免费参加，60 岁以下的自由参加，但需出钱，多少不限，1996 年祭祖时最多的有出 5000 元。这一天，居于他地的廖氏后裔也要派代表前来参加，如远在永定县洪山乡的同宗廖氏每年都有人来。这一祭祖日和搬迁前一样。祭祖除祠堂祭祀外，每年的八月初一到八月十五日为扫墓的时间。

个案 3：

剧头村的吴氏，从凤孙公始祖传到第五世祖，隆公、庸公、降公就开三房派即天、地、人房。天、地二房居住剧峰，现住人口 553 人；人房开居古田县黄田镇村里村，现住人口约 500 多人，剧峰与村里虽是隔县分界，但是山水相连，距离六公里之远，来往密切，每年祭祀扫墓都会聚在一起。

原有 3 个祠堂，现剩 1 个，距今 400 余年。坐北向南，其堂称“延陵堂”。祠堂中供奉的牌位原为始祖即老祖宗、大、二、三房的牌位。现三房因迁出本村，三房的牌位已无。

具体牌位如下：

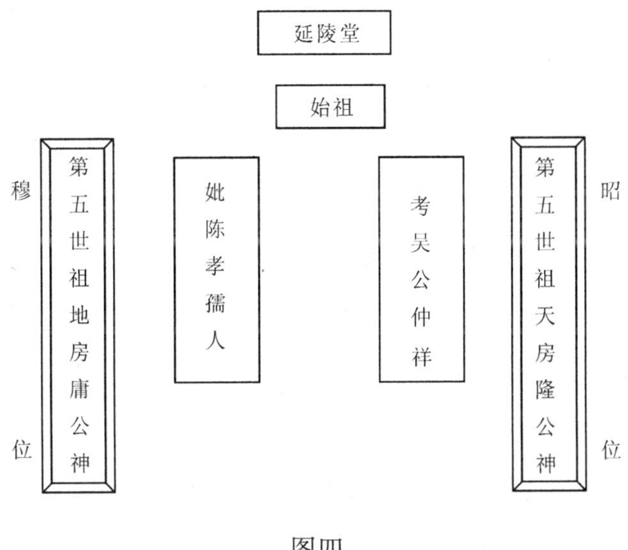


图四

据81岁高龄的吴良钦老人回忆，1949年前剧头村有族田10多亩，包括祠田、初一墓田（八月初一所祭老祖宗墓）和十三墓田（为大房和二房的老祖宗），其收益用于祭祖费用。当时清明节在祠堂祭祖。清明节3房全部到祠堂祭祖，祭祀活动由族长公负责主持。共摆10余桌酒席，60岁以上的老人，每人还可分得一个猪脚，以示尊敬和长寿之意。外地的人也都回来祭祖。之后，这种集体祭拜活动渐渐淡化，到1949年时，改为每家每人到祠堂祭拜。

1949年后，因族田已无，清明节已不在祠堂祭祖。祠堂现只是在葬礼时人们要来祭拜。本村祭祖的场所主要为祖厝、祖墓和墓亭。

个案4：

在樟湖镇的几大姓中，七月十五日祭祖的只有胡姓。时间为早上4：00开始准备，5：00祭祖仪式开始。地点在胡氏祠堂，参加者为60岁以上者。我参加了从5：00开始的祭祖仪式。中午还与他们在祠堂共进午餐，只是我们的桌子与前来参加的本族

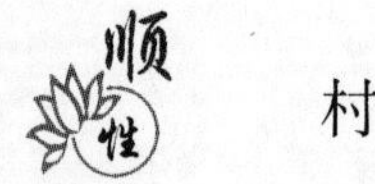



村干部在一起，放在祠堂门口处。

1. 供品　有整猪和整羊，另有鸡鸭猪等肉。

2. 个人仪式　来者先在供桌上点燃蜡烛，置于中间老祖宗之位前；另再把两支蜡烛置于左边的各房的祖宗牌位前。接下来在正中的供桌前敬香一捆并拿此把香置于手中，祭拜三次，然后拿出几支分别插在老祖宗和各房祖宗的牌位前。拜三拜后，到祠堂前的两香炉前插香祭拜，最后把余下的香拿到祠堂外，插在地上，接着点纸放炮。

3. 祭祀宗祠仪式　主持人就位后，正式祭祀宗祠仪式开始。他身穿白色衣服，其他 5 人也穿白色衣服，称执事，这 5 人作为各房的房长代表祭拜，其中有 1 人为主祭，主祭者年龄刚满 60 岁，辈分为最小。仪式如下：

（1）祭祀开始　（2）鸣炮　（3）各执事就位　（4）主祭人就位　（5）祭祀初行礼　（6）鞠躬敬礼　（7）主祭人钦洗　（8）主祭人复位　（9）主祭人跪：三叩、献香、献果、献羹、献帛等　（10）要献周礼、三叩献香、读祝文　（11）三行礼　（12）祭祀完毕，鸣炮

（三）祖厝祭

有些地方的家族因贫困，没有能力修建祠堂，往往以始祖或先祖居住的屋厝作为祭祀祖先的庙堂。不过，即使有祠堂的情况下，祖厝仍旧存在并发挥其特有的功能，这往往和各支房有关，很多支祠堂就是在祖厝的基础上发展起来的。

个案 1：

剧头村的祖厝始建于元朝中期，一直到 1992 年 4 月因风雨而倒塌。后子孙筹资，于 1993 年 2 月竣工。祖厝正面立有老祖宗的牌位，与祠堂牌位比较，没有天房和地房直接祖先五世祖的

牌位。

在“文革”前，祖厝里还有很多祖先牌位，人死后都立一牌位。“文革”开始后，由于破四旧，牌位都被砸掉，为纪念祖先，他们用香袋代替，一个人一个香袋。都把其挂在正堂的左上角上。所谓香袋，是用红布缝成的小袋，袋上写有死者的名字和生辰八字，内装有香火。此香火为死者死后，把香火点在一个碗里，其香火经过墓亭——祠堂——祖厝，最后在祖厝拿少许香火置于香袋中，然后缝上。剩下的香火，倒在祖厝象征祖宗香火的大香炉里。然后，把碗扔到祖厝后门出去的山坡上。本宗族逝去的人的牌位都在祖厝里面，即使在外地去世的族人，其香火也要拿回来放在祖厝里。

祖厝在没倒塌之前，气势非常宏伟，占地面积 1000 余平米。其结构如下：

祖厝正房由正厅（堂）和并排的 7 间房组成。祖厝的两侧由各两排厢房组成，与左厢房相连的为祠堂，祠堂在布局上明显逊色于祖厝。在祖厝的前方有两处相连的很大的院落号称八扇。出了两处院门为一条大路，过了大路为三处相连的池塘，池塘的水与外面的溪水相连形成活水，成为村落的生活与祭祀中心。而现在呈现在我们面前的祖厝已失去昔日的光彩。

从很早开始，祖厝就是祭祖的主要场所。祭祖日如下：

A. 七月半，虽说是七月半祭祖，但在本村主要为七月十一日和七月十二日。最初祭祖为七月十二日，后因人多，也发生大房和二房因摆供品而发生争执的场面，以后就改为七月十一日和七月十二日两日分别由大房和二房的人祭祖。祭祖时每家都派代表来，时间为午饭之后。据我的观察多为妇女和老人携小孩子而来。供品有鸡肉、猪肉、蔬菜、酒和水果等，并点蜡烛、供香和烧银纸。时间一般为十几分钟。祭毕后，拿回家与家人共吃。

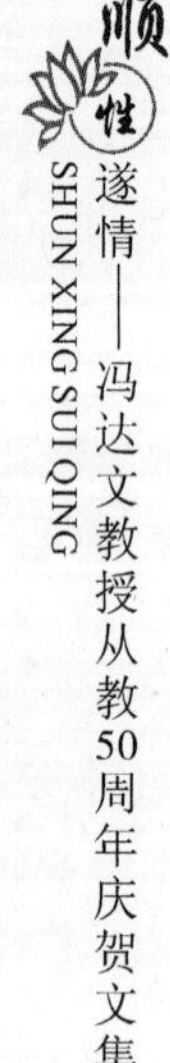


据说在1949年前，祭祖时在祖厝有专人主持，主持者一般为族长，如族长没有文化可委托有文化的人代行。当时祭祖时，要把所祭祖先的名字写到红纸上，上写有某某祖先，某某子孙送钱与你。一个个祖先的名字都要念，念一个烧一个。

后无人主持，祭拜者一般把自己的近祖（大多三代以内）写到要烧的纸上。我们现在所看到的就是这种情况。

B. 端午节最初为初四一天祭祖，后因人多，改成初三和初四，据说这一习惯已有200余年。祭祖的方式也与七月半类似，只是烧纸时不写近祖的名字。

C. 八月初一到十五，主要为墓祭，有少部分人也来这里祭祀。

如果把剧头村祖厝和祠堂进行归纳比较的话，其不同之处如下：

（1）祖厝比祠堂建得早，祖厝为元代所建，祠堂为清初所建。

（2）祖厝曾为祖先居住的地方，而祠堂并非有人居住过。

（3）有关宗族事宜在祠堂中商量，而祖厝仅为祭祀的场所。

（4）祖厝人死后可放棺材，但祠堂不行。

（5）祖厝供奉三房共同祖先，而祠堂仅供奉天房、地房两房始祖。

祖厝和祠堂虽都具有祭祀的功能，但其性质不同。但有一点是共同的，即人死后灵魂都要上到祠堂和祖厝。

个案2：

西塘村1997年人口1238人，户数216户，山地28万亩。我们去的西塘村是西塘村委员会下的七个自然村中的一个自然村，全部是池姓，共120户，640人。这是一个典型的宗族村落。在这里有祖厝，也有村庙，但因贫穷，没有祠堂。村庙叫潘公庙，至今香火甚旺。据族谱记载，池姓迁到此地有200余年的历史。共分七个支系，其中在西塘村的池姓为长房大在公的后裔，其他支系有的在其它县市乡村，有的在附近。在附近下寮的地方，有一鲤鱼形墓安葬着始祖大在公。

每年一回，原来为八月初一，因以前晚稻九月份收割，现提早到七月七，祭祖的场所为祖厝。在1949年前还有族长来组织，现这一天祭祖都是一种自愿的行为。各家时间不定，把吃的东西拿去放在祠堂祭祖，祭毕后拿回家与家人同吃。在西塘村祭祖时，每户必须派一个代表参加，现一些信仰基督教的农户基本上不去。在50年代前祭祖很盛，当时有60多户，200余人，有三个头，按抓阄轮流。现本地在祭祖完毕后，在大队礼堂办酒席。1992年前无族田，16—60岁者，祭祖时每人交1斤米即可参加，60岁以上的自由交。1992年第二次分田时，出于祭祖的考虑，拿出4亩田作为族田。通过抓阄，每4个人负责1年。每个头祭祖时，需花3—400元。这一活动由4人坐头，轮流坐庄，每人分田1亩为族田。这也是我们调查时，发现的唯一有族田的宗族。

个案3：

前面在祠堂祭祖中，曾提到王氏宗族祭祖时，周围18个村的王氏宗族都要派代表前来参加。上述这18个村都有祖厝，七月十三拜祖厝，祖厝中所供牌位为最早来本村的祖公。一般都在祖厝祭祀祖先，不在家里祭。现住家也无牌位。以新岭村为例，本村有陈、王、张、林、罗、陆等姓，都各有本家的祖厝。这里祖厝为从祠堂中分出去的分支，所以当地也把祖厝拜的祖宗称为小祖宗。新岭村王家的祖厝就是一较后的分支。祖厝的正厅所祭牌位如下所示：

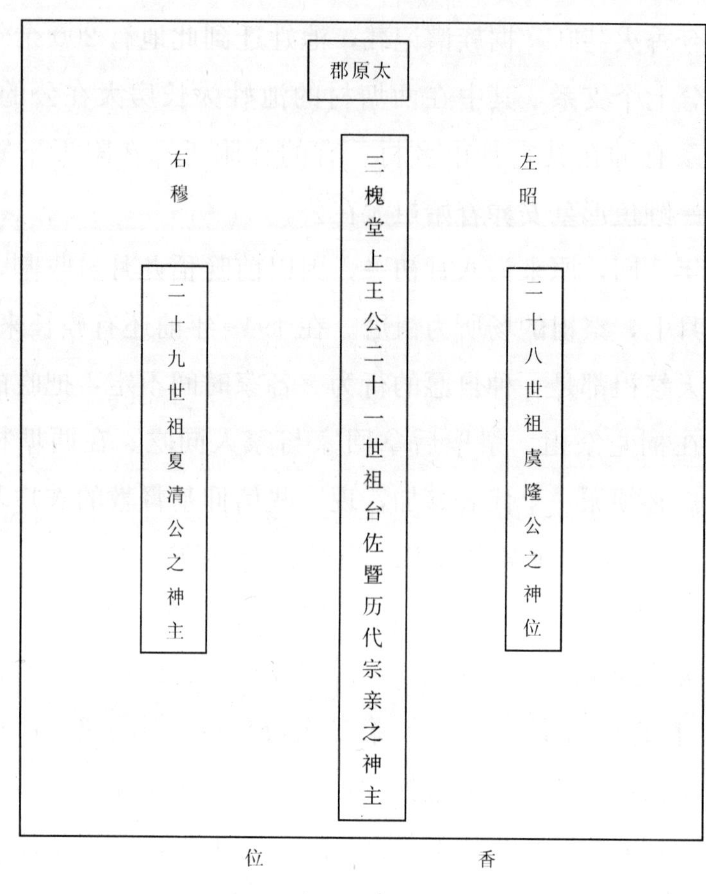


图五

在二十九世牌位旁还新立有一牌位，上写有王府先妣蔡氏玉英之灵位，二十八世祖原无，是 1949 年初一同宗从外村迁来时所立，此家刚来时仅为一户，其有三子，现也有几户。

（四）墓祭与墓亭祭

在祖先坟上祭祀的对象有远祖和近祖。从宋代时，一般民间祭奠远祖的活动较为普及。墓祭的代数已不受限制，成为宗族内部较大规模的集体祭祖活动。在中国人的观念中，“祠则祖宗神灵所依，墓乃祖宗体魄所藏。子孙思祖宗不得见，见其所依所藏之处，如见祖宗焉”。所以要“时而祠祭，时而墓祭，必加敬谨”[①]。在我们调查的樟湖一带，从祭祖的仪式和规模上，墓祭的规模和程序不及祠祭。不过在剧头村，墓祭和墓亭祭祀是集团祭祀祖先的主要方式，这与其他姓氏在祠堂祭祖、举行宴会的场景完全不同。

墓祭在当地基本上分为祭祀“老祖宗”和“小祖宗”。所谓“老祖宗”一般是不同房的共同祖先，而“小祖宗”一指本房；一指较近的祖宗，如祖父母、父母等，大多为 3—5 代。在本地一般祭祀“老祖宗”为春分小祭，秋分大祭。

王姓老祖宗墓与祠堂在建水库前相连在一起。建水库后把老祖宗的骨头捡一下放在现祠堂后的山上，没搬迁前在七月十二日祭祠堂时也扫墓。现各村分房的墓已很少祭，现祭墓的多为家墓。以前还有专为祭祀用的祭田，单祠堂的山田就有 3000 亩，称“满山契”。

像王姓这种祠堂是否就是在墓祠的基础上发展起来的，确实是个比较有趣的问题。

又如剧头村的吴姓，八月十三日祭三个房的共同祖宗即“老祖宗”的墓，每个房派代表去，现在古田的三房及闽清的后代也派代表来祭墓。人房居古田县黄田镇村里。来往密切，每年祭祀扫墓都会聚在一起。现居人口 1000 多人，每年农历八月十三日都派人来，另外在闽清县白樟乡溪南村有 1100 余人为长房的后裔，他们是在 400 多年前迁到闽清，到现在有 18 代，他们从 1949 年前就开始寻祖，直到最近才找到。这一天也来剧峰祭扫宗祖墓，欢聚一堂。而八月十五日祭祀“小祖宗”，每家去祭四、五代以下的近祖，不去祠堂和祖厝，直接去墓地扫墓。

① 浦城:《龙泉季氏宗谱》卷 1《谱训》。

上述的祖先祭祀可用当地的语言形象地表述，即“过年三天，端午三餐，七月半一餐”。

不过在剧头村与墓祭相关的为墓亭祭。

墓亭现在中国农村已很少看到，在我们所调查的地区，只是在剧头村看到。所谓墓亭也称墓祠，据有的学者考证，墓祠出现于汉初，其兴起受到了汉朝皇室把宗庙制度搬到墓地的做法的影响。墓祠一般以堂、亭、庵、精舍命名，它具有祭祖和守墓的双重功能。宋代以后，由于受朱熹《家礼》的影响，即把祠堂之制同墓祭联系起来，起到了引发人们将祠堂建于墓所的作用。当然这和历代对家庙的限制有关。嘉靖十五年后，由于允许人们祭祖并扩大官员建立家庙的权力，引起修建宗祠的普遍化，导致了墓祠的衰落。不过建墓祠的习俗，在极个别地方，一直延续到民国时期[①]。

本村原大房和二房都有墓亭，后二房墓亭被烧。现墓亭为大房的即天房。此墓亭有两层台基，长 15 米左右，每层高 3.5 米左右，据记载为吴氏第九世时所建，时间为明代。墓亭牌位中间所祭为天房（长房）之祖隆公之子魁公，即六世祖，左边为七世祖，右边为八世祖，都为天房直系祖先。而长房祖先于明代弘治十年卒。墓亭墓，此墓于清嘉庆十四年建。

八月十四日长房来墓亭祭祖，三房、二房和现在闽清的长房的其他地方的后代如溪南村的长房代表，参加完“老祖宗”墓的祭祀后，第二天都要派代表参加，长房每户都要派一男子参加，年龄不限。打扫完卫生，供品摆上，祭祖，时间为早上 5 点左右。然后，置办酒席，每户轮流作头，即出钱出物负责祭祖的

① 常建华：《中华通志·制度文化典·宗族志》，上海人民出版社，1998 年，第 114—138 页。

费用。

在八月十三日，二房每家也派代表去祭二房祖宗的墓，如家中有事托别人带些钱物去。但现在因地房的墓亭民国时期被火烧掉，地房具体扫墓的时间无规定，初一到十五都可。

1949年前祭祖有“轮流田”，即为“祭田”。祭田由谁耕种谁负责本年度的祭祖费用。对祖墓及其风水的重视，是祖宗和子孙一体观念的现实体现。

此外，在有的地方，“或画祖考像于轴，岁除张于堂，戚友贺岁，必先展拜，谓之拜影。”① 如樟湖镇的陈氏先祖陈旸公的遗像为尤溪宗亲保存至今。陈旸公的遗像，传说是陈氏文华公避祸尤邑奎峰时藏于竹筒内带往。历来由蒋师洋房、林山房、坡头房、林中房四记轮流保管。每年农历七月十四日高挂于汤川官厅，率子孙拜祭。

“文革”期间，为了破“四旧”，红卫兵曾勒令交出遗像，要立即烧毁。蒋师洋房陈氏宗亲为保存这一文物，也遭批挨斗。为了安全起见，曾存于荒山野岭洞穴中，历经十数次转移，最后在没有办法的情况下，这一陈氏宗亲交出了本房“积庆公”的遗像搪塞过关，终于保存了陈氏千年祖先之遗像。在近年编修陈氏千郎宗谱，其宗亲数人冒雨专程护送陈旸公遗像到梅坂陈氏宗祠。

传说陈旸公遗像只能挂于汤川官厅，若挂于其他民房，必遭祝融（火神）之祸。其遗像，历经千年，脸部已斑驳，须眉、帽冠皆近人拙笔涂补。但观其衣袍、座椅等，画工极为精细。

上述不同的祖先祭祀空间“场”的形成，集中体现了汉族社会祭祀祖先的一个基本特点，即在结构上的多层性与形式上的多样性，使得汉族的祭祀空间形成一封闭性的祭祖循环系统。这一

① 《光绪遵化通志》，卷一五引采访册。

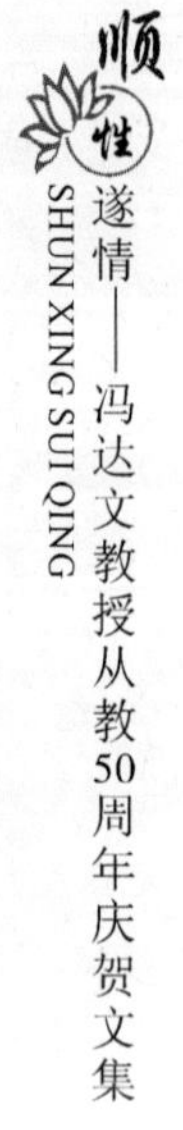


祭祖文化仪礼空间的形成，集中反映了汉族社会的一种文化理念，这一理念不只是追宗及远的单向恩泽，还是一个由远及近、由上至下的反馈过程。即祖宗和子孙是有来有往、互为因果的一体关系。而在这一祖先和子孙之间、具体的祭祀空间场与所处的生态空间之间，一个重要的介入变量即为风水。风水的好与坏，对祖先和子孙有着直接的影响。

## 六、祖先崇拜与风水

弗里德曼在其《中国的宗族与社会》一书中，曾在第五章中用较大的篇幅，来讨论风水和祖先崇拜的问题。他认为，子孙为祖宗选择好的风水，主要是为了自己得到恩惠，获得“福”[①]。只把祖先当作一种物质的媒体加以利用。这一单向受惠论的观点，是一典型的“接力模式”方面的思考，而忽略了中国家庭的一个基本的运行机制即“反馈模式”，这一反馈模式不仅仅是对父母的赡养问题，其实还蕴涵了对祖先的祭祀，这种祭祀并非单单从祖先处受利，也含有对祖先的敬孝，和希盼祖先在他世的生活幸福的意味。所以，中国人是有祖先也有子孙的民族的道理也在这里得以体现。

风水理论之建立，从一开始就渗透出祖宗与子孙的观念。在看龙脉时，由远及近，逐渐寻找太祖山、太宗山、少祖山、少宗山、父母山，直到正穴。其构成体系就像家族一样，五代才出服，寻龙脉时必须追根溯源。

---

① Freedman Mauric：*Chinese Lineage and Society*：*Fukien and Kwangtung*，The Athlone，Press of the University of London，1966.

早在唐代、卜应天的《雪心赋》就指出过山脉的祖孙联属关系："迢迢山发迹，由祖宗而生子孙……自本根而分支分派。"在有关风水的著述中，这种把物化的自然通过与人类的活动相比拟，使自然也赋予了一种人的生命之源。如"凡山自始分脉日胎，降伏日息，入首成形日孕，入穴融结日育。""大凡山自离祖出脉之际，便如人受胎之初。"

在有关阴宅的风水中，特别强调"气"的作用。而这个"气"也是沟通祖宗和子孙的媒介。如在徐轼可所编的《葬经·气感篇》所言："人受体于父母，本骸得气，遗体受阴，经日：气感而应鬼福及人。"强调父母为子孙之本，子孙为父母之枝，乃气体相同，由本而达枝也。择地葬亲，若种木之类，培其根而叶自茂。这就更加明确祖宗的风水与子孙有着直接的关系。

住宅内部也强调有一个核心，正堂中，一张条几居中，正墙是祖容，或将祖宗的牌位供在条几上；下方还常供有"地脉神龙"牌位，象征着宅基的核心，即"穴"的所在。

中国人的这种风水观念，并没有随着社会的变迁而成为历史，直到现在，这一理念还影响着人们的日常生活。在闽北的宗族活动和祖先祭祀中，风水的观念一直贯穿于其中。我们就以调查地樟湖镇祭祀祖先场所的祖厝、祠堂和祖墓来说明这一问题。

（一）祖厝的风水

西塘村没有祠堂，只在村的中间地带有一祖厝。这一祖厝依山而建，呈被山环抱状，这山为水牛形。这一山形也被比作人体，其左手处为长子，右手处为三子，祖厝是二子。因为水牛喜欢水，所以在祖厝前建有一水池。这个池称为牛池。长子的地方为水牛的头，在其前挖有一水井，以竹管为水道来引水。水道如同绳子一样，拉着牛的鼻子，水牛被牵至长子的方向，象征着长子一支的繁荣。如图所示：

水牛头前面的水井，原来没有。由于在祖厝的对面的方向，有一火山形的山，祖厝曾经发生过火灾。挖井之目的主要为了以水克火，避免火灾。

（二）祠堂与风水

由于宗族在传统村落社会为维系人际关系的纽带，形成村落的聚落空间大多以祠堂为结点的向心聚合形式。以地理学的术语言之，祠堂为收族敬祖的宗族意念上的引力场。所以，才有“君子营建宫室，宗庙为先，诚以祖宗发源之地，支派皆源于兹”[①]之说。因此祠堂的建筑，不考虑风水是不可能的。

个案1　廖氏祠堂：

溪口村后廖祠堂为近年所建，其内有巨口地理先生的字迹及对祠堂的解释。在祠堂的祖宗牌位的两侧如下写道：

左　先廖宗祠锦绣之地

头戴文武帽，身穿黄龙袍。

手提文武笔，脚穿官职鞋。

腰扎金玉带，两眼看千里。

两耳听四方，口念圣贤书。

读书顺用意，代代出贤人。

右　廖氏宗祠山水说明

后有旺龙，天马落曹。

坐亥兼壬面向乙

对层层高山，前收朱雀五指高峰。

① 《阳宅会心集》卷上“宗祠说”。

左收天乙巨门，文笔秀峰。

右收养生积水，横水过堂。

堂中官贵财丁，天然地。

财丁两旺出高官。

日照面前明如镜，江湖鲤鱼游四方。

日间机动车船来接应，夜间左右万盏灯。

团团山水尽优秀，四水归堂水流东。

个案 2　樟湖坂复建陈氏家祠：

本祠堂为搬迁后新建祠堂。本祠坐乙兼辰，水出乾。其形势如联：坐丹山或松或柏万叶千枝不外本根所出；观剑水是泾是渭上流下递总由原绪而分。未搬迁前，祠堂为坐西向，祭祖时间为八月初一到十五，现新祠堂因坐东，按风水推测，坐东方八月祭祖不利，所以现把祭祖时间也改到九月（坐东九月吉利）。对此陈家的长老之一，又兼风水师的陈学炳（81 岁）又作了如下的解释：

东方——忌巳酉丑年月日时，大利在寅午戌；

南方——忌申子辰年月日时，大利在巳酉丑；

西方——忌亥未年月日时，大利在甲子辰；

北方——忌寅午戌年月口时，大利在亥卯未。

这样，因新祠堂坐东方，忌巳酉丑，而阴历八月恰为巳酉丑月，故祭祖不行。经陈学炳细算，坐乙兼辰宜用寅午戌。定阴历九月，阳历 10 月 9 日为祭祠堂，摆宴会的日子。

这一祖传下来的祭祖时间，由于新建祠堂的风水原因，而发生变更。这足以说明，风水与祖先祭祀的直接关系。

（三）祖墓与风水

死去的祖先是否能占住天时地利，是否能有冥福，是否能与自然和谐一体，其结果完全体现在子孙后代上，如果择墓不当，风水有误，其后果会殃及子孙后代。所以，在风水理论中对于墓地的选择，可谓是重中之重。诸如墓地风水的吉与凶常常如下表示，如是吉的话为“水流金像势如功，定有真龙在此中；门户更需牢坚固，自然富贵曰兴隆。”“穴前流水似生蛇，来固难逢去也佳；若逢真龙安正穴，子孙名誉播金华。”如果是凶的话为“斜直牵水最难当，顺逆推来总不祥；寄死路亡遭盗贼，子孙终见败离乡。”“里头城里莫安坟，劫去东西即动瘟；纵有真龙能发福，到头终久绝儿孙。”[①] 基于如此关联感应，人们对祖先墓地的选择，慎而又慎，容不得半点马虎。在很多族谱中，对于祖墓的风水都有描写和图示。樟湖镇的各个宗族的墓地，对于风水的重视尤为典型。下面我们就看几个个案。

个案1　西塘村的池氏宗族：

翻开我们收集到的池氏宗族民国时期的老谱，在上明确标有西塘村祖墓的坐址和形状。如“下寮鲤鱼形墓安葬始祖太祖公”“长漳蜈蚣形墓安葬所一公”“大丘峡下狮形墓安葬应七公”。西塘村的池氏为池氏宗族中长房的后裔。其祖墓山形为：“对面林虎形墓安葬长房始祖宗海公，小龙头凤形墓安葬椿阴公。”几乎每个祖先的墓的风水都有记录。如某公卒于道光丁亥七年，葬在乔保里兜水尾东岩昆凉伞形或云金钗插壁形，坐癸兼子。我们所访问的懂风水的池某告诉我们，本地择墓注重于地形，即所坐山的形状。坐山的形状的选择以虎形、蛇形和凤形为多。但并不是

① 《地理天机会元》卷六，十五。

绝对的。前面所提的墓的形状，实为山的形状。

个案2　剧头村的祖墓：

在剧头村墓亭的背后为吴姓长房祖先的墓，长房祖先于明代弘治十年卒。此墓于清嘉庆十四年建，墓所处的山为虎形，其对面一小山为猪形，以虎吞猪，象征着风水好。此外与此相对的还有一龟形山。

诸如这些事例在这一带随处可见。对风水的重视，是祖宗和子孙一体观念的现实体现。

此外在闽北很多地方都有所谓的"接风水"之说。其特点为亲人去世后，请风水先生择地选址，然后，按选好的时辰入土、封穴、上碑、筑供台，再点烛、上香、焚纸、鸣炮，至此安葬完毕。此时，孝子要向在场者赏发"福地"吉利钱，俗称"满山红"。发完"满山红"后，孝子换上干净衣鞋，点燃火把，提上"银袋"（红布缝成四角翘檐小袋，内装米蛋）和酒瓶（内装清水）及风灯等，由唢呐伴奏返回，沿途边走边洒滴瓶中水直至到家，鸣炮，放置供桌为止，谓之接引德福返家，俗称"接风水"。这一风水所接，实乃为阴阳之间沟通的体现，也是寻求祖先庇护的一个过程。这一仪式非常清楚地体现出祖先庇护子孙的关键在于风水。

我们从祖先祭祀的空间结构和其运行特点看出，中国的宗族和家庭分别组织了不同层次的祖先祭祀活动，一个富有地方性特色的祭祖文化礼仪空间展现在我们面前。这一祭祖体系的建立，离不开对风水的关注，同时它也是宗族得以延续和发展的必要保证。但在民众中单单靠祖先祭祀还很难满足人们的内心世界及其它方面的要求，宗族组织顺势也把祭祀祖先的经验功能，推及对民间信仰活动进行组织、协调和控制之中。

## 七、宗族与民间信仰的复活

在有关福建的民间信仰的组织化的研究中，与我们的调查地相距不远的玉田，据庄孔韶博士的研究认为："如果说前革命时期，宗族为组织宗教活动的单位，那么后革命时期家族取代了这一角色。……现在大陆家族取代宗族走到社区生活的前台，既然不可能组织社区生活，民间祭祀便多以单枪匹马地进行。"[①] 而我们在樟湖所看到走在社区生活前台的仍然是宗族，这可能也是一种地区性特点的写照。这就是一些宗族，并不满足自身的血缘祭祀空间，为了展示其在地方事务中的能力和地位，利用自身的传统资源，扩展其在民间信仰中的角色和权力。由此也就带动了地方性的民间祭祀空间的复活和扩张。使这一地区的祭祀空间呈现出多元性与立体分布的交互性的特点。在此我们主要通过本地最负盛名的有关蛇的信仰和活动，来展开对这一问题的讨论。

在樟湖镇的众多庙宇中，连公庙即蛇王庙可以说是最具特色的庙宇。蛇王庙是福庆堂的俗称，建于明代。濒临闽江水际，当地人传说该庙的蛇神姓连，是一只蟒蛇精，来自古田"再见岭"。因此人们多称蛇神为"连公"或"连公爷"，称蛇王庙为"连公庙"。樟湖镇50年代土改以后，庙和祠堂都收归国有，蛇王庙也不例外。它成为粮食局的仓库。一直到1989年建水库时，由于以陈氏族人等的努力，庙归还于民，同时也给补偿了有关的费用。1992年建水口水电站，整座庙按原样拆迁改建于樟湖镇新

---

① 庄孔韶：《银翅——中国的地方社会与文化变迁》，台北：台湾桂冠图书公司，1996年，第369—370页。

址。原占地面积1830平方米，其中主殿为1000平方米。现占地面积1200平方米。该庙坐东朝西，进深10米，面阔三间。庙为悬山式的双层重檐，庙的四周檐下雕有蛇头造像，通往闽江的石阶也砌成蛇的形状。庙的中堂上悬有清甲戌年（1694）重建庙时立的“仙都龙窟”牌匾。庙里供有肖、连、张三尊蛇王，还有镇殿将军、少爷、师爷、总管等配神七尊。

东汉许慎《说文解字》曰：“闽，东南越，蛇种。”说明了早在秦汉时期，生活在福建的闽土著人、越人、闽越人都是以蛇为图腾的。据文物部门在樟湖宝峰山考古发现，约在3000年前的陶器上，就绘有蛇形图案。在流行的民间故事中也有《蛇滩》《石蛇》等各种美丽的传说。

据传，连公得道于古田的“再见岭”，而显灵在樟湖镇的“连公庙”。据说1900年6月3日，樟湖地区洪水过后，曾发生罕见的大霍乱，死了很多人，并在不断蔓延。后派人到古田再见岭乞取“圣火”，祈求连公救助生灵于水火之中。全乡百姓在连公庙跪拜三天三夜，乞求保佑。到第四天，一道金光直冲云霄，现出蟒蛇之状，口吐火焰，不多时，晴空万里，驱除了瘟疫，百姓得救。于是庙内的香火一直不断。其规模最大的迎蛇神仪式，为每年农历七月初七举行赛蛇神活动和正月的游蛇灯活动。

（一）七月七的赛蛇神

农历七月初七的赛蛇神的活动，最早见于明代文学家谢肇淛的《长溪琐语》。在这书中写道：“（福州）水口以上有地名朱船板（即樟湖坂，今福州方言仍称为朱船板），有蛇王庙，庙内有蛇数百，夏秋之间赛神一次。蛇之大者或缠人腰缠人头，出赛。”有关连公庙在《南平县志》里也有记载：“福庆堂：樟湖板，奉连公，相传学法茅山，其术甚精。里人置田，岁七月建醮祷祈，应若影响。康熙三年，剑南道杨兆鲁、副总兵官陈维新，以‘仙都龙窟’颜其堂。”这一赛蛇神活动在20世纪50年代初还在进行。其间由于众所周知的原因，停止了下来。一直到90年代初，才使这一传统的文化仪式得以复活。

如今每逢七月七，樟湖人都要奉蛇王出巡境内。我们于1998年的七月初七的早上5：00多就赶到连公庙前，只见这时庙前众人已开始紧锣密鼓地做着准备。负责这些活动的以陈氏宗族为主的人们早已聚集在那里。并准备好了60公斤的蛇一条，另还有几条25公斤的蛇，其它60条左右的蛇，集中在一个地方。这些蛇都是一个月前，就准备好了。其中大的蛇从动物园借来的。六点刚过，庙前就响起炮声。一些人开始在庙前的神轿前拜香。6点半左右，参加游神的队伍按着顺序从蛇王庙出发，此时炮声四起，鸣锣开道，号声阵阵。在队伍中，要把连公等配神按顺序抬出，这些神赋有官名，身被官服，甚为气派。前面还有人高举古时官府衙门常用的“肃静”等大牌，俨然有官府巡视之感。队伍人手一蛇，他们将蛇握在手中，或缠绕在臂上，或盘绕在胸前、颈间，更有甚者与蛇亲吻，千姿百态情景十分奇特。这队伍少时几百人，多者上千号，规模宏大。游蛇队伍浩浩荡荡在集镇中穿行，各家各户门户洞开，以香火鞭炮迎接，这天当地的男女老幼涌向街头迎接蛇王的到来。他们崇蛇、敬蛇，称蛇为神，尊蛇为王，见蛇为荣幸。迎候的人们早已备好香和鞭炮，迎蛇队伍一到便上前燃放鞭炮，上香，当地也称换香，即把自家的香，与游神过来插在连公神前的香互换，换后把其置于供奉祖先和各种神的供桌上；也有的接蛇王香火回家，插到家门口，非常虔诚。一些人还把写有“九天行雷法主连印”的红纸条装在身上，或放到自家中，祈求连公保佑。

在大街上迎蛇完后，把连公庙中诸神送归庙中，此时要做道场，抬连公神座的人们，要集中使力气，凭着惯性的力量，把神位复归原位。

下午 3 点左右，我们与组织者一起，乘船在闽江水域把活蛇放生，让其自然游走，回归自然。晚上，人们自发捐款搭台唱戏（在蛇王庙戏台）以酬神祈求蛇神保佑阖家平安，风调雨顺。

需要说明的是，由于 1998 年的七月七，政府的介入，其仪式活动增加了新的内容。如在最前面的队伍中，有了大幅标语的牌子，上写有“发展经济，振兴樟湖”；并在镇的中心设有主席台，主席台上就座的有来自南平市、延平区几大政府班子的领导和镇上的领导。所有的队伍都要从此经过，并做节目表演。与往年不同的是还专门请来了其它地方的文艺团体和耍蛇玩魔术的艺人等进行表演。如在主席台前表演的节目共有 12 项。按顺序如下：（1）游活蛇；（2）战胜鼓（南平市峡阳镇）；（3）旱船；（4）蛇艺表演；（5）魔术；（6）舞龙（太平）；（7）蛇灯舞；（8）舞狮；（9）高跷；（10）歌舞（南词闽剧团）；（11）肩头坪；（12）太平鼓（王台）。在这里的文化仪式已超出了原来的赛蛇神活动的范围。不过这些活动仅仅局限在主席台前这一范围内，其它活动都是按照民间固有的组织形式有条不紊地进行的。

据现存的清乾隆十八年的《万寿无疆碑》记载，明清时期蛇王庙曾置有大量的庙田，最多达 100 多亩。据陈学铭告诉我们，在明代末年，庙田有 24 段，每段产粮食 5000 到 10000 斤不等。在 1948 年以前，蛇王庙的庙产、香火钱等活动管理费的收入由居住在樟湖镇的陈、邓、杨三个姓氏共同管理，其收入为赛蛇活动的主要经费。并设有理事会，以陈姓为主，另有邓、杨等姓。陈学铭的爷爷，曾为理事。庙田由佃户轮流租佃，田租提前一年预交。当时赛蛇神活动一年 3 次，时间为农历七月初三、初七、十二。1948 年赛蛇神的会首为陈焕枝，现已去世。1995 年的会首为陈学浅、陈良茂（陈氏族长），财务管理陈学信、陈学举、陈绍建。蛇王庙曾两次失火。

以前的蛇王节主要由民间来组织，1998年的蛇王节，政府希望通过蛇文化这一富有地方色彩的民俗文化活动来推动这一地区的经济开发和旅游业的发展。基于此，镇政府出面，把蛇王节的活动，纳入到“南平市98武夷旅游月”活动的一个组成部分。并在1998年7月27日的《经济信息报》作了专题报道：“如今在闽江流域崇蛇文化圈中，樟湖镇保留着最完整而原始的崇蛇民俗文化体系，内容是蛇王庙——游蛇灯——赛蛇神——民众虔诚的崇蛇活动，每年农历七月初七都要举行盛大的崇蛇文化活动。悠久的历史、完好的古迹、古老的崇蛇文化以及独特的大库区风貌，是投资开发旅游观光项目的最佳场所，她将成为闽北大武夷山北山南水旅游格局的一颗耀眼的明珠。”1998年的这次活动，我们也为政府所邀请，在政府主席台上，观看了渗入政府色彩的各种活动。在这次文化节中，民间主要以陈氏家族为主，负责具体的赛蛇活动的安排和参加的人员。在这次活动中，每家要出5元到10元不等，共从民间收到2万余元。其它的支出为政府和一些赞助企业，其中政府支出仅为3000多元。

（二）正月的游蛇

每年正月上元灯节期间都要举行“游蛇灯”，从十五起到廿一止，历时十六天，充分体现了樟湖人对蛇的又一种大庆典。每年正月时节，家家户户都要制竹灯，他们用木板（每块长约2米，宽约0.2米）前后打洞连板，中间用毛竹做灯箱。一连就是几百板，各家各户都参与，这连板灯樟湖人历来管叫“迎蛇灯”或“迎竹蛇”，灯板叫“竹蛇板”，头叫“竹蛇头”等。一板三盏四方灯，内燃红烛，左右两边贴有剪纸图案，祈盼风调雨顺。蛇头蛇尾用木板、竹篾扎成框架，把它们衔接起来，贴上白纸，再用彩色纸装饰，首尾均为蛇状，高约 2.5 米。确切地说，蛇灯在大街上游行，最后在闽江上环绕成结。

游蛇灯活动在樟湖地区，每年从正月初六起到廿一止。除“大元宵”（十七、十八、十九三个晚上）按六个街开展活动外，其余均按姓氏轮流活动。即初六柯、黄、丁、董、郑；初八陈；初九杨；初十王、张；十一胡；十二陈；十三杂姓；十五陈；十七上板街、中和街；十八中板街、下板街；十九林经街、板头街；二十游六帝爷（以黄姓为主）；二十一游三圣尊王（以中板街陈姓为主）。陈姓又有不同宗祠之分。每姓一天，每户一板，少者总共几十板，多者有千余板。

“游蛇灯”的阵势庞大，特别是入夜时分，远看犹如一条火蛇腾跃在夜空，颇为壮观。游行结束后，人们将蛇头、蛇尾送进蛇王庙焚烧，颂祝蛇王升天，祈求蛇神给人们带来“吉祥如意、五谷丰登”。同时，这一过程，也是展现不同宗族各自实力的一个重要的机会。

正月十五左右游蛇灯不仅在镇上流行，即使是在村落中，也是要热闹一番。在我们所调查的剧头村就是一典型的例子。不过，在这里游蛇灯和游本村庙中的神已结合在了一起。这一活动每年都是由吴姓族人自发组织的。在剧头村，除我们在上面提到的由祖厝祭、祠祭、墓亭祭和墓祭组成的祭祀祖先的封闭形循环式的礼仪空间外，还存在着一神祇祭祀空间，即对村庙诸神的信仰。本村原来的庙在“文革”中被毁，现村里的庙是把 50、60 年代经常开会、演戏的大礼堂的主席台作为摆放神位的神坛。村里人把这个“庙”，称为“桂林宫”。其所供诸神从左到右如下：

| 真武玄帝 | 伏虎禅师 | 顺天圣母 | 灵佑猴王 | 郑二相公 | 庐公祖师 |
|---|---|---|---|---|---|

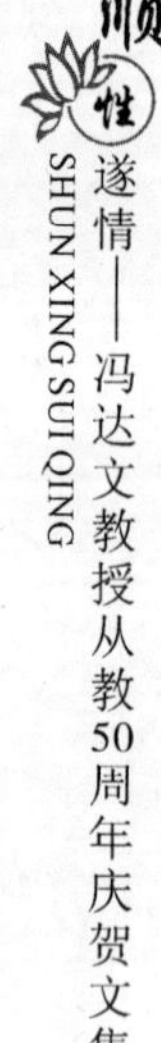


其中正月十五白天和晚上都被抬出来游神的为灵佑猴王，晚上还要加上游顺天圣母和郑二相公；十六晚上，只游一个神即为郑二相公。

这里的游神和游蛇灯的仪式大概如下：

每年选15个人为“做头师傅”（轮流来做），于正月十四早上5点开始把庙中神的牌位和香炉请出，由道士协同专程去古田的庙中“接火”，于当天晚上6点回来，在庙门口放鞭炮、烧香迎接，然后把接来的香火和带去的牌位等全部放到庙中。当晚8点，做头的这15人在庙里，要跪下聆听由道士来念的近两个小时的“平安词”。第二天一早即正月十五，7点钟先开始游神，由50—60个年青人去抬供神，然后锣鼓开道，大旗引路，把神要游到各家各户。过去这神还要进各家的大厅，现为方便起见，各家在门口处摆上桌子，放上各种酒菜，点上香火，待游神队伍过来后，烧香供拜，全家人都要出来跪拜。这时把写有全家人名字的纸条交给道士，由道士念保平安之词，并念所有家人的名字，然后把这张纸烧掉，家人并给道士红包，换香三支，插于家的大门口。

游神的路线是早已定好，到中午11点半正好游完半个村子，赶上吃中午饭。此时，神位放在吴家的祖厝中。

下午，1点始接着游神，到6点结束。此时神像放在村里桥头亭子里，并摆各种供品于神像前。

晚上，7：30左右，此地行“照菩萨”仪式。各家拿三个或三个以上的在家里点好蜡烛的灯笼去照菩萨，然后拿回家，如果半路上灯笼烧掉了，说明今年的运气不好，就要事事小心。这一仪式主要是由妇女和儿童来完成，因为男人们此时正在准备着“游蛇灯”的活动。

这里“青竹蛇”的做法与前述的镇上的做法和材料类似。按规定每家至少出一板，多多益善。不过，向菩萨许过愿的如“如果能……，来年正月十五愿出XX板蛇”的人家要多出，一般要出5—10板，以前最多有出15块板的。

约8点钟左右，锣鼓一响，全村男子（14岁以上）拿着蛇板集中起来，统一点火，烧蜡烛、点香等，之后，每家的蛇灯都连接起来，成为“青竹蛇”，开始在村里游“蛇灯”。蛇头到处，家家户户都出来，拿三支香拜一下，用鞭炮迎接，都希望“蛇能跟我来”。在游蛇灯时，白天游神的神像此时放在了游蛇队伍的后面。这一过程一直持续到晚上12点。其间，道士一直念“平安经”，每家每户的名字都要念到，祝一家平安、五谷丰登。

对上述仪式行为的复杂内涵可以有多种解释，至少有以下三方面：第一，它是某些人世界观的一种反映；第二，可以将其视为一种文化的演示，通过这种演示使该文化进一步影响其参加者；第三，又可以把它看成为一种政治活动，是参与者为达到某种政治目的而采取的一种文化手段[①]。在蛇文化中，以上的这三方面意义都得到充分的体现。他们通过这种活动无外乎有如下几方面的功能：一是通过这一仪式来扩展宗族在地方事务中的功能，如陈姓宗族在蛇王节上的组织与协调；二是通过这些活动，维持了本宗族相对于其它宗族的凝聚力，如在游蛇灯时各宗族轮流来做，每家都要出力参加等；如果我们翻开陈氏族谱看的话，蛇王庙是作为陈家的一处文化财产而载入谱中的；三是可以使不同的宗族之间通过这一活动，进一步达到对地域共同体的认同。



① 转引自萧凤霞：《文化活动与区域社会经济的发展》，《中国社会经济史研究》1990年第4期。

## 八、结 语

中国社会的宗族组织20世纪50年代后经过各种政治运动都没有使它销声匿迹，在樟湖镇我们所看到的宗族组织还又多了另一种因素，即一个彻底被水库所淹没的地区，其宗族组织的强劲势力依然如此强大，其固有的文化传统的具体体现诸如祠堂、庙宇以及各种文化仪式与民间信仰等，并没有为库区安置点的各种所谓的“新”所淘汰，而是以其巧妙的文化再生能力，把固有的文化传统中所谓的各种“旧”又移植于“新”上，有的还加以创造和发挥。这一“移植”和“创造”的过程，也正是一种文化的“复制”与文化的“生产”过程。同时也能清晰地看到理学传统对这一地区的影响。之所以说其为“生产”，是强调文化传统因受时空坐标之影响，具有一种自身调节的动态机制。祭祖的空间，不同的宗族有不同的形式；祭祖的时间也不是祖宗之法不可变，它也可以为风水所变；七月七的迎蛇王，这一纯粹民间相承的文化仪礼，也会成为政府依托于文化传统，发展经济的一个窗口等等。这一切可能不一定只是农民社会传统性没有褪尽的现实表现或者说是一种传统的延续，也非与所谓的现代性相背离的落后的传统。在我看来，这些所谓的传统也非一静态的相距甚远的名词概念，事实上，这一概念已转换为一种赋有弹性的动词概念，已融入人们的具体生活世界和非日常生活世界，已成为人们现代生活中的一种生活逻辑和生活规范，也可以说这一约定俗成的文化传统已成为人们的一种生活习性。这一生活习性本身用“传统”和“现代”来剥离的话，只能是一种主观的企图，而非一种事实的解释。所以，把“传统”和“现代”置于两个端点相互分离的研究取向，是很难把握一种事实的真实。也正因为此，这种生活习性使得樟湖的农民在水库修建后，在缺地少田的生存压力下，近5000多名樟湖的青年，利用樟湖的蛇文化的传统，在全国几十个大中城市的公园里作“龙宫”，供人游玩。这也可以说是文化的进一步的生产体现。

这种“文化的复制”和“文化的生产”过程，正是宗族复兴的外在表现。对于这一作为社会结构的宗族及其活动的研究，与对把“文化”的研究置于“传统”和“现代”两个端点的研究一样，把有关家族的研究置于“国家”与“社会”的两个平行架构下进行分析。这一视角对于解释1949年以前的中国传统社会结构，有着相当充分的解释力度。但是，由于1949年后，“国家”与“社会”的关系，由相对平行的关系，已转换为一种相互交叉，甚至互为一体的关系。所以，以国家权力的弱化来解释诸如宗族复兴的问题，可能难以寻找到满意的结论。而我们所看到的闽北的宗族的活动，也正是家族、社会与国家之间有联系也有分离的动态过程。这一过程也是宗族在国家与社会之间寻求最佳的结合点的过程。

通过对宗族本身的结构和运行机制的研究，可以看出其运行的机制并不是孤立的、静止的，而是和整体社会和文化相连在一起的。作为宗族纽带的祖先崇拜和父系血缘观念与儒家文化有着直接的关联，特别是作为理学发源地和扩散中心的闽北，更是如此。在某种程度上，可以说闽北的宗族复兴及其文化仪礼的张扬，是与这一区域的理学文化传统有着必然的联系的，也是区域文化积淀的现实反映，久而久之成为一种约定俗成的文化现象。不管是宗族组织和地缘村落的融合，还是宗族组织通过一定的势力，对地方社会发生影响，这本身也使得国家权力和政治通过乡村政治与血缘组织、农民家庭有机地联系起来。而像在民间信仰

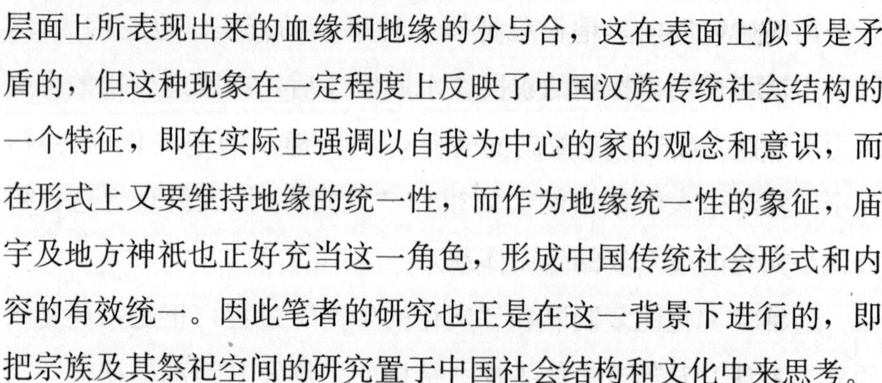

层面上所表现出来的血缘和地缘的分与合，这在表面上似乎是矛盾的，但这种现象在一定程度上反映了中国汉族传统社会结构的一个特征，即在实际上强调以自我为中心的家的观念和意识，而在形式上又要维持地缘的统一性，而作为地缘统一性的象征，庙宇及地方神衹也正好充当这一角色，形成中国传统社会形式和内容的有效统一。因此笔者的研究也正是在这一背景下进行的，即把宗族及其祭祀空间的研究置于中国社会结构和文化中来思考。

在这里需要说明的是，在本研究中，笔者把“国家”与“社会”、“现代”与“传统”这两对概念，仅仅是作为一参照概念，而非本研究的分析概念。

为了理解上的便利，我们可以把本文所涉及的内容及主要观点用下图来予以表示：

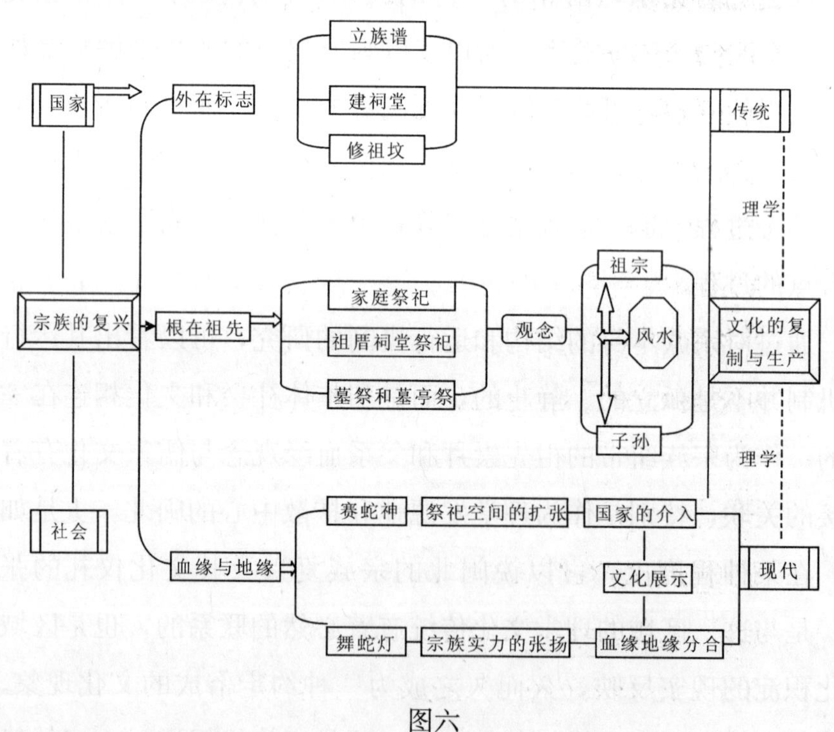


图六

最后，我要感谢那些给我们的调查以密切配合的各级政府，特别是樟湖镇文化站各位的配合。此外，在这里还要特别感谢的是一些具体的调查对象及地方文人诸如陈学炳老先生、王商书站长、陈学铭先生等。

**参考资料：**

1.《南剑龙溪廖氏族谱》。

2.《樟湖王氏族谱》。

3.《颍川陈熹公系千郎宗谱》。

4. 渡边欣雄编：《祖先祭祀》，凯风社，1989 年。

5. 渡边欣雄、三浦国雄编：《风水论集》，凯风社，1994 年。

6. 麻国庆：《家与中国社会结构》，文物出版社，1999 年。

（本文在日文论文《理学和汉族村落的宗族与祖先祭祀》的基础上修改而成，原载《日本国立历史民俗博物馆研究报告》，2003 年）

# 粤东客家人的“神性”探略

## ——以梅州客家人的民间信仰为例

贺璋瑢（华南师范大学历史文化学院）

闽粤赣客家地区，是世界客家人分布最集中的地区，也是我国客家文化的孕育和形成的中心区域。而今天位于粤东山区，号称“客都”的梅州市，下辖梅江区、梅县区、兴宁市及大埔、丰顺、五华、平远、蕉岭等五县。除丰顺客家人口占总人口的32%外，其余各县和地区都为纯客县①。梅州客家的民间信仰以其神秘的色彩、独特的形式、深广的影响力和跨越时空的历史穿透力，成为一种丰厚的传统文化而不断发展，沿袭至今。曾有学者将客家民性概括为五个方面，即客性、山性、祖性、土性、神性，亦可谓一家之言②。本文主要是对粤东客家人“神性”的探讨，之所以作此探讨，是因为今天的人们对民间信仰不仅存在认识上的片面性，在现实中也缺乏正确引导和管理。而此研究关系到当代社会新型多元文化与和谐社会的建构，意义重大。

---

① 参考广东客属海外联谊会组编、谭元亨主编：《广东客家史》，广东人民出版社，2010年，第675页。

② 邱远等：《试论客家民性的特质》，载于吴善平：《客家文化学术研讨会论文集》，黑龙江人民出版社，2010年。

## 一、粤东客家人民间信仰的历史概况

秦汉以前，梅州地区最早的居民是百越人，其中又主要是闽越人，魏晋南北朝以后，越人后裔多被称为俚、僚。隋唐绵延至明清时期的越人后裔是疍人。闽越人崇拜鬼神及鸡卜，《史记·封禅书》云，“是时既灭两越，越人勇之乃言越：‘越人俗鬼，而其祠皆鬼，数有效。昔东瓯王敬鬼，寿百六十岁。后世怠慢，故衰耗。’乃令越巫立越祝词，安台无坛，亦祠天神上帝百鬼，而以鸡卜之。”他们还崇拜蛇、鸟图腾。《说文解字·虫部》云：“蛮，南蛮，蛇种；闽，东南越，蛇种。”虽然梅州地区如今的百越族后裔为数不多，但是其宗教信仰却一直影响这片土地上的人们。如清代黄钊《石窟一征·礼俗》卷四曰：“俗以鸡卵占病，不仅巫觋间有村妇以术行医，皆用此法……今俗生卵剖开，其内有点与否，以断病之轻重，法虽不同，其术则一也。”

三国至唐宋时期，是外来民族信仰的传入和发展时期。现在居住在粤东的客家人，大多是两晋时期中原地区的“衣冠望族和朝廷命官”，亦有部分在黄河流域和长江流域的群落，先后经过几次大迁徙，才到粤、闽、赣山区的三角地带落脚的，并在此形成了自己独特的生活习俗、独特的文化和语言（客家话），客家人有强烈的自我认同意识，自成一方区域社会。当然，客家人把自己的宗教信仰也带到了粤东，包括对天地的崇拜及祖先崇拜等。

对天的崇拜，梅州的客家人视天为至高无上的神，是众神之主；称之为“天公”“天神”“天神爷”“玉皇大帝”等。一年中有“天公生日”“许天神”“天餐日”“还天神”等俗节。客家人

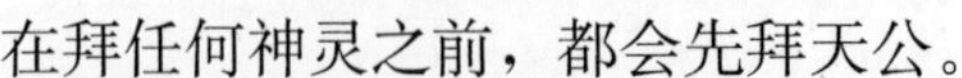

在拜任何神灵之前，都会先拜天公。

对土地的崇拜，土地神是一方的保护神。对土地的崇拜在梅州衍生出了种类繁多、管辖范围不一的土地神，土地神的称谓也有不同。如“土地公”、“公王”、“社官”（社公）、“伯公”、“龙神”（阳居、阴居所在的山称为“龙”）、“山神”、“河神、水伯”等。“伯公”的管辖范围最小，一般是一村，“社官”的范围为数村或一个社区。土地神的来源广泛：有灵验的“神明”；也有某些自然物，如山、石、树等，还有祖宗。这一时期形成的有名的公王信仰包括：三山国王[①]信仰和石古大王[②]信仰。宋代时，建公王庙或公王坛已经十分普遍，在各地或各个自然村大都建“坛”，或建“宫”，或建“庙”。所以从那时起，客家人的村头路边，到处是神坛社庙，逢年过节，必拜各类土地神明。

对动植物的崇拜。表现为建龙王庙，过“野猪节”（梅县隆文镇檀江村）、拜“伯公树”神等。一些年代久远、枝繁叶茂的大树往往也是人们崇敬的对象。尤其是一些老榕树、松树、柏树、水杉等，被认为生命力旺盛，能给人带来吉利，人们常对这些老树顶礼膜拜，甚至备牲礼祭拜。人们对祠堂前后的“风水树”“风水林”，更是敬畏有加，不敢随意砍伐。

客家人还敬门神、灶神、米谷神、厕神等，这种对自然的崇

---

① 三山国王信仰在粤东颇为盛行，而有关三山国王的属性，其功能的嬗变以及此信仰与客家、潮汕族群的关系等问题，学界依然分歧颇多。

② 石古大王的传说主要有二：一是说远古时代，兴宁神光山周围十余里的地方，全是荒山野岭，人烟稀少，山里的野兽经常到山脚下的村里觅食。后来有一少年苦练掷石子的武艺，把石子掷得又远又准，直至百发百中。从此，少年及其伙伴掷石杀兽，为民除害，野兽逐渐少了、地方日渐安宁。后来，人们为了纪念他，在神光山西侧设坛奉祀，称他为石古大王。二是说相传在北宋时期，有姓石、姓古的两人，组织人马，抵抗外来侵略，拯救百姓于水深火热之中，他俩英勇作战，奋不顾身，双双战死沙场，被北宋皇帝敕封为“护国义士大元帅”。从中原迁徙而来的兴宁先民，一直对石、古两人怀有深厚感情，设坛纪念他们，称他们为石古大王。

敬，实际上体现了客家人对自然的一种敬畏与理解。

对祖先的崇拜，自古有之。对祖先的崇拜，一方面是尽孝，另一方面是相信人死有魂，祀奉祖宗可以让祖宗保佑自己。《礼记·祭统》篇云：“孝子之事亲也，生则养，没则丧，丧毕则祭”。“祖宗神崇拜对各民系毫无例外，但对客家民系却显得更为隆重、突出。这一是客家人来到岭南的陌生环境，筚路蓝缕，以启山林，自然会碰到许多困难，对比他们原来的居地，反差很大，故令他们更思念故土；二是客家人聚族而居，亟需对自己所属宗族的认同，以巩固内部团结，适应艰苦创业；三是标榜自己为中原士胄，以杨家声，褒名节。所以祖宗神崇拜成为客家系最主要的民间信仰和祭祀形式……客家居地处处有族姓宗祠，祀奉族姓共同祖先；户户民居有祖堂，祀奉列祖列宗。”[①] 客家人对祖先的祭拜具体表现为：家祭（顾名思义是在家中祭祀，祭祀时间不定）、祠祭（祠祭是祠堂修建以后的事，一般是在明清时期始兴）与乡墓祭（指一族一姓到其祖先的坟墓上举行的祭祀活动）。客家人常以建宗祠家庙为同姓血缘村的神圣中心。

祖先偶像崇拜的现象迄今在客家地区也比较普遍，如五华县华城镇湖田村张姓设立“崇德祠”，祭祀张公仁爷、张毛大郎两位神明。因供奉的是本家神明，俗称“张公庙”。湖田张姓在每年的农历八月十三日都要举行为期两天的庙会，期间每家每户都要进庙“上表”朝拜。又如五华县华城镇的铁炉村的大部分村民姓钟，为祭祀其祖先钟万公而建立了万公祠，此祠既是祖祠，也是神祠，每年的农历八月十八日都要举行庙会。又如梅县松源镇郊的王氏宗族每年农历正月二十八都要举行大型联宗祭祖活动，

① 司徒尚纪：《岭南历史人文地理—广府、客家、福佬民系比较研究》，中山大学出版社，2001年，第289页。

当地民间称之为“挂大牌”，该仪式主要是对王姓历代祖先举行一次较大规模的祭拜①。

佛教在闽、粤、赣边区客家住地，初传于晋代，初盛于唐代。唐代以后，逐渐与道教合流，与当地的民间信仰融合②。如对佛教高僧和“肉身菩萨”的信仰，唐宋时期梅州信仰的“肉身菩萨”主要有伏虎佛和定光佛。据说他们本为闽西的名僧惠宽和定光二人。后来成为闽、粤、赣边区客家人共同的神祇。惠宽佛被当地人称为“伏虎禅师”，并奉他为祈雨之神。定光古佛的主要事迹有驯兽、祷雨、活泉（即让已经干涸了的泉池重新清水流溢）、治水、护航、送子、佑民等。有学者说：“定光古佛是客家人为适应山区农耕社会之种种需求（风调雨顺、水源充沛、劳力充足、无灾无祸）而创造出来的不僧不俗、亦僧亦俗、不佛不神、亦佛亦神的崇拜对象，所以定光古佛崇拜盛行于山区，尤其是客家山区。”③

元明清时期，粤东客家民间信仰的进一步发展，加之其他地区民间信仰的传入，粤东客家民间信仰的主要神祇与崇拜仪式均逐渐定型。表现为一方面国家大力推崇的神祇信仰在客家地区得到推广，国家推崇的信仰有城隍、社稷神、先农神、山川神和风神等；另一方面崇奉新造或新来的神以及新的信仰仪式。新来的神祇有观音、天后、保生大帝、关帝、文昌帝、北真武帝等。尤其是明清时期，是传统的宗法性国家宗教发展完全成熟期，正是在这时，孔子、关帝以及城隍崇拜在全国也包括在客家地区得到

① 参见宋德剑：《梅县松源镇郊王氏宗族与龙王公王崇拜桃》，载于谭伟伦主编：《粤东三洲的地方与社会之宗族、民间信仰与民俗》（下），国际客家学会、海外华人资料研究中心、法国远东学院出版，2002年，第372页。

② 胡希张、莫日芬等著：《客家风华》，广东人民出版社，1997年，第320页。

③ 旺毅夫：《客家民间信仰》，福建教育出版社，1995年，第162页。

张扬。可以说，客家人的民间信仰是个流动的不断发展的过程，直到明清时期其信仰的主要神祇及崇拜仪式才大致定型下来。

## 二、客家人民间信仰的主要神祇

客家人的民间信仰，充分表现出多神崇拜和偶像崇拜的色彩，且具有地方神与乡土神的特点，除三山国王、妈祖的信仰覆盖面较广外，大多数的神灵威慑或管辖范围都有限，小的只是某个村庄，大的方圆也不过数十里。大致而言，梅州地区客家人的民间信仰的主要神祇大致分为以下几类：

### （一）山丘神明信仰

三山国王本是潮汕地区揭阳县境内独山、明山、巾山三山之山神。因屡屡显灵，护国庇民，隋、唐、宋、元、明、清历代朝廷迭有赐封。三山国王信仰最初起源于潮汕地区，盛于潮汕地区，并逐渐传播并扩大到周邻的客家地区，可能因客家人是“逢山必住客”的山民族群，他们自然会崇拜山神。与潮州比邻的大埔、丰顺、揭西等县的客家，普遍接受了“三山国王”信仰。广东丰顺县的三山祖庙，是当地规模最壮观的庙宇。在三山国王信仰流传的过程中，其神佑之职也在不断扩大，凡有水旱疾疫灾难求解者，无不应验，并从最初意义上的山神、乡土地域神，逐渐成为一个世俗神和族群神，并成为粤东客家地区的管辖范围最广、最大的公王与福神。

在老一辈海内外客民嘴边常念叨一句话，即“泮坑公王保外乡”，“泮坑公王”就是梅县泮坑“公王庙”里供奉的“三山国王”。据说泮坑公王对于漂泊异乡的客民格外加以保护，它被离乡背井的客家游子视为守护神，“保外乡”的说法使之富有侨乡的独特色彩。因此，梅县一带的侨眷思念亲人的一种表达方式，就是为三山国王上香，以求公王保佑海外亲人平安、发财。而有幸得以还乡探亲或在乡终老的华侨，也要上庙还愿酬谢公王，答谢神恩。可以说，“泮坑公王”信仰是海外客籍侨胞与国内侨眷之间无尽相思的一种感情寄托。

（二）地方神明信仰

三山国王信仰本身就是一种地方神明信仰。所不同的是，三山国王“管辖”的范围比较广阔，而大多数的神灵威慑或管辖范围都有限，小的只是某个村庄，大的方圆也不过数十里。客地村落中供奉着的乡土神，其中不少神灵后人已说不出其来历，只是依时上香，求其神恩浩荡。不过，除三山国王外，比较大的地方神明还有：

1. 公王信仰

在粤东梅州，除却对祖宗的崇拜和祭祀，当属“公王”崇拜。客家“公王”是伯公即社公、土地公的客家化神祇（“伯公”“社公”与“公王”这三个概念似乎没有很清楚的界分），“公王”“伯公”与“社公”在民间也俗称“福主”或“福主公王”。福主即主一方福祉之意。

有学者认为，“公王”乃北方中原的土地神崇拜与粤东、闽西地区土著的山神崇拜的结合，因为客家公王既有保境安民的土地神职能，又有管理山间林木和狩猎资源的职能。公王原形，出处不一。有说是祖宗神[1]，有说是土地神、山神、社区神等，也有说是地方官宦、朝廷重臣，他们或德高望重，或功勋显赫，或清正廉明，或为民除害而遭受奸臣陷害，因此深受子民百姓的缅怀而尊为神。“公王”常冠以当地地名，以区别于其他地方的“公王”。如梅县松口镇梅溪公王、山口村公王等。三山国王实际上是客家地区最大的公王。

“公王”崇拜（或伯公崇拜）及祭拜仪式是梅州客家地区最普及、最有影响力和最普遍的民间信仰和祭祀活动，在梅州城乡，只要有人群居住的地方，几乎都设有公王庙或公王坛（或称社坛），有些地方多至几个、数十个（包括河唇伯公、塘唇伯公、井头伯公、陂头伯公、桥伯公、路伯公、土地伯公、树伯公等等）公王庙或公王坛，人们于岁时佳节都要去这些地方膜拜和迎送“公王”，这种情况在其他地方并不普及甚至少见。“公王”崇拜随着粤东客家人的播迁陆续在港澳台等地及马来西亚、印度尼西亚、泰国等东南亚国家华人中流传。

除了三山国王外，比较著名的公王还有梅溪公王[2]、五显公王等。梅溪公王又称梅溪圣王，在文献记述和民间传说中均有不少关于“公王显灵降雨”和“扛公王出巡”“接公王”的传说。旧时如遇久旱无雨，人们便把梅溪公王抬出去，设坛作法，在梅溪公王面前烧香跪拜，祈求公王显灵降雨。梅溪公王在梅州客家人心目中地位很高，以往奉祀梅溪公王在梅州是很普遍的现象，

---

① 如梅县松源《钟氏族谱》载，龙源宫所奉的公王其原形是钟姓的祖宗神钟友文、钟友武、钟友勇三兄弟，因阴灵助国，封为助国尊王，慢慢演变为社区神“龙源公王”。供奉龙源公王偶像的祖庙为“龙源宫”，该宫坐落在松源的园山。每年春秋两季，民众要抬龙源、公王木雕像巡游社区内各村落。

② 乾隆《嘉应州志·杂记部·寺庙》：“安济侯庙，梅溪岸上，俗名梅溪公，祀梅水之神。”房学嘉先生认为，梅溪公王的角色会根据民众的需要而变，就传统梅州来说，公王是具有特色的地方水神或曰山神。

梅溪公王信仰可谓是梅州客家人广为流传的信仰。

五显公王又称五显大帝、五圣大帝、五通大帝、五显华光大帝、灵官大帝等，五显公王信仰始自唐代，发源于古徽州婺源（今属江西上饶），以其灵验而流布江南，陆续发展至广西、福建、广东等地，五显大帝于元、明之时，纳入道教神仙信仰[①]行列，同时还得到官方承认和册封的正祠。据说凡向该神求男生男，求女得女，经商者外出获利，读书者金榜题名，农耕者五谷丰登等。客家民间流传其许多有求必应的灵验故事，因此五显公王的祠庙与祭祀在客家地区比较常见。农历九月二十八日为其神诞日，许多五显庙在此期间都要举行庙会。农历的四月十六至五月初四为五显公王的出巡日，俗称接公王。

2. 行业神信仰

以医药行业神为例，粤东的医神主要有两个来源：一是中原传入的医神，如华佗；二是客家人从福建传入的医神，如保生大帝。华佗是汉代末年的大医家，其医术经由《三国演义》的渲染，更为世世代代的国人所知晓。民间立庙纪念华佗，比比皆是。广东无论哪个民系都有拜华佗的。华佗在民间常被称为“先师”，其庙宇就叫“先师庙”。如五华县华城镇的城北就有著名的华佗先师庙，庙里有两尊华佗神像，大的为坐像，小的为行像，像前还有神位牌，曰“华佗先师尊神位”。此庙与其他庙不同之处，在于此庙为纯求医问药的神庙，庙内常设“神签”，驻有庙祝，祈求者通过焚香祈祷摇签，就会有一张相应的药方。庙里还设有药房和抓药人员。每年农历四月十八日是华佗神的出巡日[②]。

---

① 也有人认为五显与佛教的华光如来、五显灵官大帝相关，五显公王的姓氏也有不同说法，有人说姓萧（肖），有人说姓柴，还有人说姓顾，不一而足。

② 张泉清：粤东五华县华城镇庙会大观，载于〔法〕劳格文主编：《客家传统社会》上编《民俗与经济》，中华书局，2005年，第245页。

保生大帝为北宋时的福建同安白礁人，生前学医，杂以巫术，其医术高明，医德高尚，死后百姓感其恩德，纷纷奉祀他，奉之为医神。南宋时他的名声与影响迅速扩大，明清以后，他的影响来到粤东之地。如今梅州大埔县湖寮镇黎家坪村的广福宫就祀奉着保生大帝，据说是清嘉庆元年（1796）时有村民把保生大帝神像从福建省同安白礁山恭请回来，建庙祭祀。保生大帝本为医药行业神，后来又增加了逢大旱降雨、平息水灾、御寇退贼、击毙瘟魔等功能，最终成为无所不能的地方保护神祇。

3. 地方水神崇拜

梅州境内，水路纵横，航运业发达。地方水神崇拜很是普遍，前文中提及的梅溪公王、五显公王也是水神，此外，还有天后信仰、仙人叔婆[①]、龙王、水打伯公（船头伯公）等。

天后（即妈祖），航海神、保护神，具有“主航海安全”的功能。对天后的崇拜在北宋年间就已形成，历代国家政权也不断赐其封号，提高其神阶。明清时天后信仰影响范围越来越广，天后信仰于此时传入梅州。在粤东的五华、兴宁等地都有天后庙。其神佑之职也在不断扩大，人们相信天后还能护佑城池、驱邪治病、守护妇女、儿童，家里的大事小情，诸如升学求职、婚丧嫁娶等，都要求天后护佑。天后俨然成为人们全方位的保护神明了。不过，梅州客家地区的天后庙并不像在潮汕地区那么繁盛。

关于仙人叔婆，船家敬奉的行业神就是“仙人叔婆”。“仙人叔婆”的神坛建在各条河口的岸边，每年农历七月十五日，凡行驶在这条河的船家，都要集中祭拜“仙人叔婆”。如蕉岭县的新

① 有学者认为，仙人叔婆神灵的原型是蛇。仙人叔婆信仰是南方原始图腾龙、青龙信仰的遗俗。仙人叔婆的信众初为渔民船家，功能主要是庇护渔民与航运的安全；后来信众逐渐扩大到附近村民，并增加了财神的功能。尔后，仙人叔婆的信仰圈进一步扩大变为社区神。仙人叔婆的神诞日是农历七月十三，是日民众要举行祭拜仪式。

埔镇，奉祀“仙人叔婆”的地方是“郭仙宫”。在民众的心目中，是“仙人叔婆”保护了新铺墟的安全和兴旺。后来仙人叔婆又增加了财神的功能，尔后，仙人叔婆的信仰圈进一步扩大变为社区神。从明末至今，仙人叔婆一直受到民众的虔诚崇祀，常年香火鼎盛。

水神还有水口伯公，水口伯公坛一般位于村口；有的因位于江河溪流岸边，故行船的人特别重视。如丰顺县隍镇溪北村的村民，当新船下水时，一定要拜水口伯公，祈求保佑行船安全无事。其祭拜过程大致是：首先到船头焚香拜“船头爷”（或称船头伯公），摆上鸡、鱼、猪头三牲祭品，然后再上岸拜水口伯公，仪式与船头相同，等焚香烧纸、放了鞭炮之后，开船。行船的人认为拜了水口伯公，放排就会顺利平安。

4. 道教佛教的俗神崇拜

城隍崇拜，如前文所提，城隍崇拜是在明代时渐渐在客家地区普及的崇拜仪式。明代开国皇帝朱元璋特别重视城隍的作用，把城隍祭典列入国家祀典，城隍的监察职能也大大强化，城隍作为冥冥之中的一方神灵，有着固定的管理区域，掌管着监察地方官吏和百姓命运的大权，城隍神除了捍卫城隍保护黎民功能之外，还能防涝布雨，卫道护善，管领冥籍，司掌功名，镇邪驱魔，惩治凶顽，荐福消灾等职能。

关帝崇拜，关帝又名“关圣帝君”，又名“关公”“关帝”“关老爷”等。客家人的地方修建关帝庙比较普遍，有的村子还有将成长不顺、体弱多病的男孩契给关帝为子的习俗，及将男孩带到关帝庙，向关帝许愿，将小孩卖与关帝为子，祈求关帝保佑孩子平安成长，并给孩子取名为“关某某”，日后再来酬谢关帝的保佑之恩[1]。五月十三日是关圣帝君的诞辰日。

“文昌帝君”崇拜。文昌，本为星名，又名“文曲星”。古代对魁星之上六星的总称，魁星又名奎星。最早见于汉代纬书《孝经援神契》有“奎主文章”之载。其后被道教尊为主宰功名禄位之神。因传该神掌管文章兴衰，故旧时读书人多往文昌宫、庙、祠拜祀，以求文运亨通。客家地区历来有“文化之乡”之誉，故盛祀此神。如，乾隆《嘉应州志·建置部》卷二载：“乾隆十一年建奎文阁，塑文昌、魁星神象祀阁上。春秋二仲，儒学收铺租致祭。”著名的大埔湖寮魁星阁，阁高三层，于乾隆四十二年（1777）建，现今成了名胜古迹。

财神崇拜。财神信仰形成较迟，其原因是中国向来“重农轻商”，大概宋元以后，人们经商发财的意识渐浓，才出现了被人崇拜的财神。随着中原汉民的不断移民，财神信仰也随之带入福建、粤东等地。粤东地区客家多数以范蠡为文财神，以赵公明、关帝为武财神。有时五显公王也视为财神。客家人祭财神的传统不仅仅在年初四半夜或年初五凌晨，更早在新年来临之际“出行”祭祀中便有开门迎接喜神、财神的仪式。如兴宁客家在年初一零时即齐备三牲、果饼、香烛敬“赵公元帅”，大放鞭炮接“财神”。从年初一到年初五，每天早晨的“敬神”仪式，都要特别地祭拜财神。

三官大帝与真姑大帝崇拜，即天官、地官、水官，亦称“三官”，又称“三元”，三官大帝信仰源于中国古代汉族先民对天、地、水的自然崇拜，属于早期道教（中国唯一的本土宗教信仰）尊奉的三位天神。一说是尧、舜、禹，指天官、地官和水官。天

① 参见宋德剑：《梅县桃尧镇大美村宗族社会与神明崇拜》，载于谭伟伦主编：《粤东三洲的地方与社会之宗族、民间信仰与民俗》（下），国际客家学会、海外华人资料研究中心、法国远东学院出版，2002年，第341页。

官为唐尧，地官为虞舜，水官为大禹。天、地、水三官以正月十五日、七月十五日和十月十五日为神诞之日，三官的诞辰日即为三元日，因此从唐宋以来，三元节都是道教的大庆日子。逢这三日，人们都要进庙烧香奉祀以祈福消灾。

观音崇拜。在神佛世界中，影响最广、信众最多的当推观音菩萨了。隋唐以后，佛教的观音信仰广泛流传，观音渐渐由男相转变成女相，并在民间发展出了一种不同于正统佛教的新的信仰形态[①]。观音被纳入了民间俗神的系统，具有送子和救难等功能。明清以后，观音信仰深入客家地区的千家万户，以供奉观音为主的寺、庙、庵、堂等，不可胜数。而梅州观音信仰区别其他地方的最大特点是在专奉血缘性祖宗神灵的神圣空间的民宅宗祠内，同时专建观音坛或庙祀观音菩萨[②]。有的人家还在自己住屋正堂安设观音神位，以方便经常叩拜。

定光古佛崇拜。定光古佛的来源有很多种说法，流传最普遍的，是说他原是唐末宋初的高僧，俗家姓郑，名自贤。年十一出家，投汀州契缘法师席下，年十七游豫章，入庐陵契悟于西峰圆净大师。得道后在汀州地区传法。曾经为莲城诸地方除蛟患，在武平县南岩隐居时，又收服了山中的猛虎和巨蟒，乡民非常尊敬他，建庵供他居住。他在八十二岁时坐逝。多年以后，汀州城遭寇贼围攻，相传他显灵退敌，使全城转危为安。朝廷于是颁赐匾额，将他住过的庵寺命名为“定光院”，他也因而被尊为“定光佛”，与伏虎禅师并列为汀州二佛，成为闽西汀州的守护神之一。定光佛的信仰后来也传到粤东北之地。

---

① 参见李利安：《观音信仰的渊源与传播》，宗教文化出版社，2008 年，第 380 页。

② 房学嘉、肖文评、钟晋兰著：《客家梅州》，华南理工大学出版社，2009 年，第 144 页。

### （三）女神信仰

粤东客家地区的女神除了众所周知的天后、仙人叔婆、观音外，还有临水夫人、三奶夫人、九子圣母、七仙姑庙等。

临水夫人又称陈夫人、大奶夫人、顺懿夫人等。据传，临水夫人本名陈靖姑，一说宁德古田人，一说福州下渡人。记载纷歧。传说她与林九娘、李三娘义结金兰，并一起赴闾山学法，师承许旌阳真人。三姊妹得道之后，合称三奶夫人，梅州客家地区的三奶娘庵就是祭拜她们的。据说临水夫人能降妖伏魔，扶危济难，且是妇幼保护神，也被称为“救产护胎佑民女神”。是道教中救助妇女难产之神，因而又被称为顺天圣母。

九子圣母。客家人总是希望多子多福，因此拥有九子的女神就受到客家人的青睐和崇拜，人们通过建造九子圣母庙来表达崇敬之情。直到今天，九子圣母庙还是梅州兴宁颇多信众光顾的地方。为了求子求福、多子安康，她们隔三差五总是忘不了在这烧香祈福，以获得圣母庇佑。兴宁县宁中镇宁江河堤旁的九子圣母庙颇具规模，庙中除九子圣母主神像外，还有财神、花公花母、玉皇、观音等神像，济济一堂。每年农历二月初六为“作福日”，十一月初八为“拜满圆”，逢这两日，当地及周边的信众会携带香烛贡品来此进行祭祀，以求圣母保佑。

七仙信仰。在客家地区，以“七”打头的女神祠庙颇多，如“七仙庙”“七姑庙”“七圣仙娘庙”“七姑婆太庙”等，似可统称为“七仙信仰”。有的地方没有庙，却有神坛。如丰顺县径门乡的一些自然村落，就设有“七圣仙娘神坛”，祀奉七圣仙娘，她们专司护佑妇女儿童之职。

（四）巫觋信仰

巫术观念和巫术活动在客家人中尤显普遍和活跃，人们很重视巫术中的吉凶祸福。在客家地区，请巫师治病是常有之事。巫师也称为“觋公”，要说明的是，制度性的道教传入梅州也较晚，直到清乾隆年间（1736—1796）才开始传入梅州，最初在梅县紫金山顶供奉吕祖门，设坛参拜。光绪十三年（1887）建吕祖庙。但道教与民间信仰存在与生俱来的天然关系，梅州的觋公被等同于道士。“每逢俗民生病、新居落成、修建祖祠或地方发生天灾人祸等不测事故，人们都习惯请巫觋师为之请神驱鬼、祛邪、镇煞、祈保平安。”[①]客家地区常见的巫术还有：请神、招魂、问仙、扶乩、喊惊、认契娘（契娘为夫妇双全、儿女众多且身体健康的女性，或者枝繁叶茂的大树等）、卜卦、测字、看相、算命、求签、画符等。有学者认为客家人的巫术文化与北方的萨满巫术非常相似。巫术之所以能顽强地生存于客家聚居地，或许也因为古时山高水险的恶劣的自然环境，以及求生存求发展的强烈愿望和当地原住民崇尚巫鬼的习俗之影响吧。

香花信仰也是梅州巫觋信仰的一种表现。关于香花信仰的起源，学界有不少研究，但并无定论性描述。不过学者大都认为梅州地区的香花产生于明代，人们常将“香花”与佛教相联系，事实上，香花信仰中的大量地方色彩与非佛教形态，如食用荤腥、不独身、不戒烟酒等，与正统佛教相较还是有区别的。它有可能是佛教与客家地区的民间信仰、与当地传统的巫觋文化融为一体的产物。香花科仪是客家丧葬、祈福、消灾仪式中的重要组成部分，是当地客家丧葬习俗的基本仪式。如《乾隆嘉应州志·舆地

① 房学嘉著：《客家民俗》，华南理工大学出版社，2006年，第136页。

部》云："而还丧始死，子往河浒，焚纸钱，取水浴尸，谓之'买水'。日不吉，不敢哭，不敢闭棺。盖棺，夜即作佛事，谓之'救苦'。择日成服，鼓乐宴客，然后又大作佛事。"①

（五）"风水"信仰

浓郁的风水信仰可谓是客家文化的一大特点，比较其他民系，客家人对风水的信仰尤其盛行，这种信仰不仅影响到客家人的阴宅与阳宅建筑及衣食住行生活的各个方面，人们对造坟、起屋的基址很是重视，他们认为坟场、房基地选择得好与坏，对自己及后代的开运、兴旺、发达直接相关。因此，一般人都很舍得出大价钱请风水先生郑重其事地勘测一番，选个"风水宝地"，慎择吉日，方可动土开工。在客家民间，至今仍然流传着许多某家阴宅选地如何富传奇色彩、后辈如何兴旺发达之类的传说。而阳宅基地的选择依空间、时间（年、月、日、辰）、村、山、水、田、林、路，集环境、方位、地质、建筑、美学、心理学为一体，以此选择"生气"的风水宝地，追求人身的小宇宙之"气"与周围环境的大自然宇宙之"气"的协调统一。

举例而言，客家人认为看风水时土地伯公是最重要的，因为土地出产万物，总是与生命相关。在客家人的围龙屋里面，大都有在土地伯公上面放一个神龛的习俗，神龛里面是祖先的牌位，土地伯公代表"地"，祖先的牌位代表"人"，并列土地伯公和祖先牌位前面的天井则代表"天"，这种天地人的关系使得客家人认为就围龙屋的风水而言，土地伯公、祖先牌位和天井的存在和



① 王之正编纂，程志远等整理：《乾隆嘉应州志》卷1，广东省中山图书馆古籍部，1991年，第45页。

位置关系是最关键的[①]。

**梅州地区民间信仰的主要神祇一览表[②]：**

（一）源自梅州本地的神灵

| | 盛行地区 | 资料来源 | 起源地区 | 功能备注 |
|---|---|---|---|---|
| 梅溪公王 | 梅县松源镇 | 康熙《程乡县志·沿革》 | 梅县 | 人神、水神 |
| 惭愧祖师 | 梅县、大埔 | 康熙《程乡县志·杂志》 | 梅县 | 佛教神、守护神 |
| 谢圣仙娘（姑婆太） | 五华 | 《广东神源初探》 | 五华 | 祖先神、守护神 |

（二）源自梅州以外的神灵

| | | | | |
|---|---|---|---|---|
| 三山国王 | 梅州各县市 | 《祀潮州三山神题壁》《祭界石神文》《潮州路明贶三山国王庙记》、乾隆《嘉应州志·杂记部》 | 潮汕地区 | 自然神、山神、守护神 |
| 石古大王（也有说是源自梅州兴宁神光山一带） | 兴宁市、梅县水车镇、丙村镇 | 《舆地纪胜》《临汀志》 | 福建汀州 | 自然神、守护神 |
| 龙源公王 | 梅县松源镇 | 康熙《程乡县志·杂志》、乾隆《嘉应州志·杂记部》 | 福建象洞 | 守护神 |
| 定光佛 | 蕉岭、平远 | 《临汀记》 | 福建汀州 | 佛教神、保护神 |

① 参见〔日〕河合洋男的文章：《梅州地区的风水与环境观——以围龙屋、现代住宅、坟墓为例》，载于嘉应学院客家研究所主编：《客家研究辑刊》2008年第1期，第173页。

② 此表格中神祇的“盛行地区”“资料来源”主要参见程志远、王洁玉、林子雄等撰《乾隆嘉应州志》，广东省中山图书馆古籍部，1991年；程志远等整理，康熙《程乡县志》，广东省中山图书馆，1993年。神祇“功能”的主要依据为：沈丽华、邵一飞：《广东神源初探》，大众文艺出版社，2007年；叶春生、施爱东编：《广东民俗大典》第2版，广东高等教育出版社，2002年。

续表

| | | | | |
|---|---|---|---|---|
| 临水夫人 | | | 福建福州 | 生育神、保护神 |
| 天后（天妃） | 梅州各地区 | 乾隆《嘉应州志·杂记部》 | 福建湄洲 | 保航运、海运，守护神 |
| 保生大帝 | 大埔县湖寮镇 | | 福建泉州 | 医神、守护神 |
| 观　音 | 梅州各县市 | 康熙《程乡县志·秩祀志》 | 印 度 | 送子、保平安发财 |
| 城　隍 | 梅县、五华 | 康熙《程乡县志·秩祀志》 | 北 方 | 道教神、守护神、司法神 |
| 关　帝 | 梅州各县市 | 乾隆《嘉应州志·杂记部》、乾隆《嘉应州志·建制部》 | 湖北当阳 | 武财神 |
| 文昌神 | | 乾隆《嘉应州志·杂记部》 | 四　川 | 道教神、战争神、功名利禄神、生育神 |
| 真武大帝 | | 乾隆《嘉应州志·杂记部》 | 北　方 | 道教神、北方神、水神 |
| 晏　公 | | 乾隆《嘉应州志·杂记部》 | 江西清江 | 水　神 |
| 五显华光大帝 | 梅州各县市 | 康熙《程乡县志·秩祀志》 | 江西婺源 | 道教神、火神 |
| 火　神 | | 乾隆《嘉应州志·杂记部》 | 有多种来源，起源地不一 | 自然神、火神 |
| 先农神 | | 乾隆《嘉应州志·建制部》 | | 农业神 |
| 山川神 | | 乾隆《嘉应州志·建制部》 | | 山　神 |
| 风 神 | | 乾隆《嘉应州志·建制部》 | 有多种来源，起源地不一 | 风　神 |
| 九子圣母 | | | 战国时期楚国 | 生育神 |
| 三奶娘 | 五　华 | 《广东神源初探》 | | 守护神、生育神 |

续表

| 华佗 | | | 北　方 | 医　神 |
|---|---|---|---|---|
| 土地神（又称伯公、社神） | 梅州各地区 | | 起源于古代神话，周朝已有 | 地方保护神 |

附注：表格中未填明处为不知来源或不知清具体信仰地区，因仙叔人婆、七仙姑庙等神祇因来源与信仰地区皆不清，故未列入表格中。

## 三、客家人民间信仰的主要特征

（一）从信仰对象看，多神、杂神崇拜是客家文化的重要特征之一。客家的民间信仰和其他地方的民间信仰一样，属于多神信仰的系统，这里没有一教独占、一神主导的传统。民间信仰的种类除了自然崇拜（客家人的自然崇拜主要为天公崇拜、太阳月亮崇拜、星辰崇拜、风雨雷电崇拜、火神崇拜、蛇鸟等动物崇拜与植物崇拜等）、祖先崇拜、社稷包括三山国王、公王、伯公、地方水神等在内的地方神明信仰和行业神信仰、先贤神明信仰、佛教道教的俗神信仰等。这就难免使得客家地区的庙宇神明既繁多且复杂。

不难理解，客家人在历史上由于饱尝战乱饥荒、颠沛流离之苦，而又感到孤独无援，因此凡能祈安、求福、修身养性的宗教及有保佑现世幸运、长寿、财富、平安、消灾解厄的民间诸神，统统都“来者不拒”，从而使得客民社会的信仰呈现出多元之状，这种“多元之状”反映到寺庙供奉上，则常可在同一寺庙中，既可见到佛门的菩萨、罗汉，还可见到道家的仙师、鬼神以及祖先亡魂、地方神明等，不管是哪一路的神灵均可和平共处，共享香火。无论神灵的来源如何，神祇的性质如何，客家人统统兼收并蓄，并能适当改以改造，融会贯通于自己的信仰生活中，且用得“得心应手”。

（二）从信众来看，对神的崇信，是客家民间的普遍现象。庙宇或神坛遍布旧时山区的村村寨寨，并以村社或宗族聚落群形成大小不一的信仰圈与祭祀圈。客地除了大大小小的寺庙外，各家也都置有神案佛龛，供奉家中的守护神。客民外出，见庙就烧香、见神就磕头的也大有人在。一遇急难，更是祈神护佑，晨昏烧香不息。每逢岁时节令或神诞日，动辄倾村出动，男女老少，进庙祭拜，抬着神像沿村巡行，昼夜举行祭祀戏剧演出，娱神娱人，虔诚而隆重，甚至不惜个人钱财，毫不吝惜地奉献给神明。这种信仰并非单纯个人行为现象，它是以家族为单位历代传袭下来的，也是以宗族为中心的村落，乃至某些区域整个客家民间的社会生活信念与行为现象。

（三）从民间信仰的表现方式来看，与多神信仰相应，客家地区的道庙、村庙、家庭祭祀制度及相关仪式都有多样化的存在方式，这包括对祖先的祭祀、祭祀神明生日的庙会、醮会；巫术；禁忌；香花佛事；风水信仰等。民间信仰的仪式体系包括：庆典队伍的排序、庆宴、出行、众神序列、打醮、庙宇设置、祭祀圈、祭祀资格、神祇出行路线等。庙会（迎神赛会）俗称神明生日，是客家人举行宗教仪式活动的重要形式，也是宗族势力的体现与乡村文化的重要载体。庙会的内容除了举行群体性的神灵祭拜、神灵巡游等宗教仪式性活动外，还举行游艺活动。“旧时，客家人若有重大灾祸发生，如瘟疫、大旱、大涝、虫灾等，往往要请道士或和尚设坛做法事，禳灾祈福，是为打醮。”[①] 醮会乡俗

① 温宪元、邓开颂、邱彬主编：《广东客家》，广西师范大学出版社，2011年，第300—301页。

称“打醮”或“建醮”。如果说庙会一年举行一次或几次，而醮会间隔若干年才举行一次，有3年、5年、10年才举行一次的。而且醮会比庙会的活动要丰富复杂得多，庙会一般只表现某一种神的威力，而醮会则综合表现儒道释（佛）以及阴、阳配合的威力①。因此客家人打醮往往规模盛大，多请道士做法事，请戏班演出。除道士念经之外，还有上刀山、过火链、咬犁头等惊险节目表演。打醮时，村民多数都要斋戒，以示虔诚。而现代的打醮往往将宗教、文化和经济活动合而为一，人山人海，热闹非凡。

梅州主要的庙会民俗有：梅县水车镇的“扛公王”民俗，梅县三月天后圣母诞、梅县五显神诞的华光庙会、五华县“三月三”天妃庙会、丰顺的烧火龙习俗和五华县的上村公王醮与四街醮会。

（四）从梅州以外来的神居多。梅州的客家人主要是从福建移民而来，相应地梅州客家人的主要神祇也大多来自福建，除了众所周知的天后（妈祖）外，文中提及的定光佛、伏虎佛、临水夫人、保生大帝等均来自福建。

（五）浓重的巫觋文化色彩。客家人到南方的时间较短，进入现居地时，当地土著已经形成了他们的民俗文化传统，客家人进入后，接受了部分土著民俗文化，因此，客家的民间信仰也有了浓重的巫觋文化色彩。

（六）民间信仰的世俗性和现世的功利性，在这背后体现出来的是实用主义的观念。客家人祭拜神明、祖先、鬼魂，无不是和特定的目的、需要连在一起的。如客家人相信风水关系到个人和家族的命运，便会千方百计去争夺一块风水宝地，不惜与他人

---

① 参见张泉清：《粤东五华县华城镇庙会大观》，载于〔法〕劳格文主编：《客家传统社会》上编《民俗与经济》，中华书局，2005年，第257页。

发生龃龉。乾隆《嘉应州志·舆地部》风俗载："甚且听信堪舆，营谋吉穴，侵坟盗葬，权讼与狱破产，以争尺坏。"

由上可见，粤东客家人的"神性"即主要是民间信仰的体现，这种信仰已与客家人的世俗生活不可分割地交融在一起，它在给人们带来精神慰藉的同时，也极大地影响了客家人的世俗生活。这种"影响"主要体现在客家人的庙会活动和节庆祭祀习俗中，也体现在人们的行为惯例和日常生活中。正所谓：一方水土养一方人，一方人祭拜一方神，一方神灵护佑一方人。

## 四、客家人民间信仰的主要社会功能

民间信仰虽然是一种历史的传统，但仍是当下活跃的宗教文化形态，在现实社会中，许多乡村的民间信仰场所不仅仅是拜神的地方，不仅仅满足了人们深层的精神、心理和信仰需要，实际上也成了乡村、基层社会和文化的公共空间，比如老人会、文化活动站、乡村图书馆等。民间信仰及其场所正在从关注个人心理诉求逐渐向凝聚社会力量、发挥社会公共功能转变，并成为保存和挖掘地方传统文化价值、建构现代公共文化生活的重要资源方面所在。

试举两例：一是位于梅州兴宁市永和镇正在建设中的鹅峰山景区的宫师祖庙，该祖庙原来就在附近的新中村，由于老庙早就破烂不堪，7 个平均年龄 70 岁以上的老人发起在鹅峰山重建老庙，现在重建的老庙已初具规模，宫师祖庙供奉的神祇以五仙祖师为主，还有其他十多位神。祖庙由老人会管理（其成员就是 7 个发起人），宫师祖庙现在不仅成了民间信仰的活动场所，也是该镇的文化体育中心和老年人的活动中心，还是该地有名的慈善中心。

二是位于梅州大埔县湖寮镇黎家坪村的同仁广福宫，其供奉的是保生大帝，每年大型法会时都有上万名信众前来参加活动。它也是集民间信仰活动场所、文化休闲场所和慈善中心于一身。广福宫旁的文化公园是当地人民的娱乐休闲场所，广福宫做慈善的范围不局限于黎家坪村，其主要的公益慈善活动包括建立敬老院、修路修桥、扶贫济困、资助大学生等。

由此可见，一个村落也好，一个城市社区也好，如果有一定的信仰空间的话，这对社会的稳定是有好处的。它既是人们的世俗生活，也是人们的精神生活的需要。换言之，庙宇或拜神之地之所以不可或缺，是因为人不可生活在没有诸神的混沌中，庙宇或拜神之地就是人们与超验世界保持联系的场域和桥梁。人们只要走进去，与不可知的诸神世界的联系、与诸神的亲密接触就成为了可能。正如宗教现象学的大师伊利亚德所说："对于宗教徒而言，空间并不是均质的，宗教徒能够体验到空间的中断，并且能够走进这种中断之中。空间的某些部分与其他部分彼此间有着品质上的不同。"① 这段话中的"空间的某些部分"既是庙宇或拜神之地，就是信众的神圣空间。正是"在这个神圣的围垣之内，与诸神的沟通就变成了可能"②。

民间信仰也是梅州客家人与港澳台以及世居各地的客家人之间联系的纽带与桥梁。清末民国时期，由于本地人多地少的矛盾和国际市场对廉价劳动力的需求，梅州华侨大规模出洋。华侨的产生，将粤东客家人的民间信仰带到了海外，华侨常年在外，家乡的侨眷祈求神明保佑，侨乡认同的华侨保护神"天后娘娘"

① 〔罗马尼亚〕伊利亚德著，王建光译：《神圣与世俗》，华夏出版社，2002年，第1页。

② 同上，第45页。

“公王”“伯公”等信仰在侨居地得到推广，由此民间信仰使得客家地区与海外华人之间还有一条历史悠久的“神缘”纽带，今天，这条“神缘”纽带依然是维系粤东客家人与港澳台同胞、海外侨胞乡亲乡情的文化纽带和桥梁。

综上所述，我们需要从以人为本的原则出发对民间信仰予以充分的尊重与理解；民间信仰研究本身不是研究神的意旨，而是研究人、研究人自身的身心灵状态、人与人的关系、人与社会的关系等等。这种研究正是人们以前关注不够，且现在不得不下力研究且有现实意义的领域。如此，我们才能了解民间，才能对民间信仰在我们的文化和我们社会中的位置有一种“接地气”式的理解，也才能明白对民间信仰的“管理”（或“治理”）如何有所为和有所不为……

（本文原刊于《经济社会史评论》2016 年第 3 期，改题为《粤东客家人的“神性”探略》）